Edel und Frei

Edel *und* *Frei*

Franken im Mittelalter

Herausgegeben von
Wolfgang Jahn, Jutta Schumann
und Evamaria Brockhoff

THEISS

Bibliografische Information Der Deutschen Bibliothek
Die Deutsche Bibliothek verzeichnet diese Publikation in der Deutschen Nationalbibliografie; detaillierte bibliografische Daten sind im Internet über http://dnb.ddb.de abrufbar.

Gestaltung: Evamaria Brockhoff, Thomas Krauß
Umschlag: Evamaria Brockhoff und Thomas Krauß unter Verwendung des Motivs Kat.-Nr. 145
Lithografie: Echtzeitmedien GbR, Nürnberg
Satz: Federer & Krauß GmbH, Augsburg
Gesamtherstellung: Evamaria Brockhoff
Druck: Kessler Verlagsdruckerei, Bobingen

Gedruckt auf Symbol Freelife Satin
von Fedrigioni Deutschland GmbH, Unterhaching

Lizenzausgabe für den Konrad Theiss Verlag GmbH, Stuttgart

ISBN 3-8062-1871-4

Inhalt

Grusswort

Franken – das ist im Freistaat Bayern ein besonders gewichtiges Thema, betrifft es doch drei von sieben Regierungsbezirken. Woher kommen die Franken und was macht die Gemeinsamkeit der bayerischen Franken aus?

Verschiedene Aspekte der Geschichte Frankens sind bereits in früheren Ausstellungen behandelt worden. Archäologische Zeugnisse standen im Mittelpunkt des Ausstellungsprojekts des Europarates, „Die Franken – Wegbereiter Europas", 1996 in Mannheim, Berlin und Paris. Aber in dieser Ausstellung standen die Franken Frankreichs und des Rheingebiets im Mittelpunkt. Die Franken im heute „fränkischen" Bayern kamen nur in wenigen Vitrinen vor. Das Germanische Nationalmuseum Nürnberg hatte sich mit der Ausstellung „Die ersten Franken in Franken" bereits 1994 der Thematik der bayerischen Franken gewidmet. Dort stand die archäologische Frühzeit des 6. bis 8. Jahrhunderts im Mittelpunkt.

Seitdem wurden im Haus der Bayerischen Geschichte Überlegungen angestellt, wie man in einem größeren zeitlichen Rahmen die Geschichte des heutigen Bayerisch-Franken darstellen könnte. Die ersten tausend Jahre des Gebiets zwischen Rhein/Main und Fichtelgebirge, zwischen Donau und Frankenwald bilden nun den reichen Inhalt für eine Landesausstellung, die den Titel trägt „Edel und Frei. Franken im Mittelalter".

Dieses Projekt traf sich mit der Suche der Stadt Forchheim nach einer Eröffnungsausstellung für das neu renovierte Pfalzmuseum. Dieses Museum, das ehemalige Schloss der Bamberger Bischöfe, besitzt einen wertvollen Freskenbestand aus dem Spätmittelalter. Die Sanierung des Gebäudes und die konservatorische Sicherung des Freskenbestandes konnten im letzten Jahr abgeschlossen werden. Der Freistaat Bayern hat sich mit erheblichem finanziellen Aufwand an diesen Maßnahmen beteiligt. Die Landesausstellung ist also eine ausgezeichnete Gelegenheit, dieses Gebäude im Herzen der prächtigen Fachwerkstadt Forchheim einer breiten Öffentlichkeit bekannt zu machen.

Die Ausstellung in Forchheim steht in der Tradition der bisherigen Ausstellungen des Hauses der Bayerischen Geschichte mit fränkischen Themen. Diese reichen von den „Reichsstädten in Franken" in Rothenburg, Schweinfurt und Weißenburg, „Kilian, aller Franken Patron" in Würzburg, „Lucas Cranach" in Kronach, „Ein Herzogtum und viele Kronen" in Coburg, „Kaiser Heinrich II." in Bamberg bis zu „Matthias Grünewald" in Aschaffenburg. Das Thema der diesjährigen Ausstellung verbindet das dort schon Ausgeführte und zeigt die Bedeutung Frankens in seiner regionalen Vielfalt.

Der Zeitrahmen der Ausstellung reicht vom Ende der Völkerwanderungszeit, von den ersten Franken in Franken, bis zum Entstehen des fränkischen Fleckenteppichs am Ausgang des Mittelalters.

Eine Ausstellung allein kann der historischen Vielfalt nicht gerecht werden. Der Begriff „Landesausstellung" wird bei diesem Projekt deshalb wörtlich genommen. Zum ersten Mal wird eine ganze Region zur Ausstellungsfläche. In Bamberg, Abenberg, Pappenheim, Würzburg, Bad Windsheim und Tüchersfeld finden Begleitausstellungen statt, die einzelne Themen der Landesausstellung vertiefen. Darüber hinaus beteiligen sich über vierzig Städte und Gemeinden in allen Landkreisen und Tourismusregionen aktiv an dem neu eingerichteten „KulTour-Pfad“. Der reiche Bestand an Kulturdenkmälern kann so an den historischen Orten das Ausstellungsthema „Franken im Mittelalter“ verlebendigen.

Der Landesausstellung in Forchheim wünsche ich großen Erfolg.

Dr. Thomas Goppel
Bayerischer Staatsminister für Wissenschaft, Forschung und Kunst

Vorwort

In vielen geschichtlichen Schwerpunktausstellungen hat das Haus der Bayerischen Geschichte bisher Themen der Geschichte Frankens dargestellt. Beginnend mit der Ausstellung „Glück und Glas“ zur Wirtschafts- und Kulturgeschichte der Glasproduktion im Spessart (Lohr 1984) hat es seitdem insgesamt zehn Einzelausstellungen in Franken veranstaltet. Diese galten der politischen und wirtschaftlichen Geschichte, der Gesellschafts- und Kulturgeschichte und sie spielten in Reichsstädten und Adelsherrschaften, im Bistum Würzburg und im Bistum Bamberg und in den Markgrafschaften der Hohenzollern. Die Wahl der Themen trug der Vielfalt der fränkischen Geschichte Rechnung. Doch daneben gewann die Frage nach der Gemeinsamkeit der fränkischen Regionen an Interesse. Was ist das Verbindende in Sprache und Lebenskultur, aus welchen Wurzeln erwuchs das uns vertraute Fränkische?

Jeder Versuch einer Beantwortung dieser Fragen muss sich mit der Vorgeschichte der Gebiete befassen, die heute unter den Begriff „Franken“ fallen. Bevor es die bayerischen Regierungsbezirke Ober-, Mittel- und Unterfranken und das badische Franken gab, gab es den Fleckenteppich der vielen Territorien, die seit dem Mittelalter entstanden waren. Dieser war aber nicht auf das heutige Franken begrenzt. Die einzige fassbare Einheit wurde durch den „Fränkischen Reichskreis“ gebildet, der von 1500 bis zum Ende des Alten Reichs 1806 bestand. Er war einer der Wahlbezirke für die Räte zum Reichsregiment von Kaiser Maximilian I. Aber was spielte sich ab zwischen dem Auftauchen der ersten Franken und der Benennung eines „Fränkischen Reichskreises“? Die Antworten darauf gibt diese Ausstellung.

Forchheim ist ein idealer Standort für eine Landesausstellung zum Thema „Franken im Mittelalter“. 805 als Grenzort im Handel mit Slawen und Awaren zum ersten Mal urkundlich bezeugt, war es im 9. und 10. Jahrhundert mehrmals Schauplatz großer Reichsversammlungen und Ort von Königswahlen. Auch der Spielort der Ausstellung, das Pfalzmuseum, weist auf die historische Rolle Forchheims als Königspfalz hin. Wir freuen uns, dass wir hier nach einer längeren Umbau- und Renovierungsphase einen ausgezeichneten Präsentationsort gefunden haben.

Wir danken ganz besonders Herrn Oberbürgermeister Franz Stumpf für sein großes Engagement bei der gemeinsamen Vorbereitung. Auch die Leiterin des Pfalzmuseums, Frau Susanne Fischer, war trotz ihrer Inanspruchnahme durch die Vorbereitung der Neueröffnung der stadtgeschichtlichen Ausstellung für unser Anliegen stets aufgeschlossen.

Bei der wissenschaftlichen Vorbereitung der Landesausstellung sind wir den Herren Prof. Dr. Wolfgang Wüst (Universität Erlangen-Nürnberg), Prof. Dr. Dieter J. Weiß (Universität Bayreuth) und Prof. Dr. Helmut Flachenecker (Universität Würzburg) und ihren wissenschaftlichen Mitarbeiterinnen und Mitarbeitern zu großem Dank verpflichtet. Erstmalig und in dieser Form auch für spätere Projekte wegweisend ist die enge Zusammenarbeit mit der Kommission für bayerische Landesgeschichte bei der Bayerischen Akademie der Wissenschaften, die von Prof. Dr. Alois Schmid geleitet wird. Wir haben im November 2003 in

Forchheim gemeinsam ein dreitägiges Symposium zur Geschichte Frankens im Mittelalter veranstaltet. Die Tagung wurde von Privatdozent Dr. Johannes Merz und Dr. Robert Schuh vorbereitet, die auch die gesamte redaktionelle Arbeit für den Begleitband übernommen haben. Ihnen sei herzlich dafür gedankt.

Ganz besonders haben wir den Leihgebern zu danken, die eine Reihe von hochrangigen Exponaten zur Verfügung stellen. Museen und kirchliche Institutionen aus Wien, Innsbruck, London, Köln, Melk, Berlin, Speyer, Stuttgart, Hannover sowie die fränkischen Leihgeber aus Nürnberg, Bamberg und Würzburg und die Münchner Museen, Archive und Bibliotheken ermöglichen mit ihren Leihgaben eine repräsentative Darstellung wichtiger Aspekte unseres Themas.

Dass ein Ausstellungsprojekt auch nachhaltig für den Ort der Ausstellung selbst wirken kann, zeigt die enge Zusammenarbeit mit der Archäologischen Staatssammlung München und ihrem Direktor, Prof. Dr. Ludwig Wamser. Die Planung dieser Institution, in zwei Stockwerken des Pfalzmuseums 2006 ein Zweigmuseum zur frühmittelalterlichen Geschichte Oberfrankens einzurichten, ist bereits eng mit unserer Ausstellungsplanung abgestimmt worden. Die gesamte Ausstellungssequenz zum ersten Auftreten der Franken in Franken, die maßgeblich von Dr. Arno Rettner von der Archäologischen Staatssammlung München konzipiert wurde, wird erhalten bleiben und Teil des neuen Zweigmuseums werden. Dass dies möglich wurde, verdanken wir der Förderung durch die Oberfrankenstiftung. Herrn Regierungspräsident Hans Angerer und dem Stiftungsrat gilt deshalb unser besonderer Dank. Die Oberfrankenstiftung ermöglichte auch die Ausstellung „Bilder aus Pergament, Glas und Papier“ in der Staatsbibliothek Bamberg, die zeitgleich zur Forchheimer Landesausstellung zu sehen sein wird.

Allen Autoren unseres Katalogs, stellvertretend für alle anderen Herrn Prof. Dr. Wilhelm Störmer und Herrn Prof. Dr. Rudolf Endres, sagen wir unseren herzlichen Dank.

Für die Gestalter der Landesausstellung, die Gruppe Gut aus Bozen, waren die Räume im Pfalzmuseum eine besondere Herausforderung. Ihnen gelang die Einbindung der spätmittelalterlichen Wandmalereien in ein abwechslungsreiches Gestaltungskonzept. Nach den Landesausstellungen in Passau und Bamberg ist dies ihr drittes gemeinsames Projekt mit dem Haus der Bayerischen Geschichte. Nachhaltige Unterstützung haben wir durch die Firma Osram Light Consulting bei der Lichtplanung in den Ausstellungsräumen erhalten.

Durch die Übernahme der Hälfte der Herstellungskosten durch das Stadtarchiv Nürnberg konnte zur Landesausstellung eine CD-ROM mit einer „Blätterversion“ des Großen Tucherbuches, des bedeutendsten Geschlechterbuches einer Nürnberger Patrizierfamilie, realisiert werden. Herrn Dr. Michael Diefenbacher sei für seine Initiative und für die Erarbeitung der über 150 Biografien und die Klärung der Genealogie gedankt, die er zusammen mit seinen Mitarbeitern geleistet hat.

Die Landesausstellung in Forchheim wird ergänzt durch eine Reihe von Begleitausstellungen. Herrn Prof. Dr. Bernhard Schemmel von der Staatsbibliothek Bamberg, Frau Brigitte Korn vom Haus fränkischer Geschichte auf Burg Abenberg, Herrn Prof. Dr. Karlheinz Müller von der Universität Würzburg, Albrecht Graf von und zu Egloffstein in Pappenheim, Herrn Prof. Dr. Konrad Bedal vom Fränkischen Freilandmuseum in Bad Windsheim und Herrn Rainer Hofmann vom Fränkische Schweiz Museum Tüchersfeld danken wir für ihre Initiative und Kooperationsbereitschaft. Sie haben mit erheblichem Aufwand Ausstellungen organisiert, die Themen der Landesausstellung aufgreifen und vertiefen. Auch den Herren Prof. Dr. Rainer Koch vom Historischen Museum Frankfurt und Dr. Gregor Stasch vom Vonderau Museum in Fulda gilt unser Dank für die Präsentation einer Tafelausstellung zur Geschichte Frankens im Mittelalter.

Der „Zauberschrank" Franken öffnet sich für die Besucher auf dem neuen KulTour-Pfad „Franken im Mittelalter". Über 40 fränkische Orte laden ein zur Zeitreise ins Mittelalter, zu Ritterburgen und Wehrkirchen, Rathäusern und Weinkellern – eine Fülle historischer Schätze liegt aus den verschiedensten Anreiserichtungen nach Forchheim auf dem Weg. Der KulTour-Pfad ergänzt die Landesausstellung und macht über das Jahr 2004 hinaus vieles Bekannte und Unbekannte in Franken erfahrbar. Herr Peter Lengle war der Initiator und Organisator dieses Ergänzungsprogramms, das durch Frau Dr. Michaela Simon und mithilfe des Fremdenverkehrsverbands Franken realisiert werden konnte. Wir danken Herrn Olaf Seifert für die sehr gute Kooperation. Herrn Prof. Dr. Konrad Goppel im Staatsministerium für Wirtschaft, Infrastruktur, Verkehr und Technologie danken wir für die Förderung und wesentliche finanzielle Unterstützung dieses Projekts.

Den Mitarbeitern im Ausstellungsteam, Frau Dr. Jutta Schumann und Herrn Peter Lengle, danken wir für die gründliche Vorbereitung und engagierte Umsetzung des ambitionierten Vorhabens. Frau Evamaria Brockhoff danken wir für zahlreiche Initiativen zum Projekt und für die wie immer fantasievolle und sorgsame Herstellung des Katalogs. Wir freuen uns, dass die Wissenschaftliche Buchgesellschaft in Darmstadt und der Konrad Theiss Verlag in Stuttgart eine Lizenzausgabe des Katalogs publizieren.

Wir danken allen Mitarbeiterinnen und Mitarbeitern des Hauses der Bayerischen Geschichte, insbesondere auch in der Verwaltung und in der Öffentlichkeitsarbeit, für ihren Einsatz und wünschen uns alle einen regen Besuch der Ausstellung!

Prof. Dr. Claus Grimm　　*Dr. Wolfgang Jahn*

Der Schirmherr der Ausstellung
Der Bayerische Staatsminister für Wissenschaft, Forschung und Kunst Dr. Thomas Goppel

Veranstalter
Haus der Bayerischen Geschichte
Direktor Prof. Dr. Claus Grimm

Stadt Forchheim
Oberbürgermeister Franz Stumpf

Koordination Stadt Forchheim
Zweiter Bürgermeister Franz Streit
Michael Scherer
Susanne Fischer

Kuratorium
Hans Angerer, Regierungspräsident von Oberfranken, Bayreuth
Dr. Günther Beckstein, Staatsminister, München
Dr. Paul Beinhofer, Regierungspräsident von Unterfranken, Würzburg
Johann Böhm, Präsident des Bayerischen Landtags a. D., München
Dr. Johannes Friedrich, Landesbischof der Evangelisch-Lutherischen Kirche in Bayern, München
Reinhard Glauber, Landrat, Forchheim
Klaus Häffner, Bayerischer Rundfunk, Nürnberg
Joachim Herrmann, MdL, München
Albrecht Graf von Ingelheim, Bezirkstagspräsident, Würzburg
Gerd Lohwasser, Bezirkstagspräsident, Ansbach
Friedrich Odenbach, ehem. MdL, München
S. E. Bischof Dr. Paul-Werner Scheele, Würzburg
S. E. Erzbischof Prof. Dr. Ludwig Schick, Bamberg
Dr. Werner Schnappauf, Staatsminister, München
Dr. Josef Schuster, Präsident des Landesverbands der Israelitischen Kultusgemeinde in Bayern, München
Christine Stahl, MdL, München
Gerd Sitzmann, Bezirkstagspräsident, Bayreuth
Franz Stumpf, Oberbürgermeister der Stadt Forchheim

Projektleitung
Dr. Wolfgang Jahn

Wissenschaftliche Mitarbeit
Dr. Jutta Schumann
Peter Lengle
Dr. Arno Rettner, Archäologische Staatssammlung München

Objektrecherchen
Dr. Claudia Siegel-Weiß
Dr. Stephan Römmelt

Objekt- und Fotoverwaltung
Dr. Jutta Schumann

Katalogredaktion
Evamaria Brockhoff
Dr. Jutta Schumann
Dr. Wolfgang Jahn
Michael Herdick
Helga Wiedmann

Verwaltung
Clemens Menter
Kurt Lange
Wolfgang Schaile

Öffentlichkeitsarbeit
Dr. Michael Henker
Dr. Verena Schäfer
Peter Lengle

Gestaltung
Gruppe Gut, Bozen

Bauleitung
Dipl.-Ing. (FH) Matthias Held

Bauten
Trockenbau Engelbert Sommer
Andreas Spindler, Instrumentenbau
Thomas Schuhmann

Lichtplanung
Dipl.-Ing. Martin Reuter, Osram Light Consulting

Begleitprogramm
Dieter George
Thomas Spindler, c. a. b. Records
Peter Lengle

Medien und Internet
Peter Lengle
Medianovate, Erlangen
Robert Frank, Ansbach
Capella Antiqua Bambergensis

Tele Franken, Bamberg
Media Connect, Augsburg
MediaCircle, Regensburg

Konservatorische Betreuung
Ernst Bielefeld, Augsburg
Jürgen Holstein M. A., Rothenburg ob der Tauber
Alfred Stemp, Eichenau
Manfred Wunderskirchner, Böbing
Achim Börnert, Eichenau

Ausstellungspädagogik
Peter Lengle
Dr. Jutta Schumann

Projekt KulTour-Pfad
Peter Lengle
Anke Spindler
Prof. Dr. Konrad Goppel

Mit freundlicher Unterstützung
Oberfrankenstiftung, Bayreuth
Sparkasse Forchheim
Nürnberger Nachrichten
Fränkischer Tag, Nürnberg

Katalogtexte

K. B.	Karl Borchardt
B. B.-R.	Birgitt Borkopp-Restle
W. B.	Wolfgang Brückner
H. B.	Horst Brunner
Ch. D.	Christoph Daxelmüller
B. D.	Bernhard Demel
M. D.	Michael Diefenbacher
J. D.	Jesko Graf zu Dohna
G. E.	Gerhard Egert
R. E.	Rudolf Endres
H. E.	Helmut Engelhart
M. F.	Monika Fahn
H. F.	Helmut Flachenecker
A. F.	Annette Frey
G. G.	Gisela Grupe
J. H.	Jochen Haberstroh
S. H.	Sebastian Haggenmüller
B. v. H.	Bertold von Haller
I. H.-E.	Ingrid Heeg-Engelhart
Th. H.	Thomas Heiler
K. H.	Klaus Herbers
M. H.	Mathias Herweg
W. J.	Wolfgang Jahn
N. J.	Norbert Jopek
G. R. v. K.	Georg Ritter von Kern
R. K.	Robert Koch
B. K.	Bernd Konrad
S. K.-N.	Sabine Krämer-Neubert
H. K.	Hartmut Kugler
Ch. K.	Christiane Kummer
Ch. L.	Christian Lankes
P. L.	Peter Lengle
A. L.	Andrea Lermer
G. M.	Georg Menth
J. M.	Johannes Merz
K. M.	Karlheinz Müller
H. N.	Hermann Neubert
G. R.	Gerhard Rechter
R. R.	Robert Reiß
A. R.	Arno Rettner
K. R.	Klaus Rupprecht
B. S.	Bernhard Schemmel
B. Schi.	Barbara Schick
J. Schn.	Joachim Schneider
W. Sch.	Wolfgang Schneider
E. Sch.	Erich Schneider
J. Sch.	Jutta Schumann
C. S.-W.	Claudia Siegel-Weiß
K. Sp.	Konrad Spindler
W. Sp.	Wolfgang Spindler
B. St.	Bernd Steidl
B. Ste.	Barbara Steinherr
W. St.	Wilhelm Störmer
G. St.	Gerd Stumpf
A. O. W.	Andreas Otto Weber
D. J. W.	Dieter J. Weiß
M. W.	Matthias Weniger
B. W.	Barbara Wührer
W. W.	Wolfgang Wüst
J. Z.	Joachim Zeune
B. Z.	Bernward Ziegaus

Leihgaben und Vorlagen für Reproduktionen stellten dankenswerterweise zur Verfügung:

Museen der Stadt Aschaffenburg, Stiftsmuseum
Katholische Pfarrgemeinde Aub
Archäologisches Museum Bad Königshofen im Grabfeld
Diözesanmuseum Bamberg
Katholische Kirchenstiftung U. lb. Frau, Bamberg
Bayerisches Landesamt für Denkmalpflege, Bamberg
Staatsarchiv Bamberg
Staatsbibliothek Bamberg
Wolfgang Wagner, Bastheim
Deutsches Historisches Museum, Berlin
Staatliche Museen zu Berlin – Preußischer Kulturbesitz, Kupferstichkabinett
Fürstlich Castell'sches Archiv, Castell
Katholische Kirchenstiftung Eibelstadt
Bischöfliches Domkapitel Eichstätt
Universitätsbibliothek Erlangen-Nürnberg
Pfalzmuseum Forchheim

Museum für Vor- und Frühgeschichte
Gunzenhausen
Niedersächsische Landesbibliothek, Hannover
Universitätsbibliothek Heidelberg
Evang.-Luth. Pfarramt Heilsbronn
Bayerisches Armeemuseum, Ingolstadt
Badisches Landesmuseum, Karlsruhe
Römisch-Germanisches Museum, Köln
Landschaftsmuseum Obermain, Kulmbach
Victoria & Albert Museum, London
Hessisches Staatsarchiv, Marburg
Stiftsbibliothek Melk
Bayerisches Landesamt für Denkmalpflege,
Schloss Seehof, Memmelsdorf
Archäologische Staatssammlung München –
Museum für Vor- und Frühgeschichte
Bayerisches Hauptstaatsarchiv, München
Bayerisches Nationalmuseum, München
Bayerische Staatsbibliothek, München
Bayerische Verwaltung der staatlichen Schlösser,
Gärten und Seen, Residenz München
Staatliche Münzsammlung, München
Anthropologische Staatssammlung, München
Universitätsbibliothek München
Wittelsbacher Ausgleichsfonds, München
Pfarrgemeinde Neustadt a. Main
Frhrl. Hallersche Familienstiftung, Nürnberg
Evang.-Luth. Kirchengemeinde St. Jakob, Nürnberg
Bayerisches Landesamt für Denkmalpflege,
Nürnberg
Germanisches Nationalmuseum, Nürnberg
Dr.-Lorenz-Tucher-Stiftung, Nürnberg
Evang.-Luth. Pfarramt St. Sebald, Nürnberg
Staatsarchiv Nürnberg
Stadtarchiv Nürnberg
Walter Jahn, Ostheim
Archäologisches Landesmuseum Baden-Württemberg, Zentrales Fundarchiv, Rastatt
Kath. Pfarramt St. Nikolaus, Scheer
Städtische Sammlungen Schweinfurt
Historisches Museum der Pfalz, Speyer
Württembergisches Landesmuseum, Stuttgart
Evang.-Luth. Kirchengemeinde Thurnau
Stadt Treuchtlingen
Stadtarchiv Volkach
Amt des Hochmeisters des Deutschen Ordens,
Museum und Schatzkammer, Wien
Kunsthistorisches Museum, Wien, Gemäldegalerie
Domkirchenstiftung Würzburg
Jüdische Gemeinde in Würzburg und Unterfranken,
Würzburg
Bayerisches Landesamt für Denkmalpflege,
Würzburg
Mainfränkisches Museum, Würzburg
Staatsarchiv Würzburg
Stadtarchiv Würzburg
Universitätsbibliothek Würzburg
Sammlung Fridolin Beßler, Zeuzleben
sowie private Leihgeber, die ungenannt bleiben
wollen

Für Rat und Hilfe danken wir folgenden Personen und Institutionen:

Hans Angerer, Regierungspräsident des Bezirks
Oberfranken
Patrick Backer, Tourismus- und Kongress-Service,
Bamberg
Franz Xaver Bauer, Tourismusverband Fränkische
Schweiz, Ebermannstadt
Prof. Dr. Konrad Bedal, Fränkisches Freilandmuseum, Bad Windsheim
Dr. Paul Beinhofer, Regierungspräsident des Bezirks
Unterfranken
Detlef Bens, Karstadt Bamberg
Sabine Berger, Ebersberg
Franz-Josef Bieber, Vereinigte Raiffeisenbanken
Forchheim
Prof. Dr. Karl Borchardt, Stadtarchiv Rothenburg
ob der Tauber
Xenia Brönnle, Würzburg
Prof. Dr. Wolfgang Brückner, Würzburg
Prof. Dr. Horst Brunner, Universität Würzburg
S. D. Albrecht Fürst zu Castell, Castell
Andreas Christl, Bamberg
Prof. Dr. Christoph Daxelmüller, Universität
Würzburg
Dr. Michael Diefenbacher, Stadtarchiv Nürnberg
Dr. Günter Dippold, Bayreuth
Alfons Distler, Karstadt Bamberg
Peter Ditze, Würzburg
Jesko Graf zu Dohna, Castell
Anton Eckert, VHS-Zentrum Forchheim
Roland Eismann, Stadt Forchheim
Prof. Dr. Rudolf Endres, Buckenhof
Wolfgang Felber, Ottobrunn
Susanne Fischer, Pfalzmuseum Forchheim
Prof. Dr. Helmut Flachenecker, Universität
Würzburg
Mai-Britt Frost-Larsen, Kitzingen
Jörg Fuchs, Würzburg
Heiner Fürst, earlybird, Nürnberg
Dieter George, Stadt Forchheim
Ewald Glückert, Lauf a. d. Pegnitz
Prälat Luitgar Göller, Erzdiözese Bamberg
Dr. Jochen Haberstroh, Bayerisches Landesamt
für Denkmalpflege, Ingolstadt
Sebastian Haggenmüller, Augsburg
Dr. Thomas Heiler, Stadtarchiv Fulda
Dipl.-Ing. Matthias Held, Immenstadt/Eckarts
Lonika und Geo Herzog, Stephanskirchen
Dr. Daniel Hess, Nürnberg

Rainer Hofmann M. A., Fränkische Schweiz Museum, Tüchersfeld
Jürgen Holstein, Rothenburg ob der Tauber
Josef Hoppe, Fulda
Barbara Hörmann, Deutsches Hirtenmuseum der Stadt Hersbruck
Albrecht Graf von Ingelheim, Bezirkstagspräsident, Würzburg
Dr. Andreas Jakob, Stadtarchiv Erlangen
Sebastian Joosten, Würzburg
Jessica Kardeis M. A., Tourismusverband Franken e.V., Nürnberg
Hans-Peter Kernstock, Nürnberg
Klaus Kobjoll, Schindlerhof Nürnberg-Boxdorf
Brigitte Korn, Haus fränkischer Geschichte, Abenberg
Dr. Sabine Krämer-Neubert, Universität Würzburg
Kerstin Kraus, Würzburg
Andrea Kümmel, Würzburg
Ali Ledin, Ledin Print & Mediacenter, Gaimersheim
Dr. Jost Lohmann, AGIL – Büro für angewandte Archäologie, Bamberg
Dr. Ewald Maier, Sparkasse Forchheim
Margit Maier, Würzburg
Irene Mattle, Tourist-Information, Forchheim
PD Dr. Johannes Merz, Archiv und Bibliothek des Bistums Würzburg
Vera Mika, Augsburg
Simone Mitterer, Augsburg
Tanja Möller, Landratsamt KT Dachmarketing, Kitzingen
Prof. Dr. Karlheinz Müller, Universität Würzburg
Matthias Murko, Museum Industriekultur, Nürnberg
Thomas Pötsch, Sparkasse Forchheim
Hans Werner Peßler, Bamberg
Jochen Ramming M. A., Frankonzept Würzburg
Dr. Gerhard Rechter, Nürnberg
Dr. Wolfgang F. Reddig, Bamberg
Dr. Sibylle Reichel, Erlangen
Dipl.-Ing. Reithmeier, Osram Light Consulting, München
Dipl.-Ing. Martin Reuter, Osram Light Consulting, München
Andrea Römmer, Hirschaid
Klaus-Peter Schäffel, Papiermuseum Bärschwil
Dr. Thomas Schauerte, Heidelberg
Burkhard Schemmel, novere GmbH, Hof a. d. Saale
Prof. Dr. Bernhard Schemmel, Staatsbibliothek Bamberg
Michael Scherer, Stadt Forchheim
Dr. Joachim Schneider, Würzburg
Edith Schoeneck M. A., Museumspädagogische Werkstatt, Schloss Obernzenn
Dr. Robert Schuh, Kommission für bayerische Landesgeschichte, Nürnberg
Stephanie Schuhknecht, Augsburg
Dr. Engelbert Schwarzenbeck, München
Olaf Seifert, Tourismusverband Franken, Nürnberg
Dr. Claudia Siegel-Weiß, Nürnberg
Dr. Michaela Simon, Augsburg
Dr. Franz Sonnenberger, Museen der Stadt Nürnberg
Andreas Spindler, Bamberg
Anke Spindler, c. a. b. Media, Schloss Wernsdorf
Thomas Spindler, c. a. b. Records, Bamberg
Caroline Springob, München
Dr. Gregor Stasch, Fulda
Alfred Stemp, Eichenau
Dagmar Stonus M. A., Frankonzept, Würzburg
Prof. Dr. Wilhelm Störmer, Neubiberg b. München
Dr. Karl Südekum, Universitätsbibliothek Würzburg
Ulla Teutrine, Forchheim
Alexandra Urquhart, Victoria & Albert Museum, London
Dr. Werner Wagenhöfer, Staatsarchiv Würzburg
Dr. Ulrich Wagner, Stadtarchiv Würzburg
Sigrun Wagner, Forchheim
Prof. Dr. Ludwig Wamser, Archäologische Staatssammlung München
Dr. Dieter Weber, Würzburg
Roland Weiniger, noris.tech, Nürnberg
Prof. Dr. Dieter J. Weiß, Bayreuth
Dr. Matthias Weniger, Bayerisches Nationalmuseum, München
Dr. Johannes Willers, Germanisches Nationalmuseum, Nürnberg
Wilfried Willner, Nordbayerische Nachrichten, Nürnberg
Heidi Winter, Würzburg
Manfred Wunderskirchner, Böbing
Prof. Dr. Wolfgang Wüst, Universität Erlangen-Nürnberg
Dipl.-Phys. Thomas Zapf, Medianovate, Hemhofen

Wilhelm Störmer

Franken bis zum Ende der Stauferzeit

Die Geschichte des Raums im Rahmen der Reichsgeschichte

Der Raum der früh- und hochmittelalterlichen Geschichte Frankens ist nicht ohne weiteres mit den heutigen drei fränkischen Regierungsbezirken gleichzusetzen. Erst nach einem langen Prozess wurden die Mainlande fränkisch, der Süden noch später. Nürnberg, zunächst im bayerischen Nordgau, entwickelte sich erst in der Salier- und Stauferzeit zum fränkischen Schwerpunkt. Andererseits endet die Geschichte des ehemaligen „Ostfranken" nicht an der Grenze der heutigen bayerisch-fränkischen Regierungsbezirke. Der fränkische Raum war geografisch wie politisch gegenüber allen Nachbarbereichen offen.

Franken, bevor es fränkisch wurde

Als die Römer um Christi Geburt ihren Sicherheitskordon an der Rhein- und Donaugrenze anlegten, versuchten sie auch Vorstöße in das Innere Germaniens. Davon zeugt das gewaltige Legionslager bei Marktbreit. In den letzten Jahrzehnten des 1. Jahrhunderts wurde die römische Reichsgrenze vom Rhein nach Osten und von der Donau nach Norden vorgeschoben und der so genannte Limes errichtet, dessen Reste noch heute in Mittelfranken und im westlichen Unterfranken zu sehen sind. Als der Limes um 260 aufgegeben werden musste, wurde das Gebiet um 300 von Germanen (wohl Alamannen, Burgunder und Juthungen) in Besitz genommen, während in den Zonen außerhalb der ehemaligen Reichsgrenze die elbgermanischen Stammesgruppen, unter denen die Hermunduren führend waren, siedelten. Aus diesem Stamm der Hermunduren gingen die Thüringer hervor, die nach den politischen Veränderungen um 400 bis zur Donau expandieren konnten, während der Westen und Südwesten Frankens alamannisch und juthungisch blieb.

Kat.-Nr. 13 a

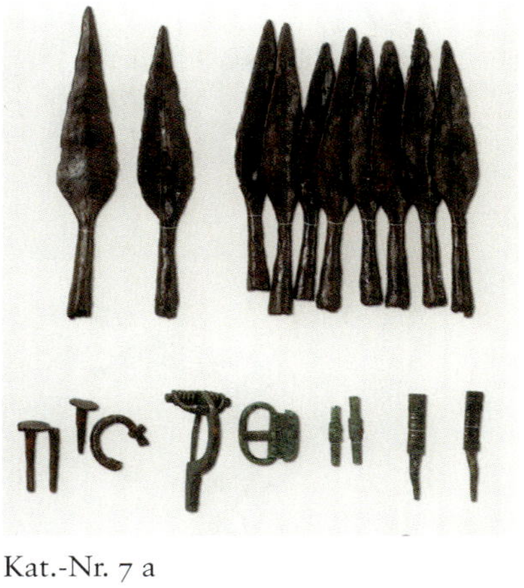

Kat.-Nr. 7 a

Die räumliche Verteilung von Siedlungsland und Wald war im Franken der Nachvölkerwanderungszeit nicht grundsätzlich verschieden von der heutigen. So lässt sich in der Merowingerzeit (nach 500) eine relativ dichte Besiedlung der Gäulandschaften vom Kraichgau im rheinnahen Südwesten bis zum Grabfeld vor dem Thüringer Wald feststellen, ähnlich im Süden des heutigen Franken zwischen Weißenburg und Treuchtlingen-Gunzenhausen und besonders im Umland des Ries.

Die Siedlungsdichte ist abhängig von der Güte der Böden, aber auch von der verkehrsgeografischen Bedeutung der Flusstäler. All diese Zonen, in denen übrigens noch ein beträchtlicher Waldanteil rekonstruiert werden kann, sind sicherlich nicht erstmals im Frühmittelalter besiedelt worden. Es ist vielmehr mit einer Reihe von Landschaften zu rechnen, die bereits im vorchristlichen Jahrtausend besiedelt waren, ob kontinuierlich oder nicht, lässt sich freilich nur schwer feststellen.

Das eigentliche „Ostfranken" lag in Mainnähe, reichte aber im Osten kaum bis Bamberg. Der Süden Frankens, also große Teile des heutigen Mittelfranken, nimmt im ersten Jahrtausend zunächst eine andere Entwicklung als der Norden. Zwar formierten sich hier seit dem 2./3. Jahrhundert immer wieder germanische Stammesverbände zum

Einfall in das „reiche“ Römerreich, doch sind diese Stammes- und Siedlungsverbände bereits um 500 schwer erkennbar. Fränkische „Militärposten“ rückten nach dem Sieg über die Thüringer 529/34 n. Chr. nach Süden und Südosten bis in die Donauzone vor, doch kann von einer fränkischen Aufsiedlung noch lange nicht die Rede sein. Sie erfolgte ohnehin nur in den offenen Gäulandschaften der Mainlande und im fruchtbaren mittleren Altmühlraum sowie um den Hesselberg. Zudem verstanden sich die Mitglieder der – offenbar heterogenen – Bevölkerung südlich von Ansbach als Sualafelder (Schwalmfelder), die ihre eigenen Rechte und Gewohnheiten hatten, also nicht zu den „Franken“ zählen wollten. Dafür gibt es seit dem 8. Jahrhundert eine Reihe von eindrucksvollen Zeugnissen. Vielleicht war Weißenburg unweit des Karlsgrabens der Mittelpunkt dieser „terra Sualafeldorum“. Hugeburc, die Angelsächsin und Verwandte des hl. Wunibald (Wynnebald), spricht als erste vom Land der Sualafelder, die der Missionar Wunibald, noch voll heidnischen Glaubens, Bräuchen und Beschwörungen antraf. Später spricht man vom pagus (= Gau) Sualafeld; einige Quellenzeugnisse unterstreichen deutlich den Sonderstatus dieses Gebiets.

Nicht nur die Vorgänge des 8. Jahrhunderts machen deutlich, dass südlich davon bayerisch-schwäbische Machthaber beträchtlichen Einfluss ausgeübt haben. So reichte das Bistum Augsburg bis Feuchtwangen und Crailsheim; das Kloster Eichstätt, das sich noch im 8. Jahrhundert zum „Mittelfranken“-Bistum entwickelte, wurde von Bayern aus initiiert. Und blickt man nach dem fränkischen Osten, so enden die alten Gauangaben vor den Hassbergen, dem Steigerwald und der Frankenhöhe. Östlich davon ist jene Zone slawischer Durchdringung, die in der Zeit Karls des Großen erst noch politisch zu organisieren war.

Der fränkische Raum wird merowingisch

Die Reichsbildung der Franken durch die Merowingerkönige seit König Chlodwig (482–511) war auch für den fränkischen Raum, dessen Bevölkerung schließlich den fränkischen Stammesnamen übernahm (8./9. Jahrhundert), von nachhaltiger Wirkung. Zwei Siege Chlodwigs über die Alamannen (496/97 und 506) haben wohl auch die Unterwerfung der am Untermain sitzenden alamannischen Bevölkerungsgruppe bewirkt. Wo die Ostgrenze des Merowingerreichs vor 531 verlief, ist schwer zu sagen; sicher gab es frühe Stützpunkte. Nach der Unterwerfung der Thüringer 531 muss aber das Maingebiet unter fränkischer Kontrolle gestanden haben. Wie rasch und wie intensiv die „Frankisierung“ des Landes erfolgte, ist bis heute strittig.

Vor allem Chlodwigs Übertritt zum Christentum war ein Faktor, der stark zur Stabilisierung seiner Reichsgründung beitrug, ein Faktor, der später auch für die Mainlande bestimmend wurde. Die außergewöhnliche Stabilität des Frankenreichs ist daran zu erkennen, dass trotz großer Belastungen wie Reichsteilungen und blutiger Machtkämpfe in der merowingischen Königssippe das Reich nicht auseinanderfiel. Bei der Teilung des Merowingerreichs nach dem Tod Chlodwigs 511 unter dessen Söhne fiel das fränkische Rheinland und sein östliches Glacis an Theuderich, der in Reims residierte. Die Mainlande fügten sich also zumindest theoretisch in dieses Reimser Teilreich ein, das auch den Namen Austrasien erhielt.

Das erste Opfer der Ostpolitik des Frankenkönigs Theuderich I. (511–533) war das kurzlebige, aber einst mächtige Thüringerreich, das offenbar große Teile des heutigen Franken beherrschte oder kontrollierte. 534 war die fränkische Eroberung Thüringens abgeschlossen. Laut Venantius Fortunatus wurde das Land furchtbar verheert.

Kat.-Nr. 9

Wie die Merowinger diesen Raum nach der Beseitigung der thüringischen Könige politisch organisierten, wissen wir nicht; wir kennen auch nicht den Grad der Abhängigkeit des Landes vom Westen. Auf jeden Fall dürften die Merowinger versucht haben, Vertrauenspersonen in wichtige rechtsrheinische Positionen zu bringen, deren Zuverlässigkeit natürlich variabel sein konnte.

Das Vordringen der Awaren nach Westen, die die Slawen bis in die Randzonen fränkischer Interessen vor sich herschoben, brachte im 7. Jahrhundert den Frankenkönig in Bedrängnis. Um nicht den mitteldeutschen Raum zu verlieren und auch um seinen Sohn zu versorgen, gab Dagobert I. (629–639) die Herrschaft über das Gesamtreich wieder auf und machte Sigibert III. im Jahr 633 zum König von Austrasien.

Für den thüringischen Bereich setzte der König einen Herzog als fränkischen Amtsträger ein, nämlich Radulf, um die Slawen zu bekämpfen. Sein Sieg über die Slawen, der zeitlich nach der fränkischen Niederlage bei der (nicht lokalisierbaren) Wogastisburg anzusetzen ist, muss beachtlich gewesen sein, sonst hätte Radulf sich nicht so selbstständig fühlen und einen Aufstand gegen König Sigibert III. bzw. gegen dessen Stellvertreter, wagen können.

Viele Vertreter mainfränkischer Forschung haben diesen Radulf mit Hruodi, dem ersten bekannten würzburgischen Herzog, identifiziert und Radulf somit zum Stammvater würzburgisch-thüringischer Herzöge gemacht. Diese Identifizierung ist allein schon sprachlich kaum zu rechtfertigen. Viel wahrscheinlicher ist, dass der Frankenkönig angesichts der Aufsässigkeit und „Überheblichkeit“ Radulfs einen neuen Herzog im Maingebiet als Gegengewicht gegen den Thüringerherzog installierte – möglicherweise unter Abspaltung ursprünglich thüringischer Herrschaftsbereiche im Maingebiet. Radulf konnte trotzdem nicht bezwungen werden; sein Ende ist unbekannt.

Die ersten mainfränkischen Herzöge

Insgesamt sind die Nachrichten über den fränkischen Raum im 7. Jahrhundert sehr dürftig. Von entscheidender Bedeutung für die zukünftige kirchliche Organisation der Mainlande sollte aber die Mission und noch mehr das Martyrium der irischen „Frankenapostel“ Kilian, Kolonat und Totnan sein (um 689). Bedauerlicherweise sind auch hierfür nur hagiografische Quellen vorhanden, deren älteste die wohl in Würzburg entstandene „Passio minor“ ist.

Kat.-Nr. 26

Diese ältere Kilianslegende besagt, dass der Ire Killena-Kilian, bereits Bischof, gemeinsam mit zwölf Gefährten die Heimat verlassen habe und auf seinem Missionszug nach Würzburg gelangt sei. Ausdrücklich wird betont, dass ihnen Land und Bewohner gefallen hätten, weshalb sie nach Rom gezogen seien, um eine Erlaubnis für die Predigt bei dem noch heidnischen Volk in Mainfranken zu erlangen. Indirekt wird sichtbar, dass Herzog und Hof in Würzburg großes Interesse an dem irischen Bischof und seinen Begleitern hatten. Man wird Kilian wohl als eine Art „Hofbischof“ ansprechen dürfen, der sicherlich dort über eine Kirche verfügte. Sofern die Iren Kilian, Kolonat und Totnan missionarisch tätig waren, hat sich das auf den Personenverband, vornehmlich auf den Gefolgschaftsverband des Herzogs bezogen. Die Lebensbeschreibung Kilians betont lediglich, Herzog Gozbert habe sich mit seinem ganzen Volk taufen lassen.

Das Hauptinteresse der Passio gilt dem Martyrium des Heiligen, das seine Ursache in der Verurteilung der Ehe Gozberts mit Geila (Geilana) hatte, die vordem mit dessen Bruder vermählt gewesen war. Vergleicht man die Verhältnisse mit anderen Gebieten des Merowingerreichs, dann ist evident, dass Kilian und seine Begleiter nicht Erstmissionare,

Kat.-Nr. 85

sondern Kämpfer für die strikte Befolgung kirchlicher Vorschriften in bereits missioniertem Gebiet gewesen sind.

Die Passio minor ist die einzige Quelle, welche die mainfränkische Herzogsreihe des 7. und beginnenden 8. Jahrhunderts wiedergibt. Ihr zufolge waren die Eltern des letzten Herzogs Hetan II. ein Herzog Gozbert und seine Gemahlin Geila, die in erster Ehe mit einem nicht namentlich bekannten Bruder Gozberts verheiratet gewesen war. Gozbert wiederum wird als Sohn Hetans (Hedens) des Älteren bezeichnet, der ein Sohn Hruodis war. Obgleich nicht ausdrücklich gesagt, darf doch angenommen werden, dass die hier genannten Personen Hetan der Ältere und Hruodi bereits Herzöge des mainfränkischen Raums gewesen waren. Da der Thüringerherzog Radulf mit dem in der Kilianspassio genannten Hruodi nicht identisch sein kann, bedeutet dies, dass Thüringen und Mainfranken unter König Dagobert als zwei verschiedene Herzogtümer existierten. Man wird den Sachverhalt wohl so deuten können, dass die Durchgangslandschaft des mittleren Mainlandes bis zur Verselbstständigung Radulfs zum thüringischen Amtsbereich gehört hatte, dann aber durch Dagobert dem widerspenstigen thüringischen „dux“ Radulf entrissen wurde. König Dagobert hat aller Wahrscheinlichkeit nach hier einen neuen Amtsherzog eingesetzt und ihm den zentralen Verkehrsort, das „castellum“ Würzburg, als Hauptsitz übergeben.

Die Macht der Herzöge östlich des Rheins erreichte an der Wende vom 7. zum 8. Jahrhundert offenbar ihren Höhepunkt. Hetan II., der Sohn und Nachfolger Herzog Gozberts, ist als Klostergründer und als erster Kirchenorganisator in die Geschichte Mainfrankens eingegangen. Von ihm besitzen wir zwei Herzogsurkunden, Zeichen seiner Vollmacht. Die Urkunde von 704 zeigt, dass Hetan II. über beträchtlichen Besitz in Thüringen verfügte und offensichtlich auch Herr Thüringens war. Seit wann Würzburger Herzöge dies waren, lässt sich nicht ermitteln, doch zeigen die beiden Herzogsurkunden Hetans II., dass er auch mit kirchlicher Hilfe seine Machtposition in Thüringen auszubauen gewillt war. Die Ausdehnung seines mainfränkischen Dukats nach Thüringen kann nicht ohne Wohlwollen und Genehmigung der Merowinger bzw. der arnulfingischen Hausmeier erfolgt sein. Die 704 an den angelsächsischen Missionar und Kirchenorganisator Willibrord (658–739) übertragenen innerthüringischen Güter von beachtlichem Umfang sollten offenbar angelsächsischen Geistlichen aus dem Gefolge des hl. Willibrord als materielle Grundlage für deren Missionsarbeit in Thüringen dienen.

Auffällig ist in der Urkunde die Actum-Zeile. Sie erwähnt als Ausstellungsort das „castellum Virceburch“, offensichtlich Hauptresidenz des Herzogs. Dies ist das erste urkundliche Zeugnis für Würzburg. Die Urkunde, nach dem zehnten Regierungsjahr des Merowingerkönigs Childebert III. datiert, informiert uns auch über den Namen von Hetans Gattin Theodrada und über Hetans Sohn Thuringus (= Thüring).

Rund 13 Jahre nach der ersten herzoglichen Güterschenkung wandte sich Herzog Hetan II. abermals an Bischof Willibrord, den damals vielleicht berühmtesten Missionar in Germanien, mit der Bitte ein Kloster zu errichten. 716/17 schenkte er dem Bischof Willibrord Familienbesitz in Hammelburg an der Fränkischen Saale mit dem ausdrücklichen Wunsch, in dem Ort solle ein Kloster gegründet werden. Dass dies nicht verwirklicht werden konnte, mag damit zusammenhängen, dass einerseits Bischof Willibrord nach 719 seine kirchlichen Interessen ganz auf Friesland richten musste und andererseits mit dem politischen

Kat.-Nr. 31

Ende Hetans II. und des mainfränkischen Herzogtums. Wie und wann sich dieses vollzog, bleibt im Dunkeln.

Die Frage ist ferner, wie weit der Kompetenzbereich dieser Hedenen-Herzöge geografisch reichte, nach Osten vermutlich bis zum Rand der Schenkungszone für das Bistum Würzburg, das heißt kaum bis Bamberg, im Norden nach Thüringen (oder zumindest große Teile dieser Region), nach Süden wohl nur bis zur Frankenhöhe, also Windsheim, Burgbernheim, Rothenburg. Ob Aschaffenburg und damit der Spessart noch zu ihrem Herzogtum gehörte, wissen wir nicht.

Für die Folgezeit wird der erste „Karolinger“ Karl Martell als fränkischer Hausmeier entscheidend. Er, Sohn des Hausmeiers Pippin des Mittleren, von diesem kurz vor dessen Tod 714 von der Nachfolge ausgeschlossen, konnte in permanenten Kämpfen bis etwa 720 ganz Austrasien und das Gesamtreich für sich gewinnen. In diesem Zusammenhang steht offenbar auch die Liquidation der Hedenen und ihres Herzogtums um 719/20, deren Herzogsgut von ihm beansprucht wurde. Möglicherweise gab er Ort und Burg Karlburg am Main seinen Namen. Der militante Hausmeier förderte aber auch die Missionare, besonders Willibrord in Utrecht und Echternach sowie Bonifatius durch einen Schutzbrief 723. Man darf davon ausgehen, dass er bis zu seinem Tod in den Mainlanden das Sagen hatte.

Kat.-Nr. 30

Winfrid-Bonifatius und die Gründung des Bistums Würzburg

Trotz der Missionsarbeit Kilians und seiner Begleiter, trotz der kirchenpolitischen Zusammenarbeit Willibrords mit dem letzten mainfränkischen Herzog Hetan II. fehlte es im heutigen Franken an einer übergreifenden kirchlichen Organisation. Das Bistum Mainz war zwar bereits um 700 bis zum Spessart vorgedrungen und südlich davon bis zur Tauber, doch war Mainz zu sehr in rheinische Interessen verstrickt, sodass es die Missionsinteressen im Osten nur sehr bedingt wahrnehmen konnte. Neben dem Bistum Mainz stießen aber auch andere Bistümer vom Rhein aus nach Osten vor. Im fränkischen Bereich ist dies vor allem das Bistum Worms, das in vorbonifatianischer Zeit offenbar nicht nur bei der Stiftsgründung von Mosbach am Neckar, sondern auch bei der Gründung des Klosters Amorbach im Odenwald beteiligt war.

Nach dem Ende des Herzogtums der Hedenen um 719 wurde laut ältester Bonifatius-Vita auch das Christentum wieder zurückgeworfen. Bonifatius musste also in diesem Raum weitgehend neu beginnen. Sein Aktionsraum reichte in den 20er-Jahren des 8. Jahrhunderts nur bis in die Nordzone des heutigen Franken. Im Maingebiet ließ er aber bald eine Reihe von Frauenklöstern durch seine angelsächsischen Mitstreiterinnen und Mitstreiter errichten. Kurz nach der Installierung der bayerischen Kirchenorganisation (739) schuf er 741/42 in seinem mitteldeutschen Tätigkeitsbereich und am Mittelmain Bistümer. Die Tatsache, dass die Bischofssitze in Würzburg und Büraburg in fränkischen Kastellen lagen, erweist deutlich die Mitwirkung der fränkischen „Staatshoheit“.

Bis heute ist das Datum der Gründung der Bistümer Würzburg, Büraburg und Erfurt umstritten, da präzise Jahresangaben fehlen. Die Willibald-Vita der zeitgenössischen Nonne Hugeburc sagt lediglich, dass Bonifatius den 41-jährigen Angelsachsen Willibald an einem 21. Oktober in Sulzenbrücken/Thüringen zum Bischof weihte. Bei dieser Weihe waren bereits die Bischöfe Burghard von Würzburg und Witta von Büraburg anwesend. Die Diskussion um den Termin der Bistumserrichtungen ringt um die Jahre 741/42. Dabei spielt die Beachtung politischer Elemente eine Rolle. Am 22. Oktober 741 starb nämlich der fränkische Hausmeier Karl Martell, um dessen Nachfolge

Kat.-Nr. 28

es sogleich zu Auseinandersetzungen zwischen seinen Söhnen kam. Erst aus den Bestätigungsurkunden für die Bischofssitze erhalten wir ein sicheres Abschlussdatum: 1. April 743. Das neue Bistum Würzburg umfasste vor allem das mittlere Mainland, insgesamt erstreckte sich seine Kompetenz auf 19 ostfränkische Gaue. Das östliche Grenzvorland war das weitgehend heidnische Slawenland.

Die eigentliche Bistumsausstattung für Würzburg wurde erst von den Söhnen Karl Martells vorgenommen, und zwar in zwei Stufen. Mitte des Jahres 742 teilte Bonifatius dem neuen Papst Zacharias die Gründung der drei Sprengel und die Bestellung der drei Bischöfe mit und forderte dringend die päpstliche Bestätigung dieses Akts. Doch erst am 1. April 743 wurde diese erteilt. Der erste Würzburger Bischof, Burghard, war einer seiner aus Südengland stammenden Mitarbeiter, zugleich Benediktinermönch. Burghard nahm nicht nur die wichtige Gründungsausstattung Karlmanns mit den zahlreichen königlichen Eigenkirchen entgegen, sondern ebenfalls – offensichtlich später – die große Schenkung Pippins. Er ist es auch, der die Frankenapostel Kilian, Kolonat und Totnan 752 zur Ehre der Altäre erheben ließ und damit die Initiative für die öffentliche Verehrung Kilians als Apostel der Diözese Würzburg ergriff.

Da der Bischofssitz Erfurt, mit dem der Angelsachse Willibald 741/742 ausgestattet war, rasch erlosch, zog sich Willibald wieder in sein Kloster Eichstätt zurück. Allmählich erwuchs aus diesem Kloster eine Bischofskirche und ein Bistum, das Willibald leitete.

Franken unter den Königen Pippin und Karl dem Großen

Als Franken 747 unter die Herrschaft Pippins kam, der 751 das fränkische Königtum übernahm, schenkte er dem neuen Mainbistum weiteren Besitz und verlieh ihm die Immunität. Damit legte er ein weiteres Fundament für die Stellung des Würzburger Bischofs, der als Gewährsmann der regierenden Karolinger angesichts des Grifo-Hauskonflikts, der Auseinandersetzungen mit dem Bayernherzog und mit Sachsen, zunehmende Bedeutung erhielt. Bischof Burghard muss das in ihn gesetzte Vertrauen gerechtfertigt haben, denn 751 reiste er gemeinsam mit Abt Fulrad von Saint-Denis nach Rom, um die Zustimmung des Papstes zu Pippins Absichten auf die Königsherrschaft einzuholen. Burghards Nachfolger Megingaud, Schüler des Bonifatius, entstammte bereits dem ostfränkischen Adel; er kam aus einer der mächtigsten Familien der Mainlande, der Mattonen.

Als Pippin 768 starb und Ostfranken an seinen ältesten Sohn Karl fiel, war die karolingische Ordnung in den Mainlanden bereits so weit gefestigt, dass von hier aus die Erweiterung des Reichs nach Osten und Süden angebahnt werden konnte. Franken wurde zur Zwischenstation und zum Brückenkopf.

Ausbau und Stärkung der königlichen Macht bestimmten auch die Politik Karls des Großen (768–814) in Franken, dessen dritte Gemahlin Fastrada (783–794) bezeichnenderweise aus dem fränkischen Adel gewählt wurde. Wichtige Grundlage war das ausgedehnte Königsgut, dessen regionale Zentralen, die Königshöfe, aus den Schenkungen an Würzburg deutlich werden. Diese Königshöfe waren Ausgangsbasis für Rodung, Siedlung und Landesausbau und wurden getragen von königsnahen Schichten, auch von umgesiedelten Sachsen und Wenden.

Die Präsenz des Königtums bildete das wichtigste Fundament gegen oppositionelle Gruppen im fränkischen Grundbesitzeradel. Der Aufstand des Hardrad und seiner Anhänger im Jahr 785/86 beleuchtet diese Situation. Kurz darauf erfolgte in Würzburg im Beisein Karls des Großen die Erhebung der Gebeine Kilians, der in der Folgezeit sakraler Repräsentant Frankens wurde und ist.

Seit 772 zog Karl fast Jahr für Jahr gegen die Sachsen, wobei mehrfach Heere auch in Mainfranken rekrutiert wurden. Die dauerhafte Befriedung und Eingliederung der Sachsen erforderte deren Christianisierung, eine Aufgabe, zu der vorwiegend ostfränkische Kräfte herangezogen wurden. Noch 772 wurde Abt Sturmi von Fulda mit der Sachsenmission beauftragt. Nach seinem Tod 779 ging der Missionsauftrag im Raum Paderborn an den Bischof von Würzburg über, der auch speziell Missionare für Sachsen in seinem Domklerus ausbildete. Mönche aus den Klöstern Amorbach und Neustadt/Main wirkten wahrscheinlich schon zu Karls Zeiten im Raum des späteren Bistums Verden. Damit sich auch Fulda in Sachsen missionarisch betätigte, schenkte Karl dieser Abtei beträchtlichen Besitz in Franken.

Auch im heutigen Oberfranken, wo Slawen ansässig waren, sollte Würzburg missionieren. Schon Bischof Berowelf (768/69–800) erhielt von Karl den Auftrag 14 Slawenkirchen bei den so genannten Main- und Regnitzwenden zu errichten.

Der Raum der heute fränkischen Regierungsbezirke stand zudem seit 787/88 im besonderen militärischen und logistischen Interesse Karls des Großen im Zusammenhang mit der Absetzung des Bayernherzogs Tassilo III. und der Umwandlung Bayerns in ein karolingisches Königsland. 793 ließ er daher bei Treuchtlingen und Weißenburg einen Kanal erbauen, der die Fränkische Rezat (und damit Regnitz und Main) mit der Altmühl verbinden sollte, um damit einen Wasserweg zwischen Franken und Bayern zu erhalten. Die Bedeutung dieser Flussverbindung, die gleichzeitig die notwendige Erweiterung des bisherigen Mainfranken nach Osten und Süden aus politischen Gründen verdeutlicht, wird auch sichtbar im so genannten Diedenhofener Kapitular von 805, wo Hallstadt bei Bamberg, Forchheim, Premberg in der Oberpfalz sowie Regensburg als Grenzmärkte ausgewiesen sind, über die kein Waffenhandel mit Slawen erfolgen sollte.

Karl schuf sich in den 80er-Jahren einen weiteren Stützpunkt im Norden des heutigen Unterfranken, indem er den alten Königshof Salz an der Fränkischen Saale, wichtiger Kreuzungspunkt von Fernstraßen, die unter anderem nach Sachsen und Thüringen führten, in eine Königspfalz umwandelte. Vor allem nach 800 wurde Salz, mit einem Forst für die Herbstjagd, zu einem Zentrum „außenpolitischer Geschäfte“. Hier standen im Jahr 803 eminent wichtige Fragen des mitteleuropäischen und europäischen Friedens zur Debatte.

Kat.-Nr. 32 a

Kat.-Nr. 33

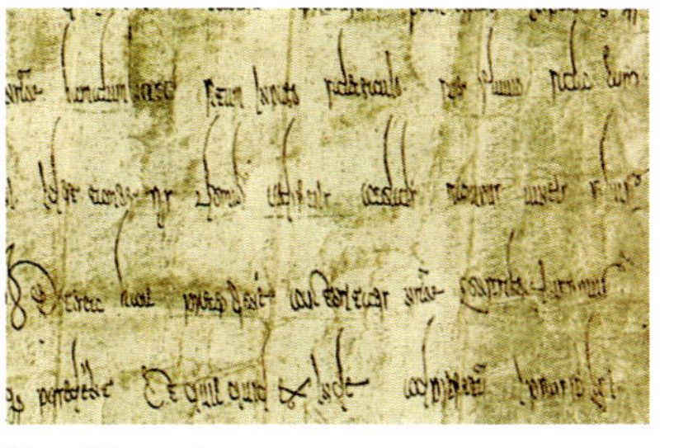

Kat.-Nr. 32 b

Franken in spätkarolingischer Zeit

Nach dem Tod Karls des Großen 814 konnte sein Sohn Ludwig der Fromme als neuer Kaiser (814–840) Franken, vor allem die Mainlande, fast zeitlebens in seine Herrschaft voll integrieren. Bei den ersten Reichsteilungen blieb es beim Kaiser.

Administrativ und militärisch hatte Ludwig der Fromme Franken fest im Griff. So ist ein Heereszug gegen die Sorben im Jahr 816 Beispiel für den militärischen Einsatz der Bevölkerung der Mainlande im Osten. Das Sorbenland lag westlich der Elbe etwa zwischen Eger im Süden und Halle im Norden, grenzte also vorwiegend an Thüringen.

In seinem letzten Lebensjahrzehnt werden allerdings gefährliche Auflösungserscheinungen sichtbar. Die Rivalität der vier Kaisersöhne beherrschte dramatisch das Bild dieser Jahre. Der Sohn Ludwig der Deutsche, dem der Vater den Titel eines „rex Baiuariorum“ gegeben hatte, titulierte sich seit 833 als „rex in orientali Francia“ und sprengte den Rahmen eines bayerischen Unterkönigtums vor allem in Richtung

Kat.-Nr. 34

Norden. 838 kam es zu einer neuen Konstellation und Allianz der jüngeren Brüder, Ludwigs des Deutschen und Karls des Kahlen, gegen die älteren. 839 beschränkte der Kaiser seinen Sohn Ludwig nochmals auf Bayern, dieser aber zog durch Alamannien nach der Pfalz Frankfurt. Der Kaiser zwang ihn in sein Teilregnum zurückzukehren. Ein letztes Mal feierte der nun schwerkranke Kaiser in seiner Pfalz Salz das Himmelfahrtsfest, per Schiff wurde er sodann nach Frankfurt und an den Rhein gebracht, wo er in Ingelheim am 20. Juni 840 starb.

Bei der Reichsteilung nach dem Tod Ludwigs des Frommen wurde König Ludwig der Deutsche erneut auf Bayern beschränkt. Aufschlussreich ist diese Quelle, weil sie den Reichsteil seines Bruders Lothar mit einzelnen Grafschaften umschreibt. Für Franken wird von einem „ducatus Austrasiorum" gesprochen, zu dem das Swalafeld, der bayerische Nordgau und Hessen gehörte. Da Thüringen als eigener „ducatus" aufgeführt wird, gewinnt man den Eindruck, dass Lothar die Mainlande mit umliegenden Gebieten, vor allem mit dem heutigen Mittelfranken, als eigenen „ducatus" aufzubauen versuchte.

Mainfranken war bereits 831 im Einflussbereich Ludwigs des Deutschen, der von Regensburg aus sein Teilregnum Bayern regierte. Wie die Quellen zeigen, war auch nach dem Tod des Vaters noch kein Ende des Kampfes um das Erbe abzusehen. Erst beim Vertrag von Verdun 843 erhielt Ludwig der Deutsche das gesamte rechtsrheinische Gebiet zugesprochen, dazu noch die wichtigen Gaue am Mittelrhein.

War schon für Kaiser Ludwig den Frommen die Pfalz Salz gleichsam die letzte „Residenz auf Zeit", so knüpfte Ludwig der Deutsche an diese Tradition an. Zum Ausbau seiner Macht in Franken besetzte er nach dem Tod Bischof Humberts (833–842) das Bistum Würzburg mit Gozbald, einem „familiarius" des Königs und kirchlichen Amtsträger in Ludwigs Kernbereich Bayern. Gozbald war Abt von Niederaltaich und Chorbischof von Passau. Wie stark aber auch Gozbald in Franken reglementiert wurde, zeigt das Beispiel des Frauenklosters Schwarzach, das längst von Theotrada, einer Tochter Karls des Großen und Fastradas, an das Bistum Würzburg geschenkt worden war. Trotzdem übertrug Ludwig das Kloster zunächst an eine Grafentochter, nach deren Tod an seine eigene Tochter Hildegard. Würzburg hat Münsterschwarzach erst am Ende des 10. Jahrhunderts erhalten.

Frankfurt und Regensburg sind die wichtigsten Aufenthaltsorte Ludwigs des Deutschen. Am Wasserverbindungsweg zwischen Rhein und Donau lag Forchheim, Mittelpunkt eines umfangreichen königlichen Wirtschaftskomplexes. Auch die Nähe zum slawischen Siedlungsraum begünstigte das Wachsen des Zentralorts Forchheim, der in der ersten Hälfte des 9. Jahrhunderts eine Königspfalz erhielt. Diese Pfalz ersetzte in spätkarolingischer Zeit völlig die Pfalz Salz; sie lag in günstiger Entfernung zur Residenz Regensburg. Reichsversammlungen zeigen besonders die Bedeutung Forchheims unter Ludwig dem Deutschen: 872 und 874 beriet er hier mit seinen Söhnen über die Nachfolge im Reich und in Italien. 874 schloss er in Forchheim mit dem Mährenfürsten Swatopluk einen Frieden, in dem wenigstens die nominelle Oberhoheit des Reichs über Mähren gewahrt wurde.

Von den Bischöfen der späten Karolingerzeit erfährt man in der Regel nur sehr wenig über ihre kirchliche Amtstätigkeit. Ihr Wirken als Interessenwahrer des Königtums ist indes bekannter. So ist die Sedenzzeit des Würzburger Bischofs Gozbald (842–855) gekennzeichnet durch enge Beziehungen zum König. Sein Nachfolger Arn (855–892), der in seiner Amtszeit vier Herrschern diente, zum Teil auch militärisch, darf als frühes Beispiel eines hervorragenden Reichsbischofs gelten.

Während in zeitgenössischen Quellen seine kirchliche Amtstätigkeit relativ farblos bleibt, erfolgt die große Laudatio erst durch Bischof Thietmar von Merseburg (975–1018), der ihn als Märtyrer im Kampf gegen die mitteldeutschen Slawen darstellt, aber auch die große kirchliche Bautätigkeit dieses aktiven Kirchenmanns hervorhebt. Arn beteiligte sich an mindestens vier königlichen Feldzügen.

Beim Tod des lange regierenden Königs Ludwig des Deutschen (876) brach erneut ein innerdynastischer Konflikt um das Erbe aus. Diesmal beanspruchte sein Stiefbruder Karl der Kahle den ostfränkischen Reichsteil, wurde aber von Ludwig dem Jüngeren, einem Sohn Ludwigs des Deutschen, der ihm 865 Franken, Thüringen und Sachsen übertragen hatte, vernichtend geschlagen. Wie beim Tod Ludwigs des Frommen wurde auch diesmal die Reichsteilung im Gau Swalafeld vorgenommen. Der genaue Ort wird nicht genannt, er dürfte sich im ostfränkisch-bayerisch-schwäbischen Grenzbereich befunden haben. Die Kontinuität dieser Wahlregion wurde später nicht fortgesetzt.

Einen folgenschweren Einschnitt in die politische Landschaft Ostfrankens brachte die Regierungszeit König Arnulfs von Kärnten (887–899). Erstmals wurden die Großen des Reichs in der Nachfolgefrage entscheidend. Auf den Reichsversammlungen von Tribur am Mittelrhein und in Frankfurt am Main fiel die Mehrheit des ostfränkischen Reichsadels vom kranken, politisch geschwächten Kaiser Karl III. ab und lief zu Arnulf über, dem illegitimen, aber letzten aktiven Karolinger, der mit einem bayerischen und slawischen Heeresaufgebot gegen Karl eilte. Dabei scheinen mainfränkische Adlige eine relativ geringe Rolle gespielt zu haben. Die förmliche Wahl und Huldigung durch die Großen fand in Forchheim statt, also fast an der Grenze des damaligen Bayern. Anschließend zog sich Arnulf in sein Kernland Bayern zurück. Offensichtlich war seine Herrschaft im Mainland noch wenig gefestigt. Sein besonderes Interesse fand zunächst der Bayern benachbarte Eichstätter Raum. Es versteht sich, dass Arnulf die Einflusszone des Eichstätter Bischofs, seines Parteigängers, nach Norden ausdehnte.

Kat.-Nr. 36 a

Schon im Februar 888 übertrug Arnulf das bedeutende Kloster Herrieden dem Eichstätter Bischof Erchanbald, der mit Hilfe Herriedens den Nordwestteil seiner Diözese erheblich ausbauen konnte. Diese Übertragung an Eichstätt verwundert nicht, denn Erchanbald, eine der glänzendsten Gestalten der frühen Eichstätter Bischofsreihe, gehörte zu den einflussreichsten Ratgebern Arnulfs von Kärnten. Unter König Ludwig dem Kind erlangte er sogar Anteil am Reichsregiment.

Verschiebungen politischer Schwerpunkte kündigen sich nun an. Trotz der realistischen und sehr dynamischen Politik Arnulfs kam den Großen des Reichs auf der Reichsversammlung in Forchheim im Mai 889 entscheidende Bedeutung vor allem in der Nachfolgefrage des Königsamts zu. Sie konnten ihren Mitregierungsanspruch in voller Stärke zum Ausdruck bringen und geradezu korporativ dem König gleichberechtigt gegenübertreten.

Kat.-Nr. 36 b

Für Arnulf von Kärnten war es unabdinglich die benachbarten Zonen seines Kernlandes Bayern zu sichern. Er bemühte sich daher bald nach seiner Wahl die fränkischen Bischöfe an sich zu binden. Bischof Arn von Würzburg (855–892) erhielt am 21. November 889 auf einem Hoftag in Frankfurt Bestätigungen einer Reihe vorgelegter älterer Diplome für das Hochstift Würzburg, darunter das wichtige Immunitätsprivileg. Die Immunität Würzburgs bezieht sich auf den gesamten bischöflichen Besitz, auch auf dessen Hintersassen („homines") und – ausdrücklich genannt – dessen Slawen. Bischof Arn gehörte seither zu den engen Mitarbeitern und kriegerischen Mitstreitern Arnulfs.

Für die Geschichte der Mainlande stellt der Schlachtentod Bischof Arns von Würzburg 892 im Kampf gegen die Slawen (Sorben), fern von Mainfranken, einen Wendepunkt dar. Der Geschichtsschreiber Regino deutet die Zusammenhänge an: Den Würzburger Bischofsstuhl erhält der Konradiner Rudolf, Verwandter der Gemahlin des Kaisers, Rudolfs Bruder übernimmt den thüringischen „Dukat" anstelle eines Babenbergers. Damit erfolgt in Franken und Thüringen die Machtübernahme der Familie der Konradiner, die schwerwiegende Auseinandersetzungen zur Folge hatte.

Der blutige Machtkampf der großen Grafenfamilien, wie er sich im Markenraum des bayerischen Ostens in der zweiten Hälfte des 9. Jahrhunderts abspielte, schien dank der Präsenz der Königtums dem ostfränkischen Raum zunächst erspart zu bleiben. Um die Jahrhundertwende ereilte aber auch Franken dieses Schicksal, und zwar in einem Ausmaß, dass die „Adelsfehde" die Grundfesten des ostfränkischen Reichs erschütterte.

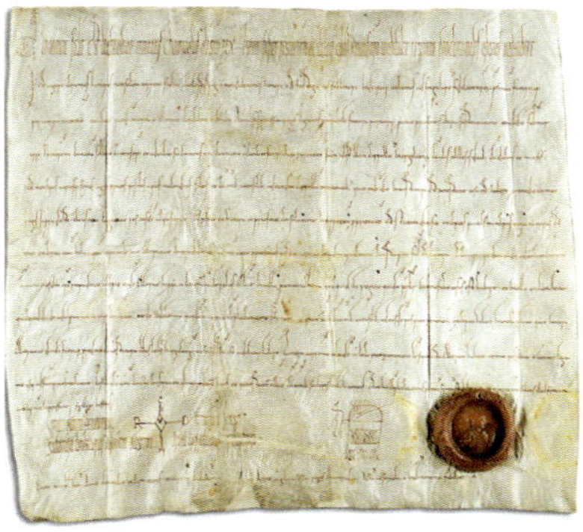

Kat.-Nr. 37 a

Kat.-Nr. 37 b

Die Fehde zwischen den Babenbergern und Konradinern in Franken und Hessen ist in mancher Hinsicht aufschlussreich. 897 kam es zum ersten großen und blutigen Konflikt der entmachteten Söhne des hoch angesehenen Heerführers Heinrich, der ein Babenberger war, mit dem Konradiner Bischof Rudolf von Würzburg. Die Ursachen sind im Machtkampf zwischen beiden Reichsaristokratenfamilien zu suchen. Es fällt auf, dass die Söhne Heinrichs dem Königtum Arnulfs von Kärnten fernblieben. Das hatte zur Folge, dass König Arnulf die in Hessen begüterten Konradiner in den ostfränkischen Verwaltungsbereich der Babenberger durch Schenkungen und Grafschaftsverleihungen hineinwachsen ließ. Die Übernahme des Bistums Würzburg durch den jüngsten Konradiner Rudolf im Jahr 892 war offensichtlich für die Babenberger das Zeichen zum Angriff.

Ihre Fehde führte spätestens 902 zu großen Verwüstungen des Herrschaftsgebiets der Würzburger Domkirche durch die Babenberger Adalhard und Heinrich, worauf der konradinische Bischof seine Brüder 902 zu Hilfe rief. Die Babenberger sammelten sich in ihrer Burg Babenberg (Bamberg). In der Schlacht fiel je ein Vertreter beider Familien; der Babenberger Adalhard, der in Gefangenschaft geriet, wurde von dem Konradiner Gebhard kurzerhand enthauptet. König Ludwig das Kind stellte sich auf die Seite der Konradiner und richtete über die Babenberger, deren Güter – vermutlich Reichslehen – teilweise konfisziert wurden. Erst 906 erfahren wir wieder von der Fehde, als Adalbert sein Heer in die Wetterau gegen Konrad siegreich führte.

Diese Fehde ist deshalb so wichtig, weil in sie der König aktiv eingriff, nicht so sehr weil er die Partei der Konradiner ergriff, sondern weil er einen politischen Prozess führte und den „Reichsgegner" durch Beschluss der Großen zu vernichten suchte. Die Reichsgewalt siegte hier also über die adlige Fehde.

Die Folgen der Babenberger-Fehde in der politischen Landschaft Franken lassen sich durch einige Urkunden ermitteln. Sie zeigen, dass der bayerische Amtsträger und Königsberater Luitpold in das südliche Vorfeld der Babenberger schon 903 als Graf im Großraum Nürnberg vorgedrungen ist, also zu den Gewinnern der Fehde gehörte. Ein zweiter enger Berater des Königs, Erzbischof Hatto von Mainz, erhielt Babenberger Besitz bei Würzburg.

Das so genannte Banzer Reichsurbar aus der gleichen Zeit ist aufschlussreich für den Siedlungsprozess des Obermainraums; neben germanisch-deutschen stehen slawische Ortsnamen. Auch ein Sachsen-Ort (Neuensachsen) fällt auf. Im nicht präzise datierbaren Banzer Reichsurbar wird ferner ein auffallend differenzierter und gut ausgebauter Reichsgutkomplex sichtbar. Für die karolingische und fränkische Ostexpansion ist das Reichsurbar eine einmalige Quelle, weil es wie keine andere den systematischen keilartigen Vorstoß in das Slawenland längs des Mains, das heißt von Bamberg-Hallstadt aus nach dem Nordosten dokumentiert, der vielleicht schon im endenden 8., spätestens im 9. Jahrhundert erfolgt war. Neben dem Krongut ist durchaus noch Adelsgut am Obermain bis Burgkunstadt anzutreffen. In diesem Raum sind auch einige der 14 würzburgischen Slawenkirchen anzunehmen.

Der frühe Tod Kaiser Arnulfs von Kärnten am 8. Dezember 899 bereitete wohl keine größeren Nachfolgeschwierigkeiten, zumal die Großen Arnulfs legitimen Sohn Ludwig IV. schon längst als König anerkannt hatten. Der 900 in Forchheim gewählte König war aber noch nicht sieben Jahre alt, sodass die Großen, die Königsberater, das eigentliche Regiment führen konnten.

Von den Konradinern zu den Ottonen: Franken 911–1002

Hatten der letzte starke Karolingerkönig Arnulf und sein Sohn Ludwig das Kind durch Niederringung der älteren Babenberger eine herzogsähnliche Machtkonzentration in Ostfranken verhindert, schien bald ein konradinisches Herzogtum in Franken in Sicht. Als aber der Konradiner Konrad I. im Jahr 911 die Königskrone erhielt, musste er aus Gründen der Selbsterhaltung das Aufkommen aller Herzogsherrschaften zu brechen versuchen. Das bedeutete, dass Franken in den Jahren 911 bis 918 Kernland des Reichs wurde. Konrads Bruder Eberhard freilich wuchs nach seiner wohl erzwungenen Thronentsagung 919 allmählich in eine herzogsähnliche Stellung hinein.

Die Unreife des letzten Karolingerkönigs Ludwig des Kindes und der Ausgang der Babenbergerfehde riefen eine Verschiebung der Positionen in Franken hervor, die eher das Königtum schwächten. Doch der Aufstieg der Konradiner zur Königswürde seit 911 gab zumindest dem mainfränkischen Raum den Charakter einer Königslandschaft. Eberhard, der Bruder König Konrads I. (911–918), übte zwar eine Art Herzogsherrschaft in „Franken" nach dem frühen Tod Konrads aus; diese reichte aber kaum in den mainfränkischen oder gar in den mittelfränkischen Raum. Mit seinem Tod scheint auch der Einfluss der Konradiner im ostfränkischen Raum weitgehend eingedämmt worden zu sein.

Kat.-Nr. 38 a

Auch die Verlagerung des Schwergewichts des Reichs in den sächsischen Nordosten in der Zeit der ottonischen Herrscher, 919 bis 1024, machte Franken nicht zur Pufferzone. Durch personale Beziehungen scheint schon König Heinrich I. (919–936) den fränkischen Raum gut in seiner Hand gehabt zu haben. Da bereits sein Vater durch seine Heirat mit der Babenbergerin Hadwig engste Beziehungen zu den ostfränkischen Babenbergern hatte, konnte nun Heinrich I. sich auf die mit ihnen verwandten Popponen stützen. Die Würzburger Bischöfe Poppo I. (941–961) und Poppo II. (961–983) sind Hinweise für diesen engen und effektiven Kontakt.

Kat.-Nr. 38 b

Dass sich in der Mitte des Jahrhunderts der Aufstand Liudolfs, des Sohnes Ottos I. aus erster Ehe, gegen den königlichen Vater gerade auf fränkischen Königshöfen wie Langenzenn und Roßtal bei Nürnberg artikulierte, ist nicht eigentlich eine Krise des Königtums, glaubte doch Liudolf im Sinne karolingischen Thronfolgerechts auch in der Königsherrschaft erbberechtigt zu sein. Es versteht sich, dass dieser junge „Thronfolger" auch in Franken mächtige Anhänger hatte, die man nicht schlechthin als Oppositionelle des Königtums deklarieren darf. Trotz dieser Differenzen mit dem Vater konnte Liudolf, Herzog in Schwaben, in Aschaffenburg auf Reichsboden „sein“ Hausstift ins Leben rufen, das nach seinem Tod Herzog Otto weiter ausbaute. So wurde Aschaffenburg zu einem ottonischen Zentrum im Spessart. Die massive Unterstützung des Stifts durch Kaiser Otto II. ist Beweis für die enge Verflechtung des Aschaffenburger Petersstifts mit dem ottonischen Königtum.

Schon König Otto I. (936–973) benützte wieder die Pfalz Salz, die für die 40er-Jahre wohl als Winterpfalz Ottos angesprochen werden kann, was auf großes Interesse am fränkischen Raum hinweist. Ein Königsaufenthalt in der Pfalz Forchheim ist dagegen nur einmal im 10. Jahrhundert belegt, vielleicht Zeichen starken bayerischen Einflusses in dieser Zone. Auch die knapp 25 km nördlich gelegene Burg Bamberg war für Otto I. ein wichtiges Herrschaftszentrum, sonst hätte er nicht den italienischen König Berengar als Gefangenen hier verwahren können.

Die beiden fränkischen Bistümer hatte Otto I. der Große offensichtlich fest in seiner Hand; die Reichsabtei Fulda nützte er zusätzlich zur Ausstattung eines seiner wichtigen Vasallen. Als besondere Ehrung verlieh Otto I. dem zentralen Mainbistum Würzburg 941 das Privileg der freien Bischofswahl, nachdem er kurz vorher seinen Verwandten Poppo als Bischof von Würzburg eingesetzt hatte. Der König zeigte hier, was er unter Reichskirche verstehen wollte. Poppos I. Würzburger Nachfolger Poppo II. (961–983), Verwandter des Vorgängers und enger Verwandter Kaiser Ottos II., wurde ein wichtiger Vertreter des kirchlichen Reichsdienstes. Das wird besonders während der Verschwörung des Bayernherzogs Heinrich II. deutlich. Wenn Königsaufenthalte in Würzburg in ottonisch-salischer Zeit praktisch nicht bezeugt sind, dann heißt dies eigentlich nur, dass der Bischof dem König stets zur Verfügung stand und die Präsenz des Königs gar nicht nötig war.

Kaiser Otto II. (973–983) traf zu Beginn seiner Regierung eine Entscheidung, die seine Herrschaft vor dynastischen Gefahren bewahren sollte. Er übertrug die wichtige Burg Bamberg 971 seinem Vetter Herzog Heinrich dem Zänker von Bayern, sodass die bayerische Herzogsgewalt noch weiter nach Franken vorstieß. Trotzdem konnte er den durch Erbansprüche auf das Königtum motivierten Aufstand seines Verwandten aus Bayern nicht aufhalten. Nach dessen Scheitern fiel Bamberg wieder an den König zurück, bis Heinrich der Zänker endgültig Frieden mit seinem königlichen Verwandten geschlossen hatte. Der König regierte also Franken im 10. Jahrhundert vorwiegend durch einen ihm nahestehenden Personenverband.

Unter Kaiser Otto III. (983–1003) wurde die Bischofskirche Würzburg erheblich für den Königsdienst gestärkt durch „Restituierung“ wichtiger Klöster, aber auch durch großzügige Schenkungen von Grafschaften und Forsten, sodass nun neue kirchliche „Grafschaften“ entstanden – bald auch unter der Herrschaft der Bamberger Bischöfe.

Neuorientierung Frankens durch Gründung des Bistums Bamberg 1007

Der Nachfolger Ottos III., Heinrich II. (1002–1024), der schon als Prinz und Herzog häufig in Bamberg „residiert“ hatte, schuf neue Herrschaftsstrukturen, welche die Königsmacht in Franken intensiv betonten. Dies begann mit der Provozierung des mächtigsten Großen Frankens, des Markgrafen Heinrich von Schweinfurt, dessen Niederwerfung nach dem vergeblichen Aufstand und der Neuverteilung von dessen Grafschaften. 1007 gründete er dann „sein“ Bistum Bamberg. In einer groß angelegten Aktion wurden am Tag der Bistumsgründung wichtige Komplexe des herzoglichen Amtsguts in Franken und Bayern der neuen Bischofskirche übertragen. Dabei wurden auch Besitz und Interessen der bisher so königsnahen fränkischen Bistümer in keiner

Weise geschont. Bamberg sollte zum süddeutschen Hauptort des Königtums werden. Heinrich II. wollte mit der Gründung des neuen Bistums, einer Art königlichen Eigenbistums im Sinne des ottonischen Reichskirchen-„Systems", vielfältige Pläne religiöser, reichskirchlicher und reichspolitischer Art realisieren. Bei der Betrachtung der Ausstattung des neuen Bistums fallen verschiedene Zonen auf, die weit über Franken hinausreichten. Diese Schenkungen verpflichteten den Bischof für alle königlichen Interessen und Aktionen im Raum aufzukommen. Bamberg wurde bevorzugte königliche Pfalz, zudem Sitz eines wichtigen geistlichen Ratgebers des Königs, Pflanzstätte der Hofgeistlichkeit, Schule, aus der die entscheidenden geistlichen Ratgeber des Königs/Kaisers hervorgingen. Wohl nirgends ist es dem König so gelungen die Kirche in die Reichsinteressen einzubinden wie in Bamberg, das auch auf dem Wege war Regensburg zu ersetzen. Heinrich II. hat Franken wie Bayern neu geprägt, seinen christlichen Herrschergedanken in die Verfassungswirklichkeit umgesetzt. Wie kein König vor ihm hat Heinrich II. die Reichskirche zur Reichsverwaltung, -sicherung und Königsgastung herangezogen. Kaiser Heinrich II., der letzte Ottone, baute Franken zum Kernland des Reichs aus, allerdings zum Schaden von Würzburg und Eichstätt.

Kat.-Nr. 39 a

Obgleich sich die Nachfolger Heinrichs II. nicht besonders für das neue Bamberg engagierten, konnte doch bereits der zweite Bischof Suidger (1040–1047), ursprünglich aus der Kapelle des Königs hervorgegangen, 1046 als Klemens II. die Papstwürde erhalten. Seinen großen Aufbruch erlebte das Bistum Bamberg durch seinen Bischof Otto I. (1102–1139) der, aus Königsnähe kommend, sich rasch bewährte. Hohe organisatorische Begabung bewies Otto nicht nur in der Territorialpolitik, sondern auch in der Gründung und Reformierung von etwa 30 Klöstern, Stiften und Spitälern, die er auch weit außerhalb der Diözese gründete. Bereits 1189 wurde er heilig gesprochen. Bamberg erlebte darüber hinaus noch die Heiligsprechungen Kaiser Heinrichs II. 1046 und die seiner Frau Kunigunde 1200, wodurch der Diözese ein herausragendes Ansehen verliehen wurde.

Franken unter den Saliern

Das neue Königsgeschlecht der Salier (ab 1024) hat die von Heinrich II. geschaffene Struktur trotz anfänglicher Bedenken gegen Bamberg nicht verändert, sondern zusätzlich ausgebaut, vor allem im Raum Nürnberg und Eichstätt. Forchheim war im 11. Jahrhundert als Pfalz völlig in den Hintergrund getreten und durch die Aufenthalte bei Hoftagen in den Bischofsstädten ersetzt worden. Seit Heinrich III. (1039–1056) zeichnete sich ein neues salisches Zentrum ab, das durchaus auch pfalzartigen Charakter trug: Nürnberg. Kaiser Heinrich III. versuchte im mittleren Regnitzgebiet aus Haus-, Reichsgut und wohl auch aus bambergischem Gut eine starke Machtbasis des Königtums zu formen, die er von seiner neuen Burg Nürnberg aus organisierte. Das bambergische Marktrecht in Fürth wurde nach Nürnberg verlegt, Langenzenn dem Bischof entzogen. Der kaiserlichen Revindikationspolitik fiel der bambergische Einflussbezirk südlich von Forchheim vor allem zwischen Regnitz und Fränkischer Alb zum Opfer. Dabei wirkten erstmalig Reichsministerialen zupackend und rücksichtslos mit. 1050 findet in Nürnberg bereits ein außenpolitisch wichtiger Hoftag statt; in der Folgezeit werden gleich zwei Königshöfe in Nürnberg, zudem mit hohen Servitien, bezeugt. Ehemals bambergische Forste im Umfeld Nürnbergs wurden Reichswälder, in denen rasch Reichsministerialenburgen entstanden.

Kat.-Nr. 40

Diese königliche Großplanung im Raum Nürnberg, die dabei war zumindest dem östlichen Franken ein anderes Gesicht zu geben,

wurde 1056 durch den Tod Heinrichs III. gestoppt. Nach dem Staatsstreich von Kaiserswerth mussten Bamberg erneut Zugeständnisse gemacht werden. So kam 1062 Forchheim mit nicht weniger als 36 Orten an den Bischof und der Markt Fürth an das Domstift Bamberg zurück. Aber die südlichen Reichswälder und deren Umgebung blieben unmittelbar in der Hand des Königtums. Im Personenverbandsbereich des Königs lässt sich unter Heinrich III. eine rigide Besetzungspolitik der fränkischen Bistümer mit königsnahen und reformwilligen Bischöfen feststellen. Unübersehbar ist zudem die seit Heinrich II. immer stärkere Heranziehung der Bistümer, aber auch Klöster, zum „servitium regis". Dass der Kaiser dem letzten Schweinfurter Otto das Herzogsamt in Schwaben verlieh, deutet auf Ausgleichspolitik mit dem Hochadel Frankens, freilich mit dem Hintergedanken ihn für königliche Interessen zu gewinnen.

Die Regierungszeit Heinrichs IV., die weitgehend unter dem Stigma des so genannten Investiturstreits steht, zeigt trotz aller Kämpfe für Franken die Fortführung der spätottonisch-salischen Herrschaftsordnung. Dies gilt weitgehend für den Adel, unter dem kaum königsferne Reformadelsgruppen sichtbar werden, aber auch für die Bischofskirchen und Klöster. Der einzige Bischof, der sich grundsätzlich gegen Heinrich IV. stellte, war Adalbero von Würzburg, der allerdings aus seiner Bischofsstadt und seiner Diözese fliehen musste. Es ist auffällig, dass die Wahl des Gegenkönigs Rudolf 1077 zwar im alten fränkischen Pfalzort Forchheim stattfand, doch aus der Reihe fränkischer Herrschaftsträger fand sich lediglich Adalbero von Würzburg ein.

Im vorangegangenen Sachsenkrieg waren noch alle Bischöfe Frankens zur Unterstützung des jungen Königs bereitgestanden, auch Adalbero. Nur eine Bistumsbesetzung Heinrichs gestaltete sich als problematisch. Kaum mündig, übertrug der König 1065 das vakante Bistum Bamberg dem zweifellos fähigen Geistlichen Heinrich, der besonders in Finanzangelegenheiten beschlagen war. Seine Leistungen für das Hochstift Bamberg sind unbestreitbar, aber vielleicht war er zu sehr Technokrat. Das Bamberger Domkapitel lehnte ihn jedenfalls zunehmend ab und erzwang die Absetzung mit Hilfe des Papstes unmittelbar vor dem Investiturstreit. Erstaunlicherweise gewann der König daraufhin seine Verfügungsgewalt über Bamberg zurück; das Bistum blieb auf der Seite Heinrichs IV. Die Briefe Heinrichs IV. offenbaren zudem, wie hart, ja bisweilen rüde der König mit dieser Bischofskirche umging. Sie zeigen, wie stark der Herrscher die Reichskirche regierte. Auch Bischof Udalrich von Eichstätt (1075–1099), kurz vor dem Ausbruch des Konflikts mit dem Papst offenbar vom König eingesetzt, bewies in hohem Maße seine Reichstreue. Die Sonderrolle Bischof Adalberos von Würzburg konnte dadurch wettgemacht werden, dass er seine Diözese verlassen musste, die Bischofsstadt stets auf der Seite des Königs blieb und den Gregorianern jeder Zugang verwehrt wurde.

Auch wenn die Situation des Königs in seiner Spätzeit komplizierter wurde, so ist doch feststellbar, dass unter den adligen Empörern von 1104, in ihrem Kern 20- bis 25-Jährige aus hoch angesehenen Familien, bestenfalls solche Vertreter für Franken relevant waren, die von der Oberpfalz her einzelne ostfränkische Einflusszonen besaßen.

Die Regierung König Heinrichs V. (1106–1125) scheint mehr Schwierigkeiten in dem Raum erfahren zu haben, zumindest von bischöflicher Seite. Ernste Konflikte ergaben sich mit Adalbert I. von Mainz und Erlung von Würzburg, die beide zunächst Vertraute des Königs waren.

Zum Abschluss der Salierzeit muss verwiesen werden auf die herzogliche oder doch herzogsähnliche Gewalt, die den Bischöfen von

Würzburg angeblich vom König verliehen worden war. Im 11. Jahrhundert wird – abgesehen von dem Hinweis Adams von Bremen (um 1075) – nichts dergleichen berichtet. Wenn aber ein immerhin kompetenter Zeitgenosse des frühen 12. Jahrhunderts, der Würzburg kannte, Ekkehard von Aura, zum Jahr 1116 in seiner Chronik bemerkt, dass Kaiser Heinrich V. im Zorn über den Abfall Bischof Embrichos von Würzburg „den Dukat über Ostfranken (ducatum orientalis Francie), der auf Grund einer alten Verfügung der Könige dem Hochstift Würzburg zustand, dem Sohn seiner Schwester, (dem Staufer) Konrad" übertrug, dann kann diese Stelle nicht beiseite geschoben werden. Ob dies im 11. Jahrhundert herzogliche oder herzogsähnliche Gewalt war, lässt sich nicht mehr ermitteln. Der Bischof pochte jetzt aber darauf. 1120 schließlich gab ihm der Kaiser diese Würde wieder zurück, und zwar als „dignitas iudiciaria in tota orientali Francia", Zeichen dafür, dass Heinrich V. einen so wichtigen Bischof wie den von Würzburg nicht auf die Seite der Gegner driften lassen konnte.

Kat.-Nr. 56

Franken in der Stauferzeit

Der plötzliche Tod des kinderlosen Salierkaisers 1125 führte zum Kampf um die Thronfolge; die Entscheidung für das Wahlkönigtum Lothars riss gerade in Franken tiefe Gräben. Der Staufer Konrad, „Herzog von Ostfranken", Neffe des toten Königs, erhob Anspruch auf die Nachfolge und gedachte nicht dem Sachsen Lothar von Supplinburg das Saliererbe auszuliefern. Die Stauferpartei vermochte Konrad von Ostfranken Ende 1127 zum Gegenkönig auszurufen. Damit blieb Franken Kriegsschauplatz. Nach dem Tod Lothars (1137) wurde Konrad endgültig König. In den wenigen Jahren seiner Herrschaft hat Konrad Beträchtliches geleistet und seinen staufischen Nachfolgern den Weg bereitet. Unter Konrad II. war Franken wieder in besonderem Maße zu einer königsnahen Landschaft geworden. In seiner königlichen Umgebung dominierten fränkische Adlige. Sein Neffe Friedrich I. Barbarossa (1152–1190) hat nach Jahrzehnten bürgerkriegsartiger Zustände in Franken eine politische Stabilisierung erstrebt und auch erreicht. Dies aber gelang nur, weil er den „Fürsten", besonders den Herzögen, relativ viel politischen Freiraum innerhalb ihres Herrschaftsbereichs zubilligte.

Kat.-Nr. 48

Die Staufer haben die salischen Ansätze erheblich intensiviert und systematisiert, sie schufen ausgesprochene Reichsland-Schwerpunkte mit Hilfe einer großen Schar qualifizierter Reichsministerialen, ohne damit – und dies ist besonders das Verdienst Friedrich Barbarossas – den Feudaladel ernsthaft zu vergrämen. Die Entwicklung verlief stärker zu Lasten der Reichskirche, von deren Vertretern der König massenhaft Lehen nahm, um auf ihnen eigene Burgen und Städte zu gründen. Neu ist jedenfalls in der jetzt einsetzenden Intensität und Schärfe die ausgeklügelte juristische Ausarbeitung und Dokumentierung dessen, was königliche bzw. kaiserliche Rechte sind.

Die Franken betreffenden Quellen der Barbarossa-Zeit machen immer wieder deutlich, wie sehr der Kaiser über den Raum wachte, seinen Konsens zum politischen Handeln der Bischöfe und der weltlichen Großen gab oder deren Handeln in die ihm gewünschte Richtung wies. Er regulierte 1155 und 1157 das Zollwesen auf dem Main. Bischofsstadt und Bischofshof Würzburg hatten für den Kaiser einen hohen Stellenwert. 1156 vermählte er sich hier mit Beatrix von Burgund. 1165 wurden im Kampf mit der Kurie die so genannten „Würzburger Eide" auf dem Reichstag beschlossen, an Weihnachten darauf wurde die Heiligsprechung Karls des Großen zur Festigung des „sacrum imperium" erreicht. Wiederum auf einem Würzburger Reichstag musste der Kaiser auf die Wünsche und Beschwerden des Würzburger Bischofs, den er so sehr für

Kat.-Nr. 57 b

seine Reichspolitik benötigte, eingehen und am 10. Juli 1168 die „Güldene Freiheit“ in Anwesenheit und unter Zeugenschaft zahlreicher Reichsvasallen, besonders Frankens, ferner von Reichs- und würzburgischen Hochstiftsministerialen erlassen.

In diesem Privileg anerkannte der Stauferkaiser die herzogliche Gewalt des Würzburger Bischofs; genauer wurde ihm zuerkannt „omnem iurisdictionem seu plenam potestatem faciendi iustitiam per totum episcopatum et ducatum Wirceburgense“, und zwar als ein Recht, das angeblich schon seit Karl dem Großen bestand. Diese Gewalt sollte gelten „im ganzen Bistum und Herzogtum Würzburg und in allen Grafschaften, die innerhalb des Bistums oder Herzogtums gelegen sind“. Damit konnte das bambergische Hochstiftsgebiet ausgeklammert werden.

Das Privileg war Ausdruck einer seit dem frühen 11. Jahrhundert erwachsenen Führungsrolle des Würzburger Bischofs. Diese in der „Güldenen Freiheit“ angesprochenen Herrschaftspositionen bezogen sich weitgehend auf den Norden der Francia orientalis (ohne Bamberg und sein Bistum). Der Süden dagegen war stärker von Adelsherrschaften, vor allem aber auch von der Stauferherrschaft geprägt. Dieser Sachverhalt führte schließlich zu einer Zweiteilung Frankens, zumal der Stauferkönig zielstrebig die Verbindung Rothenburg ob der Tauber – Nürnberg, aber auch die Schaffung städtischer Stützpunkte an der Fern-, Heeres- und Pilgerstraße von Dänemark über Donauwörth, Augsburg nach Italien im Auge hatte.

Der Tod Barbarossas 1190 scheint auch das Herrschaftsgefüge Frankens getroffen zu haben. Unter seinem Sohn Kaiser Heinrich VI. (1190–1197) rückten vor allem Reichsministeriale in wichtige Ämter und Beratungsstellen ein. Aus Franken waren dies besonders der Reichsmarschall von Pappenheim und der Schenk von Limpurg (-Schüpf-Klingenberg-Prozelten), ansonsten eher kleine, aber ehrgeizige Familien, wie die Herren von Grumbach, Dürn und die Hohenlohe.

Als auch Heinrich VI. mit 32 Jahren überraschend starb, übernahm sein Bruder Philipp, ursprünglich für ein geistliches Amt vorgesehen, die Reichskrone. Eine zersetzende Phase des Doppelwahlkönigtums folgte. Als dann Philipp auf der Höhe seiner Macht stand, wurde er 1208 in Bamberg aus privater Rache ermordet.

Die Reichslandpolitik wurde seit 1190 bis weit in das 13. Jahrhundert eher noch verstärkt, aber auch bei den übrigen fränkischen Herrschaften machte sich seither ein Wandel bemerkbar, besonders in der Reichskirche. Das Bistum Bamberg stand seit Otto II. (1177–1196) vorwiegend unter dem Zeichen andechsischer Herrschaft.

Im schwächsten fränkischen Bistum betrat 1196 erstmals ein Angehöriger der Eichstätter Hochstiftsvogtfamilie den Bischofsstuhl. In der Folgezeit wurde für Eichstätt der Kampf mit den Hochstiftsvögten, den Grafen von Hirschberg, um die Vorherrschaft im mittleren und südlichen Altmühlraum zu einer politischen Maxime.

Spätestens nach der Kaiserkrönung des Philipp-Gegners, des Welfen Otto, 1209 schwenkten auch die meisten Großen, selbst Reichsministeriale, zu Otto über, freilich nicht lange, denn schon im September 1211 wählten in Nürnberg mehrere bedeutende Reichsfürsten den jungen Staufer Friedrich II. zum König. Nun überstürzten sich die Ereignisse. Nach dem Tod des Papstes Innozenz III. im Jahr 1216 ließ Friedrich II. seinen fünfjährigen Sohn Heinrich nach Deutschland bringen und 1220 in Frankfurt zum deutschen König wählen. Die Zustimmung der geistlichen Fürsten zu dieser Wahl des Sohnes erkaufte sich Friedrich durch die so genannten „Confoederatio cum principibus ecclesiasticis“, an deren Formulierung der Würzburger Bischof wohl wesentlich beteiligt war. Das Privileg untersagte die königliche Expansion in geistlichen Gebieten und Städten und förderte letztlich den Ausbau der Hochstifte. Der Kaisersohn Heinrich (VII.) drängte schon als Unmündiger nach politischen Aufgaben. Sein Tätigkeitsfeld wurde neben Schwaben vor allem Franken. Stützte sich sein Vater auf die Fürsten, so suchte Heinrich seine Verbündeten – sieht man vom Bischof von Würzburg ab – bei den Städten, zum Teil auch bei Klöstern und bei Reichsministerialen. 1235 wird Heinrich (VII.) für seinen Vater untragbar, er wurde gefangen genommen und nach Süditalien gebracht.

Die drei fränkischen Bischofskirchen Würzburg, Eichstätt und Bamberg, die der Metropolitangewalt des Erzbischofs von Mainz unterstanden, waren im Wesentlichen bis in die späte Stauferzeit als institutionell stabile und transpersonale Elemente des Reichs fest in das Gefüge der Reichskirche und damit des Königtums eingebunden. Die Könige bzw. Kaiser übten in der Salier-, mehr noch in der frühen Stauferzeit zunehmend ihr „reisendes Gewerbe" in den Bischofspfalzen aus. Dies gilt auch für die Bischofssitze Mainfrankens. Seit der Gründung Bambergs 1007 verlangte der König vom Bischof, dass dieser in fast allen Bereichen dem König zur Verfügung stand: in der Pfalzgastung, bei der Hoffahrt in Deutschland oder Italien, mit seiner Domschule zur Auswahl des geistlichen Führungspersonals für das ganze Reich, nicht zuletzt auch in grund- und lehensherrschaftlichen Dispositionen. So gesehen waren die Reichskirchen Frankens – mehr als jene Bayerns – die großen und effizientesten „Dienstleistungsbetriebe" des Königtums. Dieses System hat den Investiturstreit und vor allem die Beschlüsse des Wormser Konkordats von 1122 fast unbeschadet überdauert; es führte aber auch zu schweren finanziellen Belastungen Bambergs und Würzburgs.

Kat.-Nr. 62 a

Erst um die Jahrhundertwende wird im Zeichen der Doppelwahl (Philipp von Schwaben – Otto IV. von Braunschweig) das Verhältnis des Würzburger Bischofs Konrad von Querfurt (1198–1202) zum Stauferkönig erheblich gestört, was nicht zuletzt zur Ermordung des Bischofs führte. Durch die sofortige Wahl Heinrichs IV. Caseus (1202/03 bis 1207) in Anwesenheit König Philipps konnte noch einmal ein Stauferanhänger den Würzburger Bischofsstuhl einnehmen.

Sein Nachfolger Otto von Lobdeburg (1207–1223) schwenkte vorsichtig zum Welfen Otto, entschied sich aber 1212 wie die anderen Bischöfe für den jungen Staufer Friedrich II. Seit 1207 lag in Würzburg die Bischofswahl in der Hand des Domkapitels, das zunehmend Einfluss gewann. 1225 wählte es den Neffen Bischof Ottos, nämlich Heinrich von Lobdeburg, zum Bischof (1225–1254). Dieser profilierte und erwerbstüchtige Kirchenfürst war von Anfang an dem jungen König Heinrich (VII.) verbunden bis an dessen politisches Ende 1235. Kaiser Friedrich II. verzichtete auf eine strenge Bestrafung des Bischofs, doch blieb das Verhältnis zwischen dem Lobdeburger, der rasch seinen Kirchenbesitz zu territorialisieren versuchte, und dem Kaiser belastet.

Das bis zum Konzil von Lyon 1245 bis auf wenige Phasen kritischer Distanz und Konflikte gut funktionierende fränkische Gefüge der „Reichskirche" darf keineswegs mit einer Gleichschaltung verwechselt werden. Konkurrenz der Diözesen, besonders im Kult, beherrschten das Bild, das vornehmlich im Verhältnis zwischen Würzburg und Bamberg beobachtet werden kann. Der Aufstand König Heinrichs (VII.) in Franken 1234/35 veranschaulicht dieses Phänomen noch einmal zwischen Kurmainz, Würzburg und Bamberg. Die Konflikte zwischen den Diözesen werden auch sichtbar bei und nach der Wahl des für Würzburg untragbaren Domherrn Heinrich von Ravensburg zum Bischof Heinrich III. von Eichstätt (1233–1237), da dieser, bis 1203 Domherr in Würzburg, der Familie der Mörder Bischof Konrads von Querfurt angehörte.

Die Endphase der Staufer seit 1245 und die Folgen für die politische Landschaft Frankens

Bereits 1241 begann sich die Opposition gegen den Staufer im Reich zu formieren, doch erfolgte der endgültige Bruch des fränkischen Episkopats mit Kaiser Friedrich II. durch das Konzil von Lyon, das den Kaiser absetzte. Da Papst Innozenz IV. fest entschlossen war, die für den Kirchenstaat bedrohliche Staufermacht zu brechen, berief er für den Sommer 1245 ein Konzil nach Lyon ein, auf dem er dem Kaiser alle Rechte und Würden aberkannte. Jetzt erst brach ein kompromissloser Kampf zwischen Papst und Kaiser aus, dem sich letztlich auch die Bischöfe stellen mussten.

Erzbischof Siegfried III. von Mainz, ehemaliger Reichsverweser Friedrichs II. und ein Territorialpolitiker großen Stils, fiel nach dem Lyoner Spruch rasch vom Kaiser ab und krönte in der Folgezeit zwei deutsche Gegenkönige, nämlich Heinrich Raspe (1246) und Wilhelm von Holland (1247). Der Würzburger Bischof Hermann von Lobdeburg (1225–1254), einst enger Mitarbeiter König Heinrichs (VII.), Schöpfer des würzburgischen Territorialstaats, ging ebenfalls spätestens 1245 auf die päpstliche Seite über. Energisch kam er jetzt der Aufforderung des Papstes nach sich aktiv an der Wahl des thüringischen Landgrafen Heinrich Raspe zu beteiligen.

Als der letzte Bamberger Bischof aus dem Haus Andechs, Poppo, im fortgeschrittenen Alter und den Aufgaben nicht mehr gewachsen, 1242 sein Kirchenamt niederlegte, konnte der Kaiser noch einmal den Bamberger Bischofsstuhl mit einem Gewährsmann, Heinrich von Bilversheim (1242–1257), einem kaiserlichen Notar und Dekan des Stifts Aachen, besetzen. Der Elekt erhielt aber erst die päpstliche Bestätigung nach der Absetzung des Kaisers. Bei der Wahl des neuen Eichstätter Bischofs Heinrich IV. (1247–1259) war bereits die Zustimmung des Papstes erfolgt. Heinrich war dann auch treuer Anhänger von Papst Innozenz IV. Im Hochstiftsbereich sah sich freilich der Bischof nach wie vor dem Druck der Grafen von Hirschberg und von Oettingen ausgesetzt.

Das Aussterben der Herzöge von Andechs-Meranien 1248 brachte die gravierendsten Veränderungen der Zeit. Der Kampf um dieses Erbe brach in Franken bereits 1249 aus, als der Bamberger Bischof Heinrich die Bamberger Lehen der Andechser einzuziehen versuchte, um sie für den eigenen Territorienaufbau zu verwenden. Am Ende des Erbstreits wird Oberfranken vornehmlich von vier Herrschaftskräften kontrolliert, dem Bischof von Bamberg, den (Hohen-)Zollern, den Truhendingern und den thüringischen Grafen von Orlamünde.

Der Würzburger Bischof Hermann nahm im Kampf zwischen Papst und Kaiser Friedrich II. eindeutig für den Papst Partei. Auf dessen Wunsch gehörte er am 22. Mai 1246 zu den Wählern des Gegenkönigs Heinrich Raspe, er stellte sogar den Wahlort zur Verfügung. Da die staufertreuen Würzburger Bürger offensichtlich eine Gegen-Königswahl in ihrer Stadt verhindern konnten, fand die Wahl im nahen Veitshöchheim statt. Die staufischen Kirchenlehen im Bereich des südlichen Maindreiecks existierten trotzdem weiterhin, bis sie im Interregnum auf irgendeine Weise an die staufernahen Herren von Hohenlohe gelangten. Würzburg konnte sie nie mehr in Besitz nehmen.

Durch den plötzlichen Tod des Gegenkönigs aus Thüringen im Februar 1247 kam Franken wieder verstärkt in die staufische Einflusssphäre. Der Tod des beim gemeinen Mann verhassten „Pfaffenkönigs" und die königlose Zeit bis zur Wahl Wilhelms von Holland scheinen der zündende Funke für den Aufstand der Würzburger Bürger gegen den

Bischof gewesen zu sein. Dass sich Bischof Hermann nur mit Mühe auf seine Stadtburg Marienberg retten konnte, beleuchtet die Situation.

Der Riss zwischen der Stadt und ihrem Bischof, der künftig nicht mehr in seiner Bischofspfalz am Dom residierte, blieb tiefgreifend. Dazu kam, dass die Stadt Rothenburg im Süden des Würzburger Interessengebiets, bislang vielfältig und eng mit Würzburg und dem Bischof verbunden, sich nun mehr und mehr von der Mainmetropole und ihrem geistlichen Herrn weg orientierte. Vorläufiger Abschluss dieser Entwicklung war ein eigenes königliches Landgericht Rothenburg in Konkurrenz zum Würzburger Landgericht. Würzburg musste noch in einer weiteren heute mittelfränkischen Stadt seine territorialen Ansätze aufgeben, nämlich in Windsheim an der oberen Aisch, 30 km östlich von Rothenburg.

Kat.-Nr. 49

Im nichtgeistlichen Lager führte erst der Tod Friedrichs II. 1250 zu einem zunehmenden Abfall vom Stauferkönig. In dieser schier aussichtslosen Lage versuchte der Staufersohn Konrad IV., 1237 bereits zum König gewählt, aber nicht gekrönt, sich wenigstens des Königreichs Sizilien zu bemächtigen, wohin er noch 1251 aufbrach. Zur Finanzierung seines Italienzugs musste er wichtiges Reichsgut verpfänden; so gelangte Rothenburg, ein wertvolles Stück staufischer Haus- und Reichspositionen, an seinen Getreuen Gottfried von Hohenlohe. Die Pfandschaft erlosch erst mit der Zahlung der Pfandsumme durch den König. Da dieser aber dazu meist nicht in der Lage war, entgingen viele Königsstädte dem Schicksal der Mediatisierung nur, wenn sie sich selbst auslösen konnten. Erst 1273 kam Rothenburg im Zuge der Revindikationspolitik König Rudolfs von Habsburg wieder an das Reich.

Zentrales Anliegen des Würzburger Bischofs Hermann, eines genialen Territorialpolitikers, war im Norden seiner Interessengebiete vor allem die Schwächung der bisherigen Hochstiftsvögte und Burggrafen, der Grafen von Henneberg, die als Amtsträger beachtlichen Einfluss bis in den Würzburger Raum hatten. Während Bischof Hermanns Territorialpolitik einerseits seit seiner Wahlkapitulation auf Beschränkung der Stiftslehen gerichtet war, nutzte er andererseits jede Möglichkeit, Burgen aufzukaufen oder in sein Lehensystem einzubauen, um spätestens beim Aussterben des Geschlechts zugreifen zu können.

Hand in Hand mit der Burgenpolitik des Lobdeburgers ging seine Städtepolitik, die vor allem im Rhönumfeld erfolgreich war. In seiner Bischofsstadt Würzburg und in Windsheim war die starke Hand des Bischofs freilich nicht erfolgreich. In der Bischofsstadt setzte die „universitas civium“ auf weitgehende Autonomie. Im Zuge dieser Bestrebungen trat Würzburg 1256 als selbstständiges Mitglied dem Rheinischen Bund bei. Erst 1261 erlitt das Selbstverwaltungsstreben Würzburgs einen Rückschlag. Unter Hermanns schwachen Nachfolgern erlebte das Hochstift erneut schwierige Jahre mit Domkapitel, Stadt und Adel.

Kat.-Nr. 120

Abschließend sind die Grundzüge der spätstauferzeitlichen Entwicklung in den beiden Hochstiften Bamberg und Eichstätt zu skizzieren. Auch das Hochstift Bamberg stand in der Endphase staufischer Herrschaft im Zeichen territorialer Erweiterung, freilich anders als Würzburg. 1248 starben die Andechs-Meranier aus, die ein Jahrhundert lang Oberfranken und auch Bamberg geprägt hatten. Da diese zahlreiche bambergische Lehen hatten, galt es für den Bischof jene einzuziehen, was freilich nicht ohne erbitterte Fehden gelingen konnte. In diesem Ringen um das meranische Erbe sprach 1260 Bischof Berthold nicht nur von gräflichen, sondern von herzoglichen Rechten. Der harte Kampf um die meranische Erbschaft beherrschte Oberfranken und das Hochstift Bamberg über ein Jahrzehnt lang. Ungünstiger war

Kat.-Nr. 117

die territorialpolitische Situation des kleinen Hochstifts Eichstätt, das nach wie vor stark unter dem Druck seiner Vögte stand. Immerhin gelang dem Bischof 1245 erstmals gemeinsam mit Graf Gebhart VI. von Hirschberg eine Einigung über gegenseitige Rechte, ein Kompromiss, der auch dem Bischof einige Rechte einräumte.

1259 erließ das Eichstätter Domkapitel eine Wahlkapitulation, die Bischof Engelhard (1259–1261) unterzeichnen musste. Diese wenige Jahrzehnte nach der ersten Würzburger Wahlkapitulation geschaffene Wahlvorgabe des Eichstätter Domkapitels ist präziser, aber auch stark an den Interessen des adligen Domkapitels orientiert. Sie unterwirft das politische Handeln des Bischofs weitgehend der Zustimmung seines Kapitels und seiner Kollegiatsstifte. Freilich finden sich auch hier Ansätze zur Reduzierung ausgegebener Kirchenlehen.

Bischof Engelhards Nachfolger Hildebrand (1261–1279) betrieb bereits eine gezielte Lehenspolitik. Er drang auf Evidenthaltung der Lehen, konnte aber auch durch Lehensauftragung den Lehensbesitz seiner Kirche vergrößern. Auf komplizierte Weise versuchte der Eichstätter Bischof seine Besitzungen zu entvogten. Im Allgemeinen betrachtet man Eichstätt als kleines mittelfränkisches Hochstift. Gerade die späte Stauferzeit offenbart, dass Eichstätt eine Reihe wichtiger Positionen, aber auch Splitterbesitz im mainfränkischen Raum hatte.

Wenn man die fränkischen Hochstifte in jener Endphase der Staufer überblickt, zeigt sich bezüglich der Stauferherschaft allenthalben das gleiche Bild: Alle Bischöfe von Mainz bis Eichstätt rücken 1245/46 auf die Seite des Papstes und der von ihm protegierten Könige. Von einer Königsnähe der fränkischen Bischöfe in Bezug auf die Staufer kann seither nicht mehr die Rede sein. Diesen Einschnitt kann man sich nicht tief genug vorstellen. Das ist aber nur die eine Seite. Schon seit Jahrzehnten sind die Bistümer ferner mit territorialem Zugewinn befasst. Kurmainz dringt verstärkt in den Spessart-Odenwald-Raum vor, Würzburg massiert in das östliche Vorland der Rhön; Bambergs territorialer Elan setzt freilich erst mit dem Aussterben der Andechser ein. Viel schwächer ist das Hochstift Eichstätt, aber auch hier greifen Integrations- und Konzentrationsmaßnahmen. Nach dem Tod Konradins 1268 vollzog sich erneut ein territoriales Revirement im östlichen Franken, als nun die Bayernherzöge das konradinische Erbe im Nordgau und damit sogar den Besitz Nürnbergs forderten. Dies bedeutete neue Gefahren für die Hochstifte Bamberg und Eichstätt.

Veränderungen in Franken sind seit 1245 keineswegs nur in der Kirche bemerkbar. Für den höheren Adel, auch für die bedeutenderen Reichsministerialen, waren nach 1245 die großen kriegerischen Unternehmungen, Italienzüge und Kreuzzüge, zu Ende. Ihre territorialen Zuwächse waren kaum mehr durch kriegerischen Einsatz, sondern in erster Linie durch profitable Heiraten zu erreichen. Während des Interregnums war gleichzeitig das Gros der Reichsministerialen unabhängig geworden; ähnliche Entwicklungen bahnten sich bei anderen führenden Ministerialenfamilien an.

Die Endphase der Stauferzeit, 1245 bis 1268, ist für Franken janusköpfig. Einerseits ist es die „kaiserlose, schreckliche Zeit", in der freilich nicht grundsätzlich die Bande zum Reichsoberhaupt gelöst wurden, andererseits doch auch eine Zeit, in der Gesellschaft und Wirtschaft viele Zukunftsimpulse erhielten. Jene Jahrzehnte haben letztlich auch die zukünftige Staatlichkeit Frankens mit ihrem eng verschichteten Gewirr kleiner und kleinster, dazu oft nicht geschlossener Territorien mitbegründet, eine Struktur, die sich letztlich bis zum Ende des Alten Reichs durchzog.

Herrschaft und Gesellschaft im früh- und hochmittelalterlichen Franken

Der bischöfliche Hof

Das „Haus“ der Bischöfe von Würzburg, von Eichstätt und von Bamberg erwuchs aus dem engsten Kreis der bischöflichen „familia“, war also ein Personenverband, nicht nur eine geistliche Hausgemeinschaft. Da dem Bischof seit dem Frühmittelalter immer mehr macht- und verwaltungspolitische Aufgaben zufielen, ist das bischöfliche „Haus“ nicht so wesentlich vom Adelshaus unterschieden, auch wenn es größere Dimensionen hatte. Das bischöfliche Hofgesinde stellt, da Herrschaftsausübung sich im Mittelalter wesentlich mit dem personellen Instrumentarium des Hofs vollzieht, zugleich den Kern eines „zentralen“ Verwaltungsapparats dar. Die Hofämter des Bischofs wie anderer Fürsten weisen noch zurück auf archaische Haushaltung und -organisation. Die Hofgeistlichkeit war nicht nur deshalb von hohem Belang, weil der Herr des bischöflichen Hauses ein Bischof war; aus ihren Reihen kamen in der Regel jene Vertreter, welche die fürstbischöfliche Kanzlei bildeten. Die Würzburger Hofgeistlichkeit beispielsweise hatte neben ihren geistlichen Funktionen eine Fülle anderer Aufgaben wahrzunehmen, nicht zuletzt im diplomatischen Bereich.

Kat.-Nr. 56

Das Domkapitel

Das Domkapitel umfasste die am Dom des Bischofs tätigen Geistlichen. Neben und mit dem Bischof entwickelte sich das Domkapitel, der Klerus der Domkirche, zum wichtigsten geistlichen und herrschaftspolitischen Faktor im jeweiligen Hochstift. Beispielhaft ist auch hier auf Würzburg zu verweisen. Um 1200 hatten die Würzburger Domherren bereits die Aufsicht über das Stiftsgut, bald darauf die Verwaltung der Temporalien des Bistums während der Sedisvakanz. 1215 wurde dem Domkapitel das ausschließliche Bischofswahlrecht zugesprochen, seit 1225 gingen fast alle Würzburger Bischöfe aus der Wahl des Domkapitels hervor. Schon seit dem 13. Jahrhundert zeichnete sich das Würzburger Domkapitel durch besondere Geschlossenheit und Machtstellung aus. Die Abgrenzung des Kapitels wurde verstärkt durch die zahlenmäßige Beschränkung der Domherrenpfründen.

Durch die Wahlkapitulation des neu zu wählenden Bischofs (seit 1225) vermochte das Domkapitel allmählich die weltliche Amtsführung des Bischofs festzulegen, sodass er an den Willen jener Korporation gebunden war, die ihn gewählt hatte. So war das Domkapitel in ständische Funktionen hineingewachsen. Wie an anderen fränkischen Bischofssitzen wurde es eine Domäne der Ministerialen, dann des Niederadels.

Die fränkische Klosterlandschaft

Die frühmittelalterlichen Klöster

Erste monastische Ansätze kennt man vom letzten mainfränkischen Herzog Hetan II. Aber sein Plan von 716/17, mit Hilfe Willibrords ein Kloster in Hammelburg zu gründen, ist offenbar gescheitert. Herzog Hetan gründete ein Frauenkloster auf dem Marienberg zu Würzburg für seine Tochter Immina. Anlässlich der Gründung des Bistums Würzburg 741/42 werden zwei bereits existierende Frauenklöster sichtbar, die für den Bischof zur Disposition standen. Er erhielt zunächst das „monasteriolum“ Karlburg am Main, das in der Sage als Gründung der hl. Gertrud von Nivelles gilt. Die Nonne und Herzogstochter Immina trat nach 741/42 ihr Würzburger Kloster an den Bischof ab und erhielt dafür die Leitung des Klosters Karlburg, das auf jeden Fall zu den frühesten Klöstern Frankens gehört. Ohne bonifatianischen Einfluss ist wohl auch das Männerkloster Amorbach im Odenwald entstanden, ebenso das Gumbertuskloster in Ansbach, das der Stifter Abtbischof Guntbert 786 an Karl den Großen übergab, wahrscheinlich auch Herrieden, von einem Großen namens Cadold gegründet, die Klöster Ellwangen, Feuchtwangen-Gunzenhausen und Spalt, wogegen bei Heidenheim auf dem Hahnenkamm, der Gründung Wunibalds, durchaus Kontakte zu Bonifatius wahrscheinlich sind.

Die Würzburger Überlieferung überdeckt verständlicherweise die monastischen Initiativen, auch jene des Winfrid-Bonifatius, die aber bei einer Gesamtbetrachtung unübersehbar sind. Bonifatius, der große Organisator und Missionar, hatte bereits 744 das Kloster Fulda gegründet, das für Franken von großer Bedeutung werden sollte. Aus seinem Schülerkreis ging der zweite Bischof von Würzburg, Megingoz (Megingaud), hervor. Bekannt geworden sind die Frauenklöster Tauberbischofsheim und Kitzingen, die Bonifatius für seine Schülerinnen und Verwandten Lioba und Thekla gründete bzw. ausbaute. Wie lange das durch Lioba hochangesehene Kloster existierte, lässt sich nicht genau sagen.

Unter Aufsicht des Bonifatius entstand 740 das von Bayern aus gegründete Kloster Eichstätt, das vom hl. Willibald wohl von Anfang an als Benediktinerkonvent realisiert wurde. Es lag in einem strategisch wichtigen Raum, im bayerischen Grenzsaum und richtete sich gegen die Einflusszone des karolingischen Hausmeiers Pippin. Ebenfalls aus dem Umkreis des Bonifatius kam der angelsächsische Mönch Sola, der vor 754 in Solnhofen an der Altmühl eine Zelle gründete. Da Sola seine Zelle mit allen Pertinenzien an das Großkloster Fulda schenkte, blieb sie als fuldische Propstei erhalten.

Eine Betrachtung der mainfränkischen Klöster der Karolingerzeit führt immer wieder zur Großabtei Fulda. Der erste Abt Sturmi muss ein ausgezeichneter Organisator gewesen sein, sonst hätte Fulda nicht in so kurzer Zeit einen gewaltigen Besitz vornehmlich durch Schenkungen erwerben können. Die erste große Welle von Schenkungen aus dem unterfränkischen Grabfeld an das Kloster Fulda erfolgte unter Abt Baugulf (779–802), der selbst an der unteren Fränkischen Saale ein Klösterchen gegründet hatte. Kennzeichnend ist, dass besonders um 800 nicht nur große Besitzschenkungen an Fulda ergingen, sondern auch eine ganze Reihe von adligen Eigenklöstern Fulda übergeben wurde. Eine exakte Chronologie dieser Klosterübergaben lässt sich freilich nicht mehr erstellen.

Kat.-Nr. 94

Wer sind nun aber die weltlichen Stifter dieser Klösterchen und Klöster? Allein eine Sippe, die zweifellos zu den bedeutendsten Mainfrankens gehörte und die man heute als Mattonen bezeichnet, hat mindestens vier Klöster gegründet. Von einer anderen Adelsgruppe stammt das „monasteriolum Brachau“ (= Brach) an der Fränkischen Saale, das mit reichem Besitz bis in den Haßgau ausgestattet war.

Südöstlich vom Kloster Neustadt/Main, dessen Gründer Bischof Megingaud von Würzburg war, übertrug ein gewisser Troand sein Eigenkloster Holzkirchen an Karl den Großen, der es wiederum 775 an Fulda tradierte, offenbar als Entschädigung für fuldische Unterstützung seiner Sachsenpolitik. Dieser Troand, offensichtlich ein führender Vertreter des ostfränkischen Adels, mit engen Beziehungen zu Bayern und vermutlich zum Rheinland, hatte dieses Kloster wohl kurz nach 750 gegründet. Holzkirchen ist das einzige fuldische Nebenkloster in Franken, das bis zum Ende des Alten Reichs bestand. Es ist auch das einzige unterfränkische Kloster, von dem im 9. Jahrhundert ein monastischer Aufstieg bezeugt ist.

Vor 784 hatte Emhilt, eine reiche Adlige, am Nordostrand des Grabfelds auf elterlichem Gut in Milz (heute Thüringen, Kr. Hildburghausen) ein Nonnenkloster gegründet und zusammen mit ihrer Verwandtschaft reich ausgestattet, das sie 799/800 an die Großabtei Fulda übertrug. Gisela, Tochter des sächsischen Grafen Hessi, vermählt mit einem unterfränkischen Grafen, errichtete für ihre beiden Töchter Eigenklöster oder Kanonissenstifte: für Bilihilt Wendhausen im Harz, für Hruodhilt Karsbach in Mainfranken.

Fast alle „monasteria" und „monasteriola" des Adels im Saale- und Grabfeldgau wurden offenbar an Fulda übertragen. Auf den ersten Blick möchte man meinen, dass das Großkloster Fulda als der rettende Anker vor dem Niedergang dieser mehr oder weniger monastischen Gebilde des Adels angesehen wurde. Aber auch Fulda konnte den Niedergang in den Außenzonen seines Einflusses nicht aufhalten. Im Gegensatz zu Fulda hat Würzburg keine „Klostergewinnungspolitik" betrieben.

Wesentlich aktiver im Rahmen der Klostergründung und -übernahme waren die Karolinger. Das Frauenkloster Karlburg war noch eine Hausmeiergründung, offenbar auch das Nonnenkloster Kitzingen. Mitgewirkt haben die Karolinger bei den Klöstern Fulda, Amorbach, Spalt, vielleicht auch Neustadt/Main. Nonnenschwarzach, Vorgängerin von Münsterschwarzach, war im Besitz von Theotrada, der Tochter Karls des Großen und seiner dritten Gemahlin Fastrada. Obwohl von der Besitzerin an Würzburg geschenkt, wurde es erst im 10. Jahrhundert an den Bischof übergeben.

Kurz vor 800 verlieh Karl der Große dem Bistum Würzburg das Kloster Ansbach im Austausch zu Besitzungen um Salz und schuf damit eine neue Südgrenzzone für Würzburg. Das etwa zehn km südwestlich von Ansbach gelegene Adels-, später Königskloster Herrieden stand bereits in einem anderen, nach Süden orientierten Umfeld. Drei Äbte aus der Umgebung Ludwigs des Frommen standen an der Spitze dieses reich ausgestatteten Klosters. Der dritte übertrug es wohl auf königliche Anweisung dem Bischof von Eichstätt, der es umgehend in ein Kanonikerstift umwandelte. Das Kloster Feuchtwangen, ebenfalls 819 auf der Aachener Liste, verlor an Bedeutung und wurde als Stift ein Vorposten des Bistums Augsburg, das bis hierher reichte. Vom Kloster Gunzenhausen an der oberen Altmühl wissen wir nur, dass es der Kaiser 823 an die westlich gelegene Reichsabtei Ellwangen schenkte; dann schweigen die Quellen.

Kat.-Nr. 93

Nordöstlich von Gunzenhausen liegt das im 8. Jahrhundert wohl von Karl dem Großen gegründete St. Salvatorstift Spalt an der Rezat. Es wurde vor 810 dem Bischofskloster St. Emmeram zu Regensburg übertragen, ein Zeichen für die enge Verklammerung Bayerns mit dem fränkischen Zufahrtsweg im Interesse des Königtums.

Auch Heidenheim, bereits 752 von Wunibald, dem Bruder Bischof Willibalds von Eichstätt, als Familienkloster gegründet, bald von deren Schwester Walburga zu einem Doppelkloster erweitert, wurde nach deren Tod ein eichstättisches Kanonikerstift. Eine Ausnahme unter jenen mittelfränkischen Klöstern mit Tendenzen nach Süden (Eichstätt, Regensburg, Augsburg) bildete das Solakloster Solnhofen, das der Gründer dem mächtigen Reichskloster Fulda übertrug.

Königliche Klosterpolitik und Verpflichtung zu politischen Aufgaben waren zwar ehrenvoll, gingen aber an die Substanz der Klöster. So wurden im frühen 9. Jahrhundert die Abteien Amorbach im Oden-

Kat.-Nr. 92

wald und Neustadt am Ostspessart zur Sachsenmissionierung eingesetzt und aus ökonomischen Gründen administrativ zusammengelegt. Spätestens seit 815 waren nacheinander drei Amorbach/Neustädter Äbte gleichzeitig Bischöfe von Verden/Aller in Sachsen, und zwar bis 830. Diese für drei Äbte beachtlich kurze Zeit lässt ermessen, wie anstrengend die Tätigkeit im Missionsfeld Nordsachsen war. Im 9. Jahrhundert gab es nur noch wenige neue Klostergründungen wie Megingaudeshausen bei Markt Bibart, 816 von Graf Megingaud ausdrücklich nach benediktinischer Regel gegründet und dem König unterstellt. Auch dieses Kloster musste freilich noch im 9. Jahrhundert nach Münsterschwarzach am Main umziehen.

Betrachtet man die geografische Verteilung der karolingerzeitlichen fränkischen Klöster, dann fällt auf, dass das heutige Oberfranken völlig herausfällt. In diesem damals noch stark slawisch strukturierten Raum scheinen die Voraussetzungen für eine Klostergründung gefehlt zu haben.

Die fränkische Klosterlandschaft vom 11. bis zum 13. Jahrhundert

Von den zahlreichen frühkarolingischen Klöstern Frankens sind im 11. Jahrhundert nur wenige bestehengeblieben, so Amorbach, Ansbach, Neustadt am Main, Kitzingen, Feuchtwangen, Ellwangen, Herrieden, Heidenheim; eine Reihe monastischer Gründungen war teils schon in spätkarolingischer, teils in ottonischer Zeit in Kanonikerstifte umgewandelt, somit viel besser den jeweiligen Diözesanbischöfen zur Herrschaftsdelegation und Bistumsorganisation nutzbar gemacht worden. 1046 gab es in Franken kein einziges Reichs- bzw. Königskloster mehr. Bereits 993 waren alle westlichen Königsklöster durch die „Restitution" König Ottos III. dem Bistum Würzburg übertragen worden. Damit war Würzburgs monastische „Westflanke" fest in der Hand des Bistums. Etwa gleichzeitig ging das ottonisch-liudolfingische Hausstift Aschaffenburg an das Erzbistum Mainz über. Gut ein Jahrzehnt später übertrug König Heinrich II. das dem Reich gehörige Frauenkloster Kitzingen dem neuen Bistum Bamberg.

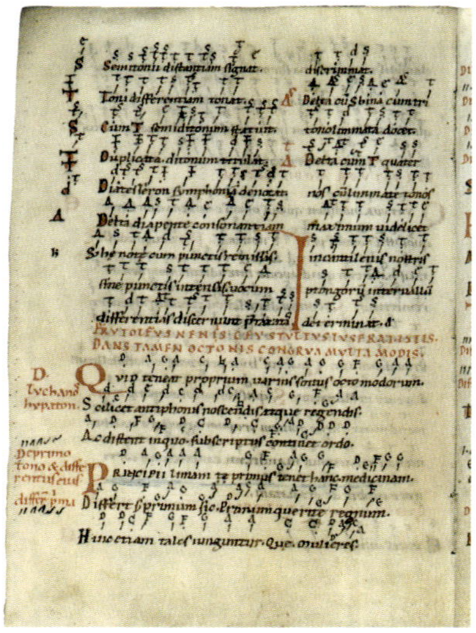

Kat.-Nr. 75 a

Neue monastische Impulse, die bis in die Spätzeit des 11. Jahrhunderts anhielten, schuf die so genannte Gorzer Reform, die in Amorbach, St. Michelsberg in Bamberg und vor allem als „Junggorzer" Reformgruppe in Münsterschwarzach stark vertreten war. Um 1100 bildeten sich in Franken Gemeinschaften der Augustiner-Chorherren, in der Würzburger Diözese Triefenstein am Ostspessart und in Heidenfeld bei Schweinfurt. Während in der Diözese Bamberg kein einziges Augustiner-Chorherrenstift erwuchs, entstand spät, 1153, unmittelbar vor dem Eichstätter Bischofssitz das Stift Rebdorf, das von König Friedrich Barbarossa große Förderung erfuhr.

Dagegen war trotz des Investiturstreits in Franken lange fast nichts von der jungcluniazensischen Reformbewegung zu verspüren; nur die Vorfahren der Landgrafen von Thüringen gründeten zwischen 1069 und 1084 gemeinsam mit den Grafen von Rieneck das Hirsauer Priorat Schönrain, hoch über dem Main zwischen Gemünden und Lohr.

Erst im frühen 12. Jahrhundert nahm sich Bischof Otto I. von Bamberg, der große Organisator benediktinischer Reformklöster, der Hirsauer Reform an, nutzte sie aber im Sinne des bischöflichen Eigenkirchenrechts. Ottos neue Klöster, die weit nach Bayern, aber auch in die Diözese Würzburg (Aura/Saale) hineinreichten, stärkten vor allem das Bistum. Der charismatische Bischof verstand es glänzend Adlige zur Gründung monastischer Kommunitäten zu bewegen, diese aber gleichzeitig der Bamberger Domkirche zu übereignen. Kurz vor 1150 ist eine weitere benediktinische Klostergründungswelle zu verzeichnen, deren Träger aus Irland kamen, geprägt durch die Schottenklöster in Würzburg, Nürnberg und Eichstätt.

Seit 1124 erlebte Franken den Einzug des nach dem Gründungskloster Citeaux benannten Zisterzienserordens, der die Reinheit der Benedikt-Regel durchsetzen wollte. Als erste Zisterze Oberdeutschlands entstand Ebrach im Steigerwald, dessen berühmter erster Abt Adam (1127 – um 1167) acht Tochterklöster gründete. In Franken waren dies Langheim, Bildhausen, Heilsbronn. Die nach ihrer Tracht auch als „graue Mönche" bezeichneten Mitglieder dieses Ordens behielten lange ihre Anziehungskraft als Elite. Damit die Mönche ihre strengen geistlichen Aufgaben erfüllen konnten, wurden Laienbrüder (Konversen) für die körperliche Arbeit aufgenommen, was großen Zulauf fand. Zur zweiten zisterziensischen Gründungswelle gehörte die im Taubertal gelegene Abtei Bronnbach.

Kat.-Nr. 76

Seit der Mitte des 12. Jahrhunderts entstanden auch zahlreiche Frauenklöster der Zisterzienser in Franken, offenbar vielfach als Versorgungsstätten adliger Töchter gedacht. Das ökonomische Wirtschaften der zisterziensischen Männer- und Frauenklöster befruchtete auch bald fränkische Städte, vorwiegend des Bistums Würzburg.

Fast gleichzeitig mit den Zisterziensern hielten die Prämonstratenser Einzug in Franken. In der Würzburger Diözese war der Ordensgründer Norbert bei der Entstehung Oberzells 1128 selbst beteiligt. Ihm folgte Tückelhausen bei Ochsenfurt. Auch die Grafen von Henneberg gründeten Prämonstratenserklöster in Veßra im heutigen Thüringen und Hausen bei (Bad) Kissingen. Im südlichen Mittelfranken ist nur Sulz bei Feuchtwangen zu verzeichnen.

Seit dem frühen 13. Jahrhundert setzten sich auch in Franken die Bettelorden durch, die im Sinne radikaler Nachfolge Christi ganz auf Besitz verzichteten. Hauptwirkungsfeld war die Seelsorge in der Stadt. So nimmt es nicht wunder, dass gerade Würzburg Sammelbecken der neuen Bewegungen wurde. Noch zu Lebzeiten des hl. Franziskus (gest. 1226) erfolgte hier 1221 der Einzug der Franziskaner. Und im gleichen Jahrzehnt zogen auch die Dominikaner ein, etwas später die Augustiner-Eremiten.

Im Rahmen der Kreuzzüge waren drei bedeutende Ritterorden entstanden, die sich dem Pilgerschutz und der Spitalpflege verschrieben. Während die Templer in Franken kaum Spuren hinterließen, trat der Johanniterorden 1215 mit einem Ordenshaus in Würzburg auf, andere Niederlassungen auf dem Land folgten. Franken wurde aber seit dem frühen 13. Jahrhundert zu einer Landschaft vieler Deutschordenshäuser mit Nürnberg (1209), Wolframs-Eschenbach (1210), der Kommende Würzburg (1219), der bald weitere folgten. Wie anderwärts entwickelten sich in Franken viele Klöster und Stifte zu „Hospitälern" des Adels.

Adel und Grundherrschaft

Adlige Grundherren des 8./9. Jahrhunderts

Der Begriff nobilis (= edel, adlig) wird im Frühmittelalter noch selten gebraucht. Es scheint, dass zunächst freie Gefolgschaftskrieger zusammen mit König oder Herzog das Land beherrschten. Siedlungen, die sie übernahmen oder neu gründeten, trugen häufig ihren Personennamen. Da Dienst damals nicht mit Geld entlohnt werden konnte, war sicher die militärische Leistung für Herzog oder König/Hausmeier eine der wichtigsten Voraussetzungen für ihren Zugewinn an Besitz. Zwar beginnen die urkundlichen Quellen erst langsam im 8. Jahrhundert, doch ist rekonstruierbar, dass ein paar der großen Familien des 8./9. Jahrhunderts bereits im 7. Jahrhundert in Franken gesessen haben müssen. Zwei erste Grafen, Cato und Sigirich, werden 716/17 in einer Herzogsurkunde Hetans II. bezüglich Hammelburg genannt; wo sie ihre Grafschaft hatten, wissen wir nicht. Ein Papstbrief von etwa 738 spricht von den Optimaten und dem Volk in Thüringen, Hessen und im Grabfeldgau.

Kat.-Nr. 32

Von hoher Relevanz für die Rekonstruktion der Gesellschaft der Freien Mainfrankens sind die Hammelburger und die beiden Würzburger Mark(-Grenz-)beschreibungen des späten 8. Jahrhunderts. Als Karl der Große 777 seinen gewaltigen Besitz um Hammelburg an der Saale, der offensichtlich vom letzten fränkischen Herzog Hetan II. herrührte, an das Kloster Fulda schenkte, ließ er genau die Grenzen des Fronhofsbezirks feststellen (Hammelburger Markbeschreibung). Fast einmalig ist dabei die Besitzeinweisung an den Abt Sturmi durch Karls Grafen Nidhard und Heimo sowie durch die königlichen Vasallen (Lehensmänner) Finnold und Gunthram im Beisein von 21 namentlich genannten Zeugen, die als „nobiliores terrae illius", als „Edlere des Landes", bezeichnet werden.

Kurz darauf ließ Karls Beauftragter Eberhard die Mark Würzburg genau begehen und bestätigen. In dieser ältesten Würzburger Markbeschreibung vom 14. Oktober 779 ist es der Königsbote Eberhard, der zusammen mit allen Optimaten und Ältesten (senibus) dieser Provinz die Grenzabschreitung vornimmt. Diese wird in vier Strecken aufgeteilt, an denen jeweils andere Zeugen (das heißt senes und optimates) teilnehmen. Man kann davon ausgehen, dass jeweils Personen, die mit dem Raum in einer engen Beziehung stehen, ausgewählt wurden.

Die zweite, nur wenig später niedergeschriebene Würzburger Markbeschreibung spricht die Kategorien der Grundbesitzer der Mark an: Kirchengut des hl. Kilian, also der Domkirche, „frono" = Königsgut, „friero franchono erbi" = freier Franken Erbgut. Diese Formulierung ist um so verwunderlicher, als in den Fuldaer Traditionen jener Zeit durchaus schon vom Adel die Rede ist. Die Typisierung der Würzburger Markbeschreibungen ist also im Wesentlichen noch präfeudal. Man wird dies als Zeichen dafür sehen dürfen, dass der gesellschaftliche Schichtungsprozess im 8. Jahrhundert noch nicht abgeschlossen war. Die „Freien Franken" der Würzburger Mark, also der mainfränkischen Zentrale, können unmöglich nur kleine, unbedeutende Freie gewesen sein. Sie gehörten der vielfältigen Schicht freier Grundbesitzer an, zu der auch die „Edleren dieses Landes" zu rechnen sind. Vielleicht hat sich aber der Begriff der „Freien Franken" noch viel länger gehalten, zumal der Titel „Freiherren" im Adel (bis heute) das Gleiche ausdrückt.

Franken kennt im 8./9. Jahrhundert einige außerordentlich mächtige Grundherrenfamilien, aber auch Einzelpersonen mit weitreichendem Besitz. Es ist keine Frage, dass man sie zum Adel rechnen muss. Sieht man von den besitzmächtigen Mattonen ab, sind es vor allem Grafenfamilien, die einzelne Regionen – wenn auch meist nicht kontinuierlich – beherrschten.

So erkennt man einen Eburacar, einen Verwandten der Äbtissin Emhilt von Milz, als wohl ersten Grafen im Grabfeld, ihm folgt ein Liwicho, in dessen Amtsbereich im Jahr 800 ein „conventus publicus" in Münnerstadt tagte. Erst mit dem Grafen Poppo I., der etwa von 819 bis 840 im Grabfeld als Graf fungiert, erfahren wir Genaueres. Gräfliches Amtsgut des Poppo wird allerdings im Waldsassengau sichtbar, das heißt, dass er wohl auch dort eine Grafschaft leitete. Er war den Quellen zufolge ein enger Vertrauter Kaiser Ludwigs. Unter dessen Nachfolger Ludwig wurde freilich rasch eine andere Grafenfamilie im Grabfeld ausgewählt. Etwa zur gleichen Zeit wirkte im Saalegau ein Hessi als Graf, offensichtlich ein enger Verwandter der Klostergründerin Gisela, die väterlicherseits aus Sachsen stammte, so dass man im südlichen Saalegau und im Aschfeld von der Hessi-Gruppe sprechen könnte. Unter König Ludwig dem Jüngeren wechselte erneut der Inhaber der Grabfeldgrafschaft. Er zog wieder die offenbar inzwischen mächtig gewordenen Popponen heran, und zwar den treuen Anhänger Heinrich (Heimrich), der später noch unter Karl III. als hervorragender Feldherr auftrat und 886 im Kampf gegen die Normannen fiel. Da die Verwandten Heinrichs beim Staatsstreich Arnulfs von Kärnten nicht für diesen eintraten, wurden ihnen um 890 die Grafschaftsrechte aberkannt, wohl eine der Ursachen der späteren Babenberger Fehde. Von den Grafen anderer Gebiete wissen wir fast nur den Namen. Im Taubergau ist 807 ein Graf Audulf greifbar, der bereits seit 799 Präfekt über Bayern war und 805 den Waffenhandel zwischen Forchheim und Regensburg kontrollierte, ein offensichtlich hochbedeutender Mann aus großer Familie – die aber kennen wir nicht.

Von einem Grafen Egino im Iff- und Badenachgau weiß man, dass er enger Parteigänger der älteren Babenberger war. Sein Nachfolger nach 906 wurde ein Graf Ernst, offenbar identisch mit dem gleichnamigen Grafen des Sualafelds, der wichtige Positionen um Weißenburg im südlichen Franken hatte. Rund 60 Jahre später begegnet in Mittelfranken wieder ein politisch aktiver Graf Ernst, der mit dem aufständischen Königssohn Liudolf paktierte und über Güter im Raum Weißenburg-Gunzenhausen verfügte. Während wir diesen Grafen wenigstens andeutungsweise kennen, bleibt uns die Einsicht in die nicht-grafenbare Grundherrengesellschaft nahezu versagt. Auch die Quellen über die gefährliche Babenberger Fehde um 900 bieten kaum Aussagen über die jeweiligen Parteiungen.

Kat.-Nr. 3

Die Spuren dieser Adelsfamilien und -clans verlieren sich fast völlig im 10. Jahrhundert, wenn man von den so genannten Popponen absieht, die sich dann im 11. Jahrhundert nicht mehr greifen lassen. In der Ottonenzeit dominierten nach dem Bild der Quellen neben den mit dem Königshaus verwandten Popponen vor allem die so genannten Schweinfurter Markgrafen, die am Obermain und in der heutigen Oberpfalz eine herzogsähnliche Herrschaft ausbilden konnten, dazu im Osten die bayerischen Luitpoldinger (Bamberg, Raum Hersbruck), im mittelfränkischen Süden wahrscheinlich die Ernste. Auch die Konradiner (ursprünglich in Hessen) scheinen noch eine Rolle im ostfränkischen Raum gespielt zu haben.

Führende fränkische Adelsfamilien vom 11. bis zum 13. Jahrhundert

Fränkische Adelsfamilien mit eigenen Familiennamen sind in den Quellen selten vor 1050 nachweisbar. Das erste geradezu „klassische Geschlecht“, das sich im Franken des 10./11. Jahrhunderts artikulierte, sind die mächtigen Schweinfurter Markgrafen. Der erste, Berthold (gest. 980), war seit spätestens 945 Graf im bayerischen Nordgau, offenbar von Otto I. nach dem Aufstand des Bayernherzogs Eberhard zur Sicherung des nördlichen Vorlands um Regensburg eingesetzt. Bertholds Verwandter (wohl sein Neffe) Luitpold wurde 976 Markgraf der bayerischen Ostmark.

Der Konflikt des Schweinfurter Markgrafen Heinrich (Hezilo) mit König Heinrich II. und sein Aufstand 1003 zeigt erstmals die gewaltigen Positionen dieses Schweinfurters, dem nicht weniger als vier Burgen im oberfränkisch-oberpfälzischen Raum gehörten. Hezilo verlor nach seiner Niederlage zunächst alle Reichslehen und Grafschaften, mit denen andere Große ausgestattet wurden. Die Familie Hezilos hatte freilich in

Franken noch großes Gewicht; sein Sohn Otto wurde 1048 sogar Schwabenherzog.

Viel nachhaltiger für die fränkische Adelsgesellschaft als die Niederringung des Markgrafen Heinrich war das Aussterben des Geschlechts 1057. Otto hatte zwar fünf Erbtöchter, die mit Ausnahme von Eilika (Äbtissin von Niedermünster in Regensburg) alle verheiratet wurden. Aber gerade diese Tatsache zersplitterte die fränkische Adelslandschaft und führte zu einer Neuorientierung. Denn durch diese Ehen kam Schweinfurter Erbbesitz fast durchweg an nicht-fränkische Adelshäuser, unter anderem an die bayerischen Grafen von Andechs.

Wichtig war die thüringische und sächsische Verwandtschaft einer Erbtochter (Meißen, Beichlingen, Orlamünde), die bis in das Spätmittelalter in Oberfranken einflussreich war.

Durch die Errichtung des Bistums Bamberg wurden ebenfalls neue Vasallenfamilien mit Aufgaben versehen, besonders die Grafen von Abenberg-Frensdorf, die Bamberger Domvögte wurden und nach Süden bis Heilsbronn ausgriffen. Zu ihren Verwandten gehörten die Grafen von Wertheim im Westen an der Taubermündung. Vom östlichen Thüringen aus (Saalfeld) drangen ferner im frühen 11. Jahrhundert die niederrheinischen Ezzonen rodend nach Süden vor. Im Grabfeldgau und im Coburger Land spielten sie kurzfristig eine große Rolle. Um die Mitte des 11. Jahrhunderts amtierte hier ein Graf Gozwin, wohl verwandt mit den Ezzonen, dessen Urenkel der bekannte Graf Hermann von Stahleck bei Bacharach war. Seine fränkische Grafschaft lag aber zwischen Bamberg und Nürnberg mit dem Hauptsitz Höchstadt/Aisch. Da Hermann sich mit einer Schwester König Konrads III. vermählen konnte, übertrug ihm der König 1142/43 auch die rheinische Pfalzgrafschaft.

Kat.-Nr. 50

Die später so mächtigen Grafen von Henneberg, deren Einflussbereich vom Thüringer Wald bis zum Main reichte, tauchen im 11. Jahrhundert erst allmählich aus dem Dunkel der Unschriftlichkeit auf. Dass sie von den alten Popponen abstammen, lässt sich nicht beweisen. Zunächst scheinen sie enge Beziehungen zum Kloster Fulda gehabt zu haben. Einer ihrer frühen Vertreter war Graf Boppo der Starke, der 1078 in der Schlacht bei Mellrichstadt auf der Seite König Heinrichs IV. kämpfte und fiel. Drei seiner Söhne nannten sich nach ihren Burgen: Irmelshausen, Frankenstein und Wasungen. Boppos Bruder Gotebold I. stand ebenfalls auf Heinrichs IV. Seite im Investiturstreit; er erhielt daraufhin das Amt eines Burggrafen von Würzburg, seit 1091 bezeugt. Im 12. Jahrhundert wird ein beachtlicher Heiratskreis der Grafen von Henneberg offenbar. Er reicht vom rheinischen Pfalzgrafen, dem Stiefbruder Kaiser Friedrichs I., zu den Grafen von Sommerschenburg (Pfalzgrafen von Sachsen) und zu den Andechs-Meraniern. 1103 erlangten sie zum Burggrafenamt auch noch die Würzburger Hochstiftsvogtei. So schufen sie spätestens seit dem 13. Jahrhundert ein weitmaschiges hennebergisches Territorium, das sich in Resten bis zu ihrem Aussterben erhalten konnte. Seit 1168 gelang es dem Würzburger Bischof jedoch, die Henneberger allmählich aus der Hochstiftsvogtei zu verdrängen. Die Auseinandersetzungen dauerten während des 13. Jahrhunderts an.

Lediglich die Edelfreien (ab 1231 kurzfristig Grafen) von Wildberg vermochten neben den Hennebergern eine größere Herrschaft im Grabfeld und um Coburg auszubilden. Um 1300 starben sie aus; ihre Herrschaft hing vielleicht mit dem Schweinfurter Erbe zusammen.

Im 11. Jahrhundert gehörten auch die Vorfahren der bedeutenden Thüringer Landgrafen zum mainfränkischen Adel. Ihr fränkischer Besitzkomplex um Lohr und Gemünden ging im frühen 12. Jahrhundert an die mit ihnen verwandten Mainzer Burggrafen von Looz-Rieneck über, während die Ludowinger ihr Schwergewicht nach Thüringen und Hessen verlegten. Die Rienecker konnten dagegen nördlich des Maindreiecks als Vögte des Klosters Fulda Fuß fassen, als Vögte des Stifts Aschaffenburg und als Mainzer Erzstiftsvögte im Spessart. Bei ihrem Territorialausbau im Spessart kam es im 13. Jahrhundert zu erbittertem Ringen mit Kurmainz.

Spätestens am Anfang des 12. Jahrhunderts setzten sich im Südostspessart und an der Taubermündung die Grafen von Wertheim fest, die ebenso Besitzungen im Bachgau westlich von Aschaffenburg, aber auch in Mittelfranken hatten. Dazu kam ein hoch angesehener Verwandtschaftskreis. Im Main-Tauber-Raum bauten sie als fuldische, würzburgische, vielleicht auch königliche Lehensträger eine eigene Herrschaft auf, die bis zum Ende des Alten Reichs erhalten blieb.

Kat.-Nr. 67

Südlich von Bamberg suchten die salischen Kaiser erneut Einfluss zu gewinnen durch Amtsübertragungen an Geschlechter, die aus der Ostmark bekannt sind, wie die Grafen von Raabs, die bis Neustadt/Aisch (Riedfeld) vorstießen und spätestens seit 1154 als Burggrafen von Nürnberg bekannt sind. Beim Aussterben dieser auch in Franken bedeutenden Raabser 1198 gingen die fränkischen Positionen zusammen mit der Burggrafschaft auf dem Eheweg der Erbtochter Sophia mit Graf Friedrich von Zollern an das bisher schwäbische Geschlecht der Hohenzollern über, die bald eine neue expandierende herrschaftsbildende Kraft in Mittel- und Oberfranken darstellten.

Auch vom nordschwäbischen Westen drängten Adelsfamilien in den fränkischen Raum. Bis in die beginnende Stauferzeit dominierten vom Kocher-Tauber-Raum her die Grafen von Comburg-Rothenburg; sie dotierten vornehmlich Klöster und Stifte in der Bischofsstadt Würzburg, Zeichen für ihre Einflusskraft. Die so genannten Ebonen, Grafen von Mergentheim, waren dagegen Vögte des Stifts Ansbach. Beider Besitz, der Comburg-Rothenburger und der Ebonen, fiel nach deren Aussterben an die Staufer.

Ganz im Süden der fränkischen Einflusszone sind die Grafen von Hirschberg-Grögling mit Sitz in Beilngries/Altmühl zu nennen, die zunächst enge Beziehungen zu Bayern (Freisinger Raum) hatten, als Eichstätter Hochstiftsvögte bedeutend waren, aber wenig nach Mittelfranken strebten. Wichtiger sind die schwäbischen Ries-Grafen von Öttingen, deren Rolle im spätstaufischen Mittelfranken oft unterschätzt wird.

Grundlage ihres Ausgriffs nach Norden war zunächst ein Eichstätter Forstbezirk, der bis Hohentrüdingen reichte. In der Endphase der Stauferzeit erhielt ein Öttinger Graf die Pfandschaft über Dinkelsbühl. Ab Mitte des 13. Jahrhunderts erfolgte durch diesen Grafen Ludwig III. in Schüben die Übernahme umfangreicher Reichsgüter und -vogteien in Mittelfranken. Am Ende der Stauferzeit standen die Öttinger in Ansbach und Crailsheim.

Eine wichtige Rolle spielte auch eine ganze Reihe von fränkischen Edelfreienfamilien, die nicht oder erst spät den Grafentitel erwarben. Als Beispiele seien genannt: in Oberfranken die Walpoten und die aktiven Schlüsselberger, im Süden die Herren von Truhendingen, die auch in die oberfränkische Erbzone der Andechser vorstoßen konnten, die Dornberger als staufische Untervögte des Stifts Ansbach, im Westen die sich seit dem frühen 13. Jahrhundert enorm ausbreitenden Hohenlohe, die bis heute eine ganze Landschaft als „Hohenlohe-Franken" prägen. Die Herren von Endsee (bei Burgbernheim/Ufr.) schufen sich als Vögte des Stifts Haug in Würzburg erstaunliche territoriale Zugewinne vom Raum der Bischofsstadt fast bis Rothenburg. Zwischen Mainviereck und Maindreieck stiegen die Herren von (Burg-)Grumbach als Parteigänger der frühen Staufer zu beachtlichen, wenn auch kurzzeitigen Machtpositionen auf. Im Raum Amorbach im Odenwald und im so genannten badischen Bauland erlebte man im 12./13. Jahrhundert die erstaunliche Expansion der Herren von Dürn, Vögte des Klosters Amorbach.

Abschließend ist festzuhalten, dass mit Ausnahme der Grafen von Henneberg, Rieneck, Wertheim, Öttingen und Hirschberg sehr viele Edelfreien- und Grafenfamilien in der Stauferzeit ausgestorben oder abgesunken sind. Exemplarisch steht dafür das folgenschwere Aussterben der Andechs-Meranier. In ihren Burgen und Burgruinen jedoch leben diese Familien noch weiter.

Die Entwicklung der Ministerialität in Franken

Der gesellschaftliche Aufstieg der Ministerialität (Dienstmannschaft) kennzeichnet in besonderer Weise die Zeit zwischen 11. und frühem 13. Jahrhundert als Aufbruchsepoche. Unsichere Vasallenverhältnisse wurden von den Herren, besonders von König und Kirche, zunehmend ersetzt durch Unfreie, die für vielerlei Dienste im agrarischen, verwaltungstechnischen und militärischen Bereich herangezogen wurden. In Franken dominierte Reichs- und Bischofs-Ministerialität, deren Einfluss immer mehr erstarkte. Daneben gab es durchaus noch kleinere Ministerialenverbände der Grafen und edelfreien Herren.

Die neue Dienstmannenschicht suchte sich rasch als „milites" (Ritter) zu identifizieren, ohne sich gegen den alten Adel abzugrenzen. Diese Identifikation verlief einmal über gleichartige Aufgaben (Kriegsdienst, Burghut, Verwaltung, Ämter usw.), aber auch über gemeinsame, ursprünglich rein altadlige Symbole (typische Kleidung, Waffenschmuck, Wappen, Standessprache u. a.). Da die oft rüde zupackende Dienstmannschaft für den König und die werdenden Landesherren, wie etwa für den Bischof, unentbehrlich war und innerhalb der Ministerialität sich eine starke, offenbar auch politisch wirksame Gruppierung um Verwandtschaftssysteme ähnlich wie beim alten Adel entwickelte, wurde sie zu einer politischen Kraft ersten Rangs. In Würzburg zeigte sich dies erstmals bei der Ermordung Bischof Konrads von Querfurt 1202 durch seine eigenen Hochstiftsministerialen. Das Ereignis von Würzburg steht nicht allein. Es passt in eine ganze Reihe von Vorfällen, die die gewaltsame Emanzipation der in diesen Fragen offenbar solidarischen Dienstmannschaften aufzeigen. Gleichzeitig haben diese stauferzeitlichen Dienstmannen, die sich teilweise seit etwa 1200 auch den „nobilis"-Titel zulegten, bereits eigene Burgen errichtet, wobei sicherlich der Konsens der Dienstherren nötig war. Ihre Dienstlehen entwickelten sich zunehmend zu vererbbaren Vasallenlehen. Damit wurde im Grunde schon der landsässige Niederadel konstituiert, der weitgehend aus der Dienstmannschaft hervorgegangen ist.

Im Zuge der vehementen Expandierung der stauferzeitlichen Königsmacht in Form von Stützpunkten hin zum „Reichsland" vermochten sich die mächtigsten Ministerialen-Familien mit Hofämtern, wie die Reichsküchenmeister von Rothenburg, die Reichsmarschälle von Pappenheim, die Reichsbutigler von Nürnberg und die Reichsschenken von Schüpf-Klingenberg-Prozelten erheblich zu artikulieren und auch das Ende der Staufer zu überdauern. Innerhalb des sich stabilisierenden territorialen Verwaltungsgefüges besetzten einzelne Ministerialen tragende Positionen der Lokalverwaltung und konnten dadurch wie durch Lehenbindungen und verwandtschaftliche Beziehungen politischen Einfluss und wirtschaftliche Grundlagen verbessern.

Grundherrschaft und ländliche Bevölkerung im Wandel

Im frühen Mittelalter werden arbeitender Mensch und Agrarverhältnisse in den Quellen relativ wenig sichtbar. Nur selten erfahren wir in Schenkungsurkunden und in den Fuldaer Kartularen Genaueres über die Struktur des geschenkten Besitzes. Bisweilen lassen sich fränkische Fronhofsverbände aus den Quellen rekonstruieren. Der Fronhofbezirk Hammelburg, den König Karl einst dem Kloster Fulda geschenkt hatte, muss gewaltig gewesen sein. 43 Unfreie arbeiteten allein auf dem Fronhof. Von ihm waren wiederum zahlreiche Bauernhöfe (Hufen) abhängig; auf einer Reihe dieser Hufen saßen Liten (Halbfreie), auf anderen so genannte Kolonen, die offenbar nach besonders freiem Wirtschaftsrecht lebten. 200 Hüfner hatten nur Tribut (wohl Geld- oder Schweineleistungen) zu erbringen, 100 waren „servitores triduani“, das heißt unfreie Bauern, die nur halbwöchig auf ihrem eigenen Hof arbeiten konnten und die übrige halbe Woche auf dem Fronhof dienen mussten. In Diebach an der Saale war der Fronhof wesentlich kleiner, aber die zugehörigen Hufen zeigen wiederum eine Vielfalt von Abhängigkeiten. Es gab also in der Karolingerzeit nicht den Typ des Unfreien schlechthin. Die bäuerlichen Abhängigen weisen eine teilweise breite Differenzierungsskala auf. Die Hofarbeiter waren zweifellos die abhängigsten. Jene, die Bauernhöfe besaßen, mussten entweder drei Tage in der Woche oder saisonal arbeiten, viele hatten primär Abgaben zu leisten, vor allem Schweine zu liefern, ihre Frauen waren zur Leinenweberei für den Herrn verpflichtet.

Die Bewohner der frühmittelalterlichen Siedlungen Ostfrankens waren also vorwiegend Unfreie, unter denen es aber doch starke soziale Unterschiede gab. Die unterste Schicht bildete das auf den Herrenhöfen lebende Gesinde, das in der Regel keinen eigenen Hausstand hatte. Ob sich unter den Bewohnern der fränkischen Dörfer freie Bauern in nennenswerter Zahl befanden, ist von der schriftlichen Überlieferung her schwer zu beurteilen.

Erst im 12./13. Jahrhundert zeigen sich – wenn auch sehr allmählich – größere Veränderungen im agrarisch-ländlichen Bereich, nicht zuletzt hervorgerufen durch die Zunahme der Bevölkerungsdichte, die zu einer intensiven Landeserschließung und Rodung in den fränkischen Mittelgebirgen führten. Für das fränkische Gäuland, das weitgehend Altsiedelland war, wurde errechnet, dass sich die frühmittelalterliche Siedlungszahl mehr als verdoppelte. Verdichtung und Expansion waren Kennzeichen dieser Siedlungsbewegung. Auf alten Flurgemarkungen entstanden neue Orte; Siedlungslücken schlossen sich und teilweise geschlossene Waldgebiete machte man durch Rodung urbar. Vor allem in den Mittelgebirgen Frankenwald und Spessart wurde die Rodung zum Prinzip territorialer Ausbreitung und Abgrenzung. Dies alles musste Konsequenzen für die Siedlungs-, Grundherrschafts- und bäuerliche Besitzstruktur haben.

Kat.-Nr. 66

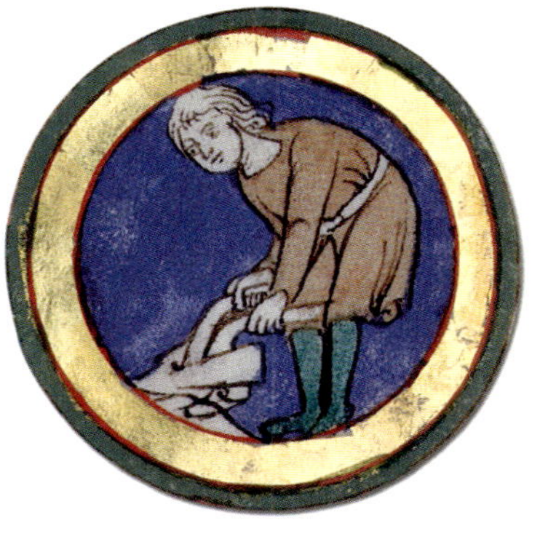

Ohne Zweifel war die fränkische Grundherrschaft seit dem späten 11. Jahrhundert einem Wandlungsprozess unterworfen. Wie weit sich dieser Wandel vollzogen hat, wissen wir aber nicht. Immerhin deutet der Bericht des Abtes Markward von Fulda um 1150/65 auf enorme Besitzveränderungen und -verluste der Fuldaer Grundherrschaft in Franken. Die Nutzungen der gesamten Abtei lagen – so Markward – in den Händen von Laien, die den Besitz nach ihrem Bedarf veränderten, ebenso die Leistungen der Villikationen für das Kloster.

Trotz aller – keineswegs planmäßiger und auch regional recht unterschiedlicher – Auflösungserscheinungen im Bereich des alten Grundherrschaftssystems haben sich die Fronhöfe häufig, wenn auch verkleinert, bis weit ins Spätmittelalter halten können. Die weniger abhängig gewordenen Hufenbauern schlossen sich mehr und mehr zu Dorfgemeinden zusammen, auch dies ein langwieriger Prozess. Die intensive Weinwirtschaft, die sich an den Hängen der Flusstäler ausbreitete, führte im Gegensatz zum Gäuland zu früher Besitzzersplitterung, aber auch zu starker Abhängigkeit von den Märkten. Am frühesten tendierte in Mainfranken eine Reihe von Dörfern zu politischen Aktionsverbänden.

Deutlich wird seit dem 12. Jahrhundert die Organisation der bäuerlichen Hintersassen in den größeren Gerichts- und Landfriedensgemeinden, die den Namen „Cent" trägt. Herkunft und Anfänge sind bis heute umstritten. Charakteristische Aufgabe dieser Organisation war die Wahrung des Landfriedens und damit die gemeinsame Wehrpflicht der Centgenossen. Durch die Landfriedensbewegung und die Ausbildung der Hoch- bzw. Blutgerichtsbarkeit wurden die Centen die eigentlich tragenden Gerichtsbezirke des Mittelalters und – zumindest nominell – noch der Neuzeit.

Frühe Städteentwicklung in Franken

Kat.-Nr. 71

Die Metropole Würzburg, Stadt des hl. Kilian, war seit dem frühen Mittelalter Symbol und lange Zeit Wirtschaftszentrum Frankens. Bezeichnend waren aber auch die vielen kleineren Städte und Städtchen, die freilich erst seit der späten Stauferzeit angelegt wurden. Märkte wie Hallstadt und Forchheim begegnen dagegen schon seit der Zeit um 800, andere wie Kreuzwertheim, Fürth und Ansbach im 11. Jahrhundert. Wenngleich die Quellen fehlen, ist mit einer größeren Zahl von Märkten als Vor- und Frühformen der Stadt im 12. Jahrhundert zu rechnen. Die Häufung der Städte im Maintal und an seinen Nebenflüssen verbindet Franken mit seinen Nachbarlandschaften im Westen. Hier wie dort war es die politische Aufsplitterung des Gebiets, die zahlreiche Städtegründungen verursachte. Die Städte wurden allenthalben zu wichtigen Bausteinen bei der Durchsetzung territorialer Herrschaften. Zur fruchtbaren Entwicklung verhalfen Weinbau, Getreidebau, Märkte und Handel.

Nicht alle Bischofsstädte erfuhren die gleiche erfolgreiche Entwicklung. Eichstätt, das bereits 908 königliche Marktlizenz erhielt, war noch in der Stauferzeit in einem präurbanen Zustand. Ganz anders Würzburg, das sich seit dem 9. Jahrhundert kontinuierlich entwickeln konnte. Im späten 11. Jahrhundert war es von einer Stadtmauer umgeben; die Bürgerschaft widersetzte sich Jahrzehnte lang ihrem Bischof und hielt zum König. Auch wirtschaftlich scheint Würzburg in den Anfängen des 12. Jahrhunderts Zentrum Frankens gewesen zu sein. Die erste Handwerksordnung 1128 des Bischofs von Würzburg für seine Stadt war östlich des Rheins einmalig. Sie lässt auf ein reges Geschäftsleben schließen. In diesem Zusammenhang steht auch die für den Fernverkehr so wichtige Mainbrücke, die im 12. Jahrhundert in Stein erbaut wurde.

Beim Ausbau der geradlinigen Würzburger Domstraße zwischen Bischofskathedrale und Mainüberfuhr, die damals durch eine steinerne, bis heute existierende Mainbrücke ersetzt wurde, lässt sich bereits eine „Stadtplanung" feststellen, die im Wesentlichen unter Bischof Embricho (1127–1146) geleistet wurde, der sich auf seinen Münzen erstmals als „dux" bezeichnen ließ. Brücke, Domstraße (ehem. Kaufmannsstraße) und Westfassade des Doms bilden bis heute eine architektonische Einheit.

Nicht unwichtig für Reputation, Wirtschaft und Gesellschaft der Stadt waren Kaiserbesuche oder gar Reichstage. Kaiser Heinrich IV. hielt sich acht Mal in Würzburg und elf Mal in Bamberg auf. Eichstätt fehlt auffälligerweise im Itinerar des Kaisers. An seine Stelle waren nun neue königliche Mittelpunkte im südlichen Franken getreten: Nürnberg und Weißenburg. Heinrich V. behandelte Würzburg und Bamberg bezüglich der Gastung gleichmäßig. Besonders glänzend scheinen die Hoftage Friedrich I. Barbarossas und seine Hochzeit in Würzburg gewesen zu sein. Freilich vollzog sich jetzt allmählich ein Wandel. Das Schwergewicht der Königsaufenthalte verlagerte sich auf neue königliche Pfalzen, die mit Städten verbunden waren, wie Nürnberg, Gelnhausen, Wimpfen, Hagenau. Dabei wurde die Pfalz zunehmend zur Reichsburg umgewandelt. Waren bisher die Pfalzen Stützpunkte auf dem Schachbrett der Politik gewesen, so standen die neuen Pfalzen zunehmend unter dem Zeichen staufischer Territorienbildung. Musterbeispiel dafür ist Nürnberg.

Der eigentliche Aufsteiger unter den fränkischen Städten war Nürnberg. Seine militärische Rolle war vorgezeichnet seit 1050. Jetzt wurde die präurbane Siedlung zusehends zur Stadt, erhielt Anziehungskraft durch das Sebaldus-Heiltum. Nürnbergs Aufstieg zu einem Vorort des Reichs wurde grundgelegt durch König Konrad III., der vielleicht schon als Gegenkönig die städtische Siedlung forciert hatte. Er gilt als Gründer des Nürnberger Schottenklosters mit der Egidienkirche. Es ist bezeichnend, dass das Ringen um die Vorherrschaft in Süddeutschland im frühen 12. Jahrhundert meist in Nürnberg entschieden wurde.

Das Privileg Friedrichs II. von 1219 förderte erneut die Entwicklung der Königsstadt Nürnberg. Der Stauferkönig verlieh hier der Kaufmannschaft, vornehmlich den Fernkaufleuten der Stadt, eine Reihe von beachtlichen Vorteilen. Die Nürnberger Fernkaufleute durften nun auf Donauwörther und Nördlinger Messen in Nürnberger Währung zahlen; sie erhielten wichtige Zollvorrechte auf der Donau (bis Oberösterreich) und am Mittelrhein.

In der Zeit intensiver staufischer Reichlandspolitik wurden im Geviert Rothenburg-Nördlingen-Weißenburg-Nürnberg bereits um 1200 Versuche unternommen Königsstädte zu gründen, darunter Lenkersheim/Mfr. In der Folgezeit verstanden es die Staufer nicht nur mit Burgen, sondern vornehmlich mit Stadtanlagen insbesondere in Mittelfranken wichtige geopolitische Straßen- und Verkehrsstützpunkte zu schaffen. In Schweinfurt am Main vermochten sie in die aus mehreren Herrschaften gebildete Marktanlage einzudringen und eine Königsstadt durchzusetzen. Besonderen Wert aber legten sie auf die Beherrschung der Nord-Süd-Straße von Dänemark nach Rom über Würzburg, Donauwörth und Augsburg. In dem Interdikt-Mandat Albert Behams von 1240 und in der Reichssteuermatrikel von 1241 werden diese Städtegründungen sichtbar: Rothenburg, Ansbach, Feuchtwangen, Dinkelsbühl, Aufkirchen bei Dinkelsbühl, Lentersheim, Schwäbisch Hall, Weißenburg, also eine beträchtliche Zahl von befestigten Städten, die dem König zur Verfügung standen. Die meisten dieser Städte und Städtchen stiegen später zu Reichsstädten auf.

Lit.: Störmer, Franken (mit kommentierten Quellen); Menghin, Grundlegung; Schmale / Störmer, Politische Entwicklung; Schmale / Störmer, Franken vom Zeitalter der Karolinger; Petersohn, Bildung und Buchwesen; Störmer, Frühes Christentum; Störmer, Kirchliche Ordnung; Störmer, Im Karolingerreich; Störmer, Innere Entwicklung; Störmer, Staat, Gesellschaft, Kirche; Schieffer, Altbayern, Franken und Schwaben; Machilek, Kirche Staat und Gesellschaft; Güldenstubbe, Christliche Mission; Meyer, Harmonie; Fischer, Untermaingebiet; Wendehorst, Ringen; Herde, Staufisches Zeitalter; Scherzer, Hochstift Würzburg; Körner, Grafen und Edelherren; Müller, Reichsstadt Schweinfurt; Leinweber / Merz, Fuldischer Süden; Blessing / Weiss, Franken, bes. S. 1–68; Bünz, „Eiferer der Gerechtigkeit"; Historischer Atlas von Bayern, Teil Franken (H. 9 ff.); Kaiser Heinrich II. 1002–1024 [Ausstellungskatalog]; Lubich, Weg zur „Güldenen Freiheit"; Seibert, Herrschaft; Weidinger, Untersuchungen; Weinfurter, Geschichte; Wendehorst, Bistum Würzburg, Bd. 1 und Bd. 2.

Rudolf Endres

Franken im Spätmittelalter

Das „Königsland“ Franken

Nach dem Zusammenbruch der staufischen Reichslandpolitik, in der Franken mit dem neuen Zentrum Nürnberg eine wichtige Rolle spielte, kam diesem Gebiet als Königsland weiterhin große Bedeutung zu. Während des rund zwanzigjährigen Interregnums wurde die politische Geschichte Frankens von der Rivalität zwischen den zollerischen Burggrafen von Nürnberg und den von Süden her vordrängenden Wittelsbachern sowie von den Auseinandersetzungen des Hochstifts Würzburg mit den Herren von Hohenlohe und mit den Zollern bestimmt. Gegen den Zugriff der zollerischen Burggrafen und auch der Wittelsbacher behauptete die Stadt Nürnberg ihren Aufstieg zur Reichsunmittelbarkeit. Burggraf Friedrich III. war maßgeblich an der Wahl Rudolfs von Habsburg zum deutschen König beteiligt, was dieser 1273 mit der Verleihung der „comicia burggravie“, mit dem kaiserlichen Landgericht, honorierte. Damit erfolgte die Umwandlung des Burggrafenamts in eine Territorialgrafschaft, die künftig den Machtkern bei der Territorialbildung der Zollern in Franken stellte.

Kat.-Nr. 91

Die Habsburgerkönige Rudolf und Albrecht I. betrieben eine konservative Revindikationspolitik; das so genannte Nürnberger Reichssalbüchlein, möglicherweise auf Initiative des Landvogts Dietegen von Castell zu Beginn des 14. Jahrhunderts entstanden, zählt zahlreiche Besitzungen des Reichs in Franken und der nördlichen Oberpfalz auf. Doch musste der eingezogene Reichsbesitz zum überwiegenden Teil wiederum an die Parteigänger des Königs vergeben werden. Auch entglitt die Reichsministerialität dem direkten Einfluss des Königtums, denn viele dieser Familien empfingen Lehen vom Hochadel und traten in deren Dienste.

Eine wichtige Rolle spielte in den ersten Jahrzehnten des 14. Jahrhunderts in Franken Graf Berthold VII. von Henneberg-Schleusingen als Vermittler zwischen den großen Dynastien Habsburg, Wittelsbach und Luxemburg. König Heinrich VII. verpfändete ihm die Reichsgerechtsame in Schweinfurt und stärkte damit die Stellung der Henneberger am Main.

Die Offenheit der Mächte in Franken gegenüber der Königspolitik zeigt ihre Teilnahme an den Auseinandersetzungen um das Königtum in Böhmen. Die Ansprüche der Luxemburger wurden unterstützt von Burggraf Friedrich IV., vom Erzbischof von Mainz, vom Bischof von Eichstätt und dem Abt von Fulda, vom Landgrafen von Leuchtenberg, vom Grafen von Castell und von der finanzstarken Reichsstadt Nürnberg.

1313 kam es zur Doppelwahl um das Königtum zwischen Friedrich dem Schönen von Österreich und Herzog Ludwig von Oberbayern. Die Wahl des Wittelsbachers hatte vor allem Berthold von Henneberg betrieben. Bamberg, die Burggrafen von Nürnberg, Henneberg, Hohenlohe und Leuchtenberg, Eichstätt und insbesondere die Reichsstadt Nürnberg traten eindeutig für den Wittelsbacher ein. In der Schlacht von Mühldorf 1322 war Burggraf Friedrich, der die Reichssturmfahne getragen hatte, der Gewinner. Der habsburgische Gegenkönig wurde gefangen genommen. Als Dank erhielten die Zollern, neben zahlreichen Vergünstigungen und Privilegien, das äußerst lukrative Bergregal in den fränkischen Besitzungen verliehen. Graf Berthold von Henneberg wurde zum Landeshauptmann in der seit 1323 wittelsbachischen Kurmark Brandenburg ernannt.

Franken zur Zeit Ludwigs des Bayern

Schon unmittelbar nach der Wahl, verstärkt aber nach dem Sieg bei Mühldorf, griff Ludwig im Reichsland Franken ein, dessen Zentren nun die Reichstädte bildeten, deren Unabhängigkeit von den Territorialmächten durch die Verleihung von Reichsgerechtsamen innerhalb der Stadtmauern und im Umland nachdrücklich unterstützt und gefestigt wurde. Nürnberg, Rothenburg, Windsheim, Dinkelsbühl und Weißenburg erhielten zahlreiche Rechtsbestätigungen und neue Gerechtsame, wie die Stärkung der Stadtgerichte, die Zoll- und Geleitshoheit, die Münzhoheit, Steuererleichterungen oder Spitallegate. Die 74 Herrscheraufenthalte belegen das enge Verhältnis zwischen Nürnberg und Ludwig dem Bayern, dem großen Förderer der Reichsstädte. Allerdings hielt sich der König nicht mehr in seiner Pfalz auf, sondern nahm in einem der Patrizierhäuser sein Quartier.

Kat.-Nr. 132

Wegen der größeren Territorialherren in Franken konnte Kaiser Ludwig der Bayer die kleineren Mächte nur mit gebotener Vorsicht unterstützen. Mit seiner Hilfe erweiterten und festigten die Herren von Hohenlohe und die Grafen von Oettingen wie auch die Herren von Schlüsselberg ihre Kleinterritorien. Diese Edelfreien hatten mit großem Erfolg am Aufbau eines Jura-Territoriums mit den städtischen Zentren Waischenfeld und Ebermannstadt gearbeitet. Als Konrad von Schlüsselberg mit seinen Burgen Neideck und Streitberg die wichtige Fernhandelsstraße von Nürnberg nach Bayreuth und weiter nach Leipzig stärker kontrollieren oder gar sperren wollte, schlossen sich die Burggrafen Albrecht und Johann mit den Bischöfen von Bamberg und Würzburg zusammen und warfen 1347/48 die Herrschaft des Schlüsselbergers militärisch nieder. Der Kaiser konnte diesen Zangengriff der vereinten weltlichen und geistlichen Mächte in Franken nicht verhindern. Bei der nachfolgenden Aufteilung der schlüsselbergischen Besitzungen gewannen die Burggrafen mehrere Burgen und das Geleitrecht auf der Fernhandelsstraße über die Fränkische Alb.

Unter Kaiser Ludwig dem Bayern wurde auch erstmals die Raumeinheit „Franken“ deutlich erkennbar, als sich 1340 Bamberg, Würzburg, Eichstätt und Fulda mit den Burggrafen von Nürnberg, den Grafen von Henneberg, den Grafen von Castell und denen von Hohenlohe sowie mit den Reichsstädten Nürnberg und Rothenburg zu einem Landfriedensbund vereinten.

Die langwierigen Auseinandersetzungen des Kaisers mit dem Papst wirkten sich selbstverständlich auch auf die geistlichen Reichsfürsten aus. In Bamberg war Bischof Leupold von Egloffstein kaisertreu, während Würzburg mehr den Habsburgern zugewandt war, doch wurde der Würzburger Bischof von dem kaisertreuen Deutschen Orden kontrolliert. Treue Unterstützung fand Kaiser Ludwig auch in Eichstätt.

Franken im Thronstreit 1348/49

Noch zu Lebzeiten Kaiser Ludwigs des Bayern wurde am 11. Juli 1346 in Rhens auf Betreiben der Kurfürsten von Mainz und Trier Karl von Mähren zum deutschen König gewählt. Das bisherige Bündnissystem Kaiser Ludwigs mit den weltlichen Reichsständen aber bestand weiter. Hierzu gehörten in Franken vor allem Lutz von Hohenlohe und die Burggrafen von Nürnberg. Dagegen schlossen sich die Bischöfe von

Bamberg und Würzburg der Partei Karls IV. an. Es drohte eine kriegerische Auseinandersetzung zwischen den verfeindeten Lagern in Franken, als Ludwig der Bayer am 11. Oktober 1347 an einem Schlaganfall starb.

Durch erhebliche Geldzahlungen wurden die Burggrafen auf die Seite der Luxemburger gezogen. In der mächtigen Reichsstadt Nürnberg zettelten die Handwerker, die wittelsbachisch gesinnt waren, einen Aufstand gegen das patrizische Stadtregiment an, der jedoch bald zusammenbrach. Der Rat handelte politisch geschickt. Er nahm an den Rädelsführern keine Rache, sondern verwies sie nur für kurze Zeit aus der Stadt. Karl IV. ließ sich für die Wiedereinführung des patrizischen Rats reich bezahlen und stand seitdem in gutem Einvernehmen mit der Reichsstadt, die er nicht weniger als 52 Mal besuchte, manchmal sogar für längere Zeit. Die Burggrafen konnte Kaiser Karl noch enger in seine Partei einbinden, indem er das kaiserliche Landgericht, das von Nürnberg nach Cadolzburg verlegt worden war, zu einem wichtigen Instrument der Territorialpolitik ausbaute. Unter Karl IV. begann der lange Prozess der Verfestigung des „grenzenlosen" Landgerichts der Zollern zu einem „ungeschlossenen Territorium in Streulage"(H. H. Hofmann), was noch unter Albrecht Achilles wichtig werden sollte.

Die „Landbrücke" unter Kaiser Karl IV.

Am 10. Januar 1356 wurde in Nürnberg die Goldene Bulle als Reichsgesetz verkündet. An den Beratungen hatten alle weltlichen und geistlichen Fürsten Frankens teilgenommen, wobei sich der Bamberger Bischof Lupold von Bebenburg besonders hervorgetan hatte. Die Goldene Bulle legte fest, dass jeweils der erste Reichstag eines Herrschers in Nürnberg abzuhalten war. Auch sollte die Reichsstadt Nürnberg einen territorialstaatsfreien Raum in Ostfranken für die Begegnung zwischen Kaiser und Reichsständen bilden. Nürnberg wurde besonders gestärkt, um neben den Burggrafen, den Wittelsbachern und den drei Hochstiften einen Ansatzpunkt und ein Instrument der Reichspolitik in der königsnahen Landschaft in der Hand zu haben. Dabei waren die Nürnberger Patrizier und Handelsherren stets auf eine Politik des Ausgleichs bedacht, um die Sicherheit der für die Handelsmetropole wichtigen Straßen zu gewährleisten.

Kat.-Nr. 133

Noch deutlicher wurde die neue Politik Karls IV. in den Beziehungen zu den zollerischen Burggrafen. Nach jeder Geburt eines Sohnes plante er die Heirat mit einer Tochter der Zollern, um so eine Anwartschaft der Luxemburger auf die Burggrafschaft zu gewinnen. Als jedoch Burggraf Friedrich V. selbst Söhne geboren wurden, wandte sich Karl IV. der Mark Brandenburg und Ungarn zu, um dort seine territorialen Visionen und Ziele zu verwirklichen. Doch bis 1373 stand Franken im Mittelpunkt seiner Politik. So wurde Burggraf Friedrich für die Dauer der Abwesenheit des Kaisers zum Reichshauptmann in Franken ernannt und 1363 erhob der Kaiser den Burggrafen in den Reichsfürstenstand, verbunden mit zahlreichen Privilegien und Vorrechten. Mit dem Fürstenprivileg sollte den Burggrafen ein Instrument in die Hand gegeben werden, staatliche Konzentration in dem herrschaftlich zersplitterten Franken schaffen zu können.

Die engen Verbindungen zwischen Böhmen und Franken beschränkten sich aber nicht nur auf Nürnberg und die Burggrafen, sie waren vielgestaltiger. Im Jahr 1346 hatte sich Karl inkognito in den fränkischen Landen durchschlagen müssen, um nach Rhens zur Wahl und nach Aachen zur Krönung zu gelangen. Um solchem Missgeschick für alle Zeiten vorzubeugen, sollte eine Kette von Territorien, Städten und Burgen geschaffen werden, die als „Landbrücke“ von Böhmen bis an den Rhein reichte. So gewann Karl 1349 durch Heirat mit Anna von der Pfalz die Ämter Hartenstein, Auerbach, Velden, Plech und Neidstein. Der gesamte Komplex der Besitzungen in der Oberpfalz und in Franken wurde der Krone Böhmen inkorporiert und deshalb später als „Neuböhmen“ bezeichnet. Von Sulzbach und Lauf aus wurde die Brücke westwärts weitergeführt mit Prichsenstadt, Markt Bibart, Iphofen, Heidingsfeld und Homburg, jeweils mit zahlreichen Burgen in der Umgebung. Von Bischof Lupold von Bebenburg kaufte Karl das bambergische Dorf Erlangen. Während der westliche Teil der Landbrücke nur aus lockeren Stützpunkten bestand, war das „Neuböhmen“ im ostfränkisch-oberpfälzischen Raum in kompakten Ämtern fest zusammengeschlossen und erfasst, wie das in einem 1366/68 angelegten Salbuch beschrieben wird. Östlich von Nürnberg war damit ein Staatsgebilde im Aufbau, das zur Vormacht in Franken geworden wäre, wenn die geplante dynastische Verbindung mit den zollerischen Burggrafen zustande gekommen wäre. Im Wappensaal der Burg Lauf sind die territorialen Vorstellungen und Ziele Karls IV. mit seiner „Landbrücke“ von Prag nach Frankfurt symbolisch festgehalten.

Kat.-Nr. 111

Franken zwischen den Häusern Luxemburg, Wittelsbach und Zollern

Nach dem Tod Kaiser Karls IV. im Jahr 1378 erbte sein Sohn Wenzel eine stattliche Hausmacht, die er jedoch fast zur Gänze verlieren sollte. Im Reich entluden sich zunächst die lange aufgestauten Streitigkeiten und Auseinandersetzungen zwischen Städten und Fürsten in einem Krieg, dem der König hilflos zusehen musste. Franken blieb zwar von den Kriegshandlungen weitgehend verschont, doch war es Schauplatz für die zahlreichen Unterhandlungen und Ausgleichsversuche. Vor allem Nürnberg als Haupt der fränkischen Reichsstädte drängte, wie stets, auf einen Ausgleich. Dieser war in Franken auch möglich, da weder die Burggrafen noch die geistlichen Fürsten an einer kriegerischen Auseinandersetzung mit den Städten interessiert waren. Vermittlungsversuche der fränkischen Städte und Fürsten zwischen den streitenden Parteien im Westen und Südwesten des Reichs aber scheiterten. So kam es 1387/88 zum Ausbruch des Kriegs, der mit der Schlacht von Döffingen zugunsten der Fürsten endete. Der anschließende Landfrieden von Eger von 1389 wurde in Franken begrüßt, doch erfüllte er keineswegs alle Hoffnungen.

Als sich 1397 die Gegensätze zwischen König Wenzel und den rheinischen Kurfürsten verschärften, gerieten die Stände in Franken in eine schwierige Zwangslage. König Wenzel, der aus Böhmen nach Franken kam, konnte sich zwar auf die fünf Reichsstädte, den Bischof von Bamberg, bedingt auf die Burggrafen von Nürnberg und den Landgrafen von Leuchtenberg stützen, doch von Revindikationen oder einem Wiedererstarken der königlichen Macht in Franken war keine Rede mehr. Auch in der Oberpfalz hatte sich die Macht der Wittelsbacher verfestigt. Von den Zollern neigte nach der Hausteilung von 1397 Burggraf Johann III. mit seinen Kulmbacher Landen mehr König Wenzel zu, während Friedrich VI. mit den Landen unter dem Gebürg stärker mit den Wittelsbachern kooperierte. Im Hochstift Würzburg aber machte die Niederlage von Bergtheim 1400 den Träumen der Würzburger Bürger von der Reichsfreiheit ein Ende.

Als die rheinischen Kurfürsten 1400 Rupprecht von der Pfalz zum König erhoben, blieben viele Stände in Franken unentschlossen und hielten sich vorerst zurück. Nur der Deutschmeister und die Bischöfe von Bamberg und Eichstätt schlossen sich dem Wittelsbacher aus der Pfalz an. Bald aber vollzog Burggraf Friedrich VI. von Nürnberg eine politische Wende, nachdem die aufsässige Reichsstadt Rothenburg unter Heinrich Topler militärisch bezwungen worden war, was den Burggrafen in große Finanznöte gestürzt hatte. Da König Rupprecht, sein Schwager, nicht bereit war, ihn zu unterstützen, wandte sich der Burggraf seinem anderen Schwager zu, König Sigismund von Ungarn aus dem Hause Luxemburg. Ihm verschaffte Friedrich nach dem Tod Rupprechts 1410 die deutsche Krone, was dieser mit der Verleihung der Hauptmannschaft über die Kurmark Brandenburg an den Zollern honorierte. Am 30. April 1415 wurde Friedrich mit der schwer zerrütteten und finanziell ruinierten Markgrafschaft und dem Kurfürstentum Brandenburg belehnt. Die fränkischen Besitzungen und Lande waren mit Brandenburg aber nur in den Jahren von 1411/15 bis 1437 sowie zwischen 1470 und 1486 vereinigt.

Die Hussitenkriege

Die Hinrichtung des Theologen Jan Hus in Konstanz und die nachfolgenden Aufstände in Böhmen beeinflussten nachhaltig auch die Entwicklungen und das Geschehen in Franken, das als Nachbarland äußerst gefährdet war. Der Nürnberger Reichstag von 1421 brachte einen ersten Zusammenschluss aller antihussitischen Kräfte. Der zollerische Kurfürst Friedrich I. wurde zum Hauptmann des Reichsheeres ernannt, das aber nur ein zusammengewürfelter Haufen war. 1427 kam es bei Mies und Tachau zur militärischen Katastrophe, als die Truppen des Reichs sich auflösten, ehe es zum Kampf kam. Wiederholt drangen die hussitischen Heere in die Oberpfalz und in das Fürstentum Kulmbach ein. 1430 eroberten sie Hof, Kulmbach und Bayreuth und steckten diese und andere Städte in Brand. Nur gegen hohe Bezahlung konnte Kurfürst Friedrich mit dem Hussitenführer Prokop einen Waffenstillstand für das Hochstift Bamberg, für die zollerischen Lande, die Oberpfalz und Nürnberg aushandeln.

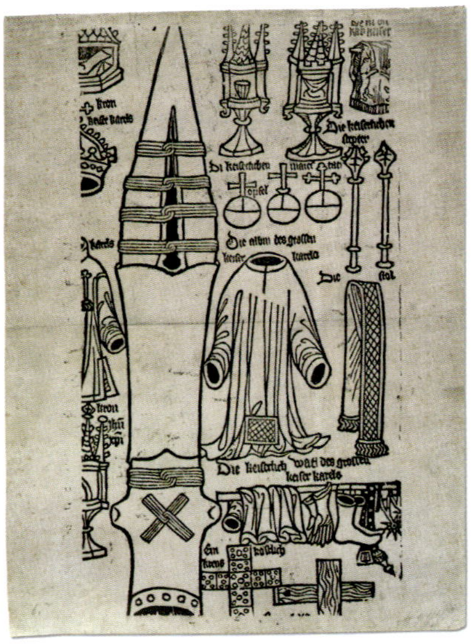

Kat.-Nr. 139

Auf dem Reichstag in Nürnberg 1431 wurde erneut die Aufstellung eines Reichsheeres gegen die Hussiten beschlossen. Doch das Heer unter der Führung von Kurfürst Friedrich ergriff bei Taus wiederum die Flucht. Die Ausgleichsverhandlungen auf dem Konzil zu Basel wurden von den fränkischen Ständen uneingeschränkt unterstützt.

Die Wahl Albrechts II. aus dem Haus Habsburg 1438 brachte für die Geschichte Frankens eine deutlich erkennbare Wende. Franken war nun nicht mehr „königsnaher" Raum, vielmehr regierten die Habsburger Albrecht II. und Friedrich III. von ihrer österreichischen Machtbasis aus im Reich. Bezeichnenderweise hielt sich das Reichsoberhaupt Friedrich III. nicht einen Tag in Franken auf.

Der erste Markgräflerkrieg

Die wichtigsten politischen Faktoren im spätmittelalterlichen Franken bildeten die beiden zollerischen Markgrafentümer, die Hochstifte Würzburg und Bamberg sowie am Rande Eichstätt und das Mainzer Oberstift, dazu die Reichsstädte unter der Führung Nürnbergs. Hinzu kamen einige Grafschaften und der zahlreiche Niederadel, der in den größeren Territorien saß. Dieses labile Gleichgewicht der Kräfte wurde durch die Vorstöße der Zollern zur Erringung der Vorherrschaft nachhaltig gestört. Entsprechend dem Hausvertrag von 1437 wurden die zollerischen Lande 1440 nach dem Tod von Kurfürst Friedrich I. unter seinen vier Söhnen aufgeteilt. Der dritte Sohn, Albrecht (1437–1486), bekam das Unterland mit der Residenz Ansbach. Er erhielt später den Beinamen „Achilles". Albrecht versuchte in ständigen Auseinandersetzungen mit seinen Nachbarn die Vormacht in Franken zu erringen. Zuerst wandte er sich gegen Würzburg, wobei er zwar militärisch scheiterte, aber 1443 Burg und Stadt Kitzingen als Pfand gewann. Als sich Bischof Gottfried von Würzburg in einem Brief vom 3. September 1446 an Albrecht Achilles als „Herzog von Franken" bezeichnete, erkannte der Markgraf in diesem Titel einen Widerspruch zu seinen eigenen Hegemoniebestrebungen und wies ihn scharf zurück. Auf den verschiedensten Ebenen führte Albrecht Achilles seine Auseinandersetzungen mit Würzburg fort, doch zu einem offenen Krieg mit dem Hochstift kam es nicht.

Dieser wurde jedoch gegen die Reichsstadt Nürnberg vom Zaun gebrochen. Die Auseinandersetzungen begannen wegen interner Streitigkeiten in der Reichsstadt Schweinfurt. Im Jahr 1447 zogen Mitglieder des Äußeren Rats die Macht an sich und setzten den patrizischen Inneren Rat ab. Markgraf Albrecht unterstützte als Schirmherr der Stadt den neuen Rat, während die patrizischen Ratsherren von Nürnberg sich nicht zuletzt wegen der wirtschaftlichen Verbindungen für die Wiedereinsetzung des patrizischen Rats einsetzten. Ein Schiedsspruch Bischof Gottfrieds von Würzburg gab der Reichsstadt unter Missachtung der Schirmherrschaft Albrechts eine neue Ratsverfassung, in der den Bürgern mehr Einfluss auf das Stadtregiment zugestanden wurde. Nürnberg fürchtete daraufhin eine kriegerische Auseinandersetzung. Der reichsstädtische Rat ließ die Stadtbefestigung fertigstellen und ordnete die Bevorratung mit Waffen und Lebensmitteln an. Gleichzeitig verstärkte Albrecht Achilles seine Schikanen gegenüber Nürnberg. Vermittlungsversuche benachbarter Fürsten schlugen fehl. Im Sommer 1449 sagte der Markgraf der Reichsstadt die Fehde an, was Nürnberg mit einem Absagebrief beantwortete. Auf Seiten Nürnbergs stand allein der Bischof von Würzburg, während Albrecht Achilles die Bischöfe von Bamberg und Eichstätt, rund 20 Fürsten, viele Grafen und zahlreiche Adlige als Verbündete gewinnen konnte. Leidtragende in diesem Krieg ohne Entscheidungsschlacht waren auf beiden Seiten die Bauern. Ernten und Vieh wurden geraubt und viele Dörfer, Häuser und Kirchen niedergebrannt. Die Verhandlungen zu einem Waffenstillstand oder Frieden zogen sich über drei Jahre hin. Schließlich beauftragte Kaiser Friedrich Herzog Ludwig den Reichen von Bayern-Landshut den Streitigkeiten und Kämpfen ein Ende zu bereiten, was 1453 in Lauf gelang. Nürnberg behielt alle vormaligen Besitzungen und Rechte, wohingegen der Markgraf alle eroberten Schlösser und Burgen zurückgeben musste. Das Gleichgewicht der Kräfte in Franken war wieder hergestellt.

Wenige Jahre später scheiterte der Versuch Markgraf Albrechts die grenzenlose Zuständigkeit des kaiserlichen Landgerichts zu Nürnberg auf Bayern auszudehnen. In der so genannten „Rother Richtung" von 1460 musste Albrecht Achilles auf die Vorladung bayerischer Untertanen vor sein Landgericht verzichten. Im Frieden von Prag 1463 wurde das Mächtegleichgewicht in Franken bestätigt, das bis zur Gründung des Fränkischen Reichskreises erhalten blieb und durch dessen Organisation erneut gesichert wurde.

Kat.-Nr. 113

Kat.-Nr. 135

Franken vor der Gründung des Reichskreises

Markgraf Albrecht Achilles war mit seinen Ansprüchen auf die Vorherrschaft in Franken gescheitert, umso mehr konnte er sich nun um den Aufbau in den eigenen Landen kümmern. Nach dem Tod seines Bruders, Johann des Alchimisten, 1464 fiel ihm auch das Land ob dem Gebirge zu, womit alle zollerischen Lande in Franken wieder in einer Hand vereinigt waren. 1470 wurde Albrecht Achilles schließlich mit der Mark Brandenburg belehnt, nachdem Kurfürst Friedrich II. auf das Kurfürstentum verzichtet hatte. Kurfürst Albrecht Achilles übertrug seinem Sohn Johann die Regentschaft in der Mark, leitete aber von Franken aus die Geschicke in der Mark, wo die Abtragung

Kat.-Nr. 127 a

der hohen Schulden das Hauptproblem darstellte. 1473 erließ er eine neue Erbfolgeordnung, die „Dispositio Achillea". Danach sollten sein ältester Sohn Johann und dessen männliche Erben im Kurfürstentum nachfolgen und zwischen den Söhnen Friedrich und Sigmund sollte das Los entscheiden, wer in Ansbach oder Kulmbach regiert. In Brandenburg, das der Kurfürst wenige Male besuchte, konnte der Konflikt mit den Ständen nur mühsam beigelegt werden. Weiterhin aber musste die zollerische Herrschaft mit Geld aus Franken finanziert werden.

In Franken dauerten die Streitigkeiten zwischen den Fürstentümern Ansbach-Bayreuth und dem Hochstift Würzburg unter Bischof Rudolf von Scherenberg (1466–1495) an, der sein Hochstift grundlegend sanierte. Auch die Bamberger Bischöfe Philipp von Henneberg (1475–1487) und Heinrich Groß von Trockau (1487–1501) widmeten sich der Kirchenreform und dem Ausbau ihres Territoriums. In Eichstätt war lange Jahre Bischof Wilhelm von Reichenau (1464–1496) tätig, der mit großem Erfolg die kirchlichen Reformen und die wirtschaftliche Sanierungspolitik seines Vorgängers fortsetzte. Nürnberg erreichte seine politische, wirtschaftliche und kulturelle Blüte als „Stadt von europäischem Rang". Am 11. März 1486 starb Albrecht Achilles in Frankfurt, wo er zuvor seine Stimme für die Wahl des Habsburgers Maximilian zum König gegeben hatte.

Territorialaufbau und -ausbau in Franken im Spätmittelalter

Die drei Hochstifte und der Deutsche Orden

Würzburg

Das Hochstift Würzburg war das für die fränkische Landesgeschichte wichtigste geistliche Territorium, auch wenn die „Güldene Freiheit" nicht zu einem Herzogtum ausgebaut werden konnte. Die eigentlichen Territorien bildenden Kräfte waren die in der Vogtei vereinigten Kompetenzen. Hinzu kamen zahlreiche Sonderverleihungen oder Regalien für Markt und Stadt, Zölle und Geleite, Münzen und Judenschutz sowie für Lehen- und Eigengerichtsbarkeit.

Der Landesherrschaft des Bischofs erwuchs immer wieder gefährliche Konkurrenz im Domkapitel, denn dieses entwickelte sich neben dem Bischof und Landesherrn zum wichtigsten Herrschaftsfaktor im Territorium. Das Kapitel war im Besitz ausgedehnter Grund- und Dorfherrschaften und seit dem Ende des 13. Jahrhunderts auch Stadtherr von Ochsenfurt, das sich bald zum Mittelpunkt seiner Herrschaft entwickelte. Die Wahlkapitulationen machten die Stellung des Domkapitels im Herrschaftsgefüge manifest. Darin forderten die Domherren Steuer- und Zollbefreiung, Mitwirkung beim Münzwesen und die geistliche Gerichtsbarkeit. Seit 1345 nahmen sie sogar Einfluss auf das Bündniswesen des Landesherrn. Seit der Mitte des 15. Jahrhunderts hatte sich der Dualismus von Bischof und Domkapitel als grundlegendes Element der Hochstiftsverfassung verfestigt. Die vielen Sonderrechte und Eigenbesitzungen der Domherren aber standen einer Verflächung und Verdichtung des Staatswesens im Wege und ließen nur einen „institutionellen Personenverbandsstaat" zu in einem „territorium non clausum".

Kat.-Nr. 55

Hohe Bedeutung im Territorialisierungsprozess kam den Städten zu, und zwar sowohl der Residenzstadt Würzburg wie auch den zahlreichen Stiftungsstädten. So sicherte Würzburg seine hochstiftischen Besitzungen mit Mellrichstadt, Bischofsheim, Fladungen und Neustadt a. d. Saale gegenüber den Grafen von Henneberg. Die Städte Hassfurt, Seßlach, Ebern, Eltmann, Gerolzhofen und Schlüsselfeld boten Schutz gegenüber den Bischöfen von Bamberg und Iphofen sollte gegenüber den Herren von Hohenlohe und den Burggrafen von Nürnberg absichern, vor deren expansiver Territorialpolitik auch die Städte Aub, Röttingen und Ingolstadt schützen sollten.

Die Kontroverse zwischen Stadt und Bischof bestimmte das 14. Jahrhundert in Würzburg. Als die Bürger von Bischof Gerhard von Schwarzburg die Reichsunmittelbarkeit forderten, beendete die Schlacht von Bergtheim 1400 die Hoffnungen der Bürgerschaft, den Status einer freien Reichsstadt erlangen zu können.

Kat.-Nr. 53

Obwohl das Hochstift im späten Mittelalter hoch verschuldet war, blieben die Adelsherrschaften von Steuererhebungen ausgeklammert. Zwar war der Bischof von den Steuerzahlungen seiner Städte abhängig, doch wurde keine landständische Organisation ausgebildet. Man schloss vielmehr Sonderverträge und richtete Pflegschaften ein. Der so genannte Runde Vertrag von 1435, der auf weitgehende Mitbestimmung des Adels in den Stiftsangelegenheiten abzielte, brachte die Einsetzung einer Pflegschaft, in der Mitglieder des Domkapitels und des Grafen-, Herren- und Ritterstandes vertreten waren. Der Rat wurde aber nicht zu einer dauernden Einrichtung der Hochstiftsverfassung.

Kat.-Nr. 86

Mit Bischof Gottfried IV. Schenk von Limpurg (1443–1455) begann eine Phase der Konsolidierung. Der Würzburger Führungsanspruch wurde nun zum Programm der Hochstiftspolitik, was die Zollern mit ihren Ansprüchen auf Vorrang herausfordern musste. Der Krieg mit Albrecht Achilles brach 1460 aus und zog sich jahrelang hin. Mit entscheidend war, dass der mainfränkische Adel nicht den Verlockungen des Markgrafen erlag, sondern im so genannten Gnadenvertrag 1461 treu zum Bischof stand. Im Friedensvertrag wurden die Aisch und die Bergler Steige als Grenze würzburgischer und burggräflicher Gerichtsbarkeit festgelegt. Während der langen Amtszeit Bischof Rudolfs II. von Scherenberg (1466–1495) kehrte Ruhe ein. Nur in Niklashausen zog der Pfeifer 1476 mit seinen radikal-reformerischen Predigten Zehntausende Gläubige zur Wallfahrt in den kleinen Ort an der Tauber. Die Episode endete mit seiner Gefangennahme und Hinrichtung.

Räumlich war das Hochstift am Ende des Mittelalters wenig geschlossen. In der Rhön fehlte das Gebiet um Brückenau und Hammelburg, das zum Reichsstift Fulda gehörte. Am Main saßen die Grafen von Rieneck und die Herren von Thüngen. Die Reichsstadt Schweinfurt sperrte den Weg nach Osten und am Mainknie von Ochsenfurt traf das Hochstift auf Besitzungen der Markgrafen von Ansbach, auf die Herren von Castell, Seinsheim und Schwarzenberg, die Schenken von Limpurg und zahlreiche Ritter, die auf dem Weg in die Reichsfreiheit waren. Im Westen bildete das Mainzer Oberstift mit der Residenzstadt Aschaffenburg und dem Spessart einen unüberwindlichen Riegel.

Bamberg

Der Langenstadter Spruch vom 14. Dezember 1260, mit dem das Erbe der Andechs-Meranier aufgeteilt wurde, war eines der wichtigsten Abkommen in der Geschichte Frankens, besonders Oberfrankens. In ihm musste der Bischof von Bamberg seine Ansprüche massiv zurücknehmen und auf größere Gewinne verzichten. Nur mit dem mühseligen Erwerb von Grundherrschaften sowie der Zusammenfügung des Agglomerats von administrativen und judikatorischen Kompetenzen in der spätmittelalterlichen Vogtei konnte die territoriale Herrschaft verdichtet und ausgeweitet werden. Burgenbau, Städtewesen und der Aufbau von Ämtern als Stützpunkte der entstehenden Verwaltung waren die Instrumente der Territorialpolitik. In den Hochstiftsurbaren von 1323/28 und 1348 sind die Fortschritte und die Verfestigung der Ämterverfassung festgehalten.

Kat.-Nr. 88

Kat.-Nr. 89

Die beiden großen Zugewinne des Hochstifts im 14. Jahrhundert waren das Ergebnis zufälliger Konstellationen. Als in Würzburg und Bamberg zwei Brüder aus dem Haus Hohenlohe geistliche Fürsten geworden waren, nutzten sie 1347 die Wirren des Thronstreits, um zusammen mit den Burggrafen von Nürnberg das Jura-Territorium der Schlüsselberger zu zerschlagen. Das Hochstift gewann die Städte Waischenfeld und Ebermannstadt und eine Reihe von Burgen, wie Streitberg, Greifenstein, Senftenberg und Schlüsselfeld. Damit konnte Bamberg wichtige Stationen auf dem Weg zu den Außenposten Pottenstein, Neuhaus, Velden und Vilseck erringen. Auf dem Tauschweg erhielt es später noch Würzburger Besitzungen und Rechte an der Rauhen Ebrach, die ebenfalls aus dem Erbe der Schlüsselberger stammten.

Der zweite größere Besitzerwerb glückte 1386 bis 1396, als Bischof Lamprecht von Brunn (1374–1399) das Streuterritorium der Herren von Truhendingen aufkaufte, nämlich die Giechburg, die Zehnt Scheßlitz, Arnstein, die Burg Neuhaus und die Zehnt Baunach mit der Burg Stufenberg. Ergänzt wurde der reiche Gewinn nach dem finanziellen Zusammenbruch des Klosters Langheim, dessen Besitzungen Leugast und Teuschnitz an Bamberg kamen. Weitere Zugewinne verhinderten jedoch die Zollern.

In der Regierung des Hochstifts gewann, wie auch in Würzburg, zunehmend das Domkapitel an Bedeutung, was in Wahlkapitulationen festgeschrieben wurde, erstmals 1328 und 1355. Vergeblich versuchten die Bischöfe die Ansprüche der Domkapitulare zurückzudrängen, die schließlich die gleichberechtigte Teilhabe bei der Erbhuldigung, bei der Besetzung der Amtsstellen und der Aufsicht im Finanzwesen durchsetzen konnten. Ursache für die starke Stellung des adligen Domkapitels war die Geldnot des Fürstbistums, zu deren Überwindung Stiftspfleger eingesetzt wurden, die aus dem Adel stammten und zwischen Domkapitel und Bischof vermittelten. Einen Höhepunkt erreichte das eigenständige Vorgehen des Adels, als 1460 der Krieg gegen Markgraf Albrecht Achilles ausbrach. Bischof Georg I. von Schaumburg (1459 bis 1475) stellte sich zunächst auf die Seite Würzburgs, doch unter Führung von Johann Truchsess von Pommersfelden setzten sich die Adligen gegen die Feinde des Markgrafen im Domkapitel durch und verhinderten die Teilnahme des Hochstifts an der Fehde. Begleitet wurden diese Krisen von deutlichen landeskirchlichen Tendenzen der Regierung in Ansbach, die das Markgrafentum aus der geistlichen Jurisdiktion der Bistümer Bamberg und Würzburg lösen wollte. Unterstützung fanden diese Absichten beim Adel, der großteils auch beim Markgrafen lehensabhängig war und nun den Weg in die Reichsunmittelbarkeit suchte und fand.

Hauptort und Residenz des Bischofs war die Stadt Bamberg, in der der Bischof die Herrschaft innehatte. Schultheiß und Schöffen handelten in seinem Auftrag, das Stadtgericht hatte nur beschränkte eigenständige Gerechtsame bezüglich des Zivil- und Marktrechts. Auch der Stadtrat, der seit dem Beginn des 14. Jahrhunderts neben dem Schöffenkollegium in Erscheinung trat, unterstand dem Bischof. Bestrebungen nach Reichsfreiheit sind in Bamberg nicht zu erkennen. Dagegen gab es vielfach Auseinandersetzungen zwischen der Stadt und den geistlichen Immunitäten um das Domstift und die drei Kollegiatstifte St. Stephan, St. Jakob und St. Maria sowie das Benediktinerkloster auf dem Michelsberg.

Die vielen Städte und Märkte im Hochstift waren die Mittelpunkte der Verwaltung und Herrschaftssicherung sowie der Wirtschaft. So erhielt die Bergstadt Kupferberg 1330 das Iglau-Kuttenberger Stadt- und

Bergrecht verliehen. Die Städte unterlagen der Steuerhoheit des Bischofs, der auch das Wirtschaftsleben kontrollierte und überall die Blutgerichtshoheit wahrnahm. Die städtischen Freiheiten waren so eingeschränkt, dass sich die Bürger kaum von den Bauern in den Dörfern unterschieden. Auch das Hochstift Bamberg war im Spätmittelalter in seiner staatlichen Entwicklung nicht über den „institutionellen Personenverbandstaat“ hinausgekommen und die „Verflächung“ wurde nicht erreicht. Auch konnte die weltliche Herrschaft nicht in Deckung mit dem geistlichen Jurisdiktionsgebiet gebracht werden. Nur in wenig mehr als der Hälfte des Bistums war der Bischof zugleich Landesherr. Zu sehr war die Diözese von fremden Herrschaften, Adelsbesitzungen oder Ansprüchen der Reichsstadt Nürnberg durchsetzt.

Eichstätt

Das im Süden Frankens gelegene Bistum Eichstätt konnte sich nach dem Aussterben der Grafen von Hirschberg 1305 im Kampf um die Hinterlassenschaft der Hochstiftsvögte in wesentlichen Punkten durchsetzen. Eichstätt erhielt den größten Teil der grundherrschaftlichen Rechte zugesprochen, die zum Ausgangspunkt für den Aufbau der bischöflichen Landesherrschaft wurden. Das Landgericht Hirschberg wurde dem bayerischen Herzog übertragen, doch verlor es bald an Bedeutung. Die Herrschaftsverdichtung und der Landesausbau des Hochstifts verliefen sehr schwierig, wobei den Städten eine besondere Rolle zukam. Das Verhältnis zwischen dem Bischof und der Residenzstadt Eichstätt wurde durch die so genannte Philippinische Handveste von 1307 geregelt, in der den Bürgern beträchtliche Freiheiten zugestanden werden mussten. 1309/10 fielen im Oberstift die Städte Herrieden und Ornbau an das Hochstift und bald kam auch die Burg Wahrberg an Eichstätt. An der oberen Altmühl konnte das Amt Wahrberg-Herrieden eingerichtet und um das Amt Arberg ergänzt werden, wie auch die Rechte und Besitzungen um Spalt zur Herrschaft Wernfels zusammengefasst wurden und die um Abenberg zum gleichnamigen Pflegamt. Sie schoben sich an der oberen Altmühl in die Besitzmassierungen der Burggrafen von Nürnberg. Im Süden des Hochstifts gelang es Kipfenberg, Greding und Dollstein zu erwerben, doch selbst die systematische Arrondierungspolitik unter Bischof Wilhelm von Reichenau (1464–1496) konnte die Verspätungen im Territorialaufbau nicht mehr einholen.

Kat.-Nr. 84

In der Hauptstadt und den sieben Landstädten Beilngries, Berching, Greding, Ornbau, Abenberg, Herrieden und Spalt wahrte ein vom Bischof eingesetzter Stadtrichter die Herrschaftsrechte. Im mittleren und unteren Stift gab es neben den Besitzungen des Bischofs auch reiche Güter des Domkapitels und mehrerer geistlicher Einrichtungen, wie der Klöster St. Walburg, Rebdorf oder Plankstetten. Auch in Eichstätt nahm das Domkapitel eine starke Stellung ein und baute in den Wahlkapitulationen seit 1259 seine Rechte immer mehr aus. 1477 wurden die Statuten des Domkapitels zusammengefasst. Mehrfach versuchten die benachbarten Häuser Zollern und Oettingen Einfluss auf das Hochstift zu nehmen und den Bischofsstuhl zu besetzen, doch überwiegend stammten die Landesfürsten aus dem niederen fränkischen Adel. Das Hochstift mit seinem städtereichen Oberstift und dem Mittel- und Unterstift zählte zu den räumlich kleinsten und wirtschaftlich schwächsten Territorien im Reich. Das hochstiftische Territorium umfasste nur rund ein Drittel der Diözese.

Der Deutsche Orden

Die Ballei Franken mit Sitz in Nürnberg gehörte zu den geistlichen Territorien. Bis 1330 kamen mehr als 20 Niederlassungen von unterschiedlicher Größe zwischen Main, Neckar und Donau hinzu. Ein großer

Kat.-Nr. 109

Besitzkomplex lag um Nürnberg und an der Tauber ballten sich reiche Besitzungen um Mergentheim. Über weitere Besitztümer verfügte der Deutsche Orden bei Dinkelsbühl und Nördlingen im Ries, aber auch bei Rothenburg und Weißenburg. Ellingen, ausgestattet mit Befestigungsrecht und Hochgerichtsbarkeit, wurde zur Residenz der Landkomture von Franken. In der Rhön entwickelte sich Münnerstadt zu einem Zentrum und am Mainviereck entstand mit der Burg Prozelten ein Mittelpunkt von Ordenseigentum, das 1483/84 an Kurmainz kam.

Der Territorialaufbau hing deutlich hinter den benachbarten Hochstiften Kurmainz und Würzburg zurück. Systematische Erwerbspolitik wurde hauptsächlich um die Kommenden Ellingen, Nürnberg und Virnsberg betrieben. Unter Kaiser Ludwig gelang der Ausbau von Mergentheim und Eschenbach zu Ordensstädten. Die Kumulation von Stadt-, Markt- und Gerichtsrechten ermöglichte den weiteren Territorialaufbau des Deutschen Ordens in Franken. Kaiser Karl IV. verlieh dem Orden Schutzprivilegien für die Balleien, das Münzrecht in Mergentheim und das Stadtrecht für Prozelten. Mergentheim wurde zum Hauptort der vielen verstreuten Besitzungen in Franken. Die in nur wenigen Besitzblöcken verdichtete Ballei, die nie Flächenhaftigkeit erreichte, stieg schließlich zur Reichsfürstenwürde auf. 1494 erkannte Kaiser Maximilian I. die Reichsstandschaft des Deutschmeisters an.

Die Reichsstädte

Einen überregionalen Städtekreis eigener Art bildeten die fünf Reichsstädte Nürnberg, Rothenburg, Schweinfurt, Windsheim und Weißenburg allein schon durch ihre Stellung zu Kaiser und Reich. Vorherrschende Metropole war Nürnberg, das allein Großstadt war, während die anderen Städte wenig mehr als 2000 Einwohner hatten. Rothenburg allerdings war mit der „Landwehr“ der Mittelpunkt eines umfangreichen Landgebiets. Die Reichsstädte verdankten ihren schrittweisen Aufstieg in die Reichsfreiheit vor allem ihrer erfolgreichen Wirtschaft. So war das Steuerwesen in den Reichsstädten deutlich besser entwickelt als in den Territorien. Die Abgaben an das Reichsoberhaupt wurden in Pauschalbeträgen geleistet. Die in der Zeit der Hussitenkriege erhobene Reichssteuer war eine kombinierte Vermögens-, Einkommens-, Kopf- und ständische Personalsteuer. Das auf den Verbrauch von Getränken und Lebensmitteln erhobene Ungeld wurde zu einer fest in städtischer Hand befindlichen Steuer. Auch Zölle und Geleitsabgaben, ursprünglich königliche Regalien, wurden zu reichsstädtischen Einnahmen. In Nürnberg veranlagte man die städtischen Steuern und Abgaben, im Gegensatz zu den anderen Reichsstädten, anonym, sodass die reiche Oberschicht ihre Vermögenslage nicht offen legen musste.

Zu den Gemeinsamkeiten der kleineren fränkischen Reichsstädte gehörten die Verpfändungen durch das Reichsoberhaupt. Bei Zahlung eines Darlehens ermächtigte der König den Territorialherrn die städtischen Einkünfte so lange einzuziehen, bis ihm von der Stadt selbst oder von anderer Seite die Pfandsumme zurückbezahlt wurde. Pfandleihen waren für Fürsten ein guter Ansatzpunkt, um sich ein größeres Gemeinwesen mit hoher Wirtschaftskraft anzufügen oder gar einzugliedern. Mehrmals mussten sich die Bürger von Rothenburg, Windsheim, Weißenburg und Schweinfurt selbst auslösen, wobei sie auch die finanzielle Hilfe Nürnbergs fanden.

In allen fränkischen Reichsstädten wuchs schrittweise die Mitbestimmung der Bürgerschaft und der Obrigkeit am Kirchenwesen und kirchlichen Leben an. Vor allem bei der Errichtung von Spitälern und Siechenhäusern waren die Bürger beteiligt. Im Lauf des späten Mittelalters gelang es der städtischen Obrigkeit Patronate in die Hand zu bekommen und für Klöster, Spitäler und Pfarrkirchen Pfleger einzusetzen. Zur Versorgung mit landwirtschaftlichen Produkten und Holz sowie für militärischen Schutz war der Besitz eines reichsstädtischen Territoriums von hoher Bedeutung. Rothenburg konnte ein besonders ausgedehntes Territorium gewinnen, das durch Landwehren eingehegt wurde. Schweinfurt und Windsheim kamen erst spät zu eigenen Territorien und Nürnberg verfügte erst 1505 über ausgedehnte Gebiete.

Nürnberg nahm gegenüber den anderen fränkischen Reichsstädten eine Vorrangstellung ein. Die vier kleineren Reichsstädte trafen kaum eine wichtige innen- oder außenpolitische Entscheidung, ohne Rücksprache mit Nürnberg genommen zu haben. Dies galt insbesondere für die beiden „Satellitenstädte“ Weißenburg und Windsheim.

Nürnberg

Als eine der volkreichsten und bedeutendsten Städte im Reich verdankte Nürnberg seine herausragende Stellung seiner Wirtschaftskraft, seinem reichen und vielfältigen Exportgewerbe und weltweiten Handel, seiner Kultur und seiner einzigartigen Verbindung von wissenschaftlichem Geist und bürgerlichem Gewerbe. Nürnberg kann man – neben Florenz – als „Wiege der abendländischen Technik“ bezeichnen. Hinzu kam seine Funktion als Nachrichtenzentrum und seit 1422 als Hüterin der Reichsinsignien. Wie erwähnt, wurde in der Goldenen Bulle von 1356 bestimmt, dass jeder neu gewählte König seinen ersten Reichstag in Nürnberg zu halten habe. Die Humanisten rühmten Nürnberg gar als „Mittelpunkt Europas“. Der politisch, verwaltungsmäßig und juristisch führende Personenkreis, der auch die wichtigsten Stadtämter besetzte, ist seit der Mitte des 13. Jahrhunderts fassbar. Um 1300 wuchsen die Kollegien von Ratmannen und Schöffen zum Kleinen oder Inneren Rat von 26 Mitgliedern zusammen. Rund hundert Jahre später hatte sich die Verfassung endgültig ausgebildet: Je ein Mitglied des Inneren Rats als Älterer Bürgermeister sowie einer der Jüngeren Bürgermeister führten jeweils vier Wochen lang die Geschäfte im Rat. Der Kreis der Familien, aus denen sich der Rat rekrutierte, umfasste durchschnittlich 32 bis 35 Familien, die später als Patrizier bezeichnet wurden. Zu den nicht ratsfähigen Ehrbaren gehörten Groß- und Fernhandelskaufleute, Juristen und Ärzte und besonders verdiente Bürger. Diese waren zwar gerichtsfähig, aber nicht ratsfähig. Sie waren eine wichtige Stütze des Inneren Rats. Von den 13 Älteren Bürgermeistern nahmen sieben eine besonders einflussreiche Stellung ein. Der Vorderste Losunger war der vornehmste politische Repräsentant der Reichsstadt.

Kat.-Nr. 145

Nürnberg war eine Stadt ohne Zünfte. Nach dem Handwerkeraufstand von 1348/49 befanden sich Handwerk und Gewerbe in stetem Aufschwung und erlebten vor allem in den Metall verarbeitenden Handwerken eine weitgehende Spezialisierung und arbeitsteilige Differenzierung. Die Kodifizierung des Handwerksrechts erfolgte um 1355. In der Nürnberger Reformation von 1479 wurde das gesamte Privat- und Prozessrecht zusammengefasst.

Das Territorium der Reichsstadt entstand erst spät. Seit der Mitte des 14. Jahrhunderts nutzte der patrizische Rat das Öffnungsrecht als Instrument der Herrschaftsverdichtung auf dem Land und zum militärischen Schutz. Nachdem sich seit 1427 die Reichswälder im Besitz der Reichsstadt befanden, nahm die Zahl der burgähnlichen Anlagen und Herrensitze im Stil des Landadels zu. 1427 kaufte der Rat auch die Ruine der Burggrafenburg. Der Besitz auf dem Land wurde zur Steuer- und Wehrerfassung in Hauptmannschaften organisiert und in den Fraischsprengeln übte der Rat die Hochgerichtsbarkeit aus. Nach dem Landshuter Erbfolgekrieg 1505 konnte die Reichsstadt das Land-

Kat.-Nr. 140

gebiet beträchtlich vergrößern. Es umfasste mehr als 70 Dörfer, sieben Märkte und die sechs Städte Lauf, Hersbruck, Velden, Betzenstein, Gräfenberg und Altdorf. Die Reichsstadt selbst zählte rund 50 000 Einwohner.

Rothenburg

Kat.-Nr. 137

Mit einem Sammelprivileg von 1274 stellte Rudolf von Habsburg die Einwohner der Stadt auf „ewig" unter den Schutz von König und Reich. Die Urkunde regelte auch die Abgaben der Bürger an das Reich und schuf das kaiserliche Landgericht Rothenburg. Als Kaiser Ludwig der Bayer die Stadt an den Bischof von Würzburg verpfändete, kam es 1331 zu Unruhen, doch die Stadt konnte sich selbst auslösen. Karl IV. verpfändete 1347 Rothenburg erneut an Würzburg, aber wieder gelang den Bürgern die Pfandauslösung mit eigenen Mitteln und sie bewahrten so die Reichsstadt vor der Mediatisierung. Karl IV. band danach Rothenburg in seine „Landbrücke" bzw. in das Machtgefüge in Franken ein. In der zweiten Hälfte des 14. Jahrhunderts schuf die Stadt auf der Grundlage verschiedener Rechte und Besitzungen ein großes und geschlossenes Landgebiet, eine Leistung, an der vor allem der Bürgermeister Heinrich Toppler Anteil hatte. Während der Hussitenkriege wurde das Landgebiet mit einer gepflanzten „Landhege" umgeben. Wirtschaftlich bedeutend war das Kondominium der drei Reichsstädte Rothenburg, Hall und Dinkelsbühl über das Amt Kirchberg, das die verschuldeten Hohenloher 1398 verkaufen mussten. Rothenburg schloss sich dem Schwäbischen Städtebund an und beteiligte sich 1388 sogar an den Kämpfen mit den Fürsten. Die Gegensätze zwischen den regierenden Geschlechtern und den Handwerkern führten 1450 zu einem Aufstand der Handwerker, die eine neue Verfassung durchsetzten. Im Inneren Rat saß nun neben den 12 Ehrbaren je ein Mitglied aus den Zünften. Nach wenigen Jahren wurde aber die alte Ordnung wieder eingeführt, in der allein die Geschlechter den Rat stellten. Die sozialen Spannungen entluden sich neuerlich im Bauernkrieg von 1525.

Windsheim

Die Erhebung zur Stadt scheint unter Rudolf von Habsburg erfolgt zu sein, denn 1284 wird erstmals ein Stadtsiegel erwähnt. Die Oberschicht in der Stadt war sehr vermögend und in der Umgebung reich begütert. Sie zeichnete sich durch reiche Spenden an das Kloster der Augustinereremiten aus, das sich zum geistigen Mittelpunkt der Stadt entwickelte. Die Wirtschaftskraft der Stadt beruhte auf der Lederverarbeitung und der Weberei. Die wiederholten Verpfändungen an die Bischöfe von Würzburg (1325–1341) und die Burggrafen von Nürnberg (1347 bis 1360) gefährdeten zwar den wirtschaftlichen Aufstieg und vor allem den Rang als Reichsstadt, doch die Stadt konnte sich immer wieder selbst auslösen. 1360 gab Kaiser Karl IV. das Versprechen künftiger Unverpfändbarkeit und erlaubte die Erhebung eines Ungelds. Spätere Könige bestätigten den Schutz des Reichs für die Stadt und übertrugen ihr den Blutbann. 1496 musste Markgraf Friedrich von Ansbach die uneingeschränkte Gerichtsbarkeit des Windsheimer Rats innerhalb der Stadtmauern anerkennen. Den Aufbau eines größeren reichsstädtischen Territoriums konnten die benachbarten Burggrafen bzw. Markgrafen jedoch verhindern.

Weißenburg

Im Jahr 1302 ist erstmals ein städtischer Rat erwähnt, der 12 Räte unter dem Vorsitz eines königlichen Ammans umfasste. Seit 1318 durfte die Stadt den Amman frei wählen, womit sie fast schon den Status einer Reichsstadt erreicht hatte. Als solche wird sie dann 1338 ausdrücklich bezeichnet. Im gleichen Jahr übereignete Kaiser Ludwig der Bayer der Stadt Weißenburg den sie umgebenden ausgedehnten Reichsforst und sicherte damit ihre wirtschaftlichen Grundlagen. 1355 löste der Bürgermeister im Rat den königlichen Amman ab. Von Verpfändungen war die kleine Reichsstadt besonders bedroht. Alle benachbarten Territorialherren versuchten sich die Stadt einzuverleiben, so die Grafen von Öttingen, die Burggrafen von Nürnberg, die Herzöge von Bayern und die Bischöfe von Eichstätt. Doch mit Hilfe von Nürnberg konnte sich Weißenburg selbst auslösen und wurde seit 1360 nicht mehr verpfändet. Der massive Schutz Nürnbergs machte Weißenburg zu einer Trabantenstadt. Nach längeren inneren Auseinandersetzungen wurde 1377 eine neue Ratsverfassung eingeführt. Neben dem Inneren wurde ein Äußerer Rat eingerichtet mit 26 Mitgliedern, die je zur Hälfte aus den Geschlechtern und den Handwerkern stammten. Zu den Kompetenzen des Äußeren Rats gehörten die Finanzverwaltung, die Gerichtshoheit und die Ämterbesetzung. Diese Verfassung hatte bis zum Ende der Reichsstadt im Wesentlichen Bestand. Am Ende des Mittelalters war Weißenburg hoch verschuldet, was Nürnberg dazu ausnutzen wollte das Stadtregiment von einem nürnbergischen Ratskommissar ausüben zu lassen. Doch die kleine Reichsstadt konnte dies verhindern und die Finanzkrise überwinden.

Kat.-Nr. 82

Schweinfurt

Unter Rudolf von Habsburg wird im Zuge der Revindikationspolitik Schweinfurt erstmals als Reichsstadt bezeichnet. Doch weiterhin versuchten die Bischöfe von Würzburg und die Grafen von Henneberg sich die kleine Reichsstadt in ihr Territorium einzugliedern, nicht zuletzt durch Verpfändungen, wenn auch vergeblich. 1282 war die Stadtmauer von Schweinfurt vollendet und erstmals wurde ein Stadtsiegel verwendet. 1323 sind die 12 Mitglieder des Inneren Rats genannt, aus denen zwei Bürgermeister gewählt wurden. Der Äußere Rat, ebenfalls mit 12 Mitgliedern, hatte nur beratende Funktion. 1361 konnte sich die eine Hälfte der Stadt aus der Pfandschaft der Henneberger befreien und erhielt von Kaiser Karl IV. mehrere Privilegien zur Stärkung ihrer Unabhängigkeit, darunter das Nichtverpfändungsrecht. 1385/86 wurde auch die an Würzburg verpfändete halbe Stadt ausgelöst, das vereinte Schweinfurt konnte nun seine Wirtschaftskraft stärken. Wegen fehlender Rechnungslegung, Steuererhöhungen und der Beschränkung des Inneren Rats auf wenige Familien kam es 1440/50 und 1513/14 zu Bürgeraufständen, die zu Verfassungsänderungen führten.

Kat.-Nr. 136

Juden

Das Abebben der Kreuzzugsbewegung mit den vorgeblich religiös motivierten Judenverfolgungen brachte noch keineswegs das Ende der Judenfeindschaft in Franken. Denn schon 1298 gab das Gerücht einer Hostienschändung den Anstoß für ein neuerliches verheerendes Pogrom. Angeblich war in Röttingen an der Tauber eine konsekrierte Hostie, also der Leib des Herrn, von Juden gestohlen, mit Nadeln zerstochen und in einem Mörser zerstampft worden.

Den nachfolgenden Rachefeldzug gegen die Juden leitete ein Ritter namens „Rindfleisch". Das Morden war furchtbar. Allein in Rothenburg wurden alle hier lebenden 469 Juden erschlagen, in Nürnberg 628 und in Würzburg fanden gegen 900 Menschen jüdischen Glaubens den Tod. Aber auch die kleineren Judengemeinden wurden ausgerottet. So fanden 71 Juden in Neustadt an der Aisch den Tod, 57 in Windsheim, 126 in Bamberg, 85 in Forchheim und in Ebermannstadt 15.

Eine Generation später, im Jahr 1336, erwuchs wiederum aus dem Taubertal ein Pogrom. Die Bauern wählten sich einen „König Armleder", zogen unter seiner Führung durch das Land und machten alle

Juden nieder. Angeblicher Mord an Christenkindern, speziell Ritualmorde, Hostienfrevel und der Kreuzzug gegen die Mörder Christi, das waren die gängigsten Begründungen für die Pogrome und Massaker des Mittelalters. Ein vierter Vorwurf, der immer wieder erhoben wurde, war die Brunnenvergiftung – genauso aberwitzig wie die anderen Anwürfe, aber genauso wirksam und folgenschwer. Im Jahr 1346 war die Pest ausgebrochen. Das „Große Sterben" oder der „Schwarze Tod", wie die Seuche genannt wurde, war so verheerend, dass die Menschen verzweifelt nach Erklärungen suchten. Sie bezichtigten die Juden die Brunnen vergiftet zu haben.

Kat.-Nr. 41

Kat.-Nr. 42

Der eigentliche Schutzherr der Juden, der seine Kammerknechte zu beschützen gehabt hätte, König Karl IV. trug keinerlei Bedenken die Juden der Habgier der christlichen Konkurrenten in den Städten auszuliefern. Er schloss vielmehr mit verschiedenen Städten, wie etwa mit Nürnberg und Bamberg, Verträge ab, in denen er den Bürgern vorweg Straflosigkeit für die Ermordung der in ihrer Stadt lebenden Juden zusicherte, selbstverständlich gegen entsprechende Bezahlung. So brachten die Nürnberger nach Vertragsabschluss mit Karl IV. 570 jüdische Mitbürger um. In Würzburg schloss sich die Judenschaft im Ghetto ein, zündete es an und suchte geschlossen den Tod in den Flammen. Auch hier versagte der Bischof als Inhaber des Judenregals.

Nürnberg und Würzburg aber, und sie waren keineswegs die einzigen, ergriffen die Gelegenheit ein drängendes städtisches Platzproblem zu lösen. Denn seit langem benötigte man im Zentrum einen neuen Marktplatz. An der Stelle der niedergebrannten Synagogen errichteten beide Städte gotische Marien- oder Frauenkirchen. Erstaunlicherweise kehrten bereits wenige Jahre nach dem verheerenden Pogrom wieder die ersten Überlebenden in die Reichsstadt Nürnberg zurück. Sie fanden nach Bezahlung hoher Geldsummen Wiederaufnahme im neuen Ghetto am Ostrand der Stadt, denn man benötigte aufgrund des christlichen Zinsverbots die Juden als Kreditgeber. Aus dem Fernhandel weitgehend vertrieben und darüber hinaus generell von landwirtschaftlicher Betätigung und vom Handwerk ausgeschlossen, wurden die Juden die Hauptträger der Kredit- und Darlehensgeschäfte, bis sie im ausgehenden Mittelalter von den großen christlichen Handelshäusern und Banken als unliebsame Konkurrenz verdrängt wurden. Im Jahr 1385 wurden alle Juden in Franken mit Zustimmung König Wenzels gefangen genommen und erst wieder freigelassen, nachdem sie alle Schuldscheine und Pfandbriefe abgeliefert hatten. Diese gewaltsame Schuldentilgung zeigt praktisch alle Grafen und Herren in Franken als Schuldner bei den Nürnberger Juden. Am höchsten verschuldet mit 7 000 Gulden war die Reichsstadt Nürnberg selbst, dazu kamen zahlreiche Nürnberger Bürger. Insgesamt betrugen die Forderungen der Nürnberger Juden an Auswärtige rund 81 000 Gulden und an Nürnberger Bürger rund 25 000 Gulden. Dem jüdischen Kreditwesen in Nürnberg kam also eine bedeutende Rolle im Rahmen des Geldmarktes zu.

Noch einmal wurden die Juden 1422 von den Bischöfen von Bamberg und Würzburg und den Markgrafen von Ansbach und Bayreuth in einer gemeinsamen Aktion enteignet. Außerdem wurde ihnen abverlangt, fortan besondere Zeichen zu tragen und andere Schikanen zu erdulden, alles in der erklärten Absicht sie außer Landes zu zwingen. Damit machte das Hochstift Bamberg einen Anfang, als es 1478 ein generelles Ausweisungsmandat für alle Juden erließ. Im Jahr 1499 mussten die letzten Juden Nürnberg verlassen. Sie fanden teils im benachbarten Fürth Unterschlupf. Im Jahr 1515 folgten Ansbach und Bayreuth mit einem Ausweisungserlass.

Die Reformation verbesserte in keiner Weise die Situation der Juden. Von den Katholiken wurden sie für die Entstehung des Protestantismus mitverantwortlich gemacht, da ja nicht wenige der Reformatoren ihre Ausbildung bei Rabbinern erhalten hatten. Die Protestanten aber sahen in ihnen den potenzierten Papisten, Sektierer und Ketzer, der mit dem Teufel im Bunde stand.

Luther selbst forderte die Zerstörung aller Synagogen, die Beschlagnahmung jüdischer Gebetsbücher, den Vollzug der Todesstrafe an Rabbinern bzw. die gewaltsame Landesverweisung. Seinem Aufruf folgten zahlreiche protestantische Landesfürsten, wie Kursachsen oder Ansbach und Bayreuth und Kurhessen. Die katholischen gegenreformatorischen Landesherrn schlossen sich dieser judenfeindlichen Politik an. Um die Mitte des 16. Jahrhunderts setzte somit eine neue Auswanderungswelle deutscher Juden nach Osten ein.

Die Zollern und ihre Territorien

Der Zerfall des staufischen Reichslandes brachte den Burggrafen von Nürnberg, die sich früh auf die Seite Rudolfs von Habsburg gestellt hatten, die wichtigen Reichslehen Creußen und Wunsiedel im Fichtelgebirge sowie die Reichsvogtei Burgbernheim. Vor allem aber verlieh König Rudolf von Habsburg 1273 Burggraf Friedrich als Dank für dessen Mitwirkung bei der Königswahl die „comicia burggravie“ mit dem kaiserlichen Landgericht.

Kat.-Nr. 114

Einen weiteren Gewinn brachte die Zerschlagung der Herrschaft der Schlüsselberger 1347/48, als die Burggrafen mehrere Burgen und das überaus wichtige Geleitsrecht auf der Fernhandelsstraße über die Fränkische Alb gewannen.

Schließlich mussten die Vögte von Weida 1373 den Zollern noch das Regnitzland mit der Stadt Hof als Zentrum überlassen, womit das zollerische Fürstentum im so genannten Oberland, das spätere Fürstentum Kulmbach-Bayreuth, seine territoriale Gestalt weitgehend gefunden hatte. Auf gleiche zielstrebige Weise gingen die Zollern beim Territorialaufbau auch im so genannten Unterland, dem späteren Fürstentum Ansbach, vor. Nach einer Konsolidierungsphase gelangen zwischen 1331 und 1399 zahlreiche wichtige Erwerbungen, insbesondere mit den Städten Ansbach, Schwabach, Gunzenhausen, Wassertrüdingen, Feuchtwangen, Uffenheim und Crailsheim, die alle den finanzschwachen benachbarten Grafen und Herren abgekauft wurden. Wichtig war, dass diese Städte zugleich die Wirtschafts- und Verwaltungszentren des umliegenden Landgebiets waren und somit Stadt und Land in die bereits bestehende oder im Aufbau befindliche Ämterstruktur des Territoriums übernommen und eingebaut werden konnten.

Neben der zielstrebigen Territorialpolitik und dem dynastischen Selbstbewusstsein fällt als entscheidende Konstante im politischen Verhalten der Zollern ihre stete Nähe und Treue zum König bzw. Kaiser auf. Besonders eng war die Bindung der Zollern an Kaiser Ludwig den Bayern, nachdem Burggraf Friedrich IV. entscheidend zur Niederlage und Gefangennahme des kaiserlichen Kontrahenten Friedrich des Schönen von Österreich in der Schlacht von Mühldorf 1322 beigetragen hatte. Zusätzlich zur Burggrafschaft erhielt Friedrich IV., der als vertrauter Berater des Kaisers fungierte, neben anderen Vergünstigungen und Privilegien das lukrative Bergregal in den fränkischen Besitzungen verliehen.

Unter dem Luxemburger Kaiser Karl IV. stiegen die fränkischen Zollern in Anerkennung ihrer territorialen und politischen Bedeutung 1363 in den Kreis der Reichsfürsten auf. Der entscheidende Machtgewinn aber wurde durch das Ausgreifen auf die Mark Brandenburg und die

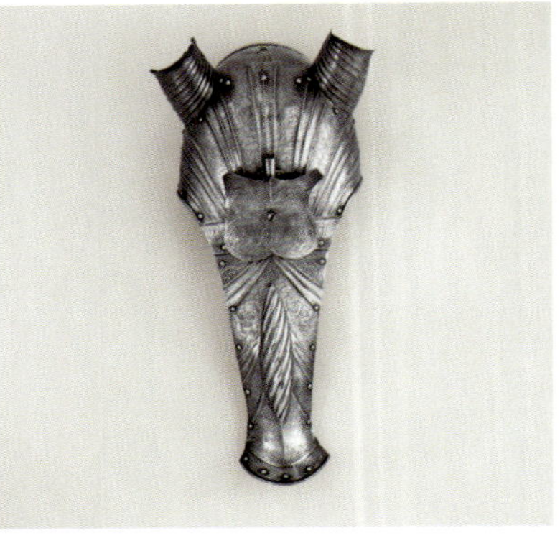

Kat.-Nr. 121

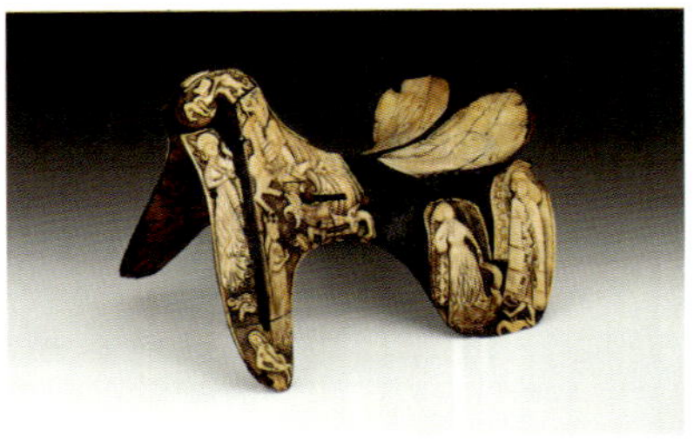

Kat.-Nr. 122

offizielle Belehnung 1417 mit der Kurwürde besiegelt. Die stete Nähe und Treue zum jeweiligen König hatte sich also für die Zollern ausgezahlt.

Die entscheidenden Grundlagen für den Territorialausbau und den Aufstieg der Zollern waren die Geldwirtschaft und kluge Finanzpolitik, die auf dem reichen „Bergsegen“ basierten, denn der Bergbau in Franken, vor allem im Fichtelgebirge, hat eine sehr lange Geschichte. 1282 erhielt Burggraf Friedrich III. „die Gegend Wunsiedel, allwo man schon damahlen Gold und Zien gewaschen“, zum Lehen. Seinem Sohn Friedrich IV. und allen Nachfolgern verlieh 1323 König Ludwig der Bayer das uneingeschränkte Bergregal auf allen ihren Besitzungen und Gebieten. Der „Bergsegen“ im Fichtelgebirge und im Frankenwald erwies sich bald als so reich, dass Kulmbach, Wunsiedel, Bayreuth und Neustadt als zollerische Münzstätten eingerichtet werden konnten. Goldkronach soll im ausgehenden 14. Jahrhundert der Ort gewesen sein, an dem das meiste Gold und Silber im Reich gewonnen wurde. Mehr als 900 Bergleute sollen in den Gruben tätig gewesen sein. Eine weitere wichtige Einnahmequelle neben „Bergsegen“ und Münzregal waren die Zoll- und Geleitsrechte an den wichtigsten Fernhandelsstraßen von und nach Nürnberg.

Die reichen Einnahmen, verbunden mit einer sparsamen und klugen Finanzpolitik, ermöglichten den Zollern den Erwerb zahlreicher adliger Besitzungen und Gerechtsame durch Verpfändungen, Lehensauftragungen, Schutzherrschaften oder Öffnungsrechte bis hin zum direkten Kauf von Burgen und Städten. Beträchtliche Summen wurden gezielt zur Erwerbspolitik eingesetzt. So übertrugen etwa die Herren von Aufseß, Giech, Guttenberg, Rabenstein, Schaumberg, Weißenstein oder Wolfstriegel ihre Besitzungen und Burgen mehr oder weniger freiwillig den finanzkräftigen Zollern. Systematisch kauften sie vor allem den verarmten Adel im Fichtelgebirge aus und auf. Keine der auch biologisch im Niedergang befindlichen Adelsfamilien konnte sich dem Zugriff der Zollern entziehen. Rasch kauften sie sich in Wunsiedel (1321) und Hohenberg (1322) ein und erweiterten ihre Herrschaft auf Weißenstadt (1346/48), Kirchenlamitz (1355/56), Selb (1412/13) und Thierstein (1415). Seit dem Beginn des 15. Jahrhunderts stellt so der Innenraum des Fichtelgebirges einen geschlossenen zollerischen Besitzkomplex und Verwaltungsbezirk dar, das später so genannte „Sechsämterland“.

Aber nicht nur der verarmte Nieder- und Ritteradel sah sich zu Übertragungen und Verkäufen an die finanzstarken Zollern gezwungen, auch Fürsten und Grafen und sogar das Reichsoberhaupt vermochten sich dem Zugriff der Burggrafen nicht zu entziehen. So erwarb Friedrich IV. die Stadt Ansbach mit der Burg Dornberg 1331 von den Grafen von Oettingen. Besonders intensiv an der Vergrößerung des Hausbesitzes aber arbeitete Burggraf Friedrich V. (1358–1397). Er kaufte 1364 den Grafen von Nassau die Stadt Schwabach ab, 1368 erwarb er von den Grafen von Oettingen die Stadt Gunzenhausen und 1376 war sogar Kaiser Karl IV. aus Geldnot gezwungen das Stift und die Vogtei Feuchtwangen an ihn zu verpfänden. 1378 schließlich erwarb der Zoller die Stadt und das Amt Uffenheim von den Grafen von Hohenlohe, die ständig in finanziellen Schwierigkeiten steckten. Nur die großen Städte Rothenburg, Weißenburg und Dinkelsbühl konnten sich aus der Pfandschaft wieder auslösen und die Reichsfreiheit erringen und mit Hilfe Nürnbergs auch behaupten.

Das Fürstenprivileg von 1363 bot die besten Möglichkeiten aus dem vorhandenen Konglomerat von Grundherrschaften und vielen anderen Gerechtsamen allmählich einen Territorialstaat erwachsen zu lassen, denn durch das kaiserliche Privileg wurden alle Grunduntertanen der zollerischen Hochgerichtsbarkeit unterworfen. Dies betraf auch die zahlreichen bäuerlichen Hintersassen der Klöster, über welche die Zollern die Schutzvogtei ausübten. Schon im 13. Jahrhundert hatten die Burggrafen die Schutzvogtei über die Klöster Münchaurach, Münchsteinach und Birkenfeld erworben und schließlich 1333 auch über Heilsbronn, die reiche Zisterzienserabtei mit ihren vielen Hintersassen. Die romanische Klosterkirche wurde zur Grablege der Zollern.

Kat.-Nr. 112

Die Hochgerichte bildeten zunächst eine stabile Grundlage der Landesherrschaft, weshalb die Zollern auch ein dichtes Netz von Blut- oder Halsgerichten über ihr Land legten. Doch um 1500 wuchs dem personengebundenen Vogteigericht die gesamte Gerichtsbarkeit mit Ausnahme der vier hohen Rügen zu. Diese Vogtei wurde in Franken, im „territorium non clausum", maßgebend und entscheidend für die Durchsetzung der Landeshoheit. Die Politik der Markgrafen ging deshalb später dahin die geschlossenen Sprengel der Hochgerichtsbarkeit zu Vogteisprengeln zu verdichten, oder, anders ausgedrückt, die personengebundenen verstreuten Vogteien in die allein festen Grenzen der Hochgerichte einzufügen, um eine Verflächung und Verdichtung der Herrschaft zu erreichen, was jedoch nur bedingt möglich war.

Kat.-Nr. 115

Ein wichtiges Element zur Grenzsicherung und vor allem zur Herrschaftsverdichtung und -durchdringung bildeten die zahlreichen Städte, die durch Kauf erworben wurden oder durch Stadterhebungen entstanden. Diese Städte waren zugleich die Wirtschafts- und Verwaltungszentren von Ämtern. Denn bereits in der ersten Hälfte des 14. Jahrhunderts überzogen die Zollern ihre verstreuten Besitzungen mit einem dichten Netz von Ämtern mit einer Stadt als zentralem Ort durch den im Amt geltenden Gerichts- und Marktzwang. Diese Ämter entwickelten sich zum hauptsächlichen Instrument der Staatsverwaltung. Dabei sind zwei Hauptgruppen von Außenbehörden zu unterscheiden: die Jurisdiktionsämter und die Kameralämter. Im 16. Jahrhundert wurden dann als Mittelinstanz zwischen den Zentralbehörden und den vielen Außenämtern noch Oberämter gebildet, welche die Aufsicht über Verwaltung, Rechtssprechung und Wirtschaft in den vielfältigen Außenbehörden ausübten. Trotz aller herrschaftsverdichtenden Maßnahmen aber konnten die Burggrafen kein geschlossenes Territorium schaffen, da die Einsprengsel der Reichsstadt Nürnberg, der Hochstifte und der Reichsritterschaft oder der „Voigtländischen Ritterschaft" nicht beseitigt werden konnten.

Vergleicht man das „Oberland" mit dem „Unterland", so kann man feststellen, dass das Fürstentum Kulmbach- Bayreuth äußerlich und rechtlich geschlossener war. Das Oberland baute zumeist auf späten Rodungsherrschaften eines Niederadels auf, der rigide in die Dienstmannschaft der Amtsträger gezwungen wurde. Vor allem aber die straffe Verwaltung der Ämter seit dem 14. Jahrhundert und die Herrschaftsverdichtung machten diesen „obergebirgischen" Landesteil mit seinem Erzreichtum zu einem weitgehend vereinheitlichten Territorium, während die Landesteile „Unter dem Gebürg" um Neustadt und vor allem der entstehende Landesstaat um Cadolzburg und dann Ansbach entschieden mehr von fremden Enklaven durchsetzt war: Es war und blieb ein „territorium non clausum". Zwar war auch hier von den Zollern mit der gleichen Zielstrebigkeit die Ansammlung von Grund- und Gerichtsbarkeiten zur Bildung von Ämtern geschaffen worden, doch konnte sich keine räumliche und rechtliche Geschlossenheit ausbilden, konnte kein „Land" entstehen.

Kat.-Nr. 125

Adel und Ritterschaft

Kennzeichnend für die Geschichte der „königsnahen“ Landschaft Franken ist die Bedeutung des Adels. Die zum hohen Adel zählenden Grafen und edelfreien Herren entstammten in der Mehrzahl der Ministerialität der Salier und Staufer, während der niedere Adel aus der Ministerialität der Bischöfe und Grafenfamilien erwachsen ist. Die drei fränkischen Domkapitel waren in der Hauptsache von nachgeborenen Söhnen aus der Ritterschaft besetzt. Heiratsverbindungen zwischen dem hohen und dem niederen Adel waren möglich, wie es auch sozialen Auf- und Abstieg gab.

Eine westliche Gruppe des Dynastenadels bildeten die Grafen von Rieneck und Wertheim und die Herren von Hohenlohe. Infolge mehrmaliger Besitzteilungen setzte im 14. Jahrhundert der Abstieg des Hauses Rieneck ein. Der Aufbau eines zusammenhängenden Territoriums gelang nicht mehr. Als ein Kleinstterritorium lag die Grafschaft bis zum Aussterben der Familie 1559 eingeklemmt zwischen den Hochstiften Mainz und Würzburg. Auch die Besitzungen der Grafen von Wertheim waren von den Stiften Mainz und Würzburg umgeben, doch konnten sie sich besser behaupten. Geschickt arbeiteten sie mit Kaiser Karl IV. zusammen, als dieser seine Landbrücke zwischen Prag und Frankfurt aufbaute. Graf Eberhard trug Burg und Stadt Wertheim 1362 Böhmen zum Lehen auf und erhielt als Gegenleistung Privilegien, Münzrechte und mehrere Zölle.

Im Südwesten Frankens konnten sich die Grafen von Hohenlohe, trotz mehrfacher Teilungen, gegenüber den Expansionsbestrebungen von Würzburg und den Zollern behaupten. Sie nahmen zwischen Jagst und Main eine Vormachtstellung ein. Schwerpunkt der Herrschaft waren Langenburg, Weikersheim, Waldenburg, Neuenstein, Burg und Stadt Forchtenberg am Kocher, Öhringen und Uffenheim, das jedoch an die Zollern verkauft werden musste. Zielstrebig bauten die Herren von Hohenlohe ihr Burgennetz gegenüber dem Hochstift Würzburg und im Süden gegen die Stadt Schwäbisch Hall aus. Die durch Heirat zugebrachte Herrschaft Gründlach musste 1323/26 an die Burggrafen von Nürnberg verkauft werden. Die Bemühungen um den Erwerb der Grafschaft Ziegenhain-Nidda, die am Widerstand der Landgrafen von Hessen scheiterten, brachten den Hohenlohe aber 1450 die Erhebung in den Reichsgrafenstand und damit einen deutlichen Gewinn an Sozialprestige. Als treue Gefolgsleute der Könige und im Rang hoher Diplomaten hatten viele Mitglieder des Hauses Hohenlohe Anteil an der Reichspolitik. Auch in der Reichskirche nahmen sie eine wichtige Stellung ein. Die Dynastie stellte zwei Bischöfe in Würzburg und einen in Bamberg, zwei Hochmeister des Deutschen Ordens und zahlreiche Domkapitulare.

In der Mitte Frankens saßen die Herren von Castell, Schwarzenberg und Schlüsselberg. Die Herrschaftsrechte der Grafen von Castell lagen hauptsächlich zwischen dem Westhang des Steigerwalds und dem Main. Durch Hausgesetze wurde der Familienbesitz zusammengehalten, doch 1457 musste der gesamte Landbesitz der Grafschaft Castell dem Hochstift Würzburg gegen Zahlung einer jährlichen Rente übertragen werden. Die Rechte der Reichsstandschaft der Grafen von Castell blieben jedoch unberührt. Auch musste die Stadt Volkach schrittweise verkauft werden.

In räumlicher Nachbarschaft stiegen die Herren von Seinsheim in den Diensten des Hochstifts Würzburg zu hohem Ansehen auf. Schrittweise erwarben sie bis 1421 die Herrschaft Schwarzenberg, nach deren

Burg sich die Familie benannte. Systematisch bauten sie ein Beziehungsnetz zu anderen dynastischen Familien auf und traten in die Dienste der Hohenzollern und der Habsburger wie auch der Bischöfe von Würzburg und Bamberg. Auch die Besitzungen der Schenken von Limpurg, benannt nach der Stammburg bei Schwäbisch Hall, lagen in Gemengelage am Main. 1412 konnte aus hohenlohischem Besitz der Markt Einersheim erworben werden. 1441 erfolgte die Teilung in die zwei Linien Limpurg-Gaildorf und Limpurg-Speckfeld. Die Familie stellte zahlreiche Domkapitulare und je einen Bischof von Würzburg und Bamberg.

Die Edelfreien von Schlüsselberg schufen in der zweiten Hälfte des 13. Jahrhunderts mit einer umfangreichen Grundherrschaft vom Steigerwald bis in den Nordgau die Grundlagen für die Bildung eines Territoriums. Hinzu kamen Hochgerichts- und Vogteirechte, Wildbann und Geleitsrechte über den Fränkischen Jura. Durch Heiraten rückten sie in den fränkischen Hochadel auf. Standesgemäß gründeten sie ihr Hauskloster Schlüsselau und erwarben die Städte Schlüsselfeld, Waischenfeld und Ebermannstadt sowie zahlreiche Burgen. Als Konrad von Schlüsselberg seine Zoll- und Geleitsforderungen übertrieb und er zudem mit Kaiser Ludwig seinen Schutzherrn verloren hatte, besiegten ihn die Burggrafen von Nürnberg und die Bischöfe von Bamberg und Würzburg 1347 militärisch und teilten das „Territorium im Landesausbau“ unter sich auf.

Die Grafen von Henneberg standen auch nach dem Interregnum im Dauerkonflikt mit dem Hochstift Würzburg. 1310 wurde Berthold VII. von Henneberg zum „gefürsteten Grafen“ erhoben. 1353 fiel die Pflege Coburg an die Wettiner. Um die Mitte des 15. Jahrhunderts gelang Graf Georg der Aufbau eines größeren, wenn auch sehr zersplitterten Territoriums im Grabfeld und vor der Rhön, das jedoch 1468 geteilt wurde. 1486 wurde die Römhilder Linie in den Reichsfürstenstand erhoben und zwei ihrer Mitglieder wurden Bischof in Bamberg und Erzbischof von Mainz. 1549 bzw. 1583 starben die Henneberger aus.

Erben der Andechs-Meranier waren die Orlamünde und die Grafen von Truhendingen, die schließlich beide von den Burggrafen von Nürnberg beerbt wurden. Die Orlamünder waren im Besitz von Kulmbach, Zwernitz, Gefrees und der Obervogtei im Regnitzland mit Hof. 1279 stifteten sie das Zisterzienserkloster Himmelkron als Hauskloster. Ende des 13. Jahrhunderts zogen sich die Orlamünder aus Franken zurück: 1290 verkauften sie die Zwernitz und 1338 verpfändete und verkaufte Graf Otto die Besitzungen in Franken mit Kulmbach und dem Regnitzland an Burggraf Johann II. von Nürnberg.

Die Edelfreien und späteren Grafen von Truhendingen hatten reichen Besitz im nordöstlichen und südlichen Franken am Hahnenkamm. Durch die meranische Erbschaft gewannen sie reichen Besitz am Obermain mit den Burg- und Machtzentren Stiefenburg und Giech-Scheßlitz sowie den Burgen Arnstein und Neuhaus. Ende des 14. Jahrhunderts mussten die verarmten Truhendinger ihre Besitzungen am Obermain an die Bischöfe von Bamberg und die Burggrafen von Nürnberg verkaufen.

Die Reichsmarschälle von Pappenheim verloren während des Interregnums zahlreiche Besitzungen an der Donau an die vordrängenden Wittelsbacher. Auch konnten sie den Aufstieg Weißenburgs zur Reichsstadt nicht verhindern. Einen empfindlichen Prestigeverlust bedeutete die Rückstufung als Vizemarschälle in der Goldenen Bulle von 1356. Trotz vieler Einbußen konnten die Pappenheimer ihr kleines Territorium an der Altmühl zwischen dem Hochstift Eichstätt und dem Territorium der Zollern behaupten. Allerdings erhielten sie trotz ihrer Erhe-

Kat.-Nr. 118

Kat.-Nr. 124

bung zur Grafenwürde keinen Reichs- oder Kreisstand, sondern waren bei der Reichsritterschaft inkorporiert.

Der Niederadel, Ritterschaft

Kat.-Nr. 126

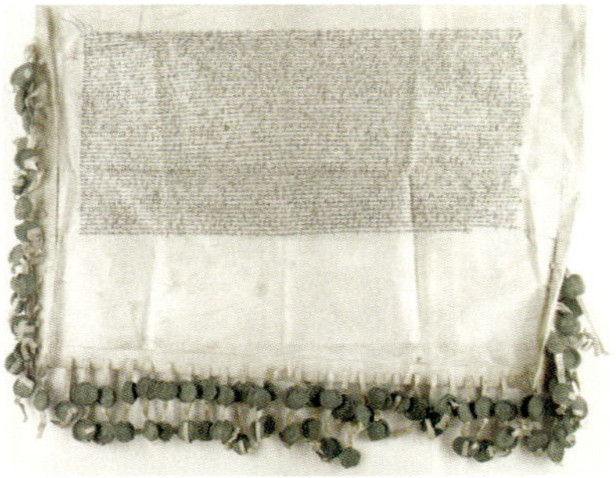

Kat.-Nr. 128

Der Niederadel war im Spätmittelalter mehrfach vom Territorialstaat bedroht, in dessen Dienste er aber aus wirtschaftlichen Gründen treten musste, denn nur wenige Familien verfügten über ausreichende Besitzungen, die zudem weit verstreut lagen. Die wohl besitzreichste Familie waren die Seckendorff, die sich bereits um die Mitte des 14. Jahrhunderts in 13 Familienzweige aufgefächert hatten. Sie waren auch das zahlreichste Niederadelsgeschlecht in Franken. Mit Burggewartungs- und Burgöffnungsverträgen versuchten die mächtigeren Territorialherren, voran die Zollern, die ärmeren niederadligen Burgenbesitzer in ihre Herrschaftsgebiete einzuordnen. Mithilfe der Gewartungsrechte wurden viele kleinere Burgenbesitzer regelrecht ausgekauft.

An den Rändern der größeren weltlichen und geistlichen Territorien konnten sich die kleineren Herrschaften des Niederadels leichter halten und die mächtigen Territorialherren gegeneinander ausspielen. So entstanden an den Grenzräumen sogar kleinräumige Adelslandschaften, die durch königliche Privilegien zudem gefestigt wurden. Durch den biologischen Schwund konnten Fürsten und Herren aber auch viele niederadlige Besitzungen einziehen und ihre Herrschaft verdichten.

Um dem wachsenden Druck von Fürsten und Städten standhalten zu können, schlossen sich die Ritter zu Adelsgesellschaften zusammen. Die einzelnen Gesellschaften trugen eigene Abzeichen und Namen und vielfach sogar spezifische Kleidung. Die älteste Adelsgesellschaft in Franken war die „Gesellschaft mit dem Greifen“, die 1379 von Graf Johann I. von Wertheim zum Zweck gegenseitiger Hilfe gegründet worden war. Größere Bedeutung erreichte die um 1392 gegründete „Gesellschaft mit dem Fürspang“. Sie trug ihren Namen nach einer goldenen Gürtelspange Marias, die in der Frauenkirche in Nürnberg aufbewahrt wurde. Ihre Mitglieder widmeten sich der Turnierpflege, der Einhaltung des Friedens und der gegenseitigen Hilfe bei Fehden. Mit der „Gesellschaft unserer lieben Frau zum Schwan“ suchten die Markgrafen von Ansbach den eingesessenen Adel an sich zu binden.

Im ausgehenden Mittelalter wurde Franken mit seiner dichten Adelsgesellschaft zu einem Kerngebiet der Turniergesellschaften, durch die man den niederen Landadel und das Stadtjunkertum auszuschließen suchte. Die Turnierordnungen für Bamberg von 1478 und Würzburg von 1479 ließen nur noch die alten ritterschaftlichen Familien aus Franken, Schwaben und vom Rhein zu, nicht aber die Patrizier. Doch schon 1485 erklärte sich der fränkische Turnieradel in Bamberg bereit einen Ritter zum Turnier zuzulassen, der mit einer Patriziertochter verheiratet war, wenn diese mindestens 4000 Gulden in die Ehe gebracht hatte. Insgesamt aber verstand sich der Turnieradel als exklusiv-geburtsständische Vereinigung, die sich nach unten abschloss und autonom entschied, wer am Turnier und dem damit verbundenen gesellschaftlichen Leben teilnehmen durfte. Neben diesen Turniergesellschaften schloss sich die fränkische Ritterschaft auch in Einungen mit Fürsten, Grafen und Städten zusammen.

Auf den Rittertagen zu Schweinfurt 1495 und Neustadt/Aisch 1496, auf denen die fränkischen Ritter unter Berufung auf ihre Steuerfreiheit gegen den Gemeinen Pfennig protestierten, werden die ersten Ansätze zur späteren Einteilung der sechs Orte oder Kantone der „reichsfrey ohnmittelbaren Ritterschaft Landes zu Francken“ erkennbar: Odenwald, Rhön-Werra, Baunach, Gebirg, Steigerwald und Altmühl.

Barbara Schick

Die Wandmalereien im Pfalzmuseum in Forchheim

Die Anfänge der Vierflügelanlage der so genannten Kaiserpfalz[1] in Forchheim liegen im 9. Jahrhundert. Die baulichen Reste des steinernen Hauses Ottos I., des Heiligen (1102–1139) finden sich im Ostflügel des heutigen Baus. 1377 kaufte Bischof Lambrecht von Brunn das Anwesen, um dort seine fürstbischöfliche Residenz zu erbauen. 1558 wurde der Nordteil des Westflügels erneuert und im darauf folgenden Jahr der nördliche Verbindungsgang errichtet. Mit dem Umbau des Westflügels 1566/67 erhielt die Anlage den südlichen Verbindungsgang und damit ihren geschlossenen Charakter. Zwischen 1603/05 erlebte der Hauptbau unter Fürstbischof Johann Phillip von Gebsattl starke Veränderungen. Öffnungen und Zugänge wie Fenster, Türen, und Treppen wurden erneuert. Zur Erschließung des Ostbaus fügte man die steinerne Wendeltreppe an.[2] Wahrscheinlich fielen auch die Übertünchung und Überputzung der Wandmalereien in diese Umbauphase.[3] Im 18. Jahrhundert bekam der Ostflügel ein Krüppelwalmdach. Nach der Säkularisation diente das spätere Pfalzmuseum verschiedensten Zwecken, z. B. als Getreidespeicher, später als Rentamt samt Wohnung für den Rentamtsbeamten.[4] Durch den Einsatz des Historischen Vereins Bamberg wurde in der so genannten Kaiserpfalz 1906 das Pfalzmuseum eingerichtet.

Die Wandmalereien im Ostflügel des Pfalzmuseums[5] entsprechen der Ausstattung eines herrschaftlichen Hauses. Vom Entstehungszeitraum her lassen sich zwei Gruppen unterscheiden: die um 1400 entstandenen Malereien im Erdgeschoss sowie im 1. und 2. Obergeschoss und die Malereien im 2. Obergeschoss von 1559/60.

Der Ostflügel des fürstbischöflichen Schlosses erfuhr beim Um- und Neubau unter Lambrecht von Brunn eine reiche Ausstattung mit Wandmalereien. Der Auftraggeber der gotischen Ausgestaltung, Fürstbischof Lambrecht von Brunn, zählte als Berater Kaisers Karl IV. zu einer weit gereisten, gebildeten Elite, die den Zeitgeist repräsentierte. Dieses um 1380/1400 entstandene Bildprogramm hat sich fast vollständig erhalten.

Abb. 1: Kaisersaal, Westwand, König David

Abb. 2 Kapelle, Ostwand, Maria des Englischen Grußes

Der so genannte Kaisersaal zeigt mit dem später eingebauten Kreuzgratgewölbe, das zu der jetzt sichtbaren Fassung gehört, über einem gemalten plastischen Quadersockel thronende Könige, welche die Herrschertugenden verkörpern. Als einzige hat sich die Darstellung König Davids erhalten. Er wird auf dem Thron sitzend mit übereinander gelegten Beinen gezeigt, in modischem Gewand und zeitgemäßer Haartracht. Zu seinen Füßen spielt ein Löwe mit seinen Jungen, gegenüber steht ein so genannter Kampfelefant.

Die Südwand trägt von einer früheren Ausstattung noch zwei gemalte Wappen, die durch den Einbau des Gewölbes zur Hälfte in den Zwischenboden zum darüber liegenden Raum geraten sind. Sie zeigen den böhmischen Löwen und den deutschen Reichsadler.

Bei der Restaurierung um 1906 wurden die durch den Einbau des Gewölbes abgeschnittenen Wandmalereifragmente an der Nordwand mit einer hölzernen Klappe im Fußboden zugänglich gemacht. Im „Vorraum" zur Kapelle finden sich in der nördlichen Raumhälfte eine hölzerne Decke und Fragmente einer eingebauten Bohlenstube. Eine mit Wappen bemalte Türbekrönung aus Sandstein zeigt die Lage des ursprünglichen Zugangs zur ehemaligen Kapelle. Dieser und der angrenzende Raum, die ursprünglich überwölbt waren, sind jetzt durch eine 1839[6] eingestellte Fachwerkwand getrennt.

Die Kapelle ist mit detailliert erzählenden Bildern ausgestattet: An der Ostwand in der Altarnische ist Christus als thronender Weltenrichter zu sehen mit Maria und Johannes sowie den Zwölf Aposteln, die durch ihre Symbole gekennzeichnet sind. Die Stirnwand überspannt der „Englische Gruß". Die Nordwand ziert die Anbetung der Heiligen Drei Könige, eine beliebte Darstellung des 14./15. Jahrhunderts. Den verbindenden Hintergrund bilden differenziert ausgearbeitete Pflanzenornamente.

Die Darstellungen des angrenzenden Nebenraums der Kapelle behandeln mehrere Themen. Die Propheten und ihre Spruchbänder

sind nur fragmentarisch erhalten. Ikonografisch interessant sind zwei Fabelwesen in der Fensterlaibung der Ostwand: Der so genannte Kranichmensch, der in einem weit verbreiteten Volksbuch, dem „Gestorum" Herzog Ernsts aus dem 13. Jahrhundert, beschrieben wird[7], sym-

Abb. 3: Kapelle, Nordwand, Anbetung der Könige

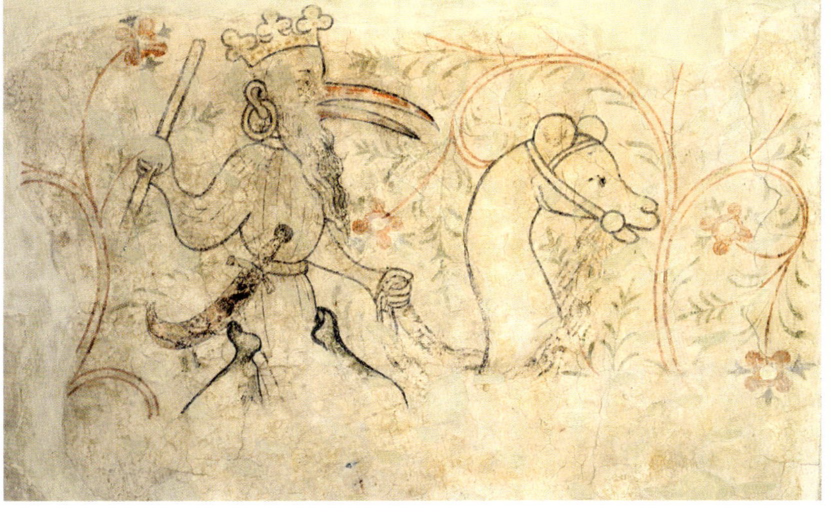

Abb. 4: Nebenraum der Kapelle, Ostwand, Kranichmensch

Abb. 5: Nebenraum der Kapelle, Ostwand, Triton

Abb. 6: 2. Obergeschoss, Nordwand, Stadtansicht

bolisiert die besonnene Rechtsprechung. Ihm gegenüber gestellt ist ein Triton, ein Fabelwesen halb Mensch und Fisch, das für die Verlockungen der Welt steht.[8]

Das Fragment eines mit reich verziertem Zaumzeug geschmückten Pferdes vor einer bewaldeten, schroffen Felslandschaft kann zu verschiedenen Szenen gehört haben. Zu denken ist an den Zug der Heiligen Drei Könige, den hl. Georg oder Martin, aber auch an höfische Jagdszenen.

Detaillierte Architekturdarstellungen spielen in der Malerei des „internationalen Stils" um 1400 eine große Rolle. Sie stellen in ihrer eigenen Perspektive sowohl reale wie ideale Bauwerke dar.[9] In diesen Kontext gehört auch die gemalte Stadtansicht, in der das Aufrichten eines Dachstuhls zu sehen ist. Ein nur noch fragmentarisch erhaltenes Bild im 2. Obergeschoss lässt mit seinen Pferden, Stangen und Reitern auf einen Turnierkampf schließen.

Zeugen der zahlreichen Umgestaltungen, welche die Kaiserpfalz erlebte, sind zwei Bilderzyklen, die auf 1559 datiert sind. Illusionistisch gemalte Architekturen des Bamberger Hofmalers Maler Jakob Zieglers[10] bedecken die gesamten Wände des größten Raums im 2. Obergeschoss. Die sehr reduzierten Ausmalungen aus der Zeit um 1559 lassen noch die ehemals detailliert perspektivisch gemalte Architektur mit Durchblicken erkennen.

Im angrenzenden Raum sind die Fensterlaibungen mit alttestamentarischen Szenen ausgestattet. Ein Rahmen aus Astwerk grenzt die Darstellungen ein, während die Unterseiten mit fantasievollem Blätter- und Blütenornament bedeckt sind. An der Ostwand sind Kaiser Heinrich II. und Kaiserin Kunigunde mit dem Modell des Bamberger Doms zu sehen.

Nachdem 1830 der Kämmerer von Seinsheim zufällig die Malereien in der Kapelle entdeckte, als Putz von der Wand abfiel, wurde der Kunstmaler Franz Xaver Fernbach mit der Restaurierung betraut. Gemäß damaliger Auffassung legte Fernbach die Seccomalereien rasch frei und übermalte diese in seiner selbst erfundenen enkaustischen Technik. In diesem Zusammenhang steht auch die jetzt in zwei Sichtfenstern freigelegte Malerei auf der eingefügten Nordwand in der Kapelle sowie im 1. Obergeschoss. Fernbach bemalte die Wände neu mit Blättern und einer Schrifttafel in Harz-Ölfarbe.[11]

Im Zuge der Einrichtung des Pfalzmuseums 1906/11 wurden alle weiteren Malereien freigelegt und konserviert. Da man die qualitätvollen Malereien nicht verändern wollte[12], wurden sie gereinigt, gefestigt, partielle Hacklöcher wurden geschlossen. Nur vereinzelt verstärkte man Konturlinien mit Farbe. Die Übermalungen in der Kapelle von 1831 wurden abgenommen, um die ursprüngliche Malerei sichtbar zu machen.[13] In dieser musealen Präsentation der Konservierung 1906/11 zeigen sich heute einheitlich alle Malereien der Kaiserpfalz.

So beschränkte sich auch die Restaurierung 1999/2002 auf die Konservierung des Bestands der Erstfassung mit den vorangegangenen Restaurierungen, das heißt an die Festigung abgelöster, puderartiger Malschichten, die Wiederanbindung loser Putzschichten und eine Reinigung. Wenige Retuschen auf den Ergänzungen der vorhergegangenen Restaurierung sollten störende Farbveränderungen zurückführen, um so die Malereien in ihrer ursprünglichen Qualität erlebbar zu machen.

Die herausragende Bedeutung der Wandgemälde wird künftig in der Dauerausstellung des Pfalzmuseums in mehreren Medienstationen erläutert, die dank der finanziellen Unterstützung des Fördervereins Kaiserpfalz und des Lions-Clubs Forchheim realisiert werden konnten. Die Station „Baugeschichte" informiert über Entdeckung, Deutung und Bedeutung der Wandgemälde. In einem interaktiven virtuellen Rundgang kann man sich durch die rekonstruierten Räume der Pfalz bewegen und die Wandgemälde in ihrem ursprünglichen Umfeld betrachten.

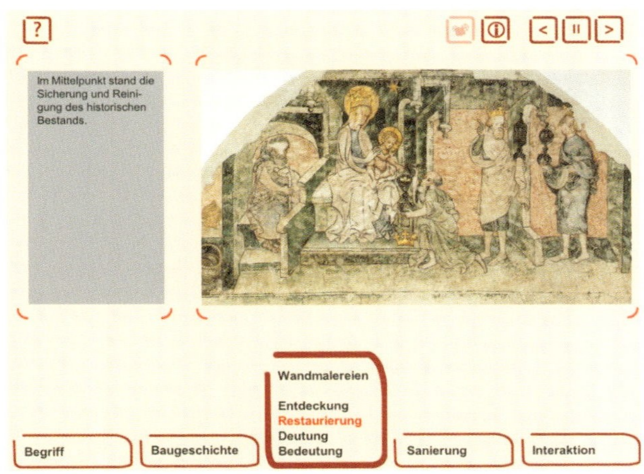

Medienstationen im Pfalzmuseum Forchheim

Anmerkungen

[1] Eine ausführliche Fassung dieses Beitrags wird in der von Hermann Ammon herausgegebenen Forchheim-Jubiläumsschrift 2005 erscheinen.

[2] Sitzmann, Forchheim, S. 70–75.

[3] Martin Josef von Reiders über die Recherche zur Pfalz in Forchheim 29. Juni 1832 (Bayerische Staatsgemäldesammlungen).

[4] Kehrer, Wandmalereien, S. 3.

[5] Die folgenden Ergebnisse sind meiner Dissertation bei Prof. Dr. Achim Hubel, Universität Bamberg, entnommen.

[6] Räbel, Malereien.

[7] Blamires, Herzog Ernst and the Otherworld Voyage.

[8] Machilek, Franz: Lambrecht von Brunn, Vortrag Forchheim 12. Juli 1999.

[9] Castelnuova / Gramatica, Il Gotico nelle Alpi, S. 244 f.

[10] Thieme / Becker, Bd. 36 (Hans Vollmer).

[11] Bayerische Staatsgemäldesammlungen, 1830–1834 (XIV, F 1), Bericht Fernbach über die Restaurierung der Wandgemälde vom 3. April 1832.

[12] Schreiben e. No 4117 18. Jan. 1911, Referent Alois Müller.

[13] Räbel, Malereien.

Katalog

I Edel und Frei – Franken im Mittelalter

Im Jahr 1281 ließ Rudolf von Habsburg in der Stadt Nürnberg „alle die von Franken" einen fünfjährigen Eid zur Einhaltung eines Landfriedens schwören. Ruhe und Ordnung sollten so in der Region gewährleistet werden. Wer aber waren „alle die von Franken"? Gab es damals, ähnlich wie heute mit den drei bayerischen Regierungsbezirken Unter-, Mittel- und Oberfranken, ein fest umrissenes „Franken"? Die Landesausstellung „Edel und Frei. Franken im Mittelalter" führt weit zurück bis an das Ende der Völkerwanderungszeit, um diese Frage beantworten zu können. Die mittelalterliche Geschichte der Region, die Herausbildung eines „fränkischen" Zusammengehörigkeitsgefühls und die kulturellen Ausprägungen dieses Zusammenlebens sind Themen der Ausstellung.

„Es ist im gantzen Teutschland kein Provintz oder Landsart, denn allein das Land zu Francken, welches Edel und Frey genannt wird", verkündete Matthäus Merian in seiner 1648 erschienenen „Topographia Franconiae". Der Titel der Ausstellung orientiert sich an diesem Zitat und formuliert mit „Edel und Frei" gleichzeitig den bekannten Ausdruck „Frank und Frei" um. Er bezieht sich auf die Namensgebung der Franken. „Mutig, frech, ungestüm, kühn," aber auch „frei" – so lautet eine frühe Übersetzung für die in der Völkerwanderungszeit am Nieder- und Mittelrhein siedelnden Stämme. Im 5. Jahrhundert wanderten sie weiter nach Süden und Osten und beherrschten schließlich auch das Gebiet des heutigen Frankens. „Edel" greift dagegen einen besonderen Aspekt der spätmittelalterlichen Geschichte der Region auf. Der Adel spielte in dieser Phase eine herausragende Rolle: Im Gefolge der nachlassenden Königsmacht hatten im Spätmittelalter zahlreiche Adelsgeschlechter territorialen Besitz erkämpfen und absichern können. Burgen als Herrschaftssitze prägten die Landschaft; die „Ritterkultur" als Form adliger Lebensweise setzte Maßstäbe. Im Gegensatz zur privilegierten Oberschicht lebte der größte Teil der Bevölkerung im Mittelalter jedoch weder „edel" noch „frei". Für die meisten Menschen gehörten rechtliche Abhängigkeit und das Leisten von Diensten und Abgaben zum Alltag.

Empfangen werden die Besucherinnen und Besucher der Landesausstellung im so genannten Kaisersaal des bischöflichen Schlosses in Forchheim. Dieser Raum im Ostflügel des von dem Bamberger Bischof Lambrecht von Brunn errichteten Baus weist Wandmalereien aus dem späten 14. Jahrhundert von herausragender Qualität auf. Im Konzept der Ausstellung erfüllt der Eingangsbereich mehrere Funktionen. Er verweist einerseits auf den KulTour-Pfad „Franken im Mittelalter" und präsentiert andererseits integriert in der Vignette F, dem Logo des KulTour-Pfads, hochrangige Exponate: Sie konkretisieren den zeitlichen und thematischen Umfang der Ausstellung von den Grabfunden des 6. Jahrhunderts bis hin zur Geschichtsschreibung des Humanismus.

Am Beginn der etwa 1000 Jahre umspannenden Epoche steht die im aquitanischen Tierstil verzierte Lanzenspitze aus dem 6. Jahrhundert aus Zeuzleben. Sie verdeutlicht frühe Siedlung und weit reichende europäische Beziehungen. Etwa sechs Jahrhunderte später legt der „Schnellkochtopf" aus Aub Zeugnis vom Alltag der Franken ab. Der Kopf eines Ritters aus Sandstein verkörpert das adlige Element in Franken. Franconia sacra, das gläubige Franken, tritt der Nachwelt in der Verehrung der Reliquien vor Augen. Reflexionen im Auftrag des Stadtrats von Rothenburg über die fränkische Geschichte gehören zur humanistischen Geschichtsschreibung, die schon jenseits des Mittelalters angesiedelt ist. Der sagenhafte gesamtfränkische König Faramund und die fränkischen Herzöge in der Chronik von David Wolleber zeugen vom Wunsch nach einer geschlossenen herrschaftlichen Einheit Frankens, die es aber nur in wenigen Ansätzen gab. *Peter Lengle*

Entwurfsskizze zur Ausstellungsgestaltung, Gruppe Gut, Bozen

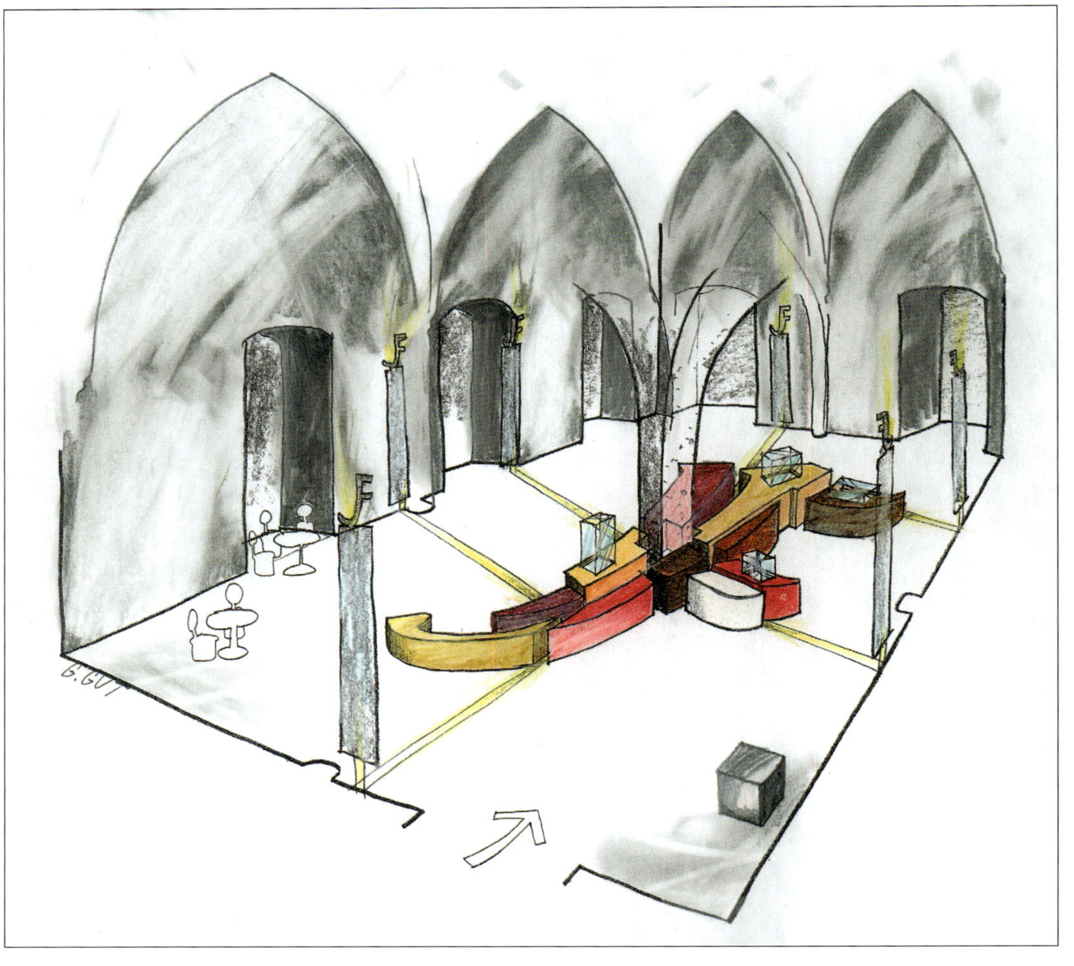

I Informationen zum Leben der frühen Franken erhalten wir heute fast ausschließlich durch Grabbeigaben. Eine Lanzenspitze aus Zeuzleben besitzt einzigartige Verzierungen im so genannten aquitanischen Tierstil, den man sonst vorwiegend aus Südwestfrankreich kennt.

Dekorierte Lanzenspitze

Spätes 6. Jahrhundert
Fundort: Zeuzleben, Gde. Werneck, Lkr. Schweinfurt (Grab 33)
Eisen, L. 28,2; Tülle ursprünglich geschlitzt, nachträglich mit Lot verschlossen, beide Seiten des Blattes mit gravierten Darstellungen vor punktiertem Hintergrund
Archäologische Staatssammlung, München / Sammlung Fridolin Beßler, Zeuzleben (Z 33,7); derzeit Archäologisches Museum Bad Königshofen im Grabfeld

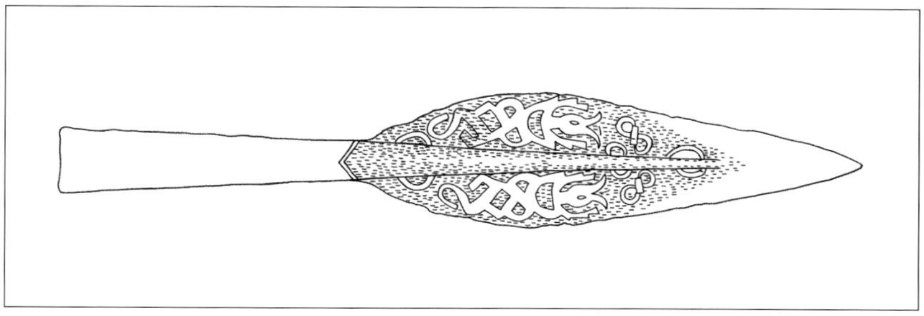

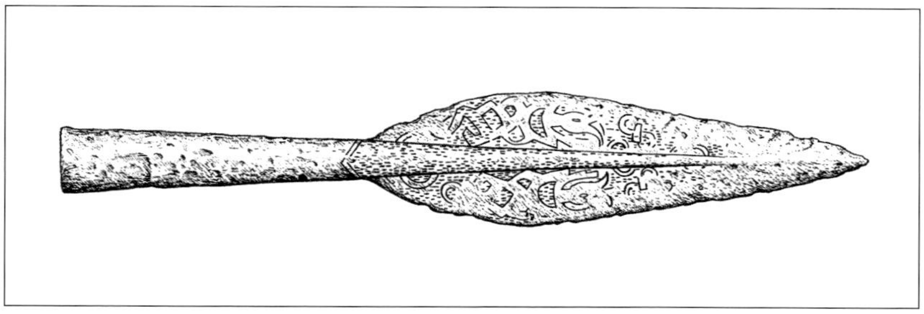

Aus Grab 33 von Zeuzleben, einer eher unscheinbaren Bestattung innerhalb dieses spektakulären Gräberfeldes, wurde eine Lanzenspitze geborgen, deren Besonderheit erst unter den Händen des Restaurators zutage trat. Die Grundform, mit durchgehender Ganztülle, ist wohlbekannt und zum Beispiel bei den Langobarden in Italien nach 568 häufig belegt. Ungewöhnlich erscheint hingegen der Dekor des Blattes. Üblicherweise waren Lanzenspitzen im Frühmittelalter – wenn überhaupt – nur geometrisch verziert. Figürliche Elemente finden sich gelegentlich auf Schilden und etwas häufiger an Schwertwaffen, etwa auf der Klinge von einschneidigen Saxen, aber auch an der Handhabe und dem Knauf von zweischneidigen Spathen. 1

Auf dem Lanzenblatt von Zeuzleben begegnen auf der einen Seite zwei spiegelbildlich angeordnete „Schlangentiere“ mit rund bis kantig profilierten Körpern, die flechtbandartig gestaltet sind; sie erheben ihre gefiedert wirkenden Vordergliedmaßen und sperren ihre Mäuler auf. Auf der anderen Seite laufen zwei vermutlich vierbeinige Tiere mit Schwänzen und ausgezogenen Hinterköpfen, was als Geweih angesehen werden könnte. Die Art der Figurenzeichnung, aber auch die hinzugefügten Symbole – „S“ mit Querstrich und Halbkreisbögen – und vor allem der punktierte Hintergrund aus hunderten kleiner Einstiche kehren auf einer ganzen Gruppe von Metallarbeiten, vor allem Gürtelschnallen wieder, die im heutigen Südwestfrankreich entstanden sind: Der alte Landschaftsname Aquitanien gab diesem Tierstil seinen Namen.

Was die phantastischen Tiere im Einzelnen bedeuten, welche Mythologie sich dahinter verbirgt, entzieht sich unserer Kenntnis. Eine annähernd vergleichbare Lanzenspitze mit ebenfalls spiegelbildlich angeordneten Schlangentieren liegt aus der Saône bei Seurre vor. Im innerfränkischen Raum legte man zu dieser Zeit keine Lanzen mehr in die Gräber, deshalb sind dort praktisch keine Vergleichsstücke überliefert. Dass das Zeuzlebener Exemplar aus dem inner- oder gar westfränkischen Bereich kommt, steht außer Frage. Wer es von dort bis ans Maindreieck mitbrachte und auf welchen Wegen dies geschah, werden wir nie erfahren. So oder so dokumentiert die Lanzenspitze weit reichende Kontakte bis ins Kernland des Merowingerreichs. *A. R.*

Lit.: Bonnamour, Du silex à la poudre, S. 147f.; Rettner, Thüringer am Main; Aufleger, Tierdarstellungen.

2 Einer der interessantesten Funde aus dem Bereich des Alltagslebens ist ein „Schnellkochtopf“ mit Überdruckventil aus Aub.

Kochtopf und Deckel mit Ventil

Vermutlich Aub, um 1200
Fundort: Aub
Keramik, 21 × 21, Deckel 14 × 13
Privatbesitz

1985/86 wurde in Aub unter Leitung von Dr. Peter Vychitil eine stadtarchäologische Sicherungsgrabung am Rand der ehemaligen Benediktinerabtei durchgeführt. In einer mittelalterlichen Mistgrube konnte als wichtigstes Fundstück, unter einer Menge Keramikbruch, der hier ge-

2

zeigte Kochtopf vom Verfasser geborgen werden. Den Griff und die dekorative Bekrönung des Deckels bildet ein bärtiger Kopf mit phrygischer Mütze. Der massiv wirkende Kopf umschließt einen hohlen Kern aus grobem, zweifach gebranntem Ton. Mund und Boden weisen eine Öffnung auf und im Inneren befinden sich zwei Tonkügelchen. Es handelt sich also um einen Deckelaufsatz mit Überdruckventil, wobei der aus dem Mund entweichende Dampf einen gurrenden Signalton erzeugt. Deckel und Gefäß sind durchaus einem heutigen Schnellkochtopf vergleichbar. Der schwer aufliegende Deckel verhindert das Entweichen des beim Sieden entstehenden Wasserdampfs, wodurch sich der Druck im geschlossenen Topf erhöht und der Siedepunkt des Wassers über 100°C steigt. Die Garzeit der Speisen kann so verringert werden. Der kegelförmige, an der Innenseite stark gerillte Deckel lässt über dem Kochgut genügend Raum für den Dampf, an den Rillen kann sich vermehrt Kondenswasser absetzen.

Die Erfindung des Kochens unter erhöhtem Druck wird dem Physiker D. F. Papin zugeschrieben (1680). Wie das vorliegende Fundstück zeigt, war dieses Prinzip aber – wenngleich ohne Kenntnis der physikalischen Ursachen – seit langem bekannt.

Der Kopf könnte einen Juden darstellen mit einer Vorform des ab 1215 obligatorischen Judenhutes. Diese Interpretation würde zum judenfeindlichen Klima des 13. Jahrhunderts passen. Das Auber Judenviertel lag unterhalb des Westchors zum Hl. Blut, der noch heute die Plastik eines Judenkopfes in den Klauen eines Wasserspeiers zeigt. 1298 fiel die Auber Judengemeinde der so genannten Armleder-Bewegung (Kat.-Nr. 42) zum Opfer. *G. M.*

Lit.: Menth, Sonderformen; Die Andechs-Meranier in Franken [Ausstellungskatalog], S. 340 (G. Menth); Menth, Stadt Aub – Baldersheim – Burgerroth, S. 46 f.

3 Der fränkische Adel pflegte in besonderer Weise die Ritterkultur. Im Hoch- und Spätmittelalter entstanden auch die zahlreichen Burgen, die bis heute die Landschaft prägen.

Kopf eines Ritters

Würzburg (Kloster Oberzell), 2. Hälfte 14. Jahrhundert
Graugrüner Sandstein, 35 × 29 × 27
Mainfränkisches Museum, Würzburg (H 14252)

Der lebensgroße Kopf eines gerüsteten Adligen stammt von einem Grabmal in der ehemaligen Prämonstratenserabtei Oberzell bei Würzburg. Die Figur trägt eine Beckenhaube mit Helmbrünne, also eine Kapuze mit Mundschutz aus Kettenringen. Die beschädigte Nase und die Oberlippe wurden in der zweiten Hälfte des 20. Jahrhunderts ergänzt. Das ausdrucksvolle, vielleicht sogar porträtähnliche Antlitz eines etwa dreißigjährigen Mannes wird in Verbindung mit der Schule des so genannten Wolfskeel-Meisters gebracht und bezeugt die hohe Qualität der Würzburger Steinmetzen nach 1350.

Das Stift Oberzell, ab 1130 urkundlich nachweisbar, wurde im Frühjahr 1803 durch den neuen Landesherrn, das Kurfürstentum Bayern, aufgehoben. Nach vorübergehender Nutzung als Kaserne und Lazarett erwarb im Jahr 1817 der Industriepionier Friedrich Koenig den Komplex und errichtete darin zusammen mit Andreas Bauer die Druckmaschinenfabrik Koenig & Bauer. Die alten Klostergebäude erfuhren 1838 tiefe Eingriffe in die Bausubstanz; im ehemaligen Chorraum der profanierten Abteikirche wurde eine Dampfmaschine untergebracht. Bei dieser Gelegenheit fand man das Fragment des Ritterkopfs, verbaut im Mauerwerk.

Die Darstellung lebensgroßer Figuren von adligen Herrn in voller Rüstung, wie in England und Frankreich schon länger üblich, hielt im deutschsprachigen Raum erst im Lauf des 14. Jahrhunderts ihren

3

Einzug in die Kirchen. Von seltenen Ausnahmen, wie dem hl. Mauritius im Magdeburger Dom, abgesehen, hatten zuvor nur einzelne Teile der Bewaffnung, etwa das Schwert oder der Helm, in der kirchlichen Kunst Platz gefunden, wie das Beispiel des Monuments für Graf Otto von Botenlauben (Kat.-Nr. 50) belegt. Die frühesten erhaltenen deutschen Waffengrabmäler überliefern nicht mehr die Rüstung der Stauferzeit, sondern zeigen bereits den damals aktuellen Übergangstyp zum Plattenharnisch. Allgemein ist der Verzicht auf den noch üblichen Topfhelm (Kat.-Nr. 47), um das Gesicht des Verstorbenen zeigen zu können. Deshalb tragen die Dargestellten, wie auch die hier präsentierte Skulptur, nur die unter dem Topfhelm vorhandene Beckenhaube mit der Brünne. Eine solche Panzerhaube aus der Zeit um 1360 – sie ist jener des Ritters aus Oberzell verblüffend ähnlich – befindet sich heute im Deutschen Historischen Museum in Berlin (W 3971). Einen Eindruck davon, wie das wohl farbig gefasste Grabmal in Oberzell komplett ausgesehen haben könnte, vermittelt das zeitgleiche Grabmal eines Adligen in der Pfarrkirche von Bopfingen. Es stammt ebenfalls von dem erwähnten Wolfskeel-Meister. Ungeklärt ist, wen die Skulptur zeigt. Man vermutete in ihm einen Angehörigen der Schenken von Rossberg, nach anderer Meinung handelt es sich um den Grafen Gottfried von Rieneck (gest. 1389). Gottfried war zeitweise Domherr zu Würzburg, trat jedoch in den weltlichen Stand zurück, um gemeinsam mit seinem Bruder Gerhard V. die Herrschaftsrechte der Familie zu wahren. Auf jeden Fall war der Dargestellte zu Lebzeiten ein hochrangiger und machtbewusster Vertreter des fränkischen Adels. Die beeindruckende Fülle und künstlerische Qualität adliger Grabmäler des hohen und späten Mittelalters zählt zu den Besonderheiten Frankens. Hier erweist sich der politische und kulturelle Charakter als Adelslandschaft, die gleichberechtigt neben dem geistlichen Franken und der Vielfalt der Städte zu nennen ist. *Ch. L.*

Lit.: Böheim, Waffenkunde, S. 31–35; Bayern ohne Klöster? [Ausstellungskatalog], S. 173–175; von Freeden, Grabmal, S. 326f.; Kolb / Krenig, Unterfränkische Geschichte, Bd. 2; Müller, Berliner Zeughaus, S. 177; Muth, Kopf eines Ritters; von Reitzenstein, Rittertum, S. 58–63, 80–83; Weigand, Kopf eines Ritters.

4 Die Bezeichnung „Franconia Sacra", heiliges Franken, trifft in besonderer Weise auf das Spätmittelalter zu. Die tief empfundene Frömmigkeit dieser Zeit schlug sich auch in herausragenden Kunstwerken nieder.

Armreliquiar des hl. Veit

Vielleicht Bamberg, 2. Hälfte 15. Jahrhundert
Silber, teilweise vergoldet, getrieben, gegossen, ziseliert, Perlen und (Glas-)Steine, H. 44
Diözesanmuseum Bamberg (2721/15)

Das als „sprechendes" Reliquiar gestaltete Objekt zeigt einen bekleideten rechten Unterarm, dessen stark gefaltetes Obergewand aus dickerem Stoff sich von einem eng anliegenden Untergewand aus dünnem Stoff abhebt. Beide Ärmelenden sind verziert, doch besticht vor allem die Borte des Obergewands, die mit kostbaren Perlen und Steinen besetzt ist. Seitlich ist unter einem Kristallglas eine Reliquie des hl. Veit geborgen. Die nach oben gestreckten, leicht abgewinkelten Finger öffnen die Hand zwischen Daumen und Zeigefinger, die als Standfläche für einen Hahn dient. Sein Gefieder ist durch Ziselierungen herausgearbeitet, während den Kamm sogar eine rot emaillierte Fassung betont. Der Hahn war in Unter- und Mittelfranken das vorherrschende Attribut des Heiligen. Es gibt jedoch mehrere Deutungen. Nach einer Legende

4

soll Bischof Otto von Bamberg bei der Bekehrung der Pommern, die einen Hahn verehrten, ein silbernes Reliquiar mit Gebeinen des hl. Veit aufgestellt haben, das von einem Hahn bekrönt war. Durch die Kraft dieser Reliquien sollen die Pommern bekehrt worden sein. Eine andere Deutung zieht die Ortsangabe „Alectorius locus" (Hahnenort) heran, die für Flucht und Martyrium des Heiligen wiederholt eine wichtige Rolle gespielt hat.

Es ist nicht überliefert, auf welchem Weg die Veitsreliquie in den Domschatz Bamberg gelangte. Im Heiltumsverzeichnis zur Heiltumsweisung von 1444 oder 1451, überliefert durch den Nürnberger Arzt Hartmann Schedel (1440–1514), ist es noch nicht genannt. Erst das nächste erhaltene Verzeichnis von 1493 führt das Reliquiar auf, sodass es in der zweiten Hälfte des 15. Jahrhunderts entstanden sein dürfte. Da es in den Rechnungsbüchern der Domkustorei nicht auftaucht, gelangte das Reliquiar vermutlich durch einen privaten Stifter in den Domschatz.

Im 14. und 15. Jahrhundert war die Blütezeit der Armreliquiare. Sie waren in Bamberger Stiften und Klöstern so verbreitet, dass 1509, bei der letzten großen öffentlichen Heiltumsweisung, 16 Exemplare gezeigt werden konnten. Erhalten ist jedoch nur das Armreliquiar des hl. Veit. Möglicherweise wurde es bei der Säkularisation verschont, da die Pfarrei des Domstifts bis 1803 dem hl. Veit geweiht war und dieser daher besondere Verehrung erfuhr. *C. S.-W.*

Lit.: Baumgärtel-Fleischmann, Ausgewählte Kunstwerke, S. 52; von Bassermann-Jordan / Schmid, Der Bamberger Domschatz, Nr. 80.

5 Um 1500 entwarfen humanistische Autoren eine fiktive „fränkische“ Geschichte.

David Wolleber
2. Hälfte 16. Jahrhundert
Handschrift/Papier, 35 × 23
Staatsarchiv Nürnberg (RA 74)

Des weitberüehmten hertzogthumbs zue Frankhen … uhraltter ursprung

David Wolleber (gest. 1597) war ein geschäftstüchtiger Autor in der württembergischen Landstadt Schorndorf, der sich in den 80er-Jahren des 16. Jahrhunderts mit Schriften zur Geschichte der Staufer profilierte. Für seine farbig illustrierten Werke, darunter Beschreibungen der Reichsstädte Esslingen, Reutlingen oder Gmünd, arbeitete er mit dem Maler Hans Jörg Seitz in Schwäbisch Gmünd zusammen. Um auch in Franken Abnehmer zu finden, griff David Wolleber die Spekulationen des Würzburger Schottenabts Johannes Trithemius auf. Dieser hatte eine Genealogie der fränkisch-deutschen Herrscher erstellt, die die Franken bis auf die Trojaner zurückführt. Für die Würzburger Bischöfe erhob Trithemius einen Führungsanspruch in Franken, den er ebenfalls historisch zu begründen suchte: Der legendäre Frankenkönig Faramund soll demnach seinem Bruder Markomir Mitte des 5. Jahrhunderts die fränkische Herzogswürde übertragen haben. Später soll dieser Titel dann auf die Würzburger Bischöfe übergegangen sein. Während die von Wolleber verfasste Chronik zur Würzburger Geschichte, für die er 108 Gulden erhielt, nicht erhalten ist, kennen wir Wollebers dem Rothenburger Rat gewidmetes Werk, das eine Genealogie der fränkischen Herzöge und der Grafen von Rothenburg, verbunden mit einer Beschreibung der Stadt Rothenburg, darstellt: „Des weitberüehmten hertzogthumbs zue Frankhen unnd der hochgebornen graven und hertzogen zue Rotenburg uf der Tauber … uhraltter ursprung“. Die Chronik beginnt mit der fränkischen Landnahme in der Maingegend 326 und der Gründung Rothenburgs einige Jahrzehnte danach durch den bei Trithemius genannten fiktiven „Großherzog von Hoch- oder Oberfranken“ und späteren (gesamt)fränkischen König Faramund. Laut Vorrede überreichte David Wolleber dem Rat im April 1590 eine Mappe mit Illustrationen zu den Grafen von Rothenburg und erhielt dafür 30 Gulden. Schon im November des gleichen Jahres lieferte er die hier gezeigte 1233 Seiten umfassende, mit farbigen Zeichnungen von Personen und Wappen ausgestattete Chronik, für die ihm die Stadt 113 Gulden 2 Pfund und 16 Schillinge bezahlte. Neben den beiden Arbeiten für Rothenburg und Würzburg entwarf Wolleber für Graf Heinrich IV. von Castell in dessen Schloss Remlingen einen ebenfalls nicht mehr erhaltenen gemalten Stammbaum, der die Grafen von Castell als Nachkommen der Grafen von Rothenburg von den (ost)fränkischen Herzögen abstammen ließ. *K.B.*

5

Lit.: Borchardt, Die Franken und ihre Herzöge, S. 116f. mit weiterer Literatur.

II DIE FRANKEN KOMMEN

Den westgermanischen Volksstamm der Franken bezeugen römische Quellen seit dem 3. Jahrhundert am Niederrhein. Während der Merowingerzeit (um 460 – 751 n. Chr.) begannen die „Franci" vom Mittelrhein aus die später nach ihnen benannte Landschaft Franken herrschaftlich zu erfassen und zu kolonisieren. Umstritten ist, ob diese fränkische Expansion ostwärts schon bald nach den Siegen über die Alamannen (496/97 und 506) einsetzte oder erst nach dem Triumph über das Thüringerreich (531): Gräberfelder bei bereits bestehenden oder neu gegründeten Siedlungen in Mainfranken wurden häufig ab dem frühen 6. Jahrhundert belegt, ohne dass man in jedem Fall den Gründungszeitpunkt auf ein Jahrzehnt genau festlegen könnte. Die Zeit unmittelbar vor der fränkischen Landnahme lässt sich dort archäologisch nur schwer umschreiben, weil aus der zweiten Hälfte des 5. Jahrhunderts kaum Funde zu stammen scheinen. Manche Forscher rechnen deshalb mit einer ausgedünnten Besiedlung, obschon eher ein methodisches Problem vorliegen dürfte: Entsprechende Funde kann man nur mit Mühe richtig datieren.

Mit den Franken richtete sich das heutige Nordbayern kulturell verstärkt nach Westen aus. Schon in den Jahrhunderten zuvor, während der römischen Kaiserzeit (bis 476), war die Region von anderen Germanen besiedelt gewesen. Über den Main und seine Zuflüsse hatten sie enge Verbindungen ins Gebiet um Mainz, was viele römische Importe unterstreichen. Hinweise auf ostgermanische, vielleicht burgundische Gruppen der Zeit bis um 440 liegen vom Untermain (Kahl a. M.) und dem Mainviereck (Wettenburg bei Urphar) vor, neuerdings auch vom Maindreieck und aus Oberfranken (Reisberg bei Burgellern). Die Mehrheit der namenlosen Ureinwohner rechnet man jedoch zum „elbgermanischen Kulturkreis", der Alamannen, Juthungen und Thüringer umfasst (Kat.-Nr. 6 und 7): Bestimmte Trachtmerkmale und Keramikformen, aber auch Brandbestattungen lassen bei den an Tauber und Maindreieck beheimateten Germanen auf Alamannen schließen, während man frühe Siedler im Altmühltal und auf der Frankenalb eher den Juthungen zuordnet, die um 430 letztmals erwähnt sind. Von Norden her haben vor und nach 500 offenbar die Thüringer ins Obermain-Regnitz-Gebiet ausgegriffen, vielleicht bis zum Maindreieck hin. Nach verbreiteter Ansicht gehörten bis 531 sogar weite Teile Nordbayerns zum Thüringerreich, nicht zuletzt weil vor 717 ein „Herzog von Thüringen" mit Sitz in Würzburg historisch dokumentiert ist. Doch kennen wir bislang keine thüringischen Gräberfelder aus der zweiten Hälfte des 5. oder dem frühen 6. Jahrhundert, die eine solche These stützen würden, sieht man von Einzelbestattungen wie Staffelstein, Hirschaid (Kat.-Nr. 12 b) und neuerdings Großhöbing ab. Zweifellos aber lebten elbgermanische Traditionen im merowingerzeitlichen Franken fort: Neben entsprechender Siedlungskeramik (Grubenhaus von Neuses/Ofr.) bezeugen dies Brandgräber, etwa aus Kleinlangheim und Dittenheim (Kat.-Nr. 8), und vor allem einschlägige Funde aus Zeuzleben (Kat.-Nr. 9 f.) – einem Ort, dessen Namen eindeutig thüringisch geprägt ist. Außerdem mehren sich die Indizien, wonach einzelne Siedlungen vom 4. oder 5. Jahrhundert an bis ins 7. Jahrhundert und länger kontinuierlich bestanden. Die Vorbewohner sind wegen ihren mutmaßlichen Brandgräbern archäologisch schwer aufzufinden, sie waren aber von den Franken keineswegs ausgelöscht oder vertrieben worden – Voraussetzung für eine erfolgreiche Integrationspolitik, die man „Frankisierung“ nennt.

Zwar unterhielten schon die vorfränkischen Germanen über Handel oder Militärdienst intensive Kontakte zum römischen Reich und bis weit ins 3. Jahrhundert durchschnitt der Limes das Untermaingebiet – zwischen den Kastellen Stockstadt und Miltenberg – sowie das südliche Mittelfranken im Raum um Weißenburg. Aber die Lage außerhalb des Reichs, auf „barbarischem“ Boden sollte noch lange das frühgeschichtliche Franken prägen: Keine Stadt sicherte hier wenigstens einen Rest von römischer Zivilisation über das 5. Jahrhundert hinaus ins Mittelalter hinein, wie dies Mainz, Augsburg oder Regensburg in der Nachbarschaft vermochten. Bis sich in Würzburg (um 650/700), in Bamberg (ab dem 10. Jahrhundert, aus der älteren Babenburg) oder gar in Nürnberg (nach 1000) frühstädtische Keime bildeten, sollten Jahrhunderte vergehen. Reste von frühen Befestigungen, so auf dem Bamberger Domberg oder unterhalb des Würzburger Marienbergs, und Kirchen (karolingischer Dom zu Würzburg, um 780 oder nach 855), dazu vereinzelte Gräber sowie unscheinbare Scherbenfunde zeugen von den Anfängen dieser Städte, die noch kaum erforscht sind; eindrucksvoll ist in Würzburg etwa das wohl 2,5 km lange Wall-Graben-System des 9./10. Jahrhunderts, welches ein 42 h großes Areal um den Dom herum schützend umgab. Wenn Franken bis heute überwiegend ländlich geprägt ist, so liegt dies an der lange vorherrschenden bäuerlichen Siedlungsweise, deren Wurzeln bis in vorfränkische Zeit zurück reichen. Stellvertretend für dieses Erbe stehen Hortfunde des 5. Jahrhunderts, die landwirtschaftliches Gerät aus der Zeit kurz vor der fränkischen Eroberung umfassen (Kat.-Nr. 6).

Ähnlich wie Hessen rechts des Rheins wird auch Franken kaum in Schriftquellen vor dem 8. Jahrhundert erwähnt, und wenn, dann geografisch unscharf (so um 500 in Zusammenhang mit politischen Beziehungen zwischen Thüringern und Ostgoten, um 625 bei einer Reise Bischof Arnulfs von Metz nach Osten oder 641 beim Aufstand des Herzogs Radulf von Thüringen). Die wichtigste Quellengattung für das Frühmittelalter sind deshalb die vielfältigen Grabfunde aus dem 6. bis 8. Jahrhundert. Typisch für den Grabbau sind große Kammergräber (Kat.-Nr. 25), wie sie die benachbarten Alamannen und Thüringer kaum kennen. Dicht nebeneinander platziert, treten sie in so genannten Reihengräberfeldern auf, die allerdings selten 1000 und mehr Bestattungen umfassen wie im Rheingebiet; abgesehen von den Gräberfeldern Weißenburg und Großhöbing zählen die unter- und mittelfränkischen häufig nur etwa 200 bis 300 Gräber, was auf kleinere Siedlungsgemeinschaften hindeuten mag. Als charakteristische Beigaben gelten das Tischgeschirr (Tonkrüge, Teller, Knickwandtöpfe), Glasgefäße, spezielle Waffen (die Wurfaxt „francisca“, der Wurfspieß „ango“, das Hiebmesser „scramasax“), daneben bestimmte Gürtelformen und Zierweisen (Punzdekor). Fränkische Gewohnheiten lassen sich oft auch an der Fundlage ablesen, also an der Art und Weise, wo und wie man eine Beigabe im Grab deponiert hat. Die Mischbevölkerung aus altansässigen Gruppen, umgesiedelten Thüringern und fränkischen Zuwanderern ersetzte nach und nach Altes durch Neuheiten aus dem Westen, etwa handgeformte Keramik durch scheibengedrehte (Kat.-Nr. 10). Luxusgüter wie Goldscheibenfibeln und Trinkhörner aus Landschaften westlich des Rheins fanden mit den neuen Herren auch am Main Verbreitung (Kat.-Nr. 16).

Über den Main und seine zahlreichen Nebenflüsse – Tauber, Fränkische Saale, Wern und Regnitz, um nur die wichtigsten zu nennen – erschlossen die Franken allmählich die Region, wobei sie für ihre Ansiedlungen klassische Altsiedellandschaften, also Flusstäler und fruchtbare Gäuhochflächen bevorzugten. Ihre Orte, an denen wir charakteristische Funde westlich-fränkischer Form und Machart finden, benannten die Grundherren nach patronymischem Schema, das heißt, sie setzten ihren eigenen Namen der fränkischen Gutsbezeichnung „-heim" voran: Gelchs-heim, Gochs-heim, Hellmitz-heim, Müdesheim, Willanz-heim usw. in heutiger Schreibweise. Am Maindreieck und im Vorland des Steigerwalds entstanden solche Orte bis zum 7./8. Jahrhundert in großer Zahl. Um 550 waren bereits die Verkehrswege durch die Rhön nach Norden, wohl mitsamt den dortigen Salzquellen, in fränkischer Hand, was herausragende Neufunde aus Salz (Kat.-Nr. 16) belegen. Zur gleichen Zeit hatten die Franken Wörnitz und Altmühl erreicht, die das südwestliche Mittelfranken zur Donau hin entwässern und mit dem Siedlungsgebiet der Bajuwaren verbinden. In dieser Region, einst „Sualafeld" genannt, weist das Gräberfeld von Westheim besonders viele fränkische Kulturelemente auf, aber auch das benachbarte von Dittenheim, das kurz nach der Ausgrabung noch als „alamannisch" galt. Aufschlüsse zum frühen bayerisch-fränkischen Verhältnis verspricht schließlich das neu entdeckte, spektakuläre Gräberfeld von Großhöbing (Kat.-Nr. 19), einst unmittelbar an der Grenze zum altbayerischen Nordgau gelegen, heute im südöstlichsten Zipfel Mittelfrankens.

Erst im 7. Jahrhundert erreichte die fränkische Kolonisation den Obermainbogen und die Regnitz, dort anknüpfend an die alten Zentren um Staffelberg und Ehrenbürg. Zwischen Bamberg und Forchheim finden sich auch die östlichsten „-heim"-Orte (vgl. Eggolsheim, Neuses, Kat.-Nr. 23). Im 8. und 9. Jahrhundert scheint es dann unter fränkischer Kontrolle zur Ansiedlung von Slawen gekommen sein, die in den Schriftquellen zwischen 741/51 und 1059 mehrfach genannt werden, und zwar westwärts hin bis zu Hassbergen und Steigerwald. Archäologisch werden diese „Main- und Rednitzwenden" zusammen mit den fränkischen Siedlern in späten beigabenführenden Gräberfeldern gefasst, deren aktuelle Datierung in die ältere Karolingerzeit (um 720 bis 840) nicht unwidersprochen blieb, da an einzelnen Orten noch das 10. Jahrhundert erreicht wird (Grafendobrach, Wirbenz, Baunach). Auch beim Identifizieren slawischer Keramik sind Fortschritte erzielt worden, sodass die fränkische „terra Sclavorum" nun fassbare Gestalt annimmt – selbst in kirchengeschichtlicher Hinsicht, seitdem in Amlingstadt und Seußling (Kat.-Nr. 24) zwei der 14 Slawenkirchen entdeckt worden sind, die Karl der Große um 800 errichten ließ. Im Frankenreich bildete die Landschaft Franken eine wichtige Brücke zwischen den Thüringern und Sachsen im Norden, den Slawen und Awaren im Osten sowie den Wegen nach Süden. Verkehrsgeografische Überlegungen bewogen Karl den Großen kurz vor 800 das ehrgeizige Projekt der „Fossa Carolina" anzugehen: Sein „Karlsgraben" quer durch die europäische Wasserscheide schuf südlich von Weißenburg einen frühen Rhein-Main-Donau-Kanal, der tatsächlich schiffbar gewesen ist, wie die Archäologie kürzlich nachgewiesen hat (Kat.-Nr. 33).

Weite Teile Frankens blieben aber noch lange von Urwald bedeckt; im östlichen und nordöstlichen Oberfranken beispielsweise intensivierte sich der Landesausbau erst im 10./11. Jahrhundert, wie die Verbreitung der Turmhügelburgen zeigt, und auch die sandige Frankenhöhe wurde erst spät besiedelt.

Von den frühen Herrschaftsmittelpunkten der Franken wäre an erster Stelle der Herzogssitz auf dem Marienberg bei Würzburg zu nennen (7./ frühes 8. Jahrhundert), in der Kilianspassion als „castellum Wirciburc" bezeichnet. Archäologisch ist davon nur die 5 ha große befestigte Talsiedlung zum Main hin punktuell – unter anderem durch Spitzgraben und Brunnen – untersucht. Charakteristisch für die jüngermerowingische Zeit sind weitere Höhenbefestigungen wie die beiden aus der Rhön vorgestellten, Gangolfsberg und Judenhügel bei Kleinbardorf (Kat.-Nr. 13), die teilweise schon im 4./5. Jahrhundert aufgesucht worden waren. Außer Lesefunden, die von adligem Lebensstil künden, ist aber so gut wie nichts über den Aufbau der Befestigung oder die Art der Innenbebauung bekannt. Singulär steht daneben ein fränkischer Stützpunkt, der in das aufgelassene Römerkastell Miltenberg am Main eingebaut worden ist. Von der Bedeutung der frühen Babenburg wiederum, der Keimzelle Bambergs, zeugt eine mächtige, gemörtelte Ringmauer aus der Zeit um 800. Die karolingische Pfalz Salz könnte durchaus an die Topografie der älteren Höhensiedlungen anknüpfen, sofern man sie in der befestigten Anlage auf dem Veitsberg oberhalb Salz lokalisiert. Von der Pfalz Forchheim hingegen, die in der jüngeren Karolingerzeit entstand, fehlt noch jede Spur.

In Sichtweite einer weiteren Bergbefestigung, des „castellum Karloburg" bei Karlstadt, erstreckte sich auf gut einen Kilometer Länge die „villa Karloburg" entlang des linken Mainufers: Ursprünglich im 7. Jahrhundert ein Königshof mit Marienkloster und zugehöriger Siedlung, ging der 20 ha große Gesamtkomplex schon 741/42 als Schenkung an das neu gegründete Bistum Würzburg und bestand so bis zur Mitte des 13. Jahrhunderts. Qualitätvolle Funde von Reit- und Waffenzubehör, aber auch Geschirr und Schmuck gehen sicher auf die Anwesenheit von königlichen oder bischöflichen Amtsträgern zurück (Kat.-Nr. 32a). Aufgrund von Flächengrabungen und intensiven Begehungen gibt sich in dieser planmäßig angelegten Großsiedlung eine organisierte Struktur zu erkennen: nämlich eine ebenerdige Bebauung mit Ställen, Scheunen, Speichern oder Wohnhäusern im westlichen Streifen sowie eine mehr gewerblich ausgerichtete Bebauung mit eingetieften Grubenhäusern im östlichen Bereich, also zum Main hin, wo zudem eine aufwändige Schiffslände nachgewiesen ist. Ein derart differenziertes und spezialisiertes Gemeinwesen stellt eine Ausnahme unter den archäologisch erforschten Plätzen dar. Aus den kleinflächigen Ausschnitten der sonstigen ländlichen Siedlungen – Eußenheim, Schwebheim oder Bad Königshofen – sind bislang nur wenige der Holzbauten bekannt, wie sie durch das ganze Früh- und Hochmittelalter hindurch üblich blieben: Kleine ebenerdige Pfostenbauten dürften als Wohnhäuser und Scheunen gedient haben, eingetiefte Grubenhütten als Werkstätten, zum Weben, Schnitzen und ähnlichem, daneben finden sich (Vorrats-)Gruben und Brunnen. Eine typisch regionale Siedlungsweise zeichnet sich für diese Frühzeit noch nicht ab.

Metallverarbeitung fand schon in vorfränkischer Zeit im dörflichen Milieu von Kahl am Main statt; Reste karolingischer Mühlen entdeckte man kürzlich im Schwarzachtal bei Großhöbing. Damit sei abschließend das weite Feld wirtschaftsarchäologischer Fragen nur angeschnitten. Vieles, bis hin zu Flurformen, Salinen, Erzabbau oder den Altstraßen, ist derzeit noch kaum erforscht. *Arno Rettner*

Lit.: Dannheimer, Funde der späten Kaiserzeit; Koch, Bodenfunde; Sage, Frühgeschichte und Frühmittelalter; Kilian – Mönch aus Irland [Ausstellungskatalog], bes. S. 133–245; Rosenstock / Wamser, Landnahme; Menghin, Frühgeschichte Bayerns; 1250 Jahre Bistum Würzburg [Ausstellungskatalog]; Die ersten Franken in Franken [Ausstellungskatalog]; Koch, Expansion; Haberstroh, Merowingische Funde; Haberstroh, Funde der Kaiser- und Völkerwanderungszeit; Ettel, Karlburg – Roßtal – Oberammerthal; Pöllath, Gräberfelder; Haberstroh, Reisberg.

6 Die bäuerlichen Grundlagen der vorfränkischen Besiedlung Mainfrankens spiegeln sich im Gerätebestand eines Metalldepots wider, das aus Angst vor kriegerischen Überfällen angelegt wurde.

Metalldepot

Mittleres 5. Jahrhundert
Fundort: Gaukönigshofen, Lkr. Würzburg, Ufr.
Pflugschar, L. 21; Sech, L. 37; Dengelhammer, L. 11; Dengelamboss, L. 20; Schafschere, L. 20; Viehglocke, 9 × 8 × 7; Kreuzhaue, L. 30; Axt, L. 18; Schleifstein, L. 19; bronzener Schnallendorn, L. 5,2; bronzene Riemenzunge mit Pferdekopfzwinge, L. 6
Archäologische Staatssammlung München (E 1998/53)

6

Die Lebens- und Wirtschaftweise der germanischen Bevölkerung Mainfrankens in vorfränkischer Zeit war maßgeblich von der Landwirtschaft geprägt. Die dorfartigen Siedlungen bestanden aus lockeren Ansammlungen von kaum mehr als einem Dutzend Höfen, die häufig in der Umgebung von Quellaustritten oder entlang kleinerer Bäche angelegt waren, da leichte Zugänglichkeit von frischem Trinkwasser für Mensch und Vieh unentbehrlich war. Jahrhundertelang bestand die germanische Landwirtschaft auf niedrigem Niveau fort und trotzte jedem Einfluss aus dem nur eine Tagesreise entfernten Römischen Reich. Der reine Sommeranbau des Getreides erlaubte lange Brachezeiten auf den abgeernteten Feldern und ermöglichte so die ausgedehnte Weidenutzung der Brachen. Wintervorräte für das Vieh mussten deshalb nur in geringerem Umfang angelegt werden. Die Tiere waren von kleinem Wuchs und man schätzte eher die große Zahl als deren Qualität.

Erst ab dem 5. Jahrhundert, als sich die Grenzen zwischen römischer und germanischer Gesellschaft durch Bevölkerungsfluktuation immer stärker zu verwischen begannen, sind auch bei den Germanen Ansätze zu einer Intensivierung der Landwirtschaft nachzuweisen. Der damals erreichte Entwicklungsstand war bestimmend für die folgenden Jahrhunderte bis in das Mittelalter hinein. Auch das Siedlungswesen erfuhr keine grundlegende Wandlung. Zahlreiche Dörfer bestanden seit dem 1. oder 2. Jahrhundert bis in das 7. Jahrhundert fort.

Gute Einblicke in den Gerätebestand von Haus und Hof und damit in den Stand der Anbaumethoden und Wirtschaftsweise des 5. Jahrhunderts erlauben Versteckfunde wie das hier gezeigte Metalldepot aus Gaukönigshofen. Es setzt sich aus Werkzeugen zusammen, die zwar ohne ihre Holzschäfte, aber durchaus funktionsfähig dem Boden anvertraut wurden. Zudem enthält der Fund defekte Gerätschaften und Metallschrott. Diese Gegenstände wurden nur wegen ihres Metallwerts für eine künftige Wiederverwertung aufbewahrt.

Die intensive Bodenbearbeitung ist durch Pflugschar und Vorschneidemesser (Sech) sowie durch eine Kreuzhaue belegt. Zur Futtermittelbeschaffung diente eine mehrfach geflickte und nur zerbrochen überlieferte Sense, die ergänzt wird durch Dengelhammer und -amboss sowie einem Wetzstein zur Schärfung der Sense. Ein kleines Baummesser könnte zum Schneiden von Futterlaub gedient haben. In den Bereich der Viehhaltung gehören ferner eine blecherne Viehglocke und eine Schere für die Schafschur. Zwei eiserne Reifen von einem Holzeimer könnten von einem Melkeimer stammen. Als ausgesprochenes Vielzweckgerät ist ein Messer anzusprechen, das mit dem zugehörigen Wetzstahl nachgeschärft werden konnte.

Der soziale Status des Bauern wird aus einer ganzen Anzahl von Waffenteilen deutlich. Neben dem großen Bruchstück einer Schwertklinge sind mehrere Besatzstücke von Schwertscheiden sowie Metallbeschläge von Waffengürteln zu nennen. Als Waffe mag auch die schwere Axt gedient haben, für die jedoch ein Einsatz bei der Holzbearbeitung nicht auszuschließen ist. In der vorfeudalen germanischen Gesellschaft war der freie Bauer zugleich Krieger und damit zum Tragen von Waffen berechtigt. Dass mit Ausnahme der Axt nur schadhafte Waffenteile in das Depot gelangten, mag mit den unruhigen Verhältnissen im mittleren 5. Jahrhundert zusammenhängen, als die Hunnen unter Führung Attilas die Völkerschaften Mitteleuropas bedrängten. Möglicherweise hatte man aus Angst vor einem Einfall dieses gefürchteten Steppenvolks das Gaukönigshofener Depot angelegt, um die lebensnotwendigen Gegenstände vor Raub zu bewahren. *B. St.*

Lit.: Steidl, Grabungen; Henning, Datierung.

7 Mainfranken zeigt im 5. Jahrhundert kein geschlossenes kulturelles Bild. Während das Obermain- und Regnitzgebiet in mitteldeutsch-elbgermanische Zusammenhänge verweist, tendiert das Mittel- und Untermaingebiet eher in westliche Richtung. Schon vor der Eingliederung der Mainlande in das Frankenreich ging die einheimische Bevölkerung von der Brand- zur Körperbestattung über.

Körperbestattungen

Spätestens seit dem 3. Jahrhundert n. Chr. wurde Mainfranken zum Einwanderungsland germanischer Gruppen aus dem Einzugsgebiet der Elbe, insbesondere von deren Mittellauf. Ein wesentlicher Beweggrund dafür war zweifellos der Wunsch Anteil am Reichtum der Provinzen des Römischen Reichs zu erhalten. Schon im Jahr 213 kam es am Main zum ersten Zusammenstoß eines römischen Heers unter persönlicher Führung Kaiser Caracallas mit den Germanen. Seit 233 n. Chr. verhinderten die inneren Wirren und die militärische Schwäche des Reichs eine Präventivabwehr im Vorfeld des Limes. Immer häufiger fielen deshalb elbgermanische Gefolgschaften in römisches Gebiet ein und kehrten mit reicher Beute an den Main zurück. Innerrömische Auseinandersetzungen und der Druck von Seiten der kriegerischen Germanen führten schließlich zum Rückzug Roms auf die Rhein- und Donaulinie, während das ehemalige Limesgebiet allmählich von Elbgermanen, wahrscheinlich auch aus Mainfranken, in Besitz genommen wurde. Ein Rückgang der Siedlungsdichte in den Besiedlungskammern zwischen Spessart und Frankenwald ist dennoch nicht festzustellen. Vermutlich kann mit beständigen neuen Zuwanderungen aus nordöstlichen Regionen gerechnet werden.

Die Stammeszugehörigkeit der Siedlergruppen am Main ist umstritten. Aus der spärlichen schriftlichen Quellenlage könnten die aus dem alten Stamm der Semnonen hervorgegangenen Juthungen im Main-

a) Männerkörpergrab
2. Hälfte 4. Jahrhundert
Fundort: Kleinlangheim, Lkr. Kitzingen, Grab 144
Bronzene Armbrustfibel, L. 5,7; bronzene Gürtelschnalle mit Riemenzunge, L. 3,1 und 3,5; Reste einer Eisenschnalle, Br. 2,6; 5 bronzene Beschläge einer Gürteltasche, L. 3,1–5,1; bronzener Miniaturschlüssel, L. 4,3; Eisenmesser mit Bronzebeschlägen, L. 13,1; Feuerstahl, L. 8,3; 2 Hornsteinabsplisse, L. 3,1 und 2,7; eiserne Kampfaxt, L. 9,9; 10 eiserne Pfeilspitzen, L. 12,3–14,7; römischer Tonbecher, fragmentiert (nicht ausgestellt); Napf, scheibengedreht, Ø 11; Fußschale, freigeformt, Ø 18; 3 Eisennägel, fragmentiert, L. 3–3,3
Archäologische Staatssammlung München (1974,5381)

Regnitz-Gebiet lokalisiert werden. Im Raum um den mittleren Main dürften alamannische Teilstämme ansässig gewesen sein. Die Siedlungsgebiete der in den Schriftquellen genannten ostgermanischen Burgunder sind bisher archäologisch nicht einzugrenzen. Diese Gruppen bildeten das Bevölkerungssubstrat, das seit dem frühen 6. Jahrhundert zunehmend fränkischem Einfluss aus dem Westen ausgesetzt war. Die Eingliederung als „Francia orientalis“ in das fränkische Reich war schließlich in der Hauptsache ein politischer Akt und nur in geringem Maß mit dem Zuzug fränkischer Stammesangehöriger verbunden.

Zu den wichtigsten Entdeckungen der kaiserzeitlichen Besiedlungsphase in Mainfranken gehören die beiden germanischen Gräberfelder von Altendorf in Oberfranken und Kleinlangheim in Unterfranken. Mit ihren jeweils etwa 150 Bestattungen geben sie umfassende Einblicke

b) Frauenkörpergrab
2. Hälfte 4. Jahrhundert
Fundort: Altendorf, Lkr. Bamberg
Grab 79: silberner Fingerring, Ø 2,5; Eisenschnalle, fragmentiert, L. 4,4; Perlenkette, 59 Bernsteinperlen, 29 Glasperlen; 2 Spinnwirtel, Ø 3,7 und 4,3; eisernes Beschlagteil eines Kästchens, L. 5,3; große Tonschale, frei geformt, Ø 19; kleine Tonschale mit Stempelverzierung, freigeformt, Ø 16,8; Fußschale, freigeformt, Ø 16,3; kleine Fußschale, freigeformt, Ø 9,2
Archäologische Staatssammlung München (1976,2146)

c) Karte
Vorlage: Bayerischer Geschichtsatlas, S. 6 und 8
Kartografie und Grafik: Susanne Schnitzer, Kiel / Gruppe Gut, Bozen

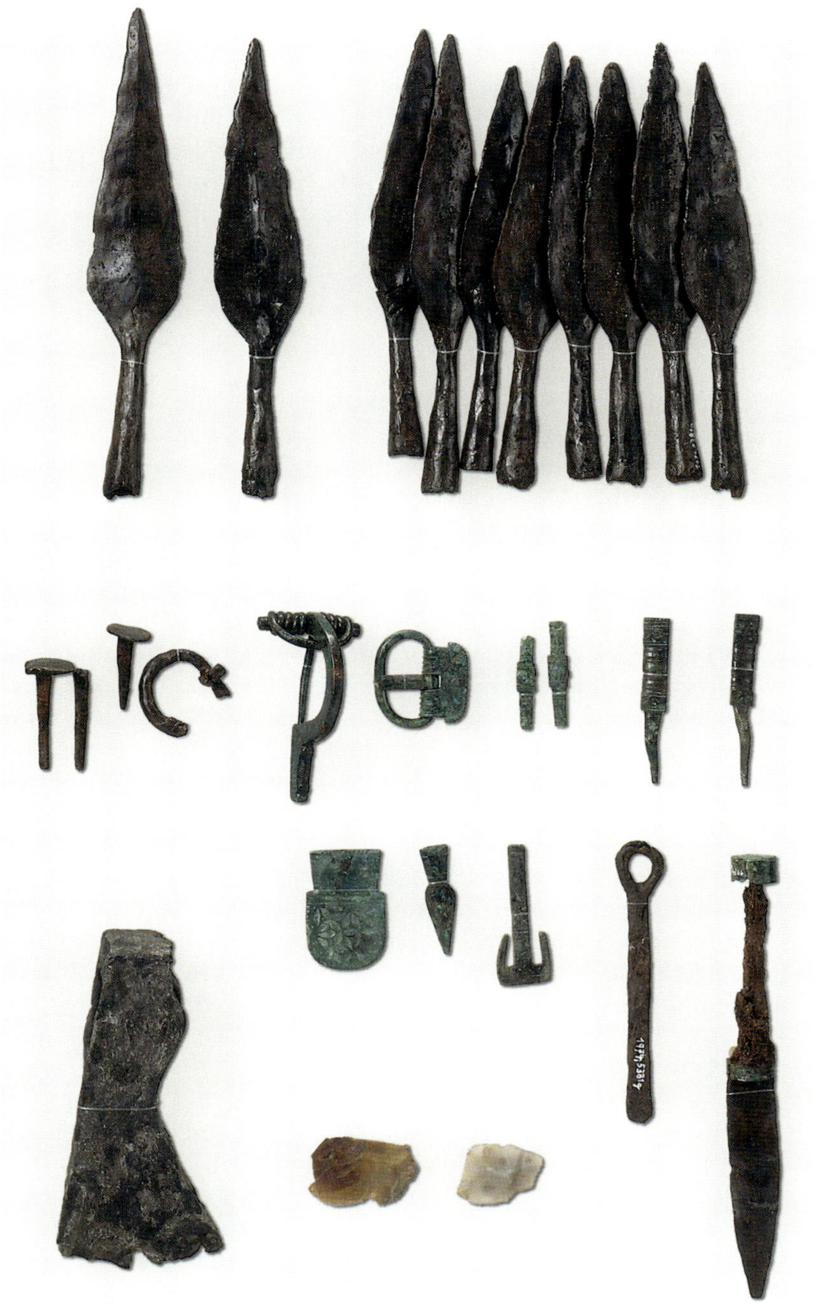

7 a

in das Grabbrauchtum der Bevölkerung und damit in deren kulturelles Beziehungsfeld. Bei dem weit überwiegenden Teil der Gräber handelt es sich um Brandbestattungen, die nur geringe und zudem durch das Feuer meist stark zerstörte Teile der ursprünglichen Grabausstattung enthalten. Weiter reichende Erkenntnisse vermitteln dagegen einzelne Körperbestattungen mit unverbrannten Beigaben. Durch die Sandböden an den beiden Fundstellen sind die Skelette der beigesetzten Männer und Frauen allerdings nahezu vollständig vergangen. Nur die ungefähre Lage der Körper ließ sich anhand spärlicher Reste ermitteln.

Die Totenausstattung spiegelt die soziale Rolle der Verstorbenen innerhalb der Dorfgemeinschaft wider. So kann der Mann aus Grab 144 in Kleinlangheim als gut gerüsteter Krieger von einigem Wohlstand gelten. Ein Trinkbecher aus römischer Produktion stand zu dieser Zeit nicht vielen Menschen in der Region zur Verfügung. Die Bewaffnung umfasst eine kleine Kampfaxt sowie ein Bündel von zehn Pfeilspitzen, die aufgrund ihrer Größe nur mit einem Langbogen abgeschossen werden konnten. Wie im elbgermanischen Bereich häufiger zu beobachten, steckten die Spitzen neben dem Leichnam senkrecht im Boden. Der Hintergrund dieser Sitte ist unklar. Zur Ausrüstung des Toten gehörte auch ein Gürtel mit kleiner Gürteltasche. Diese enthielt unter den heute noch nachweisbaren Stücken des ursprünglichen Inhalts ein Messer sowie ein Set zum Feuerschlagen, bestehend aus zwei Feuersteinen und einem Feuerstahl. Von der Bekleidung des Toten haben sich keine Reste erhalten. Die große bronzene Gewandspange zeigt jedoch an, dass der Krieger in seinem schweren Mantel, einem Umhang aus starkem Stoff, beigesetzt war.

Die Frau aus Grab 79 von Altendorf sticht durch ihren reichen Halsschmuck hervor. Als Fernhandelsprodukte waren sowohl die Bernsteinperlen aus dem Baltikum als auch die blauen Glasperlen aus römischen Werkstätten kostbar. Der silberne Fingerring weist auf eine Herkunft der Frau aus gehobenen Bevölkerungsschichten hin. Zu den typischen Beigaben weiblicher Bestattungen gehören die tönernen Spinnwirtel. Sie stehen für die ehrenvolle Tätigkeit der Textilherstellung, die noch Jahrhunderte später eine geachtete Beschäftigung selbst adliger Damen war. Zu Füßen der Bestatteten wurden die Spuren eines vermoderten Holzkästchens sichtbar, das möglicherweise Textilien enthalten hat. Die Dame ruhte im Grab auf einem hölzernen Bett, von dem zwar keine Reste erhalten waren, das aber durch die Lage der Gefäßbeigaben unter den Skelettresten erschlossen werden kann. *B. St.*

Lit.: Pescheck, Bodenfunde.

8 Die Verbrennung des Leichnams war vom ersten vorchristlichen bis zum 5. Jahrhundert germanischer Totenbrauch. Brandgräber aus dem 6. und 7. Jahrhundert zeugen davon, wie hartnäckig Teile der alteingesessenen Bevölkerung an diesen alten, heidnischen Bestattungssitten festhielten.

Spätes 6. bis mittleres 7. Jahrhundert
Fundort: Dittenheim, Lkr. Weißenburg-Gunzenhausen
Grab 39 A: Vier Glasperlen; Eisenschnalle, B. 3,1; Rippentopf, H. 15
Grab 105: Topf mit Wellenbanddekor, H. 15,9
Grab 173: Tongefäß mit Wellenlinie, H. 10,1
Archäologische Staatssammlung München (1975,1436c,e,b; 1490a; 1986,6354)

Reste von drei Brandgräbern

Im Gegensatz zum ehemals spätrömischen Gebiet südlich der Donau, wo das Christentum schon früh, nämlich im 4./5. Jahrhundert, Fuß gefasst hatte, legte man in Nordbayern gelegentlich noch im Frühmittelalter Brandgräber an. Die Archäologen sprechen von „Sonderbestattungen“, die – möglicherweise rechtlich bedingt – stets eine Ausnahme blieben. Nicht nur in Nordbayern, sondern überall in Grenzregionen des Frankenreichs, entlang des Niederrheins über Westfalen bis nach

7 a

Hessen und Alamannien, knüpfte man so an alte germanische Bestattungsbräuche an, wie sie zwischen dem 1. Jahrhundert v. Chr. bis zum 5. Jahrhundert n. Chr. vorherrschend waren. Neben damals in Franken üblichen Brandschüttungen und -gruben (ohne feste Behältnisse) liegen aus der Merowingerzeit auch Urnengräber vor, deren kennzeichnendes Gefäß den Leichenbrand birgt, ganz wie wir es auch heute praktizieren. Trotz der Dürftigkeit archäologischer Befunde handelt es sich bei Brandgräbern eigentlich um einen aufwändigen Begräbnisbrauch, mit großem Scheiterhaufen und mühsamer Auslese hinterher.

Aus Wenigumstadt, Lkr. Aschaffenburg sind drei Brandgräber bekannt, von Dittenheim, Lkr. Weißenburg-Gunzenhausen zehn und aus Kleinlangheim sogar 56. Allesamt datieren sie frühestens aus dem fortgeschrittenen 6. Jahrhundert (Dittenheim Grab 39 A), häufiger aus dem 7. Jahrhundert, bisweilen sogar aus dessen spätem Abschnitt (Wenigumstadt), als Totenverbrennung nach heidnischer Sitte in vornehmen Kreisen der „Thüringer" gang und gäbe war, wie die Vita des hl. Arnulf von Metz in Kapitel 12, in der eine Reise nach Osten um 623/30 beschrieben wird, berichtet. Die geringen Zahlen dürfen nicht täuschen, denn mit ihrem unscheinbaren Leichenbrand und den verbrannten Beigabenresten lassen sich Brandgräber oft nur schwer entdecken, vor allem wenn sie durch den Ackerpflug teilzerstört sind wie in Dittenheim. Vermeintlich isolierte Körpergräber aus der spätrömischen Kaiserzeit, etwa die beiden „Einzelbestattungen" von Hammelburg (Kat.-Nr. 12 a), waren wohl in ein Brandgräberfeld eingebunden, das bei den Grabungen 1895 mit den damaligen Methoden nicht bemerkt wurde. Auch die scheinbare Fundarmut in Oberfranken ist vermutlich auf das Fortleben der germanischen Brandgrabsitte (vgl. Altendorf: Kat.-Nr. 7 b) bis in die späte Merowingerzeit zurückzuführen.

Diskutiert wird, ob es sich bei den Brandgräbern von Dittenheim und Kleinlangheim nicht um slawische Einsprengsel handeln könnte (H. Losert, ihm folgend Chr. Pescheck). Diese umstrittene These basiert in erster Linie auf Keramikanalysen, wonach manche Form und Warenart aus Körpergräbern in Franken schon slawischer Keramik des späteren 6. sowie 7. Jahrhunderts entspräche. Außerdem lägen Dittenheim und Kleinlangheim im Grenzgebiet der Verbreitung slawischer Ortsnamen, die in ganz Oberfranken und westwärts bis hin zu Hassbergen und Steigerwald streuen. Abgesehen von der abseitigen Lage Wenigumstadts (bei Aschaffenburg) ist die Gründung der besagten Slawendörfer nur schwer zu datieren: Schriftlich sind sie erst ab dem 8. Jahrhundert bezeugt – dann jedoch in archäologischer Verbindung mit Körpergräbern. Solange noch kein frühslawisches Brandgräberfeld, wie sie aus dem Mittelelb-Saale-Gebiet oder aus Böhmen vorliegen, in Oberfranken entdeckt ist, bleibt die These von slawischen Brandgräbern in Dittenheim und Kleinlangheim fragwürdig. *A. R.*

Lit.: Losert, Deutung; Pescheck, Kleinlangheim, S. 7 f.; Haas-Gebhard, Gräberfeld bei Dittenheim, S. 102–105.

9 Links: Schüssel, Grab 18;
rechts: Kumpf, Grab 25

9 Links: Schale, Grab 53;
rechts: zwei Schalen, Grab 25

9 Als die ersten Franken ins Land kamen, lebten in Nordbayern thüringische Bevölkerungsgruppen, wie entsprechende Fundstücke und der charakteristische Ortsname von Zeuzleben beweisen.

1. Hälfte bis mittleres 6. Jahrhundert
Fundort: Zeuzleben, Gde. Werneck, Lkr. Schweinfurt
Grab 18: große weitmündige Schüssel, handgeformt, mit Schrägkanneluren und Stempeldekor, Ø max. 27,4
Grab 24: einreihiger Kamm aus Bein, L. 12,3
Grab 25: bronzene Ringschnalle (ehemals Fibel?) mit geripptem Bügel, Ø 3,3; schwärzliche Schale mit Linsenboden und Kammstrichdekor, handgeformt, Ø (Rand) 10,2; große schwärzliche Schale mit Kammstrichdekor, handgeformt, Ø (Rand) 15; Kumpf, handgeformt, Ø (Rand) 11,3; eiserne Ringtrensen vom Zuggeschirr zweier Pferde, L. der zweiteiligen Gebissstangen 13 bzw. 13,5; so genannte „Halfterkette“ aus Eisen, L. noch 38,5
Grab 26: eisernes Webschwert, L. noch 38,3

Thüringische Grabfunde

Vor Ankunft der ersten Franken bildeten hauptsächlich wohl Thüringer und Juthungen – samt weiteren elb- und ostgermanischen Gruppen, deren Namen wir nicht kennen – die Urbevölkerung in der heutigen Landschaft Franken. Zeitgenössische Schriftquellen des 5. und 6. Jahrhunderts berichten dazu kaum etwas. Neben archäologischen Hinterlassenschaften wie bestimmten Fibeln oder handgeformte Keramik mit Schrägriefen, die ähnlich auch bei den Alamannen begegnet, spricht dafür eine spätere politische Verbindung nach Thüringen unter dem Herzogshaus der Hedenen, das etwa um 650/720 in Würzburg bezeugt ist. Gerne führt man in diesem Zusammenhang auch die unterfränkischen Ortsnamen auf -ungen und -leben an: Unsleben und Alsleben im Grabfeld, Essleben, Ettleben und Zeuzleben im Tal der Wern, Güntersleben bei Würzburg sowie das später umbenannte Isinleiba (heute nicht Eisen-„leben“, sondern Ober- und Unter-Eisenheim bei Volkach). Namen dieses Typs sind sonst nur in Regionen nördlich des Thüringer Walds verbreitet – man denke an bekannte Orte wie Gorsleben oder Fallersleben – bis hinauf nach Dänemark, wo verwandte Ortsnamen auf -lev lauten.

9 Von oben: Kamm, Grab 53; Ringschnalle, Grab 25; Kamm, Grab 24; Webschwert, Grab 26

Grab 27: eiserner Plattensporn, L. 1,7 und Rekonstruktion, L. 15
Rekonstruktion: Alfred Müller
Grab 53: großer einreihiger Kamm aus Bein, L. 25; Schale mit Schrägriefendekor, handgeformt, Ø (Rand) 12
Archäologische Staatssammlung München / Sammlung Fridolin Beßler, Zeuzleben (Z 18,10; 24,13; 25,3.9.10.15–17; 26,5; 27,10.18; 53,15.18)

Aussagekräftige Befunde kamen in Zeuzleben zum Vorschein, wo zwischen 1983 und 1985 ein Gräberfeld des 6. Jahrhunderts ausgegraben wurde. Nur Thüringer und Langobarden konstruierten derart große Kammergräber aus starken Eckpfosten wie hier. Das verschwenderische Totenbrauchtum gipfelte in der Bestattung einer 30- bis 40-jährigen Frau, die in einem zweistöckig eingetieften Grabhaus auf einem vierrädrigen Wagen beigesetzt war (Grab 25). Zahlreiche Funde aus Zeuzleben haben Entsprechungen ebenfalls nördlich des Thüringer Walds, beispielsweise einreihige Kämme, von denen hier zwei präsentiert werden, oder polierte schwarzbraune Keramik handgeformter Machart mit einem Dekor aus so genannten Kammstrichen und Schrägriefen, die in spürbarem Gegensatz zum fränkischen Formgut steht (Kat.-Nr. 10). Ganz nach thüringischer Art spielte ferner im Bestattungsbrauchtum der frühen Zeuzlebener das Reiten und Fahren eine große Rolle. Davon zeugen neben dem ausgestellten Sporn, den Trensen und der Kette für Zugtiere auch neun Pferdegräber. Der simple Plattensporn, zum Einstecken in Schuhwerk oder Fersenriemen, beruhte noch auf einem Prinzip, das Nord- und Elbgermanen während der römischen Kaiserzeit angewendet hatten. Webschwerter wie dasjenige aus Zeuzleben Grab 26 dienten zum Festschlagen der Schussfäden am Webstuhl und wurden nahezu ausschließlich in Landschaften östlich des Rheins den Frauen ins Grab beigegeben.

Bereits von Anfang an waren die Thüringer von Zeuzleben, die über ihr Gräberfeld zwischen etwa 520/30 und 600 nachzuweisen sind, auffällig „frankisiert", das heißt, sie trugen Tracht (z. B. Schilddornschnallen) und Bewaffnung (Franziska, vgl. Kat.-Nr. 12 c) nach fränkischem Vorbild. Man muss sich deshalb fragen, ob diese Thüringer nicht von Westen her an das Maindreieck geschickt worden sind, um in fränkischem Auftrag zu kolonisieren: Sie könnten etwa in sprachlich-ethnischer Hinsicht vermittelt oder Kontrollaufgaben an wichtigen Verkehrswegen übernommen haben. Darauf deutet auch die Konzentration einschlägiger Ortsnamen in kleinen Gruppen hin. Am längsten behielten die Zeuzlebener bestimmte Gewohnheiten und Sitten bei, wie Grabkammern mit Eckpfosten zu zimmern oder besonders reichhaltige Speisebeigaben zu deponieren – gefälligeres Design und Dekor der Franken sowie deren höher stehende Technik übernahmen sie dagegen rasch, was sich am Wandel der beigegebenen Keramik gut ablesen lässt.

Die frühen Zeuzlebener offenbaren so deutlich wie nirgendwo anders, dass es nach 500, als die Franken entlang des Mains Fuß fassten, auch andere ethnische Gruppen gab, die sich an diesem Prozess der Herrschaftsbildung beteiligten. *A. R.*

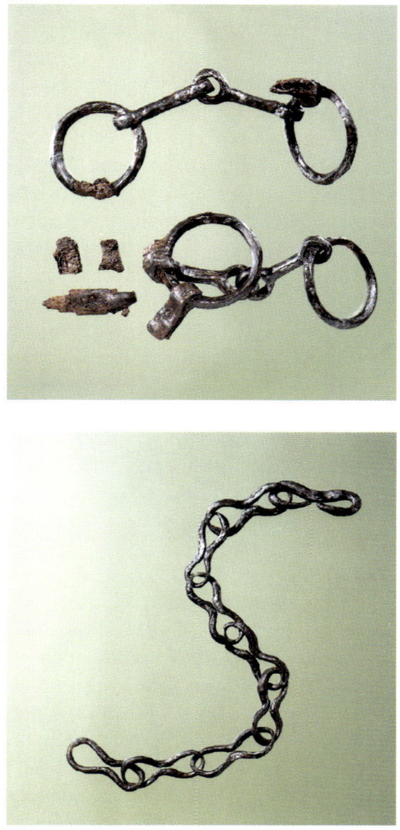

9 Oben: Ringtrensen; unten: Halfterkette, Grab 25

Lit.: Schmidt, Völkerwanderungszeit; Wamser, Adels- und Gefolgschaftsgrablege; Gockel, Westausdehnung; Schmidt, Königreich; Wieczorek, Identität und Integration; Rettner, Thüringisches und Fränkisches.

10 Die Einwanderung der Franken gab neue kulturelle Impulse, was vor allem durch Grabbeigaben belegt werden kann. Auf dem Keramiksektor kamen zu den Gefäßen traditioneller Machart Importe aus dem Westen hinzu. So war im 6. Jahrhundert der Formenreichtum an Keramik sehr groß.

Alte und neue Keramikformen

6. und 7. Jahrhundert
Fundorte: Dittenheim, Lkr. Weißenburg-Gunzenhausen; Eußenheim, Lkr. Main-Spessart; Kleinlangheim, Lkr. Kitzingen; Zeuzleben, Gde. Werneck, Lkr. Schweinfurt

Althergebrachte Formen:
Kleinlangheim, Grab 253: Grober Kumpf, handgeformt, Ø (Mündung) ca. 11 und grober Kumpf, handgeformt, Ø (Mündung) ca. 15, H. ca. 6 – 8
Zeuzleben, Grab 63: Schale mit Ritzliniendekor, handgeformt, Ø (Rand) 16,4
Zeuzleben, Grab 41: Topf mit Kammstrichdekor, handgeformt, H. 16,2
Dittenheim, Grab 97: Topf mit scharf profiliertem Hals, handgeformt und nachgedreht, sekundär verbrannt, H. 19

Mit den Franken ins Land gebrachte Formen:
Zeuzleben, Grab 15: Gelbbraune Kanne mit Kleeblattausguss, scheibengedreht, H. 14,8
Zeuzleben, Grab 37: Rotbrauner Miniaturkrug, scheibengedreht, H. 8,3
Zeuzleben, Grab 36: Orangeroter Wölbwandbecher, scheibengedreht, H. 9,9
Kleinlangheim, Grab 238: Rotbrauner rauwandiger Teller, handgeformt, Ø (Mündung) 16,3
Eußenheim, Grab 90: Rötliche glattwandige Knickwandschale mit Standring, Stempeldekor und runden Eindrücken, scheibengedreht, Ø (Rand) 14,2
Zeuzleben, Grab 53: Graubrauner rauwandiger Henkeltopf, scheibengedreht, Ø (Rand) 11,3
Eußenheim, Grab 57: Oxidierend gebrannter, rauwandiger Wölbwandtopf mit Sichelrand, scheibengedreht, H. 17,7
Eußenheim, Grab 81: Orangerote rauwandige Amphore, scheibengedreht, H. 31,5, Ø max. 28
Kleinlangheim, Grab 298: Schwärzlich polierter, glattwandiger Knickwandtopf, scheibengedreht, mit Wellenbanddekor, H. 20,4
Zeuzleben, Grab 67: Glattwandiger Knickwandtopf, scheibengedreht, mit Rosetten- und Rechteckstempel, H. 16,3, Ø (Rand) 20

10 Alte Keramikformen. Vorne links und rechts: Kleinlangheim, Grab 253; links hinten: Zeuzleben, Grab 41; hinten rechts: Zeuzleben, Grab 63

10 Neue Keramikformen. Links hinten: Eußenheim, Grab 90; hinten rechts: Zeuzleben, Grab 53; vorne: Zeuzleben, Grab 15; rechts: Zeuzleben, Grab 37

Keramik bildet den häufigsten Fundstoff aus Siedlungen. Auch ohne Ausgrabung können oft Scherben vom Boden aufgelesen werden, an denen sich die Siedlungsgeschichte einer Region ablesen lässt. Das gesamte Keramikspektrum einer Epoche spiegelt unter allen Fundgruppen am ehesten die ethnische Zusammensetzung der betreffenden Bevölkerung wider. Die einzelnen Warenarten – nach Magerung, Scherbenhärte und Oberflächenbehandlung differenziert – mit ihren jeweiligen Formen müssen deshalb möglichst präzise datiert werden: über Grabfunde mit zeittypischen Beigaben. Mittel- und Unterfranken zeichnet diesbezüglich eine größere Vielfalt und Menge an fränkischer Keramik aus als Oberfranken, wo sie sich erst im 7. Jahrhundert nennenswert niedergeschlagen hat. Auf der anderen Seite hebt sich das Spektrum aus Franken von den Nachbarregionen im Südwesten bzw. im Süden ab, wo man den Toten weniger Tongeschirr in einem eigenen Formkanon beigegeben hat (so genannte alamannische Rippen- und Buckelkeramik mit plastischem Dekor bzw. beutelförmige Gefäße der Bajuwaren mit flächigem Stempeldekor). Manche Gefäßform, etwa der für das 6./7. Jahrhundert so typische Knickwandtopf oder der gebauchte Wölbwandtopf, fand überregional weite Verbreitung.

Hinter den verschiedenen Formen und Waren verbergen sich vielfältige Funktionen, zum Beispiel als Gebrauchsgeschirr (rauwandige Keramik, die auf dem Herd oder über dem offenen Feuer stand) und Tafelgeschirr (glattwandige Knickwandkeramik); daneben unterscheidet man Behältnisse für Brei oder Gekochtes (Kümpfe und Näpfe) von Behältnissen für Flüssigkeiten (Kleeblattkannen zum Ausschank von Wein, der wohl in Amphoren wie derjenigen aus Eußenheim Grab 81 transportiert wurde). Gebrauchsspuren etwa an der Kleeblattkanne aus Zeuzleben Grab 15 – mit Belag im Ausguss – bezeugen, dass die Toten ihr Alltagsgeschirr mit ins Grab bekamen. Es handelte sich vermutlich um Stücke aus persönlichem Besitz, also keine eigens angefertigte „Grabkeramik“. Nur selten aber haben sich Rückstände vom Inhalt erhalten: Der Henkeltopf aus Zeuzleben Grab 53 war innen schwärzlich überzogen und wies organische weiße Rückstände auf. Der Wölbwandbecher aus Zeuzleben Grab 36 barg offenbar Samen oder Früchte.

Einheimische Keramik in elbgermanischer Tradition ist häufig etwas unregelmäßig geformt und bisweilen wulstartig aus Tonklumpen aufgebaut, jedoch besitzt das feine Tafelgeschirr eine aufwändig und gut geglättete Oberfläche, wie die verzierte Schale aus Zeuzleben Grab 63. Wie das Scherbenmaterial aus einem Grubenhaus bei Neuses a. d. Regnitz belegt, standen grob gemagerte, schräg kannelierte und stempelverzierte Gefäße solcher Machart bis um und nach 600 noch in Gebrauch. Unter der vorfränkischen handgeformten Keramik sind häufig Schüsseln, Becher, Schalen und Flaschen verziert. Meist dienten die breiteste Bauchpartie eines Gefäßes, sein so genannter Umbruch, und die Zone darunter als Träger eines Dekors. Dieser war teils plastisch gestaltet, durch herausgedrückte Buckel und Rippen, durch

Eußenheim, Grab 8: Dunkelgrauer glattwandiger Knickwandtopf, scheibengedreht, mit Rollrädchendekor, H. 13,5
Eußenheim, Grab 24: Schwärzlichgraue glattwandige Röhrenausgusskanne, scheibengedreht, mit Stempeldekor, H. 18,8
Archäologische Staatssammlung München / Sammlung Fridolin Beßler, Zeuzleben (Z 15.7, 36.17, 37.1, 41.6, 53.19, 63.5, 67.7; 1975,1483; 1979,3331.3345.3380; 2000,4005.4019.4043.4065.4071)

Umzeichnungen: Vera Mika, Augsburg

10 Links: Eußenheim, Grab 24 und 8; rechts: Eußenheim, Grab 81

10 Links: Kleinlangheim, Grab 298; rechts: Zeuzleben, Grab 67

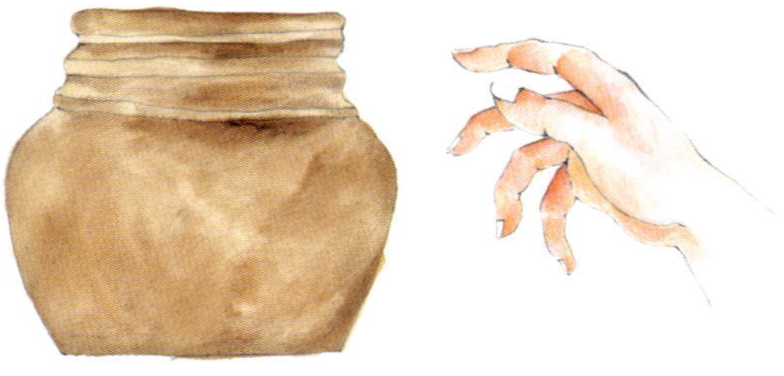

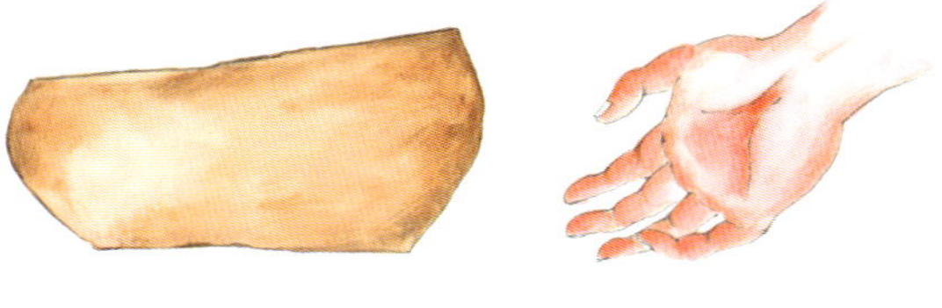

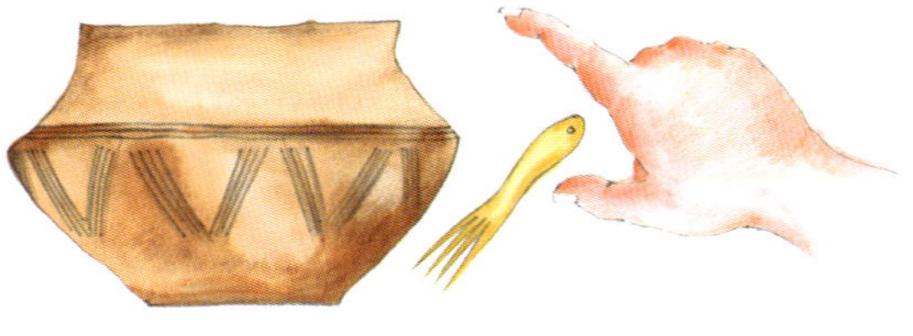

schräge Riefen, Facetten oder Fingertupfen, teils aber auch nur eingekerbt – mit dem Fingernagel etwa – oder eingestochen mittels eines spitzen Geräts. Eingestempelte Rosetten kamen erst spät im 5. Jahrhundert auf und wurden entweder durch spätrömische Vorbilder aus dem Westen angeregt oder durch solche aus dem sächsisch-nordelbischen Raum. Traditionelle Keramik dieser Machart, vor allem breite Schüsseln und napfartige Kümpfe, hielt sich am Maindreieck über das mittlere 6. Jahrhundert hinaus (Zeuzleben), an der Regnitz sogar bis ins 7. Jahrhundert (Neuses a. d. Regnitz). Weil römische Töpfereien am Rhein über das 5. Jahrhundert hinaus weiter arbeiteten, basiert dagegen die fränkische Keramik des 6. Jahrhunderts von dort – auch nach Franken gelangter Import – auf spätrömischer Technologie. Dies verraten die ebenmäßigen Gefäßformen und die auf der rotierenden Töpferscheibe erzielten Drehrillen (vgl. Funde aus Eußenheim). Außerdem sind fränkische Produkte meist sorgfältiger, härter und oxidierend gebrannt, das heißt unter Zufuhr von Sauerstoff, was die charakteristischen Gelb-, Rot- und Brauntöne ergibt.

Manche Gefäße wie der klobige Topf aus Zeuzleben Grab 41 aus dem späten 6. Jahrhundert wurden zwar noch in traditioneller Manier von Hand geformt, doch in spürbarer Anlehnung an fränkische Knickwandformen, nämlich mit imitierendem Dekor auf der Oberwand. Auch der wulstige Teller aus Kleinlangheim Grab 238 steht für eine solche einheimische Nachbildung. Ausgesprochenen Seltenheitswert besitzt schließlich die Weinamphore aus Eußenheim Grab 81 (um 630) – vielleicht eines der bei Gregor von Tours als „orca“ bezeichneten Transportgefäße und womöglich ein früher Vorfahr der (Reliefband-) Amphoren der Karolingerzeit. In der jüngeren Merowingerzeit ab 600 ging die Vielfalt römischer Techniken allmählich ebenso verloren wie die Fülle an Formen, vor allem der offenen Gegenstände wie Schüsseln, Schalen, Teller. Halten konnte sich hingegen die Röhrenausgusskanne (Eußenheim Grab 24), und zwar in abgewandelter Form bis ins hohe Mittelalter. Ab der Karolingerzeit setzte sich dann weit verbreitet, nicht nur in Franken, für mehrere Jahrhunderte der kugelige Topf durch, wohl zunehmend ergänzt um hölzernes Geschirr.

10 Hinten links: Eußenheim; Grab 57; hinten rechts: Zeuzleben, Grab 18; vorne links: Zeuzleben, Grab 36; vorne Mitte: Kleinlangheim, Grab 238; vorne rechts: Zeuzleben, Grab 15

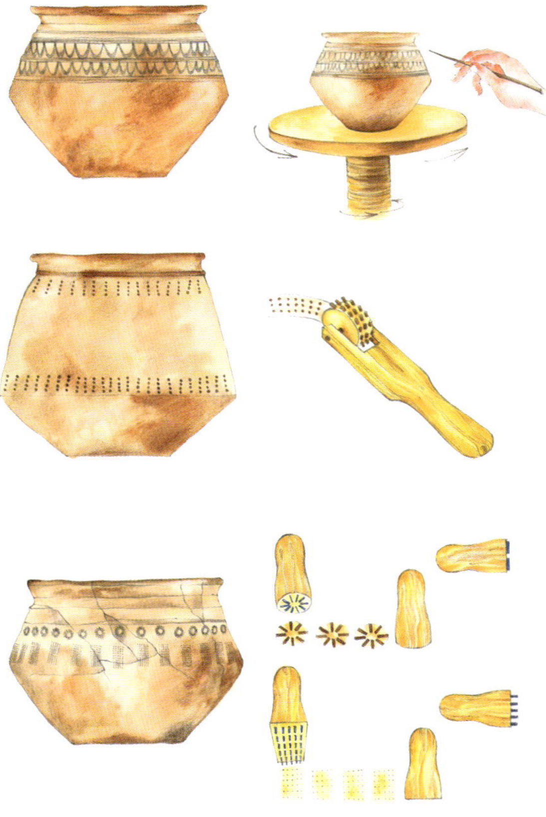

Bei der fränkischen Keramik tragen häufig Töpfe mit geknickter oder gewölbter Wandung einen Dekor, daneben auch die großen Ausgusskannen des Tischgeschirrs; gröberes Kochgeschirr blieb unverziert. Die Zierelemente beschränkten sich in aller Regel auf den oberen Gefäßkörper bis zur Schulter und wurden oft „seriell" hergestellt, das heißt für möglichst einheitliche Serien auf gleichartigen Gefäßen. Dazu verwendete man Einzelstempel (Rosetten, Kreismotive, gegitterte Rechtecke und Bögen) oder ein mehrzinkiges Gerät, das bei raschem Auf- und Abbewegen an der Wandung ein Wellenband erzeugte, während sich das Gefäß auf der Töpferscheibe drehte. Beliebt waren ferner profilierte „Rollrädchen", die modernen Dosenöffnern ähneln und mittels einer Handhabe auf der Gefäßwand gleichförmig abgerollt werden konnten. Letztlich handelt es sich dabei um eine spätrömische Zierweise, die von den Franken im 5. Jahrhundert in den Gebieten am Rhein übernommen worden ist. Gestempelte Motive erzielten ursprünglich einen lebhaften Kontrast, waren sie doch mit einer weißen Paste (Inkrustation) ausgefüllt, die im Lauf der Zeit verwitterte. Während man zinkenartige Druckstempel aus Geweih oder Bein schon in einiger Zahl – allerdings noch nie in Franken – gefunden hat, kennen wir bislang noch kein einziges Rollrädchen. Letzteres entwickelte sich im 8. und 9. Jahrhundert zu einer der beliebtesten Dekorationen auf Gefäßen.

Aufgrund solcher Ziermerkmale lassen sich selbst kleinste Scherben aus Siedlungen oft mühelos der einen oder anderen Ware zuordnen. Aus Franken sind bislang noch keine frühmittelalterlichen Töpferöfen bekannt; die nächst gelegenen befinden sich in Wülfingen am Kocher sowie in Regensburg. Durch die Kartierung absolut gleichartiger, das heißt stempelidentisch verzierter Tongefäße, die damit aus einer Töpferei stammen müssen, konnte R. Koch schon vor dreißig Jahren nachweisen, dass frühmittelalterliche Keramik kaum weiter als in einem Umkreis von ca. 50 km verbreitet war, von wenigen Großproduzenten abgesehen (Mayen in der Eifel); es handelt sich in der Regel also um regionales Handwerk. Mit fränkischen Töpfereifilialen in Mainfranken ist demnach schon im mittleren 6. Jahrhundert zu rechnen. *A. R.*

Lit.: Roth, Kunst und Handwerk, S. 99–107; Haas, Keramik; Gross, Töpferware, S. 581–593; Pescheck, Kleinlangheim; Haberstroh, Verzierungen; Rettner, Thüringisches und Fränkisches; Koch, Absatzgebiete; Knaut, Frauengrab mit Töpferstempel aus Bopfingen.

II Luxuswaren wie das überaus kostbare Glas- und Bronzegeschirr sowie ein Teil der aufwändig gearbeiteten Holzgefäße gelangten aus linksrheinischen Werkstätten über die regulären Handelswege, besonders aber auch im Zuge der fränkischen Expansion nach Osten in die Gebiete zwischen Main und Donau.

Holzgeschirr

Merowingerzeitlichem Bestattungsbrauch entsprechend wurden die Toten in ihrer Tracht und mit der Beigabe von Schmuck, Waffen sowie Toilette- und Hausgerät beigesetzt. Speisen und Getränke erhielten sie in hölzernen, gläsernen, metallenen und tönernen Gefäßen mit ins Grab. Als organisches Material unterliegt Holz dem natürlichen Zerfallsprozess, nur unter Luftabschluss, im Wasser, in salz- oder säurehaltigem Milieu oder in Kontakt mit oxidierenden Metallen kann es sich erhalten. Derartige Bedingungen sind jedoch dem Zufall unterworfen, sodass der ursprünglich meistverwendete Werkstoff Holz heute als Rarität im Fundspektrum erscheint. Die überlieferten Zeugnisse belegen ein spezialisiertes, hoch entwickeltes Handwerk, das sämtliche Techniken wie Zimmern, Schnitzen, Böttchern und Drechseln umfasste. An Hausrat sind in den Gräbern mitunter Reste hölzerner Gefäße erhalten geblieben, doch lassen sie sich zumeist nur an ihren metallenen Beschlägen identifizieren. Einen geböttcherten, metallbeschlagenen Daubeneimer mit einer rekonstruierbaren Höhe von knapp 26 cm erhielt die Frau aus Müdesheim Grab 33 (a) mit auf die Reise ins Jenseits. Die gegabelten Attaschen weisen auf eine Produktion in linksrheinischen Gebieten, als typisch fränkische Beigabe gelangte der Eimer in das Grab der etwa 30- bis 50-jährigen Frau. Ebenfalls zum Trinkgeschirr gehören gedrechselte Becher, die mithilfe eines Ausdrehhakens aus einem Stück Wurzelholz gefertigt wurden. Besonders kostbar waren die Gefäße, die man, wie die Beispiele aus Zeuzleben und Müdesheim (b und c) zeigen, mit metallenen Randbeschlägen verziert hatte.

a) Rekonstruktion eines Holzeimers mit Metallbeschlägen
2. Hälfte 6. Jahrhundert
Fundort: Müdesheim, Lkr. Main-Spessart, Grab 33
Holzdauben, Holzbestimmung (der originalen Reste) Eibe (Taxus baccata), vier Eisenreifen, gegenständige Attaschen dreifach gefächert, Henkel nach Tordierung sattelförmig verbreitert, H. (errechnet) 25,5
Archäologische Staatssammlung München (1975,847i)

b) Rekonstruktion eines Holzbechers
2. Hälfte 6. Jahrhundert
Fundort: Müdesheim, Lkr. Main-Spessart, Grab 22
Holz, gedrechselt, vollständig vergangen, U-förmiger Randbeschlag durch vier zwingenförmige, mit Punktkreismustern verzierte Beschläge befestigt, Bronze, Ø (errechnet) ca. 12
Archäologische Staatssammlung München (1975,836)

c) Rekonstruktion eines Holzbechers
3. Drittel 6. Jahrhundert
Fundort: Zeuzleben, Lkr. Schweinfurt, Grab 39
Holz, gedrechselt, vollständig vergangen, U-förmiger Randbeschlag, Bronze, Ø (errechnet) ca. 7
Archäologische Staatssammlung München (Z 39) / Sammlung Fridolin Beßler, Zeuzleben

11 a–c

Glasgeschirr

11 f, h und i

11 d

Glasgeschirr zählte in merowingischer Zeit zu den ausgesprochenen Luxuswaren. Fast alle Gläser aus fränkischen Glashütten stehen in römischer Formtradition, was nur durch ein Weiterleben der spätantiken Werkstätten an Rhein, Mosel, Maas und Somme zu erklären ist. Doch konnten die fränkischen Glasbläser nicht mehr an die Qualität römischen Glases anschließen. Die fränkischen Produkte sind zumeist grünlich bis bräunlich verfärbt und mit Bläschen durchsetzt. Dennoch erreichen sie eine erstaunliche Dünnwandigkeit, was höchste Kunstfertigkeit der Glasbläser verrät. Der spitz ausgezogene Becher aus Hammelburg (d) gehört zu einer Gruppe konischer Becher, die sich durch ein gekämmtes Arkadenmuster auszeichnen und in nordgallischen Werkstätten zwischen Somme und Maas gearbeitet wurden. Das prächtige Gefäß datiert in die Zeit um 450. Als typisches Erzeugnis des Rhein-Maas-Gebiets gibt sich der glockenförmige Rüsselbecher mit Scheibenfuß aus Hellmitzheim (e) zu erkennen. Die äußerst kompliziert anzufertigenden Rüssel stellen den aufwändigsten Dekor an fränkischen Gläsern dar. Zu eigenen Formen des 6. Jahrhunderts gehören nicht nur die kugeligen Becher (h) und Schalen (g), sondern auch die Sturzbecher (f), während der Tummler (i) eine charakteristische Form des 7. Jahrhunderts vertritt. Ebenso wie bei den Sturzbechern verbietet die rundbodige offene Form auch bei den Tummlern ein sicheres Stehen der gefüllten Trinkgefäße.

d) Spitzbecher
Mitte 5. Jahrhundert (um 450)
Fundort: Hammelburg, Lkr. Bad Kissingen, Grab von 1895
Glas, hellgrün, unter dem Rand spiralig aufgelegte, glasfarbene Fäden, in Gefäßmitte Arkadenmuster, H. 21,3
Archäologische Staatssammlung München (NM 3489)

e) Rüsselbecher
Frühes 6. Jahrhundert
Fundort: Hellmitzheim, Gde. Iphofen, Lkr. Kitzingen, Grab 10
Glas, bräunlichgrün, spitz ausgezogene Rüssel, umlaufende Glasfäden, scheibenförmiger Standfuß, H. 16,6
Mainfränkisches Museum, Würzburg (U 1594)

f) Vier Sturzbecher
2. Drittel – 3. Viertel 6. Jahrhundert
Fundort: Zeuzleben, Lkr. Schweinfurt, Gräber 6, 11, 37, 58
Glas, bläulich-grün, olivgrün, gelbgrünlich, H. 10,2 (6), 12,9 (11), 9,5 (37), 7,3 (58)
Archäologische Staatssammlung München / Sammlung Fridolin Beßler, Zeuzleben (Z 6; 11; 37; 58)

g) Glasschale
2. Drittel 6. Jahrhundert
Fundort: Zeuzleben, Lkr. Schweinfurt, Grab 35
Glas, bläulich-grünlich, Ø 10
Archäologisches Museum Bad Königshofen im Grabfeld / Sammlung Fridolin Beßler, Zeuzleben (Z 35)

h) Kugelbecher
3. Drittel 6. Jahrhundert
Fundort: Kleinlangheim, Lkr. Kitzingen, Grab 136
Glas, grünlich, senkrechte Kanneluren, H. 6,8
Archäologische Staatssammlung München (1979,3239c)

i) Tummler
1. Drittel 7. Jahrhundert
Fundort: Kleinlangheim, Lkr. Kitzingen, Grab 295
Glas, hellgelbgrünlich, H. 7,1, Ø (Rand) 10,7
Archäologische Staatssammlung München (1979,3377)

11 e und g

Metallgeschirr

j) Bronzebecken
2. Drittel 6. Jahrhundert
Fundort: Zeuzleben, Lkr. Schweinfurt, Grab 26
Bronzeblech, getrieben, im Inneren konzentrische Drehrillen, Rand glatt, Standring, Ø 30
Archäologische Staatssammlung München / Sammlung Fridolin Beßler, Zeuzleben (Z 26)

k) Perlrandbecken
2. Drittel 6. Jahrhundert
Fundort: Westheim, Lkr. Weißenburg-Gunzenhausen, Grab 204
Bronzeblech, getrieben, horizontal umlaufende Rillenzier, im Inneren konzentrische Drehrillen, Perlbuckelchen mittig auf dem Rand, Standring alt verloren, Ø 26,5
Germanisches Nationalmuseum, Nürnberg (FG 2382)

Lit.: Paulsen / Schach-Dörges, Holzhandwerk; Paulsen, Holzfunde; Capelle, Fundgut; Capelle, Gefäße; Maul, Gläser; Mutz, Unterscheidungen; Reallexikon, Bd. 3, S. 495–503 (H. Roth); Roth, Kunst und Handwerk; Die Franken – Wegbereiter Europas [Ausstellungskatalog]; Dannheimer, Funde der späten Kaiserzeit; Pescheck, Kleinlangheim; Pescheck, Reihengräberfunde.

Geschirr aus gegossener oder getriebener Bronze gehörte ausschließlich zum Besitz der begütertsten Personenkreise. Die meisten Vorkommen sind vom Niederrhein, der Kölner Bucht sowie vom Mittelrhein, aber auch aus dem Neckargebiet und der oberen Donau bekannt. Zeitgenössische Schriftquellen geben Hinweise auf spezialisierte Metallhandwerker, sie nennen Eisen-, Gold- und Silberschmiede, Münzer, Bronzegießer und Schwertfeger. Dabei gibt es zumindest für die Kesselschmiede einige archäologische Hinweise darauf, dass sie in römischer Tradition standen, vielleicht sogar in römischen Werkstätten über die Spätantike hinaus produzierten. So lässt sich das so genannte Perlrandbecken (k) des 6. Jahrhunderts unmittelbar von spätrömischen Formen ableiten. Es wurde ebenso wie die halbkugeligen Bronzebecken (j) in Treibtechnik hergestellt, wobei vermutlich eine Bronzeblechscheibe mit Hilfe von Druckstäben über ein rotierendes Holzfutter gedrückt wurde. Sämtliche Applikationen wie Standringe, Henkel und Attaschen wurden separat gefertigt und nachträglich am Gefäßkörper befestigt. Die kostbaren Becken dienten als Speisebehältnisse oder lassen als Handwaschbecken gehobene Tischsitten einer herrschaftlichen Führungsschicht greifbar werden. *R. R.*

11 j

12 Die um 500 nach der Unterwerfung der Alamannen einsetzende Ostexpansion der Franken wird archäologisch auch in dem verstärkten Aufkommen fränkischer Waffen sichtbar. Während Spatha, Lanze und Axt traditionelle Waffen waren, brachten die Franken die bisher in den Gebieten zwischen Main und Donau unbekannten Waffen Franziska und Ango mit, die besonders gefürchtet wurden.

Traditionelle Bewaffnung

a) Männergrab
Spatha, Schwertperle, Lanze, Axt, Schild (Rekonstruktion), sechs Pfeilspitzen
Mitte 5. Jahrhundert (um 450)
Fundort: Hammelburg,
Lkr. Bad Kissingen, Grab von 1895
Eisen, geschmiedet; Perle aus Bergkristall, facettiert; noch 85 (Schwert), Ø 3,4 (Perle), 33,3 (Lanzenspitze), 15,7 (Axt), 15,5 (Schildbuckel), 6,2–10,5 (Pfeilspitzen)
Archäologische Staatssammlung München (NM 3477–3487)

12 a

11 k

b) Männergrab
Spatha, Lanze, zwei Tonschalen
Spätes 5./frühes 6. Jahrhundert
Fundort: Hirschaid, Lkr. Bamberg, Körpergrab Flur „Paint"
Eisen, geschmiedet; Ton, gebrannt; 88,8 (Schwert), 51,4 (Lanzenspitze), Ø 11,5 bzw. 12,0 (Schalen)
Archäologische Staatssammlung München (1974,3390 a–d)

12 b

c) Drei Franzisken
1. Hälfte 6. Jahrhundert
Fundort: Westheim, Lkr. Weißenburg-Gunzenhausen, Gräber 7, 24, 84
Eisen, geschmiedet, 17,4 (7), 19,7 (24), 18,4 (84)
Germanisches Nationalmuseum, Nürnberg (FG 2196; 2213; 2269)

d) Franziska
2. Drittel 6. Jahrhundert
Fundort: Zeuzleben, Lkr. Schweinfurt, Grab 46
Eisen, geschmiedet, 18,8
Archäologisches Museum Bad Königshofen im Grabfeld / Sammlung Fridolin Beßler, Zeuzleben (Z 46)

Neue Bewaffnung

Die ethnografischen Zusammenhänge in den Gebieten des heutigen Mainfranken sind für die Zeit des 5. Jahrhunderts differenziert zu betrachten. Eine eingehende Analyse der Grab- und Siedlungsfunde belegt für Nordbayern, speziell die Gebiete an Obermain und Regnitz, einen verstärkten Einfluss aus dem mitteldeutsch-elbgermanisch-thüringischen Raum. Auffällig dabei ist, dass spezifisch elbgermanische Keramik fast ausschließlich aus wenigen Siedlungskomplexen stammt, während selbst über längere Zeiträume hinweg belegte Friedhöfe zu Beginn des 5. Jahrhunderts abbrechen. Dass mit der Aufgabe der Friedhöfe kein Siedlungsabbruch einhergehen muss, zeigen vereinzelte Körpergräber der zweiten Jahrhunderthälfte wie beispielsweise die 1971 bei Hirschaid geborgene Bestattung eines mit zweischneidigem Langschwert (Spatha), einschneidigem Hiebschwert (Sax) und Lanze gerüsteten Mannes. Unter den Gefäßbeigaben fällt eine buckelverzierte Schale besonders auf. Keramik dieser Art datiert in das späte 5./frühe 6. Jahrhundert und ist typisch für die elbgermanisch-thüringisch geprägten Gebiete Mitteldeutschlands.

Anders zu beurteilen ist dagegen das 1895 im nordmainischen Unterfranken bei Hammelburg entdeckte Grab eines reich ausgestatteten Mannes aus der Zeit um 450 n. Chr. Die vermutliche Einzelstellung der Bestattung lässt sich mit jener im alamannischen Raum vor der Anlage größerer Reihengräberfelder verbreiteten Sitte verbinden, die Toten in Einzelgräbern bzw. kleinen Grabgruppen zu bestatten. Kulturell ten-

12 c und d

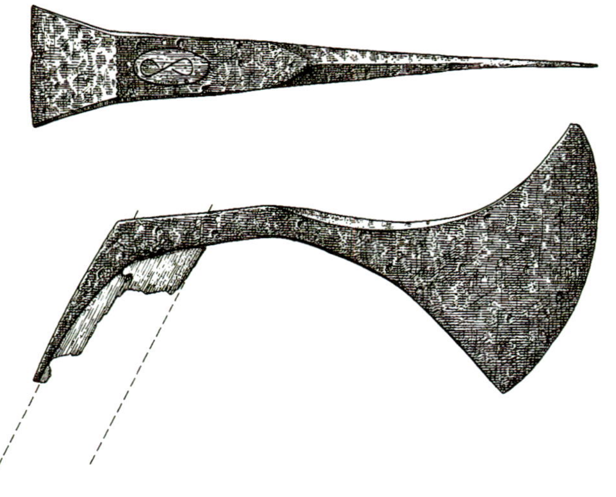

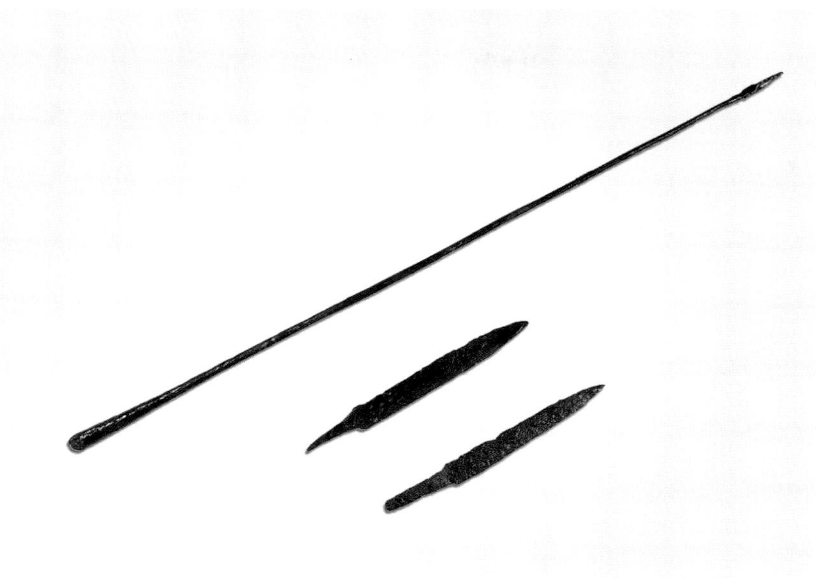

12 e und f

e) Ango
2. Drittel 6. Jahrhundert
Fundort: Westheim, Lkr. Weißenburg-Gunzenhausen, Grab 204
Eisen, geschmiedet, 107,5
Germanisches Nationalmuseum, Nürnberg (FG 2382)

f) Zwei Kurzsaxe
Mitte – 2. Hälfte 6. Jahrhundert
Fundort: Westheim, Lkr. Weißenburg-Gunzenhausen, Gräber 131, 134
Eisen, geschmiedet, 33,8 (131), 34,3 (134)
Germanisches Nationalmuseum, Nürnberg (FG 2309; 2312)

g) Drei Lanzenspitzen
2. Drittel – 3. Viertel 6. Jahrhundert
Fundort: Zeuzleben, Lkr. Schweinfurt, Gräber 5, 10, 52
Eisen, geschmiedet, 48,7 (5), 48,5 (10), 33,5 (52)
Archäologische Staatssammlung München / Archäologisches Museum Bad Königshofen im Grabfeld / Sammlung Fridolin Beßler, Zeuzleben
(Z 5; 10; 52)

diert die Beigabenausstattung eher in westliche Zusammenhänge, mag der Spitzbecher aus grünem Glas (Kat.-Nr. 11), der in einer nordfränkisch-gallischen Werkstatt gearbeitet wurde, auch als Import einzustufen sein. Die beiden dreiflügligen Pfeilspitzen dokumentieren den in weiten Gebieten Mitteleuropas um die Jahrhundertmitte erkennbaren reiternomadisch-hunnischen Einfluss. Dagegen erscheinen Äxte als typische Waffe in alamannischen Männergräbern der Zeit um 450. Die Waffenausstattung wird komplettiert durch eine Lanze, einen Schild als der einzigen Schutzwaffe sowie eine Spatha, die seit der Jahrhundertmitte als neues Element in die Gräber gelangt. Gerade die Schwerter entwickeln sich zu einem Kennzeichen überdurchschnittlich reicher Bestattungen. Ursprünglich mit einer silberbeschlagenen Scheide versehen, kennzeichnet das Prunkschwert von Hammelburg den hier Bestatteten als Krieger von Stand.

Die Frankisierung der Gebiete zwischen Main und Donau ist mit den harten Auseinandersetzungen zwischen Franken und Alamannen seit dem ausgehenden 5. Jahrhundert in unmittelbaren Zusammenhang zu bringen. Wird auch eine Aufsiedlung Nordbayerns mit Menschen aus dem Rhein-, Mosel- und Maasgebiet nur in begrenztem Umfang und nur im Sinne einer herrschaftlichen Erfassung stattgefunden haben,

12 g

so ging doch die kulturelle Überformung nachhaltig vom Mittelrhein aus. Archäologisch äußert sich dieser fränkische Akkulturationsprozess in einer Überlagerung mitteldeutsch-elbgermanisch-thüringischer durch rheinisch-fränkische Formen. Er lässt sich schlaglichtartig an den beiden Friedhöfen Zeuzleben im nordmainischen Unterfranken und Westheim im südlichen Mittelfranken aufzeigen.

So treten auf beiden Fundorten neben fränkischen Schmuck- und Trachtbestandteilen, Gefäßen aus linksrheinischen Werkstätten sowie typisch fränkischen Bestattungssitten – wie Kammergräbern und Münzbeigaben – spezifische Waffenformen auf, die ihre Hauptverbreitung in Nordostfrankreich, Südbelgien, im Moselgebiet und am mittleren Rhein finden. Zu ihnen gehört die Franziska, eine schlanke, elegante Waffe, die nach Ausweis ihrer stumpf zur Achse stehenden Schäftung als Wurfaxt diente. Während des Flugs rotierte sie um ihre Längsachse und war selbst bei einer Wurfentfernung von 12 m noch in der Lage, 24 mm starke Fichtenbretter zu durchschlagen.

Nicht weniger gefürchtet war der Ango, eine 0,8 – 1,2 m lange, lanzenartige Waffe mit kurzer, bolzenförmiger Widerhakenspitze, die am Ende eines langen Eisenschaftes saß, zu dem noch ein etwa 1 m langer Holzschaft zu ergänzen ist. Nach Überlieferung des byzantinischen Historikers Agathias (um 536 – 582 n. Chr.) sollte sich der Ango, gegen die feindliche Aufstellung geschleudert, im Schild des Gegners verfangen und ihn so seines wichtigsten Schutzes berauben. Neben diesen gefürchteten, typisch fränkischen Waffen, verschiedentlich beigegebenen Langschwertern und Schilden komplettieren Lanzen sowie die aus dem germanischen Kampfmesser entwickelten Saxe (einschneidige Hiebschwerter) das Waffenarsenal der fränkischen Krieger. Wurden die fränkischen Sachgüter in Zeuzleben von einer thüringischen Siedlungsgemeinschaft, die sich einige Zeit links des Rheins aufgehalten hatte, nach Mainfranken mitgebracht, so bezeugen sie in Westheim Angehörige aus dem Kerngebiet des Frankenreichs, die hier im Zuge der fränkischen Expansion nach Osten einen militärischen Stützpunkt gegen die angrenzenden Alamannen zu unterhalten hatten. *R. R.*

Lit.: Menghin, Frühgeschichte Bayerns; Koch, Bodenfunde; Haberstroh, Funde der Kaiser- und Völkerwanderungszeit; Menghin, Schwert; Steuer, Bewaffnung und Sozialstruktur; Dahmlos, Francisca – bipennis – securis; Zöllner, Francisca bipennis; Hübener, Beilwaffen; von Schnurbein, Ango; Werner, Bewaffnung; Hübener, Waffennormen; Steuer, Phasen der Bewaffnung; Wernard, „Hic scramasaxi loquuntur"; Reiß, Reihengräberfriedhof von Westheim; Rettner, Gräberfeld von Zeuzleben.

13 Befestigungen auf Anhöhen, so genannte Höhensiedlungen, bildeten schon in vorfränkischer Zeit die Mittelpunkte der Herrschaft mit spezialisierten Werkstätten. Unter den Franken wurden im 7./8. Jahrhundert erneut Bergstationen genutzt.

Funde von Höhensiedlungen und aus zugehörigen Gräbern

13 a

a) Spätrömische Gürtelgarnitur des Typs Ehrenbürg-Jamoigne mit Tierköpfen
1. Hälfte 5. Jahrhundert
Fundort: Ehrenbürg bei Kirchehrenbach, Lkr. Forchheim
Fünf Teile aus zinnhaltiger Bronze, B. max. 14,5
Pfalzmuseum Forchheim (F 491)

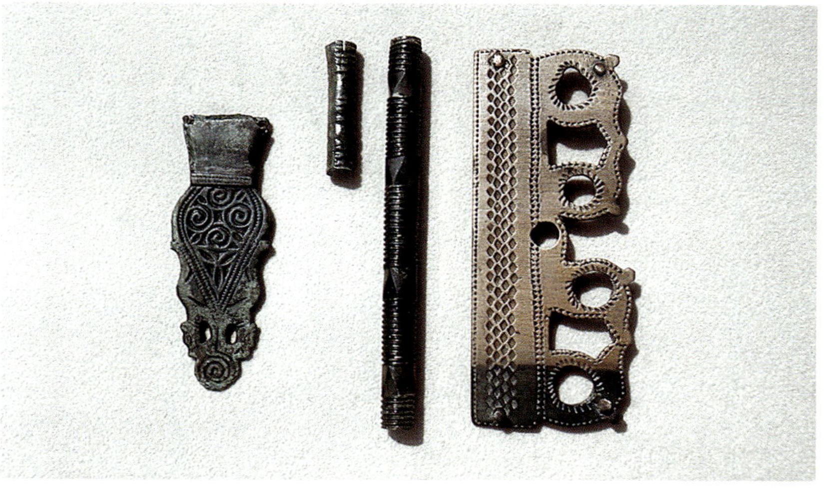

13 b

b) 1. Hälfte 5. Jahrhundert
Fundort: Reisberg bei Burgellern, Lkr. Bamberg
Punzverzierter Gürtelbeschlag mit abstrahierten Tierköpfen, Bronze, B. 10,2; astragalierte Röhrenhülse, Bronze, L. 10,6; Riemenzunge mit Kerbschnittdekor, Bronze, L. 7,6
Bayerisches Landesamt für Denkmalpflege, Bamberg

c) Eiserner Schlaufensporn mit Messingstachel, L. 12
Spätes 7. Jahrhundert
Fundort: Gangolfsberg bei Oberelsbach, Lkr. Rhön-Grabfeld
Walter Jahn, Ostheim, und Wolfgang Wagner, Bastheim

13 c

Angeregt durch das Vorbild spätrömischer Kastelle begannen im 4. und 5. Jahrhundert die Germanen jenseits des Limes damit „den repräsentativen Hof von der Ebene auf die Höhe zu verlegen" (H. Steuer). Rund 50 solcher Höhensiedlungen, die man früher gern als „Gauburgen" bezeichnete, sind bislang in Süddeutschland nachgewiesen, meist in den Mittelgebirgen oder auf Albhochflächen. Sie geben sich als zentrale Orte im Siedlungsgebiet von Alamannen, Juthungen, vielleicht auch Thüringern oder Burgundern zu erkennen, und zwar aufgrund von qualitätvollen Lesefunden, viel spätrömischem Import, aufwändigen Befestigungen mit massiven Trockensteinmauern, Palisaden und vorgelagerten Gräben sowie durch spezialisierte Werkstätten, wovon meist nur Halbfabrikate und einschlägiger Produktionsabfall, z. B. Schlacken, zeugen. Am bekanntesten in Franken sind die Gelbe Bürg bei Dittenheim, daneben der Reisberg bei Burgellern und die Ehrenbürg bei Forchheim sowie in Mainfranken die Wettenburg bei Kreuzwertheim und wohl auch schon der Marienberg bei Würzburg („Uburzis" nach dem so genannten Geografen von Ravenna). Ihre Größen betragen zwischen etwa 3–4 ha (Staffelberg, Gelbe Bürg), 14 ha (Reisberg) und maximal 36 ha (Ehrenbürg), wobei der tatsächliche Ausbau mit festen Holzhäusern und zugehöriger Infrastruktur weitgehend unbekannt ist. Nur auf der Wettenburg fanden größere Ausgrabungen statt, in kleinerem Umfang auch auf der Gelben Bürg sowie dem Staffelberg und dem Reisberg (Arbeitsgrube einer Buntmetallwerkstatt von 1991).

Die hohe soziale Stellung der dort Lebenden dokumentieren etwa römische Luxusgegenstände – Glas oder Terra sigillata – und Rangabzeichen wie die spätrömische Gürtelgarnitur von der Ehrenbürg, der eine einheimische Imitation vom Reisberg an die Seite gestellt wird. Zu vornehmem germanischen Trachtzubehör gehören die silbernen Fibeln von der Gelben Bürg; neben Perlen, Ringschmuck und anderem belegen sie zudem, dass die befestigten Höhen keineswegs nur kurzfristig militärischen Zwecken dienten, sondern tatsächlich über Generationen hinweg zivil bewohnt waren. Das Ende dieser vorfränkischen Höhensiedlungen liegt oft schon im mittleren 5. Jahrhundert (Wettenburg, Ehrenbürg), spätestens in der Zeit um 500 (Gelbe Bürg). Neuerdings verdichten sich Hinweise darauf, dass auch das reiche Fundspektrum vom Reisberg mit den alamannisch-fränkischen Auseinandersetzungen am Ende des 5. Jahrhunderts erst abgebrochen sein könnte.

d) Vergoldeter Beschlag aus Bronze
Um 600
Fundort: Judenhügel bei Kleinbardorf, Lkr. Rhön-Grabfeld
Dekoriert im Tierstil II, 5,9 × 4,9
Archäologisches Museum Bad Königshofen im Grabfeld (1988,2505)

e) Bronzescheibenfibel
Um 600
Fundort: Kleinbardorf, Lkr. Rhön-Grabfeld, Grab 2
Kerbschnittverziert mit einem Viererwirbel im Tierstil II, Ø 4,5
Archäologische Staatssammlung München (1988,2502 b)

f) Paar Polyederohrringe
Um 600
Fundort: Kleinbardorf, Lkr. Rhön-Grabfeld, Grab 2
Silber, Ø 2
Archäologische Staatssammlung München (1988,2502 a)

13 d – f

Lit.: Wamser, Bergstationen; Wamser, Bedeutung; Sage, Frühgeschichte und Frühmittelalter, bes. 207–222; von Berchem, Mittelalter und Neuzeit; Haberstroh, Funde der Kaiser- und Völkerwanderungszeit, bes. S. 46 – 52; Haberstroh, Grabfunde von Kleinbardorf; Haberstroh, Reisberg.

Die Franken selbst haben im 6. Jahrhundert offenbar keine oder kaum Höhen aufgesucht – ein negatives Phänomen, dessen Ursachen noch zu ergründen wären –, wohl aber verstärkt wieder im 7. und 8. Jahrhundert. Hierzu zählt auch der Marienberg bei Würzburg, Sitz der Herzöge aus dem Geschlecht der Heden. Bergstationen wie der Judenhügel bei Kleinbardorf oder der Gangolfsberg in der Rhön waren schon in älteren Zeiten besiedelt. Auch die Fortifikation dieser jüngermerowingischen Höhensiedlungen steht noch ganz in prähistorischer Tradition. Grabfunde aus Kleinbardorf, gut 120 m unterhalb des Judenhügel-Plateaus geborgen, führen exemplarisch nicht nur die gehobene Tracht einer Frau vor Augen, sondern verdeutlichen wiederum, wie sehr solche führenden Gruppen mit dem Westen verbunden waren – im Falle der Wirbelfibel etwa mit dem Rhein-Main-Neckargebiet. Manche Wallanlagen auf fränkischen Anhöhen wurden noch die gesamte Karolingerzeit hindurch genutzt, bevor man diese altertümliche Form des Burgenbaus mit den so genannten Ungarnwällen des 10. Jahrhunderts endgültig aufgab. Das Beispiel der größten Höhenbefestigung ganz Frankens, der Schwanberg im Steigerwald, zeigt, wie nahtlos die weitere Entwicklung im Burgenbau der Salier- und Stauferzeit münden konnte: Laut Grabungsbefund sitzt das heutige, in seinem Kern um 1230 gegründete Schloss Schwanberg auf einer älteren Befestigung, wozu offenbar ein Abschnittswall sowie eine Eigenkirche des 11.(?)/12. Jahrhunderts samt (Adels-)Grablege gehörte. Diese frühe Burganlage reichte ihrerseits wohl bis in karolingische Zeit zurück und hat damals möglicherweise eine andere Befestigung abgelöst, die sich seit dem 7. Jahrhundert in nur 1,2 km Entfernung auf dem Iphöfer Knuck, am Südrand des Schwanbergmassivs, befunden hatte. *A. R.*

14 Öffnung und Plünderung von Gräbern ist ein Phänomen, das nicht nur in den frühmittelalterlichen Gräberfeldern Frankens regelmäßig auftrat: In vielen Gebieten spiegeln sich darin unruhige Zeiten oder Epochen des Umbruchs wider.

Beraubte und unberaubte Körpergräber

14 Eußenheim, Grab 60, unberaubt

Erstmals präsentiert werden hier ausgewählte Funde aus dem Reihengräberfeld von Eußenheim am Unterlauf der Wern. Dort konnte das Landesamt für Denkmalpflege in den Jahren 1994 und 1995 exakt 100 Gräber, einschließlich vier Tierbestattungen, planmäßig untersuchen. Auffällig hoch ist die Zahl gut ausgestatteter Holzkammern, und zwar sowohl der überlangen Form bis zu 3,5 m Länge als auch des breiten „Typs Morken“ (Kat.-Nr. 25).

Mittleres 6. bis mittleres 7. Jahrhundert
Fundort: Eußenheim, Lkr. Main-Spessart
Grab 14, Frau, unberaubt: Bronzenadel mit Rillendekor, L. 11,7; Glasanhänger, schwärzlich-grün mit gelben Sternen und weiß-roten Flecken, Ø 4,4
Grab 57, Frau, beraubt: Elf Glas- und Bernsteinperlen, Reste einer Halskette; Bronzenadel mit Rillendekor, L. 11,5; eiserne Rechteckschnalle, B. 3,3; Eisenmesser, L. 16,2; Eisenschere, L. noch 11,8; T-förmiger Bronzeschlüssel mit verziertem Griff, L. 7,4; keulenförmiger Knochenanhänger, L. 4,4; Spinnwirtel aus Ton, Ø 3; zweireihiger Beinkamm, L. noch 13,5
Grab 60, Frau, unberaubt: 160 Glas- und Bernsteinperlen einer Halskette; bronzene Gewandnadel, L. 15,8; bronzene Strumpfbandgarnitur aus jeweils zwei Schnallen mit Beschlägen, L. 3,5, Riemenzungen aus Pressblech, L. max. 5,8, und Trapezbeschlägen, 1,6 × 1,8; bronzene Schuhgarnitur aus jeweils zwei Schnallen mit dekorierten Beschlägen, L. 4,5, kleinen dekorierten Riemenzungen, L. 3,3, und Rechteckbeschlägen, 1,5 × 1,6
Grab 68, Frau, zerstört, wohl beraubt: Zwei Anhänger aus Goldblech, mit geometrischem Filigrandekor bzw. Brakteat eines Adlers mit Christogramm, Ø mit Öse 2 bzw. 2,7
Grab 75, Mädchen, unberaubt: Bronzener Bommelanhänger mit kreuzförmig durchbrochenem Dekor, L. 4,1
Grab 81, Mann, unberaubt: Dreiteilige eiserne Gürtelgarnitur mit Bronzenieten, bestehend aus Schnalle mit Beschlagplatte, L. 17,5, Gegenbeschlag, L. 14,7, und Rückenbeschlag mit korrodierten Textilien, 4,5 × 5; drei Pfeilspitzen aus Eisen, L. max. 9,4
Grab 90, Knabe, unberaubt: 14 Glasperlen eines Armbands, dazu Bronzereste einer Fuchsschwanzkette mit Verschlüssen; bronzene Schilddornschnalle, B. 3,4; Inhalt einer Rückentasche, bestehend aus Rasiermesser, L. 12,7, Feuerstahl, L. 5,5, Schere, L. noch 14,2, Eisenstab, L. 4,7, Eisenpfriem mit Holzgriff, L. 6,5, und Silex, L. 2; massiver Kurzsax mit breiter Klinge, L. 30,2; zwei Pfeilspitzen aus Eisen, L. max. 10
Archäologische Staatssammlung München (2000, 4010.4043.4046.4053.4059.4065.4071)

14 Eußenheim
Hinten links: Millefiori-Perle, Grab 14;
hinten rechts: Bronzebommel, Grab 75;
Mitte: zwei Goldanhänger, Grab 68;
vorne: Bronzenadel, Grab 14

14 Eußenheim: Gürtelgarnitur und Pfeilspitzen, Grab 81

Neben fränkischen Allerweltsbeigaben wie den einförmigen Kämmen mit zwei Zahnreihen, Gürtelschnallen mit typischem Schilddorn oder diversen Haar- und Kopftuchnadeln sind besonders hervorzuheben unter den Beifunden: aus der Zeit um 560 ein fränkisches Perlenarmband sowie ein relativ früher Sax, der von den Franken im Verlauf des 5. Jahrhunderts aus der spätrömischen Bewaffnung übernommen worden war (Grab 90), ferner eine schwere dreiteilige Gürtelgarnitur westlicher Form aus der Zeit um 630/50 mit anhaftenden Resten von Ledergurt und Kleidung (Grab 81), verschiedene Amulette wie Glaswirtel oder Keulenanhänger (Gräber 14 und 57), aber auch ein Bommelanhänger mit Kreuzdekor (Grab 75), der bereits auf frühe Kontakte zum Christentum in der Zeit vor Kilians Mission schließen lässt.

Aus dem Rheinland oder aus Thüringen sind herausragende Grablegen des Frühmittelalters bekannt, die üppig mit kostbaren Luxusgütern und Goldschmuck ausgestattet sind. Dass derartige „Fürsten-" oder Prunkgräber bislang weder in solcher Zahl noch in dieser Qualität in Franken gefunden wurden, mag unter anderem auch mit dem Grabraub zusammenhängen, der allenthalben zu beobachten ist. Nicht selten werden bei sorgfältigen Ausgrabungen rund ein Fünftel (Dittenheim), ein Drittel (Kleinlangheim), über die Hälfte (Westheim) oder

14 Eußenheim, Grab 57, beraubt

gar fast 90 Prozent (Zeuzleben) der Gräber in gestörtem Zustand angetroffen: Die Skelettreste liegen im Grab verworfen und Teile der Ausstattung sind entwendet – oft Schwertwaffen sowie Trachtzubehör bis hin zu Perlen (vgl. Eußenheim Grab 57, nur wenige kleine erhalten). Unberührt bleiben meist nur körperfern platzierte Dinge wie Speisebeigaben, Schilde oder Lanzen. Selbst kleine Grabgruppen, wie die 1995 entdeckten drei Gräber des 7. Jahrhunderts von Neuses in Oberfranken (Kat.-Nr. 23), sind von derartigen Beraubungen betroffen.

Besonders aussagekräftige Befunde liegen aus Eußenheim vor, wo Plünderer mit langen Metallstangen lockere Verfüllungen von Gräbern sondierten, um diese dann gezielt öffnen zu können: Ihre Sondierbohrungen hinterließen Hohlräume im Erdreich, die bei der Ausgrabung 1994/95 mit Gips oder Blei ausgegossen werden konnten. Auf diese Weise erlangte man erstmals Kenntnis vom Aussehen solcher Sondierstangen.

Früher hat man in den Plünderern gerne die eigenen Angehörigen aus der bestattenden Gemeinschaft gesehen, die sich schon bald über die Gräber ihrer Vorfahren hermachten und angeblich noch genau wussten, wo was zu finden sei. Allerdings liegen in manchen Gegenden schwer geplünderte Gräberfelder nahe bei kaum geplünderten, was bei der genannten Interpretation nur schwer mit gesellschaftlich instabilen Verhältnissen zu erklären wäre. Außerdem stand Grabraub in allen frühmittelalterlichen Volksrechten unter schwerer Strafe. Viele Indizien deuten in jüngster Zeit auf andere Täter hin, nämlich auf fremde Räuberscharen aus späterer Zeit, die keine exakte Orientierung mehr besaßen. Dafür spricht unter anderem, dass insgesamt jüngere Gräber (des 7./8. Jahrhunderts) häufiger gestört wurden als ältere des 5./6. Jahrhunderts, die man obertägig offenbar nicht mehr erkannte. Manchmal findet man ganze Suchgräben quer durch ein Gräberfeld, eine gleichmäßig wiederkehrende Methode der Graböffnung – wie die Sondierlöcher in 13 Gräbern von Eußenheim – oder Hinweise darauf, dass benachbarte Gräber gleichzeitig geöffnet wurden, wie in Zeuzleben; auch haben die Plünderer bisweilen jüngere Gegenstände aus ihrer Zeit in beraubten älteren Gräbern zurückgelassen. All diese Beobachtungen sind eigentlich nur denkbar, wenn ein Gräberfeld zum Zeitpunkt der Beraubung schon aufgelassen war. Dafür bietet sich besonders der Zeitraum des frühen und mittleren 8. Jahrhunderts an, eine Phase des religiösen Um-

14 Eußenheim, Grab 90, unberaubt, unter anderem mit Kurzsax und Schere

bruchs am Übergang von der Merowinger- zur Karolingerzeit, als sich Christentum und beigabenlose Bestattung im Kirchenfriedhof auch in Mainfranken durchsetzten. Deshalb haben Plünderer christlich verzierte Gegenstände aus Scheu zurückgelassen, so die Goldblechanhänger aus Eußenheim Grab 68 oder auch die Scheibenfibel aus Neuses Grab 1 (Kat.-Nr. 23).

Karl der Große hat 779 eines seiner ersten innenpolitischen Gesetze, das Kapitulare von Herstal, gegen umherziehende Räuber und Banden erlassen. Vermutlich waren damit auch solche Gruppen gemeint, die auf Grabraub spezialisiert waren und die innere Ordnung im Frankenreich gefährdeten. *A. R.*

Lit.: Jankuhn / Nehlsen / Roth, Grabfrevel; Schleifring / Thiedmann, Bemerkungen; Dannhorn, Beobachtungen; Leinthaler, Reihengräberfeld bei Eußenheim; Rettner, Grabhäuser.

15 Untersuchungen an Skelettresten aus fränkischen Gräbern zeugen von kriegerischen Auseinandersetzungen. Es finden sich aber auch Befunde zu klassischen Alterserscheinungen wie zum Beispiel Arthrose.

Skelettreste

a) Skelettrest, männlich, 40 – 60 Jahre
Schädel mit tödlicher Hiebverletzung
7. Jahrhundert
Fundort: Dittenheim, Lkr. Weißenburg-Gunzenhausen, Grab 62

b) Skelettrest, männlich, 20 – 40 Jahre
Schädel mit annähernd verheilter Hiebverletzung
7. Jahrhundert
Fundort: Dittenheim, Lkr. Weißenburg-Gunzenhausen, Grab 242

c) Skelettrest, männlich 40 – 60 Jahre
Schädel mit gut verheilter Hiebverletzung auf dem rechten Stirnbein
6.–7. Jahrhundert
Fundort: Dittenheim, Lkr. Weißenburg-Gunzenhausen, Grab 68

d) Skelettrest, männlich, 40 – 60 Jahre
Kniegelenk mit schwerster Arthrose und vollständiger Degeneration des Gelenkknorpels
5.–8. Jahrhundert
Fundort: Wenigumstadt, Lkr. Aschaffenburg, Grab 219

e) Skelettrest, männlich, älter als 50 Jahre
Blockwirbelbildung der Brustwirbelsäule infolge Bandscheibendegeneration
5.–8. Jahrhundert
Fundort: Wenigumstadt, Lkr. Aschaffenburg, Grab 224

f) Skelettrest, männlich
Mittelfußknochen mit Marschfraktur; gesunder Knochen als Vergleichsobjekt
5.–8. Jahrhundert
Fundort: Wenigumstadt, Lkr. Aschaffenburg, Grab 83

a–f) Staatssammlung für Anthropologie und Paläoanatomie, München

15 a und c

Auskunft über alltägliche Aktivitäten und die dabei über längere Zeiträume sich einstellenden Krankheitsbilder gibt eine Untersuchung, die anhand des Reihengräberfelds von Wenigumstadt, Lkr. Aschaffenburg, durchgeführt wurde. In den Jahren 1971, 1981 und 1982 konnten mindestens 60 Prozent des Gräberfelderareals erfasst und ca. 270 menschliche Bestattungen geborgen werden. Als Befunde ließen sich bei der fränkisch-alamannischen Mischbevölkerung vor allem degenerative Veränderungen der Wirbelsäule und Gelenke feststellen (72 Prozent der untersuchten Skelette). Die Veränderungen der Wirbelkörper und kleinen Wirbelgelenke betreffen hauptsächlich die Brust- und Lendenwirbelsäule bei beiden Geschlechtern. Der gezeigte Skelettrest eines über 50-jährigen Mannes weist dementsprechend eine Blockwirbelbildung der Brustwirbelsäule infolge einer Bandscheibendegeneration auf (e). Bei Frauen war bevorzugt die Halswirbelsäule betroffen.

57 Prozent der Skelette zeigten arthrotische Veränderungen, am häufigsten der Hüft- und Schultergelenke. Auch hier waren Männer stärker betroffen als Frauen. Im Gegensatz zu Untersuchungen anderer Gräber-

felder ließen sich bei beiden Geschlechtern in Wenigumstadt vermehrt Handgelenksarthrosen nachweisen. Die krankhaften Veränderungen der Skelette deuten außerdem darauf hin, dass gewohnheitsmäßig in der Hocke gearbeitet wurde, wobei bei Frauen dieses Aktivitätsmuster häufiger vorkam als bei Männern.

Lediglich neun Knochenbrüche, bei denen es keine Hinweise auf gewalttätige Auseinandersetzungen gab, wurden festgestellt, wobei beide Geschlechter betroffen waren. Insbesondere Frakturen des Knöchels können als Unfälle etwa während der Feldarbeit interpretiert werden. Ermüdungsbrüche, wie sie bei einem männlichen Skelett am Mittelfußknochen festgestellt werden konnten, zeugen von einer ungewöhnlich hohen Laufbelastung (f).

Schwere angeborene, entzündliche oder infektiöse Gelenkerkrankungen traten in Einzelfällen auf. Die Lebensqualität der betroffenen Individuen war stark gemindert. Dass diese Personen trotzdem ein relativ hohes Alter erreichten, kann als ein Zeichen für das Fürsorgeverhalten der Gruppe gewertet werden. In Bezug auf geschlechtstypische Aktivitätsmuster ist zusammenfassend festzustellen, dass die untere Extremität bevorzugt bei den Männern betroffen ist (Feldarbeit), bei den weiblichen Individuen dagegen eher die obere Extremität und die Halswirbelsäule (Hausarbeit, Gartenarbeit).

Während die Untersuchung in Wenigumstadt Hinweise auf langfristige Krankheitsbilder gab, weisen die drei gezeigten Schädel aus Dittenheim auf Verletzungen infolge von kriegerischen Auseinandersetzungen hin. Zu erkennen sind bei allen drei Schädeln Wunden durch Schwerthiebe. In zwei der drei Fälle führten die Verletzungen zum Tod (a), während im dritten Fall die Wunde im Stirnbereich offensichtlich gut verheilte, was an den abgeflachten Bruchrändern erkennbar ist (c). *G.G.*

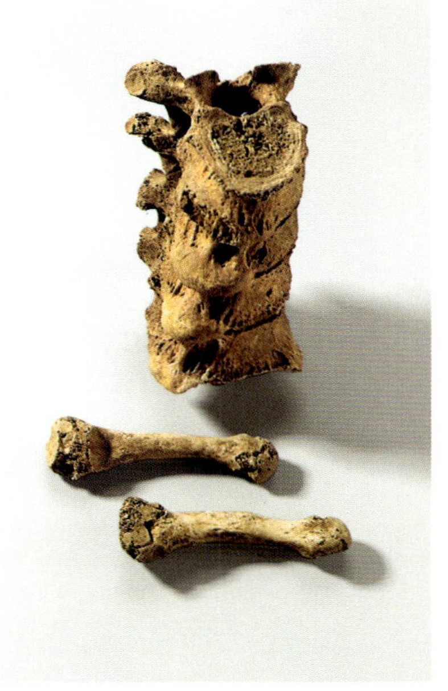

15 e und f

Lit.: Bergner, Aktivitätsmuster.

16 Qualitätvolle Grabfunde – darunter ein kostbares Trinkhorn aus Glas von Salz an der Saale – belegen, dass fränkische Siedler aus dem Rheingebiet bereits seit der ersten Hälfte des 6. Jahrhunderts den wichtigen Fernweg zwischen Würzburg und Thüringen im Vorfeld der Rhön sicherten.

Fränkische Grabfunde aus Salz

Mittleres 6. Jahrhundert
Fundort: Salz, Lkr. Rhön-Grabfeld

a) Grab 19
Bronzene Kolbendornschnalle, B. 3,2, mit drei Gürtelhaften
Bronzene Feinwaage, L. noch 13,5, mit zwei Waagschälchen, Ø 4,5
Trinkhorn aus grünlichem Glas mit Fadenauflage, L. 34
Zur Zeit Bayerisches Landesamt für Denkmalpflege, Außenstelle Würzburg (ohne Inv.-Nr.), Archäologisches Museum Bad Königshofen im Grabfeld / Privatbesitz

Seit karolingischer Zeit ist Salz als königliches Fiskalgut (erstmals 741/42) und als Pfalz (ab 790) bezeugt; mehrmals hielten sich dort Karl der Große und sein Sohn Ludwig der Fromme auf. Weil in Salz der schiffbare Abschnitt der fränkischen Saale endete und ein Fernweg über Fulda in Richtung Westfalen abzweigte, besaß der Ort seit alters her überregionale Bedeutung. Davon zeugt auch ein fränkisches Gräberfeld des mittleren 6. bis späten 7. Jahrhunderts im Südwesten des Orts, wovon im Jahr 2000 vorerst 26 Gräber – von geschätzten über 200 Bestattungen – aufgedeckt worden sind. Mindestens zehn große Holzkammern (vgl. Kat.-Nr. 25) dokumentieren den Reichtum einer Gemeinschaft, die vielleicht schon damals vom Namen gebenden Salz profitierte, von seiner Gewinnung aus salzhaltigen Quellen und dem Handel damit (man beachte in diesem Zusammenhang die Feinwaage als Attribut des Händlers). Salz war nicht nur elementarer Geschmackszusatz, sondern ermöglichte bis weit in die Neuzeit ein wichtiges Verfahren, das Pökeln, um Nahrungsmittel langfristig zu konservieren.

16 Oben: Waage mit zwei Schalen; unten: Kolbendornschnalle mit drei Haften, Salz, Grab 19

Luxus spiegelt sich vor allem im gläsernen Trinkhorn eines Mannes aus Kammergrab 19 wider, dessen Herkunft aus dem Mittelrheingebiet überdies die charakteristische Gürtelschnalle mit dazugehörigen Haften verrät. Zum Inventar gehören neben der Waage ein Messer, Feuerstahl und -stein, Glasamulette und drei römische Münzen, allesamt Inhalt einer Rückentasche aus Leder, ferner eine Fleischbeigabe und ein beinerner Kamm. Glashörner wurden schon in spätrömischer Zeit als exklusive Trinkgefäße geschätzt. Das hier gezeigte Exemplar stammt jedoch aufgrund der Zusammensetzung der Glasmasse – unter Zusatz von Soda – sicher aus dem Frühmittelalter. Insgesamt sind bis heute nur etwa 40 Stücke bekannt; neben vereinzelten Funden aus Skandinavien, England und Italien stammt die Mehrzahl aus dem Rhein-Maas-Gebiet, wo auch die Glashütte zu suchen ist. Das Trinkhorn von Salz ist bislang das einzige aus Glas, das fernab östlich des Rheins zutage trat.

b) Grab 25
Bronzener Polyederohrring, Ø 3,5
Kette aus 89 Glasperlen mit vier Bronzeschließhaken, L. max. 4
Bronzene Scheibenfibel mit Kreisaugenzier, Ø 2,7
Bronzene Schmucknadel mit Rillendekor, L. noch 16
Bronzener Armring mit eingraviertem Dekor, Ø 6,8
Drei Fingerringe mit Steinauflage bzw. eingraviertem Dekor, Ø max. 2,7
Bronzene Schilddornschnalle, B. 2,7
Bayerisches Landesamt für Denkmalpflege, Außenstelle Würzburg (ohne Inv.-Nr.), Archäologisches Museum Bad Königshofen im Grabfeld / Privatbesitz

16 Grab 25

16 Trinkhorn, Salz, Grab 19

Zwar weniger edel, aber doch ungewöhnlich reichhaltig präsentiert sich der bronzene Trachtschmuck einer Frau aus Grab 25, die zudem Messer und Amulett am Gehänge, zwei Spinnwirtel und eine Nähnadel zur Textilfertigung sowie einen Kamm als Toilettegerät mit sich führte. Namentlich die Schilddornschnalle, der vielfältige Ringschmuck und die frühe Scheibenfibel besitzen typische Parallelen im fränkischen Kerngebiet links des Rheins. Ihre Fingerringe hatte die Frau offenbar nicht angelegt, sondern nahm sie eigenartigerweise am Riemenwerk des Gehänges festgebunden mit ins Grab. Auf spätrömische Vorformen gehen schließlich die Bronzehäkchen zurück, mit denen die Perlenkette verschlossen war.

Salz liegt nicht nur strategisch günstig, am Fernweg nach Thüringen zwischen den früh bezeugten Zentren Würzburg und Erfurt, wo Bonifatius 200 Jahre später Bistümer gründen sollte. Die frühen Gräber beweisen vor allem, dass sich das Grabfeld mitsamt seinen Bewohnern, den „Graffelti", wie sie in einem Brief Papst Gregors III. von 739 genannt werden, schon seit etwa 530 in fränkischer Hand befunden hat – und nicht erst seit dem 7. Jahrhundert, wie man früher annahm. Die Zuwanderer müssen direkt aus dem Rheingebiet gekommen sein; es waren jedenfalls keine Alamannen, worauf gewisse Ortsnamen auf -ingen sowie einzelne Funde von Höhensiedlungen hinzudeuten schienen. *A. R.*

Lit.: Gerlach, Gräberfeld bei Salz; Gerlach, „fiscus salz" (mit weiterer Literatur).

17 Das Fährgeld der Verstorbenen in fränkischen Gräbern – die auf den Münzen vermerkten Prägeorte liefern Hinweise auf die weiten Wege, die von den fränkischen Zahlungsmitteln zurückgelegt wurden.

Feinwaage

6. Jahrhundert n. Chr.
Fundort: Thalmässing, Lkr. Roth, Grab 46
Waage nach dem Prinzip der römischen Schnellwaage mit Aufhängevorrichtung, L. 11,8
Archäologische Staatssammlung München (1892,198)

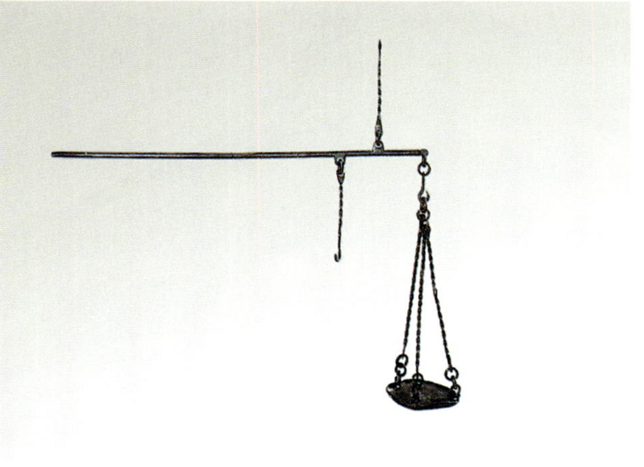

17 Grab 46

Münzen als Grabbeigaben

17 a und b

17 Links oben: 17 d, rechts oben: 17 e, unten: 17 f

a) Fundort: Westheim, Lkr. Weißenburg-Gunzenhausen, Grab 8, Obolus im Mund; Denar des Maximinus Thrax, geprägt 235/236 n. Chr.; Münzstätte Rom (RIC 7A); Vs. Kaiserbüste mit Lorbeerkranz; Rs. Göttin Fides, die zwei Standarten hält
Germanisches Nationalmuseum, Nürnberg (FG 2197)

b) Fundort: Westheim, Lkr. Weißenburg-Gunzenhausen, Grab 202, ursprüngliche Lage der Münze im Grab fraglich; Halbsiliqua des Baduila im Namen des

Bereits am Ende des 5. Jahrhunderts ist in fränkischen Reihengräbern die Sitte der Münzbeigabe als Totenobolus (Charonspfennig) zu beobachten. Dieser Brauch stammt aus dem gallorömischen Westen, wurde von den Germanen übernommen und breitete sich immer weiter nach Osten aus. Neben der Verwendung von abgegriffenen Silber- und Bronzemünzen aus der Zeit des 3. und 4. Jahrhunderts (Denare, Antoniniane, Aes-Prägungen) und zum Teil noch weit älterer Prägungen, wie einer gallischen Potinmünze des 1. Jahrhunderts v. Chr. aus einem Reihengrab in Kleinlangheim, wurden auch zeitgenössische Prägungen benutzt, die Hinweise auf die gesellschaftliche Position des Verstorbenen geben. Gold- und Silbermünzen in Form von Tremisses (Trienten) und Siliquen finden sich bevorzugt in reichen Grablegen, sodass man in diesen Personen Repräsentanten der fränkischen Oberschicht sehen darf.

Während die älteren Prägungen als Zufallsfunde aus römischen Siedlungen und Gräbern meist von geringem Wert waren und wahrscheinlich nicht mehr als Zahlungsmittel gegolten hatten, repräsentierten die zeitgenössischen Prägungen auch einen erheblichen Wert, vor allem wenn man bedenkt, dass solche Münzen immer wieder aus Gräbern, aber nur selten aus zeitgleichen Siedlungen überliefert sind.

Die Bandbreite der Münzbeigaben reicht von Solidi und Tremisses (4,5 g und 1,4 g), vor allem aus Ravenna, und den unter Chlodwig I. (481–511) um 500 einsetzenden Imitationen (monnaies pseudo-imperiales), die aus im Einzelnen nicht näher lokalisierbaren Münzstätten in Gallien stammen, bis zu den umfangreichen Monetarprägungen des Westfrankenreichs, welche in der Zeit um 570 einsetzten. Bei letzteren handelt es sich um Münzen, die in Eigenverantwortung von Münzmeistern, die nicht identisch mit den Stempelschneidern waren, in Auftragsarbeit hergestellt wurden, wobei die Monetare in der Regel mit ihren Namen für das Gewicht und die Qualität bürgten und auch den Herstellungsort auf den Münzen vermerkten. So zeigt der aus Battignies-lez-Binche im heutigen Belgien stammende Triens aus Grab 65 von Kleinlangheim eindrücklich, welch weite Wege hochwertige Nominale zurücklegten. Aus der Existenz von mehreren hundert Münzstätten und über 2000 Namen von Monetaren ist ersichtlich, dass die Münzprägung spätestens seit dem letzten Viertel des 6. Jahrhunderts kein königliches Regal mehr darstellte und man weder von den wenigen königlichen noch von den weit entfernten italisch-byzantinischen Münzstätten eine verlässliche Versorgung mit Geld erwartete. Ein Wechsel trat erst mit dem Jahr 670 ein, als sich die Prägung wieder auf wenige Orte im Westfrankenreich konzentrierte und die qualitativ immer schlechteren Trienten durch gute Silbermünzen ersetzt wurden.

Neben gehenkelten und gelochten Prägungen, die auf die Verwendung als Schmuckstücke um den Hals, Verzierung eines Gürtelgehänges oder als Applikation an einer Tasche vielleicht auch auf die Verwendung als Amulett schließen lassen, finden sich Münzen in unterschiedlichen Positionen innerhalb der Grablege. Eine Positionierung im Bereich des Mundes, auf oder neben dem Kopf ist ebenso bezeugt wie im Umfeld der Hand und des Unterschenkels.

Auf welchem Weg im Einzelnen die pseudoimperialen und monetaren zeitgenössischen Prägungen nach Franken gelangten, bleibt meist unsicher. In Frage kommen sowohl direkte Kontakte in das Westfrankenreich mit Handel und Gütertausch als auch Beutegut oder Sold. Letzteres ist vielleicht auch für Siliqua-Teilstücke des Ostgotenkönigs Baduila (Totila) in einem Grab aus Westheim zu vermuten, die mit dem Aufenthalt fränkischer Truppen in Oberitalien nach Mittelfranken gelangt waren.

Gelegentlich findet man in den Gräbern auch Feinwaagen in Verbindung mit Probiersteinen. Die Waagen wurden für das Abwiegen von Edelmetallmünzen verwendet und können als Zeugnis einer, wenn auch wohl eingeschränkten Geldwirtschaft, angesehen werden. *B.Z.*

Lit.: Dannheimer, Funde, S. 96 f., 193 mit Taf. 60 B 1, 97, S. 192 mit Taf. 13, 18; Reiß, Reihengräberfriedhof von Westheim, S. 174 f. Abb. 43,1, S. 175 Abb. 44,1; Pescheck, Kleinlangheim, S. 91 f., S. 226 Taf. 18,10, S. 235 Taf. 26,21, S. 261 Taf. 65,1; Werner, Austrasische Grabfunde, S. 112 M 34; Koch, Bodenfunde, S. 77 ff.; Martin, Gräberfeld von Kaiseraugst, S. 156 ff.

Anastasius, geprägt nach 549 n. Chr.; Münzstätte Rom (MIR I Taf. 39,65a); Vs. Kaiserbüste r. DN ANASTASIVS PF AVG;
Rs. DN/BADV/ILA/REX
Germanisches Nationalmuseum, Nürnberg (FG 2380c)

c) Fundort: Kleinlangheim, Lkr. Kitzingen, Grab 65, Obolus im Mund, merowingischer Triens (Monetarprägung), geprägt 2. Hälfte 6. Jahrhundert; Münzstätte Batenegiaria-Battignies-lez-Binche (Hainaut, Belgien);
Vs. (?)VNTIO (Huntio oder Guntio);
Rs. BΔ⊥EИЄꟻIΔ, Kreuz auf Globus, im Abschnitt: ΔIΠ
Mainfränkisches Museum, Würzburg (70455 S 51653)

d) Fundort: Kleinlangheim, Lkr. Kitzingen, Grab 113, gefunden im Bereich des Unterkiefers; geprägt 2. Hälfte 6. Jahrhundert; Münzstätte nordfränkisch; verwilderte Kaiserbüste und Kreuz mit verstümmelter Legende
Archäologische Staatssammlung München (1979,3222 a)

e) Fundort: Kleinlangheim, Lkr. Kitzingen, Grab 261, gefunden im Bereich des Unterkiefers; merowingischer Triens; geprägt 2. Hälfte 6. Jahrhundert; Münzstätte linksrheinisch;
Vs. Büste l. mit Schriftresten;
Rs. Kreuzglobus mit Querbalken, darum Reste von Buchstaben
Archäologische Staatssammlung München (1979,3351 a)

f) Fundort: Thalmässing, Lkr. Roth, Grab 16 (1894), Triens-Nachprägung nach Iustinian I nach 555 n. Chr. – ca. Ende 6. Jahrhundert n. Chr.; Münzstätte ?;
Vs. Kaiserbüste r., DN IVSTINI · NVS PP AVC; Rs. Stilisierte Viktoria mit Kranz und Globus, VICTORIA AVGVSTORVИ, im Abschnitt: CONOↃ
Archäologische Staatssammlung München (1894,15)

a) Bügelfibelpaar Typ Hahnheim
Fundort: Hellmitzheim, Lkr. Scheinfeld, Grab 2; Bronze, L. 9,6
Germanisches Nationalmuseum, Nürnberg (1239); Röm.-Germ. Museum, Köln, ehem. Slg. Diergardt (D 1017)

b) Vogelfibelpaar
Fundort: Hellmitzheim, Lkr. Scheinfeld, Grab 10; Silber, L. 3,6
Römisch-Germanisches Museum Köln, ehem. Slg. Diergardt (D 605)

c) „Thüringische" Vogelkopffibel und fränkische Fünfknopffibel
Fundort: Gelchsheim, Lkr. Würzburg, Grab 1; Silber, L. 5,1 und 8,1
Mainfränkisches Museum, Würzburg

d) Rautenfibel und Granatscheibenfibel
Fundort: Westheim, Lkr. Weißenburg-Gunzenhausen, Grab 17
Bronze, Ø 2,5 und Silber, Ø 2,4
Museum für Vor- und Frühgeschichte Gunzenhausen (1105, 1106)

e) Vogelfibelpaar
Fundort: Westheim, Lkr. Weißenburg-Gunzenhausen, Grab 104; Silber, L. 2,8
Germanisches Nationalmuseum, Nürnberg (FG 2282)

f) Vogelfibel
Fundort: Gochsheim, Lkr. Schweinfurt
Silber, L. 2,8
Mainfränkisches Museum, Würzburg (A 5582)

g) Granatscheibenfibel
Fundort: Kleinlangheim, Lkr. Kitzingen, Grab 140
Silber mit Almandin, Ø 3,2
Archäologische Staatssammlung München (1979, 3243 d)

h) Bügelfibel
Fundort: Kleinlangheim, Lkr. Kitzingen, Grab 175
Bronze, rechteckige Kopfplatte und rautenförmiger Fuß, L. 10,1
Archäologische Staatssammlung München (1979, 3274 d)

i) Bügelfibelpaar
Fundort: Würzburg-Heidingsfeld
Silber, Tierstilverzierung, L. 10,2
Mainfränkisches Museum, Würzburg (A 1502)

j) Bügelfibelpaar
Fundort: Gersheim, Saar-Pfalz-Kreis
Silber, Tierstilverzierung, L. 9,6
Historisches Museum der Pfalz, Speyer (HM 51.C)

18 Zur Tracht begüterter Frauen des 5. und 6. Jahrhunderts gehörten Bügel- und Kleinfibeln aus Bunt- oder Edelmetall.

Fibeln

Das Aussehen eines Menschen wurde und wird im Wesentlichen nicht zuletzt durch seine Kleidung bestimmt. Während im Lauf der Jahrhunderte die Moden immer schneller wechselten, blieb die Kleidung im Frühmittelalter über längere Zeit hinweg in ihren Grundzügen gleich. Trotz der Schwierigkeiten, die eine Rekonstruktion der frühmittelalterlichen Kleidung bzw. Tracht allein anhand der Bodenfunde und der wenigen bildlichen und historischen Quellen bereitet, sind wir heute in der Lage uns ein Bild vom Aussehen der „alten Franken" zu machen (Kat.-Nr. 21).

Zur Frauentracht des späteren 5. und des 6. Jahrhunderts gehörte ein Bügelfibelpaar aus Silber oder Bronze, das im Becken- oder Oberschenkelbereich getragen wurde. Es diente der Befestigung eines Ziergehänges am Körper, das aus einem schmalen Lederband mit daran befestigten Amuletten bestand. Dieses Fibelpaar erhielten junge Frauen als Zeichen ihres Eintritts in die Welt der Erwachsenen. Es wurde ein Leben lang getragen und folgte seiner Besitzerin ins Grab. Zugleich waren diese Fibeln Kennzeichen der Zugehörigkeit zu einer sozial hervorgehobenen Schicht. Sie wurden also nur von wenigen Frauen getragen.

Die in Franken gefundenen Bügelfibeln zeigen unterschiedliche Formen. Anhand der Verbreitungsgebiete gleich geformter und verzierter Stücke kann ihre Herkunft genau ermittelt werden. So sind mit Vogelköpfen verzierte Bügelfibeln, wie sie mit einem Exemplar aus Gelchsheim Grab 1 vorliegen, für den thüringischen Raum typisch (c). Die zweite Bügelfibel aus diesem Grab, mit halbrunder gitterverzierter Kopfplatte, besitzt ihre Parallelen im heutigen nordfranzösisch-belgischen Raum, dem Kernland der Franken. Grab 1 von Gelchsheim belegt daher beispielhaft die beiden wichtigsten Wurzeln, aus denen sich das heutige Franken entwickelt hat.

Aus Grab 2 von Hellmitzheim stammt eine Fibel mit halbrunder Kopf- und rautenförmiger Fußplatte, letztere ist wiederum rautenförmig untergliedert. Bügelfibeln dieser Form und Verzierung, als „Typ Hahnheim" bezeichnet, sind auf Grund ihrer Verbreitung als fränkische Form anzusehen (a). Die rautenförmige Untergliederung durch vier punktverzierte Rhomben ist vor allem im ostfränkischen Raum mit deutlichem Schwerpunkt im Mittelrheingebiet verbreitet. Kennzeichen der übrigen ausgestellten Bügelfibeln ist die rechteckige Kopfplatte mit angegossenen oder eingezapften Knöpfen und ovalem oder triangulärem Fuß mit Tierkopfabschluss. Das Element der rechteckigen Kopfplatte stammt wohl aus Skandinavien und wurde auf dem Kontinent im späteren 6. Jahrhundert sowohl in den fränkischen als auch in den langobardischen Formenschatz aufgenommen. Die Fibel aus Würzburg-Heidingsfeld mit sieben relativ großen Knöpfen besitzt ihre nächste Parallele in Gersheim im Saarland, die Fibelform als solche, der so genannte Typ Soest, ist hauptsächlich im Rhein-Main-Gebiet zu finden (i, j).

Zur Tracht frühmittelalterlicher begüterter Damen gehörte auch ein Umhang, der auf der Brust mit zwei Kleinfibeln verschlossen wurde. Diese Fibeln konnten tiergestaltig sein, etwa in Form von Vogelfibeln, oder rund bzw. rosettenförmig mit Granateinlagen. Vogel- wie auch Granatscheibenfibeln sind in ihren Formen sehr variantenreich. Das Hauptverbreitungsgebiet der hier gezeigten Beispiele reicht von Nord-

Oben: 18 a, unten: 18 j und i.

18 b

18 e

18 f

Lit.: Koch, Bügelfibeln; Martin, Tradition und Wandel; Vielitz, Granatscheibenfibeln der Merowingerzeit.

frankreich und den Benelux-Staaten bis nach Süddeutschland. Ausgangspunkt der Entwicklung dieser Fibelformen ist jedoch das Frankenreich. Auch rautenförmige Fibeln, wie sie aus Westheim Grab 17 vorliegen, sind ein Produkt fränkischer Herkunft. *B. W.*

a) Eiserne tauschierte Scheibenfibeln Kleinlangheim, Lkr. Kitzingen, Grab 181, Ø 3,8, Archäologische Staatssammlung München (1979,3279) Kleinlangheim, Lkr. Kitzingen, Grab 37, Ø 5,4, Mainfränkisches Museum, Würzburg (70544) Dittenheim, Lkr. Weißenburg-Gunzenhausen, Grab 119, Ø 6,8, Archäologische Staatssammlung München (1986,6305 d)

19 Seit dem 7. Jahrhundert benutzten Frauen nur noch eine einzige, meist runde Scheibenfibel zur Befestigung ihres Umhangs.

Scheibenfibeln

Um die Wende zum 7. Jahrhundert zeichnet sich in der Frauentracht eine Veränderung ab. An Stelle der beiden Kleinfibeln verschloss nun eine einzige Fibel den Umhang. Wie man sich dieses Kleidungsstück vorzustellen hat, zeigt die lebensgroße Rekonstruktion einer Frauentracht (Kat.-Nr. 21). Die Gewandverschlüsse waren meist rund und unterschiedlich verziert. Die beiden Fibeln mit eiserner Platte und eingelegten, „tauschierten", Silberdrähten aus Kleinlangheim zeigen Muster, wie sie auch in wesentlich edlerer Ausführung in Gold mit entsprechend geformten Granateinlagen vorkommen. Etwas jünger ist der tauschierte Gewandverschluss aus Dittenheim Grab 119, dessen kreuzförmig gegliederte Schauseite in den Feldern zwischen den Kreuzarmen Ornamente trägt, die nur noch andeutungsweise an Tierstil erinnern. Die hier gezeigten tauschierten Fibeln sind typisch fränkische Produkte, vergleichbare Stücke fanden sich hauptsächlich im Mittelrheingebiet. Nur von Frauen höherer Gesellschaftsschichten getragen wurden die wesentlich qualitätvolleren Goldscheibenfibeln. Die im heutigen Franken gefundenen Stücke zeigen in Herstellungstechnik und in Dekoration deutliche Unterschiede, die auf die Herkunft aus verschiedenen Werkstattkreisen schließen lassen. So ist die direkte Montage des Zierblechs auf die Grundplatte ein Kennzeichen fränkischer Fibeln der ersten Hälfte des 7. Jahrhunderts.

19 a Links: Dittenheim, Grab 119; rechts: Kleinlangheim, Grab 181

b) Rheinische Goldscheibenfibeln
Oben links:
Pflaumheim, Lkr. Aschaffenburg, Grab 1/1960, Ø 5,5, Museen der Stadt Aschaffenburg – Stiftsmuseum (10/64)
Oben rechts:
Pflaumheim, Grabfund „Hinter der Kirche", Ø 4,5, Museen der Stadt Aschaffenburg – Stiftsmuseum (9747)
Unten links:
Niedernberg, Lkr. Miltenberg, Grab 1/1961, Ø 4,4, Museen der Stadt Aschaffenburg – Stiftsmuseum (9/64)

Auf Grund vergleichbarer Fibeln sind die beiden Exemplare aus Pflaumheim und das Stück aus Niedernberg rheinischer Provenienz zuzuweisen.

Im Gegensatz dazu befindet sich zwischen Deckblech und Grundplatte der Goldscheibenfibeln von Dittenheim Grab 149 und Westheim Grab 179 ein Tonkern. Gleiches gilt eventuell auch für das Exemplar aus Großhöbing Grab 138. Die Fibeln sind auch durch ihre Verzierung miteinander verbunden. Auffällig ist die dreifache Gliederung der Zierfläche durch stilisierte, erhabene Tierkopfpaare mit langen, ineinander gehenden Hälsen, wobei zwischen den gegensätzlich angeordneten Tierkopfpaaren jeweils eine Steineinlage in Kastenfassung montiert ist. Dieses Schema ist für eine Fibelgruppe charakteristisch, deren Vertreter im Gebiet zwischen Heidenheim a. d. Brenz und Greding gefunden wurden. Nach dem Fundort des prominentesten Stücks werden sie auch als Fibeln vom „Typ Wittislingen" bezeichnet. *B. W.*

Lit.: Graenert, Filigranscheibenfibeln (im Druck); Haas-Gebhard, Gräberfeld bei Dittenheim; Werner, Fürstengrab von Wittislingen, S. 23–25.

c) Goldscheibenfibeln des so genannten „Wittislinger Meisters“
Oben links:
Westheim, Lkr. Weißenburg-Gunzenhausen, Grab 179, Ø 4,7, Germanisches Nationalmuseum, Nürnberg (FG 2357)
Oben rechts:
Dittenheim, Lkr. Weißenburg-Gunzenhausen, Grab 149, Ø 5,7, Archäologische Staatssammlung München (1986,6333 d)
Mitte rechts:
Großhöbing, Lkr. Roth, Grab 138, Ø 5,6, zur Zeit Bayerisches Landesamt für Denkmalpflege, Nürnberg (Fz. Nr. 27647 D)
Mitte links:
Lauchheim „Wasserfurche“, Grab 204, Ø 5,1, Archäologisches Landesmuseum Baden-Württemberg (1986-8-246-1)
Unten rechts:
Heidenheim a. d. Brenz, Grab von 1896, Ø 5,9, Württembergisches Landesmuseum, Stuttgart (12342)

20 Die unterschiedlichen Formen und Verzierungen lassen Rückschlüsse auf Entstehungszeit und Herstellungsgebiet der fränkischen Gürtelbeschläge und Gürtelgarnituren zu.

Gürtelschnallen

20 c

In der Zeit von 510 bis 560/80 treten im fränkischen Gebiet vor allem in Männergräbern so genannte Schilddornschnallen auf. Namengebend ist die schildförmige Platte am Ende des Dorns. Im heutigen Franken kommen sie hauptsächlich in den Gräberfeldern von Orten vor, die auf -heim enden und sich damit als mögliche fränkische Gründungen zu erkennen geben. Wie in Hellmitzheim Grab 16 wurden auf dem Leder manchmal kleine Beschläge, die Gürtelhaften, befestigt (a).

Noch in der zweiten Hälfte des 6. Jahrhunderts kommen zunehmend Gürtelschnallen mit größerem Beschlag in Mode. Die als „mediterrane Schnallen" bezeichneten kleinen Gürtelschnallen mit rechteckigem Bügel und festem Beschlag, stehen am Anfang der Entwicklung (b). Sie wurden im Mittelmeerraum, vermutlich aber auch in romanischen Werkstätten westlich des Rheins und südlich der Donau gefertigt und sowohl von Männern als auch von Frauen getragen.

Ab dem letzten Viertel des 6. Jahrhunderts werden die Gürtel breiter, die Zahl der Beschläge nimmt zu. In den unterschiedlichen Regionen des Frankenreichs bilden sich typische Formen heraus. Einheimisches und Fremdes kann nun gut unterschieden werden. Die punzverzierte Gürtelgarnitur mit vogelkopfförmigen Beschlägen weist z. B. auf Kontakte ins Mittelrheingebiet hin (c). Gelegentlich sind solche Beschläge aber auch entlang von Main und Neckar belegt. Typisch für die erste Hälfte des 7. Jahrhunderts ist die Kombination von Schnallenbügel mit Beschlag, symmetrischem Gegenbeschlag und quadratischem Rückenbeschlag. Die Gürtelteile des Kriegers aus Dittenheim Grab 110 sind bichrom tauschiert. Dazu wurde das Muster in die Oberfläche eingeritzt, in die Vertiefungen wurden Silber- bzw. Messingfäden eingehämmert und anschließend glatt geschliffen. Die Verwendung von Silber und Messing ist ein Hinweis auf eine späte Zeitstellung um die Mitte des 7. Jahrhunderts. Gürtelgarnituren dieser Art sind weit verbreitet.

a) Schilddornschnallen und Gürtelhaften aus Bronze
6. Jahrhundert
Westheim, Lkr. Weißenburg-Gunzenhausen, Grab 84, B. 4,1, Germanisches Nationalmuseum, Nürnberg (FG 2269)
Dittenheim, Lkr. Weißenburg-Gunzenhausen Grab 39, B. 5, Archäologische Staatssammlung München (1975, 1435 b)
Müdesheim, Lkr. Main-Spessart, Grab 19, B. 3,3, Archäologische Staatssammlung München (1975, 833 c)
Kleinlangheim, Lkr. Kitzingen, Grab 251, B. 3,4, Archäologische Staatssammlung München (1979, 3343 b)
Hellmitzheim, Lkr. Kitzingen, Grab 16, B. 3,8, Mainfränkisches Museum, Würzburg (U 1572–1690)
Zeuzleben, Lkr. Schweinfurt, Grab 5, B. 3,6, Archäologische Staatssammlung München / Sammlung Fridolin Beßler, Zeuzleben (Z 5)

b) Gürtelschnalle mediterranen Typs
Um 560/80
Kleinlangheim, Lkr. Kitzingen, Grab 140
Bronze, L. 7,4
Archäologische Staatssammlung München (1979, 3243 d)

c) Punzverzierte Gürtelgarnitur
Spätes 6. Jahrhundert
Müdesheim, Lkr. Main-Spessart, Grab 4
Bronze, zehn Einzelteile, Gesamtlänge mindestens 40
Archäologische Staatssammlung München (1975, 819 e)

d) Dreiteilige Gürtelgarnitur
Mitte 7. Jahrhundert
Dittenheim, Lkr. Weißenburg-Gunzenhausen, Grab 110
Eisen, tauschiert, L. ca. 25
Archäologische Staatssammlung München (1975, 1495 e)

e) Gürtelschnalle mit Beschlag im aquitanischen Stil
1. Hälfte 7. Jahrhundert
Thalmässing, Lkr. Roth, Grab 14
Bronze, Gesamtlänge ca. 10
Archäologische Staatssammlung München (1894,9)

f) Gürtelschnalle mit trapezförmigem Beschlag
Mitte 7. Jahrhundert
Impfingen, Main-Tauber-Kreis, Grab 2
Bronze, Weißmetallüberzug, L. 13,1
Badisches Landesmuseum, Karlsruhe (C. 8398)

20 a Von links: Kleinlangheim, Grab 251; Dittenheim, Grab 39; Müdesheim, Grab 19

20 f Impfingen, Grab 2

20 a Westheim, Grab 84

Als sichere Importstücke geben sich zwei Gürtelschnallen des 7. Jahrhunderts zu erkennen. So stammt die in Thalmässing Grab 14 gefundene Gürtelschnalle aus südwestfranzösischem Gebiet (e). Die Art der Verzierung wird als „aquitanischer Stil" bezeichnet. Typisch ist der punktierte Hintergrund, vor dem die eigentliche Verzierung als glatte Fläche erscheint. Auch das Geflecht aus schmalen Bändern ist eine Eigenart dieses Stils. Im Gegensatz dazu stammt die in Impfingen Grab 2 gefundene Gürtelschnalle vermutlich aus der Normandie, aus der stilistisch ähnliche Stücke bekannt sind (f). Die Mode, einen breiten Gürtel mit auffälliger Schnalle zu tragen, war nur bei Damen des westlichen Frankenreichs verbreitet. Östlich der Maas gürteten die Frauen sich mit schmalen, beschlaglosen Leibriemen. Die Impfinger Dame fiel unter ihren Zeitgenossinnen mit ihrem fremdartigen Gürtel sicher auf. Ansonsten trug sie aber Trachtgegenstände aus dem Rheingebiet und östlich des Rheins.

A. Fr.

Lit.: Fingerlin, Schnalle; Koch, Gräberfeld bei Pleidelsheim; Haas-Gebhard, Gräberfeld bei Dittenheim; zum Tauschieren: Roth, Kunst und Handwerk, S. 53; Frey, Gürtelschnallen, S. 67, 74, 110 ff., 248 f.; Martin, Gürteltracht; Siegmund, Kleidung und Bewaffnung.

20 e Thalmässing, Grab 14

21 Im 7. Jahrhundert trug die vermögende Frau einen Umhang, der mit einer kostbaren Scheibenfibel zusammengehalten wurde, während der Mann um seine Hüfte einen Leibgürtel schlang, den aufwändige Metallbeschläge schmückten.

Rekonstruktion einer Frauen- und Männertracht nach Funden aus Dittenheim und Kleinlangheim

Mittleres 7. Jahrhundert
Entwurf: Roland Umhey, Arno Rettner
Herstellung: Zeughaus Wiking, Linz am Rhein
Archäologische Staatssammlung München

Die beiden Figurinen stellen eine Tracht zur Schau, wie sie etwa um 650 zwischen Main und Altmühl getragen wurde. Da es gut dokumentierte und vor allem ungestörte (Kat.-Nr. 14) Musterbefunde aus Nordbayern bislang kaum gibt, basieren die Entwürfe nicht auf einem einzigen Ensemble, sondern auf Funden aus verschiedenen Gräbern in Franken. Zu betonen ist, dass es sich um die Tracht einer Oberschicht handelt, die so nur von den obersten zehn Prozent der Gesellschaft getragen wurde, von reichen Hofbauern oder Amtsträgern. Im frühen Mittelalter brachte Kleidung prinzipiell die Zugehörigkeit zu einer bestimmten Gesellschaftsgruppe zum Ausdruck. Gesinde und Abhängige mussten sich mit schlichterer Kleidung bescheiden, etwa Kittel und Hose beim Mann; diese waren weniger bunt und sparsamer mit Metallzubehör versehen. Zum Teil wurden antik-römische Kleidungsstücke (Tunika und Mantelumhang) beibehalten, zum Teil griff man auf einheimische keltische bzw. germanische Elemente zurück (Hose und Ärmelkittel). Bei Hosen und Mänteln setzen wir heute Knöpfe und eingenähte Taschen als selbstverständlich voraus. Da beides erst im Spätmittelalter aufkam, musste man sich im 7. Jahrhundert stattdessen mit Nadeln und Fibeln behelfen sowie mit separat getragenen Beuteln. Kleidung war damals nicht körpereng geschnitten – dazu gingen die Menschen erst im 12./13. Jahrhundert über –, sondern eher weit; dies erklärt die vielen Gürtel und Riemen mit Schnallen, die zum Fixieren der Kleidung am Körper dienten (Kat.-Nr. 20).

Textilien sind in Franken nie komplett durch Grabfunde überliefert, sondern nur als Fragmente, welche korrosionsbedingt an den Vorder- und Rückseiten von Trachtobjekten aus Metall anhaften. Sie geben Hinweise auf das verwendete Material (Wolle oder Leinen), die Machart (Fadenbindung) und Musterung (z. B. Rippen oder Plissee). Manchmal sind auch Unter- und Obergewand, also mehrere Kleiderschichten zu erkennen, oder aufgenähte Besätze. Gut untersuchte Befunde stammen vor allem aus der Schweiz, weshalb sie auch hier zugrunde gelegt wurden. Den Zuschnitt der Kleidung sowie die Farbgebung kennen wir nur grob durch zeitgenössische Darstellungen und Vergleichsfunde aus dem Mittelmeergebiet, beides muss also relativ frei interpretiert werden. Da im Mittelalter drei bis vier Färbeprozesse notwendig waren, fielen die Stoffe recht filzartig aus.

Soweit das metallene Zubehör aus Grabfunden beurteilt werden kann, ähnelten sich fränkische, alamannische und bajuwarische Tracht aus Süddeutschland recht stark. Nur wenige Details sind für den jeweiligen Volksstamm kennzeichnend, zum Beispiel die Tragweise der Amulettscheibe oder die Auswahl des Ringschmucks. Wichtiger für eine ethnische Differenzierung waren wohl seit jeher Farben, Muster und auch Frisuren, worauf etwa Merkmale der Sueben (Haarknoten) und Langobarden („Langbärte“) hinweisen; archäologisch lässt sich dies natürlich nicht mehr belegen.

Den umhangartigen indigoblauen Mantel der Frau hält, wie seit der Zeit um 600 üblich, eine große Scheibenfibel verschlossen. Ihre rückseitige Fibelnadel wird dabei nicht einfach durch den Stoff gestochen, sondern an der Verschlussstelle durch Lederschlaufen geführt, die am Mantel festgenäht sind. Das Kleidungsstück mit dem Diagonalköper, also einem diagonal gewebten Stoff, und den Borten entstammt letztlich dem romanisch-mediterranen Kulturkreis. Es hielt sich durch das ganze Hochmittelalter hindurch. Zur Fixierung eines leinernen Schleiers diente eine große Nadel, kleinere Nadeln sorgten hingegen für den Halt der Haube.

Das Amulettgehänge umfasst eine Zierscheibe mit Elfenbeinring und ist, wie üblich, mit einem Beutel und langen Bändern kombiniert, woran Geräte (Messer, Kamm aus Bein in Etui) hängen. Die Gürtelschnalle über dem Obergewand – einer krapproten Tunika mit Fischgrätköper und aufgestickten Besätzen – fällt eher schlicht aus, weil sie kaum sichtbar getragen wird. Vom gebleichten Leinenkleid darunter mit seinem feinen Fischgrätköper sind nur die Ärmelenden zu sehen. Um die Waden sind mit Schnallen verschlossene Riemen herumgeführt, welche wärmende Beinstrümpfe aus naturbelassenem Hanf halten und zugleich zieren. Überhaupt sind für das 7. Jahrhundert metallreiche Beschläge kennzeichnend. Den einzigen Hinweis auf Lederschuhe geben meist nur ihre metallenen Schuhschnallen.

Der Mann trägt zuunterst ein feines Leinenunterhemd mit Fischgrätmuster sowie eine braune, köpergewebte Hose – oder Beinlinge –, was archäologisch kaum nachweisbar ist, darüber Schuhe oder Stiefel, wie sie in einem Sarkophag zu St. Ulrich und Afra in Augsburg gefunden wurden. Sein Obergewand, eine kurze Tunika mit Diagonalköper, ist mittels Rheinfarn gelb gefärbt, durch brettchengewebte Borten verziert und wird an der Taille verschnürt durch einen Gürtel, hier als „vielteiliger" Gürtel, von dem viele Nebenriemen herabhängen, gestaltet. Ausführungen aus Bronze hat man vor allem im Mittelrheingebiet getragen, eine ist aber auch aus Dittenheim Grab 58 nachgewiesen. Am Leibgürtel konnte ferner ein einschneidiges Hiebmesser, der Sax, befestigt sein. Das zweischneidige Schwert, die Spatha, steckte in einer Holzscheide mit Fellfütterung und Lederumhüllung. Bis heute ist unklar, ob es mittels eines Schultergurts – was uns realistischer erscheint – oder nur um die Hüfte angelegt wurde. Zuoberst wärmt den Mann schließlich ein naturfarbener grauer Wollmantel mit Diamantköper, der über der Schulter mittels Lederbändchen, anstelle einer Fibel, zusammengehalten wird. *A. R.*

Lit.: Martin, Tradition und Wandel; Zeller, Tracht der Frauen; Siegmund, Kleidung und Bewaffnung; Amrein, Untersuchungen.

22 In spätrömischer Tradition stehen Holzschatullen mit verzierten Beschlägen aus Bronzeblech. Vornehme fränkische Damen des 6. Jahrhunderts bewahrten darin ihre Amulette, Spielsteine, Geräte oder Wertgegenstände auf.

Holzkästchen mit Beschlägen

a) Schmuckkästchen mit Bronzeblechbeschlägen
Mittleres 6. Jahrhundert
Fundort: Zeuzleben, Gde. Werneck, Lkr. Schweinfurt, Grab 25
Schauseite 25,5 × 19,8; Rekonstruktion von Originalteilen auf Plexiglas
Archäologisches Museum Bad Königshofen im Grabfeld / Sammlung Fridolin Beßler, Zeuzleben (Z 25,13)

Umzeichnung: Vera Mika, Augsburg

Aus reich und qualitätvoll ausgestatteten Frauengräbern – darunter die bekannte fränkische Adelsgrablege unter dem Kölner Dom – ist eine Gruppe von Holzkästchen mit bronzeblechverkleideter Schauseite bekannt, die bislang rund 40 Exemplare umfasst. Drei davon stammen aus Franken (neben den gezeigten Funden noch Bruchstücke aus Sulzheim bei Schweinfurt). Die Machart dieser Schatullen lässt sich aus erhaltenen Überresten gut rekonstruieren: Auf einem Kasten von etwa 25 × 15 cm Größe, der aus Birken- oder Lindenholz zusammengefügt war, saß demnach stets ein 5–6 cm hoher Deckel, den eiserne Scharniere an der Rückwand des Kastens fixierten. In der Mitte des Deckels befand

b) Figürlich verziertes Bronzeblech eines Kästchendeckels
6. Jahrhundert
Fundort: Eußenheim, Lkr. Main-Spessart, Grab 29
Bronzeblech, ca. 18,5 × 5,5; dazu rekonstruiertes Kästchen aus Birkenholz, ca. 18 × 18 × 18
Rekonstruktion: Alfred Müller
Archäologische Staatssammlung München (2003,4001 bzw. 4021)

Lit.: Martin, Gräberfeld von Basel-Bernerring, S. 98–101; Pescheck, Reihengräberfunde, S. 31–33; Koch, Gräberfeld bei Pleidelsheim, S. 240–245.

22 a

sich ein Griff. Öffnen konnte man das Kästchen mit einem Hakenbartschlüssel, der zu diesem Zweck in ein Federschloss zu stecken war (vgl. Rekonstruktion von Eußenheim). Zahlreiche Bronzestifte hielten auf der Schauseite ein oder mehrere Zierbleche, die in Punz- und Treibarbeit dekoriert waren.

Als Inhalt sind im Fall von Zeuzleben nachgewiesen: ein Spinnwirtel, ein menschlicher Backenzahn und ein Spielstein – Symbole für die Lebensbereiche des Haushandwerks (Spinnen und Weben), des Aberglaubens und der Freizeitbeschäftigung (Brettspiel). Im Kästchen von Eußenheim lagen eine Schere, drei Tierzähne und weitere Altstücke (keltische Fibel, römisches Gefäßfragment, Glasscherbe) sowie eine Glasperle und zwei Kieselsteine. Andernorts wurden auch Kosmetika und Schmuck aufbewahrt.

Die in fränkischen Gräbern gefundenen Kästchen haben sich kontinuierlich aus spätrömischen Formen entwickelt. Bleche aus der Zeit um 500 ähneln durch einzelne Punzmotive, wie Säulchen und Sternen, oder durch Glaseinlagen noch ihren römischen Vorgängern, von denen man ferner die großen, über Model getriebenen Kreismedaillons übernahm. Vermutlich haben Romanen – also Nachfahren der römischen Provinzbevölkerung – auch die hier gezeigten Kästchen des 6. Jahrhunderts fabriziert, und zwar in Werkstätten des Rheinlands (Köln, wohl auch Mainz); dort fanden die Produkte schließlich fränkische Abnehmerinnen und über diese gelangten sie bis an den Main. Seltenheitswert besitzt der Deckelbeschlag aus Eußenheim Grab 29 aufgrund seiner figürlichen Darstellung von Mischwesen, halb Stier, halb Meeresungeheuer. Eine solche „Bestie" kommt im Mythos von Merowech vor, den der fränkische Geschichtsschreiber Fredegar im 7. Jahrhundert überliefert hat: Demnach sei der Namen gebende Ahn der Merowingerkönige von solch einem göttlichen Monster gezeugt worden. *A. R.*

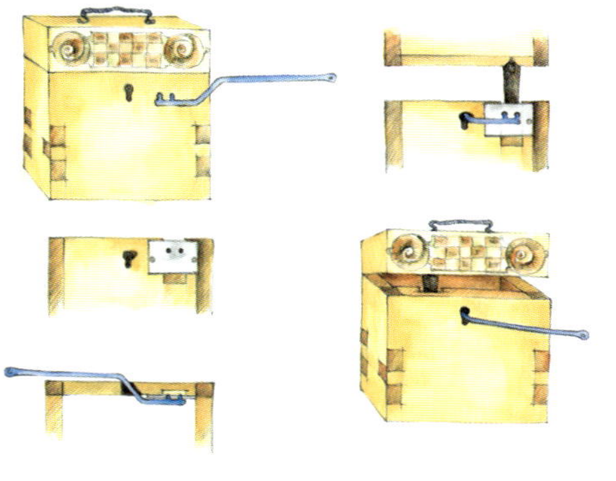

22 b

23 Zu Beginn des 8. Jahrhunderts drangen die Franken in einer zweiten Siedlungsbewegung planmäßig weiter nach Osten vor.

Grabfunde aus dem beginnenden 8. Jahrhundert

Eggolsheim-Neuses, Lkr. Forchheim, Grab 1–3: drei Fibeln, zwei Perlenensembles
Archäologische Staatssammlung München (1997,4121 a; 1997,4122 a und b; 1997,4123 a und b)

Eggolsheim-Peunt 1, Grab 2: Topf, Knochenkamm, Pfeilspitze
Bayerisches Landesamt für Denkmalpflege, Schloss Seehof, Memmelsdorf

Weismain-West, Lkr. Lichtenfels, Grab 2: goldener Bommelohrring
Landschaftsmuseum Obermain, Kulmbach (1836)

Weismain-West, Grab 53: vier silberne Kopfschmuckringe
Landschaftsmuseum Obermain, Kulmbach (1944a und b, 1945a und b)

Weismain-West, Grab 20: Spatha mit Silber-/Messingtausia
Landschaftsmuseum Obermain, Kulmbach (1871)

Weismain-West, Grab 46: eisernes Sporenpaar mit Schnallen und Riemendurchzügen
Landschaftsmuseum Obermain, Kulmbach (1919a und b, 1921a und b)

Weismain-West, Grab 47: vier S-Hakenohrringe, zwei Halsringe
Landschaftsmuseum Obermain, Kulmbach (1925a und b, 1926a und b; 1928, 1929)

Ausgehend von den Siedlungskammern im Sualafeld, im Iffgau und im mittleren Maintal zwischen Würzburg und Schweinfurt, setzte im Verlauf des 7. Jahrhunderts offenbar die strategische Erschließung der nördlichen und östlichen Landschaften bis hin zur Mittelgebirgsschwelle ein. Sie gibt sich in vermutlich befestigten Höhen, Handelsplätzen sowie Gräberfeldern und Siedlungen zu erkennen. Herausragendes Beispiel ist das neu entdeckte Gräberfeld von Salz, Lkr. Rhön-Grabfeld. Aber auch in Kaltenwestheim, Lkr. Hildburghausen oder Eggolsheim-Neuses, Lkr. Forchheim zeigt sich schon im ersten Drittel des 7. Jahrhunderts fränkischer Einfluss.

Zahlreiche Höhensiedlungen im Saaletal und Grabfeldgau (Judenhügel bei Kleinbardorf, Gangolfsberg bei Oberelsbach) sowie an Mainoberlauf und Regnitz (Reisberg bei Scheßlitz, Staffelberg bei Staffelstein) liefern Funde des mittleren 7. Jahrhunderts. Nach einer Unterbrechung von rund 150 Jahren wurden demnach diese Höhen nun wieder genutzt und möglicherweise auch befestigt. Die auffallende räumliche Nähe von gut ausgestatteten Gräbern der jüngeren und späten Merowingerzeit zu diesen gleichzeitig genutzten Höhensiedlungen lässt eine Zugehörigkeit der dort bestatteten Personen zu einer politischen Führungsschicht im Rahmen einer ersten Ausbauphase vermuten. Gleichzeitig wurden die neu erschlossenen Landschaften zum Aufmarschgebiet für die Kämpfe gegen Awaren und Slawen, von denen Fredegar für das Jahr 632 berichtet, dass sie bei der Wogastisburg in einer Katastrophe für das Heer Dagoberts vorläufig endeten. Diese Schwächung wird in den neuen Ostgebieten spürbar gewesen sein.

Wenig später wurde im Eggolsheimer Gräberfeld Peunt 1 ein Kind bestattet, dem im Beckenbereich nach thüringischer Sitte ein grober Topf mit Breispeise ins Grab gestellt wurde. Kaum mehr als eine Generation später besaß in Weismain eine Frau einen wertvollen goldenen Bommelohrring, der aus dem bajuwarischen Raum an den Obermain gekommen sein dürfte. Die anhaltend hohe Mobilität von Personen

23 Weismain-West, Grab 53

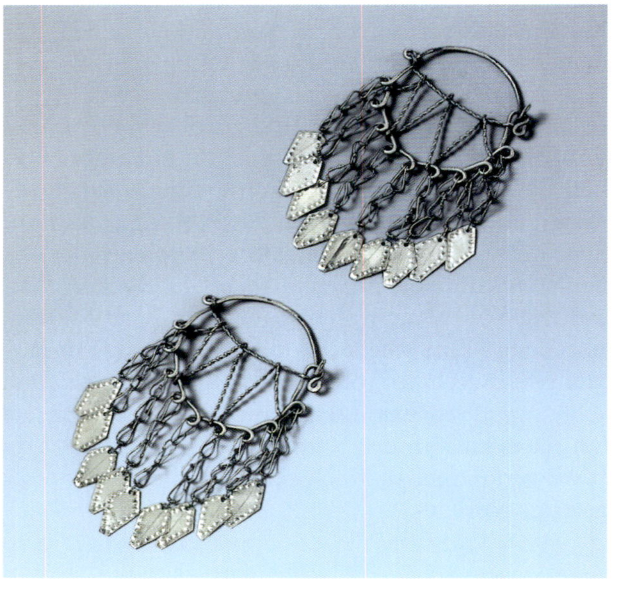

23 Eggolsheim-Neuses, Grab 1 und 2

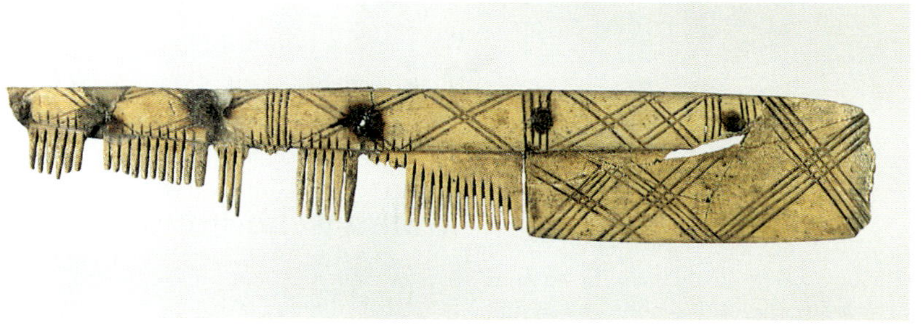

23 Kindergrab Eggolsheim-Peunt I, Grab 2

und Waren sowie Brauchtum und Sitte ging um 700 mit dem Beginn einer weiteren, zweiten Expansionsphase einher. Sie spiegelt sich in der Vielzahl neu einsetzender Gräberfelder in Ortsrandlage (Weismain-West, Eggolsheim-Peunt 2) sowie bald darauf um frühe Kirchengründungen (Seußling, Kat.-Nr. 24) wider. Im nördlichen Unterfranken bezeugt die Nekropole von Urspringen ein ähnliches Phänomen und auch an den südöstlichen Grenzen zum bajuwarischen Siedlungsraum finden sich Beispiele für ein spätes Ausklingen der Beigabensitte (Beilngries, Enkering).

Annähernd gleichzeitig erreichte die Integration der neuen Interessensgebiete im Norden, Osten und Südosten der Francia orientalis die auch in den folgenden Jahrhunderten gültigen Grenzen. *J.H.*

Lit.: Pöllath, Gräberfelder; Haberstroh, Merowingische Funde; Wamser, Bergstationen.

Karte zur fränkischen Ostexpansion
Entwurf: Jochen Haberstroh
Grafik: Gruppe Gut, Bozen

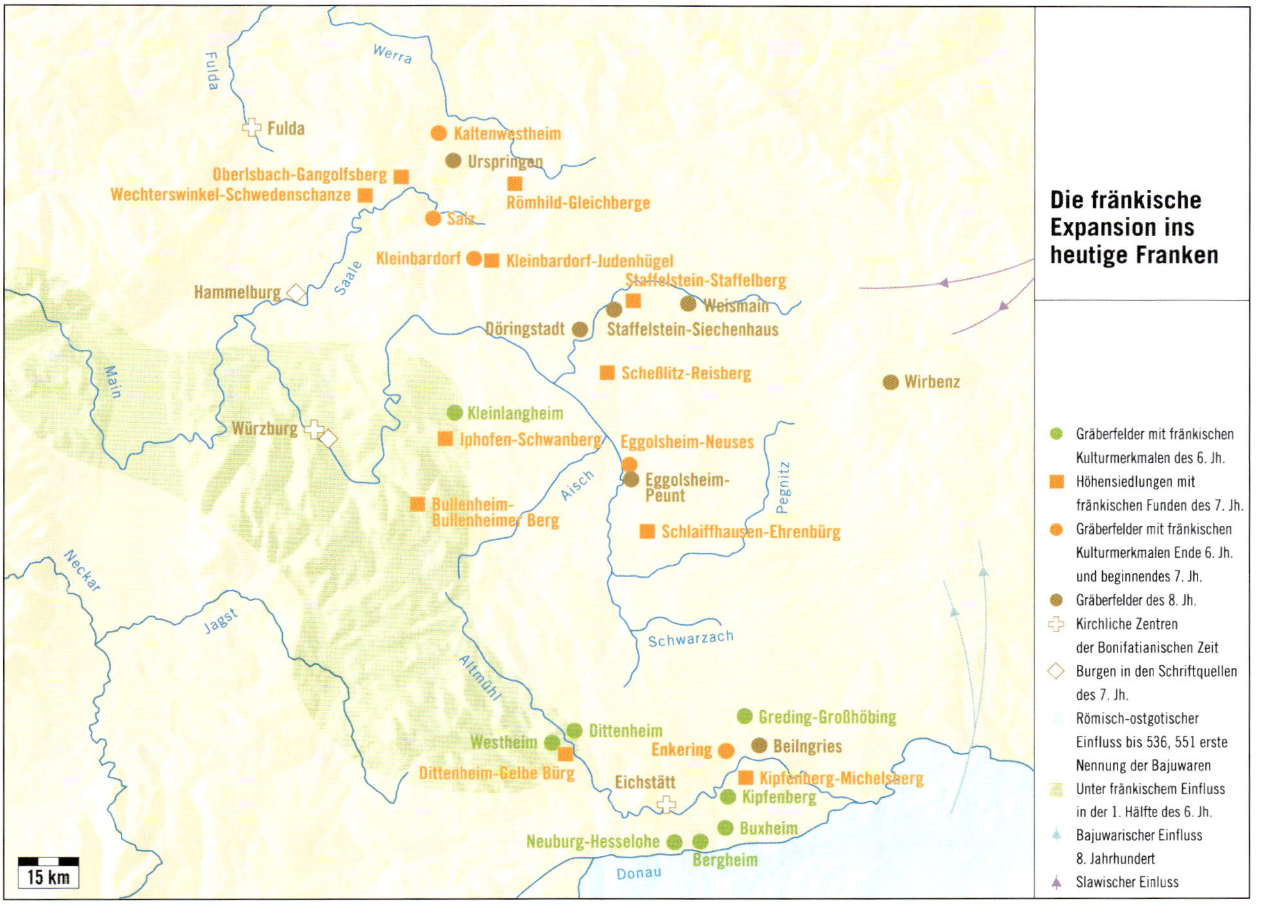

24 Älterslawische Siedlungskeramik des 8. und 9. Jahrhunderts liefert Belege für die Anwesenheit slawischer Gruppen im östlichen Franken. Gemeinsame Bestattungsplätze von Franken und Slawen unterstützen die Vermutung, dass die Integration der slawischen Zuwanderer friedlich verlief.

Slawische Funde aus Oberfranken

Fundort: Seußling, Gde. Altendorf, Lkr. Bamberg
Zerscherbte frühslawische Keramik, Holzkohle, Brandlehm, durchglühte Rollsteine
Bayerisches Landesamt für Denkmalpflege, Schloss Seehof, Memmelsdorf

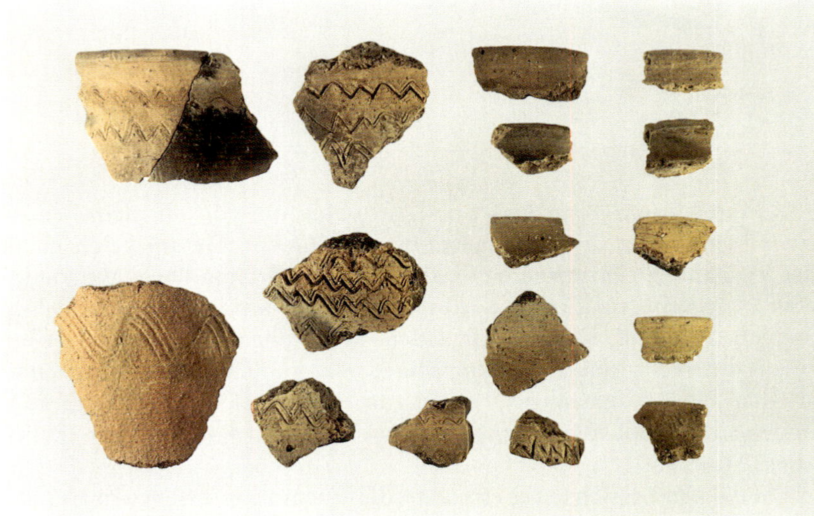

24

Seit dem späten 8. Jahrhundert wurden vor allem in den Traditionen des Klosters Fulda immer wieder Orte im Maingebiet als „in terra sclavorum“ gelegen bezeichnet. Auf den ersten Blick überrascht es daher, dass gerade in diesem Gebiet slawische Ortsnamen kaum bezeugt sind. Dagegen liefert die Archäologie mit älterslawischer Siedlungskeramik des 8./9. Jahrhunderts aus eben dieser Region durchaus Belege für die Anwesenheit slawischer Gruppen in dieser Zeit. Nicht zuletzt dieser Umstand ist es, der die erste slawische Siedlung im Gebiet der Regnitzmündung als Zuwanderung in einen seit langem kontinuierlich besiedelten Raum ausweist. Die sprachwissenschaftliche Analyse des slawischen Namenmaterials zeigt weiter, dass schon bald darauf die Albhochflächen von slawischer Siedlung erreicht wurden.

Einer der wichtigsten Fundorte in der Regnitzfurche liegt bei Seußling, Lkr. Bamberg. Dieser Platz liefert nicht nur slawische Keramik in ihrer für Nordbayern ältesten Prägung, sondern als einziger Ort auch zugehörige Befunde, die in noch ungeklärter Form mit Kult oder Bestattungsbrauch dieser Siedler verknüpft werden müssen. Der in grabartigen Gruben unterschiedlicher Ausrichtung deponierte Brandschutt mit einem großen Anteil durchglühter Rollsteine könnte beispielsweise von einem Scheiterhaufen stammen. Es handelt sich um Zeugnisse der ersten Zuwanderergeneration des späten 7. oder beginnenden 8. Jahrhunderts. Bald danach benutzten auch die zugewanderten Siedler den Kirchhof um die Slawenkirche als Bestattungsplatz.

Die zuletzt durch Radiokarbonanalysen belegte „lange Laufzeit“ der so genannten karolingisch-ottonischen Friedhöfe und Gräberfelder in Nordostbayern unterstreicht ebenfalls die historischen Vorstellungen von einer unproblematischen, weil friedlichen Integration der slawischen Zuwanderer. Der Belegungsbeginn dieses Friedhofstyps ist in mehreren Fällen in der ersten Hälfte des 8. Jahrhunderts anzusetzen. Er vereint gleichermaßen Merkmale des merowingischen Kulturkreises – Körperbestattung, Grabbau, Tracht, Kopfschmuckringe – und pa-

Lit.: Haberstroh, Siedlung; Haberstroh, Ausgrabungen; Wintergerst, Ausgrabungen; Eichler, Siedlungsnamen; Losert, Besiedlung; Geldner, Problem.

gane („slawische?") Elemente wie Ortsrandlage ohne Kirche sowie späte Speise- und Waffenbeigaben.

Die Belegungsdauer dieser Gräberfelder reicht in einzelnen Fällen bis an die Gründung des Bistums Bamberg (1007). Sie setzt auch kaum vor den Friedhöfen um die frühen Kirchengründungen ein, die in vielen Fällen dann kontinuierlich bis in die Neuzeit hinein als Friedhöfe genutzt wurden, wie Amlingstadt und Seußling. *J. H.*

Karte der slawischen Ortsnamen am Beispiel des Landkreises Bamberg mit Ergänzungen nach Eichler, Losert und Geldner
Entwurf: Jochen Haberstroh
Grafik: Gruppe Gut, Bozen

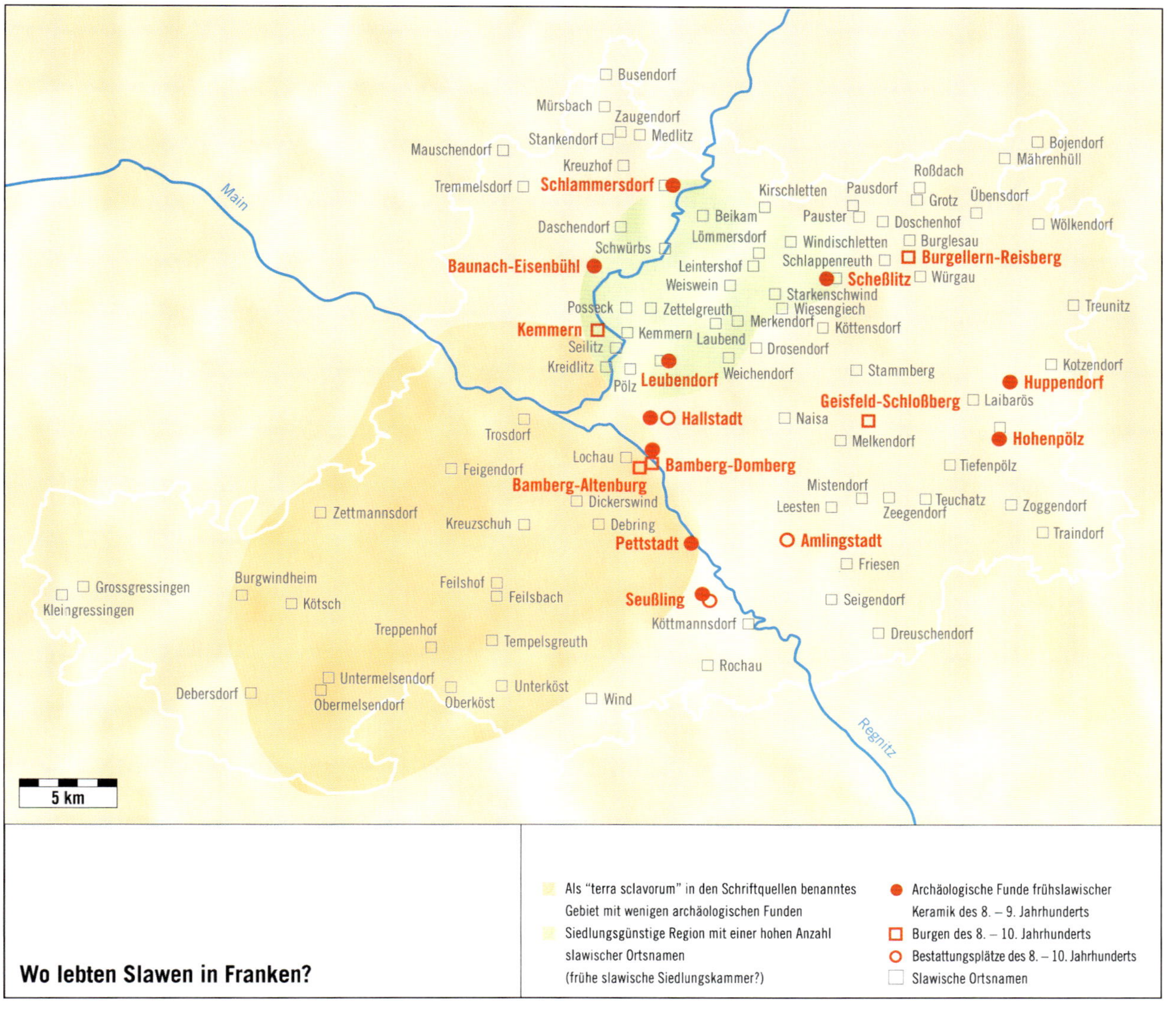

25 Durch geräumige Kammergräber unterscheidet sich ein fränkisches Gräberfeld am deutlichsten von Friedhöfen der benachbarten Thüringer, Alamannen und Bajuwaren.

Rekonstruktion eines fränkischen Kammergrabs

6. Jahrhundert
Typ Morken, Maßstab 1:1
Entwurf: Arno Rettner, Barbara Wührer
Rekonstruktion: Alfred Müller, Ute Schnetzer, Robert Plank
Archäologische Staatssammlung München
Bau: Matthias Held, Immenstadt

Geräumige Grabformen unterschiedlicher Bauweise bezeichnet man als „Kammergräber". Sie lassen sich auf spätrömische Bauwerke zurückführen, nämlich gemauerte Grabkammern (Hypogäen) und verraten dadurch schon ihren westlichen Ursprung. Zugrunde liegt eine uralte Vorstellung vom „Haus der Toten"; sie war in der Jungstein- bis zur

Bronzezeit entstanden und verschwand in unserer Region endgültig erst im 8. Jahrhundert n. Chr., als sich das schmale Sarggrab auf dem Friedhof durchsetzte, wie es heute noch angelegt wird. Weist die Grabgrube eine Breite von mindestens 1,2 m auf, wie im rekonstruierten Fall, so handelt es sich um ein Kammergrab vom so genannten Typ Morken, benannt nach einem mustergültigen Grabbau des „Herrn von Morken" am Niederrhein: Der oder die Verstorbene ruht in der einen (nördlichen) Hälfte, die Beigaben wie Speisen, Behältnisse, Reitzubehör etc. liegen in der anderen (südlichen) Hälfte. Neben dieser typisch fränkischen Grabform gibt es eine Variante von langschmalem Zuschnitt, wo die Beigaben in Gruben von 3 m oder mehr Länge am Fußende deponiert sind (so in Kleinlangheim, vereinzelt in Zeuzleben). Kammergräber waren im 5. und 6. Jahrhundert, bis auf Ausnahmen, weder bei Thüringern noch bei Alamannen noch bei Bajuwaren heimisch; sie treten dort erst um 600 unter fränkischem Einfluss vermehrt auf. In Main- und Mittelfranken jedoch beanspruchen sie in den Gräberfeldern Anteile von ca. 20 – 30 Prozent (z. B. Müdesheim, Dittenheim, Weißenburg), 40 – 50 Prozent (Westheim und Eußenheim) oder sogar 75 Prozent (Zeuzleben) – Ausdruck fränkischer Mentalität in diesem Raum. Dieselbe Mentalität verrät sich auch in festen Vorschriften, wo die einzelnen Beigaben in der Kammer zu platzieren waren; so lag Reitzubehör bei den Franken regelmäßig zu Füßen des Toten, bei Thüringern und Langobarden hingegen nahe des Kopfes oder an der linken Körperseite. Eine Lanze richteten die Franken mit der Spitze zu den Füßen hin aus, die Thüringer dagegen zum Kopf hin usw.

Die Rekonstruktion basiert auf einem durchschnittlichen Kammergrab von rund 4 m³ Volumen (ca. 2,6 m Länge × 1,6 m Breite × 0,8 – 1,0 m Höhe) und verwendet die üblichen Materialien, also Eiche für den Holzkasten und Buche für das Totenbett – ohne jeglichen Nagel oder Eisensplint. Es sind bis zu fünfmal größere Kammern bekannt, bis hin zur Größe eines regelrechten Zimmers (Wagengrab 25 von Zeuzleben). Solcher Aufwand erforderte tagelange Bauarbeiten. Damit einher ging die Qualität der Grabausstattung: Im Idealfall umfasste sie Reitzubehör, Waschbecken, reiche Speisebeigaben und einen vollständigen Waffensatz (was hier zwar hypothetisch, aber nach originalen Funden aus Gräbern in Franken nachgestellt ist). Bei einer Ausgrabung erkennt man zumeist nur schwache Erdspuren von den Seitenwänden, manchmal auch eine dunkle Schicht von der herabgestürzten Holzdecke (z. B. in Salz Grab 19 mit dem Glastrinkhorn; Kat.-Nr. 16), welche dann dicht über der Grabsohle komprimiert ist. Komfortable Ausstattung mit hölzernem Mobiliar, Decken, Moospolster etc. ist durchaus belegt, aus Baden-Württemberg oder Belgien etwa, im Einzelfall aber wegen der Vergänglichkeit des Materials selten nachweisbar. Auf Grabplänen zeichnen sich deshalb häufig scheinbar leere Bereiche ab. Auch Totenbetten lassen sich oft nur indirekt erschließen, etwa durch die Lage eines Skeletts über Keramik oder Waschbecken, die unter das restlos vergangene Bett geschoben worden waren.

Weil beim Zuschütten der über 2 m eingetieften Grabkammern stets etwas Erdaushub übrigblieb, wölbten die Erbauer meist einen kleinen Grabhügel darüber auf. Seine Sichtbarkeit führte dazu, dass Kammergräber noch lange Zeit später zum lohnenden Ziel von Grabräubern werden konnten (Kat.-Nr. 14). *A. R.*

Lit.: Martin, Gräberfeld von Basel-Bernerring, S. 12–29; Pohl, Neuburger Stadtberg; Koch, Stätten der Totenruhe; Koch, Gräberfeld bei Pleidelsheim, S. 123–136.

III In der Mitte des Reichs

Im Mittelalter ist unter dem Begriff „Franken" sowohl ein Stamm als auch ein Reich, aber auch eine Region zu verstehen. Geografisch bestand „Franken" aus einer Reihe von Kleinlandschaften, die durch größere Flüsse verbunden waren. Ausgehend vom heutigen Frankreich war der Merowingerkönig Chlodwig (482–511) nach Osten vorgedrungen und hatte 496 und 506 die Alamannen besiegt. In der Folgezeit konnten die Merowinger ihr Reich weiter ausdehnen. Die fränkische Kriegerschicht fasste im Untermaingebiet, im heutigen Mittelfranken sowie in Thüringen Fuß. Mit ihr kam auch der christliche Glaube in die Region. So ist ein allmählicher Wandel in den Begräbnissitten zu erkennen. Die Reihengräberbestattung mit Beigaben an Waffen, Schmuck und Gebrauchsgegenständen wurde im ausgehenden 7. und beginnenden 8. Jahrhundert mehr und mehr aufgegeben zugunsten eines christlichen Begräbnisses ohne Grabbeigaben. Als politische Strukturierung kann in dieser Zeit zwar ein Herzogtum der Hedenen in Würzburg festgestellt werden, ein Herzog für Ostfranken fehlt aber gänzlich. Eine stärkere Einbindung des rechtsrheinischen Raums, vor allem über eine neue Kirchenorganisation, erfolgte unter Karl Martell (714–741).

Würzburg ist der Schauplatz eines für die christliche Kultur in Franken prägenden Ereignisses. Mitte des 7. Jahrhunderts wurde der hier zur Festigung des christlichen Glaubens wirkende Kilian, der mit seinen Gefährten aus Irland gekommen war, ermordet. Kilian wurde zum Patron vieler Kirchen Frankens, eine Integrationsfigur für den christlichen Glauben. Um das Jahr 741 erhob Bonifatius Würzburg zum Bischofssitz. Es entwickelte sich mit der Unterstützung der Karolinger zum wichtigsten kirchlichen und politischen Stützpunkt der Region. Kurz nach der Gründung wurden von den Karolingern zahlreiche Kirchen und reicher Besitz an das Bistum übertragen. Würzburg und das etwas später gegründete Bistum Eichstätt entwickelten sich zum einen zu kirchlichen Zentren, zum anderen aber auch zu Stützpunkten der königlichen Macht in Franken.

Unter Karl dem Großen rückte der fränkische Raum als Königsland in das Zentrum strategischer Überlegungen, vor allem im Hinblick auf seine Ambitionen gegen Sachsen, Bayern und Awaren. 793 versuchte Karl mit einem gewaltigen personellen Aufwand einen Kanal zwischen der fränkischen Rezat und der Altmühl anzulegen und somit eine Verbindung zwischen Rhein, Main und Donau herzustellen. Neueste Grabungsfunde zeigen, dass dieses Projekt wesentlich erfolgreicher war, als bislang angenommen.

Noch unter Ludwig dem Frommen blieb Franken, auch bei den ersten Reichsteilungen, beim Kaiser und in dessen Herrschaftsbereich. Die Pfalz Salz, bereits unter Karl dem Großen Ort wichtiger Regierungshandlungen, behielt eine wichtige Stellung. Unter Ludwig dem Frommen, aber mehr noch unter König Arnulf von Kärnten gewann Forchheim an Bedeutung. 805 bereits als Grenzhandelsplatz im Slawenhandel genannt, besaß es wohl seit der ersten Hälfte des 9. Jahrhunderts eine Königspfalz. Durch die verkehrstechnisch günstige Lage an der Nord-Süd-Straße von Sachsen/Thüringen nach Bayern löste Forchheim die Pfalz Salz ab. Zwischen 840 und 1077 hielten sich die Könige hier häufig auf, mehrere Reichstage fanden in Forchheim statt. Königswahlen erlebte der Ort zweimal: Im Jahr 900 wurde der letzte karolingische König, Ludwig das Kind, in Forchheim gekürt. Elf Jahre später erhoben die Herzöge Konrad I. hier zum König des deutsch-ostfränkischen Reichs.

Die ottonischen und salischen Herrscher (936–1125) machten Bistümer und Klöster zu Trägern ihrer Interessen und statteten sie mit erheblichem Grundbesitz aus. Einen tiefen Eingriff in die bis dahin feste Verteilung der kirchlichen Besitzungen bedeutete die Gründung des Bistums Bamberg 1007 durch König Heinrich II. Franken wurde unter seiner Herrschaft (1002–1024) zur Kernlandschaft des Reichs. Der Investiturstreit brachte jedoch einen Machteinbruch für die Könige und Kaiser, da die Bischöfe teilweise Partei für den Papst ergriffen.

Die Staufer (1138–1268) konnten die Königsmacht in Franken noch einmal festigen, doch insgesamt erstarkten nun einzelne Adelsgeschlechter. Damit kam ein Prozess in Gang, den Könige und Kaiser in der Folgezeit nicht mehr rückgängig machen konnten. Gegen Ende des 11. Jahrhunderts hatten die Grafen von Andechs nach dem Aussterben der Markgrafen von Schweinfurt im Obermaingebiet Fuß fassen können. Neben dem Haus Andechs-Meranien sicherten sich Geschlechter wie die Hohenlohe, Henneberg, Rieneck, Castell oder Wertheim solide Machtzentren. Seit dem Ende des 12. Jahrhunderts errichteten sie zahlreiche Burgen zur defensiven Absicherung ihrer Gebiete.

Charakteristisch bleibt, dass sich in Franken kein Herzogtum herausbildete. Mit dem Königtum und den Bistümern, vor allem Würzburg, teilten sich meist mehrere Gewalten die Herrschaft. Die immer kleinräumiger werdenden Territorien und Herrschaften Frankens hatten aber in den starken Beziehungen zum Königtum eine Klammer, die den Begriff der „königsnahen Region“ rechtfertigt.

Wolfgang Jahn

24

26 Zur Festigung des Christentums in Franken wirkte der irische Mönch Kilian am Herzogshof der Hedenen in Würzburg.

Passio Kiliani

Fulda, 4. Viertel 10. Jahrhundert
Handschrift/Pergament, 20,6 × 15, Miniaturen in Deckfarben auf Purpurgrund
Niedersächsische Landesbibliothek, Hannover (Ms. I 189)

In einer elfteiligen Erzählfolge sind die ersten Bildzeugnisse vom Wirken des hl. Kilian und seiner Gefährten in Franken überliefert. Die Handschrift enthält eine Lebensbeschreibung des hl. Kilian, die der zu Beginn des 9. Jahrhunderts entstandenen „Passio minor" entspricht. Besonderen Wert haben die in den Text eingestreuten Miniaturen, die Leben und Wirken des Heiligen beschreiben und wohl auch die älteste Illustration eines Heiligenlebens darstellen.

Im Gegensatz zu anderen Illustrationen steht hier nicht nur das Martyrium Kilians und seiner Gefährten im Mittelpunkt, sondern es werden auch die Zeit von seiner Ankunft in Würzburg, die Beauftragung durch den Papst, die Predigttätigkeit und die Taufe bei den Franken und ihrem Herzog in Würzburg in Einzelszenen dargestellt.

Der Zeichner betont das „Heidentum" der Franken, um damit das segensreiche Wirken Kilians umso deutlicher kontrastieren zu können. So werden in einer Miniatur zwei heidnische Franken gezeigt, die in einem kirchenähnlichen Raum am Altar eines nackten Idols ein Opfer darbringen. Der Erfolg des päpstlichen Missionsauftrags wird dann in der Predigtszene vor den Franken und in der Taufe von Herzog Gozbert und seinen Leuten deutlich gemacht. In fünf Miniaturen werden der Auftrag zur Ermordung Kilians durch die Frau des Herzogs, Geila, die Enthauptung Kilians und seiner Gefährten, ihre Bestattung und schließlich die in Wahnsinn gefallene Geilana und die Tötung des Herzogs durch seine eigenen Leute in Szene gesetzt.

Der Auftraggeber dieser kostbar ausgestatteten Handschrift ist nicht näher zu bestimmen, es ist aber eine hochgestellte Persönlichkeit mit engen geistlichen und politischen Beziehungen zum Kloster Fulda anzunehmen. Die Beauftragung durch ein Mitglied des Kanonissenstifts Essen, das zur Zeit der Anfertigung der Handschrift beste Verbindungen zu den Ottonen hatte, ist zwar aufgrund einer Vergleichshandschrift denkbar, allerdings ist eine besondere Kiliansverehrung für Essen nicht belegt. *W. J.*

Lit.: Engelhart, Miniaturen; Kilian. Mönch aus Irland [Ausstellungskatalog], Kat.-Nr. 202, S. 203; Passio Kiliani, Ps[eudo-]Theotimus, Passio Margaretae, Orationes, Bd. 1, Faksimile, Bd. 2 Kommentarband.

27 Die Gründung der Bistümer Würzburg und Eichstätt durch Bonifatius erfolgte im Zusammenwirken mit den fränkischen Herrschern.

Karte der Bistümer Würzburg und Eichstätt

Entwurf: Haus der Bayerischen Geschichte nach Johannes Merz
Kartografie und Grafik: Susanne Schnitzer, Kiel / Gruppe Gut, Bozen

Abb. S. 153

Die Errichtung der Bistümer Würzburg und Eichstätt durch Bonifatius und die Einsetzung von Bischöfen waren wichtige kirchenpolitische Vorgänge. Nach dem Machtverlust der ersten Würzburger Herzöge zu Beginn des 8. Jahrhunderts waren die Hausmeier der Merowingerkönige die bestimmenden politischen Kräfte in Franken. So ist die Missionstätigkeit des Angelsachsen Bonifatius (672/73–754) ohne die Zustimmung Karl Martells (714/23–741) nicht denkbar.

Obwohl die eigentlichen Gründungsurkunden für Würzburg und Eichstätt fehlen, vermitteln die vorhandenen Quellenbelege ein hinreichend genaues Bild des Geschehens. Die Gründung Würzburgs dürfte 741 oder 742 erfolgt sein, wie der fast zeitgleiche Briefwechsel von Bonifatius mit Rom berichtet. Um die Jahresmitte 742 informierte Bonifatius Papst Zacharias über seine Bistumsgründungen Würzburg, Büraburg bei Fritzlar und Erfurt. Am 1. April 743 genehmigte der Papst diese neuen Bistümer, allerdings mit einigen deutlichen Seitenhieben dahingehend, dass Bistumsgründungen gewisse „Mindestanforderungen" erfüllen müssten. So sollten Bischofssitze nur an bevölkerungsreichen Orten eingerichtet werden. Die großzügige Gründungsausstattung durch den Hausmeier Karlmann zählte 25 Kirchen auf, die östlich von Spessart und Odenwald um Würzburg herum, im Norden bis Mellrichstadt und im Süden bis zum Neckar lagen. 13 dieser Kirchen waren dem fränkischen Reichspatron Martin von Tours und drei dem hl. Remigius geweiht, ein deutliches „Zeichen merowingischer und frühkarolingischer Missionsarbeit in Franken" (W. Störmer). Weitere Abgabenübertragungen durch die Karolinger banden das Bistum stark an den königlichen Fiskus.

Die Eichstätter Bistumsgründung dürfte nur wenige Jahre später stattgefunden haben. In der Lebensbeschreibung des Bonifatius heißt es, er habe Willibald mit dem Bischofssitz in Eichstätt betraut, was auf ein Datum vor 754, dem Todesjahr von Bonifatius, schließen lässt. Bereits 740 hatte Willibald im Zusammenwirken mit Bonifatius, dem bayerischen Herzog Odilo und einem bayerischen Adligen das Kloster Eichstätt gegründet. So setzte sich der Eichstätter Sprengel aus verschiedenen stammesmäßigen und politischen Gliederungen zusammen. Eichstätt und der östliche Teil lagen im bayerischen Nordgau, der Westen gehörte teilweise zu Alamannien, im Norden berührte es mit dem Rangau fränkisches Gebiet. Die neue Diözese wurde dann aber nicht in die Salzburger, sondern in die Mainzer Kirchenprovinz eingegliedert.

W. J.

Lit.: Störmer, Dokumente.

28 Fol. 16^{r} und 17^{v}

28 Das wertvollste Buch Eichstätts: Die kostbaren Darstellungen der Heiligen Bonifatius und Willibald dokumentieren ihre Bedeutung für die Gründungsgeschichte des Bistums.

Pontifikale Gundekarianum

Um 1072, mit Ergänzungen bis 1697
Handschrift/Pergament, 41 × 31
Bischöfliches Domkapitel Eichstätt (B 4)

Das nach seinem Stifter, dem Eichstätter Bischof Gundekar II. (1057/1075), benannte Pontifikale Gundekarianum ist ein „Handbuch" mit Texten und Anweisungen für die Amtshandlungen eines Bischofs vom geistlichen bis zum jurisdiktionellen Bereich. Zunächst mit 53 farbig und mit Gold gezierten Initialen ausgestattet, erfolgte noch unter der Mitwirkung des Auftraggebers zwischen 1072 und 1075 die Erweiterung durch die Aufnahme der 17 Vorgänger Gundekars, die mit ihm in drei Sechsergruppen auf drei Seiten abgebildet wurden. Die wichtigsten Personen der Frühgeschichte des Bistums Eichstätt werden somit bildlich fassbar.

Auf fol. 16^{r} sind mit Willibald und Bonifatius, Wynnebald (Wunibald) und Walburga die Patrone der Gründungszeit der Eichstätter Kirche zu sehen. Bonifatius (672/75–754), der mit tätiger Mithilfe des Hausmeiers Karlmann das „monasterium" Eichstätt unter bischöflicher Leitung als fränkischen Stützpunkt geschaffen hatte, nimmt den Ehrenplatz in der Mitte der oberen Reihe ein. Der Vorhang und die Ausrichtung auf die Mittelfigur lassen spätantike Traditionen erkennen, die durch karolingische Vorbilder überliefert sein dürften.

Der Angelsachse Willibald (um 700–787), auf fol. 16ᵛ noch neben Bonifatius, rückt auf fol. 17ʳ in die Mitte der oberen Reihe. Darin dokumentiert sich die große Bedeutung dieses Heiligen für die Frühgeschichte Eichstätts. Von Bonifatius zur Missionsarbeit in Germanien gerufen, wurde Willibald 740 in Eichstätt zum Priester geweiht. Zunächst wirkte er als „Klosterbischof" in Eichstätt. Ab 744/45, spätestens ab 749/50 baute er unter karolingischem Schutz im bayerischen Nordgau und im fränkischen Sualafeldgau ein Bistum auf.

Wunibald (gest. 761), der Bruder Willibalds, gründete 751 das Benediktinerkloster in Heidenheim in der Diözese Eichstätt. Wunibald war Abt im Männerkloster. Nach dessen Tod übernahm seine Schwester Walburga (um 710 – vermutlich 779) die Leitung des nunmehrigen Doppelklosters. *W. J.*

Lit.: Hl. Willibald 787–1987 [Ausstellungskatalog], S. 142–148; LThK, Bd. 10, Sp. 948, 1211f., 1342.

29 Kirchenbauten aus dem späten 7. und frühen 8. Jahrhundert belegen die langsame Durchdringung des fränkischen Raums mit dem Christentum. In Dörfern und Siedlungsplätzen errichteten die Grundherren die ersten Kirchen.

Modell einer Holzkirche aus Kleinlangheim

Maßstab 1:30
Entwurf: Walter Sage, Hermann Dannheimer
Ausführung: Th. Meier
Archäologisches Museum Bad Königshofen im Grabfeld

Aus dem 7. Jahrhundert haben sich nur wenige Zeugnisse von Kirchenbauten erhalten. Meist waren sie in Holzbauweise errichtet, die teilweise durch steinerne Nachfolgebauten ersetzt wurden. Die frühen Holzkirchen, oft nur als Bodenverfärbung im Grundriss der Pfosten zu erkennen, waren in der Regel rechteckige Saalbauten mit Wänden aus lehmverkleidetem Flechtwerk oder aus Holzbohlen. Für eine dekorative Ausgestaltung, etwa durch Schnitzereien oder Malereien, gibt es keine gesicherten Hinweise.

Der erste Beleg für einen Kirchenbau des 7. Jahrhunderts zwischen Altmühl und Main ist der einfache Saalbau aus dem mittelfränkischen Westheim. Die eher kleine Holzkirche (6,6 × 4,2 m) wurde wahrscheinlich noch vor der Mitte des 7. Jahrhunderts errichtet. Die Steinkirche aus Solnhofen (Lkr. Weißenburg-Gunzenhausen) aus dem frühen 7. Jahrhundert mit ihren architektonischen Bezügen nach Italien ist dagegen ein ungewöhnlicher Sonderfall.

29

Mit 11 × 6 m hatte die im späten 7. oder frühen 8. Jahrhundert entstandene Holzkirche von Kleinlangheim (Lkr. Kitzingen), deren Modell hier gezeigt wird, schon größere Ausmaße. Der Nachfolgerbau des 9. Jahrhunderts war ebenfalls aus Holz, aber bereits deutlich größer und wurde erst im 10. Jahrhundert durch einen Steinbau ersetzt.

Die frühen Kirchenbauten gehören damit zu den ersten gesicherten Zeugnissen der Christianisierung Frankens. Auffällig ist, dass fast alle Holz- oder Steinbauten in oder bei bestehenden Friedhöfen gebaut wurden. Die Ausmaße der Kirchen sind eher mit Kapellen vergleichbar. Fest mit dem Boden verbundene steinere Altäre, wie sie der Fund der Kleinlangheimer Altarmensa belegt, dürften ein charakteristisches Merkmal der Ausstattung gewesen sein. Der rechtlichen Stellung nach waren die meisten dieser kleineren Kirchenbauten Eigenkirchen des jeweiligen Grundherrn. *W. J.*

Lit.: Die ersten Franken in Franken [Ausstellungskatalog]; Pfrang, Anfänge; 1250 Jahre Bistum Würzburg [Ausstellungskatalog], S. 289–291.

30 Mit christlichen Motiven verzierte Fibeln stammen häufig aus Frauengräbern.

Pressblechscheibenfibel

Fundort: Dittenheim, Lkr. Weißenburg-Gunzenhausen, Grab 43
Nach dem 1. Drittel des 7. Jahrhunderts
Deckplatte aus Weißgold, Ø 3,2
Archäologische Staatssammlung München (1975,1438 a)

Durch den Mangel an schriftlichen Quellen haben archäologische Funde mit christlicher Symbolik hohe Bedeutung für die Forschung. Goldblattkreuze, Kreuzritzungen und -darstellungen sowie christliche Bildmotive auf Waffen, Schmuck und Gürtelteilen lassen aber keine Rückschlüsse auf die Verbreitung bzw. Intensität des christlichen Glaubens zu. Eines der frühesten christlichen Zeugnisse ist eine Vogelfibel in einem Frauengrab des fränkischen Militärstützpunktes Westheim im südlichen Mittelfranken. Man kann durch diesen Einzelfund aus dem frühen 6. Jahrhundert aber nicht von einer umfassenden Christianisierung ausgehen. Es ist eher anzunehmen, dass eine fränkische Frau als Christin in das sonst noch heidnische Altmühltal kam. Im 7. Jahrhundert nehmen die Zeichen christlichen Glaubens in Nordbayern zwar zu, bleiben aber im Vergleich zu den anderen Grabfunden zahlenmäßig gering. Die neue Mode der Pressblechfibel, kostengünstiger herzustellen als massiv gearbeiteter Schmuck, ermöglichte eine Fülle figürlicher Darstellungen. „Zahlreiche dieser Fibeln tragen christliche Motive und gelten deshalb im rechtsrheinischen Gebiet als Zeichen fränkischer Missionierungsversuche“ (M. Nawroth).

Ein Beispiel dafür ist die hier gezeigte Pressblechfibel aus einem Frauengrab in Dittenheim. Die Deckplatte aus Weißgold war mit einem Perlklemmband auf der Grundplatte befestigt. Das Motiv zeigt stark vereinfacht zwei Figuren links und rechts eines Kreuzes. Vergleichsfunde belegen, dass es sich hier um zwei Engel am Kreuzstab handelt. Das Motiv weist in den Bereich der Paradiessymbolik. *W. J.*

Lit.: Haas-Gebhard, Gräberfeld bei Dittenheim, S. 56–58; Nawroth, Christentum.

31 Ein kostbares Rätsel: Trinkgefäß eines Herzogs oder Teil eines Kirchenschatzes – absichtliche Versenkung oder zufälliger Verlust in der Regnitz?

Pettstadter Becher

Ende 8. Jahrhundert
Silber, gegossen, H. 10, Ø 11,4
Germanisches Nationalmuseum, Nürnberg (FG 1966)

31

Der so genannte Pettstadter Becher ist ein Flussfund, der vor 1928 bei Pettstadt im Landkreis Bamberg bei Baggerarbeiten aus der Regnitz geborgen wurde. Sowohl die Bedeutung dieser kostbaren Silberarbeit als auch die Umstände, die zu seinem „Verlust" im Fluss geführt haben, werden bis heute kontrovers diskutiert.

Der Becher besteht aus Silber mit geringen Spuren von Vergoldung an der Innenseite der Wandung. Die Verzierung bildet ein Ornament, das sich um den oberen Teil des Bechers hinzieht; ein weiterer Ornamentstreifen umfasst die Standfläche. Vier senkrechte Ornamentstreifen verbinden diese beiden Friese. Das Ornament im so genannten Tassilokelch-Stil (G. Haseloff) zeigt mehr oder weniger vollständige Tierfiguren, die in das Bänderwerk hineinkomponiert bzw. mit ihm verschmolzen sind.

Nach den Untersuchungen von E. Wamers handelt es sich bei dem Becher um eine Pyxis, ein Gefäß zur Aufbewahrung des geweihten Brotes. Er datiert die Anfertigungszeit aufgrund des Bildschmucks auf das Ende des 8. Jahrhunderts oder um 800. Der Becher ist „ein viersäuliger Rundbau, der einen Lebensbaum, das Grab Christi, das paradiesische Jerusalem oder wahrscheinlicher noch alle drei Bilder symbolisiert"

(E. Wamers). Die Deutung als christliches Bildprogramm ist aber jüngst wieder infrage gestellt worden. Es handle sich bei dem Becher um ein profanes Trinkgefäß einer hoch gestellten Persönlichkeit; eine Verwendung als liturgisches Gerät sei zwar nicht ausgeschlossen, aber doch wenig wahrscheinlich (H. Wagner).

Es ist deshalb nicht verwunderlich, dass die nahe liegende Frage, wie der Becher in den Fluss gekommen ist, ebenso kontrovers diskutiert wird. Datierung und Fundort führten L. Wamser auf den Zusammenhang mit der Missionierung und dem Ausbau der kirchlichen Organisation der „terra sclavorum" im Radenzgau, besonders im benachbarten Amlingstadt und dessen Filialkirche Pettstadt. Es könnte sich auch um eine „demonstrative Versenkung" liturgischer Gerätschaften als ablehnende heidnische Reaktion auf die Christianisierung gehandelt haben. Im Gegensatz dazu betont die Theorie H. Wagners den säkularen Aspekt des Bechers. Im Zusammenhang mit einer Schiffsreise des mainfränkischen Herzogs Hetan II. mit seiner Frau Bilihild um 718 von Bamberg nach Würzburg assoziiert er: „Bei einer ähnlichen … feuchtfröhlichen Fahrt auf … der Regnitz mag auch der … Pettstadter Becher über Bord gegangen sein." *W. J.*

Lit.: Haseloff, Silberbecher; Kilian. Mönch aus Irland [Ausstellungskatalog], S. 208f.; Wamser, Pyxis; Wamers, Pyxis; Wagner, Erstnennung Bambergs.

32 Der erste schriftliche Hinweis auf Weinanbau in Franken findet sich 777 in einer Urkunde Karls des Großen. So genannte Tatinger Kannen rheinischer Herkunft dienten zum Ausschank von Wein, vermutlich auch in der Liturgie.

Weinbau in Franken

Als „villa Karloburg" bezeichnete man in mittelalterlichen Schriftquellen eine gut 20 ha große Uferrandsiedlung, die vom 7. bis zum frühen 13. Jahrhundert bei einer Furt nahe Karlstadt am Main bestand. Ursprünglich umfasste sie auf 2 km Länge entlang des Flusses einen königlichen Stützpunkt (castellum) mit angegliedertem Kloster, befestigter Kernsiedlung, Handwerkerviertel sowie großer Hafenanlage, wie Geländebegehungen und Grabungen seit 1986 ergeben haben. Schon 751/53 ging der eindrucksvolle Siedlungskomplex an den Bischof von Würzburg über und diente seitdem zur wirtschaftlichen Versorgung des jungen Bistums.

Aus karolingerzeitlichen Grubenhäusern wurden in Karlburg zwischen 1992 und 1997 mehrmals Scherben einer auffälligen, sehr seltenen Keramikgattung geborgen, der so genannten Tatinger Ware (benannt nach einem Fundort in Schleswig-Holstein). Im vorliegenden Fall han-

a) Tatinger Kanne
2. Hälfte 8. oder 1. Hälfte 9. Jahrhundert
Vermutlich Mittelrheingebiet (Mayen?)
Fundort: Karlburg am Main, Stadt Karlstadt, Lkr. Main-Spessart
Hartgebrannte Drehscheibenkeramik mit schwarzem, polierten Überzug und eingravierten Zickzacklinien sowie Punktreihen, H. der originalen Reste noch 23,1; ursprünglich ca. 32 (hier rekonstruiert)
Archäologische Staatssammlung München (1998,4150)

b) Ersterwähnung des Weinbaus in Franken, Herstal, 7. Januar 777
Handschrift/Pergament, durchgedrücktes Siegel, 23,5 × 50 (R)
Staatsarchiv Würzburg (Kloster Fulda [Urkunden 777])

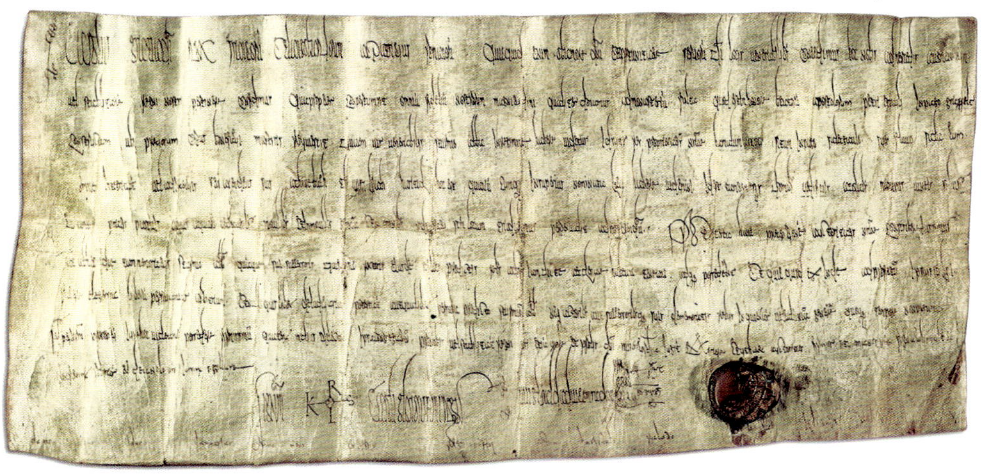

32 b

32 a

Lit.: Ring / Wieczorek, Tatinger Kannen; Meyer-Rodrigues, Tessons de céramique; Wamser, Tatinger Kanne; Redknap, Töpfereien in Mayen, bes. S. 85–88.

delt es sich um das Oberteil einer qualitätvollen, dünnwandigen Kanne von mindestens 4 l Fassungsvermögen. Aufgrund von Form und Machart kommt eigentlich nur Wein als einstiger Inhalt in Frage und aufgrund naturwissenschaftlicher Analysen als Ort der Herstellung das Töpferzentrum um Mayen in der Eifel, das schon seit römischer Zeit bestand. Kannen ähnlichen Typs fand man bislang vorwiegend in der Nähe von Bischofssitzen (Mainz, Trier, Köln, Paderborn), Klöstern (Würzburg-St. Andreas, Lorsch, Saint-Denis) sowie in Zentren der nordischen Mission (Haithabu, Birka bei Stockholm), wo sie – wohl eigens für den Export – mit einer Auflage aus dünner Zinnfolie versehen waren, die auch Kreuzornamente trug. Aus diesen Gründen liegt es nahe den Tatinger Weinkannen auch eine Funktion in der Liturgie zuzuschreiben, etwa als Gefäß für den Messwein, doch bleibt diese Deutung umstritten. Unbestritten ist hingegen, dass die Kannenfunde aus Karlburg und Würzburg Zeugnis ablegen von der frühen Weinkultur in Mainfranken, und zwar für eine Zeit, als dort die ersten Weinberge urkundlich bezeugt sind (Herstal 777, Würzburg 779). *A. R.*

33 Würzburger Bischofschronik, fol. 21ʳ: Bau des Karlsgrabens

33 Der von Karl dem Großen 793 angelegte Wasserweg zwischen Altmühl und Rezat gilt als einzigartiges Zeugnis der Ingenieurkunst des frühen Mittelalters. Neue Erkenntnisse zeigen, dass der Kanal tatsächlich befahrbar war.

Fossa Carolina

Medienstation
Konzept und Realisation: Robert Frank, Ansbach

Würzburger Bischofschronik (R)
Stadtarchiv Würzburg (Ratsbuch 412, fol. 21r)

Die Fossa Carolina, im Volksmund Karlsgraben genannt, wurde nach der schriftlichen Überlieferung im Jahr 793 durch Karl den Großen als Wasserweg zwischen Altmühl und Rezat angelegt. Die meisten Handschriften der „Annales Regni Francorum“ berichten nur kurz darüber, eine einzige Handschrift schildert das angebliche Scheitern des Vorhabens. Dennoch riefen seit Jahrhunderten die hohen Erdwälle als Zeugnis dieser imposanten Ingenieurleistung des frühen Mittelalters Staunen und Bewunderung hervor, wie etwa beim vielseitig interessierten Rektor der Lateinschule in Weißenburg, J. A. Döderlein (1675–1745), der sich mit dem römischen Limes und dem Karlsgraben beschäftigte.

Ein erster exakter Plan des Karlsgrabens wurde 1833 bei der Vermessung des Königreichs Bayern für die Grundsteuer-Katasterblätter aufgenommen. Auf der Grundlage dieser Flurkarte ließ 1910 der Leiter der archäologischen Expositur für Franken, G. Hock, einen Übersichtsplan anfertigen, den F. Beck 1911 publizierte. Einen modernen archäologischen Spezialplan erstellte 1956 das Bayerische Landesvermessungsamt, den K. Schwarz 1962 veröffentlichte. Er folgte der Nachricht jener karolingischen Schriftquelle, wonach das Bauwerk misslungen sei und sich auf den Bereich der natürlichen Wasserscheide beschränkt habe.

Auf mehreren Luftaufnahmen tauchten jedoch seit 1972 Hinweise für eine Fortsetzung der Fahrrinne nach Norden auf, insbesondere auf einem im Februar 1985 von O. Braasch angefertigten Luftbild. 1993 wurden die flachen, künstlichen Wälle im Rezatried durch ein Feinnivellement aufgemessen. Dies ergab, dass die Fahrrinne mehr als 1000 m weiter nach Norden ausgebaut war, der Karlsgraben also erheblich länger war als angenommen. Im Rezatried fiel nur wenig Erdaushub an. Dem mussten sich die Baumeister der Karolingerzeit anpassen. Für die Fahrrinne wurden zwei Begrenzungswälle aufgeschüttet, wobei das Erdmaterial auch von anderen Plätzen der Großbaustelle herangeschafft wurde. Vermutlich war die Fahrrinne selbst in einigen Abschnitten aus Kanthölzern oder Bohlen zusammengefügt. Die zwei im Abstand von ca. 30 m parallel laufenden flachen Erdwälle, die sich in den Riedwiesen abzeichnen, dürften später aus dem Erdmaterial entstanden sein, das man zur Abdichtung und Stabilisierung auf der Außenseite der aus Holz gezimmerten Fahrrinne angeschüttet hatte.

Ungeklärt war lange Zeit die Frage der für den Bootsverkehr notwendigen Wassermenge. Die jahrelange Geländeprospektion ergab, dass südwestlich von Dettenheim ein natürlicher Talkopf durch einen ca. 400 m langen, breiten Querdamm abgesperrt wurde. Darauf verläuft heute die Straße Dettenheim–Graben. An den Höhenlinien der Flurkarte ließ sich rekonstruieren, dass dort ein 450–500 m langer Regulierungssee gelegen hatte, der bei einer Stauhöhe von 1 m etwa 50 000 m^3 Wasser fassen konnte. Gespeist wurde der Stausee durch die junge Rezat. Dank ausreichendem Gefälle konnte das aufgestaute Wasser durch eigene Kraft zum künstlichen Scheitelpunkt geleitet und dort sowohl für Fahrten Richtung Altmühl eingesetzt werden wie auch nach Norden zum Main.

Nach den bisher unbeachteten Bauresten im Gelände zu schließen war die Fossa Carolina zu einem funktionstüchtigen Betriebssystem ausgebaut. Ein Durchstich auf dem Niveau der Altmühl, den frühere Forscher favorisiert hatten, kam dafür nicht in Frage; denn das Rezatried liegt 9 m über dem Wasserspiegel der Altmühl und wäre dadurch trocken gefallen. Nach den topografischen Gegebenheiten konnte nur eine auf- und absteigende Kette von Stauteichen, die jeweils einen geschlossenen Wasservorrat hatten und zwischen denen sich Querdämme mit Schlepprampen befanden, die Wasserscheide an dieser Stelle überwinden.

Die beiden wichtigsten Bauelemente, die Fahrrinne sowie den etwas höher gelegenen Stausee, haben die Baumeister des 8. Jahrhunderts mit großem Geschick in die Landschaft eingefügt. *R.K.*

Lit.: Beck, Karlsgraben; Schwarz, „Main-Donau-Kanal"; Hofmann, Fossa Carolina; Ellmers, Handelsschiffahrt; Elmshäuser, Kanalbau; Koch, Fossa Carolina; Koch, Beobachtungen; Koch, Fossa Carolina, Erkenntnisse.

34 Ob das aus der Basilika in Solnhofen stammende Relief den hl. Sola oder vielleicht doch Kaiser Ludwig den Frommen zeigt, ist ungeklärt.

Hl. Sola

1. Hälfte 9. Jahrhundert
Stuck-Kopie, 48 × 50
Archäologische Staatssammlung München

34

Der Angelsachse Sola kam im Gefolge von Bonifatius zur Mission nach Franken und ließ sich nach 754 im Altmühltal nieder. In seiner Einsiedelei empfing er 793 Karl den Großen, der ihm den Ort, wo er lebte, schenkte. Sola starb am 3. Dezember 794 und vermachte seinen Besitz der Abtei Fulda, die später in „Solenhus" eine Propstei errichtete. Die Heiligsprechung Solas erfolgte 838/39 durch den Eichstätter Bischof Altwin.

Das Relief, das spätantike Vorbilder hat, zeigt das Brustbild des Heiligen in Vorderansicht. Sein Haupt ist mit einem Diadem geschmückt, er hält in der Rechten eine Fackel, die Linke vollzieht den Orantengestus, charakterisiert ihn also als Anbetenden. Nur noch wenige originale Farbreste haben sich erhalten.

Das Stuckmedaillon stammt aus der 1783 abgerissenen alten Kirche zu Solnhofen und war danach über der Tür des Pfarrhauses eingemauert. Zunächst wurde das Werk in die zweite Hälfte des 11. Jahrhunderts datiert. Grabungsbefunde in der Basilika machen allerdings eine karolingerzeitliche Einordnung wesentlich wahrscheinlicher. Bereits für 819 ist in Solnhofen eine Kirche mit einer doppelten Säulenreihe belegt; an der Nordmauer neben dem Grab des hl. Sola wurden karolingische Inschriftenreste und Wandmalereien freigelegt. Die Errichtung der Sola-Basilika ist also in den Anfang des 9. Jahrhunderts zu datieren, wobei die Säulen, die Kapitelle und das Medaillon gleichzeitig in einer Bauhütte entstanden zu sein scheinen, in der mindestens zwei Steinmetze tätig waren.

Die Zuschreibung des Reliefs als ein Bildnis des hl. Sola scheint sich, nach Ch. Beutler, aus seiner ursprünglichen Platzierung an dessen Grab zu ergeben. V. Milojčić sieht in der Abbildung aber ein Herrscherbildnis: „Darüber, dass das Relief eine Person in typisch kaiserlicher Haltung und Tracht ... des 4. und 5. nachchristlichen Jahrhunderts darstellt, kann kein Zweifel sein." Seine Vermutung, dass es sich um Ludwig den Frommen handeln könnte, wird aber nicht näher begründet. *W. J.*

Lit.: Milojčić, Untersuchungen; Beutler, Bildwerke, S. 143–153; LThK, Bd. 9, Sp. 701.

35 Forchheim ist zum ersten Mal im Diedenhofener Kapitular Karls des Großen erwähnt. „Foracheim" war ein Grenzort, an dem der Handel mit den Slawen und Awaren überwacht wurde. Die Ausfuhr fränkischer Waffen war strikt untersagt.

Inszenierung zum Grenzort Forchheim

Im Winter 805/06 erließ Karl der Große in seiner Pfalz Diedenhofen (Thionville in Lothringen) eines seiner letzten großen Kapitularien, in dem unter anderem Anordnungen über Waffengeschäfte und den Handel mit den Slawen und Awaren, den östlichen Nachbarn des Frankenreichs, enthalten sind. Es ist die letzte einer ganzen Reihe von Verfügungen, welche die innere Organisation des erweiterten Frankenreichs regeln sollten. Im zweiten Teil des Kapitulars wird der Warenverkehr mit den Slawen behandelt, es werden Grenzhandelsplätze zwischen Ostsee und Donau genannt, die verschiedenen königlichen Funktionsträgern (Grafen) unterstellt waren, die den dort stattfindenden Handel genau zu überwachen hatten. In dieser Liste ist auch die erste Erwähnung von Forchheim enthalten: Bardowick bei Lüneburg, Schesel bei Celle, Magdeburg, Erfurt, Hallstadt bei Bamberg, Forchheim („Foracheim"), Premberg bei Burglengenfeld, Oberpfalz, Regensburg, Lorch bei Enns, Oberösterreich.

Diese Orte waren auch Stapelplätze für Waren. Neben der eher ungeregelten Ein- und Ausfuhr üblicher Handelsgüter ist in diesem Kapitular ein Bereich eigens behandelt: Der Handel mit Angriffs- und Schutzwaffen wird strikt untersagt. Man kann vermuten, dass die fränkische Waffenproduktion mit der Herstellung von elastischem Stahl einen technischen Vorsprung hatte, der vielleicht von den auf den königlichen Gütern arbeitenden Schmieden entwickelt worden war.

Forchheim war durch seine Lage an wichtigen Verkehrswegen für die Rolle als Kontrollort des Handels geeignet: Die Wasserstraße Regnitz–Main und die Fernstraßen Regensburg–Forchheim–Thüringen sowie Forchheim–Würzburg trafen sich hier. Die östlich von Forchheim liegende Ostgrenze des fränkischen Reichs zu den slawisch-awarischen Herrschaftsgebieten war wohl eher ein fließender Übergang als eine klare Linie zwischen den Siedlungsräumen der verschiedenen Völker. Man hat bis vor kurzem vermutet, dass 806 ein Krieg Karls des

Großen gegen die Slawen geplant war. Hierfür gibt es aber in den Quellen keinerlei Hinweise. Vielmehr ist es wahrscheinlich, dass Forchheim als Handelsplatz nicht erst 806 Bedeutung erlangte, sondern bereits in der Zeit der Eingliederung des Herzogtums Bayern in das Reich Karls des Großen (788) und der anschließenden Awarenkriege. In dieser Zeit griff Karl intensiv im Raum des heutigen Franken ein: Würzburg wurde von ihm mit der Mission in Sachsen beauftragt, er schlug 785/86 den Aufstand des Ostfranken Hadrad nieder, versuchte zwischen Altmühl und Rednitz einen Kanal bauen zu lassen, befahl die Errichtung von Slawenkirchen, siedelte sächsische Gefangene in Franken an und empfing 803 erstmals Gesandte des byzantinischen Kaisers in der Pfalz Salz im fränkischen Saaletal. In diesem Rahmen ist auch der Aufstieg Forchheims vom Grenzhandelsplatz zur Königspfalz zu sehen. *A. O. W.*

Lit.: Reallexikon der Germanischen Altertumskunde, Bd. 5, S. 407 (K. Brunner); Ninness, Forchheim; Störmer, Franken, S. 63; Thomsen, Ersterwähnung; Weber / Wüst, Franken und Forchheim.

36 In der Spätphase der Karolingerherrschaft wurde Forchheim zum Zentralort der Region. 889 rief König Arnulf in Forchheim erstmals eine große Reichsversammlung ein.

Zwei Urkunden Arnulfs I.

a) 11. Dezember 887
Handschrift/Pergament, 60 × 58
Hessisches Staatsarchiv, Marburg
(Urk. R I Stift Fulda 887 Dez. 11)

b) 10. Mai 892
Handschrift/Pergament, 55 × 55
Hessisches Staatsarchiv, Marburg
(Urk. R I Stift Fulda 892 Mai 10)

Forchheim spielte bereits 805 eine große Rolle in der karolingischen Grenz- und Raumpolitik nach Osten. Im 9. Jahrhundert wurde Forchheim mehr und mehr zu einer der wichtigsten Königspfalzen im Raum des heutigen Franken, in der zahlreiche politische Entscheidungen, die den slawischen Nachbarraum angingen, getroffen wurden. Ein erster Hoftag König Ludwigs des Deutschen – und damit ein Hinweis auf eine Pfalz – ist erst 849 nachweisbar, dann wieder im Februar 858, als hier ein Feldzug gegen die slawischen Stämme der Mährer, Abodriten, Linonen und Sorben vorbereitet wurde. Der Feldzug kam jedoch nicht zustande. Bis 872 nahm Forchheims Bedeutung offenbar noch deutlich zu, im März hielt Ludwig der Deutsche hier eine Reichsversammlung ab, bei der der lange Streit zwischen den Söhnen des Königs – Karlmann, Karl und Ludwig dem Jüngeren – um die Aufteilung der Herrschaftsgebiete endgültig beigelegt wurde. Die dadurch be-

36 a und b

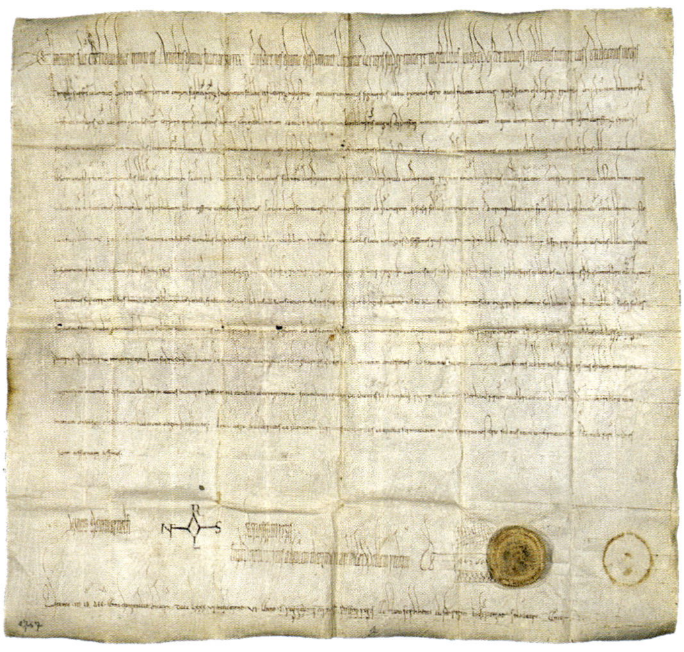

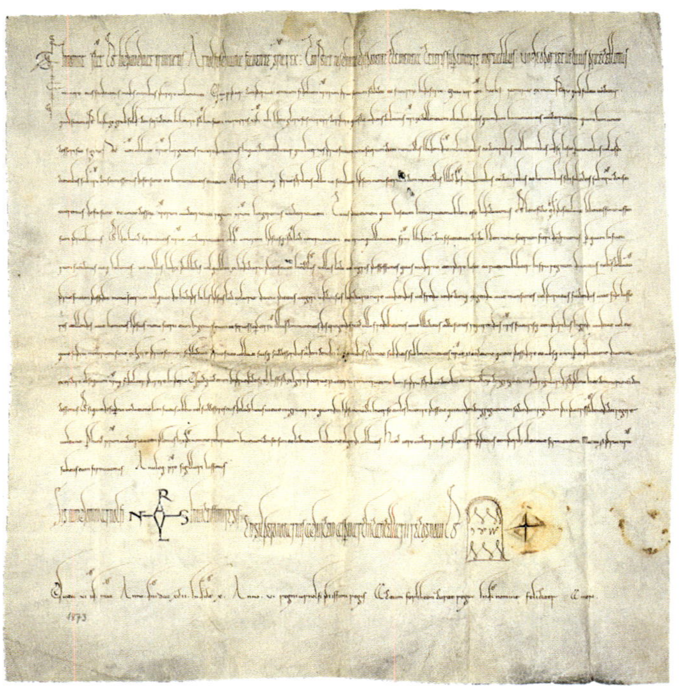

schlossene Reichsteilung hatte europäische Bedeutung, da sie das ganze Ostfrankenreich betraf. Zwei Jahre später war Forchheim Ort eines Friedensschlusses des Königs mit dem östlichen Nachbarn, dem Mährerherzog Swatopluk. In Forchheim wurde damit erneut die östliche Außenpolitik des Ostfrankenreichs gestaltet. Für den Nachfolger, Ludwig III. den Jüngeren, ist 878 belegt, dass er in der Pfalz Forchheim das Weihnachtsfest verbrachte.

Unter König Arnulf von Kärnten verschoben sich die politischen Schwerpunkte des Ostfrankenreichs nach Süden, Forchheim wurde neben seiner „Hauptstadt" Regensburg die wichtigste Königspfalz im heutigen Franken. Die hier getroffenen Entscheidungen gingen weit über die Region hinaus: 887 erhielten von Forchheim aus die Klöster Fulda, Corvey und Herford – alle wichtig für Mission und kirchliche Erschließung im Norden des Reichs – Immunität, Königsschutz und freie Abtwahl. Im Mai 889 ist erstmals eine große Reichsversammlung (generale conventum) König Arnulfs in Forchheim überliefert, bei der die unehelichen Söhne Arnulfs, Zwentibold und Ratold, zu Nachfolgern im Ostfrankenreich designiert wurden – eine politische Entscheidung von reichsweiter Bedeutung. Außerdem fanden Friedensverhandlungen mit Gesandten der Normannen und Slawen statt und es wurde ein Feldzug gegen den an der Ostseeküste siedelnden slawischen Stamm der Abodriten geplant. Die Reichsversammlung hatte damit eine außenpolitische Dimension für die Absicherung der Ost- und Nordgrenzen des Reichs. Daneben griff König Arnulf in die Erbschaftsregelung seiner Verwandten Irmingard in Italien ein. Doch auch die Kirchenpolitik im Reich spielte eine Rolle: Sunderhold, ein Mönch aus Fulda, wurde hier zum Mainzer Erzbischof, also zum einflussreichsten Kirchenmann des Reichs, bestimmt; königliche Bistümer und Klöster (Straßburg, Kempten und Reichenau) erhielten Privilegien und Besitz.

Im Mai/Juni 890 wurde erneut ein Hoftag in Forchheim abgehalten, auf dem es um die Erhebung Ludwigs des Blinden zum König der Provence ging. Aber auch die Kirche wurde wieder durch Besitz und Privilegien gestärkt. Im August 896 kehrte Arnulf von der Kaiserkrönung aus Rom zurück und hielt in Forchheim eine allgemeine Reichsversammlung ab, bei der die Klosterpolitik eine wichtige Rolle spielte. Während der Reichsversammlung stürzte ein Versammlungsgebäude innerhalb der Pfalz Forchheim ein, der Kaiser und viele andere wurden schwer verletzt. *A. O. W.*

Druck: MGH DD Arnolf, Nr. 2, S. 2–4; MGH DD Arnolf, Nr. 101, S. 146–148.

Lit.: Störmer, Franken; Weber / Wüst, Franken und Forchheim.

37 Im Jahr 911 wurde in Forchheim der Konradiner und Frankenherzog Konrad I. zum König gewählt.

Zwei Urkunden Konrads I.

a) Forchheim, 24. Mai 914
Handschrift/Pergament, 39 × 42,5
Bayerisches Hauptstaatsarchiv, München (Regensburg – St. Emmeram, Urkunde 21)

b) Forchheim, 25. Mai 914
Handschrift/Pergament, 30 × 58
Bayerisches Hauptstaatsarchiv, München (Regensburg – St. Emmeram, Urkunde 22)

Nach Arnulfs Tod im Dezember 899 versammelten sich im folgenden Februar die Großen des Ostfrankenreichs in Forchheim und wählten seinen erst siebenjährigen Sohn, Ludwig das Kind, zum König. Auch die Königskrönung fand in Forchheim statt. Der kindliche König ist bis zu seinem Tod 911 fünf Mal in Forchheim nachweisbar. Von besonderer Bedeutung war die allgemeine Reichsversammlung im Juni 903 während der so genannten Babenberger Fehde, bei der die Konradiner mit königlicher Unterstützung die Vorherrschaft in Franken errungen hatten. Auf der Reichsversammlung wurde den Babenbergern wichtiger Besitz entzogen, dem Kloster Fulda unter anderem die Immunität bestä-

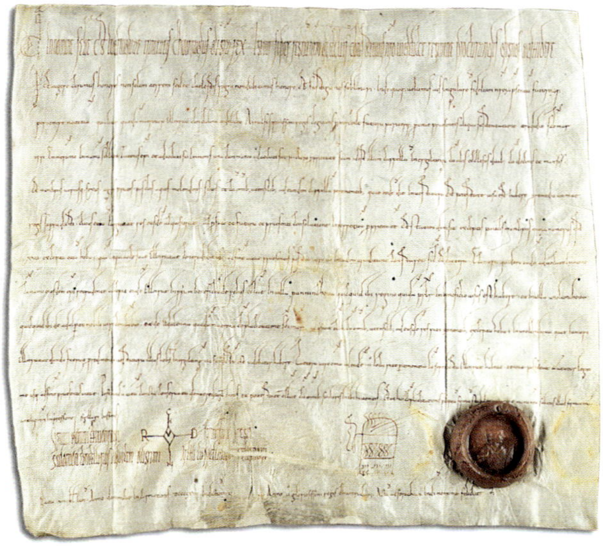

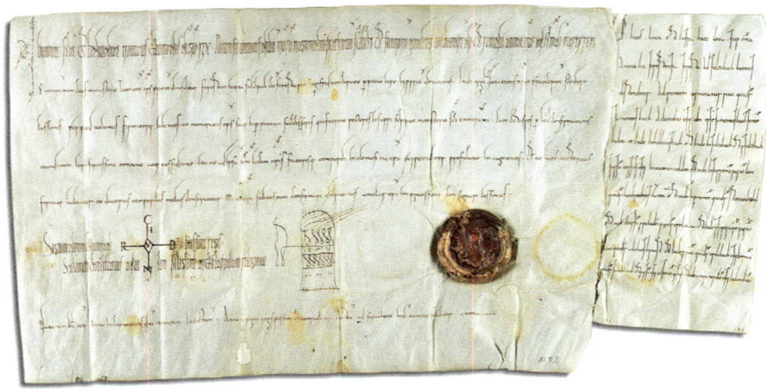

37 a und b

tigt. Die Aufenthalte Ludwigs 908 und 910 scheinen weniger wichtig gewesen zu sein. Nach Ludwigs Tod wurde auch sein Nachfolger, der Konradiner und Frankenherzog Konrad I., in Forchheim zum König gewählt. Damit endete aber bereits die große Zeit der Pfalz Forchheim. Zwar ist Konrad bis 918 noch drei Mal in Forchheim nachweisbar, doch er hielt hier keine großen Reichsversammlungen mehr ab, sondern beurkundete nur regional bedeutsame Handlungen. *A. O. W.*

Druck: MGH DD Ko I, Nr. 22, S. 21 f.

Lit.: Störmer, Franken; Weber / Wüst, Franken und Forchheim.

38 Forchheim verlor als Pfalzort gegen Ende des 10. Jahrhunderts an Bedeutung. Kaiser Heinrich II. schenkte das Königsgut Forchheim 1007 dem von ihm gegründeten Bistum Bamberg, seinem bevorzugten Aufenthaltsort.

Zwei Urkunden Kaiser Heinrichs II.

a und b) Frankfurt am Main, 1. November 1007
Handschrift/Pergament, 47 × 64 bzw. 61 × 58
Staatsarchiv Bamberg (Bamberger Urkunden [Münchener Abgabe 1993] Nr. 28 und 29 [ex Kaiserselekt Nr. 226 und 227])

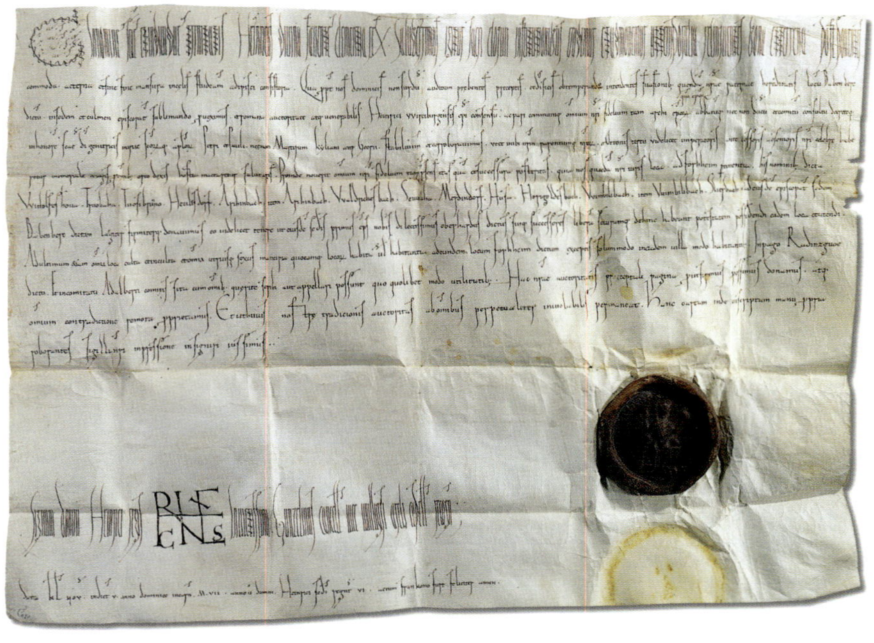

38 a

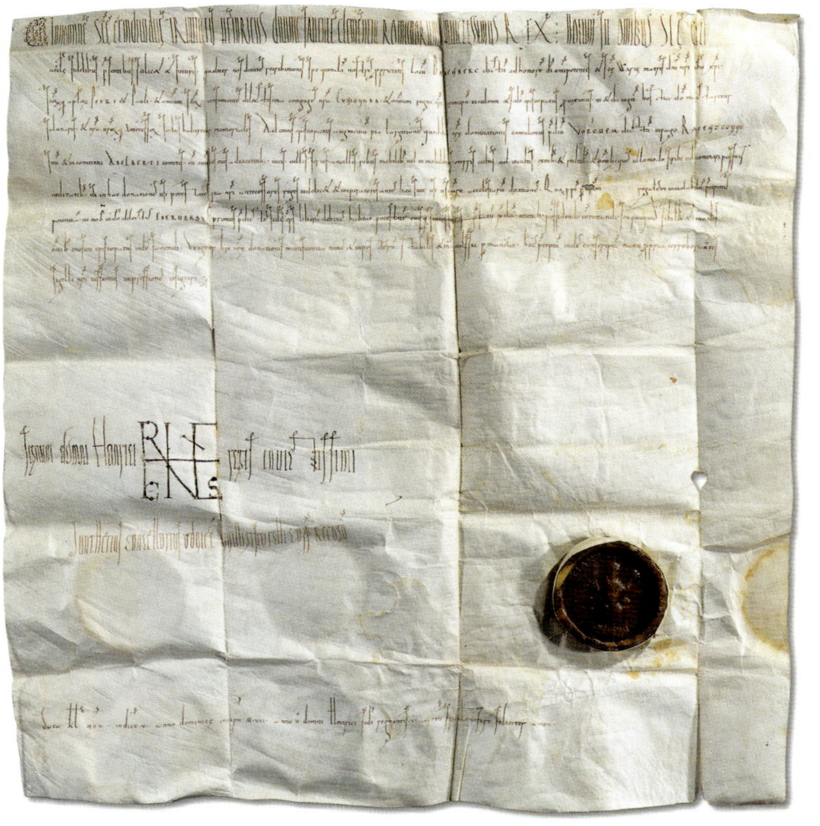

38 b

Unter Konrad I. war das Ostfrankenreich in Auflösung begriffen und von mehreren Seiten kriegerisch bedrängt, nicht nur von außen. Besonders die Sachsenherzöge, aus deren Reihen dann die Nachfolger Konrads kamen, waren mächtige Konkurrenten des Königs. In der Ottonenzeit verlagerte sich der Schwerpunkt der königlichen Politik deutlich nach Norden, es gab keine Reichsversammlungen bzw. Königswahlen in Forchheim mehr. Erst 976 hielt sich mit Otto II. wieder ein Kaiser in Forchheim auf, jedoch um die „Demontage" der Pfalz einzuleiten. Er schenkte die königliche Martinskirche in Forchheim und deren Besitz an den Bischof von Würzburg. Auch als König Heinrich II. im Jahr 1002 hier anwesend war, wurde wieder ein Teil der Pfalz vergeben: Das neu gegründete Stift Haug bei Würzburg erhielt das Pfalzstift (abbatia) Forchheim und die dazu gehörenden Orte Erlangen und Eggolsheim. Ab 1007 wurde der Rest des Pfalzzubehörs aufgelöst: Heinrich II. schenkte dem von ihm gegründeten Bistum Bamberg das königliche Gut Forchheim und 14 zugehörige Orte. Dennoch scheint ein Teil der Pfalz weiter bestanden zu haben. 1008 unterzeichnete Heinrich II. hier eine Urkunde. Besonders wichtig ist aber die Wahl des Schwabenherzogs Rudolf von Rheinfelden zum Gegenkönig gegen Heinrich IV. im Jahr 1077. Dabei wurde offensichtlich an die Tradition der letzten fränkischen Königserhebungen in Forchheim angeknüpft. Dies war aber auch das Ende der politischen Entscheidungen in der Pfalz Forchheim. Die Funktion Forchheims für das Königtum übernahm seit dem Ende des 11. Jahrhunderts unter den Saliern Nürnberg.

Die zwei Urkunden legen den Grundstock für den südlichen Bereich des später entstehenden Territoriums des Hochstifts Bamberg. In der einen Urkunde wird das königliche Gut Forchheim (predium Vorhchem) mit seinem Zubehör an Orten, Dörfern, Knechten, Mägden, mobilem und immobilem Besitz, kultiviertem wie brachliegendem Land, und den Ansprüchen an daraus zu ziehenden Abgaben verschenkt. Welche Orte im Umland gemeint sind, wird nicht gesagt.

In einer weiteren Urkunde schenkt Heinrich 14 zum Königsgut Forchheim gehörende Orte, die übrigens alle in dieser Urkunde erstmals erwähnt werden: Weigelshofen, (Unter)trubach, Thuisbrunn, Hetzelsdorf, (Kirch-)ehrenbach, Ober- oder Mittelehrenbach, Wellerstadt, Kleinseebach, Möhrendorf, Hausen, Heroldsbach, Ober- und Unterwimmelbach, sowie den heute nicht mehr existierenden Ort Slierbach (bei Forchheim-Burk). Allein diese beiden Urkunden, die nur einen Bruchteil der Schenkungen an Bamberg darstellen, zeigen die reiche Ausstattung des neuen Bistums. Forchheim wurde im Lauf des Hoch- und Spätmittelalters zur wichtigsten Stadt im südlichen Bereich des Hochstifts Bamberg. Es entwickelte sich mit dem Bau des Bischofs-

Druck: MGH DD H II., Nr. 169, S. 199 f.; MGH DD H II., Nr. 170, S. 201 f.; MB 28/1, Nr. 226, S. 349–351; von Guttenberg, Regesten, Nr. 39, S. 26 f. und Nr. 38, S. 26; Störmer, Franken, Bd. II/1, S. 270, Nr. 122.

Lit.: Ninness, Forchheim; Rupprecht, Urkunden; Störmer, Franken, S. 89; Störmer, Schenkungen; Weinfurter, Kaiser Heinrich II., S. 254ff.; Schmale / Störmer, Entwicklung, S. 148, 155f.; Weber / Wüst, Franken und Forchheim.

schlosses zu einer Nebenresidenz des Bischofs, wurde Sitz des zweitwichtigsten Verwaltungsamts im Hochstift und dessen bedeutendster militärischer Standort, die Landesfestung Bambergs. *A. O. W.*

39 Das Bistum Bamberg erhielt sein Diözesangebiet auf Kosten der Bistümer Würzburg und Eichstätt. Dem neuen Bischofssitz war von seinem Stifter Heinrich II. eine zentrale Rolle innerhalb der Reichskirche zugedacht.

Darstellung Kaiser Heinrichs II. auf einer Münze Bischof Antons von Rotenhan (1431–1459)

a) Schilling, ab 1454, Silber, 2,09 g
Vs.: Viergeteilter Wappenschild – 1. Bamberg, 2. Würzburg, 3. Burggrafen von Nürnberg und Zollern, 4. Bamberg – in einem Kreis, außen + MONETA ° ARGEN'° PRINCIPVM:
Rs.: Stehender Kaiser Heinrich II. mit Krone, Nimbus, Reichsapfel und Zepter, außen ° S ° hEINRIC ° – ° IMPERA ° – °
Staatliche Münzsammlung, München (13/191)

b) Karte der Bistümer Würzburg, Bamberg und Eichstätt
Entwurf: Haus der Bayerischen Geschichte nach Johannes Merz
Grafik: Gruppe Gut, Bozen

39 a

Lit.: Krug, Münzen, S. 111 Nr. 166; Heinrich II. 1002–1024 [Ausstellungskatalog]; Störmer, Franken, S. 84–92 und Nr. 117–127.

Die ehemalige Babenbergerburg Bamberg wurde unter Kaiser Otto I. bis 966 der Verwahrungsort des 963/64 gefangen genommenen Königs Berengar II. von Italien. Dieses „Zentrum der ottonischen Reichsherrschaft in Franken" (W. Störmer) übertrugt Otto II. im Jahr 973 an den Bayernherzog Heinrich den Zänker, der damit den bayerischen Einfluss weit über die Nürnberger Zone hinaus nach Norden vergrößern konnte.

Die Niederschlagung Markgraf Heinrichs von Schweinfurt durch Heinrich II. bot 1003 die Chance den wohl mächtigsten Mann Ostfrankens und des bayerischen Nordgaus auszuschalten. Die dadurch frei werdenden Güter und Ämter schufen die Voraussetzungen für die Gründung des Bistums Bamberg. Das zunächst mit dem Versprechen der Rangerhöhung hergestellte Einverständnis des Würzburger Bischofs – die neue Diözese sollte zum größten Teil auf Würzburger Gebiet errichtet werden – war nur mühsam einzuhalten. Entgegen den Zusicherungen Heinrichs dem Würzburger Bischof gegenüber kamen die Erhebung Würzburgs zum Erzbistum und die Unterstellung Bambergs und Eichstätts als Suffragane nicht zustande, Bamberg wurde sogar in den Mainzer Metropolitanverband eingegliedert.

Die überreiche Ausstattung seines „einzig geliebten Bamberg" mit 63 Einzelschenkungen zeigt, dass Heinrich II. dem neuen Bistum eine zentrale Rolle innerhalb der Reichskirche und der Reichspolitik zudachte. Die Besitzungen lagen nicht nur im Bereich der neuen Diözese sondern auch in Schwaben, Bayern, Thüringen, Sachsen, in der Steiermark und in Kärnten. Die zehn an Bamberg geschenkten Klöster lagen alle außerhalb des Diözesangebiets. Den Ausgleich mit dem Würzburger Bischof erreichte Heinrich II. durch territoriale Zugeständnisse. Die Würzburger Bistumspolitik wurde aber durch die Abtrennung des für Bamberg bestimmten Gebiets langfristig nach Norden gelenkt.

Auch Eichstätt war von der Abtretung eines bedeutenden Teils des Diözesansprengels an das neue Bamberger Bistum betroffen. Anekdotenhaft wird die Reaktion des Eichstätter Bischofs Megingaud, eines Verwandten Heinrichs II., überliefert. Der Bischof wurde vom Kaiser aufgefordert, das „servitium regis" eines Erzbischofs zu leisten, worauf der Bischof geantwortet haben soll, der Kaiser habe ihn durch die Gründung Bambergs zu einem armen Pfarrer, „pauperem parrochianum", gemacht. *G. St. / W. J.*

Die Grenzen der Bistümer Würzburg und Eichstätt im frühen Mittelalter

● Orientierungsorte

27

Bistumsgrenzen im mittelalterlichen Franken

- Würzburger Bistumsgrenze im Frühmittelalter
- Gebietsabtretung des Bistums Eichstätt 1016
- ● Orientierungsorte

39 b

40 In einer Urkunde Kaiser Heinrichs III. von 1050 findet sich zum ersten Mal ein Hinweis auf Nürnberg. Die Burg auf einem Felsrücken nördlich der Pegnitz wurde zu einem regionalen Stützpunkt der Reichsgewalt ausgebaut.

Nürnberg, 16. Juli 1050
Handschrift/Pergament, 27,4 × 28,5
Stadtarchiv Nürnberg
(A1 1050 Juli 16)

So genannte Sigena-Urkunde

Auf dem Weg von Burgund nach Mitteldeutschland verweilte Kaiser Heinrich III. (König 1039–1056, Kaiser 1046) im Jahr 1050 in Nürnberg, wo er auf einem Hoftag die Freilassung einer „Hörigen" namens Sigena urkundlich bestätigte. Die heute als Dauerleihgabe der Staatlichen Archivverwaltung Bayerns – provenienzmäßig gehört die Urkunde in das Staatsarchiv Bamberg – im Stadtarchiv Nürnberg verwahrte Urkunde zählt zu dem relativ seltenen Typ der Urkunden über Freilassungen mit Münzwurf (Denarialdiplome), von denen nur fünf im Original erhalten sind. Über die Person der aus der Leibeigenschaft entlassenen Sigena sind außer der vorliegenden Urkunde keine schriftlichen Belege vorhanden. Auch der Adlige Richolf, der als ehemaliger Leibherr ihre Freilassung bei Kaiser Heinrich durch den symbolischen Rechtsakt der aus der Hand geschlagenen Münze („excusso denario") erwirkte, lässt keine gesicherte Aussage über beider Herkunft zu. Er entstammte vermutlich der Ministerialität, vielleicht aus dem Bamberger Raum. Die vermutete Verwandtschaft mit dem Geschlecht des Otnand von Eschenau, dem Stammvater der Reichsministerialen von Gründlach, muss angesichts fehlender Quellenbelege Hypothese bleiben. Bei der Sigena-Urkunde liegt die Bedeutung für Nürnberg in der Ausfertigung: Die Datumszeile „actum Nörenberc" belegt erstmals urkundlich die Existenz der späteren Metropole Frankens. Wohl geraume Zeit vor dieser Ersterwähnung hat man auf einem steilen Felsrücken nördlich der Pegnitz begonnen eine Burg zu bauen, die durch die Anlage zweier Wirtschaftshöfe beiderseits des Flusses – bei St. Egidien auf der Sebalder und bei St. Jakob auf der Lorenzer Stadtseite – versorgt wurde. Inmitten ausgedehnter Wälder war somit ein regionaler Stützpunkt der Reichsgewalt konzipiert worden, der auf Reichsgut fußte und dadurch gefördert wurde, dass aus dem nahe gelegenen Fürth ein Markt des Bamberger Domkapitels hierher verlegt wurde. Um 1050 muss die Versorgungslage dieses Platzes samt seiner Infrastruktur (Handwerker, Bedienstete, Wohnraum) so gut gewesen sein, dass Kaiser Heinrich mit seinem Gefolge hier Etappe machen und eine Fürstenversammlung, deren Umfang nicht bekannt ist, abhalten konnte. *M. D.*

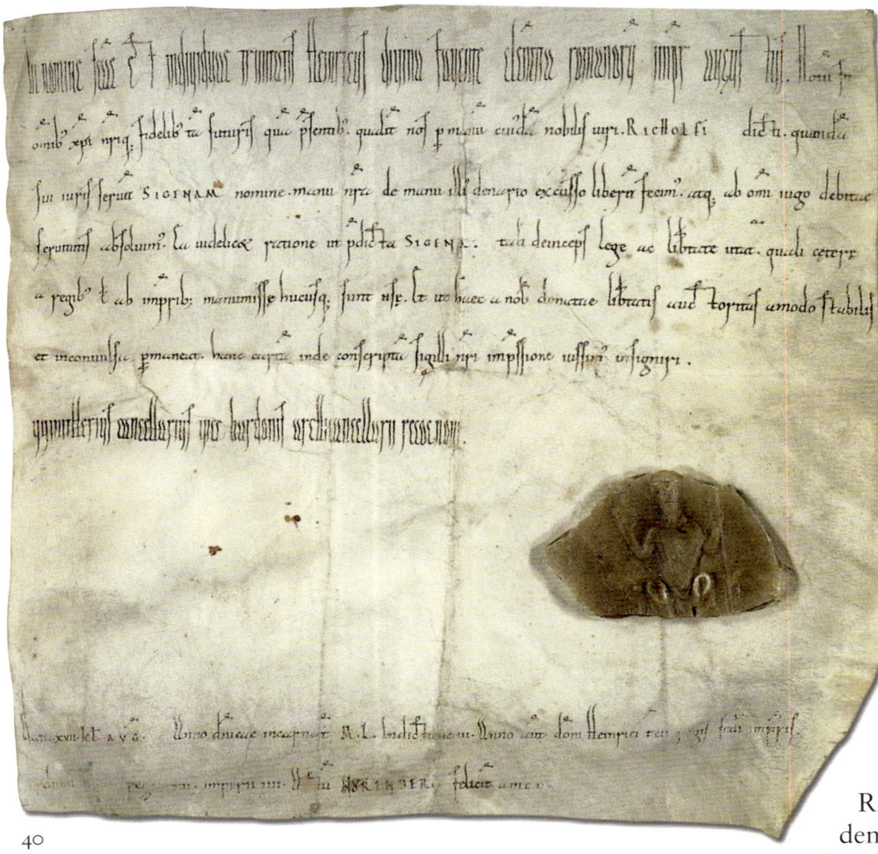

40

Lit.: Hofmann, Sigena; Diefenbacher / Endres, Stadtlexikon Nürnberg, S. 994f.

41 Der hebräische Bibelkommentar des Raschi, eine der ältesten hebräischen illuminierten Handschriften des deutschen Kulturbereichs, wurde in Würzburg von einem christlichen Maler mit ikonografisch unvergleichbaren biblischen Szenen illustriert.

Bibelkommentar des Raschi mit Varianten und Hinzufügungen von Joseph Qara, Bd. 2

Geschrieben von Salomo ben R. Samuel aus Würzburg im Jahr 4993 (1232–1233) für Rabbi Josef ben Rabbi Moses
Malerische Ausstattung Würzburg, wohl um 1250
Ursprünglich einbändig, später geteilt in zwei Bände, 28 und 262 Blätter
Buchmalerei/Pergament, 38 × 28,5, grüner Maroquineinband mit Goldpressung (gebräunt) für Johann Jakob Fugger, Mitte 16. Jahrhundert
Bayerische Staatsbibliothek, München (Cod. Hebr. 5.II)

Die Handschrift, eine Kopie des berühmten Bibelkommentars Raschis, wurde in Würzburg von Salomo ben R. Samuel und einem Mitarbeiter 1233 vollendet und später von einem christlichen Maler illustriert. Die engen stilistischen Beziehungen zu Werken der Würzburger Buchmalerei, insbesondere in der Gestaltung der kleinen Figürchen sowie in der auffälligen Farbwahl, die eigenwillige Grün-Blau-Konkordanzen und abgestufte Rosa- neben kräftigen Rottönen bevorzugt, machen die Ausführung der Miniaturen im Atelier der Würzburger Dominikanerbibel von 1246 (Kat.-Nr. 65) deutlich. Stilistisch mit der Illuminierung des hebräischen Bibelkommentars am engsten verwandt sind die Miniaturen des Münchener Festtagsevangelistars Clm 23256 (Kat.-Nr. 64), wodurch sich eine frühe Datierung des malerischen Schmucks im unmittelbaren Anschluss an die 1233 fertig gestellte Kopie des Textes durch den aus Würzburg stammenden Schreiber Salomo ben R. Samuel verbietet.

Auf einen nichtjüdischen, in die Würzburger Malerei einzuordnenden Künstler verweisen auch die lateinischen Hinweise wie „job et uxor", „iuvenes" oder das Fehlen hebräischer Zeichen in Spruchbändern. Am Anfang eines jeden biblischen Buchs steht ein kleines Bild mit hebräischer Titelseite. Ungewöhnlich aber bleibt die Illustrierung einer biblischen Schrift, die den Namen Gottes enthält. Dies mag erklären, dass ein Benutzer oder späterer Besitzer die Bilder zerkratzte und insbesondere die Gesichter auswischte. Andererseits lässt die Anfertigung von Miniaturen für einen Bibelkommentar wichtige Hinweise auf das soziale Miteinander und den intensiven kulturellen Austausch

41 Fol. 183^{r}, Taufszene

41 Fol. 209r: Titelvignette zum Buch Daniel, Anbetung des Götzenbildes und Jünglinge im Feuerofen

zwischen Juden und Christen, mithin auf jüdische Anpassungsprozesse bereits im Mittelalter sowie auf die wirtschaftliche und geistige Bedeutung der Juden im Würzburg des 13. Jahrhunderts zu. Raschi (Abkürzung für Rabbi Salomo ben Isaak [auch: Jizchaki]), einer der bedeutendsten Schrift- und Talmudkommentatoren des Mittelalters, wurde 1040 in Troyes geboren, wo er am 13. Juli 1105 starb. Nach der ersten Unterrichtung durch seinen Vater brach er um die Mitte des 11. Jahrhunderts ins Rheinland auf, studierte in Mainz und Worms bei Rabbi Jakob ben Yaqar und dessen Nachfolger Isaak ben Judah sowie bei Isaak ha-Levi. Im Alter von 25 Jahren kehrte er 1065 nach Troyes zurück und gründete dort eine eigene Yeshiva (Exegetenschule), die er mit den Erträgen seines Weinbergs finanzierte. Die antijüdischen Ausschreitungen des ersten Kreuzzugs überschatteten seine letzten Lebensjahre.

Raschis Abhandlungen beruhen vornehmlich auf Anfragen zu Rechtsproblemen („responsa"), die in großer Zahl an ihn gestellt wurden. Mit Ausnahme der Bücher Esra, Nehemia, Chronik und Teilen von Ezechiel und Hiob kommentierte er alle Schriften des Alten Testaments. Die Prägnanz und die enge Bindung der Auslegungen an den Text machten seinen Bibel- und Talmudkommentar, der erstmals 1475 in Reggio als Inkunabel, dann 1525 in Venedig im Druck erschien, zu einer bis ins 20. Jahrhundert populären Edition und zum bevorzugten jüdischen Schul- und Volksbuch. Die Erläuterungen gelten im Judentum als klassisch und sind fester Bestandteil der rabbinischen Textausgaben. Bereits im Mittelalter beeinflusste Raschi christliche Theologen wie Hugo von St.-Viktor (Ende 11. Jahrhundert – 1141) und vor allem den Franziskaner Nikolaus von Lyra (1270–1349); dessen Bibelglossarium „Postilla litteralis" wurde für Martin Luthers Bibelverständnis von Bedeutung. Übersetzungen ins Lateinische sorgten im 16. und 17. Jahrhundert für eine weitere Verbreitung des Raschi-Kommentars.

Sowohl der Text des Bibelkommentars wie die Illustrationen besitzen hohen kulturhistorischen Wert. So verdanken wir ihnen eine der ältesten Darstellungen des „Judenhuts", einer Kopfbedeckung mit flacher Krempe und sehr schmaler kegelförmiger Kalotte, die an einen umgekehrten Trichter erinnert (I, fol. 44^{v}). Die an Raschi gerichteten und indirekt in den Text eingeflossenen Anfragen reflektieren zeitgenössische Bedürfnisse und streifen auch Fragen des Alltagslebens. So sparte Raschi als Besitzer eines Weinbergs in der heutigen Champagne nicht mit Informationen zum Weinbau. In seinem Kommentar zu Awoda Sara, dem Traktat zu allen Formen des Götzendienstes, schilderte er ausführlich die Anbau- und Keltertechniken im Norden Frankreichs. Da sich diese von den Herstellungsmethoden in Israel unterschieden, war er unsicher, ob sie nicht gegen die Kashrut, also die Nahrungsvorschriften, verstießen.

Die überragende Bedeutung Raschis wird auch in den später entstandenen Legenden deutlich, die sich um seine Geburt, sein Leben und nicht zuletzt um das Wormser „Raschi-Haus" bei der Synagoge ranken, wo er studiert und gelehrt haben soll. *Ch. D. / H. E.*

Edition: Bamberger, Seligmann, Würzburg 1873, 4. Aufl. Basel 1994.

Lit.: Berliner, Beiträge; Engelhart, Würzburger Buchmalerei; Metzger, Le manuscrit enluminé Cod. Hebr. 5; Metzger, Jüdisches Leben, S. 147f., 310f.; Reuther, Warmaisa; Suckale, Anteil; Stemberger, Geschichte, S. 108f.; Swarzenski, Handschriften, Bd. 1, S. 72f., 158; Gutmann, Buchmalerei, S. 21, 72f. Nr. 17; Jüdische Lebenswelten [Ausstellungskatalog], Kat.-Nr. 6/44–6/45, S. 125–128 (H. Budde und E.-M. Thimme); Metzger, Bibel, S. 9, 55, 64, 67f. und passim, Abb. 77; Klemm, Handschriften, Textbd. Kat.-Nr. 194f., S. 198–202 und passim, Tafelbd. Abb. 516–522.

42 Im Jahr 1987 kamen beim Teilabriss eines Hauses in Würzburg 1504 jüdische Grabsteine und Grabsteinfragmente zutage – die bislang größte Hinterlassenschaft aus einem mittelalterlichen Judenfriedhof weltweit.

Jüdische Grabsteine

Zwischen 1129 und 1346
Rabbiner Schlomo, 7. Juli 1234, 53 × 35
El'asar, gest. 3. Februar 1287, 62 × 70
Schmuel, Urenkel des Rabbiners Schmuel aus Bamberg, gest. Oktober 1252, 107 × 50
Rivka, Tochter des Hillel, gest. 15. August 1289, 93 × 50
Jüdische Gemeinde in Würzburg und Unterfranken, Würzburg (1438, 659, 447, 328)

Die Steine aus dem im Würzburger Stadtteil Pleich gefundenen Bestand belegen ziemlich genau 200 Jahre Geschichte der Juden in Würzburg: von den Anfängen der jüdischen Gemeinde bis beinahe zum Jahr 1349, als auch die Bürger Würzburgs unter dem Eindruck der drohenden Pest gegen die Juden in ihren Mauern den Vorwurf der Brunnenvergiftung erhoben und sie ermordeten. Wahrscheinlich unmittelbar nach dem Pogrom verkaufte Fürstbischof Albrecht II. von Hohenlohe die

Grabmäler aus dem herrenlos hinterbliebenen Friedhof an das Kloster der Dominikanerinnen in Würzburg. Die Nonnen verwendeten die Grabsteine für die Erweiterung ihrer Klosterkirche St. Marx, deren Mauern sich in dem Gebäude erhielten, das schließlich im Januar 1987 zu mehr als der Hälfte abgerissen wurde und bei dem das eindrucksvolle „kulturelle Gedächtnis" des Würzburger Judentums zutage trat.

Entscheidend für die Erforschung der Steine ist der Umstand, dass die Grabinschriften stets den Namen nennen, den die Verstorbenen in ihrer jüdischen Umgebung getragen hatten. Nirgendwo erscheinen auf den Steinen Namen wie jene, die in den zeitgleichen Urkunden des Bischofs, des Domkapitels oder der Stadtverwaltung zu lesen sind. In den Urkunden, die zum Beispiel jüdisches Eigentum durch das übliche Erbleihverfahren sichern sollten, tauchen Minnemann, Süßkind, Elegastus, Biscop de Rothenburg, Falco oder Fyvelmann de Uffenheim auf, während auf den Grabsteinen stets die hebräischen Namen verzeichnet sind, die bei den Männern – bis auf fünf Ausnahmen mit Urschrago, Alexandri, Natronai, Peter, Kalonymos – alle der Bibel entnommen sind. Darüber hinaus sind die Namen mit einer wenigstens einreihigen Genealogie verbunden, welche die ungebrochene jüdische Herkunft der Verstorbenen belegen sollte.

Über die hebräischen Namen ist es möglich die Bedeutung der Würzburger Judengemeinde in der jüdischen Literatur des Mittelalters, so in den Responsen, neu einzuschätzen und zum Teil erstmals zu erkennen. Es zeigt sich, dass die Juden Würzburgs im 13. Jahrhundert eine hoch organisierte und mit allen denkbaren Positionen jüdischer Selbstverwaltung ausgestattete Gemeinde unterhielten: Es gab den „Parnas" („Judenbischof") ebenso wie den „Gabbai", den Verwalter der Finanzen. Ein zwölfköpfiger „Judenrat" konstituierte zusammen mit dem Parnas die amtlich anerkannte Vertretung, die Gerichts- und Verwaltungsbehörde – ein genaues und selbstbewusstes Gegenbild zur städtischen Kommunalstruktur. Dazu kam eine Reihe von zum Teil renommierten Vorbetern („Chasanim"), welche für die täglichen Gebetszeiten und für die Gottesdienste zur Verfügung standen, sowie Synagogendiener und Hebammen. Im Blick auf ihre Infrastruktur hält die „universitas Iudaeorum Herbipolensium" nach Auskunft der Grabsteine dem Vergleich mit den zeitgleichen großen jüdischen Gemeinden in Deutschland stand. Sie besaß wenigstens zwei Synagogen, einen großen zentralen Friedhof, ein „Lehrhaus", ein Hospiz (Krankenhaus) und ein Gästehaus für durchreisende Juden.

42 Grabstein der Rivka

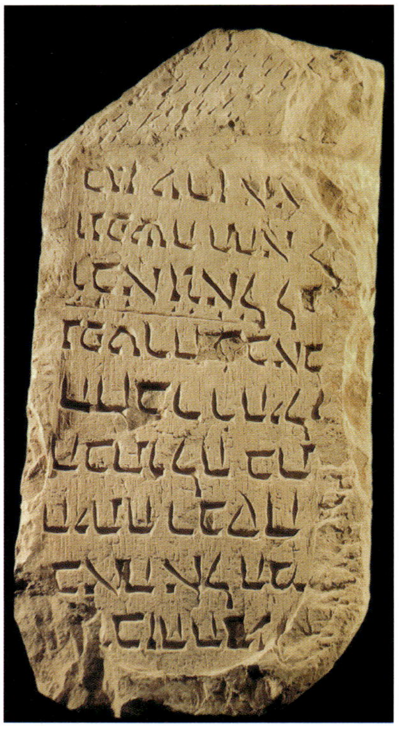

Würzburg wuchs im 12. und im 13. Jahrhundert zur bewegenden Mitte des jüdischen Lebens in (Unter-)Franken heran. Seine Hochform erreicht das „kulturelle Gedächtnis", das die Grabsteine der mittelalterlichen Judengemeinde in Würzburg darstellen, jedoch dort, wo es um ihren Bildungsrang geht. Dem Parnas standen die „Chaverim" zur Seite. Chaver ist der studierte Laienforscher und Experte für halachische, also religionsgesetzliche Fragen. Viele Grabmäler machen auf dieses Amt, das knapp unter dem Rang eines Rabbiners angesiedelt war, aufmerksam. Zuweilen sind auf einem Grabstein sogar zwei Chaverim aufgeführt. Einer der bekanntesten von ihnen war ohne Zweifel Hillel hä-Chaver, ein Schüler des „Maharam", des berühmten Rabbiners Meïr von Rothenburg. Auf dem Grabstein von Meïrs Tochter Rivka (Nr. 328), die in Würzburg starb, wird Hillel nachdrücklich erwähnt. Aber auch der häufig auf den Steinen begegnende Titel „Moreïnu", „unser Lehrer", lässt an Schule, Lernen und Lehre denken. Auf einem Stein taucht sogar der Hoheitsname „Licht des Exils" auf (Nr. 1438), obwohl der damit Geehrte – ein gewisser Schlomo ben Avraham – im jüdischen Schrifttum des Mittelalters sonst keine nennenswerten Spuren hinterlassen zu haben scheint. Gerade eine solch vereinzelte Benennung veranschaulicht das auf dem „Limmud“, dem Studium, basierende Selbstbewusstsein der Würzburger Juden. Ebenso einschlägig sind Grabsteine, die eine sich über wenigstens drei Generationen erstreckende Reihe von Rabbinern vorführen, um einen Verstorbenen mit der Verbindung zu einem großen Gelehrten und überragenden Halacha-Kenner zu ehren (Nr. 447). Sechs Grabsteine führen den Titel „Had-Darschan“, also Schriftausleger bzw. Prediger, auf. Und bei einem Sohn des berühmten Mosche had-Darschan ist vermerkt, dass mit seinem Tod „die Quellen der Weisheit versiegten“ (Nr. 659). Außerdem gibt es drei „Sofrim“, Schreiber, sowie einen „Nakdan“, also Punktator, der 1226 starb.

Die Gesamtheit solcher und vieler ähnlicher Informationen fügt sich zu einem Bild, welches das mittelalterliche Würzburg als eines der Zentren des „Limmud“ und des „Talmud Tora“ – des Studiums und der Lehre – in Erinnerung halten will. An Würzburg hafteten im 13. Jahrhundert so sehr der Ruf der Zuständigkeit in Fragen der Halacha, der Religionsgesetze, wie auch die Atmosphäre der rabbinischen Forschung, dass der damals führende Rabbiner in Deutschland, Meïr von Rothenburg, einem seiner Korrespondenten den bezeichnenden Rat gab: „Wenn die Halacha bei euch zweifelhaft ist, dann schickt zu unseren Lehrern (in) der Gemeinde zu Würzburg“ (Schu“t Maharam III, Prag 934, Blatt 931a). Würzburg war daher auch eingebunden in den Austausch der Responsen. Und immer wieder nahmen Rabbiner aus Würzburg Einfluss auf die Entwicklungen der jüdischen Liturgie und Halacha. Das Wissen um ihre hohe Kompetenz stärkte das Selbstbewusstsein der Würzburger Juden offenbar so sehr, dass sie sich weigerten vorbehaltlos allen Beschlüssen zu folgen, die auf den vier Synoden der SCHUM-Gemeinden Speyer, Worms und Mainz zwischen 1215 und 1245 als Richtlinien für die jüdischen Niederlassungen in ganz Deutschland vorgegeben worden waren. In dieses Bild der Größe und des Aufstiegs der Würzburger Gemeinde fügt sich schließlich ein, dass der große Meïr von Rothenburg, bevor er 1272 nach Rothenburg ging, noch einmal nach Würzburg zurückkehrte, wo er in seiner Jugend als Schüler des Rabbiners Jizchak ben Mosche aus Wien längere Zeit verbracht hatte und wo enge Verwandte von ihm lebten und seine Tochter ihr Grab finden sollte. *K. M.*

42 Grabstein des Rabbiners Schlomo

43 Im Gefolge des Zweiten Kreuzzugs kam es immer wieder zu Angriffen gegen Juden in Franken, die man der Hostienschändung, Brunnenvergiftung und des Ritualmords beschuldigte.

Lorenz Fries (um 1490–1550)
Würzburg, 1546
Handschrift / Pergament und Papier, 40,7 × 28 (R)
Stadtarchiv Würzburg (Ratsbuch 412)

Würzburger Bischofschronik

Fol. 100v

Bis zum 27. November 1095, als Papst Urban II. auf dem Konzil von Clermont-Ferrand zum ersten Kreuzzug aufrief, hatten die Juden in Europa friedlich und als geachtete Diplomaten, Fernhändler und Dolmetscher gelebt. Nun aber schlug die Stimmung, nicht zuletzt dank der Kreuzzugsprediger, in Hass um. In der Folge des 1146 begonnenen zweiten Kreuzzugs fielen am 24. Februar 1147 mehr als zwanzig Würzburger Juden den Ausschreitungen zum Opfer. Der Mönch Radulf hatte in verschiedenen deutschen Städten gegen Ungläubige und vor allem gegen die Juden gehetzt. Obwohl Bernhard von Clairvaux zur Mäßigung aufrief, stießen seine Predigten gerade beim einfachen Volk auf offene Ohren. Nach Lorenz Fries kam es daraufhin überall in Deutschland zu Pogromen gegen die Juden, auch Würzburg blieb nicht verschont. Denn hier schürte ein rätselhaftes Verbrechen zusätzlich die aufgebrachte Stimmung: Den „Annales Herbipolenses" zufolge waren im Februar 1147 die über die Stadt, im Graben, in der Würzburger Vorstadt Pleich und sogar in Thüngersheim verstreuten Leichenteile eines später von den Pilgern „Dietrich" genannten Mannes gefunden worden. Als sich an seinem Grab Wunder ereigneten, forderten die Bürger die Heiligsprechung, was Bischof Siegfried von Truhendingen (1146–1150) ablehnte. Der Zorn der Menge richtete sich nun gegen die Juden, denen man den Mord in die Schuhe schob. In Würzburg sei es, so Fries, „mit den Juden seltzam zugangen".

Die Zeichnung stellt das Geschehen in simultaner Form dar. Der Mönch Radulf predigt auf einer hölzernen, im Freien errichteten Kanzel vor Männern und Frauen, deren Kleidung sie als Angehörige der sozialen Unterschichten ausweist. Links schlagen zwei Männer mit Knüppeln auf Juden ein, die vom Zeichner mit dem auf dem 4. Laterankonzil von 1215 beschlossenen gelben Ring gekennzeichnet sind.

Fol. 172r

Im Zuge des „Armleder"-Pogroms von 1336 wurden jüdische Häuser geplündert und Juden brutal ermordet. 1298 hatte man die Juden beschuldigt in Röttingen eine Hostie gestohlen und geschändet zu haben. Die sich daran anschließende so genannte Rindfleisch-Verfolgung kostete in Franken vielen Juden das Leben; allein in Würzburg wurden etwa 900 Menschen ermordet. 1336 nahm im Taubertal erneut ein Pogrom seinen Ausgang. Der verarmte Ritter Arnold d. J. von Uissigheim, von seinen Anhängern „König Armleder" genannt, wurde vom Würzburger Bischof Otto von Wolfskeel gefangen gesetzt und 1336 wegen Landfriedensbruchs hingerichtet. Die Landbevölkerung verehrte Armleder, der mit seinen marodierenden Anhängern schwere Ausschreitungen verursacht hatte, als Heiligen. In Schwaben und Franken waren der Armleder-Bewegung zahlreiche Juden zum Opfer gefallen. Die Chroniken führen zwei Ursachen auf: Der Bruder Arnolds sei von einem Juden ermordet worden bzw. Arnold habe in Rothenburg o. d. T. beobachtet,

wie ein Jude die Hostie schmähte. Lorenz Fries nahm detailliert auf die Armleder-Bewegung Bezug. Nachdem sie die Juden in Röttingen, Mergentheim, Uffenheim, Krautheim und in anderen Orten ermordet und ihre Häuser gebrandschatzt hätten, seien die Schläger nach Kitzingen gezogen. Der Plan, Würzburg zu nehmen, scheiterte, so Fries, daran, dass „die Bürger von Würzburg ihre Juden selbst geplündert und geschatzt hatten" und dann nach Kleinochsenfurt zogen, um dem Treiben Armleders ein Ende zu setzen. Trotz des Todes Arnolds d. J. durch das Schwert rotteten sich bereits 1337 wieder Judenschläger zusammen, diesmal ohne nennenswerte Folgen, da der Würzburger Stadtrat am 12. Juni 1337 ein Mandat gegen die Aufrührer erließ.

Die Illustration der Fries-Chronik zeigt links die Plünderung eines Bürgerhauses, aus dem Säcke, Ballen und Geschäftsbücher (oder Geldkassetten) weggetragen werden. Rechts schlagen zwei Männer mit Schwertern auf Juden ein; der eine rückt bereits seinen Geldsack heraus, dem anderen am Boden liegenden Juden ist die linke Hand abgehackt worden, mit der er sich gegen den Angreifer zu wehren versuchte.

Im Jahr 1349 fielen die Juden Würzburgs erneut einem Pogrom zum Opfer; man bezichtigte sie, durch die Vergiftung der Brunnen die Pestepidemie verursacht zu haben. Von Seeleuten 1347 aus Asien eingeschleppt, verbreitete sich die Beulenpest bis 1351 über ganz Europa. Deutschland war von der Epidemie in den Jahren 1349 und 1350 betroffen. Die Schuldigen suchte man unter den Juden; ihnen warf man vor die Brunnen vergiftet zu haben. Von Südeuropa ausgehend, erreichte die Pogromwelle über die Schweiz und die Städte entlang des Rheins schließlich 1349 Deutschland. Bei der Hetze gegen die Juden übernahmen nun die Geißler die Rolle der Kreuzzugsprediger. Obwohl Würzburg von der Pestepidemie verschont blieb, fragte der Rat im Winter

Fol. 181v

1348/49 in Städten im Rheinland, Elsass, in Hessen und Schwaben nach, wie man dort mit den Juden umgegangen sei. Erfurt meldete, dass es noch keine Nachrichten über jüdische „Untaten" gäbe, Freiburg hingegen hatte alle Juden mit Ausnahme schwangerer Frauen verbrannt. Infolge der unsicheren Informationslage blieb Würzburg zuerst untätig. Als sich aber eine Gruppe von Geißlern Würzburg näherte, schlug die Stimmung in der Stadt um. Lorenz Fries und Michael de Leone berichten übereinstimmend, dass sich am frühen Morgen des 21. April 1349 die verängstigten Juden in ihre Häuser eingeschlossen und sie in Brand gesteckt hätten; sie zogen den Selbstmord als selbst gewähltes Martyrium („qiddush ha-shem"; wörtlich: „Heiligung des Namens") jenen Foltern vor, die ihnen eine aufgebrachte Menge zufügen würde. Damit ging 1349 nicht nur der größte Teil der ohnehin seit 1298 verkleinerten jüdischen Gemeinde Würzburgs unter, die Ausschreitungen bedeuteten auch eine tiefe Zäsur in der Geschichte des mittelalterlichen Judentums.

Die Illustration passt nicht zum Bericht des Lorenz Fries. Sie zeigt, vielleicht angeregt durch einen Holzschnitt aus der Weltchronik des Nürnbergers Hartmann Schedel (1440–1514) von 1493, die Verbrennung von Juden vor dem Stadttor. *Ch. D.*

Lit.: Baum, Quellen der Judenverfolgungen, S. 22–24, 30–36; Flade, Würzburger Juden, S. 4–6, 24–26; Arnold, Armledererhebung; Daxelmüller, Tanz der Juden; Graus, Pest – Geißler – Judenmorde; Yuval, Vengeance.

44 Der Toragiebel stammt aus der um 1290 erbauten Synagoge in Miltenberg, die zu den ältesten Synagogen Europas gehört.

Toragiebel

Abguss
Haus der Bayerischen Geschichte, Augsburg
Original: Miltenberg, um 1290
Roter Sandstein, Reste farbiger Fassung, 110 × 116 × 28
Museum der Stadt Miltenberg (S 232)

Der Toragiebel aus der mittelalterlichen Synagoge in Miltenberg zeugt von der qualitätvollen Ausstattung dieses Bauwerks. Der Giebel bekrönte ursprünglich die Toranische, in der man die Torarollen aufbewahrte. Diese Nische befand sich in der Ostwand der Synagoge. Miltenberg erhielt seine erste Synagoge um 1290. Sie ist damit nicht nur die älteste im originalen Mauerwerk erhaltene Synagoge Deutschlands, sondern gehört auch mit Prag und Šopron (Westungarn) zu den ältesten Europas. 1420 führte eine Verordnung des Mainzer Erzbischofs Konrad III. über die Judenschulen zur Ausweisung der Juden aus Miltenberg. In der Folge konfiszierte das Mainzer Erzstift die „Judenschul" und verkaufte sie. Erst 1755 konnte die wieder erstarkte Gemeinde ihr Gotteshaus zurückerwerben. Im 19. Jahrhundert wuchs die jüdische Gemeinde so stark an, dass die inzwischen auch renovierungsbedürftige

Synagoge nicht mehr genügend Platz für den Gottesdienst bot. Aus diesem Grund wurde die alte Synagoge an den Bierbrauer Friedolin Busch verkauft, der einige Umbauten vornahm. Er zog ein Zwischengewölbe ein, brach eine zusätzliche Türöffnung in die Außenwand und errichtete ein neues Dach. Noch heute dient das Gebäude der Brauerei als Gär- und Lagerkeller. Im Kaufvertrag von 1877 ist vermerkt, welche Teile die Juden aus dem Gebäude herausnahmen. Darunter befand sich auch der Toragiebel. Als Übergangsquartier richtete die jüdische Gemeinde in einem Haus in der Riesengasse eine Betstube und ein Unterrichtszimmer ein, die sich bald als ungenügend erwiesen. 1889 wurde ein Synagogen- und Schulhausbau-Verein gegründet. 1903 konnte man den Grundstein legen und im August 1904 den prächtigen Bau einweihen. Der gotische Toragiebel fand nun Platz auf einem neuen, etwa 3 m hohen steinernen Toraschrein. Beim November-Pogrom 1938 zerstörten die Nationalsozialisten die Inneneinrichtung der Synagoge. Die heute sichtbaren Spuren am Toragiebel erinnern an diese Schändung. *H. N.*

Lit.: Avneri, Germania Judaica II; Daxelmüller, Jüdische Kultur in Franken; Debler, Jüdische Gemeinde von Miltenberg, S. 52 ff.; KDB Miltenberg, S. 240 f.; Kirmeier, Toragiebel; Kieser / Schicker, Synagoge; Krautheimer, Synagogen, S. 189 ff.; Neubert, Jüdisches Miltenberg; Schwierz, Zeugnisse, S. 99 ff.

45 Seit Beginn des 13. Jahrhunderts gewinnen einzelne Adelsgeschlechter in Franken an Macht und Einfluss.

Einflussgebiete wichtiger Adelsgeschlechter in Franken um 1200

Karte nach Max Spindler (Hg.): Bayerischer Geschichtsatlas, München 1969, S. 18 f.
Kartografie und Grafik: Susanne Schnitzer, Kiel / Gruppe Gut, Bozen

Seit dem 9. Jahrhundert regierten die Könige und Kaiser in Franken mit Hilfe der Bistümer Würzburg und Eichstätt. Eine weitere Stütze ihrer Regierung war der Adel, wobei je nach politischer Situation Teile eines Adelsgeschlechts oder ganze Adelshäuser sich in Aufständen auch gegen den Herrscher wendeten. Im karolingerzeitlichen Franken waren die Mattonen und die Popponen die wichtigsten Adelsgeschlechter neben einer Reihe von mächtigen Grundherrenfamilien, die jedoch in den Quellen kaum fassbar sind. Während sich die Spur der Mattonen relativ rasch wieder verliert, wissen wir von den Popponen, dass sie Ende des 9. Jahrhunderts in eine der schwerwiegendsten Adelsfehden der Zeit verwickelt waren. In der so genannten Babenberger Fehde kämpften sie gegen die von Hessen aus in Franken Fuß fassenden Konradiner um Macht und Einfluss in Mainfranken (Kat.-Nr. 52). Im 11. Jahrhundert traten neben die Popponen vor allem die Markgrafen von Schweinfurt als Adelsgeschlecht, das eine herzogsähnliche Stellung am Obermain einnehmen konnte. Eine Verwandtschaft zwischen den Markgrafen von Schweinfurt und den Popponen wird vielfach angenommen, ist aber nicht zu belegen. Die Stellung der Markgrafen zeigte sich unter anderem im Jahr 1003 in einem Konflikt mit König Heinrich II., der zwar mit einer Niederlage des Hauses endete, aber die Macht der Markgrafen nicht zerschlagen konnte. Gravierender für die weitere Entwicklung der Adelsherrschaft in Franken war das Aussterben des Geschlechts im Jahr 1057. Das Schweinfurter Erbe ging über die fünf Erbtöchter des letzten Markgrafen größtenteils an nichtfränkische Häuser wie die Grafen von Andechs-Meranien.

Die Karte illustriert die Einflussgebiete wichtiger fränkischer Adelsgeschlechter um 1200. In dieser Phase zeichnete sich in Franken genauso wie in anderen bayerischen Regionen ein Strukturwandel ab. Ämter und Lehen wurden zunehmend erblich und waren damit an bestimmte Adelshäuser gebunden. Gleichzeitig versuchten die mit erblichen Rechten und Besitz ausgestatteten Adelsgeschlechter ihre oft

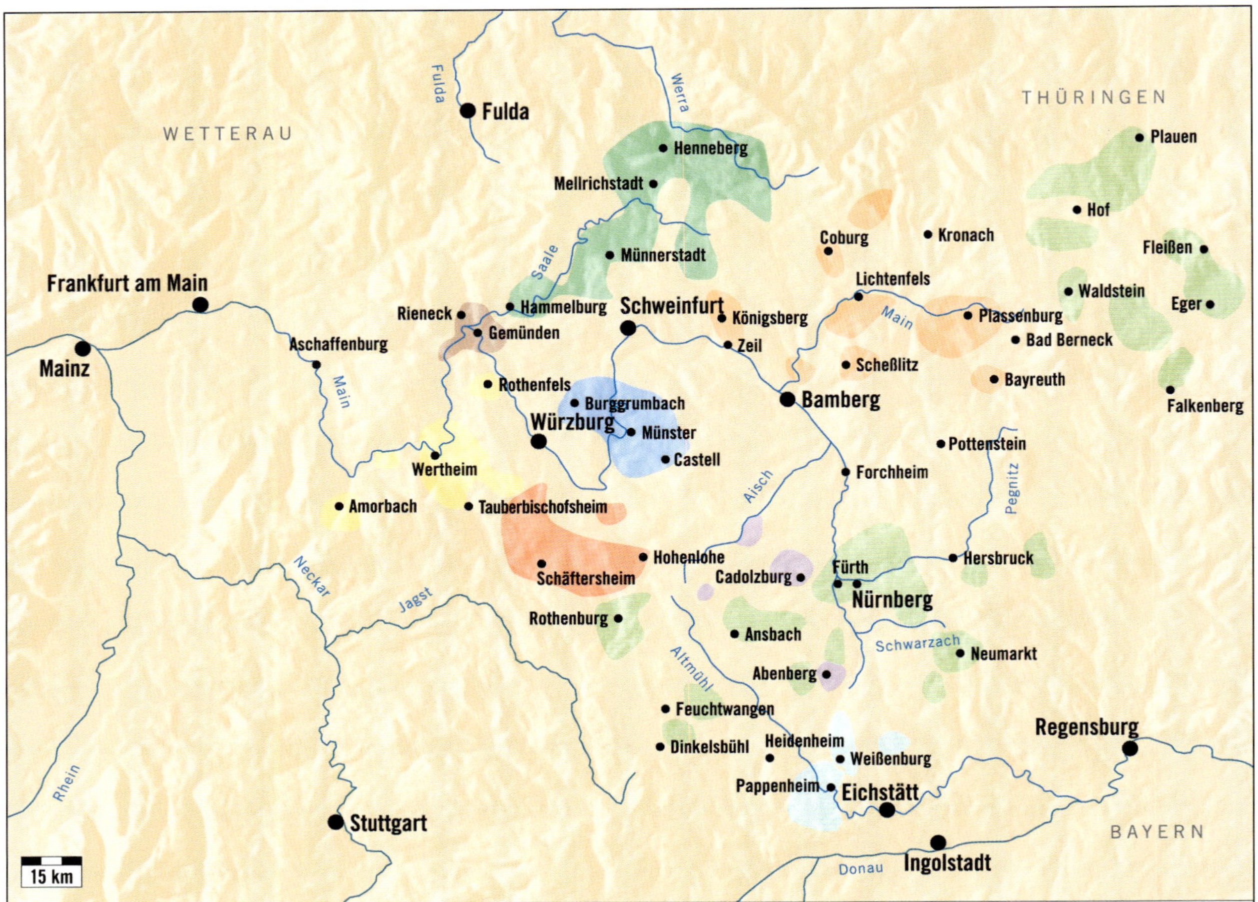

Einflussgebiete wichtiger Adelsgeschlechter in Franken um 1200

- Staufer (einschließlich Reichsbesitz)
- Grafen von Andechs, Herzöge von Meranien
- Grafen von Henneberg
- Grafen von Rieneck
- Herren von Castell
- Grafen von Wertheim
- Grafen von Hohenlohe
- Burggrafen von Nürnberg (Zollern)
- Herren von Pappenheim
- Orientierungsorte

45

weit gestreuten Besitzungen zu homogenen Herrschaftsgebieten auszubauen. Daher kam ihnen in der Folgezeit die Schwäche der Staufer entgegen: Mit dem Tod Kaiser Friedrichs II. im Jahr 1250 fielen große Teile des Stauferbesitzes bzw. ehemaliges Reichsgut an lokale Herrschergeschlechter. Die für das Spätmittelalter typische herrschaftliche Zersplitterung Frankens setzte ein.

Die Karte jedoch zeigt die Situation um 1200, als sowohl die Staufer wie auch das 1248 ausgestorbene Geschlechter der Andechs-Meranier noch eine starke Position in Franken innehatten. Neben die Andechs-Meranier war im Norden Frankens das im 11. Jahrhundert erstmals erwähnte Geschlecht der Henneberger getreten, das zeitweise auch das Burggrafenamt in Würzburg bekleidete. Eng mit der Würzburger Geschichte verbunden ist auch das Geschlecht der Grafen von Castell, das seit 1091 bezeugt ist und seit 1205 den Grafentitel führte. In einer schwierigen territorialen Situation waren die Grafen von Rieneck, die sich im Norden gegen Fulda, im Westen gegen den Mainzer Erzbischof und im Osten gegen den Würzburger Bischof behaupten mussten. Dementsprechend konnten sich die aus dem Geschlecht der Grafen von Looz in Brabant hervorgegangenen Rienecker kaum ausdehnen und verloren im Lauf der Zeit an Bedeutung. Im westlichen bzw. südwestlichen Franken behaupteten sich die Adelsgeschlechter Hohenlohe und Wertheim am Rande der Einflusszone der Würzburger Bischöfe. Im südlichen Franken konnte sich das Reichsministerialengeschlecht der Pappenheim, die unter den Staufern erstmals das Reichsmarschallamt ausübten, positionieren. Vergleichsweise wenig Besitz und Einfluss hatte um 1200 noch das Geschlecht der Hohenzollern, das erst im Lauf der nächsten zwei Jahrhunderte zum wichtigsten Territorialherren in Franken werden sollte (Kat.-Nr. 111 und 112). *J. Sch.*

Lit: Schmale / Störmer, Franken; Die Andechs-Meranier in Franken [Ausstellungskatalog].

46 Unfreie konnten im Dienst des Königs, der Kirche oder des alten Adels als Krieger oder Verwalter aufsteigen. Sie bildeten den neuen Dienstadel.

Schwert

Franken (?), frühes 14. Jahrhundert
Stahl (?), geschmiedet, L. (Gesamt) 106, L. (Klinge) 85, B. (Parierstange) 17,5
Privatbesitz

Das Schwert war die wichtigste Waffe des Ritters. Das hier gezeigte Stück wurde 1924 im Wald in der Nähe von Castell gefunden. Es datiert, aufgrund der Form und Kombination von Klinge und Gefäß, in die erste Hälfte des 14. Jahrhunderts. Die verhältnismäßig kurze Klinge weist in das ausgehende 13. Jahrhundert. Noch in den Darstellungen Albrecht Dürers erscheint dieser Schwerttyp als eine für Stich und Hieb gleichermaßen geeignete ritterliche Waffe.

Die breite zweischneidige Klinge ohne Fehlschärfe verfügt bis zum unteren Drittel über einen Hohlschliff. Sie verjüngt sich gleichmäßig zur Spitze in ihrer Mittellinie. Marken oder Inschriften sind nicht (mehr) feststellbar, da die Metalloberfläche („Haut“) durch Korrosion angegriffen ist. Das Material ist vermutlich Stahl. Die Parierstange ist relativ ausladend und hat schmale, an den Enden verbreiterte Arme. Die kräftige Angel weist einen Materialriss auf. Mit der Angel vernietet ist ein Scheibenknauf mit beidseitig zylindrischem Vorsprung.

Der Griff ist lang genug für den Gebrauch zu „anderthalb Hand“ und erlaubt so bei Bedarf eine zusätzliche Unterstützung für einen treffsicheren Stich. Zugleich übernimmt die breite Parierstange einen Teil der Aufgaben des Schilds. Diese Fechtart entwickelte sich, nachdem der Reiterschild immer kleiner geworden war und die Rüstung aus Kettengeflecht zunehmend durch Panzerplatten verstärkt wurde. *Ch. L.*

Lit.: Böheim, Waffenkunde, S. 244–251; Geibig, Beiträge, passim; Müller, Albrecht Dürer, S. 43–58; Wagner, Hieb- und Stichwaffen, S. 13 ff. und Bildtafeln 17–20; Willers, Kaiserburg-Museum, S. 29.

47 Der Topfhelm diente als Kopfschutz des Ritters. Der Helm mit Wappen und Zimier wurde ein Symbol des Rittertums.

Topfhelm

Frühes 14. Jahrhundert
Fundort: Burg Treuchtlingen
Eisen, geschmiedet, getrieben und genietet, ca. 35 × 35
Volkskundemuseum Treuchtlingen

Der von Kampfspuren gezeichnete Topfhelm wurde bei einer Grabung auf dem Areal der Oberen Burg in Treuchtlingen in einer Schicht aus Brandschutt gefunden. So handelt es sich wohl um ein Zeugnis der Zerstörung des Sitzes der Ortsherren von Treuchtlingen durch Graf Konrad I. von Schlüsselberg vor dem Jahr 1313.

Der Treuchtlinger Fund steht am Übergang des Topfhelms zu dessen Spätform; dies belegt das getriebene konische Oberteil mit der gewölbten Scheitelplatte. Den unteren Teil der Helmglocke bilden je eine gebogene und miteinander vernietete Front- und Hinterplatte. Die Wandstärke der insgesamt vier Blechteile beträgt heute noch mehr als 2 mm. Zur Belüftung dienten, außer dem Sehschlitz, zehn kleine Löcher an der rechten Wange, also an der dem gegnerischen Lanzenstoß abgewandten

47

Lit.: Bakker, Nasalhelm; Böheim, Waffenkunde, S. 27–33; Dollinger – Das Buch zum Spiel, bes. S. 83–96, 111–118; Funcken, Rüstungen, S. 20–25, 34ff.; Geharnischte Zeiten [Ausstellungskatalog], S. 37ff.; Müller, Albrecht Dürer, S. 117–130 pass. (zu den Stechhelmen des 15. und 16. Jahrhunderts); Steeger, Schutzwaffen (Abb. von Original und Nachbau des Treuchtlinger Helms auf S. 71); Thomas / Gamber, Katalog der Leibrüstkammer, 1. Teil, S. 37f.; Menschen des Frühen Mittelalters [Ausstellungskatalog], S. 38f., 45–50.

Seite des Helms. Die zusätzlich an dieser Seite vorhandene kreuzförmige Öffnung war hingegen zum Befestigen des Knebels einer Kette vorgesehen. Diese Kette erfüllte die Funktion einer Fangschnur, sodass der Helm nicht verloren gehen konnte. In Anbetracht des Fehlens etlicher Fragmente des Helms und des Materialverlusts durch Korrosion ergibt sich ein Gewicht von etwa 2 kg. Schwerer wog der Helm, wenn er mit der Helmdecke, einem Sonnenschutz aus Leinen, und mit dem aus Holz und Leder gefertigten Helmschmuck, dem Zimier, versehen war. Eine Reihe kleiner Löcher rings um das Oberteil des Treuchtlinger Exemplars diente zur Befestigung eines solchen abnehmbaren Helmschmucks. Ein seltenes Originalbeispiel für das Zimier hat sich in einem Paar Büffelhörnern für den Topfhelm des Albrecht von Pranckh aus der Zeit um 1350 erhalten (Wien, Waffensammlung des Kunsthistorischen Museums, B 74).

Nördlich der Alpen erscheinen Helme, abgesehen von römischer Militärausrüstung, bis in das hohe Mittelalter nur selten im archäologischen Fundgut. Bei den Kelten und den Germanen war der Helm ein Würdezeichen hochrangiger Anführer. Häufig sind an frühmittelalterlichen Skeletten schwere, oft tödliche Kopfwunden nachweisbar. Erst in der Zeit der Ottonen und Salier wurden Helme allgemein üblich, wie die Illustrationen zeitgenössischer Handschriften zeigen. Diese Normannenhelme, so benannt nach der Schilderung der Schlacht von Hastings (1066) auf dem berühmten Teppich von Bayeux, waren nahtlos aus Eisenblech getrieben und oft mit einem Nasenschutz versehen. An diesem Naseneisen, dem Nasale, wurde gelegentlich auch bereits das hochgezogene Mundteil einer Kapuze aus Kettenringgeflecht befestigt. Das einzige vollständig erhaltene Realstück dieses Typus in Deutschland ist der 1998 in Augsburg gefundene Nasalhelm im Besitz des Römischen Museums der Stadt Augsburg.

Der Nasalhelm wurde im 12. Jahrhundert abgelöst durch den so genannten Topfhelm, ein recht plumpes, eher primitiv aus mehreren Blechen gefügtes und unbequemes Gebilde. Der Grund für diesen Modellwechsel lag im höheren Rundumschutz für Gesicht und Hals. Marcus Junkelmann hat 1995 in seinem Experiment „Ritter Dollinger“ den Nachbau einer kompletten Rüstung der Stauferzeit ausführlich erprobt. Hierbei besteht der Kopfschutz aus einem aufwändigen Mehrschichtsystem. Der Ritter setzte zunächst eine leichte Stoffhaube auf, darüber zog er die Kapuze des Kettenhemds, darauf kam eine eiserne Hirnhaube als Vorläufer der späteren Beckenhaube (Kat.-Nr. 116), dann eine dick gepolsterte Kappe und schließlich der Topfhelm selbst. Teilweise wurde das heute wieder hoch aktuelle Prinzip der Mehrschichtpanzerung auch auf die Konstruktion des Topfhelms selbst übertragen. Dies belegt der oben genannte Pranckher Helm, wo an der linken, also dem Lanzenstoß des Gegners zugewandten Wangenseite, zwischen Grundblech und einer Zusatzpanzerung eine dicke Lage Filz eingefügt ist, um so den Stoß oder Hieb besser abfedern zu können.

Das stauferzeitliche „Waffensystem“ des mit dem Topfhelm ausgerüsteten Ritters führte zur allgemeinen Ausbildung der Wappen, da nun ein Erkennungsmerkmal der bis zur gänzlichen Ununterscheidbarkeit gepanzerten Kämpfer absolut notwendig wurde. Nun unterschied sich der voll ausgerüstete und zugleich heraldisch ausgezeichnete Ritter von allen anderen Kämpfern. So übernahmen selbst die Fürsten das adlige Leitbild des heranpreschenden Ritters mit geziertem Topfhelm, Wappenschild und Fahnenlanze für mehrere Generationen in die Gestaltung ihrer Siegel (Reitersiegel).

Im ausgehenden Mittelalter erlebte der Topfhelm seine Renaissance in den überschweren Stechhelmen, die nicht mehr für den Kampf, sondern nur noch als eine Art Sportbekleidung dienten. In dieser Form überlebte der Topfhelm in der Heraldik, nun vor allem bürgerlicher Wappen, bis in die Gegenwart. *Ch. L.*

48 Ein Meisterwerk spätstaufischer Plastik vom Auber Münster Unserer Lieben Frau: Das Gesicht einer vornehmen jungen Frau erinnert in seiner Frische und selbstbewussten Ausstrahlung an die höfische Welt des Minnesangs.

Gekröntes Haupt einer jugendlichen Heiligen

Aub, um 1250
Grüner Sandstein, 26 × 21 × 17
Katholische Pfarrgemeinde Aub

48

Das gekrönte Haupt einer Heiligen wird hier erstmals ausgestellt, bevor es im Spitalmuseum Aub seinen endgültigen Platz finden wird. Sein Erscheinungsbild veranschaulicht besonders gut das Motto der Ausstellung: „Edel und Frei". Fast dreieinhalb Jahrhunderte stand das Bildwerk unversehrt im Auber Münster, das direkt neben einer Fern- und Pilgerstraße aufragte. Die Erforschung seiner Baugeschichte war Ziel einer Grabung, die von 1984 bis 1989 von Dr. Peter Vychitil (wissenschaftliche Leitung) und dem Verfasser durchgeführt wurde. Ein wichtiges Ergebnis war der Nachweis eines überraschend großen Münster-

48

baus aus dem 13. Jahrhundert. Erst kurz vor Abschluss der Untersuchungen fand der Verfasser in der Abbruchschicht des um 1610 unter Julius Echter demolierten Langhauses das gekrönte Haupt, das die erstaunliche Qualität der verlorenen Bauplastik erahnen lässt. Der Kopf wurde durch Schläge eines Spitzhammers beschädigt. Die Bruchstelle auf der Rückseite beweist, dass es sich um eine Bauplastik handelt, höchstwahrscheinlich zum Langhaus gehörig, das um 1250 errichtet wurde. Achtlos weggeworfen, fiel das Haupt weich mit dem Gesicht in einen Brocken „Leichenkalk", mit dem Gräber desinfiziert wurden.

Der länglich-ovale Kopf trägt eine Krone mit einfachen Zacken. Darunter quillt in der Mitte gescheiteltes Haar hervor, das ursprünglich weit über die Schultern reichte. Beidseitig kommt unter der herabfließenden Haarpracht keck ein lebhaft gewellter Haarschübel hervor, wodurch die mittlere Gesichts- und Augenpartie eingerahmt und hervorgehoben wird. Die gleiche höfische Frisur tragen die Figuren der Kaiserin Kunigunde und der Ecclesia am Bamberger Dom. Das Antlitz ist fein geschnitten. Lippen, Nasenflügel und Augenwinkel sind linear geprägt. Unverkennbar ist eine gewisse Schematisierung, wie auch das Haar und der Kontrast des weichen Doppelkinns zum Hals zeigen. Die Nähe und Verwandtschaft zur sinnenfrohen Plastik staufischer Zeit in Bamberg ist unverkennbar, doch kommt die jüngere Bamberger Bildhauerschule um den Bamberger Reiter für den Auber Kopf nicht direkt in Frage, der jünger zu datieren ist.

Anhand der Bauplastik des Auber Münsters ist von mindestens fünf verschiedenen Bildhauerwerkstätten auszugehen, die vorwiegend mit grünlichem Sandstein arbeiteten. Der vorliegende Kopf ist mit Abstand die qualitätvollste Arbeit, die sich erhalten hat. Als Auftraggeber kann eigentlich nur der Abt des Würzburger Benediktinerklosters St. Burkhardt, Konrad (1240–1257) in Frage kommen, dem auch das Auber Priorat unterstand und der als Bauherr am Würzburger Mutterkloster nachweisbar ist.

Von der ursprünglichen Fassung, die lebensnah – mit fleischfarbenem Gesicht und aufgemalten Pupillen – zu denken ist, haben sich nur Reste, vor allem rötliche Grundierungsfarben, erhalten. Nachweisbar sind insbesondere blonde Haare und naheliegend dürfte auch eine goldene Krone sein. Vermutlich haben wir eine hl. Barbara oder Katharina vor uns, die im Mittelalter sehr verehrt wurden. Katharina zierte als Patronin der Spitäler auch das erste Auber Spitalsiegel und ihr hatte Abt Konrad 1249, wohl nach Vollendung der neu aufgestockten Türme, seiner Abteikirche eine Glocke geweiht.

Zu den weiteren Fundstücken der Grabung gehören einige Draperiefragmente, unter anderem mit Röhrenfalten, die dem Meister des Kopfs zugeschrieben werden können. Bedeutsam sind hier vor allem ein Gewandstück mit Haarspitze und das Fragment eines Jesuskindes. Die verloren gegangene Marienstatue könnte am alten Hauptportal, einem Säulenportal, auf der Südseite des Langhauses ihren zentralen Platz gehabt haben, gerahmt von weiteren Statuen, darunter auch diejenige, von welcher der hier gezeigte Kopf stammt. *G. M.*

Lit.: Vychitil/Menth, Rettungsgrabung; Hubel, Figuren; Pinder, Bamberger Dom; KDB Würzburg; Menth, Stadt Aub – Baldersheim – Wolfratshausen, S. 18–29

49 Auf einer mittelalterlichen Weltkarte ist Ostfranken als eigene Region eingetragen. Dazu zählen auch die Orte Bamberg, Nürnberg und Forchheim.

Forchheim und die Francia orientalis auf der Ebstorfer Weltkarte

Medienstation
Realisation: Thomas Zapf, Erlangen/ Hartmut Kugler, Erlangen

Die Ebstorfer Weltkarte ist die bekannteste und mit Abstand größte Weltkarte aus dem Mittelalter. Das Original ist im Zweiten Weltkrieg verbrannt. Auf einer Pergamentfläche von 3,5 × 3,5 m präsentierte die Karte das kreisrunde Abbild der bewohnbaren Welt, des „Orbis terrarum“ mit den drei Erdteilen Asien, Europa und Afrika. Die Karte wurde wahrscheinlich um 1300 im Kloster Ebstorf (Lüneburger Heide) hergestellt und könnte als Schaustück bei repräsentativen Anlässen verwendet worden sein, ähnlich wie die großformatigen Bildteppiche, die in den niedersächsischen Heideklöstern jener Zeit angefertigt wurden.

Der Konvention der mittelalterlichen Radkarten gemäß liegt Osten oben, Asien umfasst die obere Kreishälfte, Europa und Afrika teilen sich die untere Hälfte, dazwischen erstreckt sich in der Senkrechten das Mittelmeer, von zahlreichen Inseln durchsetzt. Um die Erdoberfläche, die man sich wohl auch damals schon kugelförmig vorgestellt hat, schlingt sich der Ozean. Das Kartenbild ist von etwa 1600 Zeichnungen

49

und erklärenden lateinischen Beischriften bedeckt. Es ist dies ein Geschichtsbild, in dem sich der Ablauf der Weltgeschichte ebenso zur belehrenden Betrachtung darbietet wie die Ausdehnung der Welt mit ihren vielen Mirabilien in den Randzonen des Erdkreises. Das Haupt und die Gliedmaßen Christi an den vier Enden der Welt wie auch das goldgelb leuchtende Quadrat des irdischen und zugleich himmlischen Jerusalem im Zentrum bedeuten dem Betrachter, dass das Weltwissen der christlichen Contemplatio unterzuordnen sei.

Das Paradies mit Adam und Eva am Ostrand Indiens ist ebenso entschieden und selbstverständlich dargestellt wie die Arche Noah in Armenien, der Turm von Babel in Mesopotamien, Troja in Kleinasien, Karthago in Libyen und Rom in Italien: Merkpunkte der Alten Geschichte. Hinter dem kaukasischen Gebirgsbogen werden verschiedene Arten von Menschenfressern lokalisiert, die afrikanische Randzone südlich des Nils wird von einer „Monstergalerie“ besetzt.

Das Ideenbild der Ebstorfkarte will und kann keine maßstabsgetreue, auf Messungen beruhende Landkarte sein, es ist vielmehr von Symbolstruktur und Bedeutungsperspektive bestimmt. Umso bemerkenswerter ist die Detailfreude, mit der die Kartenbildner ihre geografische Gegenwart ins Bild gesetzt haben. Die gesamte europäische (und das heißt christliche) Kartenpartie ist mit identifizierbaren Orten besetzt und nähert sich hier dem Charakter einer Landkarte im neuzeitlichen Sinn. Mit einem gewissen Recht kann man die Ebstorfkarte als die älteste Deutschlandkarte bezeichnen. Die Vielzahl der Städte, der Flüsse und sonstigen topografischen Notationen ist ohne Vorbild. Das gilt besonders für den norddeutschen Heimatraum der Karte um Lüneburg-Braunschweig und die angrenzenden Gebiete. Doch das Kartenbild erfasst längst nicht alle deutschen Länder mit gleicher Detailtreue, es weist große Sprünge und Lücken auf, ganz abgesehen von den zerstörten Stellen. Deshalb ist es durchaus nicht selbstverständlich, dass die Francia orientalis mit ihren wichtigsten Ortschaften in diesem Weltbild einen Platz erhalten hat.

„Francia orientalis" ist als Regionalname in die Fläche zwischen Nürnberg, Bamberg und Forchheim eingetragen. Der Name bezeichnet hier nicht mehr das ganze ostfränkische Reich der Karolinger, sondern steht eingeschränkt für Ostfranken als eine Provinz der Teutonia. In den Geografie-Traktaten des 12. und 13. Jahrhunderts (Honorius Augustodunensis, Gervasius von Tilbury) grenzt die Francia orientalis an die Provinzen Turingia und Bavaria.

Einigermaßen deutlich zeigt das Kartenbild, dass die zu Ostfranken gehörenden Orte eine Gruppe bilden: Pavenborch (Bamberg), Vochelem (Forchheim), Blassenborch (Plassenburg), Nurenberch (Nürnberg). Optische Orientierungslinien bieten die Flussläufe: auf der einen Seite der Lauf des Mains (Moin fl.), der den Gebirgszug des Thüringer Waldes und des Fichtelgebirges kühn ignoriert und an Erfurt (Erfordia c.) vorbeifließt; auf der anderen Seite die Naab (Nasia fl.), die eigentlich bei Regensburg (Ratispona c.) mündet, hier aber bei Passau (Pattavia c.) in die Donau geführt wird. Forchheim ist zu weit nach Süden geraten, aber seine Nähe zu Bamberg sichert ihm die Zugehörigkeit zur Francia orientalis.

Bemerkenswert ist die Stadtvignette, die Bamberg bezeichnet: ein über den Fluss gestellter Brückenbau, ganz ungewöhnlich in der Vielzahl der sonstigen schematischen Stadtbildchen. Ob darin ein Hinweis auf den Brückenbau der Bamberger Rednitz-Insel steckt, muss ungewiss bleiben. Die Plassenburg (Blassenborch) gehörte seit 1248 je zur Hälfte dem Bischof von Bamberg und dem Grafen von Orlamünde. Die Bischofsstadt Würzburg (Werceborch) befindet sich etwas abgerückt flussabwärts des „Moin fl.", der dann noch eine relativ lange Strecke zu bewältigen hat, bis er bei Mainz (Mogoncia c.) in den Rhein mündet.

Der Ursprung der Franken lag der Legende nach in Troja. Ein Trojanerfürst namens Francus hatte sie nach dem Untergang der Stadt westwärts geführt. So wussten es die gelehrten Historiografen seit dem frühen Mittelalter. Wie weit die fränkische Herkunftssage auch den Ebstorfer Kartenbildnern geläufig war, ist nicht auszumachen. Jedenfalls zeigt die Karte Troja so auffällig und den europäischen Regionen so nahe, dass sich auf ihr eine trojanische Wanderung zur westlichen Francia im Allgemeinen und auch zur Francia orientalis zwanglos demonstrieren ließ. Der Weg von Troja bis Rom, das sich bekanntlich auf den Trojaner Aeneas zurückführte, war in diesem Kartenbild entschieden länger.

Ob es bestimmte dynastische oder kirchliche Interessen waren, die die Eintragung der Francia orientalis und ihrer Hauptorte in der vorliegenden Form besonders förderten, ist schwer zu sagen. Bamberg hatte als Bischofssitz überregionale Geltung. Dass die Plassenburg zwischen Bamberg und Orlamünde platziert ist, kann auf den geteilten Besitz der Burg anspielen. Forchheim dürfte als alter Krönungsort und Königspfalz sowie als Festungsstadt des Bamberger Bistums eine gewisse Reputation gehabt haben. Dass die Stadt ins Kartenbild gesetzt worden ist, weil sie als Geburtsort des Pontius Pilatus galt, ist kaum anzunehmen – auch wenn sich alle Lebensstationen des Pilatus auf der Karte nachvollziehen lassen. *H. K.*

Abguss
Haus der Bayerischen Geschichte, Augsburg
Originale: Frauenroth, 1260/70
Sandstein, 164 × 80 bzw. 163 × 68

50 Über Palästina nach Botenlauben: die unterschiedlichen Karrieren eines Henneberger Grafen als Kreuzfahrer, Dichter und Klostergründer.

Otto von Botenlauben und Beatrix von Courtenay

50

Otto von Botenlauben (um 1175–1244) stammte aus dem fränkischen Geschlecht der Henneberger. Sein Vater Poppo VI. war ab 1160 Burggraf von Würzburg, über seine Mutter Sophie bestanden Beziehungen zu den Andechs-Meraniern. Nach dem Tod des Vaters bewohnte Otto, mit umfangreichem Besitz in Franken ausgestattet, die Burg Botenlauben. Zum ersten Mal urkundlich nachgewiesen ist er 1196 in einer Urkunde der Markgrafen von Brandenburg als Zeuge. 1197 nahm Otto am

Kreuzzug Kaiser Heinrichs VI. teil, setzte von Unteritalien aus nach Palästina über und blieb nach dem plötzlichen Tod des Kaisers und dem Zusammenbruch des Kreuzfahrtunternehmens im Heiligen Land.

Ottos Heirat mit Beatrix von Courtenay, der Tochter des Titulargrafen von Edessa und Seneschall des Königreichs Jerusalem, Joscelin III., ermöglichte ihm den „Einstieg in die adelige Führungselite im Heiligen Land" (P. Weidisch). Der ansehnliche Grundbesitz von Beatrix in Akkon und im Umland machte aus dem Kreuzfahrer einen begüterten Lehensherrn. Otto ließ aber die Verbindung in seine Heimat nie abreißen; bis 1220 sind mehrere Aufenthalte in Deutschland belegt.

Eine wichtige Zäsur in seinem Leben war 1220 der vollständige Verkauf aller Besitzungen in Palästina an den Deutschen Orden und die Rückkehr des Ehepaars nach Franken. Mutmaßliche Gründe dafür können einerseits die langfristig politisch und militärisch unsichere Lage im Heiligen Land gewesen sein als auch andererseits die Notwendigkeit, die Besitzungen in Franken wieder selbst zu verwalten und die Stellung der Henneberger zu stärken. Genauso einschneidend waren sicherlich die innerfamiliären Umwälzungen. Der Sohn, Otto II. von Botenlauben, war mit der begüterten Adelheid von Hiltenburg verheiratet. 1228/30 lösten Otto II. und Adelheid ihre Ehe auf, verkauften ihren Besitz an das Hochstift Würzburg und schlossen sich dem Deutschherrenorden bzw. dem Dominikanerinnenkloster in Würzburg an. Ihr Sohn Alfred wurde Domkanoniker in Würzburg. Durch das Fehlen von zwei Generationen war auch der Fortbestand der Herrschaft Botenlauben in Frage gestellt. Die Gründung des Zisterzienserinnenklosters Frauenroth, nördlich von Bad Kissingen, durch Otto und Beatrix 1231, die Übertragung von umfangreichen Besitzungen in der Folgezeit, darunter auch die Burg Botenlauben 1234 an den Würzburger Bischof, und die allmähliche Lösung des Paars vom weltlichen Besitz waren sicher auch durch die familiären Verhältnisse motiviert.

Die Grabfiguren von Otto und Beatrix in der Frauenrother Kirche entstanden in den sechziger oder siebziger Jahren des 13. Jahrhunderts. Ursprünglich wohl jeweils auf einer Grundplatte befestigt, die den Abschluss einer Tumba bildete, sind nur die Figuren erhalten. Graf Otto trägt ein langes Gewand, die Schultern werden von einem Mantel bedeckt. Ein kleiner Reiterschild mit Kübelhelm, Pilgerhut und zwei Pfauenfedern verdeckt den Unterkörper vom Knie abwärts. Links davon kauert ein Löwe. Die Gräfin, deren Kopf wie bei ihrem Mann auf einem kostbar verzierten Kissen aufliegt, trägt als verheiratete Frau einen Schleier, der aber offen über den Haaren liegt. Ein Kronreif verweist auf ihre königliche Abkunft. Trotz aller Beschädigungen und Eingriffe zählen die Figuren „zu den großen Leistungen der skulpturalen Kunst des 13. Jahrhunderts in Deutschland" (R. Kahsnitz).

Abbildungen Ottos von Botenlauben, die sich auf seine Leistungen als Dichter und Minnesänger beziehen, finden sich im Codex Manesse und in der Weingartner Liederhandschrift. Bereits Hugo von Trimberg ließ gegen Ende des 13. Jahrhunderts seinen Dichterkatalog (Kat.-Nr. 70) mit einem Lob auf Botenlauben beginnen. Die Mehrzahl der 12 erhaltenen Lieder Ottos sind Minneklagen. *W. J.*

Lit.: Weidisch, Otto von Botenlauben, S. 17–56; Kahsnitz, Grabmal; Huschenbett, Dichtung, S. 203–240.

Franken um 850
Die Bezeichnung Ostfranken (Francia orientalis) galt sowohl für das gesamte ostfränkische Reich Ludwig des Deutschen (Grenzverlauf entsprechend dem Vertrag von 843) als auch für Ostfranken im engeren Sinn.

Franken um 950
Teilung des bisher als "Francia orientalis" (Ostfranken) bezeichneten Gebietes in Ostfranken und Westfranken ("Francia occidentalis").

51 Karte 1 und 2

Vorlagen für Karte 1: Putzger, Historischer Weltatlas, 103. Auflage 2001, S. 60 und 61, Vorlagen für Karte 2: Putzger, Historischer Weltatlas, 103. Auflage 2001, S. 60 und 61, Vorlagen für Karte 3: Putzger, Historischer Weltatlas, 103. Auflage 2001, S. 81; Max Spindler (Hg.): Bayerischer Geschichtsatlas, München 1969, S. 25 und 27; Vorlagen für Karte 4: Max Spindler (Hg.): Bayerischer Geschichtsatlas, München 1969, S. 25; Putzger, Historischer Weltatlas, 103. Auflage 2001, S. 114. Kartografie und Grafik: Susanne Schnitzer, Kiel/Gruppe Gut, Bozen

51 Franken war im Mittelalter kein fest umrissener Raum. Über die Jahrhunderte änderten sich die Vorstellungen darüber, welche Gebiete mit den Begriffen „Franken" oder „Francia orientalis" gemeint sein könnten.

Vier Karten: Francia orientalis – Franconia – Franken

Wandlungen der politischen Verhältnisse führen oft zu einer Änderung der Landkarten, wie der Fall der Mauer 1989 zeigt. Im Mittelalter hätte ein Kartograf größte Schwierigkeiten gehabt genaue und aktuelle Grenzverläufe und Ländernamen festzuhalten. Herrschaft im Früh- und Hochmittelalter erstreckte sich über Personen, nicht über fest umrissene Territorien. Ein nicht unbeträchtlicher Teil des Landes war zudem noch „terra inculta", unbebautes Land. All das entzieht sich einer kartografischen Darstellung, die nur Einflusszonen markieren, aber keine genauen Grenzverläufe vorspiegeln soll. Der ostfränkische

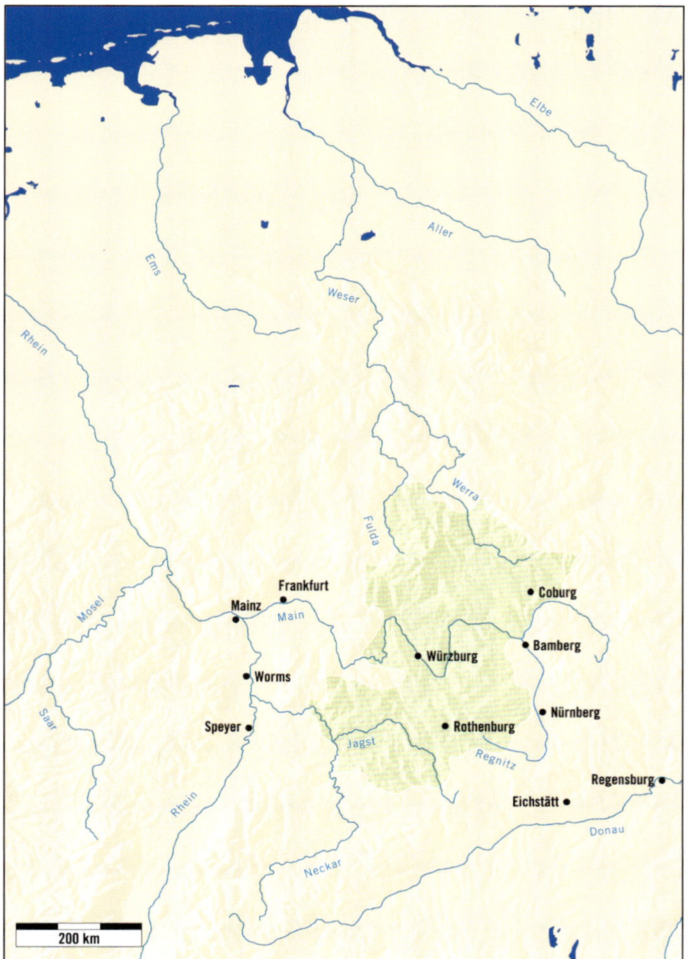

Franken um 1100
Neben die Bezeichnung "Francia orientalis" treten die Begriffe "Franconia" und später Franken, für das der Bischof von Würzburg herzogliche Rechte beansprucht, die er aber nur für den Bereich seines Bistums durchsetzen kann.

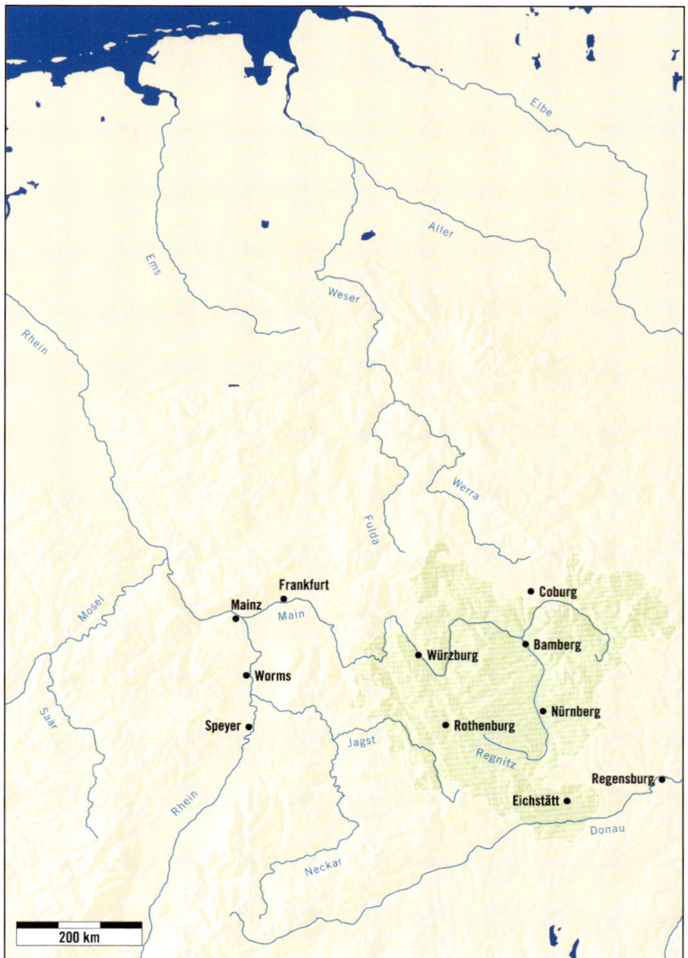

Franken um 1500
Die Bezeichnung "Franken" gilt in der Folgezeit für die Territorien des Fränkischen Reichskreises und der "Reichsritterschaft Landes zu Franken".

51 Karte 3 und 4

Raum stand außerdem immer in einem besonderen Abhängigkeitsverhältnis zum Königtum; die Ausbildung eines Herzogtums gelang nicht – und deshalb scheitert hier der Kartograf endgültig.

Franken als Region muss daher auf andere Weise definiert werden. Je nachdem, welche Kategorien man diesen Raumvorstellungen zugrunde legt, kommt man zu unterschiedlichen Ergebnissen. Orientiert an natürlichen Grenzen wie Gebirgen oder Flussläufen könnte man Dialektgrenzen einzeichnen (Kat.-Nr. 74). Will man es sich leichter machen, so beginnt der fränkische Raum eigentlich da, wo im 10. Jahrhundert die umliegenden Herzogtümer und Regionen Schwaben, Bayern, Thüringen oder Sachsen aufhören. Auch diese Überlegung liegt einigen Karten der Geschichtsatlanten, die das mittelalterliche Franken zeigen, zugrunde. Geht man von historisch-politischen Ereignissen aus, so würde Franken im Lauf der Jahrhunderte, grob gegliedert, ungefähr den hier gezeigten vier Karten entsprechen.

Unter „Francia“ verstand man im Frühmittelalter das Herrschafts- und Siedlungsgebiet der Franken, seit dem 6. Jahrhundert konzentriert zu beiden Seiten des Rheins und bis an die Loire. Nach den Siegen der Merowinger über die Alamannen und Thüringer griff das Frankenreich in der ersten Hälfte des 6. Jahrhunderts in den rechtsrheinischen Raum aus. Dieser gehörte fortan zum merowingischen Teilreich Austrien/Austrasien, dem Ostland an Rhein und Maas.

Unter den Karolingern, nach der Reichsteilung von Verdun 843, zeichnete sich ein Bedeutungswandel ab: Ludwig der Deutsche, der Enkel Karls des Großen, besaß nun alle rechtsrheinischen Gebiete sowie linksrheinisch die Region zwischen Mainz, Bingen und Speyer. Der als „Francia orientialis" bezeichnete Raum umfasste einen Teil dieses Gebiets und folgte ungefähr den Diözesangrenzen der Bistümer Speyer, Mainz, Worms und Würzburg (Karte 1). Eine weitere Einengung des Begriffs „Francia orientialis" zeichnete sich rund hundert Jahre später ab. Die „Francia orientalis" wurde noch einmal unterteilt; die linksrheinischen Gebiete galten vermehrt als „Francia occidentalis", während die „Francia orientalis" mehr und mehr im Bezug auf das rechtsrheinische Franken Anwendung fand, wobei auch die Region um Bamberg dazu gerechnet wurde (Karte 2).

Der nächste Entwicklungsschritt ist stark orientiert am Begriff eines Herzogtums Franken und einem Begriffswandel von „Francia orientalis" hin zu „Franconia" oder auch deutsch „Franken". Gleichzeitig mit der Einführung dieser neuen Bezeichnungen wurden mehr und mehr Mainfranken und der Einflussbereich der Würzburger Bischöfe als eigentliches Franken angesehen. Die Bischöfe hatten seit dem 12. Jahrhundert versucht als Herzöge von Franken den gesamten fränkischen Raum zu beherrschen. Tatsächlich gelang es ihnen aber nur innerhalb ihrer Bistumsgrenzen oder sogar nur im Bereich ihres hochstiftischen Besitzes diesen Anspruch durchzusetzen (Karte 3). Was aber war um 1300 z. B. mit den heutigen Oberfranken, die nach dieser Definition damals nicht zu Franken gehört hätten? Diese sahen sich zum Teil sicherlich als irgendwie zur Region Franken gehörig an. Rudolf von Habsburg ließ „alle die von Franken" 1281 einen Eid schwören. Dazu zählten selbstverständlich auch Herrschaftsträger außerhalb der Würzburger Bistumsgrenzen. Sucht man Gründe für diese Diskrepanz, so müssen die eingangs angesprochenen unterschiedlichen Kategorien für Raumvorstellungen herangezogen werden. Ein Gefühl, dass die gesamte Region auch außerhalb der Würzburger Bischofsgrenzen den „fränkischen Dialekt" sprach und sich deswegen von Schwaben oder Bayern unterschied, war zweifellos vorhanden. Genauso mag aber die Fremdwahrnehmung eine Rolle gespielt haben. Während ein Bamberger sehr wohl Unterschiede zwischen Bambergern und Würzburgern bemerken und sich nicht als zugehörig zum „Herzogtum Franken" der Würzburger Bischöfe betrachten konnte, so empfand bereits ein aus dem Norden des Reichs stammender Beobachter die gesamte Region als „Franken".

Eine relative Übereinstimmung zwischen Außenwahrnehmung, Dialektraum und politisch-historischen Gegebenheiten ergab sich erst wieder um 1500. Mit der Bildung des fränkischen Reichskreises als einem von später zehn Kreisen des Heiligen Römischen Reichs Deutscher Nation entstand erstmals eine dauerhafte politische Organisation, die in Zukunft die Vorstellung über Größe und Grenzen des fränkischen Raums prägen sollte (Karte 4). Im Vergleich zu den drei heute existierenden Regierungsbezirken Ober-, Mittel- und Unterfranken gehörten zum Reichskreis noch nicht die Region um Aschaffenburg mit Aschaffenburg (Kurfürstentum Mainz) sowie die Region um Coburg. Umgekehrt ist Eichstätt, das im fränkischen Reichskreis vertreten war, seit 1972 Teil des Regierungsbezirks Oberbayern. *J. Sch./D. J. W.*

Lit.: Weiß, Entstehung; Schreibmüller, Zur fränkischen Geschichte; Schneidmüller, Nomen Patriae.

IV DAS HERZOGTUM DER WÜRZBURGER BISCHÖFE

Der Begriff „Herzogtum Franken" ist ein Zauberwort, mit dem seit mehr als einem Jahrtausend mannigfache Assoziationen verbunden sind. Diese sind selbst heute noch spürbar, wenn wieder einmal die Emotionen wegen des so genannten Fränkischen Herzogsschwertes hochkochen oder die Frage nach der räumlichen Identität Frankens diskutiert wird. Ein Herzogtum Franken als ein Verfassungselement des römisch-deutschen Reichs hat es aber im frühen und hohen Mittelalter nicht gegeben. Es drängte sich zwar manchen hochmittelalterlichen wie modernen Geschichtsschreibern auf, parallel zu den Herzogtümern Bayern, Sachsen und Schwaben auch von einem solchen in den fränkisch geprägten Gebieten um den Mittelrhein und den Main auszugehen. Und tatsächlich gab es ernsthafte politische Versuche, in diesem Raum ein Herzogtum zu etablieren, etwa durch die Sippe der Konradiner im frühen 10. Jahrhundert oder durch den Staufer Konrad (den späteren König Konrad III.), dem um 1116 Kaiser Heinrich V. ein Herzogtum Franken verlieh, aber schon vier Jahre darauf zugunsten einer richterlichen Funktion des Würzburger Bischofs in ganz (Ost-) Franken wieder entzog.

Dass solche Ansätze kaum Erfolg hatten, lag eben nicht zuletzt an der bedeutenden politischen Rolle der Bischöfe von Würzburg. Deren Bistumssprengel umfasste seit der Mitte des 8. Jahrhunderts den größten Teil des fränkisch bestimmten Gebiets östlich des Spessarts, für das sich im Hochmittelalter die Benennung als „Francia orientalis" (Ostfranken) oder „Franconia" (Franken) durchsetzte. Als seit der Jahrtausendwende der Würzburger Bischof zunehmend in eine politische Stellvertreterfunktion des Königtums in seiner Diözese einrückte, setzten folgerichtig Tendenzen ein, ihn als die politische Führungsfigur in Franken zu beschreiben. Schon die nicht unbedeutenden Gebietsanteile der alten Diözesen Mainz und Eichstätt sowie der 1007 neu gegründeten Diözese Bamberg, aber auch die Machtansprüche des Adels verhinderten, dass sich der Würzburger Bischof tatsächlich vollständig in dieser Führungsrolle durchsetzte. Aber immerhin war seine Position so bedeutend und der Abstand zu den politischen Konkurrenten so groß, dass etwa der aus Franken stammende Geschichtsschreiber Adam von Bremen schon um 1075 dem Würzburger Bischof den Dukat, das Herzogtum, in seiner Diözese zuschrieb. Vor allem die politische Konkurrenz verhinderte es wohl, dass dem Würzburger Bischof 1168 in einer Schwächephase des Kaisertums ein Herzogtum Franken zugesprochen wurde: Der Bischof musste sich mit dem „ducatus Wirceburgensis", dem Herzogtum Würzburg, begnügen.

Erst im Spätmittelalter, als der Abstand zwischen der neuen Führungselite der Reichsfürsten und dem übrigen Hochadel immer größer wurde und immer differenziertere Rangstreitigkeiten aufkamen, fing man in Würzburg überhaupt an, konsequent mit dem Herzogtum zu argumentieren und es als „Herzogtum Franken" zu bezeichnen. Die ältesten Würzburger Urkunden mit diesem Anspruch stammen von 1309/12; seit 1318 wurde er vom Papst, seit der Mitte des 14. Jahrhunderts auch vom Königtum formell anerkannt. Seit dem späten 13. Jahrhundert mehrte sich auch die symbolische Okkupation des „Franken"-Begriffs und seine Identifizierung mit der Würzburger Kirche, sei es durch die Darstellung von Schwertern auf Siegeln oder Grabmälern, sei es anhand der Durchsetzung Kilians als Patron aller Franken; beides verschmolz in der bildlichen Darstellung Kilians, der als Attribut stets ein Schwert mit sich führte und damit nicht nur auf seinen Märtyrertod, sondern ebenso auf seine hoheitliche Stellung hinweisen sollte.

Unbestritten waren die Ansprüche der Würzburger Bischöfe nie, wirksam bekämpft wurden sie vor allem von ihrem energischsten Konkurrenten, Markgraf Albrecht Achilles von Brandenburg (reg. seit 1440 in Ansbach, seit 1470 Kurfürst, gest. 1486), der die Herrschaftsgebiete der Zollern in Franken als weitgehend unabhängige Fürstentümer, als Markgraftümer Brandenburg-Ansbach und Brandenburg-Kulmbach, etablierte. Bis zur Reformation konnten sich die Würzburger Bischöfe, die sich in ihrer Titulatur erst seit 1446 konsequent als „Herzog zu Franken" bezeichneten, in ihrer Stellung dennoch immer wieder behaupten. Doch seit etwa 1490 trug die königliche Kanzlei diese politische Monopolisierung des Franken-Begriffs nicht mehr mit; ab etwa 1520 wurde durch die Benennung des Fränkischen Reichskreises und durch einschlägige Urkunden auch formell festgelegt, dass das nominell weiter bestehende Herzogtum Franken nur dort Geltung habe, wo sich der Würzburger Bischof aufgrund anderer Rechte ohnehin schon im Besitz der Oberherrschaft befand.

Rang und Titel des Herzogtums Franken blieben freilich ein häufig gebrauchtes Propagandamittel, nicht nur der Würzburger Bischöfe in der frühen Neuzeit, sondern auch des Kurfürsten bzw. der Könige von Bayern, die nach der Säkularisation unter diesem Begriff ihre Rechtsansprüche in allen neu erworbenen fränkischen Gebieten zusammenfassten. Nicht zuletzt diese Inanspruchnahme durch die Wittelsbacher führte dazu, dass aus genuin Würzburger Symbolen – dem Herzogsschwert oder dem Rechen im Bischofswappen – nun erst wirklich gesamtfränkische Symbole wurden, eben das bis heute umkämpfte „Fränkische Herzogsschwert" oder der „Fränkische Rechen".

Johannes Merz

52 Einen unumstrittenen Herzog gab es in der Region Franken im Mittelalter nicht. Ansätze zur Bildung eines Herzogtums zeigen sich im 7. und am Ende des 10. Jahrhunderts. Langfristig konnten aber nur die Würzburger Bischöfe zumindest den Anspruch auf diesen Titel aufrecht erhalten. Zeichen dieser Würde ist das bis heute so genannte „Fränkische Herzogsschwert".

Grafik: Gruppe Gut, Bozen

Ansätze für die Bildung eines fränkischen Herzogtums

Bereits im 7. Jahrhundert nennt die Kilianslegende das Herrscherhaus der Hedenen, das in Mainfranken eine herzogähnliche Stellung innehatte. Über die Genealogie des Geschlechts lassen sich keine genauen Angaben machen. Nicht belegbar sind Vermutungen, dass der erste Herzog in Würzburg Hruodi identisch war mit Radulf, der 635 und 641 bei Fredegar als Herzog der Thüringer nachgewiesen werden kann. In der Kilianslegende werden Hetan I., sein Sohn Gozbert (verheiratet mit Geila) und dessen Sohn Hetan II. als weitere Herrscher aus dem Haus der Hedenen genannt (Kat.-Nr. 26). Für Hetan II. lassen sich in den Jahren 704 und 716 auch urkundliche Belege finden. Vermutlich hatte er neben dem mainfränkischen Dukat durch Heirat auch das thüringische Herzogtum erworben. Ebenfalls in historischen Quellen erwähnt sind die beiden Kinder Hetans II., mit denen das Herrschergeschlecht offenbar ausstarb. Die Tochter Immina wurde Äbtissin in Würzburg und Karlburg; über den Sohn Thuringus ist nichts bekannt.

Nach der Übernahme der Herrschaft durch die mächtigen Karolinger stand die gesamte Region des heutigen Frankens unter dem direkten Einfluss der Kaiser und Könige aus diesem Haus. Für einen als Stellvertreter des Herrschers regierenden Herzog war zunächst kein Platz. Erst die Krise der Karolinger ermöglichte den Konradinern Ende des 10. Jahrhunderts eine Ausweitung ihrer Macht. Konrad I., der 911 in Forchheim zum König gewählt wurde, und sein Bruder Eberhard führten mehrfach den Titel „dux". Den Konradinern gelang es jedoch nicht Königsmacht und Herzogstitel auf Dauer zu halten. Nach dem Tod Konrads stimmte Eberhard 919 als Stimmführer der Ostfranken für die Wahl Heinrichs I. zum König. Die Herzogswürde verlor das Haus knapp zwanzig Jahre später, als sich Eberhard gegen König Otto I. erhob und im Kampf fiel.

Ebenfalls nur ein kurzes Zwischenspiel gaben die Staufer als Herzöge von Franken. Kaiser Heinrich V. verlieh 1115/16 den Titel eines „ducatus orientalis Franciae" an den Staufer Konrad, der später als Konrad III. (1138–1152) König wurde (Kat.-Nr. 56). Die Verleihung kann in Konkurrenz zu den Würzburger Bischöfen gesehen werden, die in dieser Phase ebenfalls anfingen verstärkt Anspruch auf die Herzogswürde zu erheben. Auch der Sohn Konrads III., Friedrich IV., führte den Titel „dux" in der Folgezeit, doch wurde dieser ergänzt durch „dux de Rothenburg" und damit territorial eingeschränkt.

Langfristig gesehen strebten vor allem die Würzburger Bischöfe nach dem Titel eines Herzogs von Franken. Inwieweit dieser Anspruch ihrem tatsächlichen Einfluss in Franken entsprach, ist umstritten. Möglicherweise galt das aus der richterlichen Gewalt abgeleitete Herzogtum der Würzburger Bischöfe nicht einmal im Bereich ihres geistlichen Herrschaftsbereichs, sondern sogar nur für ihren weltlichen Besitz (Kat.-Nr. 57). Konkurrenz hinsichtlich des Titels machte den Würzburger Bischöfen seit der Mitte des 12. Jahrhunderts nur noch ein Mitglied des Herrschergeschlechts der Hohenzollern: Albrecht Achilles, der

Lit.: Schmale / Störmer, Franken; Schmale / Störmer, Entwicklung, S. 83–89; Rosenstock, Genealogie; Weiß, Entstehung Frankens.

Mitte des 15. Jahrhunderts als Markgraf und späterer Kurfürst von Brandenburg (1414–1486) versuchte in Franken ein zusammenhängendes Gebiet der Zollern zu schaffen, bemühte sich parallel dazu um den Herzogstitel. Einer Nachricht aus dem 18. Jahrhundert zufolge begrüßte ihn 1460 sogar Papst Pius II. beim Fürstentag in Mantua als Herzog von Franken, doch blieb dieser Anspruch des Markgrafen eine Episode (Kat.-Nr. 113). *J. Sch.*

53 Dem Würzburger Bischof Gerhard von Schwarzburg wurde sein Reitschwert mit ins Grab gegeben.

Schwert

Würzburg (?), vor 1400
Eisen, Bronze, Leder, H. (Gesamt) 100, H. (Klinge) 77, B. (Klinge) 6, B. (Parierstange) 15
Restaurierung 1970
Domkirchenstiftung Würzburg

Das geistliche Wirken Bischof Gerhards von Schwarzburg zeichnet sich aus durch die Gründung von Pfarreien und die Versuche, den Weltklerus des Bistums wie auch die Klöster zu reformieren. 1377 legte er an der Stelle der 1349 zerstörten Würzburger Synagoge den Grundstein für die Marienkapelle auf dem Markt. Die Regierung dieses Bischofs aus thüringischem Grafengeschlecht war geprägt von der Auseinandersetzung mit den Städten des Hochstifts, die ihren blutigen Höhepunkt am 11. Januar 1400 in der Schlacht von Bergtheim fand, in der Schwarzburg seinen Gegnern eine vernichtende Niederlage zufügte.

Würzburger Bischofschronik, fol. 204r: Schlacht von Bergtheim

Schwarzburg starb am 9. November 1400. Sein Grab im nördlichen Querschnitt des Doms wurde im Januar 1965 geöffnet. Das ursprünglich neben dem Grab aufgerichtete Denkmal war später an den heutigen Standort versetzt worden. Der in einem Steinsarg beigesetzte Bischof war in den bischöflichen Ornat mit Mitra, Kasel und Handschuhen gekleidet. Rechts neben seinem Kopf befand sich ein umgelegter Messkelch mit Patene. An der linken Körperseite lag ein Schwert, über dessen Parierstange in Hüfthöhe die linke Hand ruhte. Schräg über die rechte Körperhälfte war ein Bischofsstab gelegt. Der militärisch korrekten Positionierung der Waffe war demnach der Bischofsstab, der mit der linken Hand geführt wird, untergeordnet worden.

Das Schwert war bis 1803 das Zeichen der richterlichen Amtsgewalt des Würzburger Bischofs als Herzog, die Kaiser Friedrich I. Barbarossa 1168 bestätigt hatte (Kat.-Nr. 57). Auf Würzburger Münzen ist das

Lit.: Wendehorst, Bistum Würzburg, Teil 2, S. 100–127; Schulze, Gräber; Tilman Riemenschneider [Ausstellungskatalog], Bd. 2, S. 169–180, 259, 261 f.; Lenssen, Domschatz, S. 61 f.

Schwert bereits seit Bischof Emehard (1089–1105) zu finden. Seit Bischof Mangold von Neuenburg (1287–1303) sind die Würzburger Bischöfe auch auf ihren Grabdenkmälern mit abwärts gerichtetem Schwert dargestellt. Das Schwert als Ausdruck der Herzogswürde wurde an hohen Festtagen dem Bischof vorausgetragen und mit einem Schwert wurden die Bischöfe auch aufgebahrt und bestattet. Bischof Johann von Grumbach (1455–1466) ließ ein Zeremonialschwert fertigen, das bis zum Ende des Hochstifts Würzburg in Gebrauch war.

Das Bischof Gerhard von Schwarzburg in das Grab mitgegebene Schwert ist eine funktionale Waffe der Zeit. Die spitz zulaufende zweischneidige Klinge steckte in einer lederbezogenen Holzscheide. Die Parierstange ist doppelaxtförmig ausgezogen. Die Griffstange endet in einem scheibenförmigen Knauf. Um die Klinge ist der Ledergürtel mit bronzener Schnalle und Riemenzunge gewickelt. *W. Sch.*

53

54 Die Würzburger Bischofschronik ist eines der bedeutendsten Werke zur fränkischen Geschichte des Mittelalters.

Chronik der Bischöfe von Würzburg

a) Lorenz Fries (um 1490–1550)
Würzburg, 1546
Handschrift/Pergament und Papier, 40,7 × 28
Stadtarchiv Würzburg (Ratsbuch 412)

b) Nach Lorenz Fries
Würzburg, 1577
Handschrift/Pergament und Papier, 38,5 × 26
Stadtarchiv Würzburg (Ratsbuch 411)

Lorenz Fries, bischöflicher Sekretär, Rat und Archivar, verfasste eine Chronik der Bischöfe von Würzburg, die von der Völkerwanderungszeit und der Christianisierung Frankens bis zum Tod des Bischofs Rudolf II. von Scherenberg (1495) reicht. Die quellennahe, überwiegend auf Urkunden und Amtsbüchern des bischöflichen Archivs gestützte Darstellung zeigt die Würzburger Oberhirten vorrangig bei der Ausübung weltlicher Herrschaftsgewalt, die nach Lorenz Fries ihre Wurzel im Herzogtum zu Franken hat. Dieses sei 751 nach dem Aussterben des alten Herzogsgeschlechts der Hedene durch Verleihung König Pippins nahtlos auf das neue Bistum unter dem ersten Bischof Burkard übergegangen.

Da die Darstellung in ihrem früh- und hochmittelalterlichen Teil unter Hinweis auf die würzburgische Vorrangstellung gegenüber jüngeren Herrschaften wie den Markgrafentümern oder dem 1007 gegründeten Bamberger Bistum weit über den eigenen Sprengel hinausgreift, gilt sie als bedeutendstes erzählendes Geschichtswerk Frankens im 16. Jahrhundert. Von der Chronik wurden zunächst nur zwei dem Bischof bzw. Domkapitel vorbehaltene Reinschriften gefertigt, die Martin Seger (gest. 1578/79) mit zahlreichen farbigen Miniaturen versah, welche einen bemerkenswerten Einblick in die Lebens- und Vorstellungswelt des 16. Jahrhunderts geben. Das bischöfliche Exemplar wurde 1572 bei einem Brand auf der Festung Marienberg zerstört, sodass die hier gezeigte Handschrift von 1546 die einzige ist, die noch vom Autor selbst gestaltet und korrigiert wurde. Die im Lauf der zweiten Hälfte des 16. Jahrhunderts in reicher Zahl einsetzenden Abschriften der Chronik basieren meist auf der verkürzenden Bearbeitung durch den Dompräsenzmeister Johann Reinhart. *Th. H.*

Lit.: Wagner / Ziegler, Lorenz Fries; Mälzer, Fries-Chronik; Meyer / Pleticha, Lorenz Fries; Wendehorst, Lorenz Fries; Wagner, Lorenz Fries; Kummer, Illustration; Heiler, Würzburger Bischofschronik.

Würzburger Bischofschronik, fol. 9v: Ermordung des hl. Kilian

55 Neben den geistlichen Aufgaben nahmen die Würzburger Bischöfe weltliche Herrschaftsfunktionen wahr.

Würzburg (?), um 1250
Kelch: Silber, getrieben, laviert, Ø (Kuppa) 10,5, Ø (Fuß) 10,8;
Patene, Ø 13,3;
Ring: Silber, vergoldet, Zitrin, H. (Ringkopf) 2,4, B. 2;
Schiene Ø (außen) 2,4
Restaurierung 1970/71
Domkirchenstiftung Würzburg

Messkelch, Patene und Ring Bischof Irings von Reinstein-Homburg

Messkelch, Patene und Ring wurden im November 1964 aus dem Grab Bischof Irings von Reinstein-Homburg (1254–1265) geborgen. Die Zuweisung dieses Grabs an Reinstein erfolgte aufgrund der Überlieferung, dass dieser vor dem St.-Peter-und-Pauls-Altar im südlichen Querhaus des Würzburger Doms bestattet war. Der Kelch stand bei der Auffindung mit aufgelegter Patene am linken Ellenbogen des Toten. Im Kelch waren noch Reste eines Kelchtuchs und einer nicht identifizierten Flüssigkeit erhalten.

Der flache runde Kelchfuß mit der schrägen Zarge geht in den Schaft über. Auf dem Fußrücken ist ein Tatzenkreuz mit spitz nach unten verlängertem Stamm eingraviert. Der gedrückte, sechzehnseitige Nodus sitzt zwischen zwei elfseitigen Manschetten. Seine Flächen sind abwechselnd gerade und konkav eingetieft. Die Lippe der kalottenförmigen Kuppa ist leicht nach außen geschweift. Der Kelch zeigt Korrosionsspuren und mehrere Löcher im Fuß. Auf die Fahne der Patene, die einen gratigen Rand besitzt, ist ebenfalls ein Tatzenkreuz mit spitzer Verlängerung des Stamms eingraviert. Der Spiegel ist vierpassig gestaltet. Der bischöfliche Ring trägt einen gemugelten unreinen Zitrin in einer Zargenfassung über einer runden Platte. Die Fassung wurde durch vier Krallen verstärkt, die jedoch bis auf eine abgebrochen sind. Die Würzburger Bischofschronik zeigt Bischof Iring von Reinstein-Homburg, wie er 1265 in einem Rechtsstreit entscheidet. Das Schwert und der unter dem Bischofsgewand getragene Harnisch verweisen auf seine weltliche Herrschaft. *W. Sch.*

55

Lit.: Wendehorst, Bistum Würzburg, Teil 2, S. 3–11; Schulze, Gräber; 800 Jahre Domweihe [Ausstellungskatalog], S. 528 f. und Abb. 7, 11, 12 (Grab 8); Kandler, Kostbarkeiten, S. 22 und Abb. 2, 10; Lenssen, Domschatz, S. 52 f.

Würzburger Bischofschronik, fol. 140v: Bischof Iring entscheidet im Streit zwischen Albrecht von Hohenlohe und Hermann von Henneberg, 1265.

56 Die Würzburger Bischofschronik verzeichnet einige Ereignisse, zu denen sich Urkunden erhalten haben.

Urkunde Kaiser Heinrichs V.

1. Mai 1120
Handschrift / Pergament, durchgedrücktes Siegel (restauriert), ca. 59,5 × 45
Staatsarchiv Würzburg (Würzburger Urkunden 1281 [alt Kaiserselekt 444])

Kaiser Heinrich V. überträgt mit dieser Urkunde dem wieder mit ihm versöhnten Würzburger Bischof Erlung (1105–1121) die „dignitas iudiciaria in tota orientali Francia", die richterliche Würde in ganz Ostfranken, die diesem entfremdet worden war. Die Herrscherurkunde weist die übliche Ausstattung auf: Chrismon, also das religiöse Symbol am Eingang der mittelalterlichen Urkunden – hier der Buchstabe C für Christus –, verlängerte Schrift in der ersten Zeile, Signumzeile und

55

56

Würzburger Bischofschronik, fol. 90r: Kaiser Heinrich V. bestätigt 1120 dem Stift Würzburg das Landgericht und übergibt dessen Vertreter Schwert und Fahne.

Herrschersignum. Die Urkunde wurde in „ecclesia sancti Kiliani“ ausgestellt und mit einem Siegel versehen, das einen frontal auf einem Thron sitzenden Herrscher mit Zepter und Reichsapfel zeigt.

Den Inhalt der Urkunde greift auch die Darstellung in der Würzburger Bischofschronik (fol. 90^r) auf. Die dem Würzburger Bischof übertragene „dignitas iudiciaria“, die – so die Formulierung der Urkunden – aus einer alten königlichen Verleihung stammt, kann mit „herausragenden, aus der Grafengewalt abgeleiteten Jurisdiktionsrechten in seiner Diözese“ (P. Herde) gleichgesetzt werden. Damit kann die Urkunde als das erste offizielle Schriftstück auf dem Weg zum Herzogtum Franken gelten.

Die Verleihung der richterlichen Gewalt an den Würzburger Bischof erfolgte in der machtpolitischen Auseinandersetzung zwischen Kaiser und Papst: Die Berufung des jungen Staufers Konrad zum Herzog von Franken im Rahmen einer Stellvertreterschaft im Reich 1115/16 hatte den Würzburger Bischof Erlung an die Seite des Papstes geführt. 1120 wurde der Stand vor 1115/16 wieder hergestellt, dem Bischof wurden seine bislang offiziell nicht anerkannten Vorrechte unter dem Titel einer „dignitas iudiciaria“ oder „potestas iudiciaria“ verbrieft. Das Herzogtum Konrads war beendet. Er behielt aber die Besitzungen der Grafen von Comburg-Rothenburg. Damit war die Grundlage des späteren staufischen Besitzes in Franken gelegt; die Trennung in einen nördlichen Teil Mainfrankens unter dem Einfluss der Würzburger Bischöfe und einen von Adelsherrschaften geprägten südlichen Teil verfestigte sich. Die Henneberger als Burggrafen und Würzburger Hochstiftsvögte konnten weiterhin Herrschaftsrechte ausüben. Kaiser Heinrich V. war für einen kurzen Zeitraum ein Ausgleich zwischen den konkurrierenden Parteien gelungen (G. Lubich). *I. H.-E.*

Druck: MB, Bd. 29/1, Nr. 444, S. 238–240.
Regest: Stumpf, Nr. 3164, S. 268.

Lit.: Merzbacher, Landgericht, S. 11 f., 19; Mayer, Herzogsurkunde, S. 261; Herde, Friedrich Barbarossa, S. 150 f., 169; Lubich, Weg, bes. S. 179 ff.

57 Kaiser Friedrich Barbarossa bestätigte Bischof Herold von Würzburg (1165–1171) die volle Gewalt oder Gerichtshoheit im ganzen Bistum und Herzogtum Würzburg und allen darin gelegenen Grafschaften. Die Zweitausfertigung des Herzogsprivilegs ist mit einer Goldbulle besiegelt, weshalb das Herzogsprivileg bereits seit Lorenz Fries als „Güldene Freiheit“ bezeichnet wurde.

Zwei Herzogsprivilegien

a) 10. Juli 1168
Handschrift / Pergament, durchgedrücktes Siegel, ca. 95 × 61,5
Staatsarchiv Würzburg (Würzburger Urkunde 1290/I [alt Kaiserselekt 515])

b) 10. Juli 1168
Handschrift / Pergament, Goldbulle, an Hanfschnur nachträglich befestigt, ca. 94 × 57
Staatsarchiv Würzburg (Würzburger Urkunde 1290/II [alt Kaiserselekt 516, Raritätenselekt 81])

Die mit dem kaiserlichen Wachssiegel versehene Erstausfertigung der „Güldenen Freiheit“ stand immer im Schatten der mit einer Goldbulle besiegelten Zweitausfertigung (b). Den Text der Urkunde verfasste Wortwin, Kanoniker des Würzburger Neumünsterstifts, der seit 1161 für die Würzburger Bischöfe Heinrich II. und Herold Urkunden schrieb. Er war später kaiserlicher Protonotar, Propst von Neumünster und von St. Peter und Alexander in Aschaffenburg. Der unbekannt gebliebene Schreiber hatte Schwierigkeiten den ganzen Text auf dem Pergament unterzubringen, sodass die von Wortwin eingesetzte Signumzeile radiert und weiter unten erneut angebracht wurde. Die Unansehnlichkeit der Urkunde führte dazu, dass ein zweites Exemplar von Wortwin persönlich in Reinschrift ausgefertigt und mit einer Goldbulle versehen wurde. Das Wachssiegel der Erstausfertigung ist hervorragend erhalten und zeigt den Kaiser im Krönungsornat auf einem Thron mit Rückenlehne. Nur die erste Zeile und die Signumzeile sind in verlängerter Schrift geschrieben.

Der Anlass, der zur Ausfertigung der Urkunde führte, ist eingehend untersucht. Auch ihre Einordnung in die Ereignisgeschichte und die Verfassungsentwicklung sind damit klarer geworden. Die Bedeutung und inhaltliche Ausformung des Herzogtums Würzburg hat die Forschung immer wieder beschäftigt; sie ist noch nicht abschließend geklärt.

Es kann als sicher gelten, dass der Würzburger Bischof Herold die Lage Friedrich Barbarossas nach der Katastrophe vor Rom mit dem Verlust des kaiserlichen Heeres 1167 auszunutzen suchte und zur Unterstützung seiner Forderungen im Frühjahr 1168, als für Juni/Juli des Jahres der kaiserliche Hoftag in Würzburg angesetzt war, von den beiden Kanonikern von Neumünster, Heinrich (von Wiesenbach?) und Wortwin, drei noch vorhandene Fälschungen anfertigen ließ. In den Text von drei üblichen Immunitätsverleihungen für Würzburg, die auf die Namen der Kaiser Heinrich II., Konrad II. und Heinrich III. von 1018, 1032 und 1049 ausgestellt waren, fügte der Schreiber Heinrich gegen Ende in den Abschnitt über das Verbot der Ausübung der öffentlichen Amtsgewalt durch „Grafen oder öffentliche Richter" den Zusatz ein, dass dies für „das ganze Herzogtum bzw. die Grafschaften von Ostfranken" gelte. Die echten Urkunden wurden vernichtet, deren Siegel sodann auf die Fälschungen übertragen.

Die gefälschten Urkunden erregten wohl vor allem bei Bischof Eberhard II. von Bamberg Anstoß, da ihre wichtigste Aussage – die Bezeichnung Ostfranken und damit die Einbeziehung des Bistums Bamberg – im Diplom Barbarossas nicht übernommen und die Herzogswürde des Bischofs auf den „episcopatus", die Diözese Würzburg, beschränkt wurde. Hervorzuheben ist in diesem Zusammenhang, dass der Begriff „ducatus" des Würzburger Bischofs zum ersten Mal zweifelsfrei und vor 1168 bereits in einer Urkunde Friedrich Barbarossas von 1160 genannt wird, in der vom Würzburger Bischof kraft seiner Herzogswürde („ducatus") beanspruchte Rechte abgewiesen wurden. Diese Urkunde von 1160 fixiert ein Urteil des kaiserlichen Hofgerichts vom Hoftag zu Bamberg von 1157, als der Würzburger Bischof in der Grafschaft Rangau und damit im Gebiet des Bischofs von Bamberg Rechte beanspruchte, die ihm verweigert wurden.

Der 1168 verwendete Begriff Herzogtum blieb den Begriffen Kirche und Bistum nachgeordnet, das heißt, dass die richterliche Gewalt des Würzburger Bischofs sich nicht auf die ganze Francia orientalis, son-

Würzburger Bischofschronik, fol. 106r: Kaiser Friedrich I. übergibt Bischof Herold die „Güldene Freiheit".

57 b

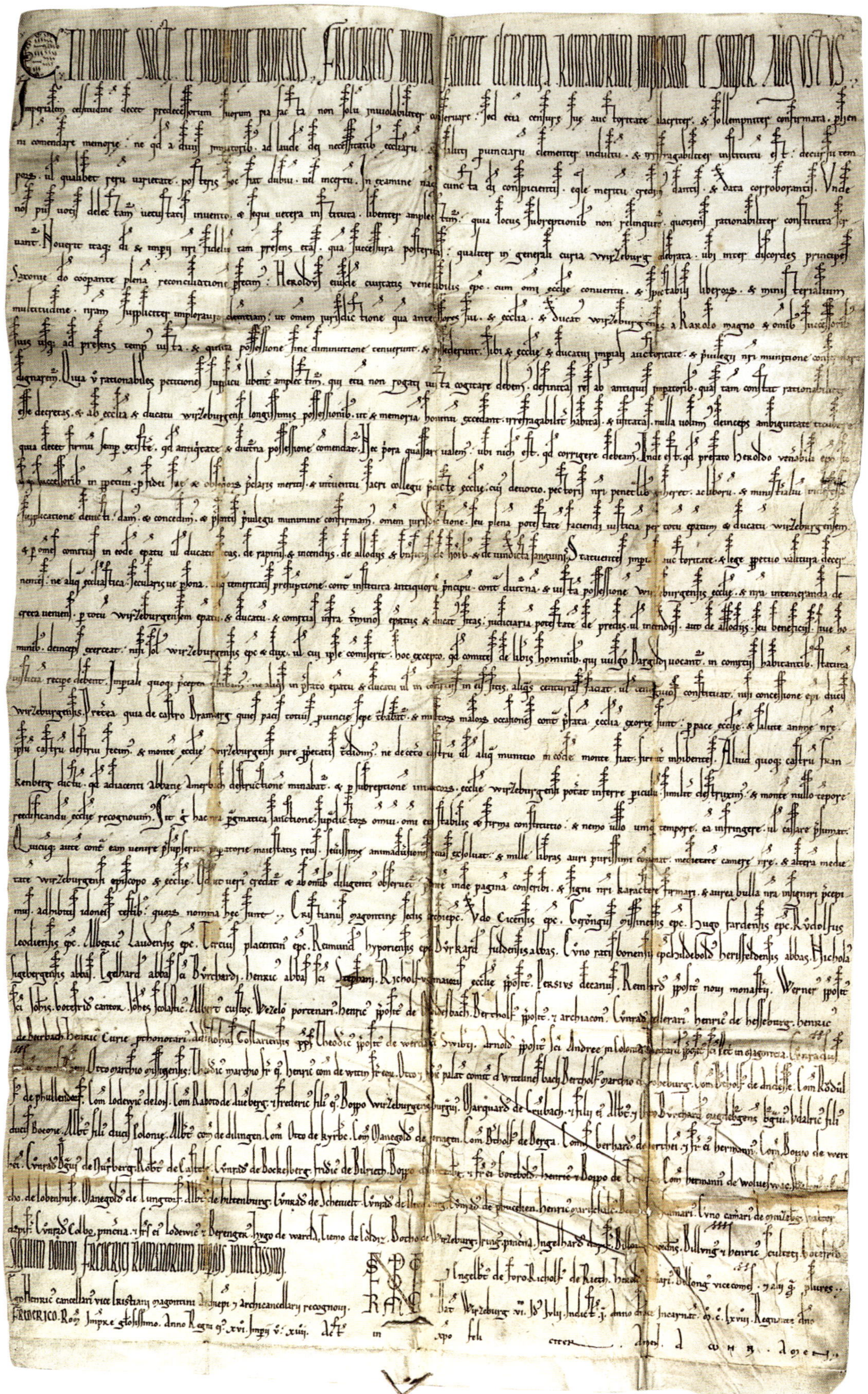

dern auf seinen „episcopatus“, also das Bistum, bezog. Nicht abschließend geklärt ist, ob darunter das Hochstift oder die Diözese Würzburg bzw. große Teile davon zu verstehen sind. Die Gerichtsbarkeit im „episcopatus“ kann als Hochgerichtsbarkeit, Lehengerichtsbarkeit und Landfriedensgerichtsbarkeit definiert werden („de rapinis et incendiis, de allodiis et beneficiis, de hominibus er vindicta sanguinis“).

Die beiden Ausfertigungen mit Wachssiegel und Goldbulle sind weitgehend identisch, bei der Zeugenreihe ergeben sich geringfügige Abweichungen. Erster Zeuge in beiden Ausfertigungen ist der Erzbischof von Mainz, dem das Würzburger Bistum unterstellt war. Der Bamberger Bischof fehlt in beiden Ausfertigungen als Zeuge. Auf die Zeugen aus dem Episkopat, der Reichskirche, folgen weitere Geistliche und die Zeugen aus dem Adel.

Mit den Bestimmungen des Herzogsprivilegs von 1168 verfestigte sich die Teilung Frankens in ein nördliches Herzogtum des Würzburger Bischofs und in ein südliches Gebiet, das an die Staufer und ihren Machtbereich angebunden war. Die Rechtsstellung des Fürstbischofs, wie sie sich in der Urkunde von 1168 zeigt, setzt einerseits bereits umfangreiche Jurisdiktionsrechte in den Händen des Bischofs voraus, verleiht andererseits aber die volle Gerichtshoheit im Bistum und Herzogtum Würzburg, insbesondere über die schon als bestehend vorausgesetzten Centen. In Verbindung mit der Rezeption des römischen Rechts seit dem frühen 13. Jahrhundert wurden die deutschen Fürsten zunehmend als Träger kaiserlicher Rechte in ihren Territorien verstanden, das Privileg von 1168 erhielt damit im Nachhinein die „Bedeutung einer fundamentalen Rechtsverleihung“ (D. Willoweit).

Die Zweitausfertigung mit der Goldbulle (b) wurde vom Verfasser Wortwin, dem Kanoniker des Würzburger Neumünsterstifts, persönlich mundiert, also ins Reine geschrieben.

Die vorzüglich erhaltene Goldbulle, die aus getriebenen Goldplättchen über einem Kern aus Wachs oder Pech besteht, ist das Werk eines berühmten Stempelschneiders, Godefroid von Huy bei Lüttich. Auf der Vorderseite ist der Herrscher im Brustbild hinter den Mauern Roms mit den Reichsinsignien dargestellt. Die Umschrift lautet: FREDERICUS DEI GRATIA ROMANORUM IMPERATOR AUGUSTUS. Auf der Rückseite findet sich eine Ansicht der Stadt Rom mit dem Kolosseum in der Mitte mit der seit Konrad II. üblichen Umschrift: ROMA CAPUT MUNDI REGIT ORBIS FRENA ROTUNDI (Rom, Haupt der Welt, regiert die Zügel des [runden] Erdkreises). *I. H.-E.*

Druck: MGH Diplomata Friedrich I., Nr. 546, S. 3–7.
Regest: RI, Abt. IV, 2. Abt., Nr. 1799, S. 8 f.

Lit.: Merzbacher, Landgericht, S. 20 f.; Hausmann, Wortwin, S. 341 f.; Mayer, Herzogsurkunde, S. 266 ff.; Schubert, Landstände, S. 20, 27 u. ö.; Aus 1200 Jahren [Ausstellungskatalog], S. 74 f., Kat.-Nr. 35; Herde, Friedrich Barbarossa, bes. S. 155 ff.; Lubich, Weg, bes. S. 228 ff.; Willoweit, Obrigkeit und Rechtswesen, S. 221; Merz, Fürst und Herrschaft, S. 34; Heiler, Herold.

58 Der wohl nie gebrauchte Siegelstempel des kaiserlichen Landgerichts symbolisiert die weltliche und geistliche Macht des Bischofs von Würzburg.

Siegeltypar mit Darstellung des hl. Kilian

Ende 14. Jahrhundert / 1. Hälfte 15. Jahrhundert
Bronze, Ø 4,8
Mainfränkisches Museum, Würzburg
(L 33379)

Das Typar zeigt den Würzburger Bistumspatron, den hl. Kilian, als Bischof auf einem Thron sitzend mit Hirtenstab und aufrecht gehaltenem Schwert. Die Umschrift lautet: HERB (ipolis) SOLA IUDICAT ENSE STOLA (Nur Würzburg [das heißt der Bischof von Würzburg] regiert mit Schwert *und* Stola). Auf dem Siegelbild symbolisiert das Schwert die Gerichtshoheit, das Landgericht und damit das Herzogtum, also die weltliche Macht, während der Hirtenstab die geistliche Macht ausdrückt, wobei die Stola und der Hirtenstab, das Pedum, auch als Belehnungssymbol gelten. Die Siegelumschrift findet sich erstmals auf einem Siegel des Bischofs Berthold von Henneberg 1268. Sie fand aber keinen Eingang in die Würzburger Bischofssiegel, vielmehr wurde sie in das Siegel des Landgerichts des Herzogtums Franken aufgenommen. Das hier ausgestellte Typar, dessen Umschrift bei den Buchstaben ENSE wohl den üblichen Anforderungen für einen Siegelstempel nicht entsprach, lässt sich an keiner vom Landgericht ausgestellten Urkunde belegen. Es war wohl nie in Gebrauch. Dafür spricht auch, dass der Siegelstempel vom Stempelschneider, einem Goldschmied, nach dem Guss nicht nachbearbeitet und nicht ziseliert wurde. Auch die Darstellung des Schwerts ist misslungen.

58

Ab 1374 findet sich ein ähnliches, aber nicht identisches Rundsiegel, das mindestens bis 1517 an den im Staatsarchiv Würzburg aufbewahrten Urkunden des Landgerichts belegt ist. Dieses ist mit rund 5,3 cm Durchmesser etwas größer, HERBIPOLIS ist ausgeschrieben, der Bischof ist auf einem Faltstuhl mit Tierköpfen sitzend dargestellt. Es ist eine zweite, ergänzende Umschrift vorhanden: S. PROSCRIPTIONIS EPISCOPI HERBIPOLENSIS, das heißt, das Siegel des Landgerichts wurde auch als Achtsiegel verwendet.

Das Landgericht war in erster Linie Zivilinstanz, übte aber auch die Lehengerichtsbarkeit aus und behauptete die strafrechtliche Kompetenz, die es aber in der Praxis den für die Blutgerichtsbarkeit zuständigen Gerichtsbezirken, den Centen, überließ. *I. H.-E.*

Lit.: Franconia Sacra [Ausstellungskatalog], S. 67, Kat.-Nr. D 28 a; Kilian. Mönch aus Irland [Ausstellungskatalog], S. 251, Kat.-Nr. 242; Heffner, Siegel, S. 40 f. (fälschlicherweise unter Bischof Berthold von Sternberg); Merzbacher, Landgericht, S. 80 ff., 203; Wendehorst, Bistum Würzburg, Teil 2, S. 19; Ewald, Siegelkunde, S. 122 ff.

59 Die erste Erwähnung des Herzogtums Franken in deutscher Sprache findet sich in einer Urkunde von 1309, während 1312 erstmals in Latein vom „ducatus Franconie“ die Rede ist. Aussteller beider Urkunden ist Bischof Andreas von Gundelfingen (1303–1313).

Zwei Urkunden

Das Gericht, das am 7. August 1309 unter bischöflichem Vorsitz „in unserm sale“, also im bischöflichen Salhof zwischen Dom und Neumünster oder im Kalhart auf der gegenüber liegenden Seite der Domstraße, tagte, legte fest, dass ein im Herzogtum Franken „Gesessener“ vor keinen Landtag oder kein anderes auswärtiges Gericht außer das königliche Gericht geladen werden darf. Dienstleute, Amtleute und alle anderen, die im Herzogtum zu Franken gesessen sind, sollen auf eine derartige Ladung nicht eingehen. In der in deutscher Sprache abgefassten Urkunde wird als territorialer Bereich, für den der Spruch gilt, mehrfach das Herzogtum zu Franken genannt.

Als Urteiler dieses Gerichts nahmen Graf Ludwig von Rieneck d. Ä., Albrecht von Hohenlohe, Landvogt des Reichs zu Rothenburg, die beide als Landesherren bezeichnet werden, teil, weiterhin aus dem Kreis der bischöflichen Ministerialität, also dem Dienstadel, Andreas Zobel (zu Heidingsfeld), bischöflicher Kämmerer, Friedrich und Heinrich Zobel, Kuno von Rebstock, bischöflicher Truchsess, und Heinrich von Rebstock, vermutlich sein Sohn, sowie Johann von (Veits)Höch-

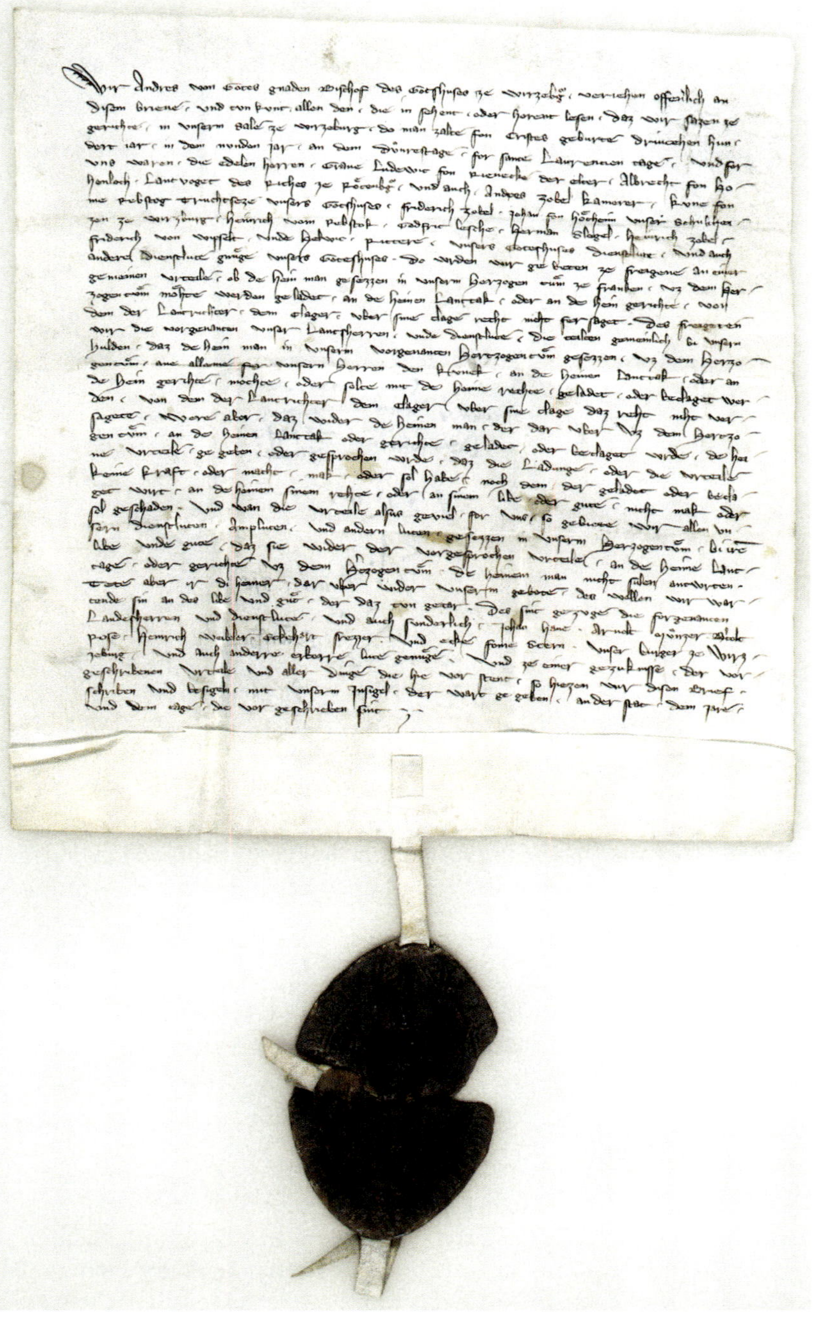

a) 7. August 1309
Handschrift / Pergament, an Pergamentstreifen anhängendes Siegel (restauriert), ca. 21,5 × 19,9
Staatsarchiv Würzburg (Würzburger Urkunden 445)

59 a

heim, bischöflicher Schultheiß, und weitere Ministeriale teil. Zeugen des Spruchs sind die Landesherren und Dienstleute und – als Querschnitt städtischer Repräsentanten – die Würzburger Bürger Johann Hane und Eckehard von Steren, aus Patrizierfamilien ministerialer Herkunft, Arnold Münzer, wie der Name sagt, aus einer der bedeutenden Münzerfamilien der Stadt, Heinrich Weibeler und Eckehard Fresser aus kaufmännischen Patrizierfamilien, und Bertold Rose. Bei dieser Sitzung handelte es sich möglicherweise bereits um eine Zusammenkunft des Landgerichts des Herzogtums Franken, das später in der etablierten Form unter dem Vorsitz eines Domherrn als Landrichter und sieben Urteilern tagte. Die vom Landgericht ausgestellten Urkunden wurden zunächst mit dem persönlichen Siegel des Landrichters, ab 1374 mit einem eigenen Landgerichtssiegel gesiegelt. Das Urteil des Jahres 1309 wurde mit dem Bischofssiegel und zusätzlichen Zeugen aus der Würzburger Bürgerschaft bekräftigt.

Die vom Würzburger Bischof gewählte anspruchsvolle Formulierung vom Herzogtum zu Franken, die die Formulierung vom Dukat der Würzburger Kirche ablöst, ist sicherlich vor dem Hintergrund der sinkenden politischen Bedeutung des Würzburger Bischofs innerhalb Frankens zu sehen. Er konnte die gräfliche und niederadlige Herrschaftsbildung, vor allem der Wertheimer und Rienecker Grafen, nicht verhindern und hatte dem Aufstieg der Reichsstädte und den Emanzi-

b) 6. September 1312
Handschrift / Pergament, an Pergamentstreifen anhängendes Siegel (beschädigt), ca. 14,9 × 20,1
Staatsarchiv Würzburg (Würzburger Urkunden 467)

59 b

patiationsbestrebungen weiterer Städte, allen voran Würzburg, nur wenig entgegenzusetzen. Er suchte aber trotzdem die Oberhand auch über die Grafen und Herren zu behalten. Bemerkenswert ist in diesem Zusammenhang, dass die Protokolle des Landgerichts des Herzogtums Franken ab 1305 überliefert sind, also in der Regierungszeit des Bischofs Andreas einsetzen; für den Zeitraum bis 1317 sind sie lediglich abschriftlich überliefert.

In der am 6. September 1312 ausgestellten Urkunde wird der Begriff „ducatus Franconie" erstmals in lateinischer Sprache gebraucht (b).

Der Wildbann, um den es in dieser Urkunde geht, ist das auf der königlichen Banngewalt beruhende Recht, sich in einem bestimmten Gebiet die alleinige Nutzung des gesamten Wildes oder bestimmter Wildarten vorzubehalten, das heißt, die Jagd selber durchzuführen oder durch Beauftragte wahrnehmen zu lassen.

In der Urkunde, mit der Bischof Andreas dieses Recht an seine Verwandten Andreas von Brauneck, der aus einer Linie der Herren von Hohenlohe stammt, und an Konrad von Hohenlohe in Anerkennung treuer Dienste verleiht, wird dieser Wildbann näher beschrieben. Er beinhaltet die Haltung wilder Tiere in eingezäunten Tiergärten und die Ausübung der Jagd, und zwar von Hirschen, Hirschkühen, Schweinen, Rehböckchen und jeder Art von wilden Tieren des Waldes, also die hohe und die niedere Jagd. Dieser Wildbann des „ducatus Franconie" steht innerhalb der Grenzen dieses Gebiets nur dem Bischof und seinen Nachfolgern im Bischofsamt zu; sie allein können ihn weiterverleihen. Im Fall der Vergabe an die beiden Verwandten bleibt für Bischof Andreas und seine Beauftragten die Möglichkeit zur Jagd in deren Besitzungen bestehen. Der verliehene Wildbann gilt nur innerhalb der Besitzungen des Andreas von Brauneck und des Konrad von Hohenlohe, er wird nicht durch territoriale Angaben näher bestimmt. Das Recht, den Wildbann im Herzogtum Franken auszuüben, sieht der Würzburger Bischof in seinem Herzogtum und der zugehörigen Gerichtshoheit begründet. Damit gehört auch der Wildbann zur Würzburger Kirche („cum wiltbannus tocius nostri ducatus Franconie nobis vtpote provinciali judici eiusdem ducatus seu terre Franconiae ac nostre dinoscatur ecclesie pertinere"). *I. H.-E.*

Druck Urkunde a): MB, Bd. 38, Nr. 246, S. 433 f.
Druck Urkunde b): MB, Bd. 38, Nr. 282, S. 512 f.; Hohenlohisches UB, Bd. II, Nr. 43, S. 31 f.

Lit.: Schmidt, Herzogtum, S. 38, 43; Merzbacher, Landgericht, S. 11, 24 ff.; Reimann, Besitz- und Familiengeschichte, S. 57 f.; Reimann, Die Ministerialen, S. 227 ff., 235 f.; Schubert, Landstände, S. 31 f.; Wendehorst, Bistum Würzburg, Teil 2, S. 38 f., 40; Schich, Würzburg im Mittelalter, S. 220 ff.; Merz, Fürst und Herrschaft, S. 40; Weller, Geschichte, 2. Teil, S. 468.

Würzburger Bischofschronik, fol. 183r: Bischof Albrecht II. empfängt 1353 von Karl IV. die Regalien und das Herzogtum Franken.

60 Bischof Albrecht II. von Hohenlohe wurde 1353 vom römischen König Karl, dem späteren Kaiser Karl IV., mit dem Herzogtum Franken und den Regalien belehnt.

Urkunde König Karls IV.

19. August 1353
Handschrift / Pergament, an rotgelben Seidenfäden anhängendes Siegel (beschädigt), ca. 31,5 × 19
Staatsarchiv Würzburg (Würzburger Urkunden 1035)

60

In der vorliegenden Urkunde bestätigt Karl als römischer König die Verleihung „sein und seines stifftes zu Wirtzburg vnd ir beides furstentumes in Franken regalien vnd lehen" an den Würzburger Bischof Albrecht II. von Hohenlohe (1345 [1350]–1372). Die Urkunde fügt sich ein in eine Reihe von Privilegien, welche die theoretische Grundlage für den Herrschaftsanspruch der Würzburger Bischöfe auf die Vorrangstellung in Franken bildeten. Sie muss zugleich vor dem Hintergrund der Auseinandersetzung zwischen Kaiser Ludwig IV. dem Bayern auf der einen, dem Papsttum und dem im Juli 1346 zum Gegenkönig gewählten Karl von Mähren aus dem Haus Luxemburg auf der anderen Seite gesehen werden.

Der Konflikt zwischen Kaiser und Papst fand auch bei der Besetzung des Würzburger Bischofsstuhls seinen Niederschlag. Am 3. September 1345 wurde Dompropst Albrecht von Hohenlohe vom Domkapitel einstimmig zum Bischof gewählt. Gegen diesen setzte Papst Clemens VI. am 19. Oktober 1346 Albrecht I. von Hohenberg (gest. 1350) als Bischof ein. In dieser Konstellation hatte Ludwig der Bayer den gewählten Bischof Albrecht von Hohenlohe im Februar 1346 in seinen Schutz genommen, doch trat der Bischof nach der Wahl Karls von Mähren auf dessen Seite, ohne es freilich zum offenen Bruch mit Ludwig kommen zu lassen. Albrecht III. erhielt mehrere Privilegien von Karl, darunter solche von 1346 und 1347. Im erst genannten hatte König Karl den Würzburger Bischof und das Landgericht zu Franken in seinen Schutz genommen, im zweiten erfolgte eine umfassende Bestätigung dieses Landgerichts für den Bischof. Dem Würzburger Bischof wurde darin für das Territorium des Herzogtums und den Sprengel des Landgerichts, die sich deckten, die alleinige Handhabung der Acht zugesichert. Es sollte im Herzogtum und Landgericht zu Franken kein anderes Landgericht bestehen oder ein auswärtiges Landgericht in die Zuständigkeit des Würzburger Landgerichts hinein Gerichtsurteile fällen können.

Der Würzburger Geschichtsschreiber Lorenz Fries betont, dass vor Bischof Albrecht – wie dies in der Urkunde von 1353 geschieht – kein Würzburger Bischof das Herzogtum des Stifts Würzburg eigens, sondern immer unter den anderen Regalien empfangen habe. Die Regalien sind, als der Begriff 1122 erstmals belegt ist, die den geistlichen Fürsten vom König übertragenen Rechte. Später bezeichneten sie Hoheitsrechte, die finanziellen Nutzen abwarfen und wichtiger Bestandteil der Landesherrschaft in den Händen der Reichsfürsten bildeten. Dazu gehörten etwa das Forst- und Jagdregal, das Münz- und Zollregal sowie das Geleitregal. *I. H.-E.*

Druck: MGH Const. X, Nr. 569; MB, Bd. 42, Nr. 27, S. 67 f.
Regest: BH, Nr. 1577.

Lit.: Schmidt, Herzogtum, S. 43; Merzbacher, Landgericht, S. 23; Wendehorst, Bistum Würzburg, Teil 2, S. 46, 74, 77, 80; Moraw, Franken; Bauer / Süss, Albrecht II. von Hohenlohe; Merz, Fürst und Herrschaft, S. 39 ff.

Graz, 2. April 1468
Handschrift / Pergament, 47,5 × 62; Goldbulle fehlt
Staatsarchiv Würzburg (Würzburger Urkunden 35/5)

61 Im Jahr 1468 verlieh Kaiser Friedrich III. dem Bistum Würzburg das Recht, Zoll auf Wein erheben zu dürfen. Dies half dem Bistum aus großen finanziellen Nöten, hatte aber auch weitreichende politische Konsequenzen.

Urkunde Kaiser Friedrichs III.

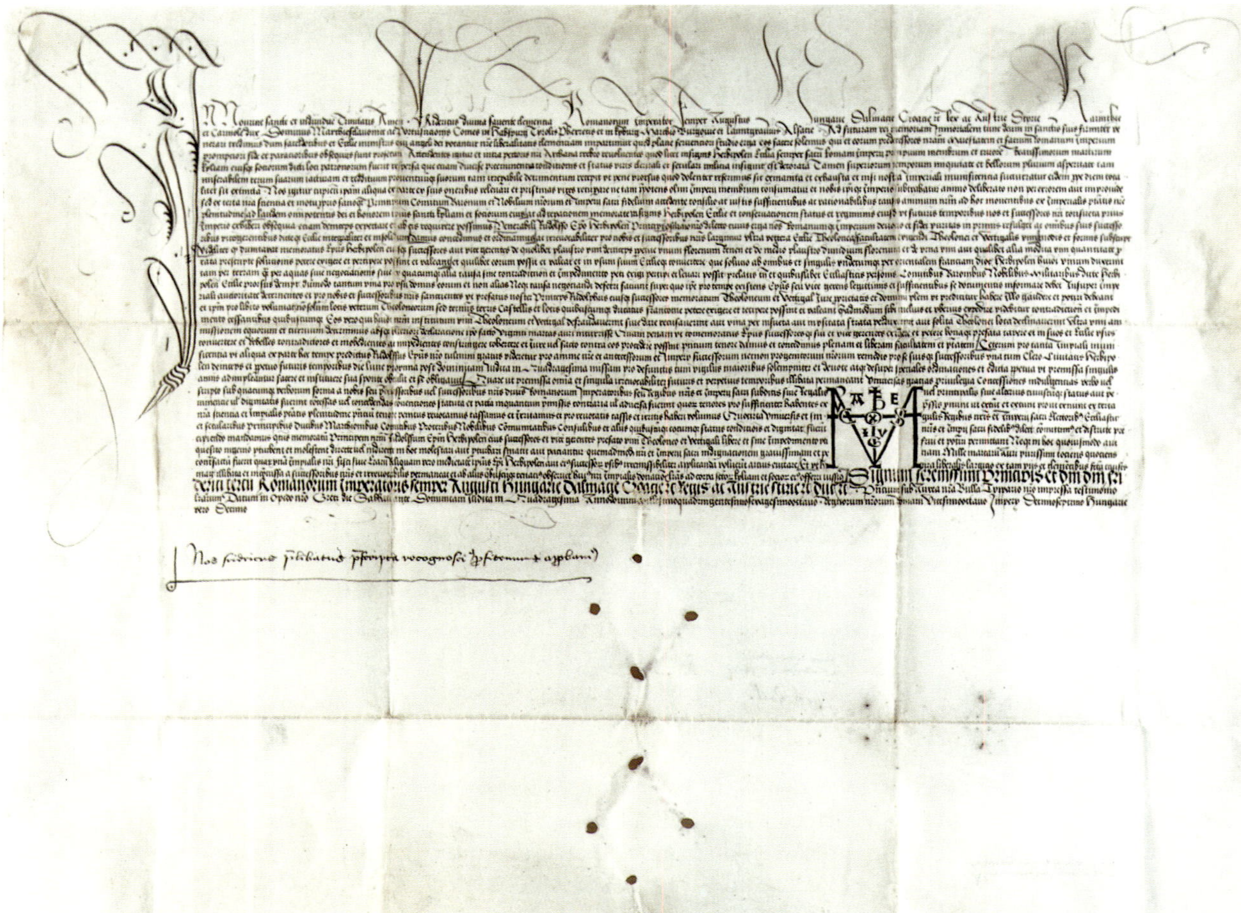

Ungeachtet der wütenden Proteste seines Gegenspielers, des Markgrafen Albrecht Achilles von Brandenburg (reg. 1440–1486 in Ansbach, ab 1464 in Kulmbach, ab 1470 Kurfürst), erwarb Bischof Rudolf von Scherenberg am 2. April 1468 ein umfassendes Weinzollprivileg, indem er die günstige politische Großwetterlage und die Überzeugungskraft hoher Geldsummen (24 000 Gulden und ein Ewiger Jahrtag für den Kaiser, 1 600 Gulden für dessen Kanzler) nutzte. Das Privileg erlaubte ihm von jedem Fuder Wein einen rheinischen Gulden als Zoll zu erheben, von kleineren Mengen einen entsprechend geringeren Betrag; Adel und Geistlichkeit blieben für ihren persönlichen Bedarf von diesem Zoll befreit. Die räumliche Geltung war an das kirchliche Jurisdiktionsgebiet des Würzburger Bischofs gebunden. Damit konnte sich der Würzburger Bischof nicht nur sehr umfangreiche Einkünfte sichern, sondern auch seinen Anspruch untermauern, dass „Francia orientalis", „ducatus Franconiae" und „diocesis Herbipolensis" identisch seien. Offensichtlich aus Sorge vor Diebstahl war in der Urkunde auch festgelegt, dass sie bei den Gebeinen des hl. Kilian aufzubewahren sei.

Zur besseren Durchsetzung seiner Privilegien bemühte sich Bischof Rudolf um eine päpstliche Bestätigung, die ihm am 26. August 1468 und erneut am 13. März 1473 gewährt wurde. Sein Gegner Albrecht Achilles konnte die Ausfertigung der Urkunde ungewöhnlich lange verhindern, wohl vor allem mit Hilfe seines Vertrauensmannes, des päpstlichen Summators Johannes Horn. Erst nach dessen Tod erfolgte im April 1484 die Ausfertigung, nun mit der sehr seltenen Klausel „motu proprio", die das päpstliche Engagement besonders betonte. Daneben sicherte Bischof Rudolf die praktische Durchführung schon 1468 durch Verträge mit den Nachbarn ab, deren Widerstand durch finanzielle Arrangements gebrochen wurde. Albrecht Achilles erhielt demnach überwiegend ein Viertel, teilweise auch die Hälfte des Zollertrags in einer genau fixierten Reihe von Orten. Nur mit der Reichsstadt Rothenburg kam es erst ein Jahrhundert später zur Einigung.

Vor allem mit Hilfe der Zollerträge gelang Bischof Rudolf und seinen Nachfolgern der Rückerwerb von zahlreichen schon lange verpfändeten Ämtern und selbst das Königreich Bayern profitierte noch von den Einkünften, bis 1818 die innerbayerischen Zollgrenzen endgültig abgeschafft wurden. *J. M.*

Druck: Lünig, Reichs-Archiv, Bd. VII/4, S. 336 f.; deutsche Übertragung: Wagner/Ziegler, Lorenz Fries, Chronik der Bischöfe von Würzburg, Bd. IV, S. 237–240.

Lit.: Bendel, Aufbewahrungsort; Zeißner, Rudolf II. von Scherenberg, S. 33–36; Wendehorst, Bistum Würzburg, Teil 3, S. 23; Merz, Fürst und Herrschaft, S. 53–60.

Würzburger Bischofschronik, fol. 338r: Bezahlung des Weinzolls

62 Auf den Münzen waren häufig der regierende Bischof oder der Bistumspatron Kilian mit Schwert und Bischofsstab dargestellt.

Münzen des Bistums Würzburg

a) Bischof Gottfried von Helffenstein (1186–1190)

Pfennig, Silber, 0,90 g
Vs.: Brustbild des Bischofs mit „mitra bicornis“, Krummstab und Schwert nach links, außen [GO]DEFRI[-]
Rs.: Dreitürmige Torburg, außen VV[I]RCE(B)VRG[ENSIS]

b) Bischof Gerhard von Schwarzburg (1372–1400)

Pfennig, um 1375–1380, Silber, 0,64 g
Vs.: Büste des Bischofs mit Mitra, Krummstab und Schwert von vorn, außen + WIRZBVRG
Rs.: Löwenprotome nach links, außen GERhARDVS

Halbgroschen, Silber, 1,41 g
Vs.: Büste des Bischofs mit „mitra bicornis“, Krummstab und Schwert nach links, außen GERh – ARD EP(iscopus)
Rs.: Rechenschild in Fünfpass, außen MONETA * NOVA * HERBI *

c) Bischof Johann I. von Egloffstein (1400–1411)

Pfennig, einseitig, Silber, 0,43 g
Münzstätte Nürnberg
In einem breiten Linienkreis zwei Schilde nebeneinander, links Rechen, rechts Bärenkopf, über den Schilden Kreuz, unten N

d) Bischof Gottfried IV. Schenk von Limpurg (1443–1455)

Schilling, ab 1443, Silber, 2,27 g
Vs.: Stehender hl. Kilian mit Mitra, Krummstab und Schwert, außen SANCTVS – KILIANVS*
Rs.: Viergeteilter Schild – 1. Rechen, 2. Fahne, 3. Rechen, 4. fünf Kolben (Wappen Schenk von Limpurg) – in einem Kreis, außen + MON' ARG*HERBIPOLENS

e) Bischof Johann III. von Grumbach (1455–1466)

Schilling, seit 1459 (?), Silber, 2,58 g
Vs.: wie d)
Rs.: Drei Schilde in einem Perlkreis – 1. Rechen, 2. Panier, 3. Mohr –, oben F(ranconiae), unten D-V-X, außen * IOhANS * EPIS * hERBIPOLS

f) Bischof Lorenz von Bibra (1495–1519)

Gulden, ab 1506, Gold, 3,22 g
Vs.: Hüftbild des hl. Kilian mit Mitra, Krummstab und Schwert, unten Rechenschild, außen MONE NOVA – AVR WIRCZ
Rs.: Viergeteilter Schild – 1. Rechen, 2. Biber, 3. Panier, 4. Biber – in einem Perlkreis, außen + LAVRENC': EPS : hERBN : FRAN : DVX : 1506
a–f) Staatliche Münzsammlung, München

Seit dem 11. Jahrhundert erhielten geistliche und weltliche Fürsten durch Münzrechtsverleihungen die Erlaubnis Münzen herzustellen. Das entsprechende Münzbild mit Aufschrift sicherte den Wert einer Münze, war aber auch ein Mittel zur Herrschaftspropaganda. Herrscherbild und Herrschername, Bildnisse von Heiligen, Stadtnamen sowie christliche und weltliche Symbole wurden auf den Münzen dargestellt. Auf den Würzburger Münzen ist zumeist der Bischof oder der hl. Kilian sichtbar mit den Insignien der geistlichen und weltlichen Würde: Mitra und Krummstab stehen für das Bischofsamt, das Schwert für das Herzogsamt (zum Schwert als Symbol vgl. Stumpf, Silberschatz, S. 37 f.). Die Bischöfe Johann von Grumbach und Lorenz von Bibra führten darüber hinaus in der Münzlegende den Titel „dux" als Hinweis auf das von ihnen beanspruchte Herzogsamt.

Innerhalb des Reichs gab es bis 1100 bereits mindestens 167 Münzstätten. Unterschiede in Qualität und Materialwert blieben dabei nicht

Lit.: Kellner, Fund von Queckbronn, Nr. 3–12 (a); Kroll, Münzen des Bischofs Gerhard von Schwarzburg, S. 138 Nr. 43ff. und S. 143f. Nr. 90ff. (b); Buchenau, Beiträge, S. 14 Nr. 14 (c); Buchenau / Bernhart, Münzfund von Niederlauer, Sp. 5131f. (d) und Sp. 5153f. (e); Helmschrott, Würzburger Münzen und Medaillen, S. 14 Nr. 3 (f).

aus. So hatte zum Beispiel der spätere Würzburger Bischof Gottfried von Limpurg als Stiftspfleger Würzburger Münzen hergestellt, die einen zu hohen Silbergehalt hatten. Die Folge war, dass diese Münzen rasch aus dem Umlauf gerieten, da sie verständlicherweise sehr begehrt waren und außerhalb der hochstiftischen Gebiete einbehalten wurden. Wie die Würzburger Bischofschronik von Lorenz Fries berichtet, musste Gottfried als Bischof daher 1453 neue Münzen mit niedrigerem Materialwert schlagen lassen. *G. St. / J. Sch.*

Würzburger Bischofschronik, fol. 307r: Blick in eine Münzstätte, 1453

V Schreibende Mönche und dichtende Ritter

Franken gehört zu den zentralen Landschaften der deutschen Literatur des Mittelalters. Fränkische Autoren, Sammler und Mäzene haben entscheidend zum literarischen Glanz der Epoche vom 8. bis zum 16. Jahrhundert beigetragen, sie stehen heute vielfach im Zentrum der mediävistischen Literaturforschung. Im Folgenden können freilich nicht mehr als einige Grundzüge der mittelalterlichen deutschen Literaturgeschichte der Region aufgezeigt werden; dabei bleiben die Gebiete Ostfrankens, die zu Beginn des 19. Jahrhunderts nicht zu Bayern kamen, unberücksichtigt. Eine umfassende Literaturgeschichte Frankens bleibt vorerst ein Desiderat.

Die Geschichte der deutschen Literatur des Mittelalters beginnt um die Mitte des 8. Jahrhunderts. Zeugnisse aus Ostfranken sind schon aus dieser Zeit überliefert: Auf 777 datiert ist die „Hammelburger Markbeschreibung", in der in lateinischer Sprache, jedoch mit althochdeutschen Lokal- und Zeugennamen die Grenzen der Mark Hammelburg angegeben sind; 779 entstanden die beiden „Würzburger Markbeschreibungen", die erste ebenfalls lateinisch mit deutschen Namen, die zweite ganz auf Deutsch – die älteste Urkunde in deutscher Sprache. Aus der Mitte des 9. Jahrhunderts stammt ein in Würzburg aufgezeichnetes umfangreiches Beichtformular, die „Würzburger Beichte". Mit den führenden Entstehungsorten althochdeutscher Literatur des 8. und 9. Jahrhunderts wie den Benediktinerklöstern in St. Gallen, Weißenburg im Elsass, Freising, Fulda kann sich in den in der Neuzeit bayerisch gewordenen Gebieten Ostfrankens indes kein Kloster messen. Mit Beginn des 10. Jahrhunderts verstummt dann – mit der einen Ausnahme Notkers des Deutschen in St. Gallen um 1000 – die Literaturproduktion in deutscher Sprache für anderthalb Jahrhunderte fast völlig.

Am Beginn des Neuanfangs steht mit dem frühmittelhochdeutschen „Ezzolied" von etwa 1060 ein bedeutender Text aus Bamberg, eine Zusammenfassung der Heilsgeschichte von der Schöpfung an in einfacher, doch mitreißender Sprache. Dichter war der Kleriker Ezzo, Auftraggeber Bischof Gunther. Einer chronikalischen Nachricht zufolge wurde das Lied bei der Pilgerreise des Bischofs 1064/65 ins Heilige Land gesungen. Aus dem folgenden Zeitraum bis um 1200 sind für Franken nur zwei geistliche Texte einigermaßen gesichert: „Bamberger Glauben und Beichte" sowie „Himmel und Hölle".

Die kontinuierliche Literaturgeschichte der Region beginnt um 1200 mit Wolfram von Eschenbach. Wolfram, der um 1170 wohl in (Wolframs-)Eschenbach geboren sein dürfte und um 1220 starb, fand seine Auftraggeber zunächst im Adel seiner fränkischen Heimat, später an Fürstenhöfen, vor allem dem Thüringerhof. Er verfasste wenige, doch bedeutende Lieder, den großen Artusroman „Parzival", den stofflich einer französischen Chanson de geste verpflichteten Roman „Willehalm" und die Fragmente der Geschichte eines jungen Paares, das bereits im „Parzival" begegnet, den „Titurel". Wolframs Einfluss war prägend für den etwas jüngeren fränkischen Verfasser des Erfolgsromans „Wigalois" (um 1220), Wirnt von Gravenberc (das heißt Gräfenberg bei Nürnberg). Auch spätere fränkische Autoren haben bedeutende Beiträge zur Geschichte des deutschen Romans geliefert: Dazu zählt der vielseitige Berufsdichter Konrad von Würzburg, geboren um 1235, gestorben 1287 in Basel, der neben Texten in beinahe allen damals üblichen Gattungen auch drei Romane schrieb, darunter den überaus erfolgreichen „Trojanerkrieg“. Ferner ist Johann von Würzburg zu nennen, der 1314 den Abenteuerroman „Wilhelm von Österreich“ abschloss, einen der im Spätmittelalter am weitesten verbreiteten Romane, der Ende des 15. Jahrhunderts, in Prosa umgearbeitet, im Druck erschien und den Hans Sachs noch 1556 dramatisierte.

Auch die Beiträge fränkischer Dichter zum Liedgenre waren von Bedeutung. Unklar ist, ob Walther von der Vogelweide, dessen Grab im Würzburger Lusamgärtchen gut bezeugt ist – er starb um 1230 –, nähere Beziehungen zu Würzburg hatte, ob sein von Kaiser Friedrich II. gewährtes Lehen sich hier befand, ob er gar aus Franken stammte, wie immer wieder gemutmaßt wurde. Der sicher nachgewiesene erste fränkische Minnesänger war Otto Graf von Henneberg (um 1175 – nach 1234), der sich nach seiner Burg über Kissingen Otto von Botenlauben nannte. Lehrhafte Sangsprüche stammen von Süßkint von Trimberg (um 1250), vielleicht dem ersten jüdischen Dichter deutscher Sprache. Mit den Haupttypen der höfischen Lieddichtung – Minnelied, Sangspruch, Leich – ist der zur legendären Figur gewordene Berufsdichter Tannhäuser (gest. nach 1266) vertreten, der vielleicht aus Thannhausen bei Gunzenhausen stammte.

Die produktive Geschichte des höfischen Romans wie des Minnesangs endete in der ersten Hälfte des 14. Jahrhunderts. Nunmehr traten andere literarische Gattungen in den Vordergrund. Im Bereich der Frauenmystik sind von Gewicht die in Prosa verfassten Texte der Engelthaler Dominikanerinnen Christine Ebner (1277–1356) und Adelheid Langmann (1306–1375). Das erfolgreichste Lehrgedicht des Mittelalters, „Der Renner“, wurde 1300 von dem Bamberger Schulmeister Hugo von Trimberg abgeschlossen. Das Werk erlangte vor allem Verbreitung in der Bearbeitung, die der Würzburger Jurist, Kleriker und Scholaster Michael de Leone (um 1300–1355) ihm angedeihen ließ. Michael gilt als der bedeutendste Literatursammler seiner Zeit, sein „Hausbuch“ enthält unter anderem eine der größten Sammlungen der Lieder Walthers von der Vogelweide. Gleichfalls lehrhaften Charakter hat die um 1340 von einem Unbekannten verfasste Minne-Allegorie „Die Minneburg“. Bekannte Autoren im Bereich der Sachliteratur sind der Würzburger Arzt Ortolf von Beierland (um 1280) und der Kleriker Gottfried von Franken, Verfasser eines erfolgreichen agrikulturellen Werks (vor 1350). Aus Mäbenberg bei Schwabach stammte der Geistliche Konrad von Megenberg (1309–1374), unter dessen zahlreichen deutschen und lateinischen Schriften vor allem das in Prosa abgefasste „Buch der Natur“ (mehrere Fassungen seit 1348/50) hervorragt, das auch durch den Druck verbreitet wurde.

Im 15. Jahrhundert beginnt die Blütezeit der Nürnberger Handwerkerdichtung, die ihren Höhepunkt dann bei Hans Sachs (1494–1576) fand. Seit der ersten Jahrhunderthälfte sind in der Reichsstadt Meistersinger nachzuweisen, Dichter und Sänger, die ihre Kunst vorwiegend in einer nach strengen Regeln organisierten Gesellschaft betrieben. Prominentester Meistersinger der Epoche war Hans Folz (gest. 1513), Verfasser zahlreicher Meisterlieder, aber auch Dichter von Fastnachtspielen sowie erzählenden und lehrhaften Gedichten in Reimpaarversen, so genannten Reimsprüchen. Etwas älter und ohne Verbindung zum Meistergesang war der Rotschmied Hans Rosenplüt (gest. 1460), der ebenfalls Spruchgedichte und Fastnachtspiele verfasste. In patrizische Kreise gehört das „Lochamer Liederbuch“ (1451/55), in dem – wie im wenig jüngeren Liederbuch des Hartmann Schedel – erstmals deutsche Tenorlieder, mehrstimmige Lieder einer bestimmten Machart, mit den Melodien aufgezeichnet sind. Der Nürnberger Stadtarzt Hartmann Schedel (1440–1513), der über humanistische Bildung verfügte, ist heute noch bekannt durch seine „Weltchronik" (1493), das größte Buchunternehmen der Inkunabelzeit, also der Zeit der Frühdrucke. Ein anderer Deutsch schreibender humanistischer Autor aus Franken war der Domherr Albrecht von Eyb (1420–1475). In den humanistischen Umkreis gehören ferner die Würzburger Kleriker Johann Sieder und Johann Pfeiffelmann, die sich als Übersetzer lateinischer und griechischer Autoren betätigten, sowie der Würzburger Ritter und Verfasser eines Buchs über Kindererziehung, Hieronymus Schenck von Siemau (alle um 1500).

Horst Brunner

Lit.: Verfasserlexikon; Pfeiffer, Nürnberg; Kolb / Krenig, Unterfränkische Geschichte, Bd. 2; Wagner, Geschichte der Stadt Würzburg, Bd. 1; Brunner / Hirschmann / Schnelbögl, Hans Sachs und Nürnberg; Vom Großen Löwenhof zur Universität [Ausstellungskatalog]; Brunner, Geschichte der deutschen Literatur; Brunner, Würzburg.

63 Das erlesen mit Miniaturen ausgestattete Psalterium ist ein charakteristisches Beispiel einer zur privaten Andacht bestimmten Prachthandschrift, wie sie in Franken um die Mitte des 13. Jahrhunderts in spezialisierten städtischen Malwerkstätten häufig auf Bestellung angefertigt wurden. Sie waren meist für adlige Damen bestimmt.

Würzburg oder Mittelfranken, um 1250–1260
Handschrift/Pergament, 177 ff., 24,8 × 17,5
Einband: Vorderdeckel mit von durchscheinenden Hornplatten geschützten Miniaturen (Vier Evangelisten) und originaler Schnittbemalung
Stiftsbibliothek Melk
(Hs. 1903 [olim 1833])

Psalterium

Der wenig bekannte Psalter gehört zu den Hauptwerken der fränkischen Buchmalerei um die Mitte des 13. Jahrhunderts. In ihm sind alle Text- und Bildbestandteile vorhanden, die einen aufwändig ausgestatteten Privatpsalter der Zeit prägen: Kalenderminiaturen, ein ausgedehnter Zyklus ganzseitiger Darstellungen der wesentlichen Ereignisse aus dem Leben Jesu von der Verkündigung an Maria über den Kreuzestod Christi bis hin zu seinem Erscheinen als thronender Weltenrichter beim Jüngsten Gericht. Hinzu kommen figürliche Initialen an den zehn Teilungspunkten des Psaltertextes sowie eine Reihe von männlichen und weiblichen Heiligendarstellungen, welche die entsprechenden Anrufungen der Litanei begleiten.

In Anzahl, Anordnung und Themenwahl der Vollbilder gibt sich der ausgesprochen luxuriöse Charakter der Handschrift besonders deutlich zu erkennen. Unmittelbar im Anschluss an die Kalenderminiaturen akzentuiert zunächst eine ehemals sechsteilige Folge ganzseitiger Szenen aus dem Leben Jesu von der Verkündigung bis zum Abendmahl (eine Darstellung der Geburt Christi zwischen fol. 7 und 8 ist verloren) den Beginn des gesamten Psaltertextes, der mit einer ebenfalls seitenfüllenden Zierinitiale B(eatus vir) gleichsam als Titelbild eröffnet wird.

63 Links: fol. 12^r Initiale B(eatus vir) zu Psalm 1; rechts: fol. 11^v: Abendmahl

Weitere zehn Vollbilder gehen den neun übrigen Hauptpsalmen sowie dem Beginn der biblischen Cantica voraus. Sie umfassen die Passion Christi mit den Stationen der Geißelung (vor Ps. 26), Kreuzbesteigung (Ps. 38) und Kreuzigung (Ps. 51). Darauf folgen Anastasis, also Höllenfahrt Christi (Ps. 52), Frauen am Grabe (Ps. 68), Himmelfahrt (Ps. 80) und Pfingsten (Ps. 97). Schließlich wird der Bildzyklus mit der Auferstehung der Toten (Ps. 101), dem Jüngsten Gericht (Ps. 109) und, vor dem Beginn der Cantica, mit einer Majestas Domini abgeschlossen.

Wie spannungsreich und doch harmonisch die Bildbestandteile des Codex in ein ausgewogenes Beziehungsverhältnis gebracht werden, zeigen vor allem jene Doppelseiten, auf denen sich Kalenderseiten, Vollbilder und Schmuckinitialen gegenüberstehen. Besonders wirkungsvoll werden die Darstellung des Abendmahls und die Zierinitiale B(eatus vir) zum ersten Psalm mit Szenen aus dem Leben Davids (fol. $11^v/12^r$) konfrontiert. Seitlich umgeben von den zu einer Gruppe zusammengefassten Aposteln sitzt Christus in der Mittelachse der Bildminiatur vor dem halbrund angegebenen gedeckten Abendmahlstisch. Mit der Linken umfasst er seinen Lieblingsjünger Johannes, der mit geschlossenen Augen an der Schulter Christi ruht. Von den Jüngern durch den Tisch getrennt, sitzt Judas isoliert in der vorderen Bildebene auf einem Schemel. Auf ihn als künftigen Verräter weist Christus in Anlehnung an Lk 22,21 mit energischer Geste hin, während Judas noch zu fragen scheint: „Bin ich es etwa, Rabbi?" (Mt 26,25). Mit dem schwarzen Untier, das genau im Zentrum des Bildes auf Judas zufliegt, bezieht sich der Maler auf Joh 13,27: „Als Judas den Bissen Brot genommen hatte, fuhr der Satan in ihn."

Dieser die Passion Christi einleitenden Szene folgt unmittelbar die Initialzierseite zum Beginn des ersten Psalms. Einem aus mehreren Leisten gebildeten Rahmen sind an den Ecken vier Medaillons aufgelegt, während die goldene Binnenfläche von einem aus dünnem Flechtwerk und kräftigen, spiralig eingerollten Blatt-Ranken-Voluten gebildeten Buchstaben B(eatus) ausgefüllt wird. Die von den beiden Buchstabenbögen begrenzten Felder enthalten Szenen aus dem Leben Davids, oben die Krönung Davids, darunter die Enthauptung des Goliath. Die Kreismedaillons auf den Rahmenecken zeigen David als Musiker mit verschiedenen Instrumenten. Die der Initiale folgenden Worte sind in goldenen Majuskeln auf der rechten Rahmenleiste untereinander angeordnet.

Mit den Darstellungen der Eröffnungsinitialen beginnt eine Folge von Davidszenen, die an den insgesamt zehn Teilungsstellen des Psaltertextes eingefügt sind. Diese Szenenfolge ist als Wortillustration der ersten Psalmverse zu verstehen und hat ihren Ursprung, wie die Gestaltung der Zierinitialen überhaupt, in der englisch-französischen Buchmalerei des früheren 13. Jahrhunderts. Ikonografische wie stilistische Anregungen sind insbesondere in der Pariser Buchmalerei zu vermuten.

Die Lokalisierung des Melker Psalters ist umstritten: Die Handschrift weist ausgesprochen enge ikonografische und stilistische Beziehungen zur Würzburger Buchmalerei, zum Festtagsevangelistar Clm 23256 (Kat.-Nr. 64), zum Münchener Raschi-Kommentar (Kat.-Nr. 41), vor allem aber zum prächtig ausgestatteten Psalter Clm 3900 der Bayerischen Staatsbibliothek sowohl in der generellen Konzeption des Vollbild- und Initialschmucks wie auch in zahlreichen Einzelmotiven auf. Dies gilt besonders für die illustrativen Kleinszenen in den Initialen der Hauptpsalmen, ebenso für die in Würzburg zu beobachtende Sondertradition, die Reihe der biblischen Cantica mit einer figürlichen Initiale einzuleiten, welche die Zersägung des Isaias zeigt. Dieses

Thema tritt in Würzburg in der Dominikanerbibel (Kat.-Nr. 65) und einem Psalter im Getty-Museum (MS Ludwig VIII 2) erstmals auf. Die Nähe zum Evangelistar Clm 23256 wie zum Psalter Clm 3900 gibt sich zudem in der charakteristischen Rahmenornamentik der Vollbilder zu erkennen. Schließlich wiederholt sich das aus dem Evangelistar Clm 23256 bekannte auffällige Motiv des spitzwinklig umgebrochenen Mantelsaums am Arm des thronenden Majestas-Christus im Melker Psalter ebenso wie im zeitgleichen, vielleicht auch etwas späteren Münchner Psalter.

Dies bedeutet nicht, dass der Psalter auch zum Gebrauch innerhalb der Diözese Würzburg bestimmt gewesen sein muss. Im Kalender fällt vor allem die Nennung der besonders in Eichstätt verehrten Heiligen Willibald, Wunibald und Walburga auf; in der Litanei werden darüber hinaus mit Heinrich und Otto, Kunigunde und Elisabeth in Bamberg hoch verehrte Heilige an exponierter Stelle angerufen. Dagegen fehlen ausgesprochen würzburgische Bezüge fast völlig. So hat es den Anschein, als seien dem Schreiber durch einen auswärtigen Besteller mittel- bzw. oberfränkische Kalender- und Litaneivorlagen zur Verfügung gestellt worden, während die malerische Ausstattung unter engstem würzburgischen Einfluss, vielleicht in einem Würzburger Skriptorium selbst besorgt wurde.

Aus der Auswahl der jeweils einzeln gerahmten und bezeichneten Heiligen der Einbandminiaturen des zugehörigen Hornplatteneinbands (stehende Evangelisten auf dem Vorderdeckel, die Heiligen Martin, Nikolaus, Katharina und Margareta auf dem Rückdeckel) ist ein Rückschluss auf den Herkunfts- und Bestimmungsort des Psalters nicht möglich. Die Einbandminiaturen wie die gut erhaltene originale Schnittbemalung der Handschrift greifen im Figurenstil wie in der Ornamentik auf die Miniaturen im Innern des Psalters zurück und sind mit diesen gleichzeitig entstanden. *H.E.*

Lit.: Swarzenski, Handschriften, Nr. 94, S. 163 f., Abb. 1050–1079; Haseloff, Psalterillustration, S. 21–27, Tab. 4; Engelhart, Würzburger Buchmalerei, Bd. 1, S. 242–260, 305–308, 352–355 und passim; Bd. 2, Abb. 9, 10, 134–165; 900 Jahre Benediktiner in Melk [Ausstellungskatalog], Kat.-Nr. 5.02, S. 36 f., Abb. S. 34 f., 42 f. (M. Niederkorn-Bruck); Scheele, Liebe in Farben; Klemm, Handschriften, Textbd., S. 185, 197, 198, 201, 204; Glassner, Inventar, S. 494 f. (Farbabb.); Engelhart, Hornplatteneinband.

64 In einer bislang nicht genau lokalisierten Würzburger Malwerkstatt entstanden um die Mitte des 13. Jahrhunderts neben prunkvoll ausgestatteten Psalterien auch Prachthandschriften für die festliche Liturgiefeier.

Festtagsevangelistar

Würzburg, um 1250–1260
Handschrift / Pergament, 32 ff., 31 × 22,3
Einband: Holzdeckel, mit schwarzem Samt bezogen, eingelassene Vertiefung für eine heute fehlende Elfenbeinplatte
Bayerische Staatsbibliothek, München (Clm 23256)

Die mit nur 32 Blättern schmale, großzügig geschriebene und mit einer seitenfüllenden Miniatur sowie zahlreichen Deckfarben- und Goldinitialen ausgestattete Handschrift gehört zu den wenigen zum liturgischen Gebrauch bestimmten Codices, deren Entstehung – vor allem aus stilistischen Gründen – in einer künstlerisch hochstehenden Würzburger Werkstatt um die Mitte des 13. Jahrhunderts angenommen werden kann.

Der Band enthält eine Auswahl von Evangelienlesungen zu den Hauptfesten des Kirchenjahrs, darunter fällt im Sanktorale die Lesung zum Fest des hl. Vitus auf. An das Andreas-Fest schließt sich unmittelbar die Evangelienperikope zum Kirchweihfest an. Anhand der Lesungen ist die ursprüngliche liturgische Bestimmung des Evangelistars nicht sicher zu ermitteln.

Der heute seines Edelmetall- und Elfenbeinschmucks beraubte Einband weist neben einer Vertiefung zur Aufnahme eines Elfenbeins charakteristische Nagelspuren auf, die auf einen ehemals kostbaren Schmuckrahmen hindeuten. Damit entspricht er in der Anlage einer

64 Fol. 1^{v}: Majestas Domini mit Evangelisten und Evangelistensymbolen

Reihe von Einbänden an Handschriften der ehemaligen Würzburger Dombibliothek, die ursprünglich gleichartig ausgestattet waren.

Gleichsam in der Funktion eines Titelbildes eröffnet eine seitengroße Darstellung der Majestas Domini die Handschrift. Hier thront Christus als Weltenherrscher mit Buch und segnender Geste auf einem goldgefassten und mit kufischen Schriftzeichen ornamentierten doppelten Regenbogen, hinterfangen von einem blau-grün geteilten Grund. Der umschließende Rahmen ist mit einem farbigen Faltornament besetzt. Ihm sind an den Ecken große Medaillons mit Darstellungen der vier Evangelisten vor strahlendem Goldgrund aufgelegt, die diese in charakteristischen Phasen ihrer Tätigkeit zeigen. Die jeweilige Mitte der Rahmenleisten akzentuieren kleinere Medaillons mit den zugehörigen Evangelistensymbolen. Die beiden seitlichen – der Engel des Matthäus (links) und der Löwe des Markus (rechts) – erfüllen zudem die Funktion, Bildrahmung und Mandorla miteinander zu verklammern, aber gleichzeitig den Eindruck zu erwecken, die majestätische Gestalt Christi (mit Kreuznimbus) schwebe frei vor dem ortlosen farbigen Bildgrund.

Im Prinzip vielstimmigen Komponierens schließen sich die prächtige Majestas-Miniatur und die ihr gegenüberliegende Initialzierseite zu einer Doppelseite zusammen, auf der Wort und Bild formal wie inhaltlich aufeinander bezogen sind, wobei aber höchst unterschiedliche Gestaltungsmittel eingesetzt werden.

Unter einer Textzeile mit (hier fehlerhafter) Angabe, wann die folgende Evangelienperikope in der Messe gelesen werden soll (in der ersten, mitternächtlichen Weihnachtsmesse), und der üblichen Eingangsfloskel „In illo t(empore)“ spannt sich der filigran gebildete Initialbuchstabe E(xiit edictu[m]) über einem schwarz konturierten Goldgrund aus. Am oberen Ende des Buchstabens sitzt ein Hahn, gleichsam die auf die Initiale folgende Frohe Botschaft verkündend. Die vom Buchstaben umschlossene Binnenfläche wird von einem Kranz dünner farbiger Spiralranken begleitet, die schematisch miteinander verflochten sind und im Innern in einem mehrteiligen Blattmotiv enden. Im Rankengerüst tummeln sich grazile Tierfigürchen: Hunde, ein Hirsch, ein Vogel. Das zentrale Mittelmedaillon nimmt auf den Evangelientext unmittelbar Bezug. Es zeigt den thronenden Kaiser Augustus in Begleitung seines Schwertträgers in richterlicher Pose. In befehlender Geste weist er einen vor ihm sitzenden Schreiber an, mit der Volkszählung zu beginnen.

Das Evangelistar gehört unbestritten zu der kleinen Gruppe illuminierter Handschriften, deren Entstehung in die Blütezeit der Würzburger Malwerkstatt um die Mitte des 13. Jahrhunderts fällt. Zeitlich einige Jahre nach der Würzburger Dominikanerbibel (Kat.-Nr. 65) anzusetzen, greifen die Miniaturen in der Modellierung der Gestalten wie in der Struktur der Initialen auf Stiltendenzen der Bibel zurück. Die kleinen Gestalten in den Medaillonbildern sind im Figurenstil wie in der Farbigkeit den entsprechenden Bildungen in den Initialfeldern des Münchener Raschi-Kommentars (Kat.-Nr. 41) unmittelbar verwandt, während die Struktur des Rankenwerks mit den eingestreuten Tierfigürchen, aber auch formale Eigentümlichkeiten des Majestas-Christus – besonders das Motiv des zackig-spitz um den Segensarm „gebrochenen“ Mantelsaums – engste Parallelen zum etwa gleichzeitig entstandenen Melker Psalter (Kat.-Nr. 63) und zum Münchener Psalter Clm 3900 aufweisen. *H. E.*

Lit.: Swarzenski, Handschriften, S. 72 f., 156, Abb. 935, 986–989; Engelhart, Kommentar; Engelhart, Würzburger Buchmalerei, Bd. 1, S. 261–272, 308–310 und passim; Bd. 2, Abb. 11, 166–173; Klemm, Handschriften, Textbd., Kat.-Nr. 196, S. 202–204, Tafelbd., Abb. 514–515, 523.

65 Der Abt des Würzburger Benediktinerklosters St. Burkard stiftete den neu angesiedelten Dominikanern eine wertvolle vierbändige Bibelhandschrift.

Würzburger Dominikanerbibel

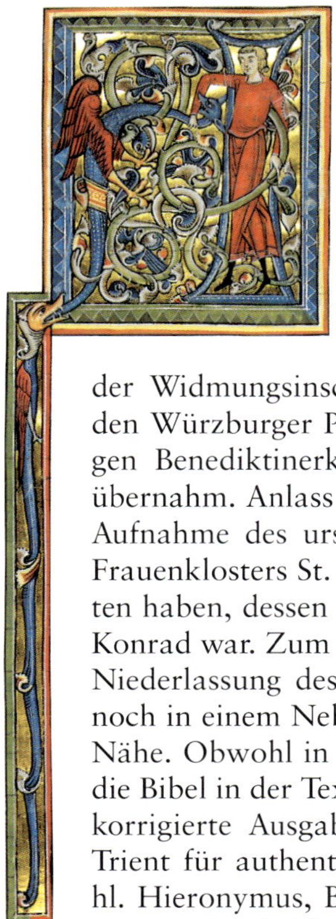

Der großformatige, durchgehend zweispaltig geschriebene und mit Initialen zu den einzelnen Prologen und Biblischen Büchern versehene Codex ist Teil einer vierbändigen Vollbibel, deren Herkunft aus dem 1227 gegründeten Würzburger Dominikanerkloster durch eine Widmungsinschrift mit zugehöriger Dedikationsminiatur (Band IV, fol. $1^{v}/2^{r}$) gesichert ist. Band I und III wurden am 16. März 1945 beim Bombenangriff auf Würzburg vernichtet. Aus der Widmungsinschrift geht hervor, dass die Bibel im Jahr 1246 den Würzburger Predigerbrüdern von Konrad, dem Abt des dortigen Benediktinerklosters, gestiftet wurde, der dafür alle Kosten übernahm. Anlass zur Stiftung könnte die im gleichen Jahr erfolgte Aufnahme des ursprünglich nach einer Augustinerregel lebenden Frauenklosters St. Marx (Markus) in den Dominikanerorden geboten haben, dessen erste Priorin Irmengardis die Schwester des Abts Konrad war. Zum Zeitpunkt der Stiftung befand sich die vorläufige Niederlassung des neu gegründeten Dominikanerkonvents zudem noch in einem Nebengebäude des Klosters St. Marx oder in dessen Nähe. Obwohl in Band III die Psalmen ausgespart wurden, nimmt die Bibel in der Textgestaltung auf die neue, in Paris erarbeitete und korrigierte Ausgabe des Vulgata-Textes, also der im Konzil von Trient für authentisch erklärten lateinischen Bibelübersetzung des hl. Hieronymus, Bezug, deren Gebrauch für die Dominikaner seit 1236 vorgeschrieben war. Als unmittelbare Textvorlage kommt am ehesten eine Frühform der Pariser Universitätsbibel in Frage; die Auswahl der Prologe und die Abfolge der biblischen Bücher deckt sich weitgehend mit den französischen Bibeln der um 1235/45 anzusetzenden „Soissons Bible“-Gruppe.

Würzburg, 1246
Handschrift / Pergament, Band II
(Altes Testament: I Samuel bis Malachias),
205 ff., 45,6 × 31
Einband: Hirschleder über Holzdeckeln mit Resten von Schließen, Beschlägen und Kettenscharnieren
Bibliothekszeichen der ehemaligen Würzburger Dominikanerbibliothek
Universitätsbibliothek Würzburg
(M.p.th.f.m.9/II)

Lit.: Swarzenski, Handschriften, S. 66, 69f., 72, 93, 151f., Abb. 867–871, 876–893; Thurn, Handschriften, S. 8, 13f., 18–22; Branner, Soissons Bible; Branner, Manuscript Painting, passim; Engelhart, Würzburger Buchmalerei, Bd. 1, S. 7–45, 285–291, 375–381 und passim; Bd. 2, Abb. 1–3, 12–51; Heeg-Engelhart, Anmerkungen; Heeg-Engelhart, Frauenklöster.

65 Fol. $96^{v}/97^{r}$: Initiale S(i septuaginta); Initiale A(dam)

66

Auch das Illustrationsprogramm der Bibel ist von den – freilich kleinerformatigen – französischen Gebrauchsbibeln beeinflusst. Abgesehen vom monumentalen Widmungsbild im vierten Band, auf dem Abt Konrad kniend dem Ordensgründer Dominikus die Bibel überreicht, besteht der Miniaturenschmuck ausschließlich aus Zierinitialen verschiedener Gestaltungsweisen: Neben Initialbuchstaben mit Spiralranken, vegetabilen und floralen Besatz- und Füllmotiven kommen Drôlerie-Initialen sowie sporadisch Bildeinschluss-Initialen mit Textbezug zum Einsatz.

An der malerischen Ausstattung waren neben einem sonst nicht näher bekannten „Hainricus pictor", der das Widmungsbild signiert hat, mindestens drei Miniatoren unterschiedlicher Ausbildung sowie weitere Gehilfen beteiligt, die sich teilweise an traditionellen Gestaltungsweisen orientierten bzw. die kleinformatigen Initialbildungen der französischen Universitätsbibeln vergröbernd nachahmten (besonders in Band I und IV). Künstlerische Eigenständigkeit weist vor allem der Miniator des zweiten Bandes auf, dessen fantasievolle Initialen auf dem Prinzip eines in eine feste Rahmung vor Goldgrund eingespannten Gerüsts aus schmalen Bändern beruhen, in die Tier- und Drôleriefigürchen, aber auch elegant bewegte jugendliche Gestalten eingestellt und von einem wuchernden Rankengrund hinterfangen werden.

Stilistisch setzen die Initialen dieses Malers, der auch an der Ausstattung eines Würzburger Psalters (The J. Paul Getty Museum, MS Ludwig VIII 2) beteiligt war, die Kenntnis stilbildender Werke der so genannten Thüringisch-sächsischen Malerschule ebenso wie die Vertrautheit mit den Eigenheiten der französischen und besonders der anglonormannischen Buchmalerei des ausgehenden 12. Jahrhunderts

66

voraus. Seine Leistungen haben die Werkstatt der Würzburger Dominikanerbibel, deren Anfänge in die Zeit um 1240 zurückreichen, entscheidend geprägt und den Stil der Werkstatt bis zu ihrem Erlöschen um 1260 oder kurz danach maßgeblich beeinflusst. *H. E.*

66 Der spätestens seit 1430/31 als Bestandteil des Bamberger Domschatzes nachweisbare Psalter gehört zu den ausgesprochenen Luxushandschriften seiner Zeit und wurde mit einem ebenso kostbaren wie ungewöhnlichen Hornplatteneinband versehen.

Bamberger Psalter

Wahrscheinlich Bamberg, um 1230
Handschrift / Pergament, 208 ff., 25,5 × 18
Einband: Holzdeckel, auf den Außenseiten mit bemalten Pergamentblättern beklebt, von durchsichtigen Hornplatten geschützt und durch aufgenagelte Silberleisten gehalten
Staatsbibliothek Bamberg (Msc. Bibl. 48)

Die Handschrift ist eines der herausragenden Beispiele für die künstlerische Vollendung, welche die fränkische Buchmalerei in den ersten Jahrzehnten des 13. Jahrhunderts erreichte. Auf sorgfältig vorbereitetem Pergament ist in großzügiger, gleichmäßiger Schrift der Text der 150 Psalmen eingetragen. Daran schließen sich die biblischen Cantica sowie Gebete und eine Allerheiligenlitanei, die zum unverzichtbaren Bestandteil eines Psalters gehören. Den Psalmen geht ein Kalendarium voraus, in dem die kirchlichen Hochfeste und Gedenktage des Jahres verzeichnet sind.

66 Fol. 8r: Weihnachtsszene

Eine Sonderstellung nimmt bereits der Bucheinband ein, ein seltener Hornplatteneinband, bei dem einseitig bemalte Pergamentblätter auf die Außenseiten der Einbanddeckel aufgeklebt sind, geschützt von durchscheinenden Hornplatten, die ein Gitter von schmalen aufgenagelten Silberleisten hält. Die Darstellungen auf den Einbanddeckeln komplettieren das Bildprogramm des Psalters; in der kreuzförmigen Anordnung der Bildfelder wird die Struktur mittelalterlicher liturgischer Prachteinbände mit Elfenbein-, Email-, Gold- und Steinschmuck aufgegriffen, deren Wirkung sie freilich mit einfacheren technischen Mitteln zu imitieren suchen. Der Vorderdeckel zeigt Christus in der Mandorla auf einem Regenbogen als Weltenrichter thronend. Er ist umgeben von den vier Evangelistensymbolen in Kreismedaillons, während in den ausgesparten Zwickeln oben zwei Cherubim und unten die Erzengel Michael und Gabriel dargestellt sind. Der Rückdeckel greift die formale Anlage des Vorderdeckels auf, zeigt in der Mandorla jedoch die Gottesmutter mit dem Kind auf dem Regenbogen sitzend. Sie ist umgeben von vier Medaillons mit Brustbildern der Kardinaltugenden sowie von vier stehenden Gestalten des Alten Testaments mit den Symbolen, die typologisch auf die Jungfräulichkeit Mariens bezogen sind: Aaron mit dem blühenden Stab, Isaias mit dem Reis, Ezechiel mit der verschlossenen Pforte sowie Salomon mit dem versiegelten Quell.

Die 12 Monatsblätter am Anfang der Handschrift sind jeweils mit goldenen Zierbuchstaben versehen, teilweise in farbig hinterlegten Goldbuchstaben und verschiedenfarbigen Tinten geschrieben und mit zwei Medaillons ausgestattet. Das obere zeigt eine für den jeweiligen Monat typische Beschäftigung (etwa Pflügen im Juni, Heuernte im Juli), das untere das dem Monat zugeordnete Tierkreiszeichen.

Den Psalmen der Dreiteilung gehen vor Psalm 1, 51 und 101 jeweils fünfteilige Bildgruppen mit Szenen aus dem Leben Jesu voraus, die von der Verkündigung an Maria bis zum Jüngsten Gericht reichen. Besondere Auszeichnung erfahren auch die seitengroßen Zierinitialen zu den Dreiteilungspsalmen, von denen Psalm 1 und 51 mit David-Szenen zudem figürlich ausgestattet sind. Hingegen werden die Initialen am Beginn der ebenfalls hervorgehobenen Psalmen der Achtteilung (Psalm 26, 38, 52, 68, 80, 97 und 109) aus einem teppichartig dicht gefügten Gespinst aus ineinander verflochtenen goldenen Ranken und gekräuselten Blatt-Blüten-Motiven gebildet, das vor dem blau und grün gefüllten Bildgrund kostbar aufstrahlt. An der malerischen Ausstattung des Codex waren mindestens zwei Miniatoren beteiligt, wobei der Großteil der szenischen Darstellungen sowie die goldenen Zierinitialseiten zu den Psalmen der Achtteilung einem älteren Vorstellungen verhafteten Hauptmaler zuzuschreiben sind. Seine großen, schlanken Gestalten – etwa jene des Einzugs in Jerusalem, dem im Psalter die Fußwaschung gegenübergestellt ist (fol. 61ᵛ/62ʳ) – zeichnen sich durch gelassen agierende Gebärdensprache aus. Ihre aus einfachen, schlaufenartig gerundeten Formen gebildeten, weich modellierten Gewänder bestimmt eine intensive, dabei trotz ihrer sorgfältigen Binnenmodellierung gedämpfte Farbigkeit. Diesem ersten Maler gesellt sich ein zweiter, „jüngerer“ hinzu, dem im Anschluss an die Pfingstminiatur (fol. 116ᵛ) die Darstellung des Jüngsten Gerichts (fol. 117ʳ) sowie die Initialzierseiten der Psalterdreiteilung zuzuweisen sind. Seine Miniaturen sind den Tendenzen des modischen Zackenstils verpflichtet; seine Bilderfindungen wirken kleinteiliger, sie sind geprägt durch eine stärker aufgehellte Farbigkeit, nervös gebrochene Faltenzeichnung und Binnenmodellierung. In der Rankenornamentik werden Stileigentümlichkeiten der anglo-normannischen Buchmalerei („Channel-Stil“) aufgegriffen.

66 Fol. 117ʳ: Jüngstes Gericht

Obwohl in den Eintragungen des Kalenders wie in den Anrufungen der Litanei in den Bistümern Bamberg und Eichstätt besonders verehrte Heilige (Bischof Otto I., Kaiser Heinrich II. und Kunigunde für Bamberg sowie Sola und andere für Eichstätt) verzeichnet sind, dürfte die Handschrift zur privaten Gebetsübung einer hochgestellten Dame bestimmt gewesen sein. Eine solche ist in der Initiale I(nclina) zu Psalm 85 (fol. 99ᵛ) in betender Haltung dargestellt. Ob sie der Familie des 1245 als Vogt des Hochstifts Eichstätt ermordeten Grafen Gebhard von Hirschberg, dessen Todestages in einer nekrologischen Notiz gedacht wird, angehörte, lässt sich allerdings nicht sicher nachweisen.

Als mutmaßlicher Entstehungsort des Psalters darf aufgrund zahlreicher stilistischer und ikonografischer Parallelen zu älteren Werken der Bamberger Buchmalerei und der örtlichen Großplastik eine Werkstatt in Bamberg gelten; ein alternativer Lokalisierungsvorschlag in das bayerische Prämonstratenserkloster Windberg, dessen Handschriften im Schriftduktus wie in der Gestaltung der Goldinitialen auffällige Parallelen aufweisen, ist umstritten. *H.E.*

Lit.: Swarzenski, Handschriften, S. 63 ff., 143 f., Abb. 791–812; Steenbock, Prachteinband, Nr. 120, S. 221 f.; Der Bamberger Psalter; Die Zeit der Staufer [Ausstellungskatalog], Bd. 1, Kat.-Nr. 736 (R. Kroos); Klemm, Bamberger Psalter; Klemm, Windberger Buchmalerei; Die Andechs-Meranier in Franken [Ausstellungskatalog], S. 256–258, Abb. 169–170, 173; Kat.-Nr. 6.24, S. 378–379, Abb. 371 (G. Suckale-Redlefsen).

Schwaben (?), 2. Viertel 13. Jahrhundert
Handschrift / Pergament, 31 × 22
Bayerische Staatsbibliothek, München
(Cgm 19)

67 Leien munt nie baz gesprach" – kein weltlicher Autor habe jemals besser gedichtet – so rühmt der jüngere Landsmann Wirnt von Gravenberc um 1220 den „wîsen man von Eschenbach", der wie kein anderer Dichter des Mittelalters verehrt, nachgeahmt und mystifiziert wurde.

Wolfram von Eschenbach: Parzival

67

Für den dauerhaften Rang und Klang des Namens Wolfram von Eschenbach steht nicht zuletzt die Tatsache, dass sich manch späterer „poeta minor“ umstandslos als „her Wolfram“ ausgab, um so für sein Werk vom Ruhm des Meisters zu profitieren. Diese eindrucksvolle Wirkungsgeschichte, die sich auch in Überlieferungszahl und -ausstattung seiner Werke ausdrückt, ändert nichts daran, dass Wolframs Identität und Leben weithin im Dunkeln liegen. Wie so oft bei mittelalter-

67

Große Heidelberger (Manessische) Liederhandschrift: Wolfram von Eschenbach, Universitätsbibliothek Heidelberg (Codex Manesse, Cod. Pal. Germ. 848)

lichen Dichtern fehlt auch für ihn jeder urkundliche Erweis. Selbstnennungen, zeitgenössische und spätere Kommentare sowie die Erzählerangaben im Werk mussten in diese Lücke treten und zur oft fragwürdigen Rekonstruktion eines Lebensbildes herhalten, das der hohen dichterischen Leistung gebührte. Allein der viel bezeugte Herkunftsort, das mittelfränkische Eschenbach, 1917 in Wolframs-Eschenbach umbenannt, scheint durch spätere Nachrichten sowie geo- und topografische Hinweise im Werk gesichert – obschon sich Wolfram selbst als „Baier" bezeichnet, Parzival 121,7. Spricht Wolfram als Erzähler, so entwirft er von sich das Bild eines von sozialen Nöten geplagten Hausvaters und selbstbewussten Künstlers, der offenbar großen Wert auf die Abgrenzung von manchem betont buchgelehrten Kollegen und auf seine ritterliche Herkunft und Existenz legt. Die viel zitierten Bemerkungen „schildes ambet ist mîn art" – Der Ritterdienst ist mein Beruf – und „ine kann decheinen buochstap" – Ich bin nicht buchgelehrt – gehen in diese Richtung. Die zweite Aussage indiziert also keineswegs, dass der Dichter zweier umfangreicher Romane Analphabet war. Generell wird heute die historisch-biografische Relevanz solcher und anderer Kommentare, soweit sie nicht unmittelbar zeitgenössische Personen, Orte und Ereignisse betreffen, mit berechtigter Skepsis bewertet, da sie der Stilisierung und Konturierung der Erzählerpersönlichkeit, nicht der Selbstmitteilung des Autors dienen.

Als mutmaßliche Mäzene Wolframs lassen sich den Werken zunächst ein fränkischer Gönnerkreis um die Grafen von Wertheim und die Freiherren von Durne (Walldürn), die eine im „Parzival" mit der Gralsburg Munsalvaesche (Mont Sauvage/„Wildenberg") verglichene Burg im Odenwald besaßen (Wildenberg bei Amorbach), sodann der auch sonst als Gönner bezeugte Thüringer Landgraf Hermann entnehmen; aufgrund dieser und weiterer Datierungshinweise ist Wolframs Schaffenszeit auf das erste („Parzival") und zweite („Willehalm") Jahrzehnt des 13. Jahrhunderts festzulegen. Das torsohafte Spätwerk „Titurel" entstand wohl nach 1217, die Minnelieder dürften vor oder parallel zu den Großepen anzusetzen sein.

Wolframs Werke stellen unübertroffene Höhepunkte ihrer Gattungen und der mittelalterlichen Literatur schlechthin dar. Dies gilt schon für die wenigen, aber erstrangigen Tagelieder, viel mehr noch für den Artus- und Gralroman „Parzival" mit über 80 Textzeugen, de facto ein Doppelroman des Titelhelden und – als humoristisch-aufhellendes Gegenbild – des arturischen Frauenlieblings und Musterritters Gawein. Der Lebensweg des zunächst scheiternden, existenzielle Zweifel und Leiderfahrungen durchstehenden und zuletzt rehabilitierten Gralssuchers, einer unvollendeten altfranzösischen Vorlage Chrétiens de Troyes kongenial nachgestaltet, ist im Mittelalter häufig bearbeitet und nacherzählt worden; durch Richard Wagner blieb sie bis heute im kollektiven Gedächtnis verankert. Das gilt auch für den genealogisch anschließenden Lohengrin-Stoff, mit dem der Roman ausblickhaft endet. In dem virtuos-enigmatischen Spätwerk „Titurel" greift Wolfram die Parzival-Geschichte noch einmal auf, indem er sie bis zu den dynastischen Ahnen der Gralssippe zurückverlängert. *M. H.*

Lit.: Brunner, Wolfram von Eschenbach; Bumke, Wolfram von Eschenbach; Verfasserlexikon, Bd. 10, Sp. 1376–1418 (J. Bumke).

68 Wolfram von Eschenbachs zweiter, weniger bekannter Roman thematisiert vor dem Hintergrund der Kreuzzüge existenzielle Fragen religiöser Konfrontation und Koexistenz.

Wolfram von Eschenbach: Willehalm

Sachsen-Thüringen, 3. Drittel 13. Jahrhundert
Handschrift / Pergament, kolorierte Federzeichnung, ca. 30 × 22,5
Bayerische Staatsbibliothek, München (Cgm 193,III)

68

„Willehalm" handelt wie der „Parzival" von Leid und Krieg, Schuld und Zweifel, Brutalität und Humanität, doch die Auseinandersetzung ist nun in die Geschichte verlagert und damit ungemein verschärft. Im Gattungsmodell der Kreuzzugsepik zeigt Wolfram, in dem er deren krudes Heidenbild und Märtyrerideal preisgibt, die blutigen Aporien des Kreuzzugsgedankens. Der christliche Markgraf – historisches Vorbild ist Wilhelm von Orange, ein Verwandter Karls des Großen – ist mit der heidnischen Königstochter Gyburc verheiratet, die für ihn Heimat, Sippe und Glauben verlassen hat. Ein Hohelied ehelicher Liebe in widrigsten Zeiten hat man deshalb im „Willehalm" erblickt, aber doch auch mehr: Aus leidvoller Erfahrung ihres persönlichen Schicksals, das sie zwischen alle Fronten katapultierte, wird Gyburc zur glaubwürdigen Verfechterin einer sehr modern anmutenden transreligiösen Humanität, die aus der menschlichen Geschöpflichkeit und Gottebenbildlichkeit den Schluss zieht, dass es große Sünde sei, Men-

Lit.: Brunner, Wolfram von Eschenbach; Bumke, Wolfram von Eschenbach; Verfasserlexikon, Bd. 10, Sp. 1376–1418 (J. Bumke).

schen – und seien es Heiden – wahllos hinzumorden. Natürlich bleibt dieses Plädoyer utopisch angesichts der Gräuel der Geschichte, doch kaum sonst in mittelalterlicher Literatur wurde es je so klar formuliert. *M. H.*

69 Die Dominikanernonne Christine Ebner ist die bekannteste fränkische Mystikerin.

Handschrift/Papier, 21 × 17,5
Privatbesitz

Christine Ebner: Leben und Gesichte, 1344–1354

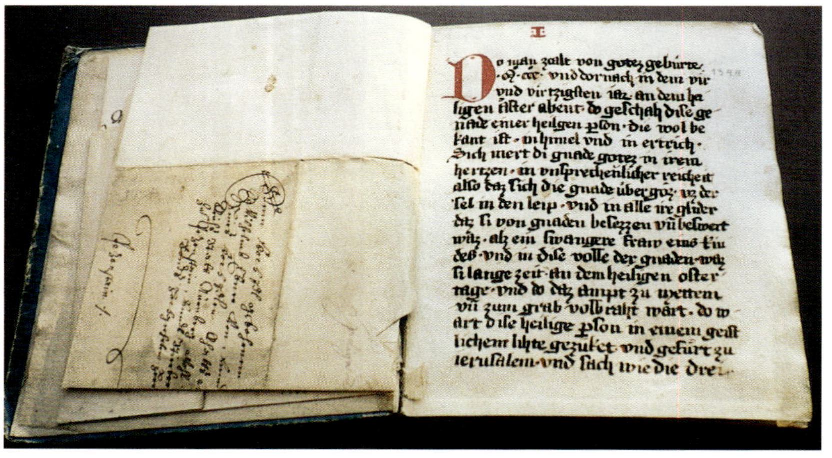

69

Christine Ebner wurde am Karfreitag (26. März) 1277 in Nürnberg als zehntes Kind des Patriziers Seyfried Ebner und seiner Frau Elisabeth, die der Patrizierfamilie Kuhdorf entstammte, geboren. Ihren eigenen Aufzeichnungen nach erwachte ihr Verlangen nach geistlichem Leben und ihr Wunsch zu betteln, als sie sieben Jahre alt war. Als Zehnjährige geißelte Christine Ebner sich. Mit zwölf Jahren trat sie in das 1248 in den Dominikanerorden aufgenommene Frauenkloster Engelthal bei Hersbruck ein. Nun steigerte sie ihre Bußleistungen: Sie wacht nachts bei großer Kälte auf der Erde liegend, sie kasteit sich mit Ruten, Dornen, Nesseln, sie fastet, sie schneidet sich ein Kreuz ins Fleisch und weint fortwährend. Verbote, ja Schläge durch die Priorin und die anderen Klosterinsassen bleiben wirkungslos. Seit 1291, Christine ist vierzehn, stellen sich Visionen ein. Etwa seit 1297 verbreitet sich der Ruf ihrer Gnadenbegabtheit auch außerhalb des Klosters und lockt Besucher an. Christines Ekstasen und Entrückungen sind geprägt von Erlebnissen der Gottesminne, sie glaubt das Christuskind zu gebären und in den Himmel entrückt zu sein.

Mit ihren Ekstasen steht Christine Ebner freilich in ihrer Zeit keineswegs allein. Sie ordnet sich ein in den breiten Strom mittelalterlicher Frauenmystik, die ihren auch literarischen Höhepunkt in den Aufzeichnungen von Beginen wie der brabantischen Hadewijch, Mechthilds von Magdeburg und der 1310 in Paris als Ketzerin verbrannten Marguerite Porete aus Flandern hat. Aus dem 14. Jahrhundert sind neben den Aufzeichnungen Christine Ebners zahlreiche weitere Niederschriften einzelner Nonnen über ihre Gnadenerlebnisse und über ihr Leben überliefert – Christine selbst hat in ihrem „Büchlein von der Genaden Überlast“ mehr als 50 kurze Viten von Engelthaler Klosterangehörigen gesammelt. Christines Aufzeichnungen über ihr eigenes Leben und ihre Offenbarungen entstanden ab 1317 auf Anregung ihres Beichtvaters. In ihnen sind auch Zeitereignisse erwähnt, darunter Besucher der berühmten Nonne, die Christine – seit 1345 Priorin – mittlerweile war: 1349 eine Geißler-

b) Epitaph mit Bildnis der Christine Ebner von Eschenbach (R)

schar, 1350 Kaiser Karl IV., 1351 der bekannte Nonnenseelsorger Heinrich von Nördlingen, mit dem sie bereits seit längerer Zeit in brieflicher Verbindung stand. Christine Ebner starb am 27. Dezember 1356. Nach ihrem Tod wurde sie heiligmäßig verehrt. *H. B.*

Lit.: Verfasserlexikon, Bd. 2, Sp. 297–302 (S. Ringler); Brunner, Christine Ebner; Thali, Beten – Schreiben – Lesen.

70 Der nahe Schweinfurt geborene Hugo von Trimberg zählt zu den bedeutendsten deutschen Dichtern des Mittelalters. In seinem Werk bekennt er sich zum Frankenland und seinen „altfränkischen" Bewohnern.

Hugo von Trimberg: Der Renner

a) 1290 / 1300
Handschrift / Papier, 90 kolorierte Federzeichnungen, 28 × 21,5
Bayerische Staatsbibliothek, München (Cgm 7375)

70 a

b) Hugo von Trimberg: Der Renner
Nürnberg, 1347
Handschrift / Pergament, 28,6 × 20
Universitätsbibliothek Erlangen-Nürnberg (Ms. B 4)

Betrachtet man die Überlieferungsresonanz seines Hauptwerks, des 1300 vollendeten monumentalen Lehrgedichts „Der Renner", das in über 60 Handschriften und einem Druck auf uns gekommen ist, muss man Hugo von Trimberg einen der Spitzenplätze unter den deutschsprachigen Autoren des Mittelalters einräumen. Doch nicht nur mittelalterliche Leser – darunter der Würzburger Protonotar Michael de Leone (Kat.-Nr. 78), der es mit neuer Kapiteleinteilung versehen in sein „Hausbuch" aufnahm – wussten es zu schätzen, sondern auch spätere Autoren wie die Aufklärer Gottsched oder Lessing, die sonst mit dem Mittelalter wenig verband.

Aufgrund seiner eigenen Angaben sind wir über die Person und Lebensumstände Hugos gut unterrichtet. Geboren um 1230 in Wern (wohl Oberwerrn bei Schweinfurt), gestorben nach 1313, stellt er sich selbst durch die Namensangabe im „Renner", „Hûc von Trimperc", in Beziehung zu Ort und Burg Trimberg – an der Saale westlich von Bad Kissingen gelegen –, wobei die Art der Beziehung unklar bleibt. Dem dort ansässigen Adelsgeschlecht gehörte er sicher nicht an. Seine exzellente Ausbildung erfuhr er wohl in Würzburg, gelebt und gelehrt aber hat er über vierzig Jahre lang in Bamberg, wo er das Amt eines „magister scolarum" bekleidete. Der fränkischen Heimat fühlte er sich zeitlebens eng verbunden, noch gegen Ende des „Renner" bekennt er sich zu mundartlich gefärbten Formen – jeder spreche nun einmal so, wie es ihm angeboren ist – und lobt die Region („Frankenlant hât êren vil") und ihre „alt frenkischen" Bewohner (V. 22 311 ff). Nichts in seinem Werk deutet auf ausgedehntere Reisen über die fränkischen Grenzen hin, auswärtige Hochschulen hat er erklärtermaßen nicht besucht. Hugos Gesamtwerk kennen wir aus seinem lateinischen „Registrum multorum Auctorum", einer Art versifizierter Literaturgeschichte in Autorenporträts von der Antike bis zu seiner eigenen Person, die gute Einblicke in den bis ins 17. Jahrhundert fast unverändert gültigen Kanon der Schullektüre bietet. Überliefert sind folgende Werke, die Hugos Vielseitigkeit, aber auch seine übergreifenden Intentionen erkennen lassen: eine deutsch-lateinische Allegorie „Von der Jugend und dem Alter"; eine für den Schulunterricht bestimmte Zusammenstellung von 200 Kalenderheiligen mit den jeweiligen Attributen („Laurea Sanctorum"), eine lateinische Prosasammlung von Erzählungen, Exempla und Legenden, zur Erbauung und als Predigthilfe für Geistliche bestimmt („Solsequium"), sowie den Epilog zu einem nicht von Hugo stammenden Marienleben.

Daneben steht als deutschsprachiges Hauptwerk der „Renner". Er bietet vieles in einem: Sündenklage und Bußpredigt, Sittenlehre und Zeitkritik, Enzyklopädie und Fachkompendium zeitgenössischen Wissens. So finden sich Ausführungen zu Sprachen und Dialekten, zur antiken bis zeitgenössischen Literaturgeschichte, zu den Sieben freien Künsten, Juristerei, Psychologie, Pädagogik, zur Entwicklung des Menschen, zur Bedeutung der Schrift, zur Rolle des Geldes, zu Sinn und Unsinn von Spielen und Turnieren. Wissensvermittlung, Belehrung und Kritik gehen dabei Hand in Hand; der ausgeprägt zeitkritische Impetus gilt allen Ständen, besonders natürlich auch der Jugend. Die im „Renner" ausgebreitete Fülle der Schöpfung und des Geschaffenen, die alle Bereiche menschlichen Lebens umschließt, wird zum Mittel der „distinctio" (der Unterscheidungskraft), der Gottes-, Welt- und Selbsterkenntnis. *M. H.*

Lit.: Schemmel, Hugo von Trimberg; Verfasserlexikon, Bd. 4, Sp. 268–282 (G. Schweikle); Weigand, „Renner".

71 Konrad von Würzburg war der vielseitigste und erfolgreichste deutsche Dichter der zweiten Hälfte des 13. Jahrhunderts.

Konrad von Würzburg: Trojanerkrieg, 1441

Handschrift / Papier, 43 × 31,5
Germanisches Nationalmuseum, Nürnberg (Hs 998)

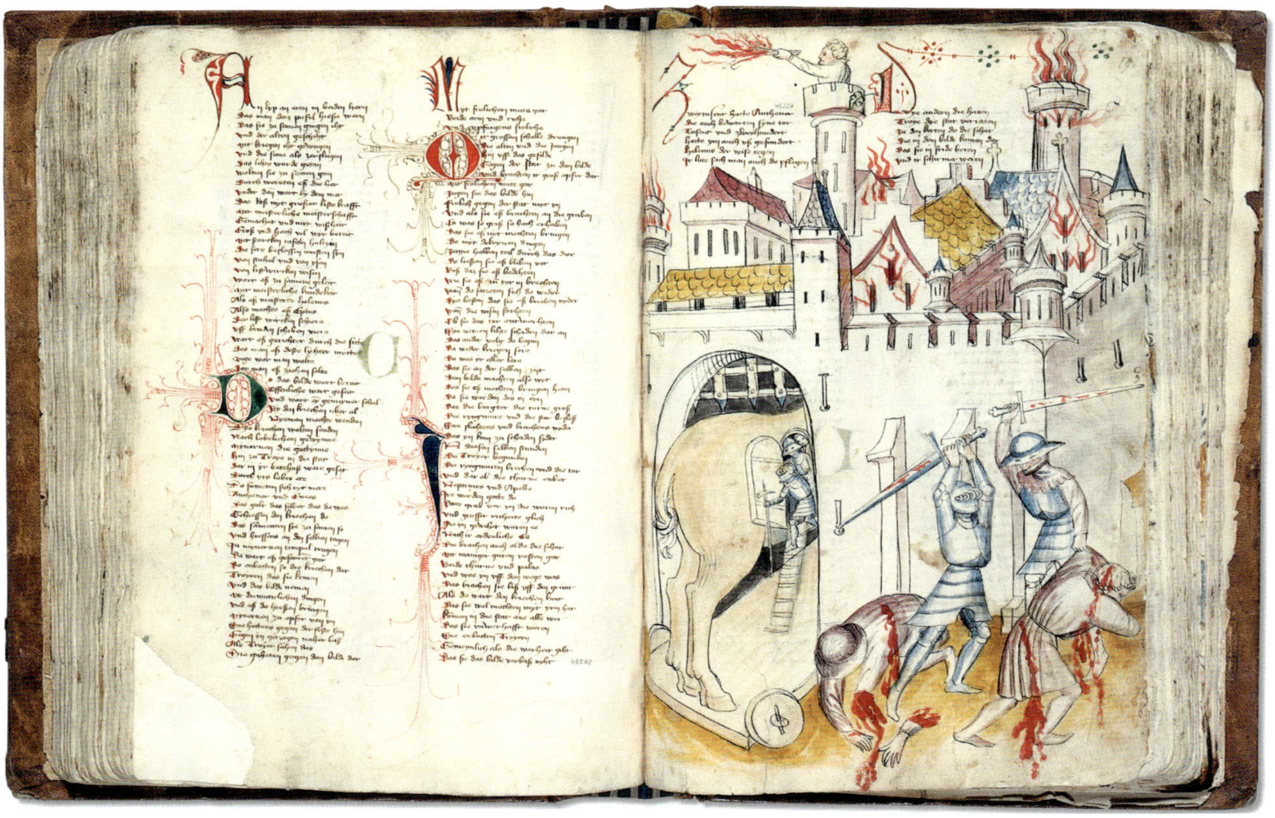

71 Fol. 192r

Der nichtadlige Autor führte den Namen seiner Vaterstadt als Herkunftsbezeichnung. Er wurde um 1235, wenige Jahre nach dem Tod Walthers von der Vogelweide, geboren. Seine beträchtlichen Kenntnisse der lateinischen Sprache und Literatur erwarb sich Konrad vermutlich in einer der Würzburger Schulen – meist denkt man an die Schule des Neumünsterstifts. Sein frühestes datierbares Werk, die Verserzählung „Der Schwanritter" (eine Fassung der Lohengrin-Erzählung), schuf er 1257/58 wohl im Auftrag Graf Ludwigs III. von Rieneck. Um diese Zeit ging Konrad an den Niederrhein. Hier schrieb er durch Vermittlung oder im Auftrag der Grafen von Kleve das „Turnier von Nantes", ein Propagandagedicht für den neu gewählten deutschen König Richard von Cornwall, sowie den kleinen Versroman „Engelhard", die Geschichte der unerschütterlichen Treue zweier Freunde. In den sechziger Jahren ließ Konrad sich in Basel nieder. Er besaß dort ein Haus in der Nähe des Münsters, in einer vornehmen Gegend. Konrad war mit einer Berchta verheiratet, das Paar hatte zwei Töchter. Konrad starb am 31. August 1287 in Basel.

Seine weiteren Gönner hatte er am Oberrhein gefunden. Für den Straßburger Dompropst Berthold von Tiersberg verfasste er die kurze Erzählung „Heinrich von Kempten". Von der Forschung wird vielfach angenommen, dass der Auftrag für Konrads berühmtes und weit verbreitetes Marienpreisgedicht „Die goldene Schmiede" auf den Bischof von Straßburg zurückgeht. Auch Konrads Basler Gönner gehörten zur Führungsschicht, für die er drei Verslegenden schrieb: „Silvester", „Alexius“ und „Pantaleon“. Auf den Auftrag einer der politisch führenden Persönlichkeiten Basels in jener Zeit, den Ritter Peter Schaler, geht die deutsche Bearbeitung eines französischen Versromans „Partonopier und Meliur“ (1277) zurück. Mäzen von Konrads bedeutendstem und neben der „Goldenen Schmiede“ am weitesten verbreiteten Werk, des umfangreichen, jedoch infolge des Todes des Autors unvollendet gebliebenen Romans „Der Trojanerkrieg“, war der adlige Domkantor Dietrich an dem Orte. In diesem Roman erzählt Konrad mit überwältigendem rhetorischen Aufwand die Fülle der mit dem trojanischen Krieg zusammenhängenden Geschichten. Über die genannten Texte hinaus umfasst Konrads Œuvre weitere Verserzählungen, eine Kunstallegorie und alle Arten von Lieddichtung.

Das Werk Konrads zeigt ein eigenes, unverwechselbares Gesicht. Dieses beruht vor allem auf souveräner, rhetorisch glänzender Sprachgestaltung und auf klarer Komposition. Konrad passt seine Sprache höchst geschmeidig dem jeweiligen literarischen Texttyp und der Thematik an. Jacob Grimm sagte einmal über ihn, er sei „vielleicht unsrer Sprache am meisten Meister gewesen“. *H. B.*

Lit.: Verfasserlexikon, Bd. 5, Sp. 272–304 (H. Brunner); Brunner, Konrad von Würzburg.

72 Da er urkundlich nicht bezeugt ist, stammt alles, was man über Wirnt von Gravenberc zu wissen glaubt, aus seinem Werk und aus Erwähnungen späterer Dichterkollegen. Darunter ist auch eine Verserzählung Konrads von Würzburg, in der der Dichter selbst Hauptfigur einer Dichtung wird.

Konrad von Würzburg: Der Welt Lohn

Hörstation
Zusammenstellung: Peter Lengle

Große Heidelberger (Manessische) Liederhandschrift: Konrad von Würzburg, Universitätsbibliothek Heidelberg (Codex Manesse, Cod. Pal. Germ. 848)

Zumindest Wirnts Heimat ist durch Selbst- und Fremdaussagen gesichert: „Grâvenberc“ ist das heutige Gräfenberg bei Nürnberg, dessen als Turnierplatz beliebten „Sant“ der Dichter kennt. Um 1200 ist der Ort Sitz eines Ministerialengeschlechts, dem Wirnt angehört haben könnte – wenn die Angabe nicht reine Herkunftsbezeichnung ist. Sein bairischer Lautstand widerspricht dem nicht, da der Ort auf der bairischen Seite der nahen Sprachgrenze zum (Ost-)Fränkischen hin liegt (Kat.-Nr. 74). Alles Weitere ist unsicher: Wirnt dürfte der ersten Generation nach den „Klassikern“ Hartmann von Aue und Wolfram von Eschenbach angehört haben und lebte um 1180 bis 1230; sein Roman „Wigalois“ wird ins erste oder zweite Jahrzehnt des 13. Jahrhunderts datiert. Obwohl vermutlich adlig, scheinen Wirnts Lebensumstände wenig befriedigend gewesen zu sein – womit man den schmalen Grat zur Erzählerinszenierung freilich schon überschreitet. Ungewiss ist, wo und auf welchem Weg er seine vor allem auf literarischem Feld ausgewiesene Bildung erworben hat. Aufgrund des Nachrufs auf einen „edeln vürsten von Merân“ im „Wigalois“, der sich nur auf den 1204 verstorbenen Grafen Berthold VI. von Andechs-Dießen, Titularherzog von Meran(ien), beziehen kann – wobei die zeitliche Distanz des Dichters zu diesem Ereignis völlig offen bleibt –, rechnet man ohne Sicherheit mit einem Andechs-Meranier als Gönner Wirnts. Einen Mäzen setzt ein Werk vom Umfang des „Wigalois“ zwingend voraus; alternativ kämen auch die Grafen von Zollern in Betracht.

Existenz gewinnt der Dichter demnach fast nur durch sein Werk. Dieses, ein Artusroman um den jungen Ritter Wigalois, seinen in mühevollen Qualifikationsabenteuern erstrittenen Zweikampf gegen den Heiden und Teufelsbündner Roaz, seine Belohnung durch die Liebe der schönen Larie und seine vorbildliche Herrschaft im gewonne-

71 Fol. 197v

nen Reich, bietet in vieler Hinsicht Neues, vom Standpunkt des vorgängig-„klassischen“ Artusromans geradezu Revolutionäres: Wigalois, der Ritter mit dem Rad (als Sinnbild der fortuna stabilis), ist von Beginn an als krisenlos-statischer Idealheld festgelegt; der tiefe Fall, den Iwein oder Parzival durchleiden, bleibt ihm erspart, ebenso deren von Zweifeln und Selbsthass geprägter Rehabilitationsweg. Scheitert er doch einmal, so nur infolge höllischer Tücke und Magie, gegen die selbst der beste Ritter machtlos ist. Wirnts eigentliche Innovation für den Artusroman hängt damit zusammen: Der Artusritter wird zum Erlöser und Heilsbringer für eine vom Bösen tyrannisierte Welt, er beruft sich auf seine göttliche Sendung und verfügt über wundertätige Requisiten. Auf den Tiefpunkten seines Wegs hilft ihm nur noch inniges Gebet: Gottesmacht bricht Teufelszauber. Vor allem diese religiöse Überlagerung der traditionellen Themen Liebe und Abenteuer, zudem eine ausgeprägt didaktische Tendenz dürften den Grund gelegt haben für die bemerkenswerte und vielgestaltige Wirkungsgeschichte des Romans und seines Helden bis weit in die Neuzeit. Wirnts „Wigalois“ ist mit 41 vielfach illustrierten Handschriften nach Wolframs „Parzival“ der am reichsten überlieferte Artusroman. Als einziger ging er in einer Prosafassung auch in Druck und erlebte bis ins 17. Jahrhundert mehrere Auflagen. Gerade aufgrund seiner Beliebtheit und Verbreitung beeinflusste er die weitere deutsche Gattungsentwicklung entscheidend. In adligen Kreisen wurde der Name des Helden als Eigenname populär. *M. H.*

Lit.: Mertens, Artusroman, S. 177–185; Verfasserlexikon, Bd. 10, Sp. 1252–1267 (H.-J. Ziegler); Lienert, Wirnt von Gravenberg.

73 Die Technik des Lederschnitts war im letzten Drittel des 15. Jahrhunderts eine besondere Spezialität des nürnbergisch-bambergischen Raums.

Straßburg: Johannes Mentelin, 1466
Druck mit angebundener zeitgenössischer Handschrift, Einband: braunes Kalbsleder, 43 × 30
Staatsbibliothek Bamberg
(Msc. Bibl. 148)

Biblia, deutsch

Der gewichtige Band enthält den ersten Bibeldruck in deutscher Sprache, zugleich die erste in einer Volkssprache gedruckte Bibel überhaupt. Auf sie gehen die bis zu Luthers September-Testament von 1522 erschienenen Bibeldrucke zurück. Vorlage war eine Handschrift des 14. Jahrhunderts aus dem Nürnberger Raum. Der Druck ist durch einfache rote Textmarken rubriziert, die einzelnen Bücher sind ebenfalls in Rot von Hand bezeichnet, in den Text sind außerdem rote Überschriften eingeschrieben und rote, blaue oder zweifarbige mehr oder weniger kunstvoll gemalte Initialen eingefügt.

Dem Druck mit seinen eigentlich 406 Blättern in Folio-Format vorgebunden ist eine zeitgleiche, mit brauner und roter Feder geschriebene Handschrift von 36 (und vier in der alten handschriftlichen Foliierung als 196–199 eingefügten) Blättern. Obwohl sie als „Biblien der Armen“ benannt ist, handelt es sich nicht um das so bezeichnete typologische Bilderbuch mit der Gegenüberstellung von Szenen aus dem Leben Christi mit solchen des Alten Testaments. Vielmehr ist es ein Register oder eine Ergänzung zur gedruckten Bibel. Es umfasst nur das Alte Testament. Dann folgt ein Verzeichnis der Perikopen, also der Lesungen des Kirchenjahrs, „von der zeyt und auch von denn heyligen“. Für eine liturgische Zweckbestimmung spricht auch, dass das Buch einstmals angekettet war, vielleicht auf einem Pult in der Klosterkirche. Die wohl in Nürnberg geschriebene Handschrift war nur als eine Benützungshilfe zum Druck gedacht, sonst stünde der Provenienzvermerk des Bamberger Dominikanerklosters von 1677 nicht erst auf der ersten Inkunabel-Seite.

Handschrift und Druck sind durch einen ungewöhnlichen Einband ausgezeichnet, den der Besitzer anfertigen ließ. Auf der Vorderseite hat der Künstler wohl nach einer grafischen Vorlage in das feuchte Kalbsleder Adam und Eva unter dem Baum der Erkenntnis mit dem Messer eingeschnitten, darunter einen von drei Hunden angefallenen flüchtenden Hirschen. Was nicht zur Zeichnung gehörte, wurde mit Punzen heruntergedrückt. Das erste Menschenpaar ist scherenschnittartig in ein überbordendes paradiesisches Gewirr von Ästen, Ranken, Blättern, Blüten und Eicheln eingebettet; sogar die Schlange ist ein Teil davon. Der Hirsch ist in diesem Zusammenhang als Symbol für Christus anzusehen; er wird von den Unwissenden verfolgt; die Hunde waren – in einem latenten Antisemitismus – eine Anspielung auf die Juden. Äußeres und Inneres des Buchs sind mit dem biblischen Geschehen also aufeinander bezogen. Ob die Darstellung demnach noch dem Juden Mair/Meir Jaffé zugeschrieben werden kann, einem fahrenden Meister, der zeitweilig auch in Nürnberg tätig war, sei dahingestellt.

Der Rückdeckel ist einfach und ornamental, fast unbeholfen von einem Buchbinder gestaltet worden. Alle Beschläge und Schließen wurden schon in alter Zeit entfernt, so dass die Plastizität des Lederschnitts allein wirkt. 1976 wurden der Einband und einzelne Blätter restauriert. Die Technik des Lederschnitts des letzten Drittels des 15. Jahrhunderts ist im Wesentlichen auf den deutschen Kulturkreis beschränkt und hat einen Schwerpunkt im nürnbergisch-bambergischen Raum. Die Staatsbibliothek Bamberg besitzt von allen nachgewiesenen Exemplaren dieser Kunstübung 17 Beispiele, nahezu fünf Prozent. *B.S.*

73

Lit.: Leitschuh, Katalog, Bd. 1, Abt. 1, S. 126 f.; Geldner, Lederschnittbände, S. 15 f.; Schmidt-Künsemüller, Corpus, S. 5; Das Buch des Lebens [Ausstellungskatalog], S. 86 f. (W. Taegert).

74 Die fränkischen Bezirke im heutigen Bayern sprechen mehrheitlich ostfränkisch. Der unterostfränkische Sprachraum entspricht etwa dem mittelalterlichen Territorium des Hochstifts Würzburg; das Bistum Bamberg kennzeichnet das Oberostfränkische, während der Nürnberger Raum fränkisch-nordbairisch geprägt ist.

Sprachräume in Franken

Entwurf: Haus der Bayerischen Geschichte nach Sabine Krämer-Neubert
Grafik: Gruppe Gut, Bozen

Die fränkischen Bezirke im heutigen Bayern sprechen mehrheitlich ostfränkisch. Dieses Ostfränkisch steht in einer Gruppe mit dem Rheinfränkischen (Pfälzisch und Hessisch), dem Mittelfränkischen (Moselfränkisch und Ripuarisch/Köln) und dem Niederfränkischen, wie früher das Niederländische genannt wurde. Sprachlich gesehen nimmt das Ostfränkische eine Übergangsstellung zwischen dem Oberdeutschen im Süden und dem Mitteldeutschen im Norden ein. Der ostfränkische Dialektverband wird in drei Teile gegliedert: Oberostfränkisch, Unterostfränkisch und Südostfränkisch. Solche Dialektgebiete sind das Produkt von Sprachbewegungs- und Sprachausgleichsprozessen. Sprachgrenzen sind fließend, weil sich Übergangsgebiete dazwischen schieben, in denen sich Merkmale der angrenzenden Dialekte mischen. Solche Grenzen bilden sich durch Verkehrsgrenzen, die sich an Naturräumen oder an politischen Grenzen orientieren.

Auf diese Art entspricht das **Unterostfränkische** ungefähr dem mittelalterlichen Territorium des Hochstifts Würzburg und erstreckt sich im Norden über die fränkische Bezirksgrenze hinaus bis zum Rennsteig. Es gibt Gemeinsamkeiten mit dem Thüringischen wie *kaas* für Käse und es gibt Gemeinsamkeiten mit dem Rheinfränkischen z. B. *eisl* für Esel, deren Ursachen auch in der Landesgeschichte liegen.

Die wichtigste ostfränkische Binnengrenze ist die **Steigerwald-Coburg-Obermain-Schranke.** Sie verläuft entlang der Ostgrenze des Würzburger Herzogtums und trennt das Unterostfränkische vom Oberostfränkischen. Man sagt in Unterostfranken *kaas* und *eemer* gegenüber oberostfränkisch *kees* und *aamer* für Käse und Eimer.

Das **Oberostfränkische** ist später als das Unter- und Südostfränkische, nach der Gründung des Bistums Bamberg 1007, entstanden. Es weist thüringisch-grabfeldische (*fruusch* Frosch) und südostfränkische (*aamer* Eimer) Bestandteile auf, die von der Regnitz in das Obermain-Gebiet sowie in den Bayreuth-Hofer-Raum gelangt sind.

Das **Südostfränkische** setzt sich gegen die ostfränkischen Nachbarmundarten nur schwach ab: An der Taubergrenze trennt sich zwar südostfränkisch *kees* von unterostfränkisch *kaas* (Käse), aber andere Sprachmerkmale, wie der fallende Diphthong in *bruader* (Bruder), hat das Unterostfränkische mit dem Südostfränkischen gemeinsam. Darüber hinaus hat das Südostfränkische Gemeinsamkeiten mit dem Oberostfränkischen wie *aamer* für Eimer.

Bairisch in Franken: An der Grenze zwischen dem Oberostfränkischen und dem Nordbairischen zeigt sich der Nürnberger Raum als breiter fränkisch-nordbairischer Übergangsstreifen. Kerngebiet des Nordbairischen ist der Regierungsbezirk Oberpfalz. Die wichtigsten Unterschiede sind oberostfränkisch *bruuder, aamer, schnee* gegenüber nordbairisch *brouder, oamer, schnei* für Bruder, Eimer, Schnee.

Schwäbisch in Franken: An der so genannten Dreistammesecke um Gunzenhausen grenzen Nordbairisch, Schwäbisch und Ostfränkisch aneinander. Man sagt *bruader* und, weiter südöstlich bei Dinkelsbühl, bereits *oimer* für Bruder und Eimer.

Rheinfränkisch in Franken: Die ehemaligen kurmainzischen Gebiete rund um Aschaffenburg und der einst zum geistlichen Fuldaer Gebiet gehörende Brückenauer Raum sprechen rheinfränkisch. In den rheinfränkischen Mundarten westlich der Spessart- und Rhönschranke sagt man *appel* statt ostfränkisch *apfel* und rheinfränkisch *schäfchen* gegenüber ostfränkisch *schäfle/la* für Apfel und Schäfchen/lein.

Thüringisch in Franken: Nördlich des Frankenwaldes, in und um Ludwigsstadt, ist man sprachlich und kulturell, jedoch nicht politisch, mehr nach Thüringen als nach Franken orientiert. Die thüringisch-ostfränkische Sprachgrenze verläuft am Thüringer Wald und umgreift den Henneberger Raum, dessen Herausbildung mit der Geschichte der Grafen von Henneberg verbunden ist. Man sagt hier *bruut* für Brot. Obwohl das Hennebergische auf unterostfränkischer Grundlage beruht, stimmt es mehr mit dem Osthessischen und Thüringischen überein.

S. K.-N.

Anm.: Die Beispiele im Text stehen in der Regel nicht nur für das erwähnte Einzelwort, sondern für eine Gruppenentwicklung, z. B. *bruut* für die Hebung o > u und e > i, die auch in Wörtern wie *kuupf* Kopf oder *flügel* Flegel vorkommt.

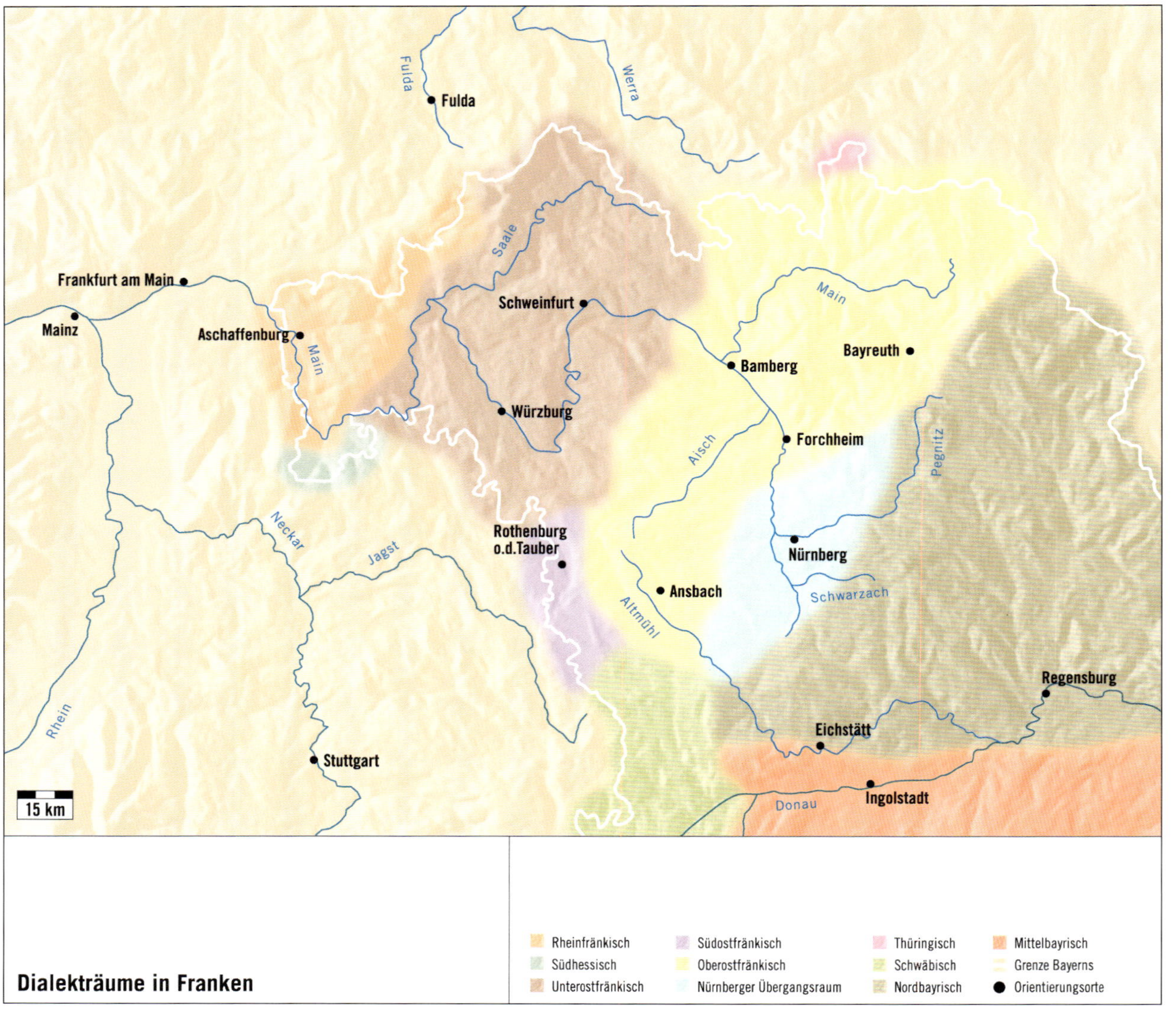

Dialekträume in Franken

VI Schalmeien, Trumeln, Zauberharfen

Papst Paul I. (757–768) gab dem eigens für die Franken ausgewählten römischen Gesangslehrer drei Bücher mit: ein Antiphonale, ein Responsale und ein Horologium nocturnale. Das erste Buch enthielt Gesänge zur Messfeier. Diese bestanden seit dem 4. Jahrhundert aus nichtbiblischen Dichtungen, die sich zwei Chöre gegenseitig zusangen, vermehrt durch Psalmtexte und Texte aus anderen Büchern der Heiligen Schrift. Was nicht im Antiphonale verzeichnet war, fand sich im Liber responsalis, einem Buch liturgischer Gesänge des nächtlichen Offiziums. Das dritte Buch im Reisegepäck war für die ebenfalls nachts gesungenen Gebete der Kleriker vorgeschrieben.

Forchheim gehörte wie Metz, Rom oder St. Denis auch als Nebenort in den Zusammenhang der überall gleichen Bestimmungsfaktoren von Papst und König. „Ut cantores de Mettis revertantur" heißt es in mehreren Sendbriefen des Jahres 805 und neben Alkuin und seinem Schüler Amalarius (775?–850) wirkten mit Sigulf (in Metz von 782 bis 804) alle am großen Ziel Kaiser Karls: die Einheit von Christen in einem gemeinsamen christlichen Reich mit einheitlicher Liturgie und einheitlichem Kirchengesang zu schaffen, dem aus Rom stammenden gregorianischen Choral.

Römer waren ja die ersten Gesangslehrer in Frankens neu organisierten Schulen. Ihre Berichte bezeugen die damals wohl typischen fränkischen Zustände: Laut, überaus kräftig, unüberhörbar stark sei ihr Gesang, aber das Ergebnis klinge, als poltere ein Ochsenkarren den Berg hinab. Dabei strebten die Lateiner eine „Cantilena romana" an, jene süße Innerlichkeit des Südens. Der fränkischen Sänger Liebe aber galt der Lautstärke, was bei ihren trunkgewohnten Kehlen – so berichtete man nach Rom – kein Wunder sei.

Das Vorbild für das Land an der Regnitz gab Forchheim ab. Für die Menschen des Umlands war der Königshof die Mitte ihrer erreichbaren und direkt erfahrbaren Welt. Hierher kamen die Bischöfe und Erzbischöfe des Reichs, Äbte, Kaiser und Könige zu Reichs- und Fürstentagen. Kein Würdenträger ohne sichtbare Würde, also Hofstaat; jeder mit seinen eigenen Capellani, die als Kleriker nicht nur die Musik der kirchlichen Liturgiezeiten beherrschten, sondern auch die Muße der Abendstunden mit musikalischen Darbietungen beleben konnten.

Um den Sängern die Melodien einzuprägen, gab es eine eherne Richtschnur: die Töne einer Reihe kleinerer Glocken. „Quicumque vult facere cymbala ad cantandum recte sonantia ...", beginnt das 86. Kapitel eines Musiklehrbuchs, vor über 900 Jahren von dem Presbyter Theophilus geschrieben. Diese Cymbeln, kleine Glocken, brachte der Tonmeister mit zwei Hämmern so lange zum Klingen, bis alle Sänger Ton und Melodie gefunden hatten.

Die Welt des Mittelalters suchte in allen Dingen die Ordnung, Regeln und Gesetze. Die Vorstellung vom untrennbaren Zusammenhang des Kosmos mit der Musik zeigt der Lehrstoff der Domschulen: Zuerst lernte man die Künste der mathematischen Disziplinen Geometrie, Arithmetik, Astronomie und Musik. Die Musik war in drei Bereiche gegliedert: musica mundana, musica humana und musica instrumentalis. Die erste befasste sich mit dem Zusammenklang, der Harmonie der

Sphären, also dem Gesamtklang des Weltalls und all seiner Gestirne. Genauso spekulativ war die musica humana, die nach den harmonischen Verhältnissen zwischen Seele und Leib des Menschen suchte. Als Abbild und irdische Ahnung himmlischer Vollkommenheit galten aber auch die Werkzeuge der Musik, die Musikinstrumente.

In der Zahlenordnung klingen für das menschliche Gehör erfahrbar die Tonfolgen des Einklangs (1:1), der Oktave (1:2), der Quinte (2:3), der Quarte (3:4), der großen Terz (4:5), der kleinen Terz (5:6). Hinzu kommt das Teilungsverhältnis, mit dem man den großen Ganzton (8:9) und den kleinen Ganzton findet (9:10). Diese einfach erscheinenden Zahlenverhältnisse, denen man die Eigenschaften „perfecta", „aurea" oder „harmonica" zuschrieb, konnte der Magister der Dom- oder Klosterschule sicht- und hörbar auf dem Einsaiter, dem Monochord, vorführen. Was von Walafried Strabo aus dem Kloster Reichenau überliefert wird (824), kann für alle glaubens- und wissensdurstigen Mönche oder Weltkleriker und sicherlich auch für die Studierenden in den Bildungszentren Frankens gelten: „Beinahe jeder von uns hatte entweder den Gesang oder auch eines der Instrumente schon in früheren Jahren erlernt. Der eine spielte Orgel, die allein zur Begleitung des Gesanges im Münster verwendet wird, der andere schlug die Harfe, ein dritter blies die Flöte oder die Tompete und Posaune, einige spielten die dreieckige Kithara oder die dreisaitige Lyra; alle erhielten der Reihe nach Anleitung dazu und verwandten einen großen Teil ihrer Zeit darauf, sich in diesem Fach vollständig auszubilden."

Die „Volksmusik", als der Anteil der Mehrheit der Bevölkerung außerhalb von Kirche und Kloster, lässt sich anhand von Indizien rekonstruieren. Die Christianisierung ging mit einer Liturgie einher, die fast ausschließlich aus Musik bestand. Der Ruf des „Kyrie eleison" ist die Brücke zum geistlich fundierten Volkslied, das beim Gottesdienst, mehr aber bei Prozessionen, Wallfahrten und Pilgerfahrten bestimmend wird. Der „leis" (kyrieleis, kyrieles, kyrioles, chirleis, frz. kyrielle, fläm. kyriole, tschech. Krles) zeigt sich als meist vierzeiliger Gesang, von Vorsängern vorgetragen, dem das Volk den Refrain beifügt. Wie lange sich dieser Anteil das Volks hält, ist aus einer Bemerkung des Bamberger Schulmeisters Hugo von Trimberg zu sehen, der in Vers 11080 seines „Renners" (um 1300) diese Sangesart als „einveltic" bezeichnet. Zwei Kirchenlieder haben sich als tausendjähriges Erbe bis in unsere Zeit erhalten: „Christ ist erstanden", das im liturgischen Gebrauch des Bamberger Doms vor 1200 bereits genannt ist mit dem überraschenden Hinweis „populus autem cantet Krist, der ist erstanden", obwohl der ausschließliche Gebrauch der lateinischen Sprache in der Liturgie vorgeschrieben war. Weiterhin hat sich „Nun bitten wir den Heiligen Geist" erhalten. Zur Verbreitung dieses Rufs trugen die Capitulare Karls und seines Sohnes Ludwig bei, da zum Austreiben und Einholen der Viehherden „Kyrie eleison" angestimmt werden sollte. Man weiß auch, dass gerade die um die Jahrtausendwende aufblühenden Frauenklöster geistliche Volkslieder besonders pflegten.

Wie sehr die kirchlich-choralgeprägte Melodik selbst in kirchenfern erscheinenden „Carmina lusorum et potatorum", Trink- und Spielliedern, einging, ist in den Carmina Burana (um 1230) wiederzufinden. Die Bandbreite dieser 254 Nummern, häufig ganz ohne Notation, reicht von der Notre-Dame-Schule (Conductus), Scholaren-Liebesliedern und Trinkliedern bis hin zum geistlichen Spiel. Talentierte Kleriker scheinen oft den „Gassenhauern" ihrer Zeit ein geistliches Textgewand umgehängt zu haben, sodass die Musik der Gassen und die Tanzfreude des Angers auch in den Kirchenraum gelangen konnten.

Als Forchheim mit der Gründung des Bistums Bamberg durch Kaiser Heinrich II. in seiner Bedeutung abgelöst wurde, entwickelte sich der neue Bischofssitz Bamberg bald nicht nur in der Pflege der Wissenschaften in der Domschule, der Buchkunst im Kloster auf dem Michelsberg, sondern auch in der Musik.

Würzburg hatte schon im 8. Jahrhundert eine Domschule. Die Bischofsstadt zog aber auch die auffallendsten Vertreter der hochmittelalterlichen Musikszene an, die Minnesänger. Es scheint sicher, dass sich der berühmteste Minnesänger seiner Zeit, Walther von der Vogelweide, in seinen letzten Lebensjahren hierher zurückgezogen hatte und „ze Wirceburg zu dem Nuwenmunster in dem grasehove", heute Lusamgärtlein, um 1230 begraben wurde. Vom musischen Ruhm kündet auch „von Wirzburk meister Chuonrat, der besten singer einer", der 1287 starb (Kat.-Nr. 71). Otto von Botenlauben, Reinmar von Zweter sind bezeugt und es gab wohl viele unbenannt Gebliebene. Aber nicht nur diese hoch gepriesene Kunst blühte, sondern auch jene der Handwerker und Handelsleute, die für ihre Feste und Feiern „Pfiffer, fydler und giger" brauchten, die schon 1377 eine Bruderschaft gründeten. Sie hielten an ihren überkommenen Musikinstrumenten wie „pfeufen, schalmeien und sackpfeifen" noch lange fest und wurden später die Musik der Bürgerlandwehr.

Die Bischöfe hingegen waren von der kirchlich geprägten Musik umgeben. Wie aber auch diese von der Musikpraxis der Spielleute beeinflusst werden konnte, zeigt ein Zufallsfund aus Bamberg, wo der Domscholaster Meinhard seinem Bischof Gunther (1057–1065) vorwirft, anstatt heiliger Schriften die Lügenmärchen eines Dietrich von Bern zu lesen und sich mit fiedelnden Spielleuten zu vergnügen und sich sogar selbst im Spiel dieser Instrumente zu versuchen. Gelehrt und bewandert in allen wichtigen Handschriften, die seit spätrömischen Zeiten erreichbar waren, zeigt sich der Prior Frutolf des Klosters auf dem Michelsberg um 1003 mit seinem „Breviarium de musica" (Kat.-Nr. 75).

Von der Sangeskunst berichtet der Diakon Bebo beim Einzug von Papst Benedikt VIII., der 1020 in Bamberg die Kirche St. Stephan weihte: „Passende Gesänge wurden mit süßem Wohllaut und klarer Melodie gesungen", und zwar an Straßen und Brücken. Bischof Otto II. von Andechs errichtete 1192 das Domkantorat und der Name „Domchor" taucht erstmals 1255 auf. Papst Alexander IV. bestätigte ihn ein Jahr später. Sein Kantor, Leupold von Schweinshaupten (gest. 1357), kümmerte sich besonders um den Choralgesang. In den Gedichten Hugos von Trimberg (um 1235 – nach 1313) taucht ein ungewöhnliches Musikinstrument auf: das Platerspiel. Diese Schalmei mit ihrer namengebenden Schweinsblase über dem Doppelrohrblatt kannten auch die Nonnen von St. Theodor, wo man heute noch ein steinernes Abbild im Kreuzgang sieht. Das Platerspiel führten wohl auch die Stadtpfeifer vor, die man ab 1388 nachweisen kann. Für die „Lautenschläger", die mit dem vereinten Klang vieler Saiteninstrumente – auch eine kleine Orgel wurde mitgetragen – die Prozessionen begleiteten, sind Wohnungen nachgewiesen im Turm von Alt-St. Martin und im noch erhaltenen gotischen Turm der Oberen Pfarre. Bamberg hatte im Mittelalter 16 große und 15 kleinere Kirchen. Ihre Glocken durchtönten – gleichsam als Verbindung zu den Engeln des Himmels – das gesamte Leben unserer Vorfahren.

Ähnlich durchdrungen von der Musik der Kirchen war Eichstätt, die dritte Bischofsstadt Frankens. Bischof Reginold (966–991) wird als „optimus hujus temporis musicus" gepriesen. Bischof Heribert (1022–1042) dichtete und vertonte Lobgesänge und die Eichstätter Domschule stand jenen der anderen Bischofssitze sicherlich nicht nach. Heribert gründete auch ein Benediktinerinnenkloster, das bald als Gesangsstätte St. Walburg weithin berühmt wurde. Ähnlich dem Tonar des Bamberger Priors Frutolf überliefert der Anhang des 1072 im Auftrag von Bischof Gundekar II. (1057–1075) geschriebenen Pontifikale die Praxis der Gesangsmusik (Kat.-Nr. 28). Seit 1281 ist die Eichstätter Domkantorei belegt. Deren Schüler erfreuten mit „ludi episcopali", also Bischofsspielen, die man sich wohl an der Grenze des moralisch Vertretbaren vorstellen darf. So wie in Bamberg der Buchdruck früh eine Heimat fand, so hat Würzburg den Ruhm ersten Choralnotendruckes in der Offizin von Georg Reyser 1479, dem Michael Reyser 1484 in Eichstätt folgte.

Außerkirchliche musikalische Aufführungen bot im Altmühltal auf der Willibaldsburg seit ca. 1450 eine eigene fürstbischöfliche Hofkapelle. Es scheint an den fränkischen Bischofssitzen eine deutliche Trennung in eine Gruppe der Trompeter und Pauker einerseits und der Spieler sämtlicher Holzblas- und Streichinstrumente andererseits gegeben zu haben. Die Blechbläser waren Offiziere, die im Krieg den direkten Nachrichtenapparat des Befehlshabers bildeten und mit ihren Signalen das Schlachtgeschehen lenkten. Die zweite Gruppe der Kirchen- und zugleich Tafelmusiker scheint unverhältnismäßig zahlreich gewesen zu sein. Sie erhielten ihre Bezahlung meist nicht als Musiker, sondern als Schreiber, Bibliothekare oder Hofdiener.

Greifbare Nachrichten aus Ansbach setzen mit den Benediktinern ein, denen der fränkische Edelfreie Gumbertus um 748 eine Klostergründung ermöglichte. Das älteste musikalisch bedeutende Dokument ist die Gumbertus-Bibel, um 1175 geschrieben und teilweise mit Neumen versehen. Die Namen der Stiftskantoren sind gut belegt. Als die Burggrafen von Nürnberg, die 1331 die Stadt Ansbach gekauft hatten, 1363 die Reichsfürstenwürde erhielten, durften sie sich Trompeter halten. Cuntz Löffler wurde ab 1430 dafür besoldet. Markgraf Albrecht Achilles, der 1470 die Kurwürde der Mark Brandenburg erlangte, bevorzugte Ansbach weiterhin als Residenz und hat dort „einen fürstlichen prächtigen Hof gehalten, dass dergleichen in Deutschland nicht gefunden werden mochte" (Kat.-Nr. 113). Die Hofmusik erklang in der ganzen Klangbreite der überkommenen mittelalterlichen Instrumente: Sackpfeifer, Lautenisten, Trompeter und Paukisten, Posaunisten, Organisten. Dazu kamen die neuesten musikalischen Errungenschaften wie die hoch virtuosen Zinkenisten. Die Stadt Ansbach beschäftigte bis zu fünf Stadtpfeifer. Beschlüsse des Rats waren nur wirksam, wenn sie, begleitet vom „Lärm" der Stadtpfeifer, verkündet worden waren. Die Stadtpfeifer waren Meister auf gut zwei Dutzend blasender, streichender und schlagender Instrumente. Der Markgraf übertrumpfte den Holzbläserklang durch fürstlich-privilegierte Blechbläser, von denen sich Friedrich d. Ä. (1486–1515) ab 1496 zehn Mann als Hoftrompeter hielt, Pauker eingeschlossen. Markgräfliche Beschlüsse wurden also ins Land „hinausposaunt", denn das Volk konnte hören, aber nicht lesen.

Die Nebenresidenz in Bayreuth zeigte erst mit Markgraf Friedrich I. (1420–1440) „Spuren musikalischen Lebens" (H.-J. Bauer), während allgemein die Kirche die Stadtkultur bestimmte. An der Stadtkirche sangen 12 bis 16 Knaben, die wohl auch die geistlichen Spiele gestalteten. Hingegen taucht die Nachbarresidenz Kulmbach kaum in der Musikgeschichte auf, verdient aber den Hinweis, im Hochmittelalter ein kultureller Mittelpunkt des nördlichen fränkischen Landes gewesen zu sein, bis der Glanz des markgräflich-höfischen Lebens 1604 nach Bayreuth wechselte.

Von den Reichsstädten kann man nur Nürnberg am Saum des mittelalterlichen musikalischen Gewandes packen. Der Glanz königlicher und kaiserlicher Hoftage verlagerte sich von Forchheim und Bamberg bald in die Handelsmetropole. Aber auch hier waren Kirchen und Klöster der Lebensmittelpunkt der Menschen. An der Spitalschule wurde ein Dutzend Chorknaben unentgeltlich unterwiesen. Es gab Stiftungen für Musiker, die täglich Geld bekamen für die „Salve Regina"-Gesänge. Die Nennung von „ludimagistri" und Kantoren unterstreicht die Breite musischer Tätigkeiten. Wie in Bamberg hielt sich der Magistrat in Nürnberg drei Stadtpfeifer, dazu nach 1400 zwei Stadtlautenisten, die aber auch Fiedel spielen mussten. Ein „portatifer" kam im Jahr 1440 hinzu. Der Reichtum der Stadt ermöglichte es bereits 1431 sich eigene Trompeter und Pauker zu halten, ein fürstliches Privileg.

Wie sehr sich das Spielen von Instrumenten auch im Volk verbreitete, mag man daran ermessen, dass sich ab 1388 das Gewerbe der Drahtzieher auf die Metall-Saitenmacherei verlegte und die Horndreher sich nun mit dem Blasinstrumentenbau befassten. 1425 taucht in Nürnberg der erste namentlich bekannte Trompeten- und Posaunenmacher deutscher Lande auf, Hans Franck, ein gelernter Kupferschmied. Das 15. Jahrhundert ist wohl die aufregendste und ertragreichste Zeit für das Musikhandwerk insgesamt. Als Gäste fanden sich zahlreiche Fürsten, die angrenzenden Nationen, die anderen Reichsstädte in Nürnberg ein. Musik für Blechbläser ließen 1422 die markgräflich-brandenburgischen Posauner ertönen, 1431 erregten die holländischen Pfeifer Philipps des Guten Erstaunen, 1471 ließ Kaiser Friedrich III. immerhin 21 Trompeter und einen Pauker auftreten. Die kursächsische Kapelle Friedrichs des Weisen spielte 1471 und 1500 in Nürnberg. Man kann die Wege der spätmittelalterlichen Sänger durch fränkische Lande an deren Aufenthalt in Nürnberg markieren: Zehn Gulden spendierte die Stadt 1386 dem Sänger Rupert Suchensinn. 1414, 1422 und nochmals 1441 ist Muskatplüt hier nachgewiesen, 1431 Oswald von Wolkenstein – als Politiker oder Sänger?

Nürnberg war vor 1500 ein Kleinod der Orgelbaukunst. St. Lorenz hatte 1554 klingende Pfeifen und das Wunder eines Prinzipals von 32 Fuß Länge. Im Spital gab es den ersten klingenden Zimbelstern Europas und bis 1450 wirkte an St. Sebald Meister Konrad Paumann. Sein „Fundamentum organisandi" zeigt ebenso wie das in Nürnberg geschriebene Lochamer Liederbuch die musikalische Kultur dieser Stadt. Hartmann Schedel verfasste hier die aufschlussreichste Quelle der damaligen Liedkunst. Mit ihm trafen sich Patrizier und Gebildete zu „Sodalitäten", bei denen man Poesie, vereint mit Rhetorik und Musik, pflegte. Ebenfalls noch vor 1500 begann in Nürnberg der Notendruck (Johann Sensenschmidt?, sicher ab 1491 Jörg Stuchs).

Städte voll klingender Musik waren natürlich auch Rothenburg, Schweinfurt, Weißenburg und Windsheim. Heute noch lässt sich erahnen, wie Tage und Nächte erfüllt waren von den abenteuerlichen Klängen der Schalmeien und Sackpfeifen, von Trommelklängen der Tanzfreude oder Gesetzesvollstreckung, von Harfen- und Psalterklängen aus den stilleren Stuben, leisen Gemshorntönen zu nächtlich-verbotener Spielzeit und immer wieder von laut tönender Sangesfreude: Musik vor tausend Jahren.

Wolfgang Spindler

Lit.: MGG; Smits van Waesberghe, Musikerziehung, Bd. 3, S. 6, 7, 9, 10; Ott, Musikleben, S. 12, 13, 18, 23; Roser, Klöster, S. 33 ff.; Schmidt-Görg, Musik, S. 89 ff; Spindler, Steine klingen, S. 161–170; Farrenkopf, Breviarium Eberhardi Cantoris, S. 77; Clemencic, Carmina burana; Dünninger / Schopf, Bräuche, S. 20, S. 119; Schneidmüller, Die einzigartig geliebte Stadt, S. 34, S. 39; von Guttenberg, Bamberg, S. 2 ff.; Weinfurter, Traditionen, S. 23; Stäblein, Frutolf vom Michaelsberg, S. 57–60; Meyer, „Krist, der ist erstanden", S. 25; Kraus, Orgeln und Orgelmusik, S. 61.

75 Frutolf von Michelsberg hat neben einer Weltchronik, die zu den wichtigsten Geschichtswerken des Mittelalters zählt, auch Werke zur Musiktheorie und zur praktischen Aufführung verfasst.

Bamberg, vor 1103
Handschrift / Pergament, 22,5 × 17,5
Bayerische Staatsbibliothek, München
(Clm 14965 b)

a) Breviarium de musica

75 Fol. 22v

Am 17. Januar 1103 starb in Bamberg auf dem Michelsberg Frutolf, Mönch und wohl auch Prior. Er vermachte seinem Kloster mehrere Bücher, darunter seine bis zum Jahr 1099 reichende Weltchronik. Überdies verfasste er ein musiktheoretisches Werk, das „Breviarium de musica“, und dazu einen „Tonarius“, das praktische Gegenstück zur Musiklehre und Musik seiner Zeit. Seine Zeitgenossen rühmten Frutolf als Musiker, was sich aber vor 900 Jahren nicht auf den „Musikanten“ bezog, sondern den „jahrelang ausgebildeten und dadurch zu einem Amt autorisierten Cantor“ (B. Stäblein). Der Ordensbruder Guido von Arezzo (um 1020), Erfinder des heute gebräuchlichen Notensystems, hob den großen Unterschied zwischen Nur-Nachsingen und profundem Wissen um die Gesetze der Komposition hervor.

Frutolf war als Gelehrter zuvorderst an den überlieferten Theorien aller erreichbaren Musikschriftsteller interessiert. Sein Breviarium reicht bis in spätrömische Zeiten zurück zu Anicius Manlius Severinus Boethius (470–524) und dessen „De institutione musica libri V". Frutolf führt diese Kenntnisse zusammen mit dem „Prologus in tonarium" des Bern von der Reichenau (um 1030) und nennt öfters „illustris vir dominus Herimannus" (1013–1053). Die 13 Kapitel der zeitgenössischen Musiklehre umfassen: Von der Erfindung und Ordnung der Saiten; Von der Erforschung des Monochords; Von den Proportionen; Von der Erfindung der Zusammenklänge; Von den Arten der Zusammenklänge; Über Tetrachorde; Von den Tonarten (de modis); Über moderne Singeweisen; Über Intervalle; Über Maße des Monochords; Chromatik und Enharmonik. Zusätze sind: Über die Namen der Neumen und ihre Abkürzungen; Maße der Orgelpfeifen; Anweisung zur Herstellung gut gestimmter Glockenspiele für die Ausbildung der Sänger.

Mit Boethius geht Frutolf von den kleinsten Bausteinen der Musik, den Tönen, aus. Im hier ausgewählten Blatt liest man oben „Semitonia", also Halbtöne, und darüber das Kürzel „s". Darauf geht er weiter zu „Toni", also Ganztönen, „ts" für semiditonum abgekürzt, was in der Fortschreitung einer Melodie eine kleine Terz ergibt usw.

In der unteren Hälfte, unter seinem farbig eingetragenen Namen „FRUTOLFUS", ist die damals gebräuchliche Notenschrift zu erkennen: Während man in südlichen Ländern immer mehr das Liniensystem des erwähnten Guido von Arezzo annahm, blieb der Norden bei den Neumen, also einfachen Punkten, Strichen und deren Verbindungen, die zwar die Richtung der Melodie, nicht aber die Tonabstände angeben. Frutolf setzt hier zum Text „Quid teneat proprium" usw. über seine Neumen noch exakte Tonbuchstaben: D – A – G – A – C – H – A.

b) Floite, flauta, fistula, pfife, tibia clausa

Flöten
Bau: Andreas Spindler, Schloss Wernsdorf

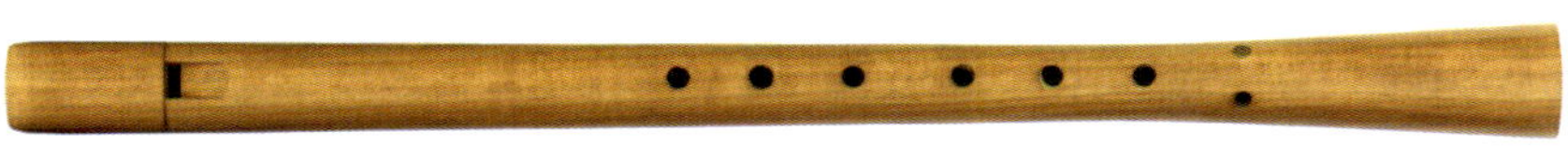

Blockflöte

Querflöte

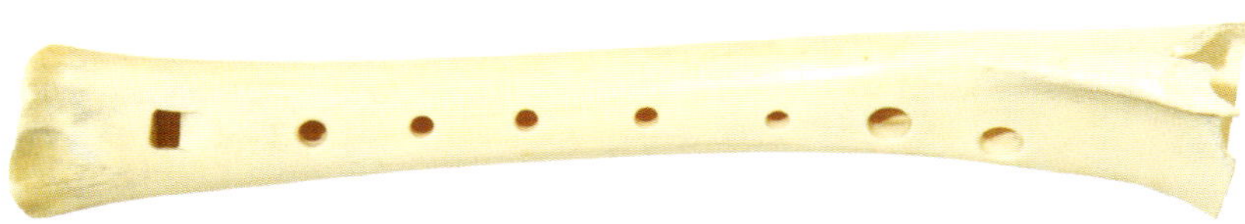

Knochenflöte

So alt wie die Menschheit selbst schätzt man die Musik, die auf Rohren geblasen wurde. Aus vorgeschichtlicher Zeit gibt es Bruchstücke von Blockflöten, die aus Tierknochen gefertigt waren. Das lateinische Wort „fistula" wurde im Mittelalter zur Sammelbezeichnung aller Pfeifen, auch jener, die man nach exakten mathematischen Berechnungen für die in den Klöstern aufkommenden Orgeln brauchte.

Die Grundbauteile der Orgelpfeife stimmen bis heute genau mit den Bauelementen der Blockflöte überein: Mundstück (Pfeifenfuß) mit einem abschließenden „Block", der eine Kernspalte freilässt und dieses schmale Luftband auf ein „Labium", eine scharfe Schneide, lenkt. Der einzige Unterschied besteht darin, dass das Rohr der Blockflöte mehrere Löcher hat. Die Orgel brauchte für jeden einzelnen Ton eine eigene Pfeife mit genau bestimmter Länge, während der Blockflötenspieler mittels Abdeckung oder Öffnung von Tonlöchern auf dem gleichen Rohr verschiedene Längen und damit verschiedene Töne erzeugen und sogar die theoretische Kürze seines Instruments (= höchster Ton) durch variablen Blasdruck und besondere Grifftechnik überschreiten kann. Die Blockflöten des Mittelalters waren ungeteilte glatte Röhren mit zylindrischer oder leicht konischer Innenbohrung und hatten verschiedene Größen.

Die Klöster der Benediktiner waren Ausbildungs- und Praxisstätten der Musik. Man pflegte nicht nur im täglichen Gottesdienst und bei den Gebetszeiten die Musik; auch in der von Haus- und Feldarbeit freien Zeit wurde fleißig auf allen möglichen Instrumenten gespielt, wie Walafried Strabo (um 808–849), Abt und Dichter auf der Reichenau, berichtet. Die überaus wendigen Block- und Querflöten konnten die gelehrte Musik der aufkommenden Mehrstimmigkeit des 12. und 13. Jahrhunderts mühelos bewältigen, während Hirten und dörfliche Musiker sicher nicht weniger meisterhaft, auch ohne jede Notenkenntnis, diese Instrumente spielten. *W. Sp.*

Lit.: Stäblein, Frutolf vom Michaelsberg; MGG, Kassel 2002, Bd. 7, S. 210f. (A. Rausch).

76

76 Die mit reichem Buchschmuck ausgestattete Psalmenhandschrift zeigt in einer Miniatur die beiden knienden Stifter und auf einem weiteren Blatt eine prächtige musikantische Darstellung.

a) Würzburger Psalter

Würzburg oder Bamberg, um 1230
Handschrift / Pergament, 221 Bll.,
23,5 × 16,5
Universitätsbibliothek München
(Cod. Ms. Qu. 24)

Glücklich sein! – davon handelt der Beginn des ersten Psalms einer Reihe von 150 Psalmen, die einmal jede Woche in den Klöstern des Abend- und Morgenlandes gesungen wurden. „Psalmoi“ (griech.) heißt „Lobgesänge mit Saitenspiel“. Im vorliegenden Blatt aus dem Würzburger Psalter setzt der Maler zehn Personen innerhalb der in kostbarem Blau gefassten Initiale B. Zwei weitere Musikanten gehören links zumindest teilweise zur „Außenwelt“, der Fidelspieler oben findet sich mit seinen Füßen ebenso wie der arabisch anmutende Trommler unten gerade noch angelehnt an die ausgewählte Mannschaft innerhalb des Rahmens: Fidler und Trommler bildeten damals ein komplettes „Orchester“ der weltlichen Tanzmusik, wobei der Maler zwar exakt die Bogenhaltung des Saitenspielers, nicht aber die Schlägelführung des Trommlers kennt. Der erste Psalm beginnt mit „Beatus vir, qui non abiit in consilio impiorum …“ Was sich außerhalb einer frommen Gesellschaft antreffen lässt, sitzt und schmiegt sich auf und an die Rundungen: rechts zwei Drachen, oben eine Wildschwein-Affen-Kreuzung, dazu ein Hund mit Löwenkrallen und unten links eine anscheinend kopflose Nebelkrähe. Diese glückliche Gesellschaft aber macht Musik! David, König und Psalmen-Dichter, sitzt mit einem eigenartigen Saiteninstrument links in der Mitte und greift beidhändig in dieses in der Bibel „kinor“ oder „nevel“ (hebr.), im Mittelalter „Lyra“ oder auch „Crwth“ genannte Jahrtausende alte Instrument. Besondere Beachtung verdient der auf einer komplizierten Sitzgelegenheit thronende Drehleier-Spieler, den man wohl wegen des (Noten?)-Buchs für einen gelehrten Kantor halten darf. Ein alter Mann mit Bart und Mütze, wohl Wissenschaft und Weisheit symbolisierend, schaut ihm interessiert zu. Zu Füßen sitzt ein Querflötenspieler. Die Orgel im unteren Rund bringt laut schallende Fröhlichkeit aus kupfernen Orgelpfeifen hervor, wozu der spielende Kleriker rechts (mit Tonsur) genau wie sein Kollege links, der vielleicht die Register zieht, zu den Orgeltönen singt, während

76

ein Calcant hingebungsvoll die „Froschmäuler“, den Blasebalg, betätigt. Oberhalb der Orgel arbeitet ebenso beglückt der Glockenspieler. Mit zwei Metallhämmern bringt er die Reihe aus sieben Tönen zum Klingen. Am äußersten B-Bauch bläst ein Tierhornspieler in sein Instrument: 12 glückliche Menschen in ihrer Welt der Musik mit den Musikinstrumenten des Mittelalters, welche schon hier auf Erden ein Stück vom Paradies hören ließen. Der letzte Psalm Nr. 150 gibt den ausdrücklichen Hinweis, Gott mit allen Musikinstrumenten zu loben: „Omnis spiritus laudet Dominum!“

Fideln, Geige
Bau: Andreas Spindler, Schloss Wernsdorf

Hörstation
Aufnahme: Wolfgang Spindler, Schloss Wernsdorf

b) Videle, fidula, fyddel, gige, rubeba, rabab

Das Mittelalter zählte zu den Fideln mindestens noch die Geige (gige, giga) und die Rotte. Die Franzosen bezeichneten sie als „vièle“, die Engländer, Iren und Schotten als „fiddle“, die Spanier als „vihuela“. Daraus wuchsen die Lagebezeichnungen am Körper des Spielers der Viola da gamba (zwischen den Knien) und Viola da braccio (am Arm) im ausgehenden 15. Jahrhundert. Der Gelehrte Hieronymus de Moravia nennt das Instrument „rubeba“ und führt uns damit zurück auf den arabischen Rabab, den man am „pauch“ erkannte, ausgehöhlt aus einem Stück Holz, der oben einen hölzernen „poden“ hatte. Im Orient überzog man den Rabab gern mit Fell. Die Hölzer für die Fideln nahm man aus dem heimischen Bestand: Obsthölzer, Walnuss, aber auch Mandel- und sogar Ebenholz. Konrad von Megenberg empfiehlt um 1350 Tanne und Fichte für die Decke. Die Saiten waren meist aus Schafsdarm gefertigt. Aus der Antike kennt man aber auch Bezüge mit Metallsaiten, Tiersehnen, Seide und Rosshaar. Mit Tierhaar, möglichst von schwarzer Farbe, wurde auch der Streichbogen bezogen, der erst um die Jahrtausendwende von Spanien und Süditalien her seinen Siegeszug begann. Harz zum Einreiben (Kolophonium) ist seither in Gebrauch. Das Musikbuch des al-Farabi (um 870 in Turkestan bis 950 in Damaskus), das Kitab al-musiqi al-kabir, empfiehlt als Stimm-Intervalle Quarten und Quinten, dazu eine Terz, was sich als Lautenstimmung (und Gitarre) bis heute gehalten hat.

Glaubt man den mittelalterlichen Darstellungen, so hatten diese Instrumente alle „begreifbaren“ Größen, zwei bis fünf Saiten, sie waren rund, doppelrund wie eine Acht, mehr oder weniger eingebuchtet, der Hals abgesetzt oder keulenförmig angepasst, unverziert oder kunstvoll gestaltet. Gespielt wurde solo, mit Lauten oder Sackpfeifen zusammen, mit Drehleiern und Psaltern, mit allen Arten der Holzblasinstrumente. „In saeculum viellatoris“, im Jahrhundert der Fidler, befindet man sich vor allem in jenen Zeiten, in denen die Minnesänger auch in Franken den Ton angaben. Die Fidel ist das am häufigsten abgebildete Instrument in der Großen Heidelberger Liederhandschrift und man kann mit Sicherheit annehmen, dass jeder Sänger und Dichter darauf zu spielen verstand.

Tier-Hörner
Bau: Andreas Spindler, Schloss Wernsdorf

c) Schofar

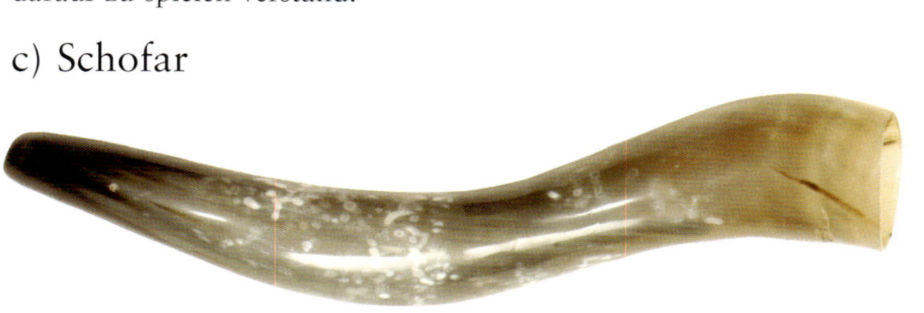

Die frühesten Horninstrumente bestanden in unseren Breiten aus dem Horn, das Rinder, Ziegen und Gemsen lieferten. Seit biblischen Zeiten erklang das Widderhorn (Schofar). Der Ritter Karls des Großen, Roland, blies meilenweit hörbar auf einem sehr edlen Horn aus Elfenbein, das man Olifant (Elefant) nannte. Um mit diesen Instrumenten überhaupt Töne bilden zu können, setzte man an das Anblasloch ein Mundstück, das durch seine größere oder kleinere innere Rundung einen Teil der Lippen aufnahm und damit den nötigen Gegendruck und Halt gab. Mit diesen Hörnern kann man nur einige wenige Signaltöne, so genannte Naturtöne, erzeugen.

d) Trumel

Trommel
Bau: Andreas Spindler, Schloss Wernsdorf

Geheimnisvolle Kräfte gingen seit jeher vom fellbespannten Schallkörper aus. Bei den Juden spielten Frauen und Mädchen dieses Instrument, bei den Griechen war das Tympanon ebenfalls den Frauen zugewiesen, bei den Römern spielten ausschließlich Frauen beim Gottesdienst der Isis die Trommel. Im Mittelalter mussten viele Tiere ihr Fell dafür lassen: Ziegen, Schweine, Wölfe, meistens aber waren Schafs- und Kalbsfelle gebräuchlich. Militärmusik, Prozessionen und Tanzmusik waren die Bühne der verschiedenartigen Trommeln, deren Schlägel ebenfalls eine große Fülle von Formen aufweisen. Pauker gehörten mit ihren nun kesselförmigen, stimmbaren Fellinstrumenten bald, zusammen mit den Hof- und Feldtrompetern, zu den Offizieren der königlichen und fürstlichen Mannschaften. *W. Sp.*

Lit.: Die Andechs-Meranier in Franken [Ausstellungskatalog], S. 254 (Abb.), 375 f. (G. Suckale-Redlefsen); Reuter, Handschriften, S. 20–28.

77 Alte und neue Welt der Musikpraxis begegnen sich in diesem mittelalterlichen Notenblatt aus dem Zisterzienserkloster Ebrach.

Graduale Cisterciense de Sanctis – Messgesang

Sifridus Vitulus, Ebrach 1303
Handschrift/Pergament, 173 Blätter, 34 × 24; Einband: Schweinsleder, stempelverziert, 17. Jahrhundert, Eckbeschläge und Schließen
Universitätsbibliothek Würzburg
(Cod. M. p. th. f. 94)

War Jahrtausende lang die Musik eine stets immer wieder verklingende und nur im Gedächtnis der Kantoren und Instrumentisten gespeicherte Kunst, so setzte sich im 6. Jahrhundert mit der politischen Ordnungsmacht der fränkischen Herrscher auch die Einheitlichkeit des kirchlichen Gesangs durch. Das war aber nur durch schriftliche Fixierung der Melodien zu realisieren. Der Name und die überragende Bedeutung Papst Gregors des Großen (um 540–604) gaben hierfür das geistige Gewicht, obwohl zu seinen Lebzeiten Bischof Isidor von Sevilla (gest. 633) noch darauf hinwies, dass nur das menschliche Gedächtnis Melodien behalten könne, „quia scribi non possunt" – weil sie sich nicht schriftlich festhalten lassen. Als Gedächtnisstütze für die Gesänge hatte man bereits zur Zeit Karls des Großen über oder anfangs neben den Gebetstexten die Melodieverläufe vermerkt. So wie der Chormagister, der Vorsänger, mit seiner Handbewegung den Melodieverlauf zur Höhe oder Tiefe oder auf gleicher Lage anzeigte, so zeichnete man mit Punkten, Strichen oder kunstvollen Verbindungen den gehörten Verlauf nach, einen „Umriss des flüchtigen Klanges" (B. Stäblein). Diese Zeichen, „Neumen" genannt, entwickelten viele regionale und überregionale Ausprägungen. Es gab eine regelrechte „Handschrift" der Schreibstuben wie paläofränkische, bretonische, aquitanische, spanische, italienische, deutsche und andere Notenschriften. Meist kommen sie mit rund einem Dutzend verschiedener Zeichen aus. Von dieser überwältigenden Vielzahl einzelner „Notenbilder" ist heute – mit Ausnahme der

77

Choralbücher der Klöster – nur das einfachste Zeichen geblieben: der punctus, der Notenkopf. Der damaligen Aufzeichnung, und vielleicht spielte darauf der oben genannte Bischof Isidor an, fehlt jeder Hinweis auf Länge oder Kürze der Noten, also den Notenwert.

Das hier aufgeschlagene „Rorate", aus dem das fränkische Kirchenlied „Tauet Himmel, den Gerechten" wurde, geschrieben und ausgemalt vom bekanntesten Buchmaler und Schreiber des fränkischen Klosters Ebrach, Sifridus Vitulus, der sich humorvoll als „Mönchskalb" (lat. vitulus, Kalb) 1315 in einer Wolfenbütteler Handschrift darstellt, zeigt besonders gut die Lösung eines in der Neumenaufzeichnung allein nicht lösbaren Problems, nämlich die exakte Lage innerhalb eines Tonsystems festzuhalten. Vitulus orientiert sich hier an der Erfindung seines benediktinischen Kollegen aus Arezzo. Jener Guido (um 990 – um 1050) erreichte durch die Hinzufügung von Linien im steten Abstand von drei Tönen eine exakte Fixierung innerhalb der Tonreihen, was ein müheloseres Absingen erlaubt. Überdies schrieb man einen „Schlüssel" zur Bestimmung der Tonhöhe (Name und damit Lage des Tons) zu diesen Linien. Hier steht bei jeder zweituntersten Linie „f", bei der jeweils obersten „c". Das „Rorate" hat überdies im dritten Zwischenraum oben die Angabe „b". Eine besonders fantasiereiche Notenfolge stellt das zweite „alleluia" in der Mitte der Seite dar. Trotz der „modernen" Anwendung der Linien ist die 300-jährige Tradition der Notierung in Neumen unübersehbar, wenn man diese fränkische Klosterschrift von 1303 mit jener aus St. Gallen des 9. Jahrhunderts (Graduale und Prosar, Staatsbibliothek Bamberg, Msc. Lit. 6) vergleicht.

Dem Notenblatt des „Graduale Cisterciense de Sanctis" des Schreibers Vitulus aus dem fränkischen Zisterzienserkloster Ebrach ist kein Musikinstrument zugeordnet. Die Einfachheit des Lebens in der Nachfolge Christi zwischen Gebet und Handarbeit ging einher mit strikter Befolgung der Ordensregeln, die sich auch auf den täglich mehrstündig gesungenen Choral erstreckte. Instrumentalmusik war verboten. Ordnung und Organisation des Gesangs waren Aufgabe des Kantors. Als in den nicht an einen derart strengen Orden gebundenen Kirchen weltliche Einflüsse – wie Ars nova oder Synkopierungen der Hoquetus-Technik – bemerkbar wurden, forderte man die Klöster (1217) bei Androhung der Amtsenthebung des Abts zur Rückkehr „der vom heiligen Bernhard überlieferten Gesangstradition“ auf. Zur Zeit des Schreibers Vitulus stellten die Visitatoren erneut „ridiculosas novitates in officio divino“ fest und ließen den Mönchen nur wenige Wochen Zeit zu den alten Büchern zurückzukehren und alle rhythmischen Veränderungen aufzugeben. Erst um 1400 kamen in den Zisterzienserklöstern von Pommern und Böhmen schließlich erste Orgeln in Gebrauch. *W. Sp.*

Lit.: MGG, Kassel 1997, Bd. 7, S. 296–317 (M. Haas); Thurn, Ebracher Handschriften; Stäblein, Schriftbild.

78 Der Würzburger Kanoniker Michael de Leone hat deutsche und lateinische Texte in Prosa und in Versen gesammelt. Darunter befindet sich auch eine der wichtigsten Sammlungen von Liedern Walters von der Vogelweide.

Michael de Leone: Würzburger Handschrift mit deutscher und lateinischer Literatur des 13. und 14. Jahrhunderts

a) Würzburger Handschrift, fol. 26 (R)

b) Hörstation
Aufnahme: Wolfgang Spindler, Schloss Wernsdorf

Wenn Würzburg bei den Literaturhistorikern als die in der ersten Hälfte des 14. Jahrhunderts „literarisch interessanteste Stadt in Deutschland“ (J. Bumke) gilt, so ist das nicht ausschließlich, aber doch in erster Linie dem Sammler Michael de Leone zu verdanken. Michael Jude, wie er ursprünglich hieß, geboren um 1300, hatte von 1324 bis 1328 in Bologna beide Rechte studiert, um dann in seine Vaterstadt zurückzukehren, wo er als öffentlicher kaiserlicher Notar auftrat; später wurde er bischöflicher Protonotar sowie Scholaster der Schule des Neumünsterstifts, dessen Kanoniker er außerdem war. Seit 1332 nannte er sich nach dem von ihm damals erworbenen Großen Löwenhof (Dominikanergasse 6) „de Leone“. Michael starb am 3. Januar 1355, sein Epitaph ist im Neumünster noch erhalten.

Die literaturgeschichtliche Bedeutung Michaels beruht weniger auf seinen lateinischen Schriften – Gebeten sowie chronikalischen und juristischen Werken – als auf den beiden von ihm veranlassten handschriftlichen Sammlungen. Es handelt sich um das heute in der Universitätsbibliothek Würzburg aufbewahrte „Manuale“ sowie und vor allem um das für den Löwenhof bestimmte „Hausbuch“. Dieses umfasste ursprünglich zwei Bände, die 1347 begonnen und vermutlich 1350 beendet wurden, doch sind vom ersten Band nur Fragmente erhalten. Der wichtigere zweite Band (mit dem Inhaltsverzeichnis für beide Bände) wurde Würzburg schon im 16. Jahrhundert entfremdet; er befindet sich heute in der Universitätsbibliothek München.

Die Sammlungen Michaels enthalten eine Fülle von Texten unterschiedlicher Art und Länge, auf Deutsch und Lateinisch, in Prosa und in Versen. Deutlich ist, dass der Sammler ein ausgeprägt lokales und regionales Interesse hatte, dass er sowohl aktuelle wie überkommene Texte aufnahm, dass didaktische und lebenspraktische Themen neben der Dichtung eine bedeutende Rolle spielen. Michael bearbeitete Hugos von Trimberg umfangreiches und verbreitetes Lehrgedicht „Der Renner“ (Kat.-Nr. 70), er ließ Dichtungen Konrads von Würzburg

(Kat.-Nr. 71) abschreiben, er überlieferte eine der wichtigsten Sammlungen von Minneliedern Walthers von der Vogelweide und Reinmars des Alten (Würzburger Liederhandschrift E), jedoch auch Dichtungen von Würzburger Zeitgenossen wie Lupold Hornburg von Rothenburg und dem König vom Odenwald; ferner nahm er das älteste deutsche Kochbuch – „Ein Buch von guter Speise“ – auf sowie Gesundheitslehren, Diätregeln, Sentenzen, Merkverse, theologische Abhandlungen in lateinischer Sprache, Chronikalisches usw. *H. B.*

Lit.: Verfasserlexikon, Bd. 6, Sp. 491–503 (G. Kornrumpf); Vom Großen Löwenhof zur Universität [Ausstellungskatalog]; Brunner, Würzburg.

Hartmann Schedel
Leipzig, Nürnberg, 1461–1467
Handschrift / Papier, 15,5 × 12
Bayerische Staatsbibliothek, München
(Cgm 810)

79 Hartmann Schedel, dessen „Weltchronik“ bis heute berühmt ist, war ein großer Bücherliebhaber. Sein „Liederbuch“ ist eine der wichtigsten Liedersammlungen des 15. Jahrhunderts.

a) Münchner Liederbuch

79

Durch seine bis in die jüngste Zeit immer wieder in Faksimile-Ausgaben verbreitete „Weltchronik“ ist der Name Hartmann Schedels in breiteren Kreisen bekannt geblieben. Die „Weltchronik“ erschien zuerst 1493 in lateinischer Sprache bei dem Nürnberger Drucker Anton Koberger, im gleichen Jahr in der Übersetzung des Nürnberger Losungsschreibers Georg Alt auch auf Deutsch. Ihren Ruhm macht freilich nicht der Text Schedels aus, er beruht vielmehr auf den mehr als 1800 Holzschnitten von 645 Holzstöcken, an deren Herstellung auch der junge Albrecht Dürer beteiligt war. Besonders oft als Faksimilia wiedergegeben findet man die teilweise realistischen Stadtansichten, meist die frühesten Ansichten deutscher Städte überhaupt. Den Text kompilierte Schedel vorwiegend anhand von Schriften italienischer Humanisten, Hauptquelle war die „Weltchronik“ des Jakob Philipp Foresta aus Bergamo.

Hartmann Schedel wurde 1440 in Nürnberg geboren, er studierte ab 1456 in Leipzig, wo er sich nach dem Erwerb des Magistergrads 1459 den humanistischen Studien zuwandte, vor allem geleitet von dem Wanderhumanisten Peter Luder. 1463 ging er zum Medizinstudium nach Padua, 1466 kehrte er in seine Heimatstadt zurück. Ab 1470 war er zunächst Stadtarzt in Nördlingen, dann in Amberg, seit Beginn der 80er-Jahre in Nürnberg. Schedel stand in Verbindung mit der einheimischen und der auswärtigen Bildungselite: den Pirckheimers, Sebald Schreyer, Martin Behaim, Conrad Celtis, Sebastian Brant und anderen. Er war ein bedeutender Sammler von Büchern, von Grafiken, die in die Bücher eingeklebt oder eingebunden wurden, und von Inschriften. Schedel, der zweimal verheiratet war, starb am 28. November 1514 in seiner Vaterstadt.

Große Teile der Bibliothek Hartmann Schedels, die bereits 1507 nicht weniger als 667 gedruckte und handschriftliche Bände umfasste, sind in der Bayerischen Staatsbibliothek erhalten. Zu den Handschriften gehört auch das überwiegend von Schedel selbst geschriebene „Liederbuch", das er in der Leipziger Zeit begann. Das kleinformatige Buch enthält im Hauptteil 126 Stücke, meist mit den Noten, darunter etwa 95 deutsche Lieder, ferner französisch-burgundische Chansons und lateinische Motetten. *H. B.*

b) Schalmey/Pumhart, Blaterpfife, Krumbhorn

Bau: Andreas Spindler, Schloss Wernsdorf

Pommer

Platerspiel

Krummhorn

Bei den Ritterturnieren erklangen die hellen, kräftigen Töne der Schalmeien, deren Überlieferung sich lückenlos bis ins 3. Jahrtausend vor Christi Geburt zurückverfolgen lässt. Es sind Rohrblattinstrumente, die am Mundstück meist Bambus oder andere Pflanzenhalme verwenden, die durch den Blasdruck und ihre eigene Elastizität in Schwingung gesetzt werden. Dieser Tongeber sitzt auf einem hohlen Rohr, in der An-

Hörstation
Aufnahme: Wolfgang Spindler, Schloss Wernsdorf

tike „Aulos“ genannt, das meist aus Bambus, seltener aus Metall bestand. Das römische Erbe nimmt den Namen des Schilfrohrs „calamus“ als gängige Bezeichnung, woraus die deutsche „Schalmei“ wird. Lautstärke und Klang werden durch die Bauweise der Rohrblätter, die doppelt-gegenschlagend oder einfach-aufschlagend sein können, deren Länge, Breite und Dicke und durch die enge oder weite, konische oder zylindrische Bohrung des Rohrs, also des Schallkörpers, erreicht.

Im Lauf des Mittelalters bildeten sich charakteristische Schalmei-Familien heraus, die auch eigene Benennungen erhielten. Kräftig und durchdringend sind die Schalmeien, „Pumhart“ genannt – die damals neueste Erfindung der Waffentechnik, ein pulverbetriebenes Geschütz, hatte bezeichnenderweise den gleichen Namen. Es gab diese Instrumente in mehreren Größen, bis sie später bei Michael Praetorius (1620) vom Klein-Discant über Alt und Tenor bis zum rund zwei Meter langen Bass-Pommer gebaut wurden.

Ähnlich laut und auffallend, aber nur in handlicher Größe gebaut waren die Platerspiele. Dem Schalmeirohr wurde um das Doppelrohrblatt eine elastische Schweinsblase, ein Plater, gelegt, sodass die Rohrblätter frei schwingen und einen gellenden Klang erzeugen konnten.

Für ruhigere Musik waren die Krummhörner geeignet. Die Innenbohrung des Rohrs ist nur wenige Millimeter stark und das Doppelrohrblatt steckt geschützt in einer Windkapsel. Auch hier gab es bald alle spielbaren Größen, zuerst Alt, Tenores und Bass. In der Kirche gehörten die Krummhörner ebenfalls zum Repertoire. So hat Thomas Stoltzer (1526) beim sechsstimmigen Psalm „Erzürne dich nicht …“ an die „Krumpörner gedacht und den Psalm also gesetzt, das er gantz darauff gerecht ist“.

Ausgehend von der Schalmei schufen die Meister des Musikinstrumentenbaus in Nürnberg und Venedig Dulciane (daraus entstanden später die Fagotte), Sordune, Rankette, Cornamusen, Kortholte, Rauschpfeifen und die regionaltypischen Arten der Sackpfeifen, die beim Tanz den Ton angaben. *W. Sp.*

Lit.: Verfasserlexikon, Bd. 8, Sp. 609–621 (B. Hernad / F. J. Worstbrock), Sp. 625–628 (P. Sappler).

80 „Hausmusik“ für die gebildeten Städter, für Patrizier und Handwerker, findet sich im Gesangbuch des Wolflein von Lochamer in Nürnberg.

„Ich spring an diesem Ringe“

Hörstation
Tanzlied aus: Wolflein von Lochamers Gesangbuch, Nürnberg, 1452–1460, fol. 41 und 42 (R)
Staatsbibliothek zu Berlin – Preußischer Kulturbesitz (Mus. ms. 50613)

„Wolflein von Lochamer ist das gesenngk püch“ lautet der Besitzeintrag auf Seite 37 der zwischen 1452 und 1460 in Nürnberg entstandenen Liedersammlung. Nach über fünf Jahrhunderten eines recht verworrenen Lebenswegs über Wernigerode bis Berlin verraten die Lagen des Liederbuchs, die fünf verschiedenen Wasserzeichen und mehrere Datierungen ihre Geheimnisse. Lage 1 und 2 bilden das Liederbuch, Lage 3 und 4 die zweitälteste Fassung des „Fundamentum organisandi Magistri Conradi Paumanns Ceci de Nürenberga Anno 52“ (1452).

Zuerst wurde, wohl um 1452, der musikalisch bedeutungsvolle Anhang geschrieben, bei dem es sich um das „Fundamentum organisandi Magistri Conradi Paumanns Ceci de Nürenberga Anno 52“ handelt. Dieser Blinde (cecus) wurde um 1415 in Nürnberg geboren, im August 1447 dort Stadtorganist und 1450 von München abgeworben, wo er 1517 starb und heute noch in St. Peter unter der Orgelempore einen mit Musikinstrumenten verzierten Grabstein hat. Schon zu Lebzeiten als „optimus organista“ gerühmt, war er überdies kundig auf folgenden

Instrumenten: „lutina, cythara, fidella ac fistula, tibiis ac buccina …“. Somit war sein Leben ausgefüllt mit dem Klang der Orgel, jenem der vielsaitigen Laute und Cythara, der tanzfreudigen Fidel sowie der Holz- und Blechblasinstrumente.

Paumanns Werdegang spiegelt sich dann auch in der Liedersammlung wider, denn hier finden sich 46 Lieder, die Paumanns Schüler mehrstimmig für Orgel gesetzt hatten. Die meist einstimmigen Lieder des Lochamer Liederbüchleins – zwei sind zweistimmig, drei siebenstimmig – reichen von der zarten Empfindung „All mein gedencken dy ich hab“ buntgemischt bis zur Tanzmusik, die sich im Reigenlied „mancher lande“ und ihren „hübschen freulein“ findet, jenen „von francken, dy sich (sehe) jch alzeit gerne“, während die Schwäbinnen ihres „gulden har“ wegen gerühmt werden, während die „vom Reyne“ verführerisch die neuesten Liedlein singen. Sachsens Mädchen werden eindeutig zweideutig besungen und jene aus Bayern reimen sich auf ihre Kochkünste „mit kesen und mit ayern“.

Im frühen 19. Jahrhundert kam es im Zuge der Wiederentdeckung des Mittelalters zu Neuauflagen mancher Lieder, berühmteste Bearbeiterin zu Klavierliedern war wohl Annette von Droste-Hülshoff. Inzwischen gibt es ein gutes Dutzend Ausgaben und wissenschaftliche Literatur. *W. Sp.*

Lit.: MGG, Sachteil 5, S. 1455; Salmen, Lochamer Liederbuch.

81 Der Nürnberger Barbier Hans Folz war ein berühmter Meistersinger und Verleger von Spruchgedichten und Fastnachtspielen.

Meisterlieder des Hans Folz

a) Hans Folz: Meisterlieder, 1496
Handschrift / Papier, 20,5 × 15
Bayerische Staatsbibliothek, München
(Cgm 6353)

b) Hans Folz
Hans Schwarz, um 1520, Zeichnung (R)
Staatliche Museen zu Berlin – Preußischer Kulturbesitz, Kupferstichkabinett
(KdZ 6052)

Hans Folz, geboren um 1435/40 in Worms, war seit 1459 Nürnberger Bürger. Er übte den Beruf eines Barbiers und Meisters der Wundarzneikunst aus, daneben entfaltete er seit etwa 1470 eine emsige und vermutlich einträgliche Tätigkeit als Dichter unterhaltender, poli-

81 a Fol. 14[r]

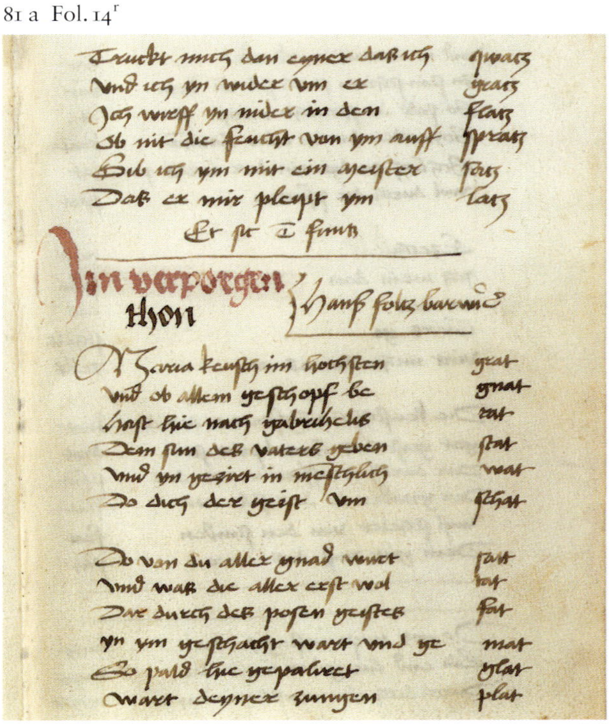

81 b

tisch-aktueller, ökonomisch-medizinischer, geistlicher, moralisierender Reimpaarsprüche – 44 Spruchgedichte sind erhalten – und von 12 (gesicherten) Fastnachtspielen – typischen Formen der Nürnberger Handwerkerdichtung, die sich auch bei dem um eine Generation älteren Rotschmied Hans Rosenplüt finden. Von 1479 bis 1488 druckte Folz seine Werke selbst. Darüber hinaus war er der vor Hans Sachs berühmteste Nürnberger Meistersinger.

Die Nürnberger Meistersingergesellschaft bestand seit der ersten Hälfte des 15. Jahrhunderts; andere bekannte Sänger und Dichter waren Fritz Kettner, Konrad Nachtigall, Fritz Zorn, Ulrich Eislinger, etwas jünger als Folz war der Leinweber Lienhard Nunnenbeck, der den jungen Hans Sachs in der Kunst des Meistergesangs unterrichtete. Die Gesellschaft trat mit ihren Singschulen, das heißt Konzerten, an die Öffentlichkeit. Hier wurden unter Wettbewerbsbedingungen vorwiegend geistliche Meisterlieder vorgetragen – der Sänger, dem die wenigsten Fehler unterliefen, trug den Sieg davon.

Von Folz haben sich 83 Meisterlieder erhalten, die teilweise in Tönen – so werden die Strophenformen genannt – abgefasst sind, die er selbst erfunden und mit Melodien versehen hatte; insgesamt werden Folz in der Tradition der Meistersinger 16 Töne zugeschrieben: Abenteuerweise, Baumton, Blutton, Chorweise, Feielweise, Freier Ton, Hahnenkrat, Hoher Ton, Kettenton, Langer Ton, Passional, Schrankweise, Strafweise, Tagweise, Teilton sowie ein Ton, dessen Bezeichnung nicht überliefert ist. Zum großen Teil finden sich die Texte der Folz'schen Meisterlieder in zwei autographen Sammlungen (Weimar, Herzogin Anna Amalia-Bibliothek, Q 566, und München, Bayerische Staatsbibliothek, Cgm 6353); die Melodien sind allerdings erst in Handschriften des 16. und 17. Jahrhunderts überliefert.

Folz, der über eine für einen Handwerker außergewöhnliche Bildung verfügte, war seit 1498 geschworener Meister seines Handwerks, er war zweimal verheiratet. Er starb im Januar 1513 als Insasse des Klosterhofs der Heilsbronner Zisterzienser in Nürnberg. *H. B.*

Bau: Andreas Spindler, Schloss Wernsdorf

c) Psalterium

Aus der griechischen Bezeichnung für das Zupfen ist die Bezeichnung „Psalter“ abgeleitet. Der halslose Holzkasten war dreieckig, trapezförmig, quadratisch, länglich oder halbkreisförmig gebaut. Die meisten mittelalterlichen Darstellungen zeigen aber jene Form, die durchaus einem Schweinskopf gleichen. Auf dem Schoß gespielt, mit Fingern oder dem Plektrum, einem Blättchen oder Stäbchen, gezupft, hat dieses Saiteninstrument eine uralte Tradition, die bei den Römern den Namen „Kanon“, bei den Arabern mit dem Lehnwort „Quanun“ bezeichnet wurde. Damit drückte man ein in Zahlen darstellbares mathematisches Gesetz aus, welches durch die verschieden langen Saiten und die analogen Töne sicht- und zugleich hörbar wurde. Die in einfachen Brüchen darstellbaren Verhältnisse der Töne zueinander (1:1, 2:1, 3:2, 4:3, 5:4 usw.) waren nach der Meinung des Mittelalters eine Erfindung des Pythagoras.

Die Nachfolger des gezupften Psalters sind Virginal und Cembalo – das mit Hämmern geschlagene und mehrfach besaitete Instrument wurde „Cimbalum“ genannt –, aus dem sich dann das Klavier entwickelte. *W. Sp.*

Lit.: Verfasserlexikon, Bd. 2, Sp. 769–793 (J. Janota); Janota, Hans Folz; Schanze, Liedkunst, Bd. 1, S. 295–350.

VII Franconia Sacra

Für die christliche Frömmigkeit von Land und Leuten in Franken darf man zur Zeit des Mittelalters die kirchlichen Jurisdiktionsbezirke der Diözesen Würzburg, Bamberg und Eichstätt in Anspruch nehmen und die Zentralität ihrer Domkirchen mit deren Patronen und Heiltumsschätzen. Ihnen eiferten die großen Prälaten-Klöster und städtischen Stifte nach, und grundherrlich angebundene Dorfgemeinden zogen im Parochialverband pflichtgemäß einmal im Jahr mit Kreuz und eigenen Reliquien zum Hauptpatron. Die Rechtsordnung des feudalen Lehenswesens als gesellschaftlicher Verfasstheit der profanen Welt spiegelte sich in den geistlichen Jenseitsbeziehungen des himmlischen Patronatswesens in wechselseitiger Abhängigkeits- und Schutzfunktion wider, sodass die Kombination von Heil und Heiltum immer stärker zur greif- und sichtbaren Form öffentlicher Religionsausübung wurde.

Diese Visualisierungstendenz fand in dem sich seit dem frühen 13. Jahrhundert dogmatisch steigernden Sakramentskult einen Höhepunkt mit der Ausbildung der Fronleichnamsprozession, die in fränkischen Städten wie Bamberg mit am frühesten in Mitteleuropa eingeführt worden ist. Einerseits wurde daraus zugleich eine allgemeine Wetterbitt- und Flurprozession mit vier Altären in alle Himmelsrichtungen und andererseits mutierten auf dem Land viele der alten Flurprozessionen zu parallelen theophorischen Segensveranstaltungen. Eucharistiemirakel gewannen katechetische Beweiskraft und führten oft zu lokalen Kulten der Heilig-Blut-Verehrung an Main und Tauber.

Die Marienverehrung konzentrierte sich bildlich in Franken auf zwei Haupttypen: erstens die Pietà oder das Vesperbild der Schmerzensmutter mit dem toten Sohn auf dem Schoß, vor allem in Bildstöcken der westlichen Regionen geläufig und mehrfach einen Kult begründend, und zweitens die siegreiche Gestalt aus der Apokalypse, die gnadenreiche Frau mit Kind in der Sonne, vornehmlich als prachtvolle Nürnberger Schreinmadonna verbreitet. Vor und um 1500 kam ein dritter Typus in Mode: die vielen Rosenkranzbilder von der damals noch jungen Druckgrafik über die Tafelmalerei bis zu den großen skulpturalen Schöpfungen fränkischer Meister.

Darüber aber darf man nicht den intensiven und stets zentralen Kreuzes- und Christi-Leiden-Kult überall im Land vergessen: voran die monumentalen, oft mit Reliquien bestückten und mit Ablässen versehenen Triumphkruzifixe in vielen Kirchen, vor allem aber die unzähligen Schmerzensmänner oder Pie Jesu aus der eucharistisch relevanten Gregorsmesse als Andachts- und Ablassbilder (bisweilen umgeben von den Waffen oder Wappen Christi, den Leidenswerkzeugen), neben dem Haupt voll Blut und Wunden in fast jeder Predella der Retabelaltäre. An der äußeren Kirchenwand, also auf dem Friedhof, befanden sich szenische Ölberge, auch „Todesangst Christi“ geheißen, und inmitten der Gräber stand oft eine ständig brennende Totenleuchte in Erwartung der Auferstehung. Nicht zu vergessen bleibt der lebensgroße Palmeselchristus aus dem liturgischem Prozessionsgebrauch der Karwoche, dessen eindrucksvolle fränkischen Exemplare heute große Museen zieren bis hin nach New York.

Was die Reformatoren später als „abergläubisches Wallfahren" geißeln sollten, fasst simplifizierend unterschiedliche Frömmigkeitsaktivitäten außerhalb des sonntäglichen Pfarrgottesdienstes zusammen, nämlich: die genannten Pflichtbesuche bei geistlichen Grundherren, außerordentliche Bitt- und Bußprozessionen, Besuch von Mendikantenpredigten, Stationsgottesdienste während der Rogationstage, Pfingstritte, Besuch von Nebenkirchen an deren Patronatsfesten, Bruderschaftskonkurse zu Jahrtagsfeiern, Ablasszulauf zeitlich begrenzter Indulgentien u. a. der römischen Jubel- oder Siebenkirchenablässe, häufiger gewordene Andachtsbildverehrung an Plätzen außerhalb der Kirchen durch Martererrichtungen und damit die Etablierung einer dichten Sakrallandschaft, natürlich aber auch die Vielzahl der seit ca. 1450 überall auftauchenden Wunderkulte, voran Vierzehnheiligen gegenüber von Banz, das sich damals zu einem Pferdepatronat für Ritter und Kaufleute entwickelte. Tatsächliche einsame Pilgerschaft auf gefährlichen Wegen nach Jerusalem oder Santiago hat bis heute sichtbare Spuren hinterlassen in den romanischen Zentralbauten des 12. Jahrhunderts, von fränkischen Rittern in Erinnerung an das Heilige Grab errichtet und eine exakte Kopie, heute noch in Eichstätt, einst wie in Jerusalem von einem Rundbau umgeben. Jakobsstationen mit Compostellahöfen im Durchgangsland Franken gab es in Bamberg, Nürnberg, Ochsenfurt, Rothenburg. Weniger Spuren hat der Zug der Ungarn alle sieben Jahre nach Aachen hinterlassen. In Miltenberg jedenfalls gab es die Möglichkeit der Einschiffung für die Pilger. Der Weg nach Rom führte von Skandinavien durch Thüringen über Würzburg nach Augsburg, fast so wie noch heute die B 19 verläuft. Ansonsten hielt sich Bamberg nicht nur wegen der Hügel und der vielen Immunitäten schon immer für ein deutsches Rom, weil es exemt, also unmittelbar zum Heiligen Stuhl war, und im Dom neben dem heiligen Kaiserpaar Heinrich und Kunigunde der einzige deutsche Papst begraben liegt.

Denkmale der Repräsentation und zugleich Andenken frommer Gesinnung stellen Sühnekreuze sowie Stifterbilder an Spitälern oder Altären dar, ebenso die Epitaphien der Vermögenden, gleich den Totenschilden des Adels und der Patrizier. Auf weiten Fahrten trug man am Hut die Hinweiszeichen seines Wegs. Geschäfts-, Bade- und Pilgerreisen konnten vermischt sein und sich noch auf Grabmälern von Kaufleuten dokumentieren durch die Wappen von Gebetsverbrüderungen.

Die Organisationsform gemeinschaftlicher Aktivitäten bildete das Bruderschaftswesen. Auch hier oszillieren wiederum Standes- und Berufsgruppierungen mit den geistlichen Anliegen einer Bruderschaft. Handwerkszünfte und Kaufmannsgilden waren zugleich Begräbnis- und Gedächtnisvereine der Mitglieder. Ritterorden, Priester-, Laien-, allgemeine Gebetsbrüderschaften standen stets im Zeichen besonderer Kultpflege für unterschiedliche soziale Anbindungen. Gesellschaftlich dominierten am Main zu Ende des Mittelalters die Corpus-Christi-, Sebastiani- und Annenbruderschaften. Sie traten mit ihren Insignien bei Prozessionen öffentlich in Erscheinung, doch erst im Spätmittelalter erfasste diese Form der voran städtischen Selbstdarstellung alle Kreise der Bevölkerung, einschließlich der Frauen. Die Reichsstadt Nürnberg mit ihrem großen Hinterland bietet das eindringlichste Beispiel, auch dafür, dass zum Zeitpunkt der Reformation eine religiöse Hochgestimmtheit herrschte, die es erst ermöglichte die Gläubigen von der Idee zu faszinieren, jetzt breche die Erfüllung und Endzeit an ohne alles Alte verteufeln zu müssen und die bleibenden Kulturzeugnisse der eigenen Vergangenheit zu vernichten, wie vielerorts außerhalb Frankens geschehen.

Wolfgang Brückner

82 Die Darstellung Bischof Ottos von Bamberg und Bischof Willibalds von Eichstätt belegt die Herkunft der Tafel aus fränkischem Gebiet. Sie gilt als älteste noch erhaltene Tafelmalerei der Region.

Altartafel mit Darstellungen von acht Heiligen

Mittelfranken, wohl 1327 oder etwas später; Fichtenholz, Goldgrund ohne Punzierung oder Gravur, 89 × 255
Bayerisches Nationalmuseum, München (L 31/282), Leihgabe der Stadt Weißenburg

82

Die massive Tafel aus 4 cm starken Fichtenbrettern wurde nach ihrer Rahmung mit Leinwand beklebt, diese daraufhin zubereitet und bemalt. Ihr Erhaltungszustand lässt jedoch nur noch an wenigen Stellen den ursprünglichen Zustand und somit die hohe Qualität der Gestaltbildung und Maltechnik erkennen. Das Gemälde kam 1931 als Leihgabe der nun evangelischen St. Andreas-Gemeinde aus Weißenburg an das Bayerische Nationalmuseum in München. Ob es in Weißenburg bereits 1327 als Retabel den in jenem Jahr geweihten Hochaltar der Andreaskirche schmückte oder erst einige Jahre später entstand (um 1340/50), wie das stark ausschwingende Figurenbild nahe legt, bedarf weiterer Klärung. Doch trotz der dünnen Überlieferungssituation darf man davon ausgehen, dass es sich hier um die wohl älteste erhaltene Tafelmalerei in Franken handelt.

Unter einem doppelten Arkadenbogen sind jeweils zwei Heilige in angeregtem Gespräch dargestellt. Die Konzeption erinnert darin an ältere Darstellungen aus der ersten Hälfte des 11. Jahrhunderts, wie die steinerne Apostеltafel im Basler Münster. Die Disputierenden stehen auf einer zinnenartig sich nach vorn öffnenden Bodenplatte von bemerkenswertem perspektivischen Verständnis. Sie werden von bandumschlungenen, eher flachen Säulen nach italienischem Vorbild eingefasst; über ihren Köpfen verläuft ein mauerähnlicher Abschluss. Der unbekannte Maler versuchte sich erfolgreich in der abwechslungsreichen Darstellung von Mimik und Gestik der acht Personen. Ihre Identifizierung ist nur in einigen Fällen anhand der erhaltenen Inschriften auf der oberen Rahmenleiste möglich. Von links nach rechts sind zu sehen: Bischof Otto (von Bamberg) und Apostel Andreas; Willibald (Bischof von Eichstätt) und Apostel Bartholomäus; der Abt eines Ordens (Zisterzienser?) und ein nicht mehr benennbarer Bischof sowie mit Benedikt ein weiterer Ordensgründer und ein zweiter unbekannter Bischof. Die eindeutige Benennung von Bischof Otto von Bamberg und Bischof Willibald von Eichstätt sichert die allgemeine Bestimmung für dieses Gebiet, die Darstellung des Apostels Andreas legt die ursprüngliche Herkunft aus der gleichnamigen Kirche nahe. *B.K.*

Lit.: Stange, Tafelbilder vor Dürer III, S. 17, Nr. 1 (mit älterer Literatur); Eikelmann, Bayerisches Nationalmuseum, Handbuch, S. 33.

83 Kaiser Heinrich II. gründete 1007 des Bistum Bamberg. Seine Frau Kunigunde und er wurden nach ihrem Tod heilig gesprochen. Die Frauenkrone wurde im 15. Jahrhundert zusammengefügt mit einer 1064 entstandenen Votivkrone, der so genannten Kunigundenkrone.

Deutschland, 1. Hälfte oder Mitte 14. Jahrhundert
Silber, vergoldet, Bronze (Innenreif), Edelsteine, Glasflüsse, Perlen; Ø ca. 18,4, H. 5,3 (mit Perle) bzw. H. 9 (mit Kreuz)
Unterer Zierreif: Gold, Perlen, Emailreste, ca. 17,8
Bayerische Verwaltung der staatlichen Schlösser, Gärten und Seen, Residenz München, Schatzkammer

Oberer Teil der so genannten Krone der hl. Kunigunde

Die Krone besteht aus elf querrechteckigen Platten, die durch Scharniere an den Schmalseiten miteinander verbunden und an der Innenseite mit einem durchlaufenden vergoldeten Bronzereif verstärkt sind. Die einzelnen Teile tragen nach einem regelmäßigen Schema überwiegend rote und blaue Edelsteine in pilzförmigen Fassungen und enden in neun mäßig hohen heraldischen Lilien. Den Rand und die Konturen säumt ein gezacktes Profilband, das in Kontrast zur glatten Fläche des Kronreifs steht. Über den Scharnieren sind helle längsovale Saphire aufgesetzt, die allerdings nur zum Teil erhalten sind. Sowohl die Saphire als auch die Lilien werden von Perlen bekrönt.

83

Die Scharniere wurden durch kleine steigende Löwen verdeckt, von denen sich zwei an der Vorderplatte und einer an der Schläfenplatte erhalten haben. Sie könnten einen Hinweis auf den Stifter der Krone geben. Möglicherweise war dies der von 1366 bis 1374 in Bamberg regierende Bischof Ludwig von Meißen, der als Wappen einen steigenden schwarzen Löwen im goldenen Feld führte.

Anstelle des mittleren Lilienblatts ragt an der Stirnplatte ein Kreuz mit einem sechskantig geschliffenen Amethyst und einem kleinen Reliquienbehälter in die Höhe. Es gehörte zu den Schmuckstücken, die als spätere Stiftung zum Kunigundenhaupt und zur Krone gekommen sind.

Die Krone ist auf einen Reif aus zwei parallelen, gekerbten Golddrähten aufgesetzt und mit feinen goldgetriebenen Blättern im Wechsel mit je drei blütenförmig angeordneten Perlen verziert. Die Blattformen legen eine Entstehung im ersten Viertel des 15. Jahrhunderts nahe. Auch die Zusammenfügung mit der um 1064 als Votivkrone entstandenen Kunigundenkrone wäre in diesem Zeitraum am ehesten vorstellbar.

Sie war nach der Heiligsprechung der Kaiserin Kunigunde im Jahr 1200 als Schmuck ihres Kopfreliquiars umgearbeitet worden. Es ist denkbar, dass der Reif dem Stil der Zeit angepasst werden sollte, vergleichbar etwa den hohen Kronen der Schönen Madonnen des frühen 15. Jahrhunderts.

Wenn die „corona sanctae Kunegundis" in den schriftlichen Quellen des Bamberger Domschatzes erwähnt wird, dann sind immer beide Teile gemeint. Sie schmückte das goldene Reliquiar der Kunigunde, bis es im Jahr 1658 durch die silberne Büste eines Augsburger Goldschmieds ersetzt und ein Jahr später eingeschmolzen wurde. Da das Kleinod nicht mehr gebraucht wurde, blieb es fortan im Domschatz und lag zusammen mit der so genannten Heinrichskrone an kirchlichen Festtagen als Altarschmuck neben den Häuptern des Herrscherpaars. Bei Prozessionen wurden die Kronen den Reliquiaren vorangetragen. Aufgrund ihrer engen Beziehung zum Büstenreliquiar der hl. Kunigunde galt die Krone über Jahrhunderte lang als Schenkung der Kaiserin an den Bamberger Domschatz. 1931 wurden die beide Stücke voneinander getrennt und gesondert ausgestellt. *C. S.-W.*

Lit.: Ein Leben für den Bamberger Dom [Ausstellungskatalog], Kat.-Nr. 30 f.; Baumgärtel-Fleischmann, Kunigundenkrone; Eikelmann, Kronen; Brunner, Kronen, S. 8 ff.; Schatzkammer der Residenz München, Nr. 10; Messerer, Bamberger Domschatz, S. 62; Schatzkammer der Münchner Residenz, Kat.-Nr. 535; Bassermann-Jordan / Schmid, Bamberger Domschatz, Nr. 16.

84 Der silberne Votivaltar ist dem hl. Willibald, dem Begründer des Bistums Eichstätt, und der Eichstätter Bistumspatronin, der hl. Walburga, gewidmet.

Seld'sches Altärchen

Jörg Seld (um 1454–1527)
Augsburg, 1492
Silber, teilweise vergoldet, getrieben, gegossen, ziseliert, graviert, Tiefstichemail, Kaltbemalung, Almandine, Holzsockel; 46,8 × 34,3 × 8,8 (ohne Sockel)
Wittelsbacher Ausgleichsfonds, München (S I 12)

84

Der in England geborene Willibald, Sohn von Richard und Wuna, wurde 740 zur Missionstätigkeit nach Deutschland gesandt. 741 weihte ihn Bonifatius zum ersten Bischof von Eichstätt. Über 750 Jahre später begab sich erneut ein Geistlicher auf Reisen. Der Weg des Eichstätter Domherrn Bernhard Adelmann von Adelmannsfelden verlief 1492 in umgekehrter Richtung und führte von Eichstätt nach England. In der Kathedrale von Canterbury überbrachte Bernhard dem englischen König Heinrich VII. im Auftrag seines Bischofs Reliquien des hl. Richard sowie seiner Kinder, der Eichstätter Bistumsheiligen Willibald, Wunibald und Walburga (Kat.-Nr. 92). Aus Dankbarkeit über die glückliche Rückkehr und mit dem königlichen Abschiedsgeschenk von 200 Kronen beauftragte der Domherr den Augsburger Goldschmied Jörg Seld, einen kleinen silbernen Altar zu fertigen, den er in die Kollegiatspfarrkirche Unserer Lieben Frau in Eichstätt stiftete. Dort befand sich der Altar bis zur Säkularisation. 1835 gelangte er in den Besitz von König Ludwig I.

Das Altärchen ist als Flügelaltar mit rund abschließendem Schrein konzipiert und den Eichstätter Bistumsheiligen gewidmet. Die gravierten Darstellungen auf den Flügelaußenseiten zeigen Stationen aus dem Leben des hl. Willibald. Links oben sind Richard und Wuna vor der Wiege ihres Sohnes Willibald zu sehen, im Hintergrund erscheint Willibald als Heranwachsender im Kloster Waldheim, gefolgt von der Szene der Verabschiedung Richards und seiner Söhne Willibald und Wunibald, die auf Pilgerreise gehen, von Wuna und Walburga. Links unten wird die Bischofsweihe Willibalds dargestellt. Das nächste Feld zeigt die offene Grabtumba des hl. Willibald, umringt von Kranken.

Aufgeklappt präsentieren sich neun unter Arkaden stehende Heiligenfiguren, die von Lünetten überfangen werden. In der Mitte befindet sich die hl. Walburga, links sind Bonifatius und Richard, rechts Willibald und Wunibald angeordnet. Die Flügel zeigen Katharina und Hieronymus sowie Barbara und Thomas Beckett, den Bischof von Canterbury.

Das zentrale Gestaltungsmittel des Altars ist das Spiel mit der Plastizität, die sich von den qualitätvollen Gravuren der Flügelaußenseiten bis zu den nahezu vollplastischen Figuren im Schrein steigert. *M. F.*

Lit.: KDB Stadt München, Bezirksämter Erding, Ebersberg, Miesbach, Rosenheim, Traunstein, Wasserburg, S. 1097–1099; Zoepfl, Bernhard Adelmann von Adelmannsfelden; Hl. Willibald 787–1987 [Ausstellungskatalog], S. 136–138, Kat.-Nr. D 2.1 (E. Braun); Gold und Silber [Ausstellungskatalog], S. 135–139, Kat.-Nr. 18 (M. Fahn).

84

85 Der Würzburger Bistumsheilige, der irische Mönch Kilian, ist bis heute „aller Franken Patron“.

Kiliansmarter

Fränkisch, um 1490
Mischtechnik / Holz mit Leinwand überzogen, ca. 104 × 71, am linken und am unteren Bildrand beschnitten
Kath. Kirchenstiftung Eibelstadt

85

Die Kiliansmarter ist eines von drei erhaltenen Tafelbildern, die für den 1484 geweihten Hochaltar der Pfarrkirche St. Nikolaus in Eibelstadt geschaffen wurden. Als dieser 1625 einem anderen Retabel weichen musste, wurden die Bilder in Holzplanken zerlegt, seitlich beschnitten und als Bodendielen für die Orgelempore verwendet, wo man sie 1965 wieder entdeckte und restaurierte. Der Aufbau des spätgotischen Altars ist nicht überliefert; denkbar ist, dass die Kiliansmarter von den beiden anderen Bildern, die Szenen aus der Nikolauslegende darstellen, flankiert wurde.

Die Kiliansmarter zeigt den bereits enthaupteten Märtyrer, hinter dem die als Mörder gedungenen Diener der Herzogin Geila aufragen; der Bildtradition entsprechend sind sie als Koch und Kastellan gekennzeichnet. Rechts kniet einer der Gefährten Kilians, der andere ist kaum zu sehen, da das Bild beschnitten ist. Der Ort des Geschehens, Würzburg, wird in Gestalt der Festung Marienberg verdeutlicht. Im Bildmittelgrund ist die Taufe einiger von Kilian bekehrter Menschen zu erkennen.

Die Tafel hat einen ähnlichen, teilweise allerdings seitenverkehrten Aufbau wie eine aus Nürnberg stammende Kiliansmarter (Würzburg, Mainfränkisches Museum, um 1475), weshalb beide auf ein gemeinsames Vorbild zurückgehen dürften. Die Darstellung der Festung Marienberg stimmt mit jener in der 1493 erschienenen Schedel'schen Weltchronik nahezu überein, von der vermutlich schon vorher umlaufende Vorzeichnungen bekannt waren. Die Besonderheit der Eibelstädter Kiliansmarter liegt – abgesehen von den sehr ausgeprägten Physiognomien – vor allem im Kolorit, namentlich in der Verwendung gebrochener oder changierender Farbtöne. Hierdurch erhält das Gemälde einen eigentümlichen, fast märchenhaften Charakter, welcher den zeitgleichen eher nüchternen Würzburger Bildern, aber auch der Nürnberger Malerei fremd ist. Farbigkeit und Physiognomien sind am ehesten mit jenen des Hersbrucker Altars (Ev. Pfarrkirche, um 1485/90) vergleichbar.

Ch. K.

Lit.: von Freeden, in: Altfränkische Bilder, S. 20; Kummer, Tafelbilder; Kilian. Mönch aus Irland [Ausstellungskatalog], Kat.-Nr. 6, S. 36 (H. Muth).

86 Der zu den ältesten Kirchengeräten Würzburgs zählende Hostienbehälter zeigt eine Darstellung des hl. Kilian.

Ziborium

Fränkisch (Nürnberg oder Würzburg), um 1470
Kupfer, außen vergoldet, graviert, H. 24,8, Ø (Fuß) 10,7
Mainfränkisches Museum, Würzburg (S 32631)

Nur wenige Würzburger Kirchengeräte haben sich aus dem Mittelalter erhalten. Umso größer ist die Bedeutung des Ziboriums aus der Marienkapelle, das sich zudem als einziges bis zum Datum seiner Weihe zurückverfolgen lässt. Der Würzburger Weihbischof Johannes Hutterer weihte am 17. März 1473 die „Ornamente", unter denen sich auch das Ziborium befand. Es gelangte vermutlich durch eine Stiftung in die Kapelle, da es in den Rechnungen nicht nachzuweisen ist.

Zahlreiche Ausbesserungen lassen auf eine starke Nutzung des Kirchengeräts schließen, die ein einliegender Zettel des 17. Jahrhunderts bekräftigt: „Das ist das Civorium von Kupfer und vergold wo die Christen heimlich mit versehen worden in Schweeden Krieg das ist in der Maria Kapellen getauft und alle Pfarr gottes dienst versehen worden."

Ursprünglich erhalten ist die Kuppa mit den gravierten Darstellungen von Johannes Evangelist, Maria Magdalena, Schmerzensmann, hl. Kilian, Schweißtuch der Veronika sowie einem Feld mit Rankenornament. Der hl. Kilian ist bekleidet mit Mitra und Kasel und hält in den Händen ein Buch und den Bischofsstab, jedoch kein Schwert, das auf die weltliche Herrschaft des Fürstbischofs hingewiesen hätte.

Die Felder werden durch architektonische Elemente voneinander abgesetzt, kleine Strebepfeiler zieren die Ecken. Der Deckel ist durch Schindeln wie ein Turmhelm und mit Krabben an den Kanten gestaltet. Die Kreuzbekrönung auf dem Deckel geht auf eine spätere Veränderung zurück. Über dem Fuß und dem Nodus ist ursprünglich jeweils ein Schaftstück zu ergänzen, ähnlich einem Nürnberger Ziborium des frühen 15. Jahrhunderts, das sich im Germanischen Nationalmuseum befindet (KG 147). *C. S.-W.*

Lit.: Trenschel, 150 Meisterwerke, S. 114; von Freeden, Schätze des Mainfränkischen Museums Würzburg, Taf. 114; Kilian. Mönch aus Franken [Ausstellungskatalog], Kat.-Nr. 263.

87 Das Weihrauchfass stammt der Überlieferung nach aus dem 1263 gegründeten Augustinerkloster in Würzburg.

Weihrauchfass

Nürnberg, 2. Hälfte 15. Jahrhundert
Silber, gegossen, ziseliert,
H. (ohne Ketten) 24 bzw.
76,5 (mit Ketten und Handhabe)
Mainfränkisches Museum, Würzburg
(A 32683)

Die Verwendung von Weihrauch geht auf alte orientalische Bräuche zurück. Weihrauch besitzt vielfältige symbolische Bedeutungen: Ehrerbietung, Hingabe und Anbetung, aber auch Gegenwart Gottes. Mit der liturgischen Reform der Karolingerzeit stieg der Bedarf an Weihrauchfässern, die bei Prozessionen mitgeführt werden konnten. Daher besitzen alle mittelalterlichen Geräte drei oder wie hier vier Ketten zum Tragen und Hochziehen des Deckels. Selten haben sich wie bei dem ausgestellten Beispiel silberne Rauchfässer erhalten, wenngleich diese in Schatzverzeichnissen vielfach erwähnt sind. Der untere Teil des Weihrauchfasses besteht aus einem achtpassigen, profilierten Fuß und einer Schale, an der verschieden große Buckel übereinander angeordnet und mit winzigen Drachen verziert sind. Über der kugeligen Grundform erhebt sich mit drei Stockwerken der achtseitige Deckel in Form eines gotischen Baldachins. Er ist mit zahlreichen nach oben getreppten, architektonischen Rauchöffnungen durchbrochen. Sie veranschaulichen das Weihrauchfass als Sinnbild des Himmlischen Jerusalem. Auf den kleinen Konsolen saßen ehemals Engel, für die vielleicht ein Kupferstich Martin Schongauers als Vorbild wirkte. Die Kirche des Augustinerklosters wurde 1824 abgerissen, nachdem bereits 1813 das einstige Dominikanerkloster den Augustinern übergeben worden war. Dort war das Rauchfass noch 1852 nachweisbar. *C. S.-W.*

Lit.: Trenschel, 150 Meisterwerke, S. 80; Kleidt, Spätes Mittelalter; Reinle, Ausstattung, S. 92; von Freeden, Schätze des Mainfränkischen Museums Würzburg, Taf. 113; Franconia Sacra [Ausstellungskatalog], Kat.-Nr. D 23.

87

88 Kunstvoll verziertes Kirchengerät entstand im Mittelalter vor allem in der Handelsmetropole Nürnberg. Auch Bamberger Werkstätten fertigten qualitätvolle liturgische Geräte.

Nürnberg oder Bamberg (?), 1477
Silber, vergoldet, H. 90,5, L. (Fuß) 32,2
Kath. Kirchenstiftung U. lb. Frau, Bamberg

Monstranz

Der vielfach geschweifte Fuß mit vierpassförmig durchbrochener Zarge über ovalem Grundriss geht zunächst in einen achteckigen Schaft über, der mit einem kapellenförmigen Umbau auf sechs Kanten reduziert wird. Der Nodus ist von sechs Nischen zwischen Strebepfeilern gestaltet, in denen Apostel stehen: Philippus mit dem Stabkreuz, Bartholomäus mit dem Messer, Simon mit Säge, Andreas mit Schrägkreuz, Johannes mit Kelch, Jakobus d. Ä. mit Pilgerstab und Muschel. Der Schaft verbreitert sich über mehrfachen Profilierungen zu einer reich verzierten Plattform. Die Mittelzone der Monstranz fertigte der Goldschmied nach der Vorlage eines Kupferstichs des Meisters ES. Wie auf der Grafik tragen zwei Querarme die breiten, durchbrochenen Strebepfeiler mit geschwungenen Wasserschlägen, die sich nach oben verjüngen bis hin zu den turmartig mit Krabben besetzten Fialen. Sie umrahmen die zylinderförmige Kustodie, die Kapsel für die Aufnahme der geweihten Hostie. Den Mittelturm ziert ein Kranz von Spitzbögen, ein für Nürnberger Monstranzen charakteristisches Motiv. Das nach oben weisende offene Turmgestänge birgt in seinem Inneren den Schmerzensmann, um schließlich in einem krabbenbesetzten Helm mit einer Spitze zu schließen. An den Innenseiten der Pfeiler stehen dem Hostienbehälter am nächsten die Verkündigung des Erzengels Gabriel an Maria und an den Außenseiten Petrus mit dem Schlüssel und Paulus mit dem Schwert. Darüber, vor dem sich verjüngenden Teil, befinden sich die Figuren der hl. Barbara mit Kelchfuß (Kelch fehlt) und die hl. Margarete mit dem Drachen. In den 1960er-Jahren gab es Versuche die Kleinplastiken dem Frühwerk des Veit Stoß zuzuschreiben, der 1477 sein Bürgerrecht in Nürnberg aufgab und nach Krakau auswanderte. Diese These wird heute kaum mehr vertreten. Allerdings war um 1470/80 in Nürnberg eine ganze Reihe fähiger Bildhauer bzw. Schnitzer tätig, die die Reichsstadt und ihr Umland mit Skulpturen versorgten. Die meisten Arbeiten können jedoch heute nicht mehr bestimmten Meistern zugewiesen werden. Stilkritische Vergleiche sprechen dafür, dass auch die qualitätvollen Modelle für die Fi-

88

guren der Monstranz aus der Oberen Pfarre in einer Nürnberger Bildschnitzerwerkstatt hergestellt worden sein könnten (freundliche Auskunft von Stefan Roller).

Die Fertigung des Kirchengeräts selbst in einer Nürnberger Goldschmiedewerkstatt ist wegen der fehlenden Beschaumarke und mangels vergleichbarer Arbeiten nicht sicher zu belegen. Möglicherweise stammt die Monstranz aus einer Bamberger Werkstatt. Heinrich Kautsch, seit 1443 als Goldschmied erwähnt, ist 1475 als Pfleger der Oberen Pfarre genannt. Zu seinen Aufgaben gehörte es bei Prozessionen wie zu Fronleichnam mit einer Kerze neben dem Pfarrer zu gehen. Es wäre denkbar, dass Kautsch die Monstranz selbst ausführte oder dass er an der Auftragsvergabe in Nürnberg beteiligt war. *C. S.-W.*

Lit.: Scheffler, Goldschmiede Oberfrankens, Nr. 28; Fritz, Goldschmiedekunst der Gotik, Kat.-Nr. 778; Kohlhaussen, Nürnberger Goldschmiedekunst, S. 217f.

89 Der Bamberger Domherr Eberhard von Rabenstein trat auch als Stifter von Kirchengerät in Erscheinung.

Kelch

Bamberg, vor 1505
Silber, getrieben, gegossen, graviert, vergoldet, Email, H. 19,5, Ø (Fuß) 14,8, Ø (Kuppa) 10,5
Evang.-Luth. Kirchengemeinde Thurnau

Lit.: Voit, Die Rabensteiner; Scheffler, Goldschmiede Oberfrankens, S. 5 f.; Kist, Matrikel, Nr. 4731; Kunstmann, Burgen, S. 242; Kist, Bamberger Domkapitel, S. 235 f.; Sitzmann, Goldschmiedekunst, S. 5, 59; Wachter, General-Personal-Schematismus, S. 375, Nr. 7704; Looshorn, Geschichte des Bistums Bamberg, S. 388, 422, 487 f.

Eberhard von Rabenstein wurde am 9. Oktober 1471 Domherr von Bamberg. Als Oberpfarrer bei Unserer Lieben Frau ab 1480, erreichte er, dass ein Teil der päpstlichen Steuer für seine Pfarrkirche verwendet werden durfte. Zudem erwarb er im Lauf der Jahre zahlreiche Pfründe in Bamberg und den umliegenden Orten. 1491 wurde Rabenstein Kapitularkanoniker. Er war mehrfach als diplomatischer Vertreter des Kaisers oder des Bischofs unterwegs. So reiste er 1495 als Gesandter des Bamberger Bischofs an den kaiserlichen Hof, um die Regalien des Bistums zu empfangen. Mit seinem Bruder Heinrich erwarb er 1499 Wünschendorf als Bamberger Lehen. Rabenstein starb als Oberster Sangmeister am 6. Februar 1505. Sein Grabstein befindet sich in der Nagelkapelle des Bamberger Doms, der Grablege des Domkapitels. Als Testamentsvollstrecker bereiteten die Domherren Weyprecht von Seckendorff und Dr. Leonhard von Egloffstein die ewige Stiftung eines Spitals in Waischenfeld vor, die am 14. Februar 1514 durch Bischof Georg von Bamberg und das Domkapitel bestätigt wurde. In dem Spital sollten sieben Personen männlichen und weiblichen Geschlechts wohnen und verpflegt werden. Der von Rabenstein gestiftete Kelch ruht auf einem sechspassigen Fuß mit profilierter Zarge. Die flach verlaufende Fußfläche steigt sechsfach gegratet zum Schaft an. Auf einem Feld ist das Wappen des Stifters zu sehen. Der sechsseitige profilierte Schaft wird von einem Nodus mit sechs rautenförmigen Zapfen unterbrochen. Seine gedrückte Ballenform ist aus zwei Schalenhälften zusammengesetzt. Die gegenständigen Zungen sind mit Architekturdekor graviert. Die rautenförmigen Rotuli sind mit schwarzem Email gefüllt. Auf den Schaftabschnitten oberhalb und unterhalb des Nodus sind die Namen „ihesus“ und „maria“ graviert. Die Kuppa ist leicht glockenförmig geschweift. Das Wappen des Eberhard von Rabenstein, ein in Gold nach rechts schauender schwarzer Rabe auf grünem Dreiberg, mit der Jahreszahl 1503 befindet sich bis heute am Gebäude der Domherrnkurie in Bamberg. C. S.-W.

89

90 Die ersten Klöster wurden in Franken in der Karolingerzeit im 8. und 9. Jahrhundert gegründet und dann wieder mit der Reformbewegung des 12. Jahrhunderts.

Entwurf: Wolfgang Jahn
Kartografie und Grafik: Susanne Schnitzer, Kiel / Gruppe Gut, Bozen

a) Karte zur fränkischen Klosterlandschaft um 1500

www.kloester.hdbg.de
Haus der Bayerischen Geschichte, Augsburg

b) Datenbank zur Geschichte der Klöster in Bayern

Das vom Haus der Bayerischen Geschichte 2003 grundlegend überarbeitete Internet-Portal „Klöster in Bayern“ umfasst derzeit etwa 480 Klöster in allen bayerischen Regierungsbezirken. Auf die drei fränkischen Regierungsbezirke entfallen dabei für die Zeit bis 1500 über 120 Klöster der verschiedensten Kongregationen. Dieser Bestand erlaubt es einige grundlegende Aussagen zur Entwicklung der „fränkischen“ Klosterlandschaft im Mittelalter zu treffen.

Die drei fränkischen Bistumsorte Würzburg, Bamberg und Eichstätt wiesen die größte Anzahl an Klöstern auf. Würzburg hat mit etwa 15 Niederlassungen die größte Dichte, gefolgt von Bamberg mit etwa zehn; die Eichstätter Zahl mit über fünf Klöstern wurde bereits fast von der wirtschaftlich übermächtigen Reichsstadt Nürnberg erreicht.

Die erste Welle der Klostergründungen im 8. Jahrhundert konzentrierte sich mit etwa zehn Gründungen hauptsächlich auf das Würzburger und Eichstätter Territorium. Solnhofen, Heidenheim, Herrieden und St. Willibald sind für Eichstätt zu nennen, während Amorbach, St. Burkard, St. Gumpert und die Benediktinerklöster Neustadt am Main und Münsterschwarzach stellvertretend für den mainzisch-würzburgischen Raum stehen.

Kirchenreform und Klosterreform schlugen sich im 11. Jahrhundert auch nennenswert in der Zahl der Neugründungen nieder. Von den etwa 15 neuen Konventen entfielen allein vier auf Bamberg als neuen Bistumssitz (St. Stephan, Michelsberg, St. Gangolf und St. Jakob). Mit weit über 20 Neugründungen setzte sich im 12. Jahrhundert diese Welle mit neuen Orden fort. Ebrach wurde dabei zum „Mutterkloster“ vieler fränkischer Zisterzen, den Prämonstratensern wurde das würzburgische Oberzell übertragen, Tückelhausen wurde eine Kartause.

Den Höhepunkt erreichte die Zahl der Klostergründungen mit knapp 40 neuen Klöstern im 13. Jahrhundert. Mit über zehn Klöstern hatten die Zisterzienser und Zisterzienserinnen den zahlenmäßig größten Anteil daran. Ein Vergleich mit Ober- und Niederbayern, der Oberpfalz und Schwaben zeigt, dass im 13. Jahrhundert in diesen Gebieten etwa ein Viertel aller mittelalterlichen Klöster gegründet wurde, während der Anteil in Franken fast ein Drittel betrug. Mit jeweils über 15 Neugründungen reduzierte sich die absolute Zahl der Neugründungen in den folgenden beiden Jahrhunderten bis zum Ausgang des Mittelalters.

Im Vergleich zu Bayern und Schwaben sind für Franken einige Besonderheiten zu konstatieren. So haben die Zisterzienser mit etwa 16 Klöstern mehr Konvente als in Ober- und Niederbayern, der Oberpfalz und Schwaben zusammengenommen. Auch die Anzahl der Kartausen ist in Franken höher als in den anderen oben genannten Gebieten.

W. J.

91 Kloster Ebrach wurde von Abt Adam als erstes Zisterzienserkloster 1127 östlich des Rheins gegründet. Graf Rupert zu Castell befreite 1224 die dem Kloster Ebrach geschenkten Weinberge von aller Vogtei und allen Abgaben.

Urkunde Graf Ruperts zu Castell

Handschrift / Pergament mit angehängtem braunen Wachssiegel, 9,9 × 22,5
Fürstlich Castell'sches Archiv, Castell (UA H Ebrach 1)

Zu den Stiftern und Gönnern der 1127 gegründeten Zisterzienserabtei Ebrach gehörten auch die benachbarten Grafen zu Castell. Graf Rupert zu Castell („ego Rupertus dictus comes in Castel") befreite 1224 die der Abtei Ebrach von seinen Getreuen geschenkten Weinberge („omnia vineta a fidelibus et hominibus meis") von den darauf haftenden Vogteirechten („ab omni iure advocacie totaliter absolvi") und allen sonstigen Abgaben. Obwohl in der Urkunde selbst keine Angaben über den Standort der Weinberge gemacht werden, wird in späteren Kopialbüchern von Weinbergen „circa Langheim", also Kleinlangheim, gesprochen. Als Zeugen erscheinen in der Urkunde unter anderem mehrere Mitglieder der Castell'schen Ministerialität (Truchsess von Castell, Pluz, Kwerrer, Langheim), die auch in anderen Urkunden des 13. Jahrhunderts als Getreue und Vasallen der Grafen Castell auftreten.

Den Zisterziensern war die Befreiung von vogteilichen Rechten sehr wichtig und sie bemühten sich oft noch Jahrzehnte nach einer Schenkung, diese vom Vogteirecht befreien zu lassen. Dies führte dazu, dass die ebrachischen Grunduntertanen am Ende des Mittelalters beinahe ausschließlich auch der ebrachischen „advocacia" unterstanden und die Abtei dadurch ein hohes Maß an Unabhängigkeit erlangte. An der Vogtei hingen die gesamte Zivilgerichtsbarkeit, die niedere Strafgerichtsbarkeit, das Schankrecht, das Pfandrecht, die Eichung der Maße und Gewichte, das Siebnerwesen, die Feuerschau, die Vormundschaftsbestellung, die Nachsteuer und viele andere Rechte.

Dem letzten Abt von Ebrach, Eugen Montag, waren die intensiven Kontakte zwischen der Steigerwald-Zisterze und den Grafen Castell gut bekannt. Zur Erinnerung an die vielfältigen Beziehungen im Mittelalter schenkte er 1802, kurz vor der Säkularisierung seiner Abtei, die gut erhaltene Pergament-Urkunde von 1224 an das Haus Castell. Sie ist heute die älteste Urkunde im Fürstlich Castell'schen Archiv und das angehängte Wachssiegel zeigt die erste Darstellung des Castell'schen Wappens, den von Rot und Silber gevierten Schild. *J. D.*

Druck: Codex Diplomaticus Ebracensis I, Bd. I, Nr. 145, S. 298–300; Monumenta Castellana, Nr. 81, S. 23 f.

91

Fränkisch (Nürnberg), um 1350
Kupfer, gegossen, getrieben, ziseliert, vergoldet, H. 37,5
Kath. Pfarramt St. Nikolaus, Scheer

92 Der hl. Wunibald, ein Bruder des hl. Willibald, des ersten Bischofs von Eichstätt, gründete das Benediktinerkloster Heidenheim als eines der Urklöster Frankens.

Büstenreliquiar des hl. Wunibald

92

Die Brüder Wunibald (geb. um 701 in Wessex, England) und Willibald waren Gefolgsleute und Blutsverwandte des hl. Bonifatius und hatten ihre Wurzeln in der angelsächsischen Kirche. Sie gingen zusammen mit ihrem greisen Vater, der Legende nach seit dem 12. Jahrhundert als König Richard bezeichnet, auf Pilgerfahrt nach Rom. Dort blieb Wunibald 18 Jahre lang als Asket in einem Kloster, bis ihn der hl. Bonifatius im Jahr 738 für die Heidenmission nach Deutschland holte. In Thüringen, in der Oberpfalz und zuletzt in Mainz war Wunibald im Dienst seines großen Meisters und Lehrers Bonifatius tätig. Im Frühjahr 752 kam Wunibald nach Eichstätt zu seinem Bruder Willibald, der als erster Bischof dort residierte. 752 gründete Wunibald in Heidenheim ein Benediktinerkloster, dem er als erster Abt etwa zehn Jahre lang vorstand, bis er am 18. Dezember 761 starb. Nach seinem Tod übernahm seine Schwester Walburga die Leitung des Klosters und richtete noch einen Frauenkonvent ein.

Die frontal gearbeitete Büste zeigt den hl. Wunibald mit Kinnbart, der in stilisierten Locken endet, und schmalem, die glatte Oberfläche des Kopfes kontrastierend umschließenden Haarkranz. Das glatt gearbeitete Gewand trägt am Kragen die Gravur „SANCTVS – WVNEBALDVS", darüber auf dem abstehenden und an der Rückseite etwas hochgezogenen Teil Dreiblattmuster vor punziertem Grund. Den unteren Rand, auf drei kleinen Füßen stehend, bildet ein breiter Saum mit weißsilbern unterlegten Nischen, die neun kleine, gegossene Reliefbüsten von Heiligen enthalten, näher bezeichnet durch seitlich eingravierte Namen. Die Mitte betont eine etwas erhöhte Nische mit dem Kruzifix zwischen Maria und Johannes. Nach rechts schließen die drei heilig gesprochenen Geschwister Willibald, Walburga, Wunibald und der hl. Richard an. Nach links folgen die Heiligen Bonifatius, Katharina, Margareta und an der Außenseite wiederum Wunibald, der als Nachbildung das verlorene Original an dieser Stelle ersetzt. Das Relief wird hier nicht mit dem Namen, sondern mit den vier Buchstaben „SO LE" bezeichnet. Denkbar ist, dass der hl. Sola gemeint ist.

Die meisten Büstenreliquiare, die seit dem 14. Jahrhundert entstanden, waren aus Silber, die Büste des hl. Wunibald gehört dagegen zu den ältesten Reliquiaren, die aus Kupfer gefertigt wurden. Daher blieb die Büste bei der Einziehung der Kirchenkleinodien im Jahr 1529 verschont. Sie befand sich bis ins 17. Jahrhundert in Heidenheim. Die Widmungsinschrift vom 23. März 1606 auf der Bodenplatte überliefert, dass Erbtruchsess Christoph von Waldburg die Markgrafen Christian und Joachim Ernst von Brandenburg-Ansbach bat ihm das „eingefaßte haupt Wunibaldi und was noch von Gebeinen in seinem und seiner Schwester Walburga gräbern zu heidenheim liege" zu überlassen. Das Reliquiar wurde bereits im darauf folgenden Monat in einer Prozession nach Scheer gebracht und bekräftigte nun die Urkunde, mit welcher Christoph von Waldburg das Haus Waldburg bereits am 7. Juli 1603 unter den besonderen Schutz der drei Heiligen Wunibald, Walburga und Willibald gestellt hatte. Von den beiden letzteren befinden sich in der Kirche ebenfalls Reliquienbüsten, die um 1600 als Nachbildungen der inzwischen verschollenen Originale angefertigt wurden. *C. S.-W.*

Lit.: Hl. Willibald 787–1787 [Ausstellungskatalog], B 2.2; Kohlhaussen, Nürnberger Goldschmiedekunst, S. 88 f.; KDB Gunzenhausen, S. 155 f.; Bayerische Frömmigkeit [Ausstellungskatalog], Kat.-Nr. 212; Braun, Reliquiare; Die Kunstdenkmäler des Kreises Saulgau, S. 132f. T. 105; Gröber, Reliquienbüsten; Pazaurek, Goldschmiedearbeiten, Taf. 6; Vochezzer, Geschichte, Bd. 3, S. 224.

93 Das kunstvoll gefasste Trinkhorn stammt aus dem ehemaligen Benediktinerkloster Heidenheim. Es wurde als Weihrauchfass verwendet.

Büffelhorn

Nürnberg (?), um 1400
Silber, vergoldet, Horn, 19 × 27,5
Kath. Pfarramt St. Nikolaus, Scheer

93

Der Sage nach überließ ein Greif dem hl. Kornelius als Dank für seine Errettung eine seiner Krallen. Von den Krallen dieses Fabeltiers glaubte man, dass sie Gift in Getränken anzeigen bzw. sogar unschädlich machen können. Da man im Spätmittelalter, als Vergiftungen sehr gefürchtet waren, das Büffelhorn für eine Greifenklaue hielt, kam diesem Material besondere Bedeutung zu. Trinkhörner wurden oft kostbar in Silber gefasst. Später erhielten sie als Reliquiare oder Weihrauchgefäße im kirchlichen Bereich eine neue Funktion.

Das Horn ruht über zwei liegenden Löwen auf einem dreieckigen Fuß. Es wird querseitig gefasst durch drei silberne Bänder an Mündung, Mitte und Spitze, die wiederum längsseitig durch vier profilierte Streifen mit liegenden Kreuzen zwischen gereihten Zungen verbunden werden. Die breiten Bänder von Mündung und Mitte zeigen die gravierten Wappen der früheren Besitzer und weisen damit auf eine ursprünglich weltliche Bestimmung hin. Zu sehen sind stehende Kreuzwappen im Wechsel mit Schildflächen, die nachträglich durch Silberplättchen verdeckt wurden.

Wie das Reliquiar des hl. Wunibald (Kat.-Nr. 92) stammt das Horn aus dem ehemaligen Kloster Heidenheim. Dieses war aus dem 752 vom hl. Wunibald gegründeten Benediktinerkloster hervorgegangen und gehörte zu den Urklöstern Frankens. Nach der Reformation kam das Kloster unter markgräfliche Verwaltung. Der Deckel des Reliquiars trägt neben Ornamenten auch eine Inschrift von 1587, derzufolge das Horn auf Betreiben von Christoph Truchsess von Waldburg nach Scheer in die Nikolauskirche kam. Vermutlich ließ er zu diesem Zeitpunkt das fremde Wappen entfernen, während das Kreuz als christliches Sinnbild unangetastet blieb. *C.S.-W.*

Lit.: Pazaurek, Goldschmiedearbeiten, S. 24, Taf. 1; Kohlhaussen, Nürnberger Goldschmiedekunst, S. 148 f.

94 Das 768 gegründete Kloster Neustadt gehört zu den ältesten Klöstern Frankens. Darstellungen aus dem Leben des fränkischen Reichsheiligen Martin in der Klosterkirche sollten den Selbstständigkeitsanspruch der Königsabtei Neustadt gegen das Bistum Würzburg untermauern.

Darstellungen des hl. Martin

a) Hl. Martin als thronender Bischof
Um 1150
Sandstein, 91 × 67
Pfarrgemeinde Neustadt a. Main

b) Traum des hl. Martins
Fränkisch, 1. Hälfte 12. Jahrhundert
Abguss, 89 × 69
Original: Mainfränkisches Museum, Würzburg (H. 14196)
Pfarrgemeinde Neustadt a. Main

Um das Jahr 768 gründete nach der jüngeren Vita Burkhardi der Würzburger Bischof Megingoz das Kloster Neustadt nach der Benediktsregel. Nach seinem Rücktritt vom Bischofsamt zog er sich, gefolgt von fünfzig Mönchen, dorthin zurück. Um Begehrlichkeiten seines Nachfolgers auf dem Bischofsstuhl in Würzburg zu entgehen, unterstellte Megingoz das Kloster bereits in den 70er-Jahren des 8. Jahrhunderts königlichem Schutz. Karl der Große wirkte mehrfach auf die Besetzung der Ämter ein. Drei Mal hintereinander unterstanden die Mönche von Neustadt und Amorbach einem Abt, der zugleich auch Bischof von Verden war. Sie sollten in der gefährdeten Randzone des Reichs weitreichende Missionsaufgaben in Sachsen übernehmen.

Die Bischöfe von Würzburg waren schon früh bestrebt das Königskloster unter ihren Einfluss zu bringen. Wenn in der frühmittelalterlichen Zeit schriftliche Unterlagen fehlten, glaubte man sich später im Recht, wenn man neue Dokumente ausfertigte, das heißt „fälschte“. So gelang es schließlich Bischof Bernward von Würzburg im Jahr 993 mit Vorlage konstruierter Diplome Pippins und Karls des Großen das Kloster zu vereinnahmen. Durch die Klosterreform wurden auch im Bistum Würzburg die Klöster fest in das Bistum eingebunden. Die Ver-

94

suche Neustadts im 12. Jahrhundert, seinerseits durch gefälschte Urkunden die Gründung des Klosters durch Karl den Großen zu beweisen, waren hingegen vergeblich.

In diese Zeit fiel die Errichtung der romanischen Abteikirche, an deren Chorschranken der Anspruch des Klosters Neustadt auf seine Unabhängigkeit vom Würzburger Bischof und auf seine Reichsunmittelbarkeit durch Steinreliefs mit Darstellungen des fränkischen Reichsheiligen St. Martin zum Ausdruck gebracht wurde. Zu den am besten erhaltenen Steinreliefs gehören der „Traum des hl. Martin“ und der „Hl. Martin als thronender Bischof“.

Nach der Lebensbeschreibung des Sulpicius Severus begegnete Martin als Soldat vor den Toren von Amiens einem frierenden Bettler. Auf seinem Pferd sitzend teilte Martin seinen Mantel mit dem Schwert und schenkte dem Bettler eine Hälfte. In der folgenden Nacht sah Martin im Traum Christus mit dem Teil des Mantels und hörte, wie Christus mit durchdringender Stimme zu den umstehenden Engeln sagte: „Martin, der nur Katechumene [ein Ungetaufter] ist, hat mich mit diesem Gewand bekleidet.“ Das Relief zeigt Christus am linken Bildrand, der sich als der beschenkte Bettler zu erkennen gibt. In seinen ausgestreckten Händen hält er, genau im Zentrum der Darstellung, die Mantelhälfte, die als Reliquie zu den Reichskleinodien des fränkischen Reichs gehörte und heute in Paris aufbewahrt wird. Im Vordergrund ist die Längsseite des Bettes mit dem schlafenden Heiligen zu sehen. Der am rechten Bildrand schwebende Engel hält ein Spruchband mit den Worten des Herrn.

Das zweite Relief zeigt den hl. Martin im bischöflichen Ornat mit flacher Mitra auf der Kathedra thronend. In der Rechten hält er das Pedum, den Krummstab, der das Hirtenamt veranschaulicht, in der Linken ein Buch mit der Aufschrift „PAX VOBIS“. Der Bischofsstuhl in Form eines Faldistoriums, eines transportierbaren Faltstuhls, mit Löwenköpfen und -füßen ist ebenso charakteristisch für Bischofsdarstellungen der Zeit wie das Kissen, auf dem die Füße des Heiligen ruhen.

Im Querhaus der Neustädter Kirche befinden sich weitere, teilweise gotisch überarbeitete Steinreliefs, die ursprünglich wohl in den gleichen Zyklus gehörten: der hl. Martin zu Pferd den Mantel teilend, der Bettler, eine thronende Maria mit Kind, Kaiser Karl der Große sowie der hl. Martin in Pontifikaltracht. *C. S.-W.*

Lit.: Trenschel, 150 Meisterwerke, S. 48; Kummer, Von der Romanik zur Gotik, S. 618; Kilian. Mönch aus Irland [Ausstellungskatalog], Kat.-Nr. 226; Wagner, Äbte des Klosters Neustadt am Main; von Freeden, Schätze des Mainfränkischen Museums Würzburg, Kat.-Nr. 64; Boeckelmann, Stiftskirche zu Neustadt am Main; Schmale, Vita Burchardi; Schöffel, Amorbach, Neustadt am Main und das Bistum Verden; Radziejewski, Steinplastik, S. 47–58; KDB Lohr, S. 72 f. mit Taf. VI und Abb. 54.

95 Klöster waren vielfach mit großem Grundbesitz und der Gerichtsherrschaft ausgestattet. Die Karte entstand im Zusammenhang mit einem Streit um die Hochgerichtsgrenzen des Klosters Banz.

23. März 1661
Feder / Papier, koloriert, 42 × 59
Staatsarchiv Bamberg (A 240 Tafel 1783)

Der Herrschaftsbereich des Klosters Banz

95

Die Klöster der alten Prälatenorden mit ihren großen Grund- und Gerichtsherrschaften spielten im mittelalterlichen Territorialgefüge Frankens eine hervorgehobene Rolle. Dies gilt besonders für den Obermainraum, in welchem in nicht allzu großer Entfernung die Zisterze Langheim im Tal und das exponiert auf einem Bergvorsprung liegende Benediktinerkloster Banz heftig miteinander konkurrierten. Beide konnten allerdings, wie das überhaupt in Franken der Fall ist, ihren Charakter als landsässige Klöster nicht überwinden. Für das Kloster Banz, das auf die Gründung durch eine Tochter aus dem Haus der Markgrafen von Schweinfurt zurückgeht, verkomplizierte sich die Lage noch dadurch, dass es mit allen geistlichen Rechten dem Bistum Würzburg unterstand, mit allen weltlichen Rechten dagegen dem Hochstift Bamberg. Dass dies insbesondere bei Abtswechseln zu Streitigkeiten führen musste, liegt auf der Hand.

Die Aktenlage zeigt darüber hinaus ständige Differenzen um weltliche Rechte mit den Herzögen von Sachsen-Coburg als Territorialnachbarn. Der ausgestellte Plan des Herrschaftsbereichs Banz geht auf einen solchen grundlegenden Streit zwischen dem Hochstift Bamberg – als Vertreter des Klosters – und dem Herzogtum Sachsen-Coburg um die Hochgerichtsgrenze, vor allem im Itzgrund, zurück. Fürstbischof Philipp Valentin Voit von Rieneck beauftragte in diesem Zusammenhang den Abt Michael Stürzel einen genauen Plan der Hoheitsgrenze zu liefern und diese ausführlich zu beschreiben. Zeichnerisch wird die Grenze durch eine deutlich sichtbare rote Linie dargestellt, ergänzt durch eine detaillierte Darstellung und Beschreibung der Flur im Grenzverlauf.

Der unbekannte, kunstfertige Verfasser des Plans bietet einen „geometrischen Abriss“ des Klosterbesitzes innerhalb der limitierten Cent aus der Mitte des 17. Jahrhunderts. Der Plan ist nach Süden ausgerichtet. Wie die im Zirkel dargestellte Maßeinheit von 3000 Schritt deutlich macht, liegen der Karte ausführliche Vermessungen im Gelände zugrunde. Die Kombination von Grundrissdarstellung und Schrägansicht ist im Rahmen der Kartografie dieser Zeit als fortschrittlich zu bewerten. Der großflächige Waldbesitz wird dunkelgrün charakterisiert, unterlegt durch Schraffuren; die Flur ist davon hellgrün abgesetzt. Wege sind hellbraun eingezeichnet. Die Orte sind jeweils durch ein oder zwei Häuser und, falls vorhanden, die Kirche angedeutet. Die Klostergebäude sind auf dem Plan detailliert und im Verhältnis zu den dargestellten Liegenschaften überproportional wiedergegeben. Ihre Darstellung ist besonders wertvoll, da sie den Blick auf die vorbarocke Klosteranlage frei gibt. Überdeutlich ist der wehrhafte Charakter der Anlage mit dem von Mauern und Wirtschaftsgebäuden umgebenen äußeren Vorhof, dann dem inneren Vorhof mit Gebäuden im Renaissancestil (Abtshaus?) und daran anschließend die engere Klausur mit Kirche, Kapitelhaus, Refektorium und Dormitorium. Etwas außerhalb lag die Ägidiuskapelle. *K. R.*

Quelle: Staatsarchiv Bamberg, Kloster Banz (Rep. B 93) Nr. 701.

Lit.: Winkler, Landschaft, S. 25–27; Vollet, Weltbild, S. 139, Abb. 97; Meyer, Baugeschichte; Dippold, Kloster Banz.

96 Die Gedächtnistafel zeigt den betenden Anton Imhoff in Rüstung, der 1449 im Ersten Markgräflerkrieg gefallen war.

Epitaph des Anton Imhoff

Meister des Deocarus-Altars (zugeschrieben)
Mitte 15. Jahrhundert
Tannenholz, 30,4 × 98,4
Germanisches Nationalmuseum, Nürnberg (Gm 511)

Das Bildnis zeigt den 1449 im Ersten Markgräflerkrieg an der alten Veste bei Fürth gefallenen Anton Imhoff und war Teil der unter böhmischen Einflüssen stehenden so genannten Imhoff-Madonna in der Nürnberger Lorenzkirche, eines Bildepitaphs des Lorenzer Kirchenmeisters (1427–1450) Christian Imhoff (gest. 1466) für seine erste Frau Margarete, geb. Thürler (gest. 1449). Anton, Christians und Margaretes Sohn, ist als kniender, betender Ritter in Rüstung dargestellt. Das neben ihm zu sehende Imhoff-Wappen (in Rot ein goldener Seelöwe) zeigt die seltene frühe Variante mit dem Schwanz aus Reiherfedern. Die Widmungsinschrift weist auf das Kriegsereignis hin: „Anno d[omi]ni M° CCCC° XLVIIII° iar do/he[re]n vn[n] stet mitenand[er] krigten/nam antoni crista[n] im hoff svn/schade[n] bey fürt am neste[n] mitw/och noch martini d[er] hy beg[ra]be[n] leit.“

96

Der Erste Markgräflerkrieg wurde von Markgraf Albrecht Achilles von Brandenburg-Ansbach (1437–1486) ausgelöst, als er versuchte Nürnbergs Hoheitsrechte im weiteren Umkreis der Stadt zu beschneiden bzw. auf längere Sicht die Rivalin ihrer politischen Unabhängigkeit zu berauben (Kat.-Nr. 113 ff). Hierzu verbündete sich Albrecht Achilles seit 1446 mit den fränkischen Fürsten, Grafen und Rittern, während Nürnberg die Unterstützung zahlreicher Städte suchte. Der eigentliche militärische Konflikt der Jahre 1449/50 wurde als zermürbender Kleinkrieg ebenbürtiger Gegner ohne Entscheidungsschlacht geführt. Auf beiden Seiten kam es zu massiven Zerstörungen und Plünderungen. Obwohl Nürnberg von seinen Verbündeten nur geringe Unterstützung erhielt, konnte es dank seiner enormen Finanzkraft alle Angriffe abwehren und schließlich im Vertrag von Lauf 1453 sämtliche Hoheitsrechte gegen den Markgrafen behaupten. *M. D.*

Lit.: von Imhoff, Die Imhoff, S. 20.; Diefenbacher / Endres, Stadtlexikon Nürnberg, S. 671; Hilpert, Beschreibung; Stolz, St. Lorenz.

97 Das von Alexius Haller für die St.-Sebald-Kirche in Nürnberg gestiftete Antependium zeigt Szenen aus dem Marienleben.

So genannter Weihnachtsteppich

Nürnberg, 1494
Wirkerei aus Wolle, Seide und Goldfäden, 95 × 182,5
Evang.-Luth. Kirchengemeinde St. Sebald, Nürnberg

Von Laubstabbordüren an den Schmalseiten eingefasst, schildert das Altartuch drei Szenen aus dem Marienleben: Die Jungfrau empfängt den Engel der Verkündigung; das Schriftband in seiner Hand trägt die Worte „ave gr[atia] plena domi[n]us tecum“. Das zentrale Bildfeld zeigt die Begegnung von Maria und Elisabeth; in strenger Symmetrie stehen die beiden Frauen vor dem Betrachter. In der dritten Szene kniet die Gottesmutter anbetend vor dem Christusknaben, mit erhobenen Händen schreitet Josef heran.

In der unteren Mitte des Antependiums, zwischen den beiden Frauengestalten der Heimsuchung, steht ein geviertetes Schild mit den Wappen der Nürnberger Familien Haller, Pfinzing und Schürstab. Das Inventar von St. Sebald benennt Alexius Haller (gest. 1501) als Stifter des Altartuchs; im Jahr 1494 ließ er es für den Marienaltar der Kirche anfertigen und gedachte damit seiner verstorbenen Ehefrauen Anna Pfinzing (gest. 1460) und Martha Schürstab (gest. 1491).

In klarer Zeichnung und kontrastreicher Farbigkeit angelegt, verrät die Ausführung der Wirkerei sicheren Umgang mit der handwerklichen Technik, doch nicht die meisterliche Beherrschung ihrer gestalterischen Möglichkeiten: Die Körper der Figuren sind kaum gegliedert; sie werden vor allem durch das Volumen ihrer Gewänder definiert. Streifenweise Schichtungen von Farbnuancen deuten Schattierungen und Faltenwürfe an; Details der Landschaft erscheinen ornamental stilisiert. Möglicherweise ist auch die Behandlung der Verkündigungsszene einer eher geringen Erfahrung in der Anfertigung von Tapisserien zuzuschreiben: Die Inschrift ist nur mit Hilfe eines Spiegels lesbar. Da auch die Positionen der beiden Figuren im Verhältnis zur sonst üblichen Darstellung dieser Szene vertauscht erscheinen, muss man annehmen, dass die Vorlage der Wirkerei seitenverkehrt verwendet wurde.

B. B.-R.

Lit.: Hoffmann, Sebalduskirche, S. 203, Abb. 134; Luitpold Herzog in Bayern, Bildwirkerei, Nr. 48 (S. 75 f. und Taf. 48); Kurth, Bildteppiche, S. 185, 270, Taf. 299; von Wilckens, Teppiche, S. 138.

97

98 Die Stifter von Kirchen- und Klosterausstattungen ließen sich seit dem ausgehenden Spätmittelalter häufig selbst auf den gestifteten Werken darstellen.

Lorenz I. Tucher (1447–1503)

Wohl Werkstatt Michael Wolgemut
Nürnberg 1485
Glas, 81 × 48
Germanisches Nationalmuseum, Nürnberg (Mm 811)

Lorenz I. Tucher, Mitglied der älteren Linie der Familie, wurde 1447 geboren. Nach dem Besuch der Schule am Nürnberger Egidienkloster studierte er in Leipzig die Artes liberales und in Basel Theologie und Kirchenrecht. Seine Ausbildung für den geistlichen Stand schloss er mit der Promotion zum Doktor des Kirchenrechts ab.

Bereits frühzeitig hatte Lorenz eine Domherrenstelle in Regensburg erhalten, 1474 zudem ein Kanonikat in Zürich. 1478 wurde er – nach einer zwischen dem Rat der Stadt Nürnberg und dem Bamberger Bischof umstrittenen Wahl – Propst an St. Lorenz in Nürnberg und damit einer der höchsten Geistlichen der Reichsstadt. Das Züricher Kanonikat hat er daraufhin aufgegeben, die Regensburger Stelle aber beibehalten. Erst 1481 wurde seine Wahl von Papst Sixtus IV. bestätigt, der Streit um die Besetzungsrechte der Propstei ging jedoch weiter. Dieses Streits überdrüssig, resignierte Lorenz I. 1496 und zog nach Regensburg. Der Rat wählte seinen Vetter Sixtus I. Tucher (1459–1507) zu seinem Nachfolger. Ab 1498 bekleidete Lorenz I. in Regensburg das Amt des Domkustos.

Lorenz starb 1503, sein Epitaph in der Nürnberger Sebalduskirche gestaltete Hans von Kulmbach 1513 nach Entwürfen von Albrecht Dürer. Testamentarisch hatte Lorenz sein Vermögen in zwei Hälften aufgeteilt, die eine zur Unterstützung armer Leute, die andere als Grundstock der Dr.-Lorenz-Tucher-Stiftung, einer Familienstiftung, die bis heute besteht. Seine Brüder Hans IX. (1452–1521) und Martin I. (1460–1528) Tucher, beide Teilhaber an der Tucher'schen Handelsgesellschaft, legten diesen Teil der Erbschaft als Testamentsvollstrecker gegen Zinsen in das Familienunternehmen ein. Durch Zinseinkünfte und wei-

tere Kapitaltestate wuchs die Lorenz-Tucher-Stiftung ab den 1520er-Jahren zu einer der größten Familienstiftungen des Nürnberger Patriziats.

Das der Werkstatt Michael Wolgemuts zugeschriebene Glasgemälde (P. Strieder) stammt aus der Pfarrkirche St. Michael in Fürth, deren Oberpfarrer der Propst der Nürnberger Lorenzkirche war. Die in der Tradition der gotischen Glasmalerei stehende Scheibe zeigt den vor einem Lesepult knienden Stifter in seiner Propstrobe, das Gesicht nicht dem Buch in seinen Händen zugewandt, sondern aus dem Bild herausschauend. Identifiziert wird der Stifter durch das rechts neben ihm stehende Tucher-Wappen (in geteiltem Schild oben von Schwarz und Silber fünfmal schrägrechts geteilt, unten in Gold ein Mohrenkopf) und die Inschrift „laurencius tucher Decretoru[m] doctor/canonicus ratispon[ensis] s[an]cti laurencii/In Nürmberg plebanus 1485“ (Lorenz Tucher, Doktor des Kirchenrechts, Regensburger Kanoniker, Pfarrer von St. Lorenz in Nürnberg 1485). *M. D.*

Lit.: Nürnberg 1300–1550 [Ausstellungskatalog], S. 174; Diefenbacher/Endres, Stadtlexikon Nürnberg, S. 1089, 1092; Strieder, Scheibe.

99

99 Wohltätige Stiftungen sollten nicht zuletzt dem eigenen Seelenheil dienen. Insbesondere die Nürnberger Patrizierfamilien traten als Stifter hervor.

Nürnberg, um 1450
Glas, 84,5 × 41,4
Germanisches Nationalmuseum, Nürnberg (MM 90)

Peter Rieter von Kornburg (gest. 1462)

Das Glasgemälde aus der Zeit um 1450 zeigt Peter Rieter, den Stifter der Vorschickung Kornburg, mit seinem Familienwappen: von Schwarz und Gold geteilter Schild mit einer rot gewandeten und goldbekrönten zweischwänzigen silbernen Sirene. Peter Rieter entstammte einer seit 1361 in Nürnberg nachzuweisenden Fernhandelsfamilie, die Handel betrieb mit Genua, Mailand, Rom, Pettau, Ofen, Antwerpen und Kastilien sowie Geldgeschäfte unter anderem mit den Medici tätigte. Peter Rieter wurde 1437/38 als Jüngerer Bürgermeister Mitglied des Inneren Rats der Reichsstadt Nürnberg. Die Rieter waren zu jener Zeit mit den Nürnberger Patrizierfamilien Haller und Stromer/Stromeir verschwägert, Peter Rieter selbst war in erster Ehe mit Clara Grundherr (gest. 1419) und in zweiter Ehe mit Barbara von Seckendorff (gest. 1476) verheiratet. Die Enkel Peter Rieters, Sebald (gest. 1488) und Peter (gest. 1502), wurden 1474 von Kaiser Friedrich III. zu Rittern geschlagen.

Sehr umfangreich war der Rieter'sche Landbesitz im Westen und Süden von Nürnberg sowie in Schwaben (Bocksberg). Ein von Peter Rieter 1444/45 angelegtes Salbuch nennt Besitz in 84 Ortschaften. Zur Sicherung dieses umfangreichen Besitzes stifteten Hans Rieter (gest. 1437) und Peter Rieter die später so genannte Rieterstiftung. Sie bestand aus zwei Vorschickungen – eine auf die Reichsstadt Nürnberg beschränkte Rechtsform zur Erhaltung von Familiengut des Patriziats, welche die Verwaltung und Nutznießung des Erbes nach dem Senioratsprinzip vorsah. 1437 richtete Hans Rieter testamentarisch aus Gütern, Grundstücken und Zehnten um Uffenheim, Windsheim und westlich von Erlangen eine Familienstiftung ein, die um weitere Güter und Rechte westlich und südlich von Nürnberg zur Vorschickung Kalbensteinberg vermehrt wurde. Peter Rieter stiftete 1450 nach diesem Vorbild mit Besitz, der sich im Süden Nürnbergs konzentrierte, die Vorschickung Kornburg. Für den Fall des Aussterbens der Rieter im Mannesstamm wurde das Nürnberger Heilig-Geist-Spital als Erbe bestimmt, bei Kalbensteinberg eindeutig, bei Kornburg mit unklaren Formulierungen.

Angesichts ihres absehbaren Aussterbens zweifelten die Rieter ab 1712 die Erbansprüche des Spitals an, der Streit endete zunächst 1747 mit einem Urteil des Reichshofrats zugunsten des Spitals. 1752, ein Jahr vor seinem Tod, setzte der letzte Rieter aber den Ritterkanton Altmühl, dessen Hauptmann er war, zum Erben seines Allodialbesitzes ein. 1753 kam es zu einem Vergleich zwischen dem Spital und dem Ritterkanton, aber erst 1798 konnte die Stadt Nürnberg als Verwalterin des Heilig-Geist-Spitals in alle Rechte der Rieterstiftung eintreten.

M. D.

Lit.: Diefenbacher / Endres, Stadtlexikon Nürnberg, S. 902 f.; NDB, Bd. 21, S. 611 f. (M. Diefenbacher).

99

100 Stifter kennzeichneten sich als Urheber der Stiftung meist durch ihr Porträt oder ihr Wappen.

Wappenschild der Schürstab

Nürnberg, 1380–1420
Glas, 14 × 13,3
Germanisches Nationalmuseum, Nürnberg (MM 74)

Die Nürnberger Patrizierfamilie Schürstab soll der eigenen Überlieferung nach aus Hermannstadt in Siebenbürgen stammen. 1299 ist erstmals ein Friedrich Schürstab urkundlich in Nürnberg als Verkäufer eines Grundstücks am „Hinteren Fischbach" erwähnt. Wie die meisten Nürnberger Patrizierfamilien schöpften auch die Schürstab ihren Reichtum aus dem Fernhandel. Im 14. Jahrhundert handelten sie mit Metallen und Metallwaren, Gewürzen, Tuchen und Weinen zwischen Flandern, Ungarn, Preußen und Italien und waren in Geldgeschäften, unter anderem mit der päpstlichen Kurie, engagiert.

Seit 1355 im Inneren Rat der Reichsstadt vertreten, spielten die Schürstab auch im geistlichen Leben Nürnbergs keine geringe Rolle. 1317 stiftete Hermann Schürstab die Kapelle des Siechkobels St. Leonhard, 1367 wurde Margaretha Schürstab, 1403 Elisabeth Schürstab Äbtissin des Nürnberger Klaraklosters. Bedeutende Vertreter des Geschlechts waren Erhard Schürstab d.Ä. (gest. 1439) und d.J. (gest. 1461). Vater und Sohn bekleideten das Amt des Vordersten Losungers und waren militärisch und politisch für Nürnberg aktiv. Beide betätigten sich zudem als Finanziers in größerem Ausmaß, der ältere für König Ruprecht (1401–1410) und König Sigismund (1410–1437), der jüngere zusammen mit den Medici für Herzog Ludwig VIII. von Bayern-Ingolstadt (1443–1445).

Neben umfangreichem Landbesitz, darunter 1375/1401 der Herrensitz Oberndorf bei Möhrendorf (Lkr. Erlangen-Höchstadt), den sie 1605 an die Nürnberger Patrizierfamilie Tucher verkauften, erwarben die Schürstab größere Liegenschaften in Nürnberg, so 1328 den heute nach ihnen benannten Geschlechtersitz am Milchmarkt (Albrecht-Dürer-Platz 4). Dieses Schürstab-Haus bestand ursprünglich aus zwei Einzelhäusern der Zeit um 1200 und um 1250 und wurde um 1390 und 1482/83 sowie im 17., 18. und 19. Jahrhundert mehrfach umgebaut. Im Zweiten Weltkrieg im Dachbereich schwer beschädigt, konnte es erst 1995/97 wieder instandgesetzt und restauriert werden. Die heutige Benennung nach den Schürstab, die von 1328 bis 1478 Hauseigentümer waren, stammt aus dieser Zeit der Restaurierung.

1668 starben die Schürstab aus. Das hier präsentierte Glasgemälde entstand um 1400. Es zeigt das Schürstab-Wappen – in Silber zwei schwarze, rot brennende, als Andreaskreuz gelegte Äste – in sehr schematisierter Weise und unter anderer Farbgebung. *M.D.*

Lit.: Giersch, Geschichte; Diefenbacher/Endres, Stadtlexikon Nürnberg, S. 952 f.

Nürnberg, 1400–1420
Glas, 81,8 × 51,5
Germanisches Nationalmuseum, Nürnberg (MM 78)

101 Aus der Nürnberger Patrizierfamilie Steinlinger stammt ein berühmter Stadtbaumeister.

Wappenschild der Steinlinger

Das Geschlecht der Steinlinger kommt laut chronikalischer Überlieferung aus der Oberpfalz. Im 14. Jahrhundert sind sie als Richter zu Sulzbach belegt und wohnen in Sulzbach, Lauterhofen und Lichtenegg. In Nürnberg ist als erster ein Fritz Steynlinger am 14. Juli 1316 als Zeuge fassbar.

Im späten 14. Jahrhundert sind die Nürnberger Steinlinger ratsfähig: Heinrich Steinlinger (gest. 1418), verheiratet mit einer Muffel, ist zwischen 1388 und 1418 als Genannter belegt, in den Jahren 1394, 1397 und 1399 sitzt er im Inneren Rat. Weitere Genannte des Größeren Rats waren Lutz II. Steinlinger (1388–1424, gest. 1424), Hans Steinlinger (1430–1449) und Carl Steinlinger (1467–1476, gest. 1477). Der bekannteste Vertreter des Geschlechts ist der Nürnberger Stadtbaumeister Lutz III. Steinlinger: Er war ab 1425 bis 1461 (Tod?) ebenfalls Genannter des Größeren Rats und zwischen 1451 und 1455 Mitglied des Inneren Rats. Im Jahr 1453 amtierte er als Jüngster Ratswähler. Verheiratet war Lutz III. mit einer Prünsterer und einer Groß.

1452 verfasste Lutz III. Steinlinger ein Baumeisterbuch, das zur Vorlage für das weit bekanntere Baumeisterbuch des Endres Tucher von 1475 wurde. Lutz Steinlinger beschreibt in diesem ältesten Nürnberger Baumeisterbuch Wege und Stege, Brunnen und Brücken in Nürnberg und in einem Umkreis von einer Meile um die Stadt, er gibt Auskunft über das Feuerlöschwesen, beschreibt Spritzen, Haken und Feuerleitern sowie die Orte, wo diese in den einzelnen Stadtvierteln verwahrt werden. Er verzeichnet die im städtischen Sold stehenden Arbeiter, ihre Löhne und Arbeitszeit und listet das für die städtischen Bauten vorrätige Baumaterial auf.

Das Glasgemälde aus der Zeit zwischen 1400 und 1420 zeigt das Wappen der Steinlinger: einen schwarzen Hahn in goldenem Schild. Die Oberpfälzer Steinlinger führten daneben auch einen Männerkopf im Wappen, Lutz Steinlingers Baumeisterbuch ziert ein roter Hahn in goldenem Schild. *M. D.*

Lit.: Mummenhoff, Baumeisterbuch; Hirschmann, Annalen, Teil 2, S. 142 f.

102 Durch Franken führten im Mittelalter zahlreiche europäische Pilgerwege. Die zahlreich besuchten spätmittelalterlichen Reliquienweisungen führten aber auch rasch dazu, dass örtliche Kulte große Bedeutung erlangten.

Pilger aus und in Franken

Karte
Entwurf: Klaus Herbers und Wolfgang Jahn
Grafik: Gruppe Gut, Bozen

Die oftmals als statisch bezeichnete mittelalterliche Gesellschaft war mobiler als angenommen. Pilgerfahrten gehörten zu den Ereignissen, bei denen viele Menschen die ihnen angestammte Umgebung verließen. Allerdings mussten sie für längere Fahrten je nach sozialem oder religiösem Stand eine Erlaubnis erwirken. Zur Verbreitung des Pilgerwesens trugen der Reliquienkult, der Wunderglaube, im späten Mittelalter auch die Ablässe bei, obwohl neben den im modernen Sinne als religiös bezeichneten Gründen stets weitere Motive in Rechnung gestellt werden müssen.

Auch Franken trug zu dieser Pilgerbewegung bei. So ist schon aus dem frühen Mittelalter die Pilgerfahrt des hl. Willibald von Eichstätt nach Rom (720) und ins Heilige Land (723–727) belegt, die sogar schriftlich festgehalten ist. Im hohen Mittelalter wurden neben Jerusalem auch Rom und Santiago de Compostela mit ihren Apostelgräbern (Petrus und Paulus sowie Jakobus) zu wichtigen Pilgerzielen, die zusammen mit Jerusalem schon bald unter die „Peregrinationes maiores" gezählt wurden. Zu den Jakobspilgern gehören bekannte Leute wie der Bischof Embricho von Würzburg (1138). Genauere Informationen über die Fahrt zu allen drei großen Pilgerzielen erhalten wir aber eher aus den ausführlicheren Berichten von Pilgern im Spätmittelalter, die vor allen Dingen, aber nicht nur aus der Reichsstadt Nürnberg belegt sind (Rieter, von Eyb, Ketzel, Muffel, Tetzel, Münzer). Die im Zusammenhang mit dem Heiligen Jahr 1500 von Erhard Etzlaub angefertigte Rom-Wegkarte lässt weitere Routen erkennen.

Neben diesen drei großen Zentren waren weitere Orte wichtig. Von den Aachener Heiltumsfahrten ist bekannt, dass Pilger aus Ungarn über Nürnberg nach Westen zogen. Auch Nürnberg selbst wurde mit dem Sebaldusgrab verstärkt seit dem ausgehenden 13. Jahrhundert (Sebaldsvesper 1280) zu einem wichtigen Devotionszentrum. Die Fahrt zu St. Wolfgang im Salzkammergut war im späten Mittelalter ein beliebtes Ziel fränkischer Pilger. Die Verbreitung der seit 1519 stattfindenden Wallfahrten zur Schönen Maria in Regensburg, deren Beginn mit der Vertreibung der Judengemeinde zusammenhängen dürfte, wurde durch Nürnberger Buchdrucker nachhaltig unterstützt. Die zahlreichen lokalen Zentren förderten die Mobilität auf einer anderen, aber für die Geschichte von Kommunikation, Transfer und Austausch nicht zu vernachlässigenden Ebene. *K. H.*

Lit.: Herbers, Murcia, S. 151–183; Arnold, Wallfahrten; Signori, Kultwerbung, S. 399–472.

103

Die Pilgerherberge zum Heiligen Kreuz zählte zu den bedeutendsten mittelalterlichen Sozialstiftungen in der Reichsstadt Nürnberg.

Nürnberg, 7. Dezember 1364
Handschrift / Pergament mit anhängendem Siegel, 18,1 × 25, Ø Siegel (beschädigt) 3
Stadtarchiv Nürnberg (UR 1364 XII 7)

Urkunde zur Übergabe des Pilgerspitals durch Bertold Haller an den Nürnberger Rat

Um 1353 errichtete der vermögende Nürnberger Ratsherr Bertold Haller (Kat.-Nr. 143) in der Vorstadt St. Johannis eine Herberge für „elende", das heißt auswärtige, Wallfahrer; dies geschah um des Seelenheils seiner selbst sowie seiner Vorfahren und Nachkommen willen. Mit der Urkunde von 1364 legten er und seine Frau Elisabeth fest, dass das zu diesem Zweck erbaute Haus und die 1362 erstmals erwähnte Kapelle zum Heiligen Kreuz nach seinem Tod in die Verwaltung des Nürnberger Rats übergehen sollten. Dennoch entwickelte sich daraus faktisch eine Familienstiftung, da in der Folgezeit fast stets ein Haller mit dem Amt des „Kreuzpflegers" betraut wurde.

Nur Wallfahrer sowie arme Priester, Studenten und Schüler (nicht aber Blinde, Landfahrer, Krüppel, Aussätzige und Hausierer) bekamen für eine Nacht Quartier in der Herberge, die 1496 38 Betten aufwies. Außerdem wurden sie mit Brot, Eiern, Erbsen und Bier verköstigt, an hohen Feiertagen auch mit Fleisch. Die Ungarn, die alle sieben Jahre eine Wallfahrt nach Aachen unternahmen, durften nicht übernachten, sondern erhielten ihre Verpflegung draußen im Hof. Um 1500 wurden schätzungsweise 850 bis 2300 Personen jährlich versorgt. Die Ausgaben konnte man aus den Erträgen des reichen Grund- und Kapitalvermögens der Stiftung bestreiten.

Die Reformation brachte einen Rückgang des Pilgerbetriebs, dafür nahm die Bedeutung der Armenspeisung in der Karwoche zu, die um 1562/72 mit jeweils 12 000 bis 15 000 verpflegten Personen ihren Höhepunkt erreichte. Dennoch erfüllte die Heilig-Kreuz-Stiftung bis zu ihrer Auflösung 1808 ihren ursprünglichen Zweck als Nachtquartier für katholische Wallfahrer, die vor allem nach Rom, Köln, Aachen und Santiago de Compostela unterwegs waren. Der malerische Gebäudekomplex aus Kapelle, Herrenhaus und ehemaliger Pilgerherberge wurde im Zweiten Weltkrieg zerstört. *B. v. H.*

Lit.: von Hallerstein / Eichhorn, Pilgrimspital zum Heiligen Kreuz; von Haller, Nürnberger Pilgerspital zum Heiligen Kreuz.

103

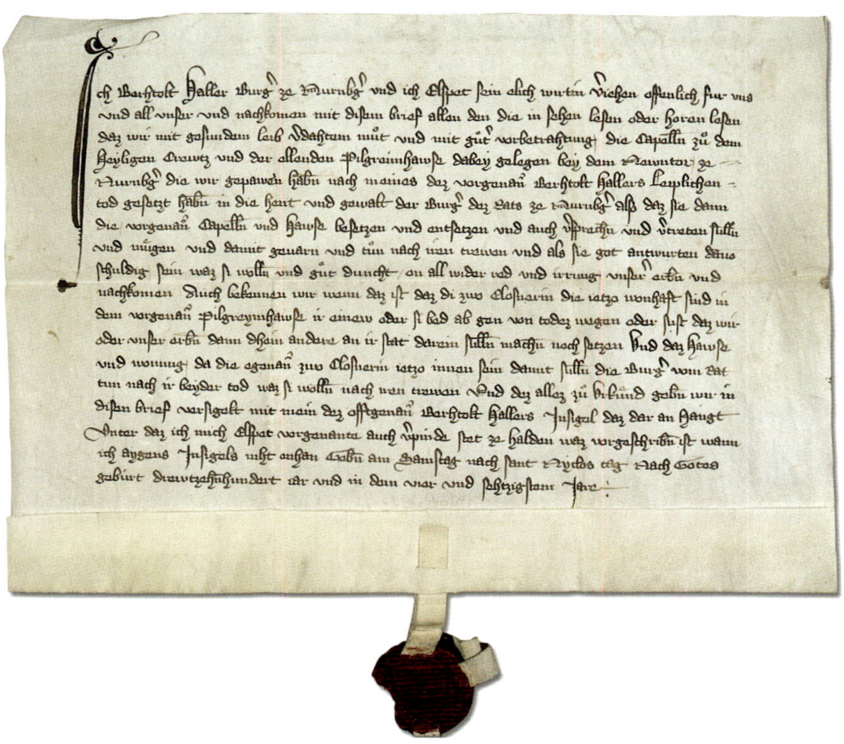

VIII Viele Herren und ein Kreis

Im Spätmittelalter hatte das Königtum in Franken an Macht verloren. Dem Habsburgerherrscher Rudolf I. (1273–1291) gelang es nicht, Königsgut, das in die Hand lokaler Machthaber geraten war, zurück zu erringen. Einzelne Adelsgeschlechter konnten so ihre Positionen festigen und ausbauen, wobei die Hohenzollern mit ihrem beispiellosen Aufstieg alle anderen überragten. Gegen den aufstrebenden Adel versuchten die geistlichen Herrschaftsträger, allen voran die Bischöfe von Würzburg, Bamberg und Eichstätt, aber auch der Deutsche Orden ihre Positionen zu behaupten. Im Spätmittelalter bildete sich so ein labiles Gleichgewicht zwischen den zahlreichen Herrschaftsträgern aus. Als komplementäre Kräfte sorgten aber sowohl der landsässige Adel, die Städte wie auch das deutsche Königtum dafür, dass Franken kein Bauernland blieb, sondern sich zu einer dicht gestalteten Kultur- und Herrschaftszone entwickelte.

Der imposante mittelalterliche Burgenbau – bis heute gibt es in Franken noch über 50 solcher Stein gewordener Herrschaftssitze – legt von dieser Machtfülle ebenso Zeugnis ab wie das verzweigte Wege- und Straßennetz, das mit den zugehörigen Geleitprivilegien eine begehrte Einnahmequelle darstellte. Auf diese Weise konnte Franken im entstehenden Heiligen Römischen Reich Deutscher Nation eine der Mittelpunktsfunktionen behaupten, auch wenn man in den Burgen, wie es der kriegserfahrene Ulrich von Hutten (1488–1523) in einem Brief an Willibald Pirckheimer plastisch ausführte, stets von „engen Mauern" umschlossen, zusätzlich beengt durch Viehställe, Waffenschuppen, Pulverkammern und Geschützstände, war und es nach Pulver, Pech, Schwefel und den Exkrementen des Viehs und der streunenden Hunde stank.

Ein großer Teil der fränkischen Adelsgeschlechter hatte bereits im 13. Jahrhundert die Grundlagen für die Sicherung seiner Einflussgebiete gelegt. Unter ihnen waren die Hohenlohe, die Castell oder auch die Grafen von Giech, die nach der Gründung des Fränkischen Reichskreises zu Beginn des 16. Jahrhunderts auf der Bank der „Grafen und Herren" abstimmungsberechtigt waren. Dagegen stand eine Reihe fränkischer Adelsgeschlechter, die nicht Mitglieder des Fränkischen Reichskreises wurden: Sie zählten sich zur freien Reichsritterschaft und waren parallel zum Reichskreis in sechs fränkischen Ritterkantonen organisiert. Allen Adelsgeschlechtern war im Spätmittelalter jedoch gemein, dass sie in Abgrenzung zu anderen Bevölkerungsschichten in besonderer Weise die „Ritterkultur" pflegten. Sichtbarstes Zeichen dessen waren die im 15. Jahrhundert ausgetragenen Reichsturniere, die nicht nur repräsentativen Zwecken dienten, sondern auch in restaurativer Tendenz den ritterlichen Lebensstil pflegen sollten.

Die zahlreichen Herrschaftsträger Frankens sind auch für ein weiteres die Region prägendes Phänomen verantwortlich: die Vielzahl von Städtegründungen durch die weltlichen und geistlichen Herrscher. Franken wurde so zu einer der städtereichsten Regionen im Reich. Eine Sonderrolle nahmen die Freien Reichsstädte ein, die direkt dem Kaiser unterstanden. Insbesondere die Reichsstadt Nürnberg wurde aufgrund ihrer wirtschaftlichen Potenz im Spätmittelalter nicht nur zur fränkischen Metropole, sondern zu einer Art „Hauptstadt" des Reichs. Die

Stadt, in der man seit dem späteren Mittelalter mit den neuen wissenschaftlichen Methoden der Kartografie, der Landvermessung und der Globentechnik die „Mitte“ konkreter bestimmte, kann damit gleichsam symbolisch für die Zentralität Frankens stehen. Nürnberg mit der mächtigen Kaiserburg – sie geht wahrscheinlich auf Kaiser Heinrich III. (1039–1056) zurück und diente sowohl als Verwaltungsmittelpunkt wie auch als Quartier bei zahllosen Reichstagen und als militärischer Stützpunkt – war seit dem 14. Jahrhundert als Reichs- und Handelsmetropole für ganz Franken ein Fixpunkt. Die literarische Würdigung dieses für die oberdeutsche Städtelandschaft modellhaften Aufstiegs stammt von dem Humanisten Conrad Celtis, der Nürnberg in seiner „Germania Illustrata“ (1495) bereits als „Mitte Deutschlands und Europas“ beschrieb. Und der Humanist Johannes Cochläus, Rektor der Lateinschule bei St. Lorenz, notierte 1512 in seiner „Brevis Germaniae Descriptio“: „Überall in Europa sind Nürnbergs Kaufleute. Der Reichtum der Nürnberger ist nicht nur den Deutschen, sondern auch den am entferntesten wohnenden Spaniern in Lissabon wie den fernsten Skythen am Don, den Polen, Ungarn und ganz Europa wohlbekannt. Wo gibt es denn einen Winkel, in den sie nicht Geld und Ware gebracht hätten? Sie wohnen in Lissabon, Lyon, Venedig, Budapest, Krakau, Wien, Köln, Antwerpen und in den übrigen Handelsplätzen Europas, wo sie die Bevölkerung durch gegenseitigen Warenaustausch reich machen und ihre Leute vor dem Mangel bewahren.“ Die Stadt blieb fortan nicht nur für Franken Mittelpunkt, auch Gelehrte mit Blick für das Weite wie Erhard Etzlaub (um 1460–1532) und Martin Behaim (1459–1507) scheuten sich nicht, die fränkische Reichsstadt selbst auf dem Wegenetz zur Porta Sacra in Rom im Heiligen Jahr 1500 oder auf dem Koordinatensystem des neu geschaffenen „Erdapfels“ mittig zu präsentieren.

Neben Nürnberg strebte man in einer Region, deren politische Grenzen an der fränkischen Peripherie gegen Hessen, Thüringen, Sachsen, die Oberpfalz, Bayern und Schwaben nie deutlich definiert werden konnten – auch der in den Jahren 1500/17 geschaffene Fränkische Reichskreis deutet nur auf den ersten Blick eine Präzisierung an –, auch andernorts nach landesweitem Einfluss und Machtsymbolen. Die Bischöfe von Würzburg und das ihnen 1168 in der „Güldenen Freiheit“ zuerkannte Herzogtum Franken – „per totum episcopatum et ducatum Wirzeburgensem“ – sind hier zu nennen. Rund 200 Jahre später bestätigte Kaiser Karl IV. nochmals diesen Akt, indem er 1353 Bischof Albrecht II. durch Übergabe aller Regalien, darunter das Herzogsschwert, erneut mit dem Herzogtum belehnte. Trotz des hohen Symbolwerts des Würzburger Herzogsschwerts, das fortan neben Mitra und Krummstab zum stets gezeigten Attribut der Fürstbischöfe zählte, blieb der Titel „Herzog von Franken“ mehr Anspruch als Realität. Bei der Durchsetzung stießen die Würzburger bald auf Widerstand. Ihre zahlreichen territorialen Kontrahenten, geistliche wie weltliche Herren, waren kaum bereit die Würzburger bischöfliche Herrschaftsgewalt über ganz Franken anzuerkennen. Besonders konfliktträchtig war das Verhältnis zu dem seit dem 13. Jahrhundert in Franken kometenhaft aufgestiegenen Haus Hohenzollern. Mitte des 15. Jahrhunderts versuchte der Markgraf und spätere Kurfürst Albrecht Achilles aus dem größtenteils durch geschickte Heiratspolitik erworbenen Streubesitz des Hauses Hohenzollern ein zusammenhängendes Territorium zu schaffen. Dafür führte er nicht nur Kriege gegen den Bischof von Würzburg, sondern auch gegen die Reichsstadt Nürnberg, die Bischöfe von Bamberg und die Wittelsbacher. Eine Abrundung des Zollernbesitzes gelang ihm jedoch nicht. Es blieb bei dem Versuch, in

Konkurrenz zu den Würzburger Bischöfen, eine dominierende Position in Franken einzunehmen. Aber auch die Würzburger Landesherren mussten zur Kenntnis nehmen, dass der bisweilen in Rechtsstreitigkeiten in Franken zur Schlichtung angerufene Kaiser seit Ende des 15. Jahrhunderts nicht mehr der Würzburger Gleichsetzung von Bistum, Herzogtum und Land zu Franken folgte, sondern zum Ausdruck brachte, dass das Land Franken einen größeren Raum umfasse, in dem nicht nur Würzburg herrsche. Zwar blieb den Bischöfen der Titel „Herzog von Franken" bis zur Säkularisation, aber die damit verbundenen Ansprüche verblassten mehr und mehr.

Die Anfänge des Reichskreises selbst reichen zurück in das Spätmittelalter. Im Nürnberger Landfrieden vom 11. März 1383 wurde das Alte Reich, untergliedert in vier „Parteien" oder Viertel, als Plattform für Friedenseinungen definiert. Die zugrunde gelegten Viertel waren dynastisch-territorialer Natur und ihnen standen Exekutivrechte zur Wahrung des allgemeinen Landfriedens zu. Franken zählte hier zum Bereich der Bischöfe von Bamberg, Würzburg und Eichstätt, der Burggrafen von Nürnberg sowie der Markgrafen von Meißen und der Landgrafen zu Thüringen. Der Begriff des Kreises tauchte erstmals 1438 auf einem Nürnberger Reichstag auf. Doch eine wirklich greifbare Kontinuität zwischen den Diskussionsmodellen des 15. Jahrhunderts und der tatsächlichen Einrichtung der Reichskreise im Jahr 1500 gibt es nicht, da vieles von den älteren Projekten erst mit der Umorganisation der Kreise 1555 entstand. So war eines der wesentlichen Ziele der Reichsreform des ausgehenden Mittelalters, die Schaffung eines dauerhaften Landfriedens, erst nach und nach zu einer wirklichen Aufgabe des Kreiswesens geworden. Die 1512 auf zehn Kreise erweiterten Regionen beschränkten sich zunächst auf die Entsendung von Räten in das Reichsregiment. Seit dem Jahr 1507 galten die Kreise zugleich als Wahlbezirke für Assessoren im ebenfalls unter Maximilian I. neu geschaffenen Reichskammergericht. Von den 16 Beisitzern des Kammergerichts musste fortan die Hälfte direkt aus den Kreisen gewählt werden. Sicher waren diese anfänglichen Aufgaben bescheiden, aber sie waren mit dem Fortbestand des Kammergerichts auf Dauer angelegt.

Der Fränkische Kreistag tagte am 4. Februar 1517 in Schweinfurt erstmals, die Bezeichnung „Fränkischer Kreis" trat erstmals 1512 auf; geografisch festgeschrieben wurde sein Sprengel durch die Präzisierung der Kreisaufgaben auf dem Reichstag zu Worms 1521. Die fränkischen Territorien und Reichsstände nahmen im Kreistag als einer Art frühdemokratischem Ständeparlament auf vier „Bänken" Platz. Auf der Bank der geistlichen Fürsten führten die Bamberger Bischöfe noch vor Würzburg den Vorsitz, da sie und nicht die „Herzöge von Franken" das Direktorium ausübten. Bamberg war zugleich Sitz der Kreiskanzlei und des Archivs. Somit hatte Bamberg einen enormen regionalen Bedeutungszuwachs erfahren. Zudem zählten Eichstätt und der Deutsche Orden zu den geistlichen Kreisständen. Auf der Bank der weltlichen Fürsten waren nur die beiden Adelsgeschlechter der Henneberger und der Hohenzollern mit ihren drei bzw. zwei Linien vertreten. Den Hohenzollern (Linien Ansbach und Bayreuth/Kulmbach) stand als dem vornehmsten weltlichen Stand das Mit-Ausschreibeamt des Kreises zu. Damit war die Funktion des Kreisobristen verbunden, die den fränkischen Hohenzollern gegenüber den unbewehrten geistlichen Reichsständen immer wieder politische Vorteile einbrachte. In diesen politischen Funktionen lagen letztendlich vielfältige zentrale Aufgaben, die in der Frühmoderne dann in Ansbach, Bayreuth und Bamberg für Standortvorteile sorgten.

Es folgte die Bank der „Grafen und Herren“, auf der unter anderem die Adelsgeschlechter der Castell, der Wertheim, der Rieneck und der Seinsheim abstimmten. Die vierte Bank bestand aus den Reichsstädten Nürnberg, Rothenburg, Windsheim, Schweinfurt und Weißenburg. Die führende Rolle Nürnbergs drückt sich unter anderem darin aus, dass in der Stadt bald die Kreiskasse aufbewahrt wurde und das Kreiszeughaus seinen Sitz nahm.

Mit der Bildung des Fränkischen Reichskreises wurde die Region, die zunächst von den Königen und Kaisern des Reichs und dann im Spätmittelalter von vielen einzelnen geistlichen und weltlichen Herrschern regiert worden war, erstmals in einer dauerhaften politischen Institution zusammengefasst, die immerhin bis zur Auflösung des Alten Reichs Bestand haben sollte. *Wolfgang Wüst*

Lit.: Kunstmann, Mensch und Burg; Burger, Landesfestungen, Burger, Burg; Werminghoff, Conrad Celtis, S. 42; Neuhaus, Realität; Langosch, Johannes Cochläus; Bräunlein, Martin Behaim; Störmer, Franken; Merz, Fürst und Herrschaft, Kühn, Bischof von Würzburg; Müller, Entstehung; Hartung, Geschichte, S. 22, 239, 241.

104

Der Deutsche Orden

104 1190 entstand im Heiligen Land der Deutsche Orden. Durch Stiftungen wurde der Ritterorden bald auch in Franken zu einem wichtigen Territorialherrn. Nach der Mitte des 13. Jahrhunderts bildete der Orden aus den Besitzungen in Franken, Bayern und Schwaben eine eigene Ordensprovinz, die bald nur noch als „Ballei Franken" bezeichnet wurde.

Die Ballei Franken und ihre Besitzungen

Karte
Entwurf: Gerhard Rechter, Dieter J. Weiß
Grafik: Gruppe Gut, Bozen

Der zur Krankenpflege gegründete Deutsche Orden, der 1198 in einen Ritterorden umgewandelt wurde, konnte durch Stiftungen rasch im Abendland und auch in Franken Fuß fassen: Nürnberg 1209, Ellingen 1216, Mergentheim 1219. Weitere Niederlassungen gab es bald in Würzburg, (Wolframs-)Eschenbach und Hüttenheim; Regensburg und Aichach lagen in Bayern, Donauwörth, Ulm, Oettingen und Heilbronn in Schwaben. Kaiser Friedrich II. war einer der größten Förderer, der selbst eine Reihe von Kommenden gründete und auch gestattete den Orden mit Reichsgut zu beschenken. Die meisten Gründungen lagen auf altem Reichsgut in königsnahen Landschaften. Der Stiftungsbesitz konnte aus Reichsgut, adligen Lehen, Allodien, Spitälern, Pfarreien oder aufgelassenen Klöstern bestehen.

Die in der Regel besitzstarken Kommenden der zentralen Reichslandschaft am Main und an seinen Zuflüssen waren bis über die Mitte des 13. Jahrhunderts hinaus ohne Einordnung in eine Ordensprovinz verblieben und unterstanden unmittelbar dem Deutschmeister. Mit der Nennung Gerhards von Hirschberg als Landkomtur 1268 ist von der Bildung einer Ballei Franken auszugehen, die im Titel des Komturs zunächst auch Bayern und Schwaben umfasste. Für die ersten Jahrhunderte des Bestehens dieser Ballei lässt sich keine Residenz ausmachen, Ellingen gehörte aber früh zum Einflussgebiet der Landkomture. Nach der Stauferzeit entstanden nur noch wenige Häuser, am bedeutendsten die Hohenzollernstiftung Virsberg (1294) und – durch die Finanzkraft des Ordens – Kapfenburg (1364). Seit der zweiten Hälfte des 14. Jahrhunderts hielten sich die Deutschmeister oft in Mergentheim auf, während sich Ellingen als führender Ort der Häuser des Ostteils der Ballei ausbildete. Der Deutschmeister wurde, in erster Linie wegen der fränkischen Ordensbesitzungen, 1494 in den Reichsfürstenstand und 1517/38 in den Fränkischen Reichskreis aufgenommen. *D. J. W.*

Lit.: Weiß / Rechter, Ballei Franken; Weiß, Deutschordensballei Franken.

105 Das Stifterbild schildert rückblickend auf das Jahr 1250 die Schenkung der Burg Horneck mit allen ihren Besitzungen an den Deutschen Orden. Horneck war die mittelalterliche Residenz des Deutschmeisters, dem alle Ordensprovinzen im Reich unterstanden.

Tryptichon zur Erinnerung an die Stiftung der Deutschordenskommende Horneck

Fränkisch, 1456
Öl / Holz, 58,5 × 49
Germanisches Nationalmuseum, Nürnberg (Gm 512)

Bei dem Stifterbild der Deutschordenskommende Horneck (Burg bei Gundelsheim, Lkr. Heilbronn) aus dem Jahr 1456 – die Datierung findet sich auf den Flügelrückseiten – handelt es sich um eine Auftragsarbeit des Deutschmeisters Ulrich von Lentersheim (1454–1479), der mit seinem Wappen auf dem linken Flügel des Tryptichons dargestellt ist.

Das breite untere Schriftband der Tafeln überliefert den Stiftungsvorgang: Im Jahr 1250 beschließt Konrad von Horneck mit seinen drei Kindern die Profess abzulegen. Er gibt seine Tochter in das Zisterzienserinnenkloster Billigheim (Lkr. Neckar-Odenwald) und tritt selbst mit seinen Söhnen Konrad und Werner dem Deutschen Orden bei. Als Ausstattung bringt er seine Burg Horneck mit all ihrem Besitz mit. Sein Sohn Werner ist gelähmt, wird aber auf wunderbare Weise geheilt. Beide Konrad, Vater und Sohn, ziehen ins Heilige Land, wo der Sohn stirbt. Der Vater kehrt nach Horneck zurück, wo er nach seinem Tod im Chor der Kirche begraben wird. Der Sohn Werner führt weiterhin ein gottgefälliges Leben. Er stirbt 1306 und findet ebenfalls im Chor der Kirche seine letzte Ruhestätte.

Das Mittelbild zeigt neben der Muttergottes mit dem Jesuskind die Burg Horneck, die mittelalterliche Residenz der Deutschmeister des Deutschen Ordens. Auf dem rechten Flügel ist der Stifter Konrad von Horneck mit einem seiner Söhne dargestellt. Die Stiftungslegende wird von Schriftquellen bestätigt. Konrad von Horneck hatte, nachdem er mit seinen Söhnen zwischen 1254 und 1258 dem Deutschen Orden beigetreten war, diesem seine Burg Horneck samt Zubehör vermacht und ist 1258 als erster Komtur der daraus gebildeten Ordenskommende belegt. Sein Sohn Werner wurde sein Nachfolger. Das Tryptichon dürfte ursprünglich in der Hornecker Burgkapelle gestanden haben. *M. D.*

Lit.: Bookmann, Hornecker Stifterbild; Diefenbacher, Territorienbildung, S. 25 f.; 800 Jahre Deutscher Orden [Ausstellungskatalog], S. 39 f.

106 Durch enge Beziehung zum Herrscher vermochte der Deutsche Orden seine reichsunmittelbaren Besitzungen bis zum Ende des Alten Reichs zu erhalten.

Urkunde Ludwigs des Bayern

München, 7. August 1341
Handschrift / Pergament, 13,5 × 23,5;
Siegel mit einköpfigem Reichs- und Kaiseradler auf rotem Wachs, Ø 5,5,
Siegelrand zum Teil verloren
Deutschordenszentralarchiv Wien
(Urkundenreihe zum Datum)

Der Deutsche Orden war im Hinblick auf seinen Besitz im Reich unter Kaiser Ludwig dem Bayern (1314–1347) ständig in die Auseinandersetzungen zwischen der päpstlichen Kurie und dem Reich verwickelt. Der Deutschmeister Wolfram von Nellenburg (1331–1361) war ein „lieber Freund und heimlicher Rat", auch enger Parteigänger des Wittelsbachers, der sich bei diesem wichtigen „Ordensgebieter in teutschen

106

und welschen Landen“ mit der Verleihung einer großen Zahl von Privilegien und Schenkungen zum Schutz von schon vorher erworbenem Ordensbesitz aus reichischem Gut einstellte und damit bedankte. Dies belegt auch die hier gezeigte Urkunde: Kaiser Ludwig der Bayer befiehlt dem Landvogt Heinrich von Dürenwang, anderen Amtsleuten und Vögten den Ordensbesitz aus und auf Reichsgut „ungekränkt und unbeschwert“ zu belassen. Infolge dieser engen Kooperation mit Ludwig dem Bayern, aber auch mit anderen Reichsoberhäuptern vorher und nachher konnte der Deutsche Orden seinen auch aus Reichsgut gewonnenen Besitz im Frankenland bis zum Ende seiner mehrfachen Reichs- und Kreisstandschaft (Ende 1805) behaupten. Nur die beiden Kommenden Winnenden (in Württemberg) und Rothenburg ob der Tauber wurden neben anderen kleineren Besitzungen im 17. Jahrhundert veräußert bzw. mit anderem Gut ausgetauscht. *B. D.*

Lit.: Arnold, Preußen, Böhmen und das Reich, S. 167–173, 450 ff.; Weiß, Geschichte der Deutschordensballei Franken (mit den Registerseiten zu Ludwig V. und Wolfram von Nellenburg); Seiler, Der Deutsche Orden in Frankfurt, bes. S. 28 f. und S. 66–71.

107 Während 1268 noch die drei Ordensprovinzen Franken, Schwaben und Bayern in der Siegelumschrift genannt wurden, siegelten seit 1273 die Vorsteher der Provinzen nur noch unter der Bezeichnung „Ballei Franken“.

a) Ältestes Siegel des Landkomturs von Franken, Schwaben und Bayern

Wachssiegel an Urkunde
vom 3. Juni 1268
Braunes Wachs an Pergamentstreifen, Ø 3,7
Staatsarchiv Nürnberg
(Ritterorden Urkunden 1923)

Das Siegel zeigt den auf einem Regenbogen thronenden Christus als Weltenrichter, die rechte Hand zum Segensgestus erhoben und mit der Linken ein geschlossenes Buch haltend, zwischen Alpha und Omega mit je einem Kreuz darüber. Die schlecht erhaltene Umschrift lautet: S(IGILLVM) P(RE)CEPTORIS FRA(N)CONIE SVEVIE BAVWARIE TEVTON[ICORVM ORDINIS].

Das Amt eines Komturs des Deutschen Ordens in Franken, Bayern und Schwaben wird erstmals am Lichtmesstag 1268 mit Gerhard von Hirschberg genannt. Das von ihm gebrauchte Siegel verwendete auch sein Nachfolger. Volmar von Bernhausen besiegelte am 3. Juni 1268 eine Schenkung Marquard von Bopfingens, des ehemaligen Marschalls König Konrads IV., an das Ordenshaus Ellingen. Außerdem siegelten ein Graf G. von Hirschberg, wohl Gebhard VII., der Bruder des ehemaligen Landkomturs, und der Ellinger Komtur Heinrich von Mässing.

b) Viertes Siegel des Landkomturs von Franken

Wachssiegel an Urkunde
vom 6. März 1346
Braunes Wachs in brauner Wachswanne an Pergamentstreifen, Ø 3,7
Staatsarchiv Nürnberg (Reichsstadt Rothenburg, Urkunden 279)

Seit 1273 wurde mit der Titelvereinfachung zum „provincialis fratrum Theutonice Franconie“ ein neues Landkomtursiegel gebraucht, das in mehreren Ausfertigungen überliefert ist. Es zeigt den auf dem Esel reitenden Christus, der einen Palmzweig trägt, beim Einzug in Jerusalem. Landkomtur Berthold Burggraf von Nürnberg verwendete den hier gezeigten qualitätvollen Siegeltypus 1346 und 1348. Die Umschrift lautet: SIGILLVM PROVINCIALIS FRANCONIE. *D. J. W.*

Lit. zu a): Wirtembergisches Urkundenbuch, hg. vom Königlichen Staatsarchiv in Stuttgart, 11 Bde., Stuttgart 1859–1913, Bd. 6, Nr. 2012, S. 404 f.; Militzer, Entstehung, S. 129, Abb. 16; 800 Jahre Deutscher Orden [Ausstellungskatalog], Kat.-Nr. VI. 3.40., S. 390 f. mit Abb. Weiß, Deutschordensballei Franken, S. 139–143.

Lit. zu b): 800 Jahre Deutscher Orden [Ausstellungskatalog], Kat.-Nr. VI. 3.41, S. 391 f. mit Abb. (R. Kahsnitz); Weiß, Deutschordensballei Franken, S. 139–143, 184 f.; Urkunden der Reichsstadt Rothenburg, Teil 1: 1182–1379, Nr. 741, S. 304; Arnold, Ergänzungen und Korrekturen, S. 46; Weiß, Deutschordensballei Franken, S. 184 f.

108 Nach dem Verlust Preußens im Zuge der Reformation schuf der Administrator und gleichzeitige Deutschmeister Walther von Cronberg (1526–1543) in Mergentheim ein neues Zentrum für den Orden. Der repräsentative Schaubecher trägt sein Wappen.

Kokosbecher

Nürnberg, Anfang 16. Jahrhundert und um 1536
Kokosnuss, Silber getrieben, gegossen, ziseliert, graviert und vergoldet, im Inneren Reste rötlichen Lacks; unter dem Fußrand Beschauzeichen Nürnberg (R33687), H. 26,4, Fuß Ø 10,9, Mundrand Ø 8
Schatzkammer des Deutschen Ordens, Wien (69)

108

Der von M. Wozniak kunsthistorisch exakt beschriebene Schaubecher aus dem Wiener Ordensschatz ist im Kontext der Ausstellung in zweifacher Hinsicht interessant: aufgrund der durch vier heraldische Wappen gekennzeichneten Person des Besitzers und das Entstehungsdatum, das in die Zeit des Übergangs vom Spätmittelalter in die mit der Glaubensspaltung im Reich einsetzende frühe Neuzeit verweist. Denn der schon am 18. Januar 1527 vom Esslinger Reichsregiment mit den Regalien begabte Deutschmeister Walther von Cronberg übernahm zusätzlich zu dieser Reichsfürstenwürde unter den Prälaten mit kaiserlicher Zustimmung vom 6. Dezember 1527 aus Burgos in Kastilien die Würde des seit 1525 erledigten Hochmeisteramts in Preußen. Auf dem religionsgeschichtlich so wichtigen Augsburger Reichstag von 1530 belehnte Karl V. am 26. Juli Cronberg mit der Administration des vakant gewordenen Hochmeistertums, und zwar in Gegenwart bereits neugläubiger Vertreter des niederen Adels, aus dessen Reihen der reichische geistliche Ritterorden mehrheitlich seine Ordensmitglieder rekrutierte. Lebenslang verfolgte der aus dem Reichsritteradel im Taunus stammende, im Frankfurter Ordenshaus zu vielfältiger Bedeutung aufgestiegene Ordensritter dann an der Spitze des durch die Gelübde der Armut, Keuschheit und des Gehorsams gekennzeichneten Ordens eine Politik enger Anlehnung an den Kaiser als altgläubiger, im Rang gleich nach den Erzbischöfen auf den Reichstagen platzierter Fürst.

Das wohl auf 1536 zu datierende Schaustück fällt in eine Zeit, da der sich hauptsächlich in seiner noch provisorischen Residenz Mergentheim an der Tauber aufhaltende Cronberg auf einem im März 1536 zelebrierten General- bzw. Großkapitel die noch verbliebenen preußischen Balleien – nämlich Böhmen, Elsass-Burgund, Koblenz, Österreich und Tirol – ebenso um sich scharte wie die deutschmeisterischen Provinzen Franken, Hessen, Altenbiesen, Utrecht, Thüringen, Sachsen,

Lit.: Herrmann, Der Deutsche Orden, bes. mit Abb. 25–27 nach S. 254; Herrmann, Walther von Cronberg; 800 Jahre Deutscher Orden [Ausstellungskatalog], bes. mit der farbigen Abb. III.8.27 nach S. XVI und der Beschreibung auf S. 232 f. (M. Wozniak); Seiler, Der Deutsche Orden in Frankfurt, bes. S. 42–44.

Lothringen und Westfalen. Die beim Ritter- und Priesterzweig durch Verlust der Glaubenseinheit drohende Personalnot galt es damals ebenso zu beraten und in den Griff zu bekommen wie die Politik gegenüber dem vom Reich 1532 geächteten Albrecht von Brandenburg-Ansbach als Lehensmann der Krone Polens. *B. D.*

109 Toten- und Aufschwörschilde bewahrten die Erinnerung an die verstorbenen Deutschordensritter. Zahlreiche Mitglieder der Deutschordensniederlassung in Nürnberg entstammten wie Wilhelm von Eyb, Georg von Egloffstein und Ulrich von Giech dem fränkischen Adel.

Drei Holzschilde

Nürnberg, 15. Jahrhundert
Holz, 41 × 31, 55 × 46, 65 × 50,1
Evang.-Luth. Kirchengemeinde St. Jakob, Nürnberg

Wilhelm von Eyb (Aufschwörschild)

Georg von Egloffstein (Totenschild)

Ulrich von Giech (Aufschwörschild)

Im Mittelalter wurde vereinzelt an der vorchristlichen Sitte festgehalten den Kriegern ihre Waffen mit in das Grab zu legen. Der Totenschild mit dem Wappen des Ritters eignete sich besonders, um die Erinnerung an den Verstorbenen zu bewahren und wurde meist in der Kapelle der Heimatburg aufgehängt. Mit dem Aufschwörschild, der anlässlich der Aufnahme in einen Ritterorden gefertigt wurde, entwickelte sich neben dem Totenschild eine weitere Form der Erinnerung an das Rittertum.

Die Präsentation eines Totenschilds im Gotteshaus schloss den Verstorbenen in die Gemeinschaft der Lebenden und in ihre Gebete ein. Dieser Brauch war im Spätmittelalter und der frühen Neuzeit in Nürnberg stark verbreitet.

Die heute in St. Jakob hängenden drei Toten- und 25 Aufschwörschilde der Deutschordensritter aus dem 15. und 16. Jahrhundert sind wohl nur noch ein Teil der ursprünglich vorhandenen. Wie die Schilde belegen, traten Mitglieder des Nürnberger Patriziats oder des Adels aus der Umgebung in den Deutschen Orden ein. Auf den Schilden sind stets das Familienwappen, ein kleinerer Deutschordensschild und in der Umschrift der Name des Ritters zu erkennen.

Die Familie von Eyb zählt zum fränkischen Uradel. Wilhelm von Eyb wurde am 24. September 1422 geboren, schwor am 1. November 1441 auf und fiel 1455 bei den Auseinandersetzungen um Königsberg-Kneiphof.

Die Stammburg des Adelsgeschlechts der Giech liegt in der heutigen Fränkischen Schweiz. Ulrich von Giech wird zwischen 1412 und 1420 als Fischmeister des Deutschen Ordens in Memel genannt.

Aus der fränkischen Adelsfamilie von Egloffstein ging eine Reihe von Rittern des Deutschen Ordens hervor. Zwischen 1396 und 1416 stellte sie mit Konrad einen Deutschmeister. Georg von Egloffstein war Vogt von Leipe. *S. H.*

Lit.: 800 Jahre Deutscher Orden [Ausstellungskatalog], S. 540–546; Limburg, Hochmeister, S. 151; von Dachenhausen, Wappenschilde; Pilz, Totenschild.

110 Einblicke in die Bauweise, Ausstattung und Funktion der Räume des Deutschordensareals in Nürnberg gibt ein Vogelschauplan des Nürnberger Steinmetzes Hans Bien.

Isometrischer Riss des Deutschen Hauses zu Nürnberg

Hans Bien
Nürnberg, 1625
Feder/Papier, koloriert, laviert,
a) Außenansicht (R), b) Erdgeschoss 66,4 × 74,5, c) 1. Stock 65,5 × 78,3
Germanisches Nationalmuseum, Nürnberg (HB 3097, 3095 und 3096)

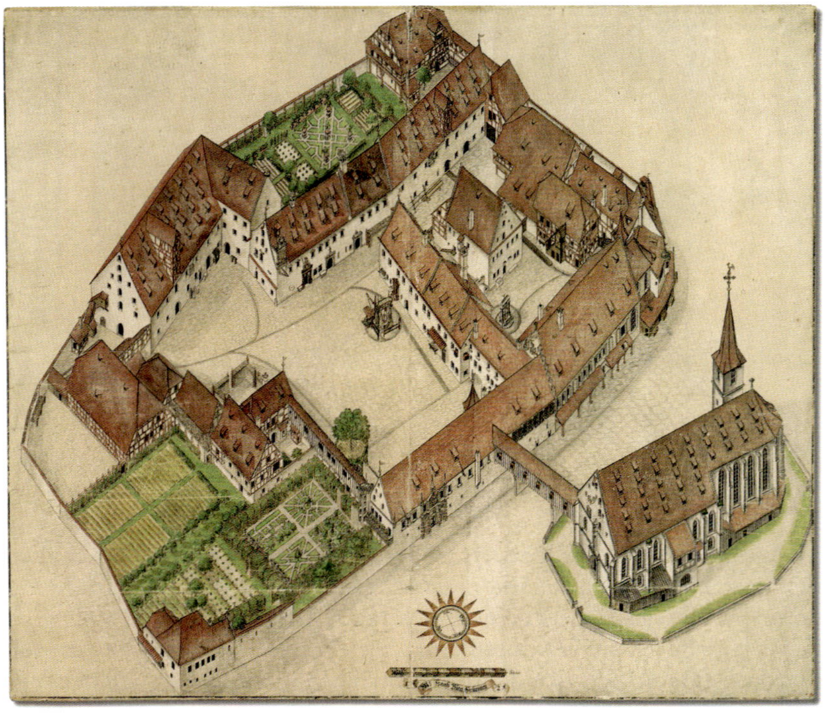

110 Außenansicht

Einer der bedeutendsten Nürnberger Kartografen des 17. Jahrhunderts war Hans Bien. 1591 geboren, wurde er 1611 vom Rat der Reichsstadt Nürnberg „entdeckt“ und wegen seines zeichnerischen Talents 1612 zur Ausbildung als Steinmetz und Zeichner zu dem Stadtwerkmeister Jakob Wolff d. J. gegeben. Vielleicht hat Hieronymus Braun (1566 bis 1620), der zweite bedeutende Nürnberger Kartograf des 17. Jahrhunderts, dieses Talent als Mentor gefördert, denn Hans Biens Vater war einer der Kollegen Brauns in der reichsstädtischen Ratskanzlei. Auch die Wanderschaft des Steinmetzgesellen Bien nach Oberdeutschland und Italien von 1617 bis 1619 wurde finanziell großzügig vom Rat unterstützt. Nach der Meisterprüfung 1620 arbeitete Bien, nachdem der Rat eine Anstellung in städtische Dienste abgelehnt hatte, als Zeichner, Geometer, Baugutachter und Festungsbaumeister. Auftraggeber war hauptsächlich der Nürnberger Rat, aber auch Herzog Johann Casimir von Sachsen-Coburg (u. a. Bauzeichnungen und Grundriss der Veste Coburg, Panoramadarstellung der Stadt Coburg 1625/26). Berühmt

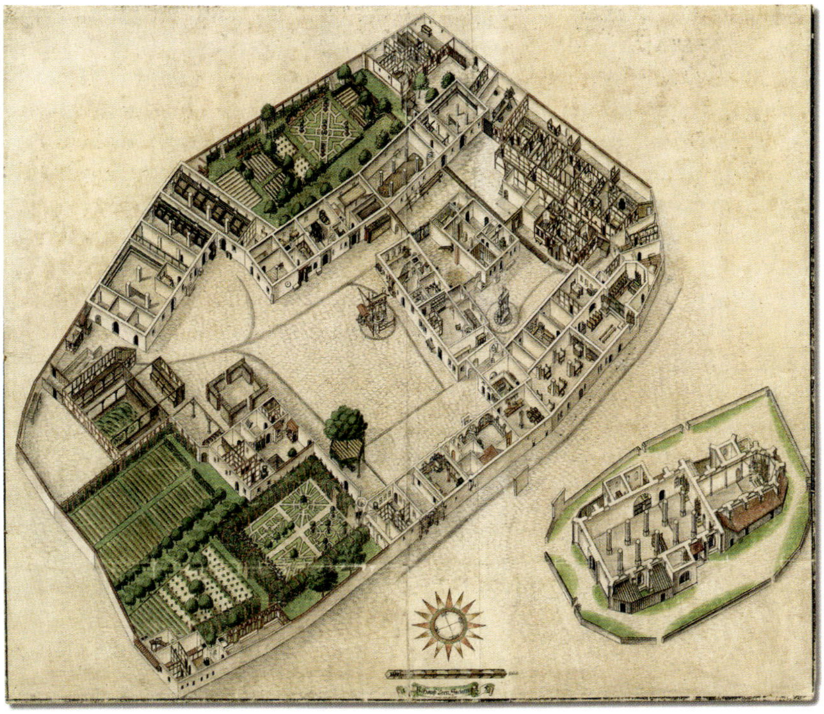

110 Erdgeschoss

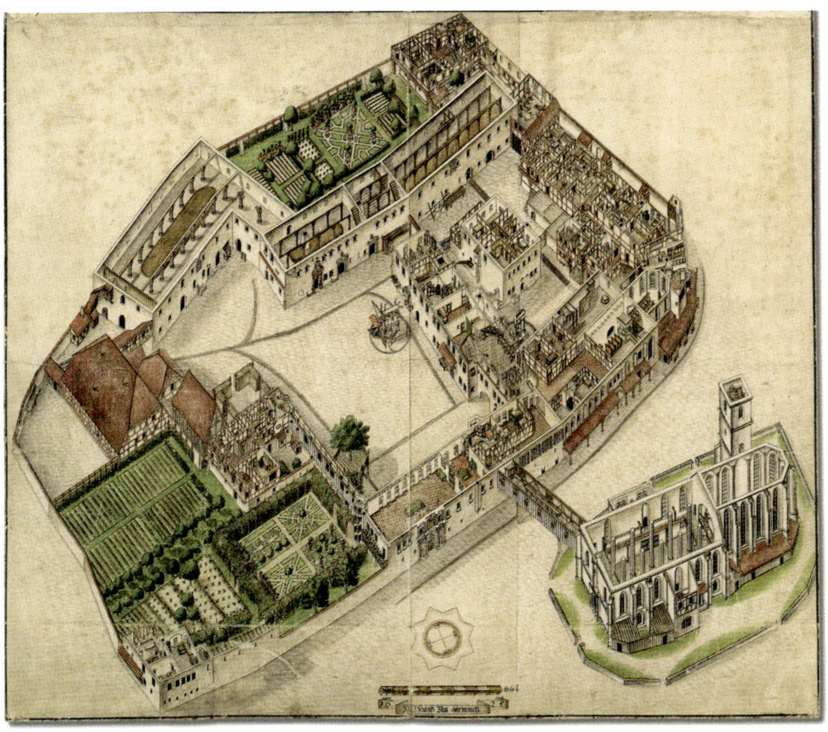

110 Erster Stock

sind Biens kartografische Arbeiten über das Vorfeld der Nürnberger Mauern bis hin zur äußeren Landwehr (Landwehrkarten) 1620, seine Stadtgrundrisse 1621–1627 und 1628–1631 sowie die großmaßstäbige Darstellung des Pflegamts Lauf 1628.

Als Höhepunkt seines Wirkens gilt gemeinhin die repräsentative Darstellung der Nürnberger Deutschordenskommende samt Jakobskirche (der ehemaligen Ordenskirche) im Auftrag des Komturs Kaspar Moritz von Thierheim 1624/25. Bien zeigt die gesamte Anlage aus der

Vogelperspektive von Südwest nach Nordost in einer Folge von fünf Blättern, nämlich den Gesamtkomplex in Steilaufsicht sowie das Erd- und Obergeschoss jeweils als Grundriss und in Steilaufsicht. Dem Rat der Reichsstadt fertigte Bien auf dessen Verlangen hin heimlich Kopien seiner Zeichnungen an und lieferte ihm damit Informationen über das bis Ende der Reichsstadtzeit exterritoriale Areal der katholisch gebliebenen Kommende.

Nach 1626 war Hans Bien – aus Coburg zurückgekehrt – als Zeichner, Architekt und Kartograf ein viel gefragtes Multitalent, das im Auftrag seiner Vaterstadt, diverser patrizischer Familien, aber auch der Markgrafen von Ansbach oder der Reichsstadt Weißenburg arbeitete. Hans Bien starb 41-jährig in den Wirren des Dreißigjährigen Kriegs im Jahr 1632. Sein Schaffen markiert im ersten Drittel des 17. Jahrhunderts eine letzte Blütezeit der Nürnberger Kartografie, die neben ihm mit Namen wie Andreas Albrecht (1586–1628), Johann Carl (1587–1665), Paul (geb. 1606) und Hans (1606–1658) Trexel verbunden ist. *M. D.*

Lit.: 800 Jahre Deutscher Orden [Ausstellungskatalog], S. 528f.; Der Nürnberger Zeichner, Baumeister und Kartograph Hans Bien (1591–1632) [Ausstellungskatalog], S. 9–50; Diefenbacher, Traditionen.

Die Hohenzollern

111 Die beiden Predellen zeigen die männlichen und weiblichen Mitglieder der Familie des Burggrafen Friedrich V. (vor 1332–1398). In seine Regierungszeit fiel die Erhebung des Hauses Hohenzollern in den Reichsfürstenstand. Sein ebenfalls dargestellter Sohn Friedrich VI. (1371–1440) errang 1417 für sein Haus das brandenburgische Kurfürstentum.

Votivbild

Kopie von 1711 nach einem zeitgenössischen Freskengemälde
Metall, je 116 × 380
Evang.-Luth. Pfarramt Heilsbronn

Ende des 12. Jahrhunderts war der Familie der Hohenzollern das Amt der Burggrafen von Nürnberg übertragen worden. Durch geschickte Heiratspolitik gelang den Hohenzollern in der Folgezeit die Bildung eines eigenen Territoriums in Franken. Der hier mit seiner Familie dargestellte Friedrich V. konnte schließlich die Gebietszuwächse durch eine bedeutende Standeserhebung zusätzlich absichern: Kaiser Karl IV. erhob 1363 den Nürnberger Burggrafen und dessen Erben in den Reichsfürstenstand (Kat.-Nr. 112). In den Jahren davor hatte sich Friedrich V. in starkem Maße für Kaiser und Reich engagiert. Die guten Beziehungen des Hauses Hohenzollern zum Kaiser kommen auch in der Ehe des links von seinem Vater und seinem Bruder Friedrich VI. abgebildeten Johann III. zum Ausdruck: Er heiratete Margarete, eine Toch-

111

ter Kaiser Karls IV. Bekannter noch als sein Vater und sein Bruder wurde der zwischen den beiden gezeigte Burggraf Friedrich VI. Im Jahr 1396 nahm er mit Johann an dem Türkenfeldzug König Sigismunds von Ungarn teil, der jedoch mit der Niederlage bei Nikopolis endete. 1410 warb er erfolgreich für die Wahl Sigismunds zum deutschen König. Dies brachte ihm und seinem Haus schließlich die brandenburgische Kurwürde ein, die den Grundstein für die Expansion der Hohenzollern nach Osten legte.

Die weiblichen Mitglieder der Familie Friedrichs V. werden angeführt von seiner Ehefrau, Burggräfin Elisabeth, die links außen zu erkennen ist. Sie war die Tochter Friedrichs des Ernsthaften, des Landgrafen von Thüringen und Markgrafen von Meißen. Zusammen mit Elisabeth sind ihre neun Töchter dargestellt. Hervorgehoben sind die drei verheirateten Töchter Elisabeth (seit 1374 verheiratet mit dem späteren König Ruprecht von der Pfalz), Beatrix (verheiratet mit Herzog Albrecht III. von Österreich) und Margaretha (verheiratet mit dem Landgrafen Hermann dem Gelehrten von Hessen). Die besondere Stellung der drei Töchter wird durch Krone bzw. Wappen verdeutlicht.

Die beiden Votivbilder in Form von Predellen entstanden im Jahr 1711 nach einem zeitgenössischen Wandgemälde. Beide Predellen hängen heute in Heilsbronn, der Grablege des Hauses Zollern. Sowohl Burggraf Friedrich V. als auch sein Sohn Friedrich VI. (Kurfürst Friedrich I.) sind dort begraben. *J. Sch.*

Lit.: Schuhmann, Markgrafen von Brandenburg-Ansbach; NDB, Bd. 5, S. 523, 494.

112 Nach den zahlreichen Gebietserwerbungen durch Erbe, Kauf oder Tausch schlug sich der gewonnene Machtzuwachs in der Gewährung von fürstlichen Rechten durch Kaiser Karl IV. nieder.

Reichsfürstenprivileg

17. März 1363
Handschrift / Pergament, Siegel fehlt, 45 × 64
Staatsarchiv Bamberg (Brandenburger Urkunden 443)

Im 13. und 14. Jahrhundert etablierten sich die Burggrafen von Nürnberg aus dem Haus Zollern als führende weltliche Macht in Franken. Sie wurden damit territorialpolitisch Hauptkonkurrenten des Bischofs von Würzburg und seines Anspruchs auf den Titel eines „Herzogs von Franken". Der Aufstieg der Hochadelsfamilie gründete im Reichsdienst (Burggrafenamt zu Nürnberg) und der bewusst gesuchten Königsnähe. Parallel dazu betrieben die Zollern eine rastlose Politik des Gebietserwerbs durch Erbe, Kauf, Tausch oder Pfandnahme. Damit verbunden waren die intensive Vereinnahmung des umliegenden Adels durch Dienst- und Öffnungsverträge sowie Lehenauftragungen, die Gründung von Städten, der Aufbau von Verwaltungsstrukturen und die Übernahme von Schutzvogteien über oder gar die Gründung von Klös-

111

112

tern, wie dem Augustinereremitenkloster Kulmbach. Ein gutes Beispiel hierfür ist der stufenweise Aufbau der Herrschaft „oberhalb gebirgs“, vorläufig abgeschlossen durch den Erwerb der Herrschaft Plassenburg 1340. Allerdings kam es, wie in Franken üblich, nie zu einer flächenhaften Verdichtung der Rechte und Besitzungen der Zollern.

Das Privileg Kaiser Karls IV. von 1363 muss als wichtige Etappe im politischen und sozialen Aufstiegsprozess der Zollern angesehen werden – überhöht natürlich durch die Übertragung der Mark Brandenburg und die damit verbundene Kurwürde 1415 durch König Sigismund. Karl IV. gewährte Burggraf Friedrich V. „der fursten recht, wirde, freiheit und ere“. Die vorsichtige Formulierung in der Urkunde lässt Raum für Interpretationen. Während allgemein mit diesem Privileg die Erhebung der Zollern in den Reichsfürstenstand verbunden wird, sprechen neuere Forschungen von einer Verleihung des „gefürsteten Grafenstands“, die den Weg in den Kreis der bestimmenden Fürsten des Reichs ebnete.

Druck: Monumenta Zollerana, Bd. IV Nr. 1 und 2, S. 1–4 und S. 5–8.

Lit.: Twellenkamp, Burggrafen von Nürnberg; Schuhmann, Markgrafen von Brandenburg-Ansbach; Bayern und Preußen und Bayerns Preußen [Ausstellungskatalog], S. 210 f.; Weigand-Karg, Plassenburg; Zimmermann, Grundlagen.

Das Privileg zielte auf die Intensivierung der Herrschaftsrechte der Zollern in Franken durch Gewährung der ausschließlichen Gerichtsbarkeit über ihre Untertanen und des Rechts zur Nutzung aller Bergwerke im Territorium, eine der wesentlichen finanziellen Stützen der Macht der Zollern. Darüber hinaus sollten die Zollern, ähnlich wie in entsprechenden Privilegien für unter der Reichsvogtei stehende Zisterzienserklöster, in den Stand gesetzt werden, durch Ausübung der Schutzvogtei im königlichen Auftrag Ansatzpunkte einer stärkeren herrschaftlichen Konzentration in Franken zu geben. *K. R.*

113 Albrecht Achilles, Markgraf und später Kurfürst aus dem Haus Hohenzollern, gilt als eine der glänzendsten und einflussreichsten Persönlichkeiten des ausgehenden Mittelalters. In Franken versuchte er den Besitz seines Hauses abzurunden und dessen hervorgehobene Stellung in der Region zu festigen.

Albrecht Achilles (1414–1486)

Deutsch, Mitte 16. Jahrhundert
Öl/Holz, 32,5 × 24
Kunsthistorisches Museum Wien, Gemäldegalerie (GG 4469)

113

Albrecht Achilles, dem Markgrafen und späteren Kurfürsten aus dem Haus der Hohenzollern, wurde bereits zu Lebzeiten der Beiname des sagenhaften griechischen Helden Achilles gegeben. Da von ihm keine zeitgenössischen Bilder überliefert sind, kann über sein Aussehen nur spekuliert werden. Das gezeigte Gemälde entstand knapp ein Jahrhundert nach seinem Tod und zeigt ihn in Rüstung, bekleidet mit einer auffällig roten Kopfbedeckung. Die Darstellung greift damit das populäre Bild des Markgrafen und Kurfürsten als Abenteurer und in zahllosen Kriegen erfahrener Fürst auf. 1431 erlebte Albrecht die Niederlage gegen die Hussiten mit, 1435 reiste er nach Jerusalem, 1438 kämpfte er auf der Seite König Albrechts II. gegen Casimir von Polen in Böhmen. In Franken versuchte Albrecht Mitte des 15. Jahrhunderts vor allem auf Kosten der Reichsstadt Nürnberg das Gebiet der Hohenzollern abzurunden und abzusichern. Doch brachte seine expansive Politik ihn bald in Konflikt zu fast allen anderen größeren Herrschaftsträgern in Franken, wie den Bischöfen von Würzburg, Bamberg und Eichstätt. Sein Streben nach einer hervorgehobenen Stellung gipfelte in dem Versuch sich als fränkischer Herzog titulieren zu lassen. Ob Papst Pius II. ihn 1460 in Mantua tatsächlich mit diesem Titel begrüßte, ist jedoch umstritten. Neben seinen Aktivitäten in Franken und seit 1470 auch in Brandenburg, wo er zur Absicherung der Ostgrenze gegen Pommern Krieg führte, trat Albrecht aktiv für Kaiser und Reich ein: Als Reichshauptmann kämpfte er in Burgund, unterstützte Österreich gegen die Ungarn und versuchte die Türkenhilfe zu organisieren. Von großer Bedeutung war auch die von ihm 1473 verfügte „Dispositio Achillea", welche die Erbfolge innerhalb des Hauses auf nicht mehr als drei Linien einschränkte und die Unteilbarkeit der Mark festlegte.

Lebendig bleibt die Person des Albrecht Achilles vor allem in mehreren tausend Briefen, die überliefert sind und seine politische und private Korrespondenz dokumentieren. Neben einer Fülle interessanter Details finden sich hier auch Hinweise auf das Familienleben des Markgrafen. Der in zweiter Ehe mit Anna von Sachsen verheiratete Albrecht hatte nicht weniger als neunzehn Kinder – elf Töchter und acht Söhne.

J. Sch.

Lit.: Schuhmann, Markgrafen von Brandenburg-Ansbach; NDB, Bd. 1, S. 161–163.

114 Die Ansicht von Marktschorgast und den umliegenden Orten entstand zur Klärung der Gerichtsgrenzen zwischen dem Markgrafen von Brandenburg-Kulmbach und dem Bamberger Bischof.

Ansicht von Marktschorgast

Um 1540 (?)
Feder / Papier, koloriert, 64,5 × 82
Staatsarchiv Bamberg (A 240 R 149)

Die Darstellung des hochstiftisch-bambergischen Amts Marktschorgast gehört zu den frühesten „Landesaufnahmen" in Franken. Der konkrete Anlass der durch einen unbekannten Zeichner erstellten Karte ist im Text am oberen rechten Rand festgehalten. In etlichen Dörfern des bambergischen Amts Marktschorgast saßen vor allem Untertanen des Markgrafen von Brandenburg-Kulmbach und verschiedener Adelsfamilien. Deshalb gab es Differenzen um die Zuständigkeit in Hochgerichtsfällen. Der bambergische Anspruch wird durch die Darstellung der Halsgerichtsgrenzen mit schwarzem und gelbem Strich eindeutig markiert. Damit allerdings, wie es heißt, „keine gerechtigkeit unterlassen sei", sind den Ortsbildern kurze Texte mit dem Wappen des Hochstifts oder/und der Zollern beigegeben. Dem Thema entsprechend in der Mitte findet sich das Ortsbild der Amtsstadt, der Markt Marktschorgast, mit markanten Türmen, der Kirche und rechts davon dem Galgen als Hoheits- und Gerichtszeichen. Darunter ist das Wappen des Bischofs Weigand von Redwitz (1522–1556), das eine ungefähre Datierung der Karte erlaubt. In seine Zeit fallen umfangreiche Verhandlungen und Verträge mit dem Markgrafen von Brandenburg-Kulmbach um die Klärung von Gerechtsamen (Forchheimer Vertrag von 1538) zu sehen. Vom braunen Untergrund heben sich die Orts- und Burgenminiaturen ab, die zur deutlichen Unterscheidung auf grünen Farbfeldern „aufsitzen". Die Herrschaftszugehörigkeit der Orte wird durch Wappendarstellungen kenntlich gemacht. Eingezeichnet ist auch die alte Geleitstraße von Stadtsteinach nach Weißenstadt im Fichtelgebirge. *K. R.*

Lit.: Vollet, Weltbild, S. 40 f.; Oberfranken im Bild alter Karten [Ausstellungskatalog], S. 45.

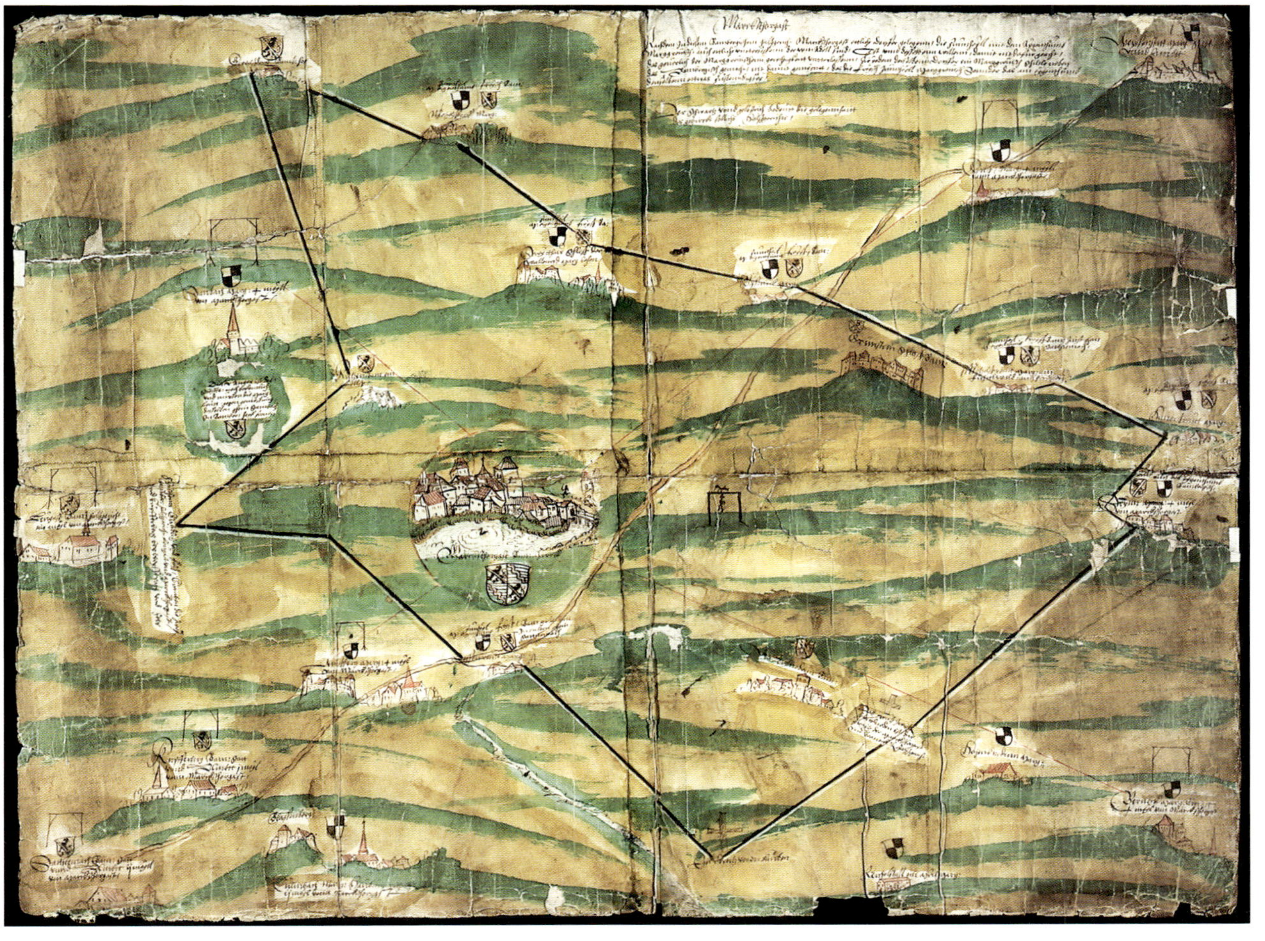

114

115 Die zur Klärung eines Rechtsstreits zwischen den Markgrafen von Brandenburg-Kulmbach und dem Herzogtum Oberpfalz angelegte Karte zeigt die älteste Ansicht der zum Zollernbesitz gehörenden Stadt Bayreuth.

Göppmannsbühler Mappa

Lucas Cranach oder Wolf Keller (?)
1531
Feder/Papier, koloriert, 33 × 49
Staatsarchiv Bamberg (C 3 Nr. 1858)

Die Verschränkung der Besitzungen und Gerechtsame in Franken und seinen Grenzbereichen führte immer wieder zu Streitigkeiten zwischen den benachbarten Fürstentümern. Während diese im 15. Jahrhundert, als man noch um die territoriale Vorherrschaft rang, oft kriegerisch ausgetragen wurden, ging man ab dem 16. Jahrhundert im Zuge der Verrechtlichung zu gerichtlichen oder schiedsrichterlichen Entschei-

115

dungen über. Mit den dafür notwendig gewordenen „Beweisaufnahmen“ entstanden die ersten kolorierten Pläne, „Augenscheine“ oder „Risse“ genannt, die zur Klärung des Rechtsstreits beitragen sollten.

Dem ausgestellten Plan liegt folgendes Ereignis zugrunde: Als 1531 die Brüder Rochius und Balthasar von Streitberg Totschlag an Gabriel von Streitberg verübten, wurde die Angelegenheit von Seiten der Zollern als Markgrafen von Brandenburg-Kulmbach verfolgt. Da man Fritz von Streitberg und einen Knecht im Ort Göppmannsbühl vermutete, kam es zum Einfall markgräflicher Truppen. Daraus entstand ein Streit mit dem angrenzenden Herzogtum Oberpfalz um die hohe Gerichtsbarkeit in dem Ort.

Zur Untermauerung ihrer Rechtsposition ließ die markgräfliche Seite einen Riss, die „Göppmannsbühler Mappa“, anfertigen. Aus der Vogelschau werden die landschaftlichen Gegebenheiten zwischen „Payerreut“ (Bayreuth) und Kemnath sowie dem Fichtelgebirge und dem Rauen Kulm stark verkürzt wiedergegeben. In der Mitte liegt, wegen der Bedeutung für das Verfahren übergroß dargestellt, das Dorf Göppmannsbühl, durch welches die strittige Fraischgrenze lief. Dass der Augenschein, der heute aus Gründen der Bestandserhaltung dem entsprechenden Akt entnommen ist und separat gelagert wird, als Beweismittel gedacht war, zeigen die zeichnerisch hervorgehobenen Territorial- und Fraischrechte sowie die eingetragenen Erläuterungen zum Streitfall. Die Ortsnamen sind auf Schildchen aufgeklebt. Während U. Lindgren den Augenschein als vermutlich aus der Werkstatt oder der Schule des Lucas Cranach stammend ansah, könnte man auch an ein Frühwerk des Wolf Keller denken.

Der malerischen Darstellung verdanken wir auch die einzige Ansicht des nur kurzlebigen Franziskanerklosters St. Jobst sowie die älteste Ansicht der Stadt Bayreuth mit der alles überragenden doppeltürmigen Stadtpfarrkirche und dem Stadtschloss am linken Rand. Während Bayreuth im Mittelalter noch im Schatten der Veste Plassenburg ob Kulmbach stand, rückte es in der frühen Neuzeit zum Regierungssitz des Fürstentums „oberhalb gebirgs“ der Zollern auf. *K.R.*

Lit.: Lindgren, Bayreuth; Vollet, Abriß; Hinterstößer, Wolf Keller; Die Euregio-Egrensis im Bild alter Landkarten, Serie 1: Älteste Blätter / Nr. 1: Die Göppmannsbühl-Karte von 1531 (Otnant-Gesellschaft für Geschichte und Kultur in der Euregio-Egrensis), 2001.

116 Durch die Schwäche der Könige und Kaiser im ausgehenden 13. Jahrhundert gab es häufig kriegerische Konflikte zwischen den vielen in Franken ansässigen Adelsgeschlechtern.

Beckenhaube

Süddeutschland, Anfang 14. Jahrhundert
Stahl, 27 × 15,5 × 17,5, 2 kg
Bayerisches Armeemuseum, Ingolstadt
(A 5601)

Die Beckenhaube wurde erstmals im 14. Jahrhundert benützt. Sie schützt Wangen, Kopf und Nacken des Trägers, während Hals und Gesicht durch das am Helm befestigte Kettengeflecht geschützt sind. Dieser Helmtyp lässt das Gesicht frei. Der Rand am Gesichtsausschnitt ist angelötet. Die am unteren Rand der Beckenhaube befindliche versetzte Doppelreihe von Löchern dient der Befestigung der Brünne, also des Kettengeflechts. *G. R. v. K.*

Lit.: Aus dem adeligen Leben im Spätmittelalter [Ausstellungskatalog], S. 99.

117 Das Kettenhemd war im 12. und beginnenden 13. Jahrhundert der einzige Schutz gegen Schwerthiebe und andere Kampfverletzungen. Vollständige Harnische kamen erst im Spätmittelalter auf.

Kettenhemd

Deutschland, Ende 15. Jahrhundert
Stahl, Stahlringe geschmiedet, langärmlig, Halsausschnitt, unterer Rand gezackt, 70 × 40
Bayerisches Armeemuseum, Ingolstadt
(A 789/64)

Der Ursprung des Kettenpanzers ist keltisch, er wurde auch in der römischen Armee verwendet. Im 12. Jahrhundert fand er Eingang im westeuropäischen Schutzwaffensystem, als die Kreuzfahrer Bekanntschaft mit dem Ringelpanzer ihrer orientalischen Gegner machten. Diese neue Art der Schutzwaffe löste den früheren Schuppenpanzer ab. In der Kreuzzugszeit war der Kettenpanzer die einzig übliche ritterliche Rüstung. Von den Kettenpanzerharnischen, die bis Ende des 14. Jahrhunderts in Gebrauch waren, ist fast nichts erhalten. Im 15. Jahrhundert diente das Kettenhemd nur mehr zur Ergänzung des vollständigen Plattenpanzers oder auch als Körperschutz der aufkommenden Infanterie. Das Geflecht, bestehend aus kleinen Eisenringen, war genietet, geschmiedet oder nur zusammengebogen. Mit der Herstellung waren die so genannten „Sarwirker“ beschäftigt. *G. R. v. K.*

117

118 Nürnberg war im 15. Jahrhundert ein Zentrum der Waffen- und Harnischherstellung; das dafür notwendige Eisen kam teilweise aus der nahe gelegenen Oberpfalz.

Nürnberg und Landshut, um 1490
Stahl, Eisen, getrieben und gebördelt, 22,5 × 37,5 × 21,2, 2,12 kg
Deutsches Historisches Museum, Berlin (W 624)

Schaller

118

Der Helm wurde durch Treiben aus einer einzigen Eisenplatte gefertigt. Die Schutzwirkung gegen Hiebe verstärken ein Scheitelkamm, der Nackenschirm und der vorgetriebene Rand. In die hohe Helmglocke ist ein Sehschlitz eingearbeitet. Umlaufende Nieten dienen zur Befestigung des Helmfutters. Auf dem Nackenschirm eingeschlagen sind das Landshuter Stadtwappen und der Buchstabe „n", gedeutet als Nürnberger Zunftmarke. Eine ähnliche und zeitgleiche Schaller besitzt die Waffensammlung des Kunsthistorischen Museums in Wien (A 105). Man nimmt an, dass solche Schallern in Nürnberg in Serie gefertigt wurden. Das vorliegende Stück und auch der Wiener Helm wurden in Landshut, ebenfalls einem bedeutenden Rüstungszentrum, auf ihre Qualität geprüft, möglicherweise noch überarbeitet und dann weiter verkauft.

Die Schaller, abgeleitet von der Form einer „Schale", entstand im frühen 15. Jahrhundert aus der Beckenhaube (Kat.-Nr. 116). Zwei Grundtypen entwickelten sich parallel: die starre Form mit eingearbeitetem Sehschlitz sowie ein Typ mit aufklappbarem („aufschlächtigem") Visier. Beide Formen boten keinen Schutz gegen Treffer im Hals- und Kinnbereich. Deshalb gehörte zur vollständigen Ausrüstung der so genannte Bart. Dieses Metallstück wurde auf der Brustplatte des Harnischs befestigt und im Nacken festgebunden. Wegen seiner Unbequemlichkeit wurde der Bart aber meistens nicht getragen.

Die Schaller prägte im deutschsprachigen Raum über Generationen das Erscheinungsbild des Ritters. Kennzeichen der „deutschen" Schaller ist ihr besonders langer, stromlinienförmiger Nackenschirm. Eine erstrangige Quelle ist die Studie eines Ritters von Albrecht Dürer für seinen berühmten Kupferstich „Ritter, Tod und Teufel" (1513). Zu dieser aquarellierten Federzeichnung von 1489 (Albertina, Wien) vermerkte der fränkische Meister, so trage man die ritterliche Rüstung in Deutschland. *Ch. L.*

Lit.: Böheim, Waffenkunde, S. 38–41; Funcken, Rüstungen und Kriegsgerät, S. 34–40; Geharnischte Zeiten [Ausstellungskatalog], S. 42 f.; Müller, Albrecht Dürer, S. 92–96; Eisenkleider [Ausstellungskatalog], Kat.-Nr. 34 (mit Abb.); Thomas / Gamber, Katalog der Leibrüstkammer, 1. Teil, S. 97 f.

119 Der Streithammer galt nach dem ritterlichen Ehrenkodex als unritterliche Waffe. Er wurde zum Zerschlagen der Schutzrüstungen verwendet und konnte schwere Verletzungen bewirken.

Süddeutschland, um 1500
Schlagkopf, Schlagdorn, Schaft mit Türkenbund und Gürtelhalter, Stahl, 56,5 × 12
Bayerisches Armeemuseum, Ingolstadt (A 11429)

Streithammer

Der Streithammer war sowohl bei der Reiterei als auch beim Fußvolk in Gebrauch. Diese Waffe hatte sich aus dem Werkzeughammer entwickelt. Mit dem Streithammer konnte man mit einem gut gezielten starken Schlag einen Plattenharnisch oder Helm durchschlagen. Neben seiner Funktion als Waffe wurde der Streithammer auch als Rangsymbol verwendet. In den Landsknechtsheeren trug ihn der Rottmeister als Amtszeichen. *G. R. v. K.*

120 Pferde waren im Früh- und Hochmittelalter zumeist ungepanzert. Bei der als Spielzeug dienenden Holzfigur trägt dementsprechend nur der Ritter eine leichte Rüstung.

Ritter mit Pferd

Süddeutschland, Mitte 14. Jahrhundert
Eichenholz, H. (gesamt) 38, H. (Reiter) 28
Bayerisches Armeemuseum, Ingolstadt (A 8328)

Die kleine Holzskulptur besteht aus einem aufsetzbaren Ritter und einem Pferd und wurde wohl als Spielzeug verwendet. Der Ritter trägt den typischen Harnisch aus der Zeit um 1350. Eine Kettenhaube schützt den Kopf, sie geht in ein Kettenhemd über und bedeckt den Körper bis zur Hüfte. Am Brustteil ahnt man den dicken Wams unter dem Kettenhemd. Tief sitzt der Waffengürtel der so genannten Dupsing. Der Knieschutz ist sichtbar. Das Pferd hat einen Sattel, auf dem man den Ritter aufstecken kann. Die Holzplatte, auf der das Pferd steht, wurde wohl im 19. Jahrhundert ergänzt. *G. R. v. K.*

Lit.: Aus dem adeligen Leben im Spätmittelalter [Ausstellungskatalog], S. 120.

121 Im Spätmittelalter erhielten auch Pferde eine Panzerung. Sie diente nicht nur zum Schutz im Kampf, sondern erfüllte auch repräsentative Zwecke.

Rossstirn

Nürnberg, um 1520–1530
Eisenblech oder Stahl (?), geschmiedet, getrieben, graviert und geätzt, 68 × 29, 1250 Gramm
Deutsches Historisches Museum, Berlin (W 1039)

Die so genannte Rossstirn diente dem Schutz des Pferdekopfs im Kampf und im Turnier. Das hier gezeigte Exemplar besteht aus zwei miteinander vernieteten Hauptteilen, dem Schädelstück und dem bis zu den Nüstern des Pferdes reichenden Nasenrücken. Am Schädelstück sind beidseitig Aussparungen, so genannte Ohrenbecher, angebracht sowie eine zusätzliche Verstärkung in Form eines kleinen Schilds. In dem Abstand zwischen dem Stirnschild und der eigentlichen Rossstirn befindet sich eine Hülse zur Aufnahme eines Federbuschs oder eines ähnlichen Schmucks. Seitliche Backenstücke mit Augenbechern sind nicht vorhanden, es handelt sich also um eine relativ leichte Panzerung.

Der sehr aufwändige Dekor dieser Rossstirn zeigt vielfältiges Rankenwerk, Tiergestalten (Affe und Bär), einen Krieger und eine Frau. Letztere demonstriert mit ihrer rechten Hand eine „Feige", schiebt also den Daumen durch Zeige- und Mittelfinger. Diese Geste, vor allem im Mittelmeerraum weit verbreitet, diente, ähnlich dem Zeigen der „Hörner" (vermittels Zeigefinger und kleinem Finger), der Abwehr böser Einflüsse auf Mensch und Tier. Die Darstellung der „Feige" oder italienisch „fico" erhöhte demnach magisch den Schutz der Panzerung. In der Literatur sind insgesamt sechs Harnische und acht Rossstirnen mit diesem Motiv bekannt, die als „Fico-Gruppe" bezeichnet werden und möglicherweise alle aus dem Umkreis eines Nürnberger Meisters stammen.

Solange Reiter überwiegend gegen andere Reiter kämpften, bedurften ihre Pferde kaum eines besonderen Schutzes. Noch im Zweiten Weltkrieg widerstrebte es Kavalleristen die Pferde ihrer Gegner zu töten. Anders als früher das Begleitpersonal ritterlicher Heere konnten aber am Übergang vom Spätmittelalter zur frühen Neuzeit die in „Gewalthaufen" kämpfenden Fußknechte die wertvollen Tiere nicht mitten im Gefecht als Beute nach hinten bringen. Pferde wurden sogar zu be-

121

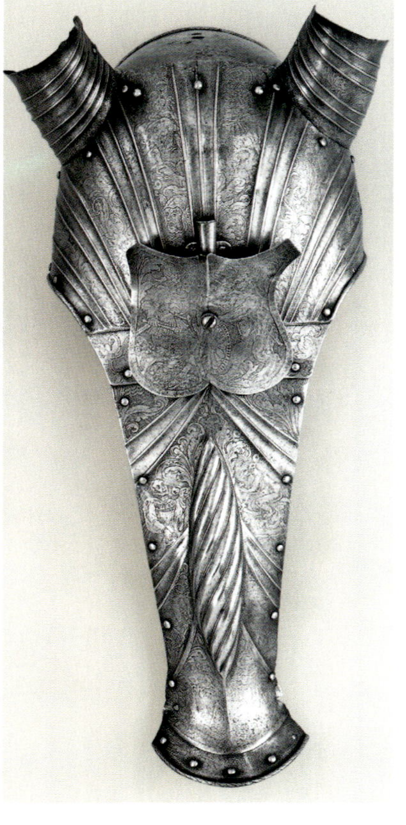

vorzugten Zielen. Gegen diese Gefahr schützte man die Reittiere durch aufwändige Rossharnische aus Eisenplatten. Das älteste bekannte Exemplar einer solchen kompletten Pferderüstung wurde um 1450 in Mailand gefertigt und befindet sich heute im Historischen Museum der Stadt Wien. Da komplette Rossharnische schwer und teuer waren, verwendete man oft nur eine Rossstirn. Zeitgenössische Künstler wie Hans Burgkmair d. Ä. oder Albrecht Dürer überliefern sie in vielen Skizzen. Die Pferdepanzerungen scheinen also nicht so selten gewesen zu sein, wie man angesichts des Material- und Arbeitsaufwands sowie des grotesken Erscheinungsbildes der Pferde meinen möchte. *Ch. L.*

Lit.: Böheim, Waffenkunde, S. 216–221; Geharnischte Zeiten [Ausstellungskatalog], S. 65 f., 172 f.; Müller, Albrecht Dürer, S. 109–113; Eisenkleider [Ausstellungskatalog], S. 86 f.

122 Der prunkvolle Sattel dokumentiert einige der mit dem Rittertum verbundenen Ideale. Jungfrau und Einhorn stehen auf der einen Sattelseite gegen den Teufel als Fürst der Welt, während auf der anderen Seite der hl. Georg als Drachentöter und ein Liebespaar zu erkennen sind.

Prunksattel

Süddeutschland oder Rheinland (?), 1. Hälfte 15. Jahrhundert
Holz mit Einlagen aus Elfenbein, geschnitten und graviert, 43,5 × 37,5 × 30,5
Deutsches Historisches Museum, Berlin
(W 1010)

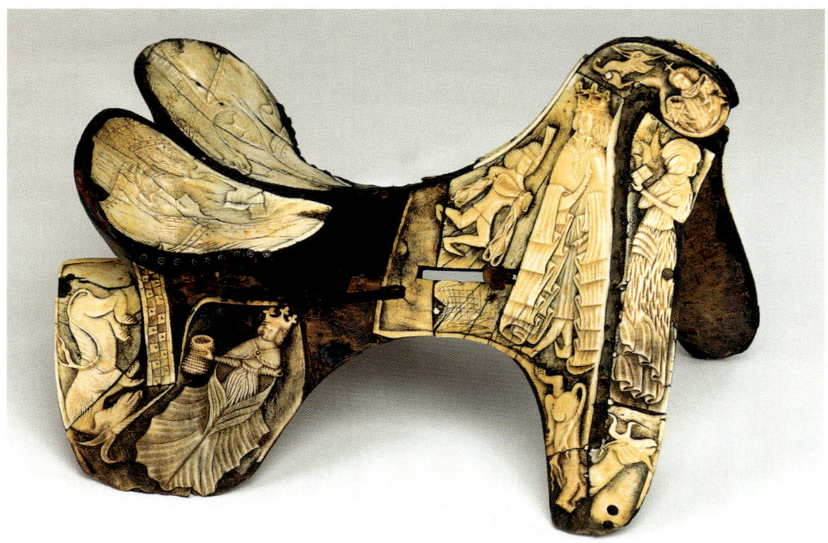

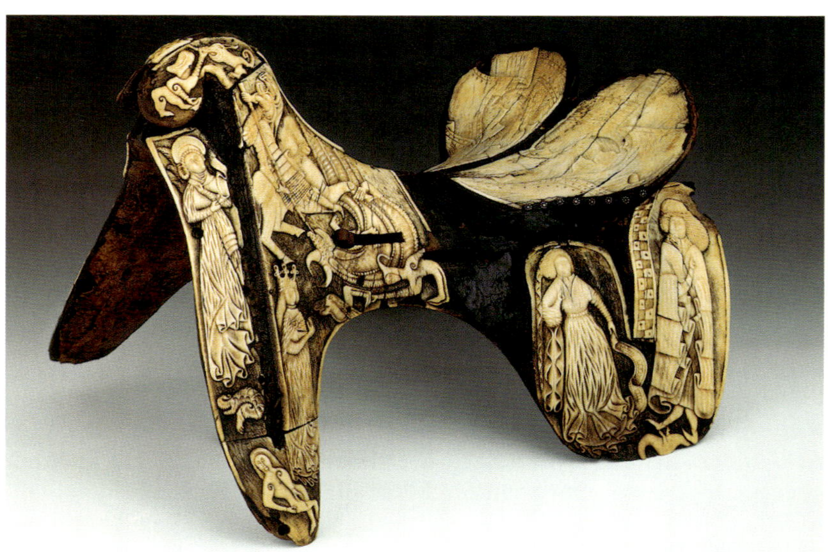

122

Der Sattel besteht aus einem mit Elfenbeinplatten belegten Holzrahmen. Vorder- und Hinterbogen („Zwiesel“) des Bocks sind mäßig ausgeprägt. Das kleine Gestell erinnert an ungarische Sättel. Im Gegensatz dazu zeigte der so genannte Krippensattel eine sehr hohe Form, die im Reiterkampf einen äußerst festen Sitz garantierte. Ausgesprochene Turniersättel wiesen ein flaches Hinterstück auf, damit der Reiter bei einem Treffer besonders leicht vom Pferd geworfen wurde. Die geschnittenen und gravierten Elfenbeinplatten des Prunksattels zeigen auf der linken, also im Kampf bevorzugt dem Gegner zugewandten Seite, als Hauptmotiv den Sieg des hl. Georg über den Drachen (Kat.-Nr. 124). Außerdem ist auf der linken Seite ein adliges Paar dargestellt. Die rechte Sattelseite bietet unter anderem das Einhorn als mittelalterliches Symbol sittlicher Reinheit. Um die schönen Schnitzwerke zur Geltung zu bringen, wurden solche Sättel ohne Sitzkissen geritten, waren also für lange Ritte unbequem.

Die adlige Vorliebe für kostbare Sättel zog sich durch das ganze Mittelalter. Die Verzierung mit Bein erscheint im 14. Jahrhundert in Burgund, dann im Rheinland. Das gezeigte Exemplar gelangte aus der Sammlung des Prinzen Carl von Preußen Ende des 19. Jahrhunderts in das Berliner Zeughaus. Heute sind 21 mittelalterliche Beinsättel bekannt, darunter in Wien der um 1438 gefertigte Prunksattel König Albrechts II. sowie der Prunksattel des Ladislaus Postumus, König von Böhmen, um 1455 entstanden (Waffensammlung des Kunsthistorischen Museums, A 73 bzw. A 64). Stilistisch weitaus näher erscheint jener Prunksattel im Ungarischen Nationalmuseum (55.3119), der Kaiser Sigismund zugeschrieben wird. Auch dieser wahrhaft kaiserliche Sattel zeigt auf seiner rechten Seite den hl. Georg mit dem Drachen und ein adliges Paar. Möglicherweise stehen die Sättel in Berlin und Budapest in direktem Zusammenhang und wurden von Angehörigen des Drachenordens bei besonderen Festen benutzt. Diese exklusive Adelsgesellschaft gründete Sigismund, ein Sohn Kaiser Karls IV., im Jahr 1408. Er war ab 1387 König von Ungarn, zudem (mit Unterbrechungen) ab 1397 Kurfürst von Brandenburg und ab 1402 Regent der Krone Böhmens. Bei der Wahl Sigismunds zum Römischen König (1410/11) spielte der Burggraf von Nürnberg, Friedrich VI. von Hohenzollern, eine wichtige Rolle. (Kat.-Nr. 111). Er wurde 1415 mit der Mark Brandenburg belehnt. Eine Herkunft des Sattels aus dem skizzierten historischen Umfeld wäre möglich. Zugleich dokumentiert das Prunkstück ein adliges Idealbild, für das Kaiser Sigismund mit der Privilegierung der Reichsritterschaft (1422) und seinem Schutzgesetz des Reichsadels (1431) die politische Grundlage schuf. *Ch. L.*

Lit.: Böheim, Waffenkunde, S. 202–207; Müller, Berliner Zeughaus, S. 158 (mit Abb.); Temesváry, Waffenschätze, S. 10ff., 24 f.; Thomas / Gamber, Katalog der Leibrüstkammer, 1. Teil, S. 69 ff.

123 Steigbügel ermöglichten dem Reiter einen sicheren Sitz zu Pferd.

Zwei Steigbügel

Die Steigbügel stammen ursprünglich aus Vorderasien und wurden seit dem 8. Jahrhundert in Westeuropa verwendet. Der Gebrauch der Steigbügel ermöglicht es der schweren Reiterei, also den Rittern, in ihrem neu gestalteten stuhlförmigen Sattel sicheren Halt zu finden. So konnten sie mit der unter dem Arm geklemmten Lanze zum vollen Stoß ausholen. *G. R. v. K.*

123 a) Vier Querstangen, davon drei geschnürt, an den Seiten zwei Grate, am unteren Ende drei ausgesägte Halbkreismuster, 18 × 13,8

123 b) Vier Querstangen, davon zwei gebogen, an den Seiten nach unten sich verbreiternde Stangen, mit drei Grate, fächerförmig, mit geschwungenen Enden und vier Löchern, 19,3 × 12

Süddeutschland, um 1500
Stahl
Bayerisches Armeemuseum, Ingolstadt
(A 5670, A 7032)

Franken, Ende 15. Jahrhundert
Alabaster, 28,6 × 26 × 9,5
Bayerisches Nationalmuseum, München
(MA 1034)

124 Als Vorkämpfer der Christenheit wurde der hl. Georg im Mittelalter zur Idealgestalt des Ritters und zu einem der populärsten Heiligen überhaupt.

Hl. Georg als Drachenkämpfer

124

In der deutschen Spätgotik wurde Alabaster bevorzugt für Arbeiten von eher privatem Charakter verwendet, teilweise anstelle des seltener werdenden Elfenbeins. Wie bei diesem hat man meist auf eine komplette Bemalung verzichtet, um das kostbare Material besser zur Geltung kommen zu lassen. Im vorliegenden Fall scheinen selbst Unregelmäßigkeiten des Steins in die Wirkung einbezogen.

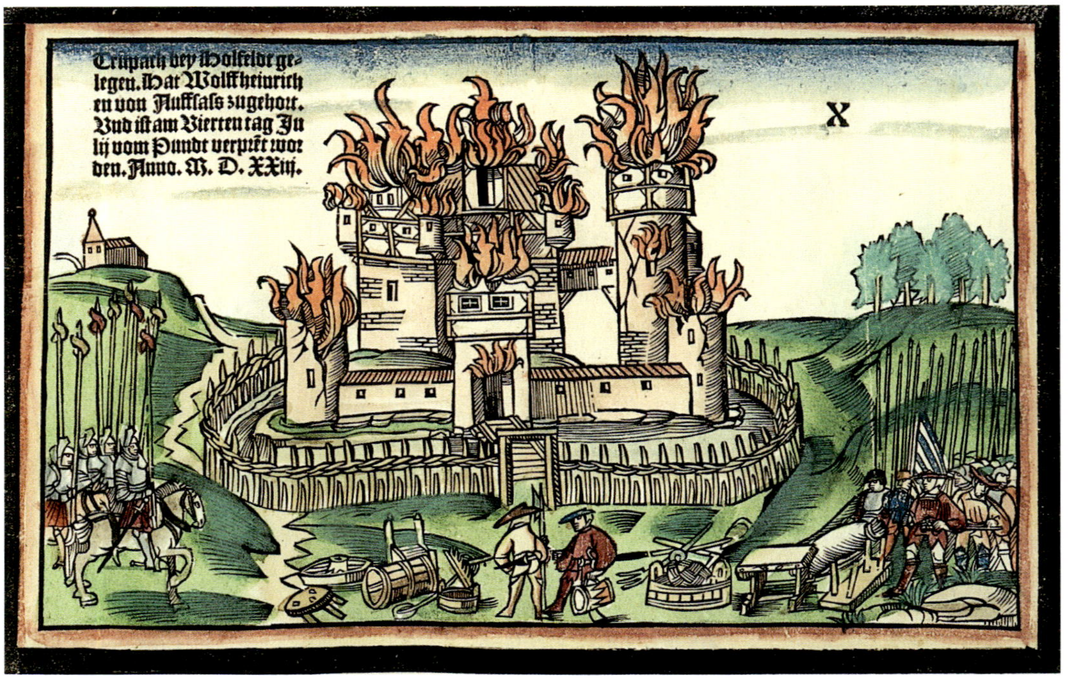

125

Es verwundert kaum, dass die am Ideal des Rittertums orientierte mittelalterliche Gesellschaft solche kleinformatigen Alabasterwerke besonders häufig dem hl. Georg gewidmet hat. Einen großen Aufschwung nahm die Georgsverehrung in der Zeit der Kreuzzüge. Damals kam die Geschichte vom Kampf mit dem Drachen als Symbol für Islam und Teufel auf, die in der Folge die Georgslegende dominieren sollte. Danach hat Georg im Sieg über den Drachen auch die zu dessen Opfer bestimmte Königstochter gerettet. Georg war überall in Europa außerordentlich populär, ganze Länder (England, Katalonien) stellten sich unter seinen Schutz, an verschiedenen Orten wurden Georgsritterschaften gegründet, darunter sehr früh auch in Franken.

Das Münchner Relief, 1857 aus der Sammlung Max Ainmiller erworben, ist das ambitionierteste einer Vierergruppe künstlerisch und von der Anlage her sehr ähnlicher Werke. Eines ist in einen Altar in St. Andreas in Weißenburg integriert und es spricht manches dafür, dass die ganze Gruppe in Franken entstand, einem der wichtigsten Zentren deutscher Alabasterskulpturen (die beiden übrigen Stücke ehemals in der Sammlung Figdor bzw. im Germanischen Nationalmuseum).

Den vier Reliefs ist die Dramatik der Szene fremd, sie konzentrieren sich auf die klassisch schöne Gestalt des Ritters, dessen Kopf jeweils tief unter dem großen Helm versinkt – ein Effekt, der im hier gezeigten Beispiel nur durch die Schrägstellung des Reliefs vermindert wird. Nur im Münchner Relief sind Pferd und Reiter stärker bewegt, nur hier ist im Hintergrund die Figur der Prinzessin erhalten und der bewusst altertümelnde Burgbau mit den Gestalten der um sie bangenden Eltern besetzt.

M. W.

Lit.: Josephi, Werke, S. 24 f.; Volbach, Der heilige Georg, S. 55 f.; Swarzenski, Alabasterplastik, S. 212 f.; Müller, Bildwerke, S. 170, Nr. 165.

125 „Eingenomen und verprant“: Burgen dienten nicht nur der Verteidigung des Territoriums, sondern waren auch ein Standessymbol.

Darstellungen fränkischer Burgen in der Absberger Fehde von 1523

16. Jahrhundert
Holzschnitt, koloriert, 23,5 × 30
Staatsbibliothek Bamberg (R. H. bell. f. 1)

125

Zwischen 1523 und 1527 zerstörte der Schwäbische Bund in einer konzertierten Kriegsaktion, die sich gegen den Raubritter Hans Thomas von Absberg und dessen Verbündete richtete, 22 Burgen in Franken und Schwaben: Vellberg, Boxberg, Aschhausen, Wachbach, Balbach, Reußenberg, Aub, Waldmannshofen, Gnötzheim, Truppach, Krögelstein, Alt- und Neu-Guttenberg, Uprode/Oppenroth, Gattendorf, Waldstein, Sparneck, Weißdorf, „Weytzndarff", Absberg, Tagmersheim und Dietenhofen. Burg Berolzheim blieb „wegen der frauen doselbst, so eines kindes gelegen", einer Gebärenden also, verschont.

Fast alle Burgen fand der Schwäbische Bund, der neben mehreren Tausend Mann auch 36 Geschütze mit sich führte, verlassen und ausgeräumt vor, nirgends kam es zu ernsten Kriegshandlungen. Die mühelos eingenommenen Burgen wurden mit Brennmaterial verdämmt und dann gesprengt. Bei jenen Burgen, die von mehreren Familien bewohnt wurden – was für den fränkischen Raum eher den Normalfall darstellt –, sollten sich die Zerstörungsaktionen strikt nur auf jene Bauteile beschränken, die sich im Besitz der Verfolgten befanden – was nicht immer gelang.

Die Chronik dieses Kriegszugs bezieht ihren hohen burgenkundlichen Wert daraus, dass sie neben wichtigen Angaben zu den Burgen und der Art ihrer Zerstörung realitätsgetreue Holzschnitte der gesprengten Objekte enthält. Auf den Nummern XX („Thamarschaym") und XXIII („Berchtoldshaym") erkennt man neben den Schwungruten des Zugbrückentors sogar die Eisenglieder der Zugketten. Wertvoll sind in der zeitgenössischen Ikonografie selten wiedergegebene Details wie verschiedene Typen von Holzumfriedungen der Vorburgen: Planken- und Flechtwandzäune, Kombinationen aus beiden, Palisadenzäune. Zu sehen sind „klassische" Wasserburgen (Balbach, Aschhausen, Walbach, Waldmannshofen, Gnötzheim, Truppach, Weißdorf), Hügelburgen (Gattendorf, Sparneck, „Weytzndarff"), echte Höhenburgen (Reußenberg, Krögelstein, Alt-Guttenberg, Neu-Guttenberg, Uprode, Absberg) und mit Waldstein eine spektakulär gelegene Felsenburg.

Typisch für viele Burgen Frankens und insbesondere der Fränkischen Schweiz sind neben der Höhenlage die turmartigen Wohnhäuser, die so genannten Kemenaten, deren Obergeschosse oft aus Fachwerk bestanden. Eine solche Kemenate, hier sogar mit den in Franken beliebten Eckerkertürmchen, zeigt die Abbildung der Burg Truppach (Nr. X; Abb. S. 292), wo auch noch die Darstellung eines hölzernen Verbindungsstegs zwischen Kemenate und Bergfried erwähnenswert ist. Die ältere Hauptburg wird von einer niedrigen Zwingermauer mit Rundtürmen an den Ecken umfriedet, wie das an vielen Niederungsburgen Frankens der Fall war (Nr. XXIII „Berchtoldshaym"). Diese Umwehrungen kommen seit der Hussitenzeit (um 1420/30) vereinzelt, um 1500 dann vermehrt auf.

Die am gleichen Tag wie Truppach zerstörte Burg Krögelstein (Nr. XI; Abb. S. 293) gehört zu jenen spektakulären Burgen der Fränkischen Schweiz, die von steilen Jurafelsklippen aufragen. Während auf dem Holzstich eine imposante Hauptburg aus hohem quadratischen Bergfried mit obligaten Eckerkertürmchen – laut Beschreibung von 1523 betrug die Mauerstärke des „vesten wolerpauten" Turms „oben im umlauff acht schuh", also über zwei Meter! –, einem angrenzenden Wohnbau mit weit auskragendem Fachwerkobergeschoss und weiteren Gebäuden mit Fachwerkaufsätzen sowie eine Vorburg mit niedrigem Zwinger, gedecktem Wehrgang und kleinem Torhaus samt Halsgraben zu erkennen ist, verblieb von dieser komplexen Burg heute nur jener Flugbogen, der im Fuß des Wohngebäudes tatsächlich als Baudetail dargestellt ist.

Eine detaillierte Analyse dieser bedeutenden Handschrift steht noch aus.

J. Z.

Lit.: Steinmetz, Conterfei; Kunstmann, Burgen; Kunstmann, Mensch und Burg; Dietel, Veste Uprode.

126 Eine Minneszene für Zisterziensermönche?

Dame, Ritter und Mönch

Franken, 3. Viertel 14. Jahrhundert
Mischtechnik/Holz, 37,8 × 78,2 inkl. der später angestückten Streifen am linken (ca. 1), oberen (ca. 3,5) und unteren (ca. 4,5) Bildrand
Bayerisches Nationalmuseum, München (MA 2697)

Das so genannte Minnebild im Besitz des Bayerischen Nationalmuseums gilt als eines der ältesten erhaltenen Werke der fränkischen Tafelmalerei. Die Erwerbungsakten von 1884 vermerken, es stamme aus dem ehemaligen Zisterzienserkloster Langheim bei Lichtenfels. Diese Herkunft ist allerdings zweifelhaft, wurde das Kloster doch 1802 von einem verheerenden Brand heimgesucht und sein Wiederaufbau mit der Säkularisation 1803 eingestellt. Möglicherweise gründet sich die Lokalisierung lediglich auf die Mönchsgestalt am linken Rand des Bildes. Im stilistischen Vergleich aber erweist sich das Gemälde trotz der minderen künstlerischen Qualität in der Tat als ein fränkisches Werk aus dem Umkreis des Klaren-Altars.

126

Das Bildthema gibt weitere Rätsel auf. Das Verhältnis zwischen dem herbeigeeilten Ritter, der Dame mit dem Schoßhündchen und dem Mönch, der einen Beutel und eine Münze (?) in der Hand hält, ist unklar, zumal die leeren Spruchbänder keine Verständnishilfe bieten. In dem relativ fest umrissenen Motivrepertoire des Minnedienstes findet die Szene jedenfalls keine Entsprechungen. Zudem waren Bilder der Minne üblicherweise auf die Buchmalerei, Wirkteppiche und kleinformatige Objekte wie Spiegelkapseln, Kästchen oder bestickte Beutel beschränkt. Das hier gezeigte Fragment dürfte eher eine heute vergessene Legende illustrieren und könnte der Dekoration eines Möbels gedient haben.

Kostümhistorische Details wie der an der Vorderseite durchgeknöpfte, kniekurze Rock des Knappen sprechen für eine Datierung in die 1350er-Jahre. Daneben erscheint die Rüstung des Ritters veraltet, wurde der hier dargestellte Ringelpanzer mit Waffenrock doch bereits in der ersten Jahrhunderthälfte vom Plattenrock abgelöst. Derlei Ungereimtheiten lassen Zweifel am Alter des Stücks aufkommen. Die mikroskopische Befundanalyse brachte in der Tat massive Übermalungen an den Tag. Dennoch sprechen die Pigmentanalyse und die fortgeschrittene Krakeleebildung auf der obersten Malschicht dafür, dass die Tafel im Kern gotisch ist und spätestens zu Beginn des 19. Jahrhunderts überarbeitet wurde. *A. L.*

Lit.: Kataloge des Bayerischen Nationalmuseums, Bd. 8, S. 101, Kat.-Nr. 328; Stange, Verzeichnis, Bd. 3, S. 22, Kat.-Nr. 12; Kurth, Wiener Tafelmalerei; Strieder, Tafelmalerei, S. 12–23, 166–168; Camille, Medieval Art of Love; Müller, Minnebilder.

127 Im Spätmittelalter veranstalteten Rittergesellschaften aus Franken, Schwaben, Bayern und dem Rheinland die Reichsturniere der Vierlande. Die fränkische Rittergesellschaft vom Fürspang gilt als Urheberin dieser Turniere.

a) Konstanz, Ende 15. Jahrhundert (wohl 1480/90)
Handschrift/Pergament, 182 Blätter, 37 × 31
Bayerische Staatsbibliothek, München (Cgm 145)

Wappenbuch des Konrad Grünenberg

127 a

Das auf 1483 datierte Wappenbuch (a) des Konstanzer Bürgers Konrad Grünenberg (gest. 1494) enthält eine der umfangreichsten Wappensammlungen, die aus dem Mittelalter überliefert sind. In seinem Wappenbuch dokumentierte Grünenberg, der seit 1485 als Konstanzer Ratsherr den Ritter-Titel führte, seine Kenntnisse über die Welt des Adels, ohne diesem doch wirklich selbst anzugehören. Denn der verbürgerte Stadtadel blieb in Süddeutschland von den großen Reichsturnieren ausgeschlossen. Die Wappen der biblischen und heidnischen Könige (so genannte Neun gute Helden) sind in Grünenbergs Wappenbuch ebenso zu sehen wie diejenigen des sagenhaften Priesterkönigs Johannes und seines Reichs und eine heraldische Darstellung des Deutschen Reichs in Quaternionen, also in Vierergruppen von den Fürsten bis herab zu den Bauern. Abgesehen von diesen verbreiteten spekulativen Wappengruppen finden sich die Wappen der europäischen Könige, der deutschen und europäischen Fürsten, der Grafen und Freiherren des Reichs sowie eine große Zahl von Wappen des Niederadels.

Ortenburg-Wappenbuch des Konrad Grünenberg

b) 1602–1604
Handschrift/Pergament, 389 Blätter, 32,5 × 22
Bayerische Staatsbibliothek, München (Cgm 9210)

127 a

Das Wappenbuch bezeichnet die fränkische Fürspang-Gesellschaft zu Recht als Urheberin der Reichsturniere der Vierlande ab 1479, an denen Ritter aus Franken, Schwaben, dem Rheinland und aus Bayern teilnahmen; die Würzburger Turnierordnung von 1479 wird auszugsweise wiedergegeben. Die ca. 120 Wappen der fränkischen Niederadelsgeschlechter erscheinen gemeinsam unter den drei Gesellschaften des Einhorns, des Fürspangs und des Bären zusammengefasst. Bei den Turnieren kam es darauf an zumindest einen Vertreter dabei zu haben, um die Turnierfähigkeit und Turnierpraxis seines Geschlechts nachzuweisen. Die Geschlechter wurden durch Namen, Schild und Helmzier identifiziert. Besonders eindrucksvoll sind die zwölf Gesellschaftsbanner

127 a

Lit.: von Stillfried-Alcantara / Hildebrandt, Conrad Grünenberg; Petzet, Pergament-Handschriften, S. 273 f. (inhaltliche Beschreibung überholt); Verfasserlexikon, Bd. 3, Sp. 288–290 (W. Stelzer); Kramml, Kaiser Friedrich III., bes. S. 325–327; Kruse / Paravicini / Ranft, Ritterorden und Adelsgesellschaften; Kurras, Ritter und Turniere, S. 45–47; Ranft, Adelsgesellschaften; Heiermann, Gesellschaft „Zur Katz“, S. 92 f., 115, 193, 238; Schneider, Niederadel, bes. S. 114–117, 423–439.

und -abzeichen, jeweils gehalten von Jungfrauen, sowie die Szene der Helmschau, bei der die Wappen durch Herolde geprüft werden. Bemerkenswert sind auch die beiden Turnierdarstellungen, wo mit stumpfen Schwertern bzw. mit Kolben gefochten wird. *J. Schn.*

128 Gegen einzelne immer mächtiger werdende Fürsten und Städte schloss sich die fränkische Ritterschaft zusammen und bekräftigte diese Zusammenschlüsse durch Einungsverträge.

Einungsverträge

a) Einungsvertrag der fränkischen Ritterschaft; 17. März 1423
Handschrift / Pergament, 76 Siegel, 53 × 70
Staatsarchiv Würzburg (Würzburger Urkunden Libell 664)

128 a

Die Einungen fränkischer Ritter sind als „Verfassungsinstrument einer Übergangszeit" (A. Gerlich) anzusehen – einer Zeit, die bereits den fürstlichen Territorialaufbau, aber noch nicht die Einordnung des Adels in diese Umwelt und den Schutz durch den Kaiser kannte. Sie waren Ausdruck des genossenschaftlichen Organisationswillens des Ritteradels gegen die Vereinnahmungstendenzen an den Fürstenhöfen und die wirtschaftliche Überlegenheit der großen Städte. Die Einungen verstanden sich zugleich als Standesvertretung, Friedensgemeinschaft und Rechtshilfegenossenschaft. Die Betonung der Ehre und des Fehderechts, die feierlichen Kapitelsitzungen und die verbindlichen Trachten oder Insignien zeigen den betont ständischen Charakter dieser in der Regel durch Einungsvertrag gegründeten Bündnisse. Ihre Formen waren vielfältig. Nimmt man als ein Beispiel die 1392 gegründete Gesellschaft mit dem Fürspang, so stellt allein sie zugleich Rittergesellschaft, Turniervereinigung und adlige Begräbnis- und Altarbruderschaft dar.

b) Einungsvertrag des Markgrafen Albrecht Achilles und seiner Söhne mit fränkischen Grafen, Herren und Rittern 27. Juli 1481
Handschrift / Pergament, 157 Siegel, 38 × 40 (mit Siegeln ca. 60 × 60)
Staatsarchiv Bamberg (A 160 Lade 566 Nr. 1241 a)

Davon abzugrenzen sind die so genannten territorialen Einungen, die in Franken aufgrund der frühen umfassenden Territorialisierungsbestrebungen zuerst im Hochstift Würzburg auftraten. 1398 taucht bereits die Einung der Ritter zu Franken und an der Baunach auf. Bahn brechend war jedoch die Einung der Würzburger Grafen, Herren und Ritter von 1402. Bischof und Einung rangen in der Zukunft als gleichberechtigte Partner um die Durchsetzung ihrer Ziele, wobei die Ritterschaft in den Verträgen von 1435 und 1461 zu wegweisenden Privilegien kam. In Etappen wurden immer wieder neue Einungsverträge geschlossen, die mit ihren sich mindestens um drei Seiten der Urkunden rankenden Siegel vom üblichen Urkundenbild abweichen. In den Archiven bezeichnet man sie wegen ihres äußeren Erscheinungsbilds als „Igel".

Präsentiert wird hier der Einungsvertrag der Würzburger Ritterschaft von 1423 (a), deren unmittelbarer Anlass der Streit mit dem Bischof um den Guldenzoll darstellte (Kat.-Nr. 61). Um dem starken genossenschaftlichen Streben der fränkischen Ritter im 15. Jahrhundert entgegenzutreten und sie an ihr Haus und ihr Territorium zu binden, gründeten die Zollern sowohl einen eigenen Hoforden (Schwanenorden) als auch die „Turniergesellschaft mit dem Bären".

Der Einungsvertrag (b) des Markgrafen Albrecht Achilles und seiner Söhne Johann, Friedrich und Siegmund mit fränkischen Grafen, Herren und Rittern – an der Urkunde hängen 157 Siegel – war unmittelbare und trotzige Reaktion auf die von 72 fränkischen Adligen im Rahmen der so genannten neuen Reichsturniere 1481 gegründete Turniergesellschaft mit dem Einhorn. Die Gesellschaft mit dem Bären – die Namengebung erfolgte nicht durch den Vertrag, sondern im Verlauf der Turniere – zielte auf gegenseitigen Beistand und Hilfe im Turnier, aber auch auf friedliche Beilegung von Streitigkeiten untereinander. Zugelassen waren nur turnierfähige Geschlechter; die 162 beteiligten Adligen entstammten 59 Familien, verteilt über ganz Franken. *K. R.*

Lit.: Rupprecht, Herrschaftswahrung, S. 348–398; Ulrichs, Lehenhof; Ranft, Turniere; Kruse / Paravicini / Ranft, Ritterorden und Adelsgesellschaften; Schubert, Landstände; Köberlin, Einungsbewegung.

129 Die Herrschaftsrechte der Grafen von Castell konzentrierten sich in dem Gebiet zwischen Steigerwald und Main. Sie konkurrierten hier mit den Würzburger Bischöfen, was zu häufigen Auseinandersetzungen führte. Die Wildbannkarte illustriert das Gebiet im südlichen Steigerwald, für das die Grafen von Castell das Recht auf die hohe Jagd hatten.

Casteller Wildbannkarte

1497 / 1629
Feder / Papier, koloriert, 47 × 41,5 (R)
Fürstlich Castell'sches Archiv, Castell
(WA FK 92/46)

„Jagens bezirck unndt aigentlicher abrieß der ganß Castlisch unnd Limpurgischen Speckfeldischen wildfuhr, wie dieselbe in anno 1497 ingrundt gelegt unndt in anno 1629 aus dem uhralten original renoviret worden ist", lautet der Titel einer der ältesten Karten des südlichen Steigerwalds und seines westlichen Vorlands, die 1629 nach einer Vorlage von 1497 angefertigt wurde.

Ein Wildbann bezeichnete einen Bezirk, in dem durch königliche Schenkung oder Verleihung die jagdliche Nutzung für Dritte verboten oder eingeschränkt wurde. Meist bezog sich das Recht der hohen Jagd in den Wildbannbezirken, die häufig eine enorme Ausdehnung hatten, auf Rot- und Schwarzwild, konnte sich aber auch auf Rehwild, Bären, Wölfe, Falken, Auer- und Birkwild ausdehnen.

Im Zuge der Wildbannverleihungen der deutschen Könige zwischen dem frühen 9. und dem späten 11. Jahrhundert schenkte Kaiser Heinrich II. auch dem Würzburger Bischof Meginhard I. den Wildbann auf dem Steigerwald, den Würzburg in den folgenden Jahrhunderten selbst ausübte oder teilweise an Lehensleute weitergab. So erscheinen seit dem Ende des 13. Jahrhunderts die Herren von Hohenlohe-Speckfeld als Inhaber des Wildbanns im Südwesten des Steigerwalds.

Die Casteller Wildbannkarte zeigt den ausgedehnten Jagdbezirk, den die Grafen zu Castell und die Schenken von Limpurg 1412 nach dem Tod ihres Schwagers Johann von Hohenlohe-Speckfeld geerbt hatten. Als Castell 1435 seinen Anteil an der gemeinschaftlichen Herrschaft Speckfeld an Limpurg verkaufte, blieb hiervon der ausgedehnte ehemals hohenlohische Wildbann ausgenommen, der trotz mehrfacher Teilungen und Verleihungen an ritterschaftliche Familien bis zum Aussterben der Schenken von Limpurg 1713 auch gemeinsam verwaltet wurde. Castell und Würzburg behielten die gemeinschaftliche Bejagung des in drei Reviere eingeteilten Wildbanns bei, allerdings verkaufte Castell sein Nutzungsrecht an dem Speckfelder Wildbann 1797 an die Grafen von Rechteren-Limpurg-Speckfeld. Erst mit den modernen bayerischen Jagdgesetzen von 1848/50 wurden die Jagdrechte auf fremdem Grund und Boden, wie sie die alten Wildbannbezirke darstellten, abgeschafft.

Die nach Süden ausgerichtete Karte zeigt rechts („nidergang„) das westliche Steigerwaldvorland mit dem Main und Kitzingen, oben („mittag“) reicht der Ausschnitt bis kurz vor das nicht mehr abgebildete Bad Windsheim, links oben („aufgangk“) erkennt man die Aisch und unten („mittnacht“) das Tal der Reichen Ebrach. Neben der linken Falzung sind deutlich die „wildstein“ zum östlich angrenzenden Burghaslacher Wildbannbezirk zu erkennen, den die Hohenlohe bereits 1317 mit der Cent an die Vestenberg verliehen hatten. *J. D.*

Quellen: Fürstlich Castell’sches Archiv WA FK 90/128, 90/134, 90/135, 90/137, 92/46; Monumenta Castellana.

Lit.: Dasler, Wildbann, S. 242–255; Lexikon des Mittelalters, Bd. 9, Sp. 113 f.; Ortmann, Landkreis Scheinfeld, S. 68–75; Stein, Grafen und Herren zu Castell, S. 124 ff., 227 ff.

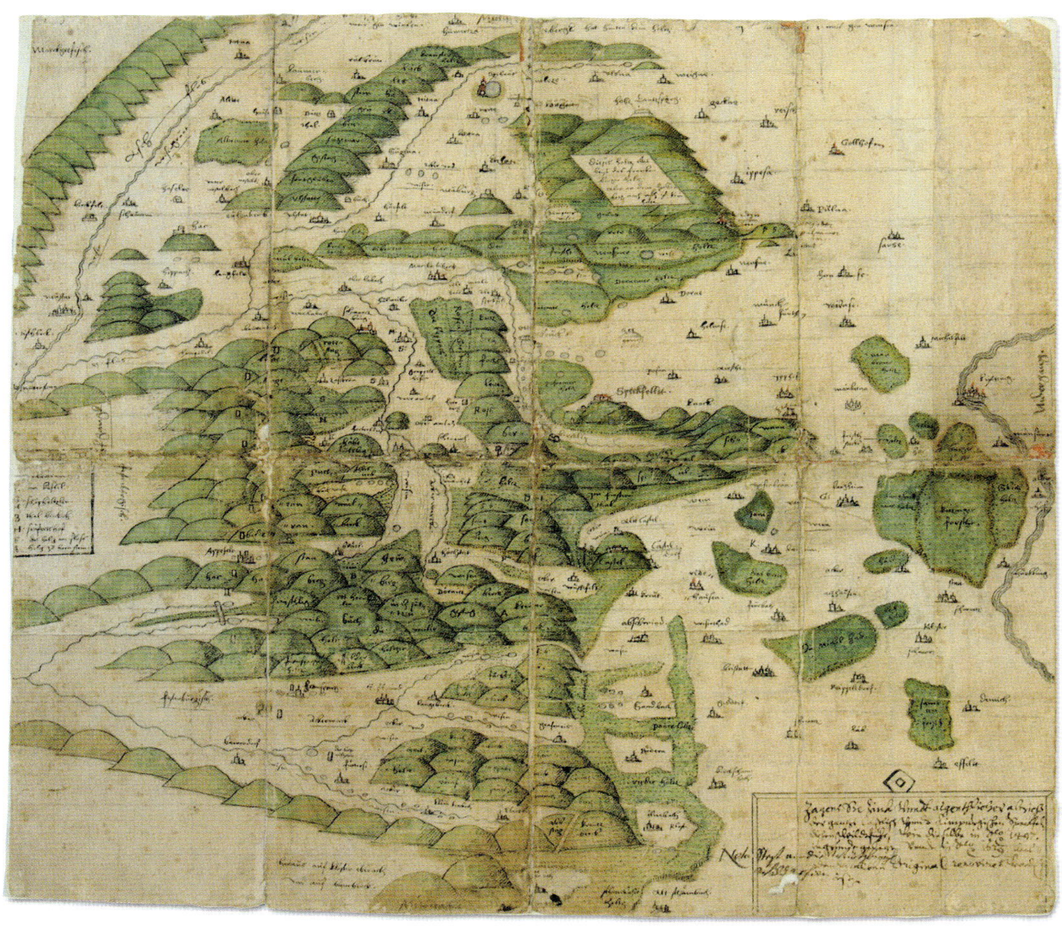

129

130 An der Peripherie der fränkischen Bistümer konnten sich im Spätmittelalter zahlreiche Adelsgeschlechter Besitz und Herrschaftsrechte sichern. Zu ihnen gehörten unter anderem die Geschlechter Wertheim, Hohenlohe und Rieneck im Westen, die Henneberger im Norden sowie das Ministerialengeschlecht der Pappenheimer im Süden.

PC-Station
Konzept: Barbara Steinherr
Realisierung: Media Connect, Augsburg

Fränkische Adelsgeschlechter

Bereits für das 8. Jahrhundert gibt es urkundliche Erwähnungen von Familien in Franken, die aufgrund ihrer Macht und ihres Grundbesitzes als Adlige angesehen werden können. Vor allem unter den karolingischen Herrschern war es für Adel und Kirche möglich gewesen in der „herzoglosen" Königsprovinz Franken sowohl Besitz als auch den damit einhergehenden Einfluss auszubauen. Ein wesentlicher Machtfaktor neben Allod (Eigenbesitz) und Lehen war dabei das Grafenamt. Der Graf war königlicher Amtsträger in einem durch den Streubesitz des Königsguts nur ungenau begrenzten Amtsbezirk, wo er für die Durchsetzung der königlichen Rechts-, Verwaltungs-, Finanz- oder Wehrhoheit zu sorgen hatte. Er führte also die Aufsicht und hatte die Herrschaft über das Königsgut inne. Die Eigentumsrechte des Königs an den Grafschaften waren aber noch nicht erloschen. So entzog der König beispielsweise den Popponen nach der Babenberger Fehde Anfang des 10. Jahrhunderts große Teile ihrer Grafschaft wieder. Trotzdem scheint das Grafenamt gleichzeitig erblich geworden zu sein, denn es befand sich oft über mehrere Generationen in den gleichen Familien. Stimmen die Vermutungen, dass auch die im 11. Jahrhundert auftretenden Markgrafen von Schweinfurt sowie die Grafen von Henneberg von den Popponen abstammen, würde dies sogar bedeuten, dass die Erblichkeit der Grafschaften schon zu einem bedeutenden Machtelement der Familien geworden war. Gleichzeitig gab es aber auch Grafen, deren Titel nicht auf ein königliches Grafenamt zurückzuführen ist. Vielmehr basierte ihre Herrschaft auf Allodial- und Vogteirechten, wie dies bei den Grafen von Wertheim und von Castell der Fall war.

In der Mitte des 13. Jahrhunderts hatte sich in Franken bereits eine relativ feste Besitz- und Herrschaftsverteilung unter den Adelsfamilien eingestellt, wobei die Zentren durch die Bistümer Bamberg, Würzburg und Eichstätt besetzt waren und blieben. Nur durch Aussterben und Teilung von Familienlinien oder Verkauf von Besitz wurden die Machtverhältnisse immer wieder neu gemischt. Während die Familien der Popponen und der Markgrafen von Schweinfurt inzwischen erloschen waren, gelang es beispielsweise den Hennebergern ihren Besitz – zumindest vorläufig – zu erweitern. Wieder andere Geschlechter konnten durch das Aussterben anderer erst groß werden, so wie es zeitweilig den Andechs-Meraniern gelungen war, die von der Mitte des 11. bis zur Mitte des 12. Jahrhunderts durch einen Teil des Erbes der Schweinfurter Markgrafen in Oberfranken eine bedeutende Rolle einnahmen. Außerdem hatte sich seit Beginn des 13. Jahrhunderts mit dem Aufstieg der fränkischen Zollern, die seit 1191 die Burggrafschaft Nürnberg innehatten, der wichtigste neue Machtfaktor in Franken gebildet (Kat.-Nr. 111 ff.).

Die Grafen von Rieneck, die sich in spätsalischer Zeit am Rand eines Königsgutbezirks im Spessart festgesetzt hatten, bildeten mit den Wertheim und den Hohenlohe eine „Westgruppe". Die Rieneck, deren Territorium aus Allodialbesitz und Reichslehen bestand, konnten dieses zeitweilig durch die Vogtei und Burggrafschaft in Mainz ausweiten, die sie jedoch 1225 wieder verloren. Nicht zuletzt wegen Familienstreitigkeiten gelang es den Rieneck nie ein geschlossenes Territorium aufzubauen und so verloren sie im 14. und 15. Jahrhundert zunehmend Besitz, wenngleich die Familie weiterhin hohes Ansehen genoss, wie ihre bedeutenden Heiratsverbindungen erkennen lassen. Nach dem Erlöschen des Geschlechts 1559 wurde fast die gesamte Grafschaft vom Mainzer Erzstift eingezogen.

Spätestens seit dem 12. Jahrhundert lebten im Südostspessart die Grafen von Wertheim, denen es gelang sich vor allem durch Erwerb von Lehen und durch Zentorganisation im Main-Tauber-Raum, zwischen den Territorien von Würzburg und Mainz, eine zwar kleine, aber beständige und mächtige Herrschaft aufzubauen. Zu einer Reihe von Edelfreienfamilien, die erst in späteren Jahrhunderten den Grafentitel erhielten, gehörten die Herren von Hohenlohe, die ihren Allodialbesitz zwischen Main und Jagst durch Heirat sowie durch Reichslehen und Kirchenvogteien zu einem stattlichen Herrschaftsgebiet erweitert hatten und bald zur regionalen Vormacht aufstiegen.

In der Mitte Frankens hatten die Herren von Schlüsselberg und Castell ihre Gebiete. Die Schlüsselberger waren aufgrund ihrer Zoll- und Geleitsprivilegien sowohl den Zollern als auch den Bischöfen von Bamberg und Würzburg ein Dorn im Auge. Als die Schlüsselberger mit dem Tod Kaiser Ludwigs des Bayern ihren kaiserlichen Schutz verloren, nahm der Niedergang der Familie seinen Lauf. Für die Stellung der Grafen von Castell in Mainfranken, deren Herrschaftsrechte überwiegend zwischen dem Westhang des Steigerwalds und dem Main lagen, waren die Geleitrechte von Würzburg nach Bamberg ausschlaggebend gewesen. Aus diesem Grund befanden sie sich aber auch in ständiger Auseinandersetzung mit dem Bischof von Würzburg.

Im Norden Frankens nahmen immer noch die Henneberger die bedeutendste Stellung ein. Drei Jahrhunderte lang lagen sie in erbittertem Kampf mit dem Hochstift Würzburg. Aus dem Andechser Erbe hatten die Henneberger das Coburger Teilgebiet gewinnen können, das sie aber im 14. Jahrhundert wieder an die Wettiner verloren. Dagegen standen im Nordosten die Herren von Truhendingen und die Grafen von Orlamünde, die sich allerdings beide nur relativ kurz behaupten konnten. Die thüringischen Orlamünder hatten aus dem Andechser Erbe Kulmbach erhalten, das sie aber bereits 1338 an die zollerschen Burggrafen von Nürnberg abgaben.

Eine Besonderheit in der fränkischen Adelslandschaft bildete seit dem 12. Jahrhundert das Ministerialengeschlecht der Pappenheimer, das seit 1193 die Reichsmarschallwürde innehatte. Ihr Amtsbereich bildete einen Bogen südlich des staufischen Reichsgutkomplexes Nürnberg, der Franken zum Herzogtum Bayern abschloss. *B. Ste.*

Lit.: Schmale, Franken vom Zeitalter der Karolinger; Gerlich, Entwicklung.

Niklas Brobst (um 1456 – um 1512) (?)
Volkach am Main, 1504
Handschrift / Papier, 127 kolorierte Federzeichnungen
Stadtarchiv Volkach am Main (B 2)

131 Seit 1514/20 war der Würzburger Fürstbischof alleiniger Stadtherr von Volkach. Das Volkacher Salbuch gilt als einzigartiges Dokument, da es zahlreiche Zeichnungen zum Alltagsleben in einer fränkischen Kleinstadt um 1500 enthält.

Salbuch der Stadt Volkach am Main

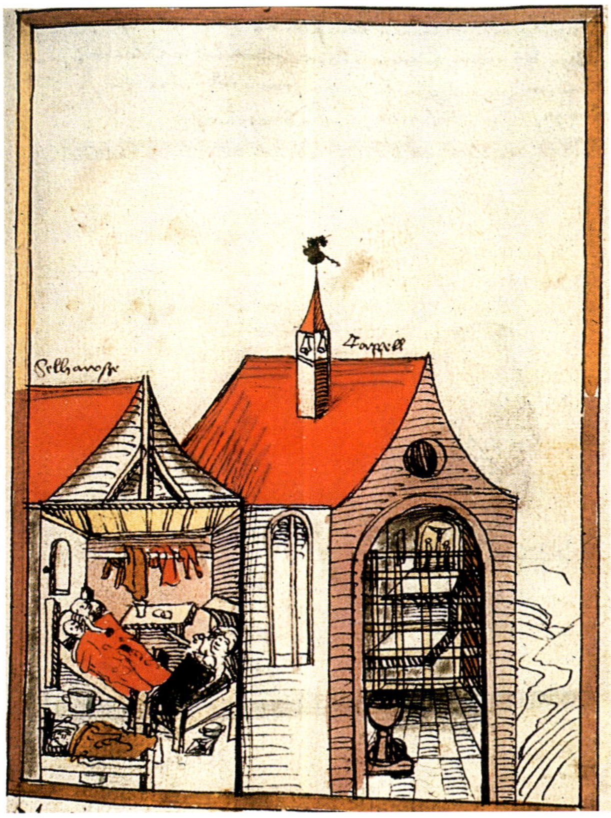

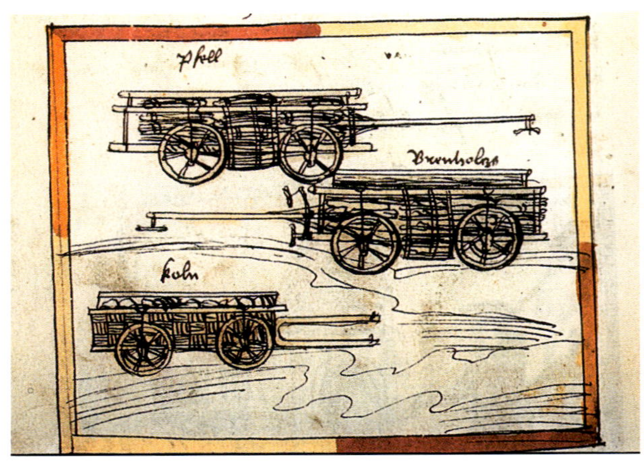

131 Links: Seelhaus und Kapelle (fol. 425r)
Rechts oben: Ratssitzung (fol. 402r)
Rechts unten: Fuhrwagen für Pfähle, Brennholz und Kohle

Der Stadtschreiber und Notar Niklas Brobst war für die Stadt Volkach von 1481 bis um 1506 tätig. Das Ergebnis seiner beachtenswerten Arbeit ist die 1504 datierte, 527 Papierblätter und 127 kolorierte Federzeichnungen umfassende Handschrift, als „Salbuch" und vom Verfasser selbst als „offenes Stadtbuch" bezeichnet. Die Handschrift umfasst im Hauptteil das in Wort und Bild dargestellte Volkacher Stadtrecht von 1504 mit dem verwaltungsrechtlichen Teil, den Markt-, Handwerks- und Zollrechten, dem strafrechtlichen Teil mit einem formalen Strafprozess, der Volkacher Halsgerichtsordnung von 1504, sowie weitere Eintragungen von 1400 bis 1600.

Da für die Bürger das geschriebene Wort nicht genügte, bedurften die schriftlich protokollierten geltenden Rechte des Gemeinwesens verständlicher, erklärender und die örtliche Rechtswirklichkeit wiedergebender Bilder. Der Zeichner der Bilder ist unbekannt, vermutlich war es Sebastian Brobst, Sohn des Notars Niklas Brobst. Das Originelle der Darstellungen besteht in der einfachen, verständlichen und aufrichtigen Wiedergabe des Alltagslebens in der Weinbau treibenden fürstbischöflichen Amtsstadt Volkach. Dargestellt sind Heilige, Kaiser, Bischof, Bürgermeister, Stadträte, Bedienstete, Handwerker, Händler, Kranke und Diebe. Herausgehoben ist der Bürgermeister, der den städtischen Amtsträgern den Eid abnimmt, und der Stadtrat als Schöffenkollegium. Frauen sind meist in untergeordneter Rolle als Hirtin, Kranke, Diebin, auch als Prostituierte – eine der seltenen Abbildungen von Frauenhausdirnen – zu sehen (vgl. Abb. bei Kat.-Nr. 150).

Mit diesem neu aufgezeichneten Stadtrecht war der Verwaltung und der Bürgerschaft die juristische Basis zum Handeln im Bürgerlichen Recht wie im Strafrecht gegeben, also ein Amtshandbuch der städtischen Verwaltung. Unstrittig ist die Einmaligkeit des Inhalts. „Die Quelle ist ohne Gegenbeispiel" (K.-S. Kramer, S. 14) und die dargestellte Strafprozessordnung gilt als „ungewöhnlich, wenn nicht sogar einmalig" (W. Schild, S. 5). *G.E.*

Lit.: Kramer, Alltagsleben; Schild, Halsgerichtsordnung; Egert, Niklas und Sebastian Brobst; Egert, Stadt und Pfarrei Volkach am Main, Teil 1, S. 89–141; Heinrich, Volkacher Stadtrecht.

132 Kaiser Ludwig der Bayer konnte sich 1322 gegen den Habsburger Friedrich den Schönen im Kampf um den Thron durchsetzen. Zur Sicherung seiner Machtposition betrieb der Wittelsbacher eine aktive Städtepolitik.

Kaiser Ludwig der Bayer (1314–1347)

Abbildung nach dem Steinrelief an der Ostseite des Großen Rathaussaals in Nürnberg, zwischen 1562 und 1566
Feder / Pinsel / Papier, goldgehöht, koloriert, 49,5 × 34,5, 14 Blätter in einfachem Umschlag aus Karton, alle Rektoseiten bemalt
Staatsarchiv Nürnberg (Bildsammlung, Nr. 19.4)

Im Jahr 1332 hatte der Nürnberger Rat vom Zisterzienserkloster Heilsbronn ein Anwesen gegenüber dem Ostchor von St. Sebald erworben und begonnen auf dessen Grundmauern unter Leitung des Baumeisters Philipp Groß ein neues Rathaus zu errichten. (Dabei blieben übrigens die alten Brotläden als „Lochgefängnisse" erhalten.) 1340 war das einen großen Saalbau bergende Gebäude fertig gestellt. Die Ostwand des „Großen Saals" schmückten zwei farbig gefasste Steinreliefs: „Brabantia und Norimberga" sowie „Kaiser Ludwig der Bayer auf dem Thron". Ersteres symbolisierte die 1332 verliehenen Zollfreiheiten, letzteres stand für die außerordentlich engen Beziehungen der Stadt zu ihrem Herrscher: „zu immerwehrenter Gedechtnus schuldigster danckbarlicher Erkanntnus Ihrer Kais(erlichen) Maj(estät)", wie es der Rat formulierte. Als Vorbild diente das anlässlich der Krönung 1327/28 in Rom geschaffene Kaisersiegel Ludwigs: Der auf einer Thronbank aus den kaiserlichen Wappentieren (je zwei Adler und Löwen) sitzende Herrscher mit dem Zepter in der Rechten und dem Reichsapfel in der Linken ist mit offenem Radmantel und Stola bekleidet. Zwei schwebende Engel setzen ihm die Krone aufs Haupt, was Rainer Kahsnitz plausibel als politisches Programm gedeutet hat: Nicht dem Papst verdankt der Herrscher die Krone – hatte sie ihm Papst Johannes XXII. doch mit Bannspruch 1324 aberkannt – sondern der Gnade Gottes selbst.

Beide Darstellungen wurden beim Rathausbrand am 2. Januar 1945 schwer beschädigt. Erhalten hat sich vom Relief Ludwigs eine allerdings nicht ganz detailgetreue Wiedergabe von unbekannter Hand. Diese gehört zu einer Serie, welche die 12 Rundbilder zwischen den Spitzbogen der Saalfenster zeigt, die auf Entwürfe Albrecht Dürers und Willibald Pirkheimers während der Renovierung 1521/22 zurückgehen. Das Papier des großformatigen Konvoluts wurde nach dem Wasserzeichen zu schließen zwischen 1562 und 1566 geschöpft.

Die wohl erst im 16. Jahrhundert zugefügte Inschriftenkartusche benennt, in Anlehnung an Tacitus, Kaiser Ludwig IV. als Cäsar und Augustus sowie als Herzog der Bayern, der Niederländer, der Belgier und der Friesen, als besten Fürsten und Wohltäter Nürnbergs. Die Abkürzung konnte bislang allerdings nicht aufgelöst werden:
P. O. S. T. S. IMP(ERATOR) LVDOVICO IIII. CAES(AR)
AVG(US-TUS) BOIORVM BATTHAVORVM CANINEFATIVM
BELGICAE SECVNDAE FRISIORVMQ(UE) DVCI PRINCIPI
OPTIMO ET DE R(E) P(UBLICA) NORIBERGEN(SIS) BENEMERENTI

Ludwig der Bayer hielt sich während seiner Regierungszeit (1314 bis 1347, Kaiser 1328) 74 Mal in Nürnberg auf, dem er 34 zum Teil sehr bedeutende Privilegien verliehen oder bestätigt hat. So erneuerte er am 25. Oktober 1325 in Pisa den Großen Freiheitsbrief Kaiser Friedrichs II. vom 8. November 1219, der die Rechte der Bürger in der Königsstadt festgelegt hatte. Zu nennen ist auch die am 12. September 1332 bestätigte Zollbefreiung in etwa 70 mittel- und westeuropäischen Städten. Dies alles war Ausdruck einer Politik, die, hauptsächlich in der Auseinandersetzung mit dem Papsttum, entschieden auf die Unterstützung der vor allem im ausgehenden 12. Jahrhundert reichsunmittelbar gewordenen und wirtschaftlich emporgestiegenen Städte setzte. *G. R.*

Lit.: Das alte Nürnberger Rathaus [Ausstellungskatalog], S. 46 f.; Nürnberg 1300–1550 [Ausstellungskatalog], S. 127–131 (R. Kahsnitz); Norenberc – Nürnberg 1050 bis 1806 [Ausstellungskatalog], S. 54 f. (P. Fleischmann).

132

133

133 Kaiser Karl IV. war der letzte Herrscher, der Franken noch einmal zum Zentrum seiner Herrschaft machen konnte. Stadtrechtsverleihungen und der Bau von Burgen sollten die strategisch wichtige Verbindung zwischen dem Rhein und Böhmen absichern.

Kaiser Karl IV. (1355–1378) auf dem Thron

Idealbildnis in dem vom Kirchenpfleger Stephan Schuler angelegten Amtsbuch der Nürnberger Frauenkirche
Nürnberg, 1442
Aquarell, goldgehöht, in Pergamentband, 148 Blätter, 29 × 21, insgesamt 14 (wohl leere) Blätter herausgeschnitten, Initialen und Überschriften in Rot, Buchmalereien, Einband aus zwei Holzdeckeln, überzogen mit gepresstem Leder, acht Eckbeschläge mit Doppeladlern, zwei Mittelbeschläge, jeweils vergoldete Messingbeschläge
Staatsarchiv Nürnberg (Reichsstadt Nürnberg, Salbücher, Nr. 5)

Das Bildnis des thronenden Karls IV. steht in dem vom Kirchenpfleger Stephan Schuler gleich bei seiner Bestellung 1442 in Auftrag gegebenen Amtsbuch gegenüber der Darstellung der Patronin. Der mit Krone, Reichsapfel (ohne Kreuz) in der Linken und Zepter in der Rechten dargestellte thronende Kaiser wird von den Wappen des Reichs (links, Doppeladler) und Böhmens (rechts, geschwänzter Löwe) flankiert. Zu seinen Füßen sind die Wappen seiner vier Frauen abgebildet (von links): (1.) Blanca von Frankreich, (4.) Elisabeth von Pommern, (3.) Anna von Schweidnitz und (2.) Anna von der Pfalz. Vorbild der Miniatur war vermutlich ein von Karl IV. selbst gestiftetes, heute verlorenes Glasfenster im Chor der Frauenkirche. Dieser nach 1350 von Karl IV. in Auftrag gegebene und wahrscheinlich von seinem Baumeister Peter Parler ausgeführte Kirchenbau, die erste gotische Hallenkirche Frankens, wurde 1355/58 geweiht. Das vom Kaiser mit reichen Stiftungen ausgestattete Gotteshaus steht an der Stelle der im Zuge der Judenverfolgung 1348 abgebrochenen Synagoge. Der städtische Baumeister Stephan Schuler (gest. 1452) hatte alle Belange und Aufgaben eines Gotteshauses umfassend beschreiben lassen und so finden sich in dem Amtsbuch alle Ablässe, die Vasae Sacrae, Reliquien usw. verzeichnet. Ebenso ist die adlige Gesellschaft der Fürspänger, die beim Tod eines ihrer Mitglieder in der Frauenkirche zusammenkam, erwähnt.

Karl IV. setzte die Politik seines Vorgängers Ludwig des Bayern gegenüber den Reichsstädten und damit auch gegenüber Nürnberg fort, obschon er dort mit über 50 Aufenthalten nicht so häufig präsent war wie dieser. Mit der Goldenen Bulle bestimmte er 1356 die Stadt an der Pegnitz auch zum Ort des ersten Reichstags eines jeden neu gewählten Herrschers. Der Name Karls IV. bleibt aber auch mit der so genannten Markturkunde vom 16. November 1349 verbunden, welche den Abbruch des Judenviertels und die Anlage zweier Märkte (Haupt- und Obstmarkt) erlaubte. In den folgenden Ausschreitungen am 5. Dezember 1349 kamen nach dem Memorbuch 562 Mitglieder der jüdischen Gemeinde ums Leben. Die an Stelle der Synagoge errichtete Frauenkirche stand aber nicht allein für den Sieg der Ecclesia über die Synagoge und für eine Stiftung für das Seelenheil des Herrschers und seiner Familie, sondern sie stellt auch ein stringent auf Kaisertum und Reich bezogenes Bauwerk dar. *G. R.*

Lit.: Metzner, Saalbuch; von Herzogenberg, Bildnisse Kaiser Karls IV.; Bräutigam, Nürnberg als Kaiserstadt; Neubert/Stejskal, Karl IV., S. 217 f.; Nürnberg – Kaiser und Reich [Ausstellungskatalog], S. 23 f.; Norenberc – Nürnberg 1050 bis 1806 [Ausstellungskatalog], S. 212 f. (P. Fleischmann).

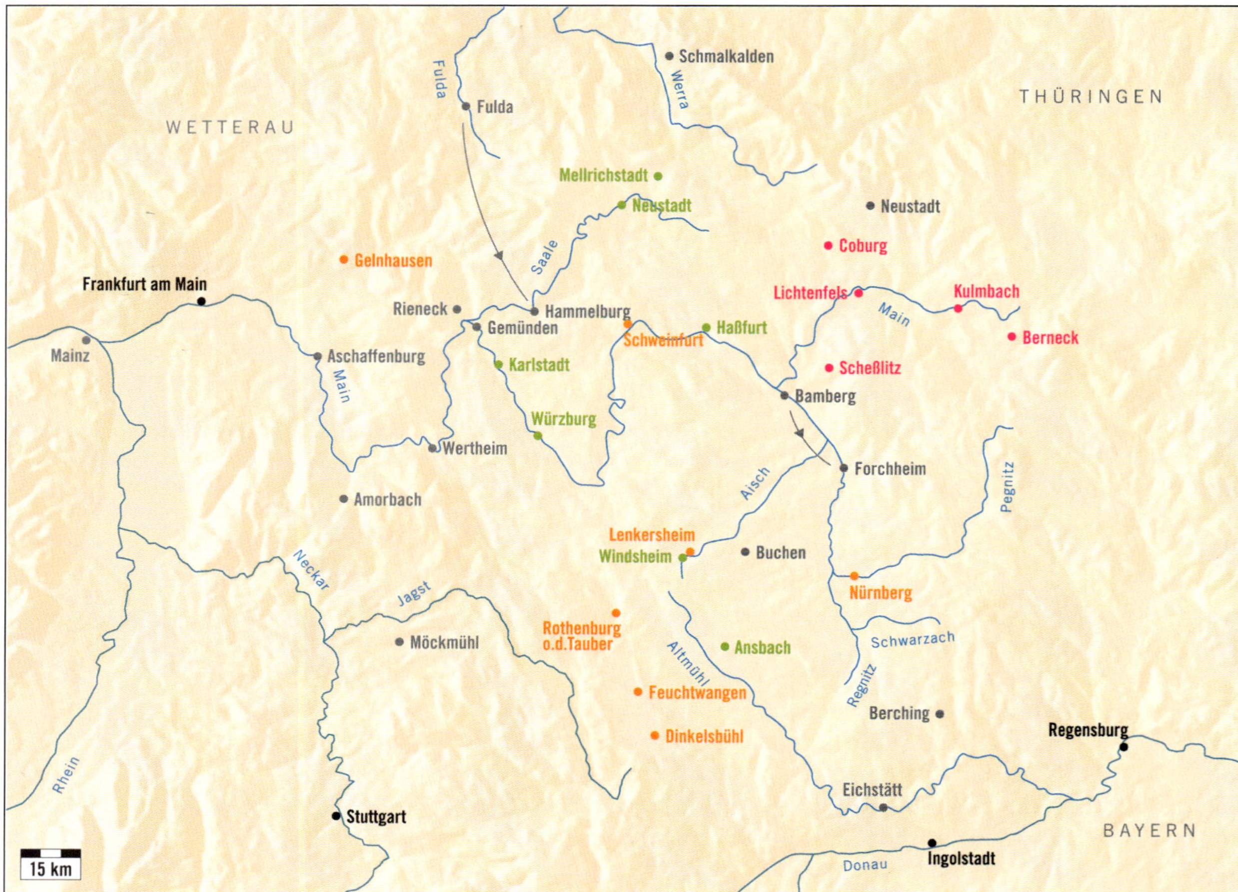

I. Stadtgründungen bis 1254

Die Staufer, die Würzburger Bischöfe und das Fürstengeschlecht der Andechs-Meranier werden zu den wichtigsten Stadtrechtsverleihern in der Region.

- Stadtrechtsverleihungen durch die Würzburger Bischöfe
- Stadtrechtsverleihungen ausgehend von den Staufern
- Stadtrechtsverleihungen durch die Andechs-Meranier
- Vor 1254 gegründete Städte ohne Kennzeichnung der Gründer
- Orientierungsorte

134 Karte 1

134 Die für Franken typische Herrschaftszersplitterung brachte eine große Städtedichte hervor.

Fünf Karten
Entwurf: Helmut Flachenecker und Wolfram Unger
Kartografie und Grafik: Susanne Schnitzer, Kiel/Gruppe Gut, Bozen

Städtelandschaft Franken

Mit seinen zahlreichen Städten grenzte sich Franken stark vom bayerischen Herzogtum ab, das wenige Städte, aber relative viele Märkte kannte. Meist handelte es sich bei den fränkischen Städten, insbesondere im Spätmittelalter, um kleinere bzw. Kleinstorte mit wenig Möglichkeiten für eine intensive kommunale wie wirtschaftliche Entfaltung. In Franken dominierten daher, von Nürnberg und den Bischofsstädten abgesehen, Städte mit einer niedrigen Bevölkerungszahl von ca. 800 bis 2000 Personen, die sich von jener größerer Dörfer bisweilen kaum unterschied.

Städtegründungen des 12. und beginnenden 13. Jahrhunderts betrafen meist wirtschaftlich wie herrschaftlich zentral gelegene Siedlungen in der Umgebung von Burgen, Klöstern und Stiften, zum Teil mit frühmittelalterlichen Wurzeln. Stadtprivilegierungen des 14. und 15. Jahrhunderts hatten primär eine herrschaftsabgrenzende – die Stadt als „Großburg" in Grenzlage – und nur sekundär eine wirtschaftliche Ziel-

II. Nachstaufische Epoche 1255 – 1313

Von den Staufern gegründete Städte werden fast alle zu freien Reichsstädten. Eine Verleihung von Stadtrechten erfolgte vor allem durch die Bischöfe von Würzburg, Bamberg, Eichstätt und Mainz.

- Freie Reichsstädte
- Stadtrechtsverleihungen durch die Bischöfe von Würzburg
- Stadtrechtsverleihungen durch die Bischöfe von Bamberg
- Stadtrechtsverleihungen durch die Bischöfe von Eichstätt
- Stadtrechtsverleihungen durch die Bischöfe von Mainz
- Stadtrechtsverleihungen durch die Hohenzollern
- Ohne Name: Stadtgründungen vor 1255
- Mit Name: Stadtrechtsverleihungen von 1255 – 1313 ohne Kennzeichnung der Gründer
- Orientierungsorte

134 Karte 2

setzung. Die Lage an einem Fluss (Main, Regnitz, Pegnitz, Altmühl) wurde bevorzugt. Grosso modo lässt sich behaupten: Je älter eine Stadt war, desto größer erwies sich ihre Chance zur kommunalen und wirtschaftlichen Entfaltung.

Die Karten geben einen Eindruck von der insbesondere im Hoch- und Spätmittelalter rasant wachsenden Zahl an Städten im fränkischen Raum. Der Beginn der Stadtentwicklung ist bei den Bischofssitzen zu suchen, also in Würzburg, Eichstätt und Bamberg. Die Bischöfe besaßen mit den nahe des Doms gelegenen Klöstern und Stiften („civitas sancta“) und mit den sich dort entwickelnden präurbanen Siedlungsformen ein attraktives Zentrum für die weitere Ansiedlung. Den Mittelpunkt bildete der jeweilige Dom mit seinen Heiligen- und Bischofsgräbern, die praktisch nicht transferierbar waren. Orte mit einer entsprechenden herrschaftlichen Zentralitätsfunktion mussten von weltlichen Herrschern erst aufgebaut werden. Es ist auffällig, dass es den Bischöfen im Gegensatz zum Reisekönigtum gelang die Versorgung ihrer ortsfesten Zentren über das Jahr hinweg sicher zu stellen. Bis 1254 gründeten die Würzburger Bischöfe im Nordwesten, bis 1248 die Andechs-Meranier im Nordosten Frankens sowie die Staufer viele Städte.

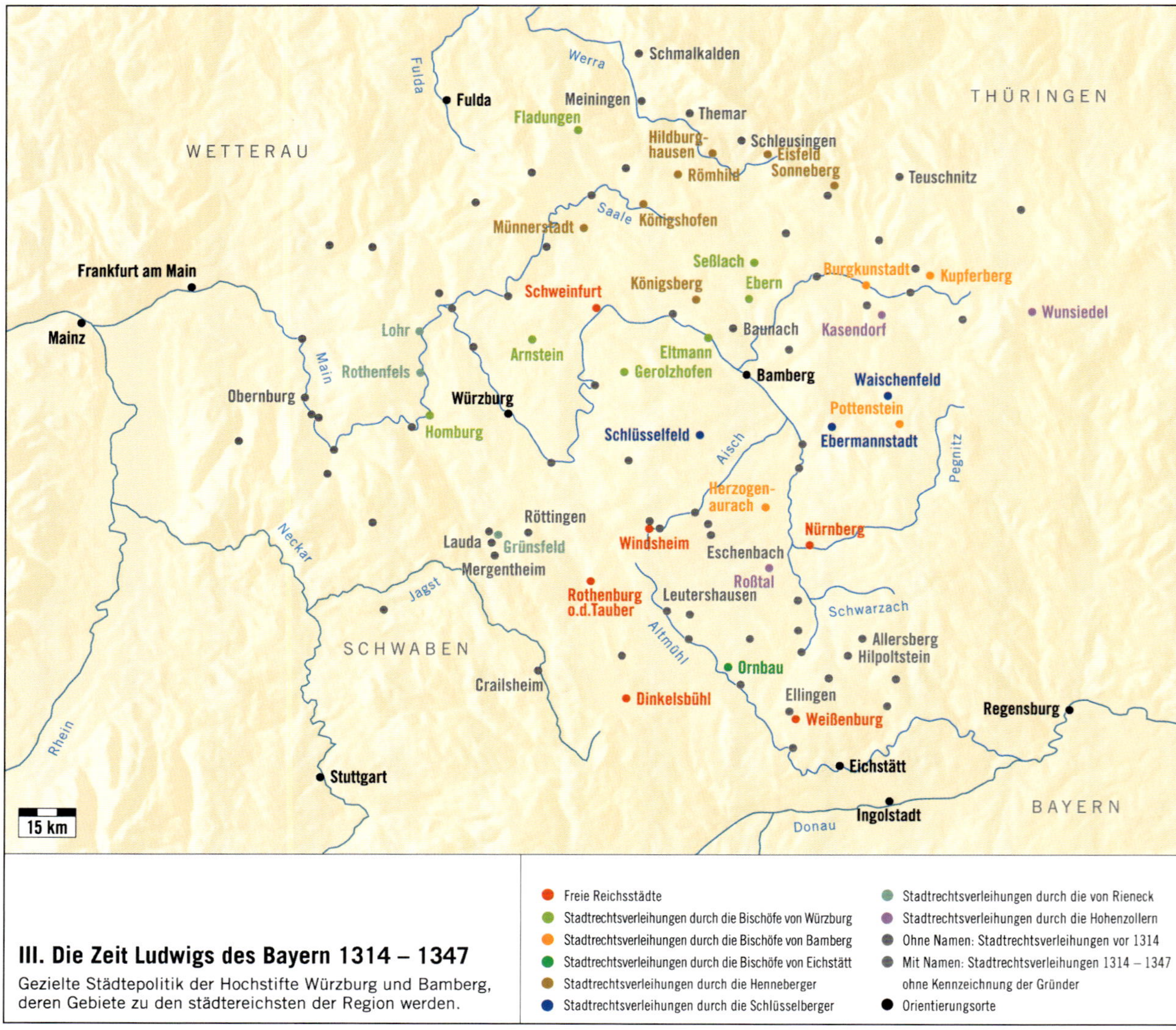

134 Karte 3

Bambergs Engagement blieb mit Bamberg selbst sowie Forchheim zunächst bescheiden (Karte 1).

In der zweiten Hälfte des 13. Jahrhunderts wandelten sich staufische Städte in ihrer Mehrheit zu königlichen, dann zu Reichsstädten. Die politisch-wirtschaftliche Vorherrschaft lag bei Nürnberg, der einzigen „Großstadt" in Franken. Dinkelsbühl, Rothenburg und Weißenburg orientierten sich an ihr, ebenso Windsheim und Schweinfurt, aber auch die benachbarten schwäbischen Reichsstädte hatten Vorbildcharakter. Ab der zweiten Hälfte des 13. Jahrhunderts sind erneut zahlreiche bischöfliche Stadtgründungen zu beobachten, wobei der Würzburger Bischof auf königliche Bestätigungen seiner Städte verzichtete (Karte 2). Allmählich gründeten nun Adelsfamilien im Zuge ihres Herrschaftsausbaus neben Burgen und Klöstern auch Städte, so die Burggrafen von Nürnberg, die Casteller, Oettinger, Henneberger, Heidecker und Pappenheimer (Karte 3). Im 14. Jahrhundert brach unter den Königen Ludwig dem Bayern und Karl IV. im Rahmen ihrer „Landbrückenpolitik" zur Wetterau bzw. nach Böhmen die große Zeit der Städteprivilegierungen an. Solche Stadterhebungen hatten primär eine politische Zielsetzung, wollte der König doch damit Verbündete belohnen bzw. an sich binden. Das gilt auch für die Reichsstädte, die vor allem Gerichts-

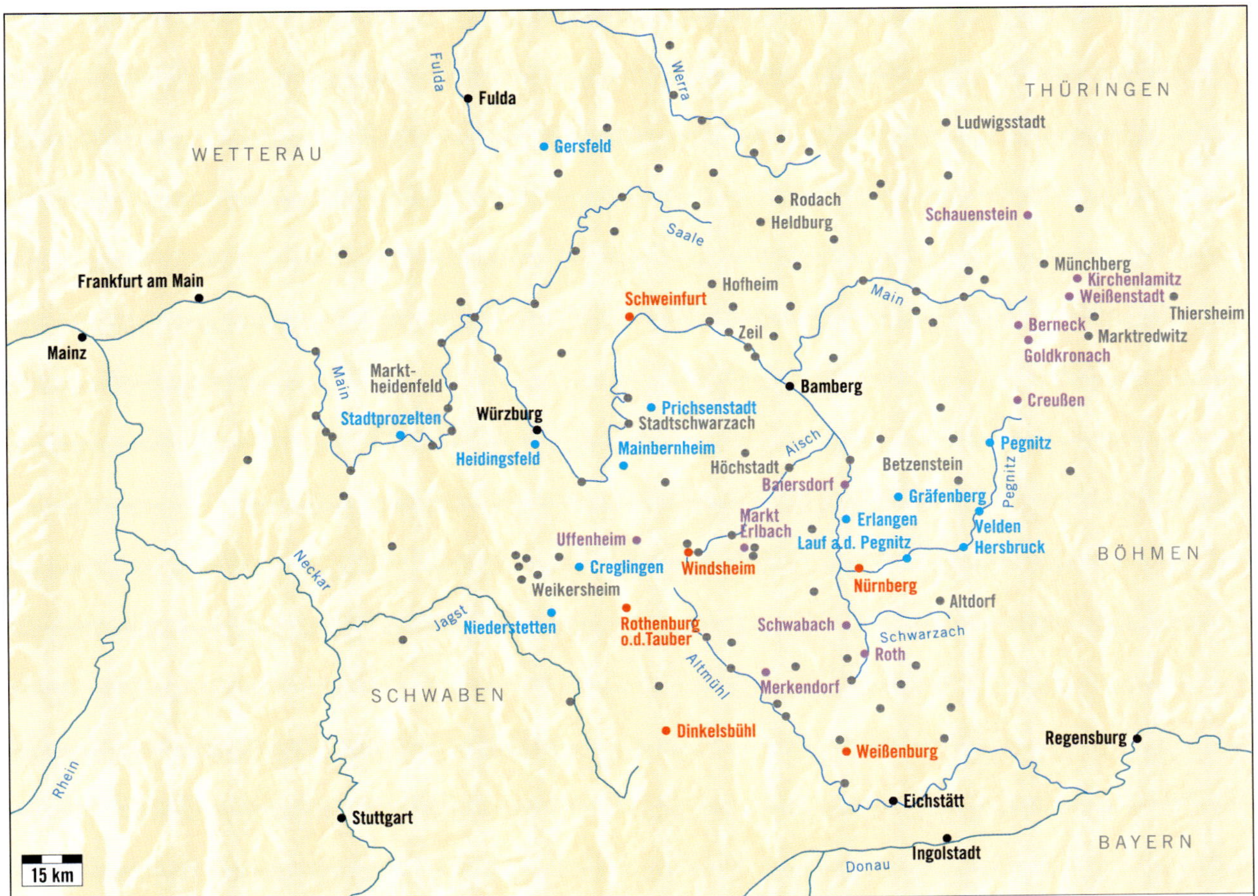

IV. Die Epoche der böhmischen Luxemburger 1347 – 1400

Veränderung der Städtelandschaft durch die geplante "Landbrücke" Karls IV. und seines Sohnes Wenzel. Verstärkte Stadtrechtsverleihungen der Hohenzollern.

- Freie Reichsstädte
- Stadtrechtsverleihungen durch die Hohenzollern
- Stadtrechtsverleihungen im Zuge der von Karl IV. angestrebten Landbrücke zwischen Böhmen und Frankfurt
- Ohne Namen: Stadtrechtsverleihungen vor 1347
- Mit Namen: Stadtrechtsverleihungen 1347 – 1400 ohne Kennzeichnung der Gründer
- Orientierungsorte

134 Karte 4

und Zollbefreiungen erhielten. Allerdings mussten sie sich vehement gegen königliche Verpfändungen wehren, um nicht von einer Reichs- zu einer Landstadt abzusteigen. In der Zeit des luxemburgischen Herrschers kam es, begünstigt durch die skizzierte Politik, zu den Städtegründungen durch die Burggrafen von Nürnberg, wobei sich eine weitere Verdichtung im 15. Jahrhundert feststellen lässt. In der frühen Neuzeit dann, das zeigen die Zahlen W. Ungers recht deutlich, ist ein Konzentrationsprozess der Stadtherrschaften auf die dominierenden Fürsten Frankens zu beobachten.

Die Karten bergen hinsichtlich der eingetragenen Orte einige Unsicherheiten, da konkrete Stadtrechtsverleihungen in den Quellen relativ selten zu finden sind bzw. eine Stadtrechtsverleihung nicht automatisch die Weiterentwicklung zu einer tatsächlichen Stadt einleitete. Bisweilen ist auch die Unterscheidung zwischen dem Stadt- und Marktcharakter eines Orts schwierig, zumal Eigen- wie Fremdbezeichnungen, wie etwa im Fall von Beilngries, differieren können. Überdies gab es auch Märkte, die eine Ratsstruktur entwickelten. Manche Gründungen erwiesen sich als nicht weiter ausbaufähig. So erhielten die Herren von Thüngen für ihren Hauptort 1465, also erst sehr spät, von Kaiser Friedrich III. ein Stadtprivileg, das mit Ausnahme des Wochenmarktes wohl nicht um-

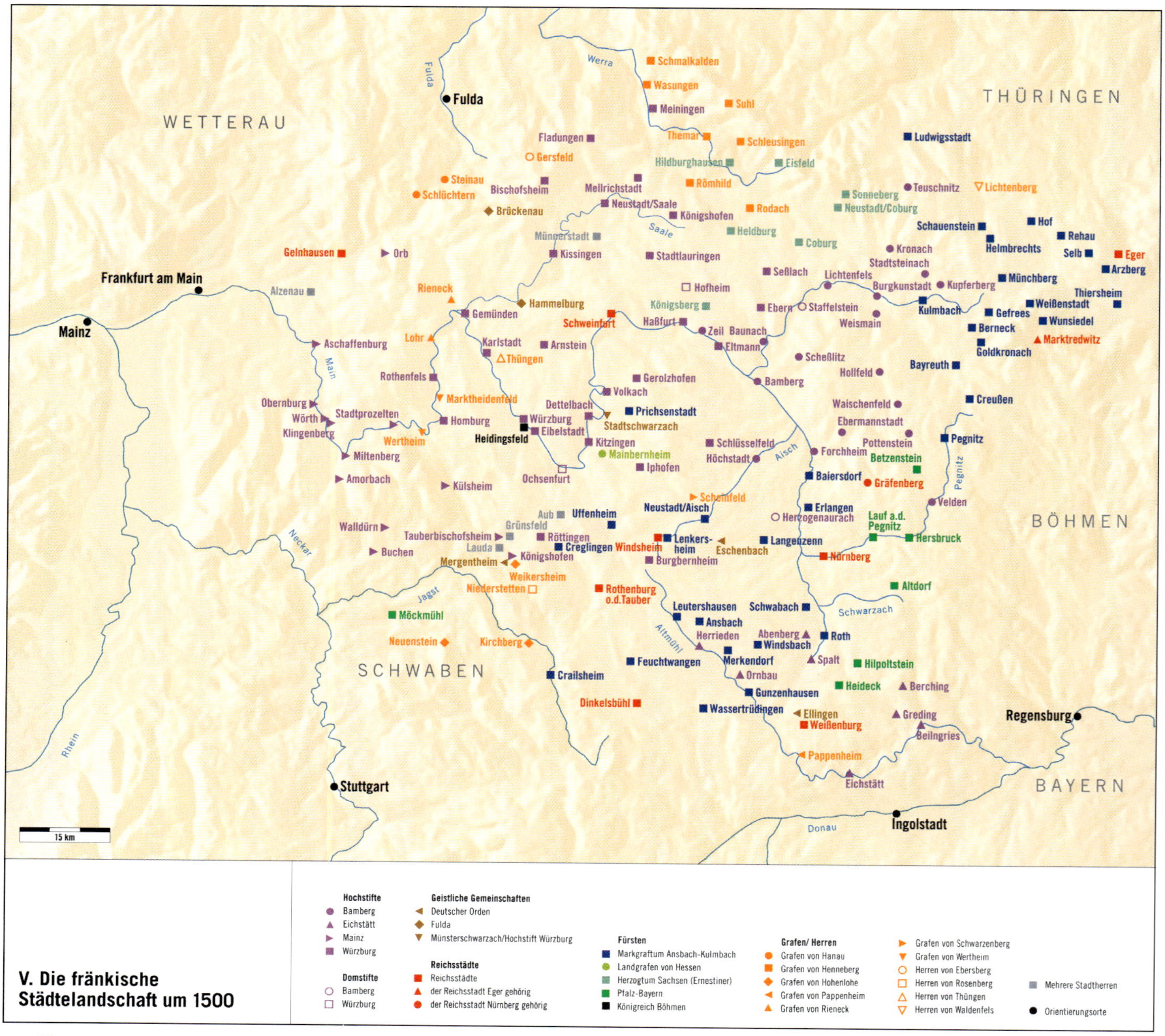

134 Karte 5

gesetzt wurde. Neubrunn besaß ein Stadtprivileg von 1323 nach Wertheimer Stadtrecht – von Ludwig dem Bayern dem Deutschen Orden gewährt –, Hinweise für eine Realisierung fehlen jedoch. Schließlich gewährte Karl IV. den Burggrafen von Nürnberg 1355 das Recht Mussen, (Markt-) Bergel, Kasendorf, Wunsiedel, Wonsees und Roßtal zu befestigten Orten mit Blutgericht und Marktrecht auszubauen. Auch dieses Privileg wurde nur teilweise umgesetzt. Die beiden auf Reichsgut gelegenen Orte Aufkirchen und Lenkersheim konnten sich, obwohl von den Staufern gefördert, ebenfalls nicht als Städte halten. Eine ungünstige zentrale Lage, ein fehlendes Hinterland, zu geringer Bevölkerungszuzug verhinderten das wirtschaftliche Erstarken. Die Unterscheidung zwischen Markt und Stadt in Franken bedarf in jedem Fall noch einer eingehenden Detailforschung, die vorliegenden Karten können nur einen ersten Ansatz bilden.

H. F.

Lit.: Störmer, Gründung; Müller, Reichsstädte in Franken; Flachenecker, Bischof; Unger, Grundzüge; Flachenecker, Fränkische Städtelandschaften; Flachenecker / Kießling, Städtelandschaften in Altbayern.

135 Eine besondere Stellung unter den Städten nahmen die sechs Reichsstädte Nürnberg, Rothenburg, Windsheim, Weißenburg, Dinkelsbühl und Schweinfurt ein.

Maser-Doppelkopfbecher

Nürnberg (Silbermontierung), 3. Viertel 15. Jahrhundert
Ulmen-Maserholz, gedrechselt, vergoldete Silberfassung (Nürnberger Beschau, R³ 3687), H. 21, Ø 17 (ohne Griff)
Städtische Sammlungen Schweinfurt (M–313 [alt])

135

Insbesondere seit dem 13. Jahrhundert entwickelte sich vor allem in Süddeutschland die charakteristische Form eines aus Wurzelholz gedrechselten, zweiteiligen Trinkgefäßes. Dabei wurde auf ein annähernd kugelförmiges Gefäß, meist mit seitlichem Griff, ein zweites, ähnlich geformtes, aber kleineres aufgestülpt. Zusätzlich weisen diese Maser-Doppelköpfe kostbare, silbervergoldete Fassungen auf, die mit ihren Beschauzeichen eine präzise räumliche Zuordnung ermöglichen. Ungeachtet dessen belegen Form und Ornamentik etwa in Gestalt des fein durchbrochenen Vierpassfrieses an der zurückgesetzten Zarge der Montierung des Fußes Nürnberg als Herstellungsort.

Aus der Zeit der Spätgotik können zahlreiche Beispiele für die Verwendung solcher Maser-Doppelkopfbecher angeführt werden. So trank man beim so genannten „Minnetrinken" geweihten Wein zu Ehren des hl. Johannes aus einem solchen Gefäß. Die häufig anzutreffende Darstellung von Maserbechern in der Kunst des späten Mittelalters belegt ihre wichtige Rolle im gesellschaftlichen Leben der Zeit: Veit Stoß lässt in seinem Altar im Bamberger Dom dem Christuskind einen Maserbecher durch den Mohrenkönig darbringen.

Da Schweinfurt als Reichsstadt zu klein war, um dauerhaft geeignete Kunsthandwerker für die Herstellung solcher Luxusgüter in seinen Mauern halten zu können, bediente man sich vielfach des entsprechenden Angebots aus Nürnberg oder Augsburg, wie sich an den Vasa Sacra im Besitz der evangelischen Kirchen belegen lässt. Immer wieder „verehrte" der Rat der Reichsstadt solche Gefäße hochrangigen Gästen: So erhielt Herzog Sigismund von Sachsen 1440 auf der Durchreise einen „Becher von 46 fl. an Werth", 1444 wurde der neu gewählte Würzburger Bischof mit einem „Becher an Werth von 43 fl." beschenkt und 1470 überreichte man Graf Wilhelm V. von Henneberg auf Schloss Mainberg „eine silberne mit Gold verzierte Scheuer". *E. Sch.*

Lit.: Mühlich / Hahn, Chronik, S. 90, 92, 104; Rosenberg, Merkzeichen, Nr. 3687; Fuchß, Maserbecher; Reichsstädte in Franken [Ausstellungskatalog], Kat.-Nr. 148; Schneider, Vasa Sacra.

16. Jahrhundert
Gelber Sandstein, 84 × 30 × 32
Städtische Sammlungen Schweinfurt
(M–1156)

136

Reichsstädte besaßen oft ein eigenes umfangreiches Territorium.

Grenzstein

136

Der hier gezeigte Grenzstein markierte ursprünglich einen heute nicht mehr genau zu ermittelnden Abschnitt der gemeinsamen Grenze mit dem in Münnerstadt begüterten Deutschen Orden im Norden des Schweinfurter Territoriums. Auf der Schweinfurter Seite weist er in einem Tondo in flachem Relief die Darstellung eines einköpfigen, heraldisch rechts gewendeten Adlers als Wappentier der Reichsstadt mit der Unterschrift „SCHWEINFVRT" auf. Die Münnerstädter Seite ziert das Kreuz des Deutschen Ordens mit der Inschrift „T:MVRSTA". Dabei handelt es sich um die auch heute noch im Dialekt übliche Bezeichnung des Ortes. Erste Nachrichten von einer Markierung der Grenzen des Schweinfurter Territoriums sind für das Jahr 1411 im Bereich der Landwehr an der Breiten Wiese belegbar. Vermutlich handelte es sich damals jedoch nur um unbehauene Findlinge, die als Grenzsteine Verwendung fanden. Im Jahr 1436 erwarb Schweinfurt von den Brüdern Thüngen den westlich an die Reichsstadt angrenzenden Ort Oberndorf. Drei Jahre später ist erstmals ein Grenzgang um die Oberndorfer Markung überliefert. 1555 werden vier Ratsmitglieder als Steinsetzer, auch als Feldrichter bezeichnet, benannt. In den Jahren 1558, 1563 und 1564 erhielten sie Zahlungen dafür, dass sie „rain und stein" besichtigt hatten. Regelmäßig fanden solche Grenzgänge um das gesamte Schweinfurter Territorium offensichtlich erst ab 1571 statt. Aus diesem Jahr datiert eine Auflistung der Marksteine und Malbäume (Stadtarchiv Schweinfurt, V 57).

1563 hatten Bauern aus Weipoltshausen, Untertanen der Reichsstadt, nördlich von Schweinfurt im Bereich der Wüstung „Jeusing" unbefugt Ackerland gerodet. In einer Urkunde vom 23. Juni 1563 verständigten sich der Rat der Reichsstadt und der zuständige Komtur des Deutschen Ordens zu Münnerstadt, Philipp von Mauchenheim, dass „vier Margkstein ob der erden mith des Teutschen hauß zu Munerstatt unnd der Statt Schweinfurdt gemargk, wappen unnd schrifften bezeichnet, durch bayder theill Steinsetzer … eingesetzt werden soln". Der stilistische Befund des in den Städtischen Sammlungen Schweinfurt befindlichen Grenzsteins lässt darauf schließen, dass er zu diesen Steinen von 1563 gehört haben könnte.

E. Sch.

Lit.: Stein, Monumenta Suinfurtensia historica, 36, S. 452, auch 2, S. 36; Helferich, Rodungen; Reinlein, Marksteine, S. 128/1c.

137 Holztore, Wälle und Bewachungstürme sicherten das Rothenburger Territorium gegen Angreifer ab.

Landkarte des Rothenburger Gebiets

Wilhelm Ziegler, 1537
Feder/Leinwand, teilweise aquarelliert, mit aufgeklebten Papierzettelchen (R)
Germanisches Nationalmuseum, Nürnberg (LA 4040)

137

In Franken gab es am Ende des Mittelalters mit Nürnberg, Rothenburg, Windsheim, Weißenburg, Dinkelsbühl und Schweinfurt sechs freie Reichsstädte, die diesen Status dauerhaft hatten verteidigen können. Im Ursprung waren alle diese Städte, bis auf Windsheim, staufische Gründungen. Auf Königsgut gegründet, wurden sie während der Regierungszeit des ersten Habsburgerherrschers Rudolf I. zu Reichsstädten. Damit unterstanden sie nicht einem regionalen Herrschaftsträger, sondern direkt Kaiser und Reich. Als Reichsstädte verwalteten sie sich selbst und hatten seit 1489 sogar Sitz und Stimme im so genannten Reichsstädtekollegium des Reichstags. Im Gegensatz zu anderen Landstädten gehörte oft ein umfangreiches Territorium zum Besitz der Reichsstädte.

Die Karte zeigt das Rothenburger Territorium, das 1408 seine größte Ausdehnung mit rund 450 km^2 erreicht hatte. Umgeben war dieses Gebiet von einem bepflanzten Wall und einem Graben, der Schutz vor Angreifern bieten sollte. Die Landkarte von 1537 bildet diese Befestigung nur andeutungsweise ab, lässt aber Holztore und Schlagbäume an den Walldurchlässen sowie steinerne Bewachungstürme erkennen.

Bei dem Vogelschauplan handelt es sich wahrscheinlich um die älteste Illustration eines Reichsstadtterritoriums. Der Maler Wilhelm Ziegler (1484 – nach 1538 Würzburg) fertigte die repräsentative Karte im Auftrag des Rothenburger Rats für das Rathaus der Stadt an. Bei seiner Darstellung beschränkte er sich jedoch nicht nur auf das Einzeichnen der Stadt Rothenburg und der umliegenden Dörfer. Besonders wertvoll sind die eingearbeiteten Alltagsszenen: Fuhrwägen, Reiter und Fußgänger sind auf den Straßen unterwegs; Hirten hüten Kühe und Schafe; Bauern pflügen die Felder. In dem unterhalb von Rothenburg liegenden Ort findet ein Jahrmarkt statt; im Vordergrund reitet eine Jagdgesellschaft durchs Bild. *J. Sch.*

Lit.: Reichsstädte in Franken [Ausstellungskatalog].

138 Der Schild mit der Darstellung des hl. Georg trägt das Wappen der Reichsstadt Nürnberg.

Kleine Pavese

Nürnberg, um 1480
Holz, Leder, Leinwand, bemalt,
75,5 × 43,5, 4,9 kg
Deutsches Historisches Museum, Berlin
(W 1053)

138

Der Schild, eine so genannte Kleine Pavese, ist ein besonders kleinformatiges und leichtes Exemplar dieses Typs. Der hochrechteckige, leicht abgerundete Holzkern ist beidseitig mit Leder überzogen. Über die gesamte Schildhöhe verläuft mittig eine Aufwölbung, sodass auf der Rückseite eine breite Hohlkehle vorhanden ist. Sie dient dem Schildarm des Trägers zur Handhabe und erhöht die Schutzwirkung. Oft wird in der Literatur behauptet, die Pavese sei im 13. Jahrhundert in Pavia entwickelt und nach dieser Stadt benannt worden. Das italienische Wort Pavese ist allerdings eine Ableitung vom lateinischen „pavisorius" bzw. dem griechischen „patzeon" als Bezeichnung für einen Schild. Die Pavese war besonders für den Einsatz zu Fuß geeignet. Sie verbreitete sich im 15. Jahrhundert auch durch böhmische Söldner, die sie gerne benutzten.

Auf der Vorderseite des Schilds befindet sich als Untergrund für die Malschicht ein weiterer Überzug aus Leinwand. Das Herzfeld der Pavese zeigt den hl. Georg im Kampf mit dem Drachen. Der jugendlich wirkende Nothelfer trägt die enge Männerkleidung und die Haartracht des späten 15. Jahrhunderts. Er ist ohne Schutzbewaffnung. Man erkennt, dass er den kleinen Drachen bereits bezwungen hat und sein Schwert zum letzten Stoß erhebt. Die umlaufende Beschriftung „du edler riter sant jorg du pist fon hocher art und hast erlest die jung frau zart" bezieht sich auf die Legende von der Errettung einer von einem Drachen bedrohten Jungfrau durch den Heiligen (Kat.-Nr. 124).

Erst seit den Kreuzzügen prägte die Legende vom Drachentöter das Erscheinungsbild des Heiligen. So wurde St. Georg zum Ideal des christlichen Ritters. Kaiser Friedrich III. gründete 1467 den Ritterorden zum hl. Georg. Neben den Adel traten um 1500 auch bürgerliche Georgsgilden. H. Müller bemerkt zu der hier gezeigten Pavese, es sei gerade in Nürnberg nicht ungewöhnlich gewesen den hl. Georg gleichsam als Handwerksgesellen darzustellen. Die recht legere Behandlung eines nur hundegroßen Drachens übernimmt übrigens auch Albrecht Dürer um 1498 für seinen Georg auf dem so genannten Paumgartner-Altar (Alte Pinakothek, München).

Für einen adligen Auftraggeber, möglicherweise den Anführer einer zu Fuß kämpfenden Söldnertruppe, sprechen die betont auf das Rittertum abzielende Inschrift, die doch eher höfisch-elegante Darstellung des Heiligen und nicht zuletzt das als Inventarvermerk des Zeughauses erst nachträglich angebrachte Nürnberger Wappen. Auch waren die für städtische Fußtruppen beschafften Pavesen in der Regel deutlich größer und zumeist auch einfacher dekoriert, wie Beispiele im Germanischen Nationalmuseum und im Historischen Museum der Stadt Wien belegen. So kann vermutet werden, dass der hier gezeigte Schild erst über Umwege, vielleicht sogar als Beutestück, in den Besitz der Reichsstadt gelangte. *Ch. L.*

Lit.: Böheim, Waffenkunde, S. 178–181; Sanct Georg. Der Ritter mit dem Drachen [Ausstellungskatalog]; Müller, Berliner Zeughaus, S. 78 (mit Abb.); Geharnischte Zeiten [Ausstellungskatalog], S. 56 ff., 164; Müller, Albrecht Dürer, S. 100 f. (mit Abb.); Thomas/Gamber, Katalog der Leibrüstkammer, 1. Teil, S. 92, 94; für wichtige Hinweise dankt der Verfasser ganz besonders Herrn Dr. Georg Ritter von Kern, Bayerisches Armeemuseum, Ingolstadt.

139 Infolge der Bedrohung durch die Hussiten in Böhmen vertraute König Sigismund 1423 der Reichsstadt Nürnberg Krönungsschmuck und Reichsreliquien der römisch-deutschen Könige und Kaiser an. Bis 1796 blieben die Reichskleinodien dauerhaft in Nürnberg, was die Sonderstellung der Stadt innerhalb des Reichs dokumentiert.

Weisung der Reichskleinodien

Mitte 15. Jahrhundert
Holzschnitt, 40,5 × 29
Germanisches Nationalmuseum, Nürnberg (HB 24755, Kps.-Nr. 1334)

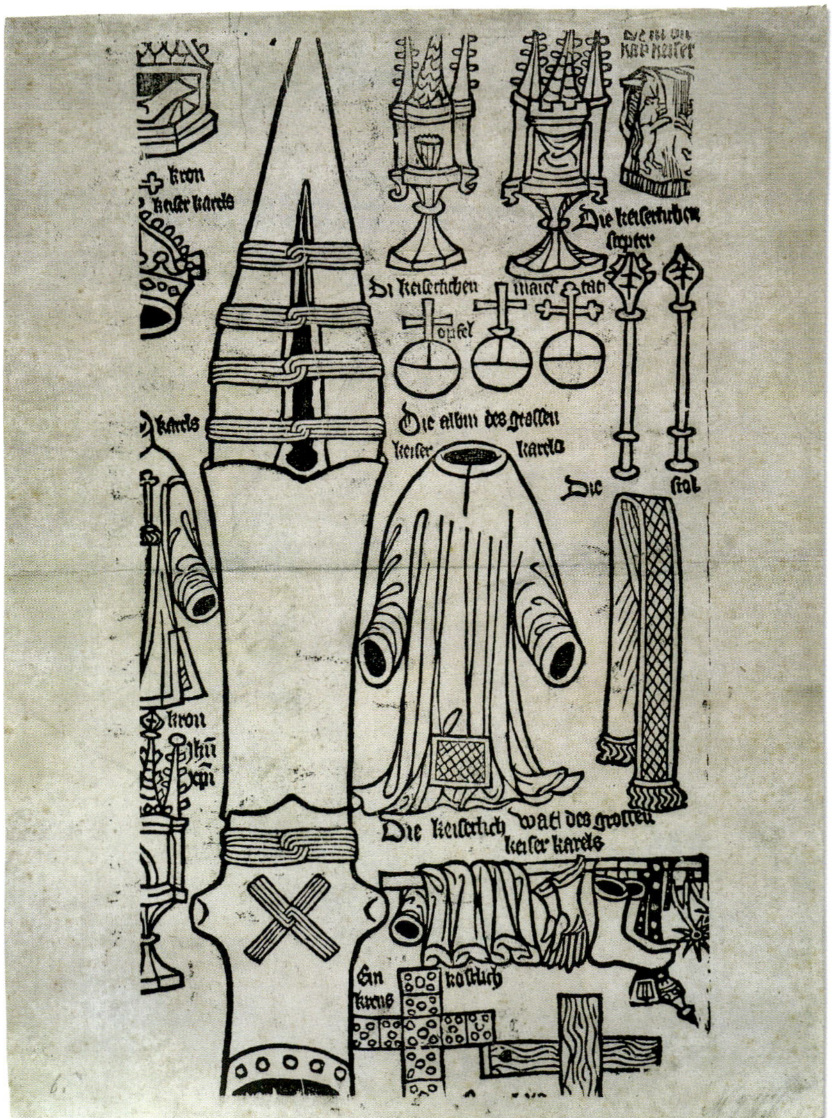

139

Die einst in Nürnberg verwahrten Reichskleinodien bestanden aus den Insignien der weltlichen Macht, den Gewändern, die bei Krönungen getragen wurden, und den Reichsreliquiaren, die auf die Rolle des Herrschers als Stellvertreter Christi hinwiesen. Zu den Reichsinsignien gehörten neben der symbolisch wichtigen Reichskrone auch Reichsapfel, Zepter, das Reichs- oder Mauritiusschwert und das Zeremonienschwert. Die bei Krönungen getragenen Gewänder, unter denen der 1133 in Palermo entstandene Krönungsmantel herausragt, kamen fast alle während der Stauferzeit zu den Reichskleinodien hinzu. Besonders wichtig waren im Spätmittelalter die Reichsreliquien, die etwa ein Drittel des gesamten Kronschatzes ausmachten. Bereits Karl der Große hatte Reliquiare als verehrungswürdige Gegenstände gesammelt, die den Herrschern göttlichen Schutz gewähren sollten. Im Spätmittelalter erreichten die Begeisterung für Reliquiare aller Art und der Glaube an die schützende Kraft der Reliquien einen Höhepunkt. Dementsprechend ließ Kaiser Karl IV. den Reichsschatz um einige herausragende Stücke vermehren und sorgte vielfach dafür, dass neue Behältnisse und Fassungen für die Heiligenpartikel angefertigt wurden. Der vorliegende Holzschnitt zeigt eine ganze Reihe von Reliquiaren, wobei die so genante Heilige Lanze als eines der ältesten Stücke des Schatzes in der Bildmitte übergroß dargestellt ist. Die Heilige Lanze stammt aus karolingischer Zeit (8./9. Jahrhundert). Sie enthält einen angeblich vom Kreuz Christi stammenden Nagel. Beim Anbringen des Nagels brach vermutlich ein Teil der Lanze; die Bruchstelle wurde zunächst durch eine silberne Manschette zusammengehalten. Später ließ Karl IV. anstelle der Manschette eine goldene Hülse anbringen. Der Ende des 15. Jahrhunderts zu datierende Holzschnitt scheint im Zusammenhang mit den jährlich stattfindenden Heiltumsweisungen entstanden zu sein. Einmal im Jahr wurden in Nürnberg unter großem Sicherheitsaufwand die Reichskleinodien auf einem auf dem Hauptmarkt aufgebauten Heiltumsstuhl präsentiert, von dem aus auch die Messe gelesen werden durfte. Aus dem ganzen Reich kamen Besucher angereist und erhielten bei Teilnahme an der Weisung einen Ablass von sieben Jahren und sieben Quadragenen, also Fastenzeiten. In der Folgezeit bemühte sich die Reichsstadt Nürnberg mehrfach erfolglos um eine Vermehrung des Ablasses bei der Kurie in Rom; 1524 wurden die Heiltumsweisungen im Zuge der Reformation eingestellt. Als preisgünstige Alternative zu den teureren Heiltumsbüchern lieferte das

140

vorliegende Einzelblatt Informationen zu den Insignien und Reliquiaren des Reichsschatzes. Die nicht vollständige Darstellung lässt vermuten, dass mindestens noch zwei weitere Blätter gleicher Art vorhanden waren, die einen umfassenden Überblick über die bei der Weisung gezeigten Stücke lieferten. *J. Sch.*

Lit.: Schuhmann, Reichsinsignien; Machilek, Heiltumsweisung.

140 Die Politik der Wirtschaftsmetropole Nürnberg wurde von den großen Handelsgesellschaften bestimmt. Die Familie der Tucher gehörte seit dem 14. Jahrhundert zum Patriziat der Stadt. Sie dokumentierte ihre Geschichte in einer Genealogie, die unübertroffen in ihrer reichen Ausstattung ist.

Das Große Tucherbuch

Nürnberg, 1590/1608, fortgeführt bis ca. 1630
Handschrift und Feder/Pergament, 61 × 43
Stadtarchiv Nürnberg (E 29/III Nr. 258)

140

Das Große Tucherbuch wurde von der Familie Tucher 1590 in Auftrag gegeben und 1608 vollendet (letzter Eintrag zu 1606, letzte Abrechnung 11. Juli 1608). Sein humanistisch gebildeter Verfasser, der Ratskonsulent Dr. Christoph Scheurl, war über seine Mutter mit der Familie Tucher verwandt. Dem Werk liegen intensive Studien im Familienarchiv zugrunde. Den Entwurf Dr. Scheurls besitzt heute das British Museum in London. Der im Stadtarchiv Nürnberg verwahrte Pergamentband ist die repräsentative Prunkfassung des Werks, für die die Familie (zusammen mit einer Papierabschrift) 2198 Goldgulden aus ihrer Dr.-Lorenz-Tucher-Stiftung aufwendete.

Das Geschlechterbuch der Tucher enthält nach mehreren Registern und einer ausführlichen Vorrede für jedes Mitglied der einzelnen Generationen und Linien, dem Stammbaum folgend, eine Biografie mit Angaben zu Geburt, Hochzeit, Tod, Ausbildung, Vermögensverhältnissen, Stellung im Rat und persönlichen Eigenheiten. Zu jeder dieser Biografien gehört zudem eine in der Regel ganzseitige Miniatur.

Die Miniaturen wurden von dem in Nürnberg wirkenden Züricher Künstler Jost Amman entworfen und teilweise auch ausgeführt; nach seinem Tod übernahm Georg Hertz die Ausführung. Dargestellt wird das jeweilige Familienmitglied als Ganzkörperfigur mit Ehefrau(en); die Kleidung der Dargestellten ist eine der bedeutendsten kostümgeschichtlichen Quellen unseres Kulturkreises. Ammann verwendete soweit möglich bereits vorhandene Bildnisse als Vorlage, die in zahlreichen Fällen noch erhalten sind. Die Schrift ist eine von den Schreibmeistern Sauer und Brechtel ausgeführte, kalligrafisch unüberbietbare, teilweise mit Gold gehöhte Zierschrift, „eines der prachtvollsten Produkte der von Neudörfer begründeten Schönschreibekunst … , die von Nürnberg ausging und im Tucherbuch ihre höchste Blüte erlebte“ (L. Grote). Der Einband besteht aus zwei mit schwarzem Samt bespannten Holzdeckeln mit vergoldeten Silberbeschlägen und -schließen, die von dem Goldschmied Hans Kellner hergestellt wurden. Dargestellt werden auf den Eckbeschlägen Personifikationen der Tugenden, im Zentrum vorne Christus am Kreuz, hinten das Tucherwappen.

Das Tucherbuch übertrifft in Form und Inhalt alle übrigen Nürnberger Patriziergenealogien und ist in seiner reichen Ausstattung eines Fürsten würdig, wobei man festhalten muss, dass es an europäischen Fürstenhöfen jener Zeit nichts Vergleichbares gibt. Inhaltlich bietet es individuelle Charakterisierungen und die wichtigsten wirtschaftlichen und sozialen Bezüge fast aller Mitglieder eines Patriziergeschlechts über neun Generationen hinweg; künstlerisch bildet es einen Höhepunkt der Kalligrafie und Buchmalerei. Das Große Tucherbuch zählt zu den herausragenden Werken der europäischen Hochrenaissance.

M.D.

Lit.: Grote, Die Tucher, S. 85–87; Diefenbacher / Endres, Stadtlexikon Nürnberg, S. 1090f.; digitales Faksimile auf CD-ROM in der Reihe Handschriften aus bayerischen Bibliotheken und Archiven, hg. vom Haus der Bayerischen Geschichte und dem Stadtarchiv Nürnberg, Augsburg 2004.

141 Die Nürnberger Patrizierfamilie der Holzschuher war vor allem durch den Tuch- und Gewürzhandel reich geworden. In dem Geschlechterbuch sind die männlichen Mitglieder der Familie mit ihren Ehefrauen abgebildet.

Nürnberg 1563/65
Handschrift, Feder, Aquarelle / Papier,
340 Blätter, 36,5 × 27,5
Stadtarchiv Nürnberg (E 3 Nr. 48)

Geschlechterbuch der Holzschuher, Bd. 1

Obwohl es sich beim Geschlechterbuch der Nürnberger Patrizierfamilie Holzschuher von Harrlach entweder um eine Zweitausfertigung (H. von Hallerstein) oder um eine einfachere Erstausfertigung (G. Hirschmann) handelt, zählt es doch zu den schönsten im Stadtarchiv Nürnberg verwahrten Geschlechterbüchern. Der Band mit der Einbandprägung „DES GESCHLECHTS D: holtzschvcher STAMENS V. NAMENS DVRCH VETTEN HOLTZSCHVCHER VOLBRACHT ANNO MDLXV“ wurde von Veit Holzschuher in den Jahren 1563 bis 1565 für sich und seine Nachkommen, also nicht für das Gesamtgeschlecht, angelegt.

Veit Holzschuher, geboren am 15. Juli 1515, war einer der sechs Söhne Georg Holzschuhers und Margarethas, der Tochter Leonhards von Ploben. Seit 1559 fungierte er bis zu seinem Tod als Familiensenior und Verwalter der Holzschuher'schen Familienstiftungen. Sich selbst (seine Züge sind porträthaft) und seinen drei ersten Ehefrauen (Anna Oelhafen 1542, Clara Grundherr 1562, Clara Tetzel 1564) – bei der vierten Eheschließung mit Katharina Rieter 1575 war das Geschlechterbuch bereits fertig gestellt – widmete Veit die Blätter 161–164. Im Begleittext bezeichnet er sich als Samthändler mit Venedig, Mailand und Genua. 1572 zog er sich von den Handelsgeschäften zurück. Veit Holzschuher starb am 21. November 1580.

Nach einem Einleitungsteil mit Vorrede, Niederschriften und Verzeichnissen reiht der Hauptteil die männlichen Familienmitglieder mit ihren Ehefrauen bis zum Jahr 1679. Veit Holzschuhers Nachkommen sind seinem Wunsch, das Geschlechterbuch nach seinem Tod fortzuführen, also hundert Jahre lang nachgekommen. Auf den linken Seiten sind jeweils die farbigen Aquarelle der Eheleute mit ihren Wappen zu finden, auf den rechten Seiten der Lebenslauf der jeweiligen Person.

M. D.

Lit.: von Hallerstein, Nürnberger Geschlechterbücher, S. 222; Hirschmann, Geschlechterbuch der Familie Holzschuher.

141

142 Das politisch einflussreiche Patriziat der Reichsstadt übernahm in vielem den adligen Lebensstil und pflegte in ähnlicher Weise die „Ritterkultur".

Nürnberg, um 1540
Eisen, Holz, Leder, Stoff, 42,5 × 35 × 18
Bayerisches Nationalmuseum, München
(W 940/42)

Turnierreiter

Das Spielzeugmodell eines Turnierreiters zu Pferd stammt aus dem Besitz der Nürnberger Patrizierfamilie Holzschuher. Die Figuren sind auf einem Rollwagen montiert, der geschoben oder mit einer Schnur gezogen werden kann. In seiner Detailtreue steht dieses Modell an der Grenze zwischen Spielzeug und Lehrmittel. Ursprünglich dürften zwei derartige Figuren vorhanden gewesen sein. Dies belegen Darstellungen im „Weißkunig" Kaiser Maximilians oder auch ein komplettes Figurenpaar um 1500 in der Waffensammlung des Kunsthistorischen Museums in Wien (P 81 bzw. P 92). Der Reiter ist eine hölzerne, mit glattem Leder bezogene Gliederpuppe, bekleidet mit einer engen Reithose aus gelbem Wildleder und einem Wams aus dem gleichen Material. Die einst vorhandenen Reitstiefel fehlen. Das Gesäß bedeckt als moderne Rekonstruktion ein hellrot-gelb gestreifter Waffenrock. Der Oberkörper ist durch eine Rüstung geschützt, bestehend aus Brust- und Rückenplatte, komplettem Armzeug mit Schwebescheiben zum Schutz des Freiraums zwischen Brustplatte und Oberarmschüben sowie kurzen Diechlingen, wie die Oberschenkelpanzerung heißt. Die Panzerhandschuhe sind als „Henzen", also Fäustlinge, gearbeitet. Die glatte Brustplatte des Harnischs ist kugelförmig ausgeführt. Sie verfügt über einen massiven Rüsthaken mit nach hinten weit ausladendem Widerlager. Die Lanze selbst fehlt. An der linken oberen Seite der Brustpanzerung sind zwei kleine Löcher erkennbar, an denen wohl ein, heute fehlender, Turnierschild befestigt werden konnte. Schübe und Gelenke des Harnisch sind durch Gravur und Ätzung angedeutet. In die Rückenplatte ist auffällig groß die Zierinitiale „R" geätzt. Wie in den Realstücken ist dieser Panzerteil kurz, damit bei Stürzen vom Pferd ein Bruch der Wirbelsäule vermieden wurde.

141

Auf dem Kopf trägt die Puppe einen so genannten Stechhelm mit einer aus bemaltem Blech gearbeiteten Helmzier („Zimier") in Form eines männlichen Oberkörpers und nach hinten auswehender Helmdecke, beides gefasst in Rot und Gelb. Diese Farben erscheinen auch im Wappen der Nürnberger Patrizierfamilie Holzschuher, aus deren Besitz das Modell stammt. Rechts zu Füßen des Reiters, gleichsam auf dem Boden, steht ein zweiter Stechhelm ohne Zimier. Dieser Kopfschutz erinnert an den hochmittelalterlichen Topfhelm (Kat.-Nr. 47). Er war aber wesentlicher massiver, mit Gewichten bis zu 12 kg und wurde an der Panzerung des Oberkörpers unverrückbar befestigt, damit der Träger bei einem gegnerischen Treffer kein Schleudertrauma erlitt.

Das schwarz gefasste Holzpferd hat einen langen Schweif aus echtem Rosshaar. Der Rappe steht in Galopphaltung auf dem dunkelgrün bemalten, wohl eine Rasenfläche andeutenden, Rollwagen. Die Pferdefigur trägt als moderne Restaurierungsarbeit eine in Gelb und Hellrot gehaltene Schabracke ohne Augenöffnungen, wie sie auch auf zeitgenössischen Abbildungen nachweisbar ist. Neu ergänzt ist ebenfalls der kummetartige, dick gepolsterte Brustschutz des Pferdes. Er schützte zugleich die ungepanzerten Beine des Reiters. Der Turniersattel ist wie die Originale hinten sehr flach ohne Gesäßstütze, damit ein Sturz vom Pferd möglichst ohne Verletzung verlief. Die ursprünglichen Steigbügel fehlen.

Seit dem 15. Jahrhundert unterschied man in der Begegnung berittener Turnierkämpfer das „Rennen" und das „Stechen". Bei beiden Formen war es das Ziel den Gegner beim Anreiten mit der Lanze aus dem Sattel zu stoßen. Hierbei sollte der Stoß in einem kleinen Zielbereich auftreffen, entweder an einem Schild, der Brust oder am Kopf, und die Lanze sollte spektakulär zersplittern.

Die gefährlichere Form war das „Rennen", insbesondere auf „deutsche Art". Der Reiter trug hierzu zunächst nur den Schild („Tartsche"), die Schaller mit dem Kinnbart (Kat.-Nr. 118), die Brustplatte des Harnisch und den rechten Handschuh. Später schützten zusätzlich die Dilgen, eine metallene Schutzvorrichtung beidseits des Sattels, die an die Verkleidung heutiger schwerer Motorräder erinnert. Auch erhielt der Lanzenschaft im Lauf der Zeit die Brechscheibe, eine Art überdimensionale Metallrosette. Zum Rennen verwendete man, wie im Gefecht, scharfe Lanzenspitzen. Mit Ausnahme der Dilgen und der Brechscheiben konnte man zum Rennen Teile der üblichen Kampfrüstungen verwenden. So war diese Art des Turniers auch für den ärmeren Adel finanzierbar.

Weniger gefährlich als das Rennen war das „Stechen". Hier trug der Reiter für Kopf und Oberkörper Spezialpanzerung in verschiedenen Ausführungen, je nach Art des Wettkampfs. Die Stechlanzen hatten stumpfe Spitzen, so genannte „Krönlein". Beim „deutschen Gestech" waren die Beine der Reiter entweder durch die Dilgen oder, wie bei dem gezeigten Modell, durch eine Art riesiges, strohgefülltes Kummet geschützt. Die Wettkämpfer ritten frei an und so bestand stets die Gefahr, dass der Verlierer und möglicherweise auch sein Pferd überrannt wurden. Das „Stechzeug" war eine sehr teure Ausrüstung, die an sich für den Einsatz im Feld ungeeignet war. Indes gab es vor allem in der ersten Hälfte des 16. Jahrhunderts aufwändig gearbeitete Harnischgarnituren, die je nach Kombination der einzelnen Komponenten für Turnier und Kampf eingesetzt werden konnten. Das hier gezeigte Modell scheint eine solche Kombinationsrüstung darzustellen. Auch diese war immens kostspielig. Folglich übten sich im Stechen vor allem Fürsten und Patrizier, nicht zuletzt die Söhne der großen Nürnberger Geschlechter. Dazu zählten auch die Holzschuher. Das letzte große Turnier dieser Art in Nürnberg fand im Jahr 1561 statt. Jost Amman (1539–1591) hat dieses Ereignis in einem Gemälde (Bayerisches Nationalmuseum, München, 49/43) überliefert. *Ch. L.*

Lit.: Müller, Albrecht Dürer, S. 117–130; von Reitzenstein, Rittertum, S. 46 (Abb. des Turniermodells vor der Restaurierung); Eisenkleider [Ausstellungskatalog]; Thomas / Gamber, Katalog der Leibrüstkammer, 1. Teil, S. 133–137, 171.

143 Die Familie der Haller war bis 1806 ununterbrochen im Rat der Stadt Nürnberg vertreten. Der mittelalterliche Rundschild erinnert an den Fernhändler und Stifter des Pilgerspitals zum Heiligen Kreuz in Nürnberg-St. Johannis, Bertold Haller.

Totenschild für Bertold Haller (um 1310–1379)

Nürnberg, um 1380
Holz, Leder, Metall, Ø 95
Frhr. von Hallersche Familienstiftung, Nürnberg (TS HK 59)

Totenschilde sind eine vom 14. bis zum 18. Jahrhundert nachweisbare Form des Totengedenkens für Männer aus adligen und patrizischen Familien. Sie wurden in den Kirchen meist in der Nähe des Grabes aufgehängt und geben Namen, Todestag und Wappen des Verstorbenen an sowie gegebenenfalls das oder die Wappen der Ehefrau(en). In Nürnberg und seinem ehemaligen Landgebiet sind sie besonders häufig anzutreffen. Der Rundschild zeigt das geschnitzte Stammwappen der Haller samt plastisch ausgearbeitetem Stechhelm, gelappter Helmdecke aus Leder und daraus hervorwachsendem Kleinod: der Büste einer rotfarbenen Frau mit Ohrring und einem um das schwarze Haar geschlungenen Tuch mit flatternden Enden. Die umlaufende Schrift lautet: „† von crist gepurt mccclxxviiii jar an dem nesten eritag vor dem auvert tag [Dienstag vor Christi Himmelfahrt] da starb Perchtolt Haller.“ Die Haller, erstmals 1293 genannt, waren bis 1806 ununterbrochen im Nürnberger Rat vertreten und gehörten zu den bedeutendsten Familien des dortigen Patriziats. Bertold Haller (geb. um 1310) hatte von seinem Vater ein beträchtliches Vermögen geerbt, das er im Fernhandel und durch Kreditgeschäfte, z. B. mit den Burggrafen von Nürnberg, vermehrte. Durch seine Ehe mit Elisabeth Graf kam er in den Besitz von Gräfenberg, das 1371 von Karl IV. zur Stadt erhoben wurde. Bei der Erwerbung der Mark Brandenburg durch den Kaiser im Jahr 1373 hatte Haller erheblichen Anteil an der Finanzierung des Kaufs. Bereits um 1353 stiftete er die Pilgerherberge zum „Heiligen Kreuz“ in der Nürnberger Vorstadt St. Johannis (Kat.-Nr. 103). Bertold Haller starb am 17. Mai 1379. Der vermutlich bald danach angefertigte Totenschild hing bis 1811 in St. Sebald (seit 1951 im Schloss Großgründlach). Die ursprüngliche, später übermalte Fassung wurde 1952 freigelegt und zum Teil ergänzt, das bei einer früheren Renovierung falsch erneuerte Frauenwappen aber nicht wieder angebracht. *B. v. H.*

Lit.: Eichhorn, Totenschilde, S. 69–71; Diefenbacher / Endres, Stadtlexikon Nürnberg, S. 396 f., 1081 f.; von Haller, Nürnberger Pilgerspital zum Heiligen Kreuz, S. 106 f.

144 Ein Ritterburgtraum als Wohndekoration Nürnberger Patrizier.

Modell einer Fantasieburg

Nürnberg, Mitte 16. Jahrhundert (?)
Holz, Kitt, farbige Fassung, Unterseite über Textilauflage vergoldet, kleinere Ergänzungen, 59 × 45,7 × 45,7
Bayerisches Nationalmuseum, München (MA 2383)

Das 1857 aus der Sammlung Max Ainmiller erworbene Burgmodell ist in seiner Art einzigartig, sodass sich an erster Stelle die Frage nach seiner Funktion stellt. 1857 dachte man an einen Tafelaufsatz, doch ist der Boden des „Burghofs" nicht ausgearbeitet, sodass man ihn sicher nicht von oben betrachten sollte. Vielmehr legen Spuren von Zeichnung und Vergoldung an der Unterseite der Standfläche nahe, dass die Unterseite sichtbar bleiben sollte. Deshalb kann es sich auch kaum um das Fragment einer größeren Darstellung, etwa des Drachenkampfs des hl. Georg (Kat.-Nr. 124) handeln. Einziger Hinweis auf eine Montage sind eine Einlassung in der Bodenplatte und korrespondierende Löcher oben und unten, durch die sich eine ca. zwei cm starke Stange schieben ließe. Wollte man die Burg als das Zentrum eines Lüsters rekonstruieren, hieße das, dass unterhalb der Burg die Kerzenarme empor gewachsen wären. Kerzenlicht hätte auf der sehr bewegten und durch den Blei-

144

glanzbesatz der Felsen reflektierenden Oberfläche sicher reizvolle Effekte bewirkt, eine zu hohe Hängung aber die Betrachtung der Details beeinträchtigt.

Die Eingangsfront zeigt zweimal den „Nürnberger Wappendreiverein“, wie man ihn noch heute an Bauten der Stadt beobachten kann. Die Wappen der Nürnberger Familien Harsdörfer und Reichel über dem Vortor legen nahe, dass das Burgmodell nach 1531 geschaffen wurde, dem Datum der Heirat von Wolf I. Harsdörfer (gest. 1557) mit Magdalena Reichel. Dass sich hier städtische Patrizier ein Fantasiebild einer damals schon im Untergang befindlichen Epoche schufen, suggeriert bereits die Burg selbst, die so sicher nie existiert hat. So sind die Fensteröffnungen für einen wehrhaften Bau viel zu groß. Dazu werden verschiedenste Stilformen vermengt, wobei die gestelzten Bögen und die an Stalaktitdekorationen erinnernden Kleeblattbogenfriese fast an islamische Kunst denken lassen. In beiden Punkten unterscheidet sich das Modell von den Burgenfantasien der Goldschmiede, mit denen es immer wieder verglichen wurde (Kat.-Nr. 145).

Der Felssporn besteht im Wesentlichen wohl aus schnitzerisch nicht weiter bearbeitetem Fundmaterial aus der Natur. Zusätzlich waren zahlreiche kleinere Gegenstände aufgeleimt, wobei der als einziges erhaltene Gefäßfuß (?) einen narrativen Kontext nahe legt. Bleibt vieles an Form und Bestimmung des Modells rätselhaft, so ist sicher, dass es genau den Ton des mittelalterbegeisterten 19. Jahrhunderts traf. Entsprechend prominent wurde es in den frühen Publikationen und Präsentationen des Museums behandelt. *M. W.*

Lit.: Das Bayerische Nationalmuseum, S. 70; Kunstschätze, Bl. 278; Schädler, Fränkische Galerie, S. 62, Nr. 75; Nürnberg 1300–1550 [Ausstellungskatalog], S. 216.

145 Der Deckelbecher in Gestalt einer fantastischen Turmstadt stammt in Teilen aus dem 15. Jahrhundert und wurde im 19. Jahrhundert überarbeitet. Die Ähnlichkeit des Turms mit dem Nürnberger Vestner-Turm lässt an Nürnberg als Herstellungsort des außergewöhnlichen Gefäßes denken.

Deckelbecher

Nürnberg, um 1500
Kupfer, vergoldet, kaltbemalt; Gefäß: 20,2 × 16,5; Deckel: 16,8 × 12,2
Victoria & Albert Museum, London
(245–1874)

Der konische, rustizierte Becher wird von drei Füßen, die als Turmanlagen gebildet sind, getragen. Das untere Ende des Bechers ist von zwei gestaffelten und befestigten Mauerringen begrenzt, ein weiterer Mauerring ist um die Mitte gelegt. Der Deckel ist als befestigte Burganlage gebildet, in der sich eine Gasse nach oben windet. Kleine Figuren bevölkern Gassen und Zinnen: Lanzenträger, Reiter mit Lanzen und Bogen sowie Bauern, die einen bepackten Esel vor sich her treiben, Brunnen und ein drehbares Mühlrad vervollständigen die Ausstattung. Die Dächer und Türme sind jeweils mit grüner und roter Farbe kalt bemalt. Der Deckelbecher stellt eine Fantasieanlage dar, kombiniert aus Elementen, die durchaus auf der Kenntnis der zeitgenössischen Nürnberger Architektur beruhen könnten. So weist das bekrönende Bauwerk Ähnlichkeiten mit dem Nürnberger Vestner-Turm auf, der zeitgenössisch auch als „Turm in der Stadtmitte“ beschrieben wurde. Die einzigartige Stellung dieses Pokals in der Nürnberger Goldschmiedekunst um 1500 lässt mehrere Fragen offen. Ist das kupfervergoldete Stück von einem Goldschmied geschaffen worden, der möglicherweise eine billige Version nach einem silbervergoldeten und emaillierten Vorbild geschaffen hatte, oder stammt es von einem Kupferschmied, der die teurere Version und goldschmiedetechnische Details imitierte? Außer dem Londoner Deckelbecher ist kein weiteres Stück in Kupfer erhalten, das Aufschlüsse geben könnte. Die einzigartige Gestaltung des Bechers hat dazu geführt, dass seine Entstehungszeit um 1500 in Zweifel gezogen wurde. Bei mehreren Experten war der Verdacht aufgekommen, es könne sich um eine historistische Arbeit handeln, die kurz vor der Erwerbung in Nürnberg in romantisierender Absicht geschaffen worden sei. Darauhin veranlasste das Haus der Bayerischen Geschichte eine Untersuchung, die im Auftrag des Victoria Albert Museum von Dr. Nicholas Eastaugh durchgeführt wurde. Diese Untersuchung brachte überraschende Ergebnisse zutage. Um das genaue Alter des Deckelbechers bestimmen zu können, wurden neun Farbproben von der Bemalung des Deckelbechers genommen. Die dabei analysierten Farbsubstanzen wiesen auf zwei verschiedene Zeithorizonte hin, in denen der Deckelbecher bearbeitet wurde. Eindeutig konnte durch die Verwendung von Preussisch-Blau und Chrom-Gelb belegt werden, dass das Objekt im später 19. Jahrhundert an einigen Stellen eine neue Bemalung erhielt. Die Farbe Preussisch-Blau wurde erst zu Beginn des 18. Jahrhunderts entdeckt; Chrom-Gelb sogar erst zu Beginn des 19. Jahrhunderts. Die letzte Übermalung des Deckelbechers, bevor er in den Besitz des Victoria Albert Museums kam, muss also im 19. Jahrhundert stattgefunden haben. Der zweite Zeithorizont, der sich bei der Untersuchung der Farben ergab, ist weit vor dieser Zeit anzusetzen. Auf den Dächern der Turmstadt konnten Farbpigmente gefunden werden, die einen mithilfe von Zinn und Blei gemischten Gelbton aufwiesen (Bleigelb). Diese Farbmischung wurde in der Malerei vom 14. bis zum Ende des 17. Jahrhunderts verwendet und geriet danach in Vergessenheit. Damit stammt der Deckelbecher eindeutig aus der Zeit vor 1700. Zusammen genommen mit den stilistischen Merkmalen des Objekts ist eine Entstehungszeit der Turmstadt um 1500 daher mit hoher Wahrscheinlichkeit anzunehmen. Inwiefern Becher und Gegenstände solcher Art eine Spezialität der Nürnberger Goldschmiede waren, ist nicht ganz auszumachen. Abraham Jamnitzer jedenfalls schuf um 1590 ein silbernes Räuchergefäß in Form einer Burg (Wenzel Jamnitzer, Kat.-Nr. 76). Auch ein Entwurf für einen Zimmerbrunnen aus der Zeit um 1570 von Matthias Zündt zeigt die Form einer kleinen Stadt (Wenzel Jamnitzer, Kat.-Nr. 382). Es ist davon auszugehen, dass der 1874 von dem Londoner Kunsthändler John Webb erworbene Becher wahrscheinlich ohne praktische Funktion war. Vermutlich wurde er als Fantasiestück für einen Sammler geschaffen, der solch ein Objekt goutieren konnte. *N. J.*

146 Im Jahr 1500 wurde Franken das erste Mal in einer dauerhaften politischen Organisation zusammengefasst: Der Reichskreis Franken entwickelte sich zusammen mit neun anderen Kreisen zu einem wichtigen Verwaltungsorgan des Heiligen Römischen Reichs Deutscher Nation.

Projektion
Entwurf: Haus der Bayerischen Geschichte

Der fränkische Reichskreis und seine Mitglieder

Um die Wahl für das Reichsregiment und das Reichskammergericht durchführen zu können, wurde das Reich unter Kaiser Maximilian I. in sechs, später zehn Reichskreise unterteilt. Bei den Kreisen handelte es sich um keine geschlossenen Gebiete, sondern um einen Verband von Personen und Kooperationen aus einer bestimmten Region. Die Mitglieder des Reichskreises Franken wurden in der Reichsregimentsordnung von 1521 dauerhaft festgelegt; sie tagten und stimmten ab in vier Gruppen, den so genannten Bänken. Auf der geistlichen Bank hatte neben den Bischöfen von Bamberg, Würzburg und Eichstätt der Deutsche Orden einen Sitz. Auf der Bank der weltlichen Fürsten stimmten die Hohenzollern mit den Linien Ansbach und Kulmbach sowie die drei Linien der 1310 gefürsteten Grafen von Henneberg ab. Eine weitere Bank fasste die fränkischen Reichsstädte Nürnberg, Rothenburg, Windsheim, Schweinfurt und Weißenburg zusammen. Die vierte Bank der „Grafen und Herren“ bestand unter anderem aus den Adelsgeschlechtern Hohenlohe, Wertheim und Schwarzenberg.

Als Vorläufer des fränkischen Reichskreises können die mittelalterlichen Landfriedenseinungen gelten. Vor allem im 14. Jahrhundert wurden sie von den Königen in regelmäßigen Abständen als Mittel zur Wahrung von Sicherheit und Ordnung im fränkischen Raum gefördert. Die Mitglieder der Einungen hatten schon in dieser Phase ein Zusammengehörigkeitsgefühl entwickelt, das für die Bestimmung des im Reichskreis Franken zusammengefassten Raums später eine Rolle spielen sollte.

In der Folgezeit konzentrierten sich die neu gegründeten Kreise nicht nur auf die Wahl des Reichsregiments, sondern sie entwickelten vielfältige Aktivitäten im militärischen und ökonomischen Bereich. Die Stellung von Truppen zur Reichsverteidigung, die Aufsicht über das Münzwesen, der Ausbau der Wege und Straßen oder auch die Seuchenbekämpfung waren Schwerpunkte der Arbeit im Kreistag. *J. Sch.*

Lit.: Endres, Reichskreis; Dotzauer, Reichskreise.

IX Leben in einer Pfalz

Der Graben der bischöflichen Pfalz wird als Außenbereich in die Präsentation der Landesausstellung 2004 einbezogen. Im Blickpunkt des Besuchers soll er Entree und emotionalen Rahmen zur Ausstellung und Einblicke von oben in die quasi Theaterkulisse bieten.

Die Inszenierungen mittelalterlichen Lebens an ausgewählten Aspekten greifen Lebensumstände auf, die sich mit dem Ausstellungsort Forchheim in Verbindung bringen lassen. Wie bereits 805 im Diedenhofer Kapitulare erwähnt, war Forchheim ein Handelsplatz an der Grenze zu den Slawen. Dort tauschten Kaufleute aus karolingischen Landen mit slawischen Händlern ihre Waren. Der Handel unterlag zu Beginn des 9. Jahrhunderts strengen Ausfuhrbedingungen, Waffen und Panzer durften die Kaufleute nicht in die „terra sclavorum" liefern. Wurden sie dabei ertappt, sollte der gesamte Warenvorrat zur Hälfte an das Reich, zur anderen Hälfte an den für Forchheim und Regensburg zuständigen Königsboten und an den Entdecker des Waffenschmuggels fallen. Die Existenz slawischer Volksgruppen in der Gegend um Bamberg und Forchheim ist durch die Grabungsergebnisse der Archäologie gesichert. Offensichtlich scheint die Begegnung zwischen den Siedlungsgruppen friedlich verlaufen zu sein, wie gemeinsam genutzte Bestattungsplätze, z. B. in Seußling und Amlingstadt, belegen.

Neben der Funktion als Handelsort kam Forchheim als Pfalzort der frühmittelalterlichen Herrscher überregionale Bedeutung zu. Spätestens seit 849 ist Forchheim als Aufenthaltsort von karolingischen Herrschern belegt; in der Folgezeit fanden hier mehrere Reichsversammlungen statt. Die reichsgeschichtliche Bedeutung Forchheims geht auf die Zeit der Ottonen zurück. Nach der Gründung des Bistums Bamberg übernahm jedoch der Bischofssitz die Aufgabe der Königsgastung. Forchheim wurde zu einem Verwaltungssitz der Bamberger Bischöfe.

Der spätmittelalterliche Schlossbau der Bischöfe war wie die frühe Pfalzanlage auf Versorgung aus dem Umland und handwerkliche Leistungen aus der Umgebung angewiesen. Forchheim war immer ein Warenumschlagplatz. Von Zollsätzen, die beim Betreten eines Markts zu entrichten waren, bis hin zu den dort feilgebotenen Waren wird hier das mutmaßliche Geschehen auf einem Marktplatz in Szene gesetzt. Vorlage dafür ist das Volkacher Salbuch, das als einzigartige Quelle den Alltag in einer fränkischen Kleinstadt um 1500 vor Augen führt. Bäcker, Schmied, Steinmetz und Bader laden in „lebenden Werkstätten" zum Mitmachen ein.

Spätmittelalterliche Rechtsvorstellungen werden auf einer Rundbank in Szene gesetzt. Der im Volkacher Salbuch verzeichnete Prozess gegen einen Weindieb geht über den Einzelfall hinaus und soll hier das spätmittelalterliche Verfahren der Blutgerichtsbarkeit verdeutlichen.

Mittelalterliche Freizeitgestaltung wird im Kontext der Ausstellung auf den Aspekt des gesellschaftlichen Spiels konzentriert. Besucher als homines ludentes können hier ihrem Spieltrieb frönen und sich als Mitspieler an Trick-Track, Mühle und Tafl betätigen. Spätmittelalterliche Darstellungen von Spielszenen beschäftigen sich hauptsächlich mit dem Exzess des Spielens, wie er auch in einer Reihe von städtischen und kirchlichen Verboten des Glücksspiel zum Ausdruck kommt.

Die Inszenierungen im Burggraben verstehen sich nicht als exakte Rekonstruktion mittelalterlicher Zustände; dies verbietet schon der immense zeitliche Rahmen von 1000 Jahren. Spielerische Umsetzungen wollen vielmehr Grundsätzliches zu verschiedenen Phasen des Mittelalters anbieten und den Besucherinnen und Besuchern diese Perspektiven eher zufällig als zielgerichtet vermitteln. *Peter Lengle*

Volkacher Salbuch, fol. 422^{r}: Prüfung der Maße und Gewichte

Volkacher Salbuch, fol. 435^{r}: Ein Glaswarenhändler bietet seine Ware an.

147 Die Forchheimer Pfalz wurde aus dem Umland mit Wirtschaftsgütern und Dienstleistungen versorgt.

Karte zur Bedarfsdeckung einer Pfalz

Entwurf: Andreas Otto Weber
Grafik: Gruppe Gut, Bozen

Der Aufenthalt eines Königs und seines Gefolges in einer Pfalz bedeutete für den Verwalter der Pfalz ein enormes logistisches Problem. Ein Bericht des so genannten Annalista Saxo überliefert den täglichen Bedarf des königlichen Hofstaats im 10. Jahrhundert: 1000 Schweine und Schafe, 10 Fuder Wein, 10 Fuder Bier, 1000 Malter Getreide, acht Rinder, Hühner, Spanferkel, Fische, Eier, Gemüse und vieles mehr. Auch wenn diese Angaben vielleicht übertrieben sind, so zeigen Schätzungen, dass zwischen 300 und 1000 Personen bei einer Zusammenkunft oder einem Hoftag versorgt werden mussten. Dies bedeutete, dass zu einer Pfalz immer auch eine große Grundherrschaft gehören musste, die sowohl Vielfalt wie Menge der Bedürfnisse zu decken in der Lage war. Die Karte zeigt die Ausdehnung des Pfalzumlandes und der Grundherrschaft der Pfalz Forchheim, wie sie sich aus dem Bild der Schenkungen an das 1007 gegründete Bistum Bamberg ergeben (Kat.-Nr. 38).

Der Wildbann erstreckte sich in einem weiten Kreis rund um Forchheim. Er umfasste das große frühmittelalterliche Jagdgebiet der Pfalz, innerhalb dessen noch große geschlossene Waldgebiete lagen. Vorwiegend in den Tälern und Flussebenen gab es Siedlungen. Diese gehörten ebenfalls zum von der Pfalz aus verwalteten Königsgut, gingen im Norden und im Osten aber auch über die Grenzen des Wildbanns hinaus. Dass innerhalb des Wildbannbezirks im Verlauf des frühen und hohen Mittelalters neue Siedlungen durch Rodung von Wald entstanden, zeigen Orte mit Rodungsnamen wie Reuth bei Forchheim. Zu allen Orten gehörte landwirtschaftlich nutzbares Land. In den Zubehörformeln von Schenkungsurkunden wird feinsäuberlich erwähnt, was zum jeweiligen Ort gehörte. Dadurch erfahren wir von der Vielfalt der landwirtschaftlichen Produktion, aber auch von Spezialisierungen an bestimmten Orten. Als Kaiser Heinrich II. im Jahr 1002 das Pfalzstift Forchheim zusammen mit den Orten Erlangen und Eggolsheim an das Stift Haug in Würzburg schenkt, wird als Zubehör genannt: Kirchen, Zehnten, zinspflichtige Bauern, Knechte und Mägde, Hofstellen, Häuser, kultiviertes und brach liegendes Land, Äcker, Gärten, Felder, Weiden, Wälder, Jagdgebiete, Bienenweiden, Wasserläufe, Fischgewässer, Mühlen und Wege. Die in dieser Urkunde erstmals genannten Bienenweiden (Cidalweidi) deuten auf eine Spezialisierung auf Imkerei hin, die vielleicht mit dem großen Bedarf an Kerzenwachs bei den Forchheimer Reichsversammlungen zu tun hat.

Die Verwaltung eines so umfangreichen und vielseitigen Besitzes erforderte eine hohe logistische Kompetenz. Schon Karl der Große hatte um 795 eine umfangreiche Verordnung für die Bewirtschaftung der Königsgüter und Kaiserpfalzen erlassen, das „Capitulare de villis“. Dieses 70 Punkte umfassende Werk wollte vor allem die Versorgung des königlichen Hofstaats sicherstellen und Missstände beseitigen. Es entstanden nun vermehrt Güterverzeichnisse des königlichen Besitzes. Für den Königsgutkomplex der Pfalz Forchheim ist jedoch kein Urbar erhalten.

A. O. W.

Quellen: Annalista Saxo, MGH SS 6, S. 622; Franz, Quellen, S. 38–59.

148 Typisch für Franken ist die kleinräumige Verteilung von Herrschaft. Das zeigt sich auch beim Kirchenzehnt, der sich häufig in der Hand des Niederadels befand.

Entwurf nach Harrer, Zehnt, Anhang Karten 3 und 7
Grafik: Gruppe Gut, Bozen

Karte der Lehensherren des Zehnten und bedeutende Zehntinhaber im Raum Hofheim / Ebern im 15. Jahrhundert

Die allgemeine Pflicht, zehn Prozent aller Erträge an Bischof und Pfarrer abzugeben, wurde im 8. Jahrhundert im Karolingerreich eingeführt. Ein Teil war für Armenfürsorge und Kirchenhaltung (Baulast) bestimmt. Inhaber des Zehnten war nach dem hoch- und spätmittelalterlichen Kirchenrecht grundsätzlich der Bischof, Zehnte in der Hand von Laien wurden entschieden abgelehnt. Doch musste man die davon abweichende Praxis tolerieren. Vielfach wurden nämlich Zehntrechte durch die Bischöfe an Laien zu Lehen ausgegeben, um Vasallen zu gewinnen. Solche Zehntrechte konnten dann weiterverkauft, getauscht oder verpfändet werden. Im Spätmittelalter kannte man den Großen Zehnt (insbesondere Getreide), den Kleinen Zehnt (Linsenfrüchte, Gemüse u. ä.) und den Tierzehnt. Am begehrtesten war der Große Zehnt, weil er mit jeder zehnten Garbe leicht zu erheben und einzulagern war. Der Große Zehnt war daher vielfach die drückendste Abgabe für die Bauern.

Die unterfränkischen Altlandkreise Hofheim und Ebern (westlicher Teil) wurden von R. Harrer eingehend untersucht. Quellenbasis war unter anderem eine Datenbank zur Sozial- und Wirtschaftsgeschichte Unterfrankens (heute beim Lehrstuhl für fränkische Landesgeschichte/ Institut für Geschichte der Universität Würzburg), die Material zum Lehenswesen und zur Grundherrschaft des Hochstifts Würzburg enthält. Das Hochstift war im 15. Jahrhundert im Untersuchungsgebiet der mit Abstand bedeutendste Lehensherr. Dieser Zustand war allerdings erst das Ergebnis einer erfolgreichen Erwerbungspolitik. Anders als das Kirchenrecht es vorsah, war der Bischof nämlich keineswegs überall oberster Zehntherr. So tritt hier das Herzogtum Sachsen als Erbe der Grafen von Henneberg als weltlicher Lehensherr auf. Eine Zehntherrlichkeit in Laienhand konnte, wie erwähnt, auf machtpolitische Umstände verschiedener Art zurückgehen. Die eigentlichen Nutznießer der Zehnten vor Ort waren vielfach die Niederadligen der Region, die die Zehnten als Lehen innehatten. Insgesamt erkennt man die für Franken typische Kleinräumigkeit der Verhältnisse: Von Ort zu Ort wechselte die Lehensherrschaft. Grundherrschaft, Obrigkeit und Zehntrecht konnten an einem Ort in verschiedenen Händen liegen. Doch ist um 1500 an etlichen Orten auch eine Bündelung der Rechte zu beobachten. *J. Schn.*

Lit.: Kössler, Hofheim; Maierhöfer, Ebern; Schmiedel, Landkreise Ebern und Hofheim; Harrer, Zehnt; Sprandel, Datenbank; Lexikon des Mittelalters, Bd. 9, Sp. 499–502.

149 Die Abgabenquote der Untertanen lag meist bei etwa 30 Prozent des bäuerlichen Ertrags. Viele Kleinbauern um 1500 waren in Unterfranken wegen unzureichender Ausstattung mit Land auf zusätzliche Erwerbsquellen angewiesen.

Abgabenlast der Bauern

Nach Rödel, Salbuch
Grafik: Gruppe Gut, Bozen

Die Tabelle der Grundzinsen im Dorf Dingolshausen (Lkr. Schweinfurt) um 1470 zeigt die zeittypische Kombination aus Natural- und Geldabgaben. Im größten Teil des Orts ist das Hochstift Würzburg der Grundherr. Die Grundzinsen (ohne Bete, eine gerichtsherrliche Abgabe, und Zehnt) beliefen sich hier bei einer Hufe auf 149 Denare. Das entspricht gut sieben Prozent des für das Existenzminimum einer Familie notwendigen Betrags von 12 Gulden. Die Forschungen von D. Rödel haben eine ungefähre Einwohnerzahl von 265 bis 315 Personen ergeben; etwa 15 bis 20 Prozent der Höfe waren Vollerwerbshöfe. Die sozialen Verhältnisse waren in Dingolshausen relativ unausgeglichen: Die dem Einkommen nach unteren 65 Prozent der Bevölkerung erwirtschafteten (bei Abzug des einen sehr großen Hofs) nur zehn Prozent des Gesamteinkommens aller Einwohner. Wahrscheinlich waren die vielen kleinen Betriebseinheiten dadurch entstanden, dass die Höfe nicht gleich aufgeteilt wurden, sondern nachgeborene Söhne nur so genannte walzende Güter erhalten hatten.

Die regelmäßigen Abgaben der Bauern setzten sich in der Regel aus den Grundzinsen, der Bete und dem Kirchenzehnten zusammen und beliefen sich zumeist auf etwa 30 bis 40 Prozent des Jahresertrags. Das Existenzminimum eines Hofs, der eine Familie ernährte, lag bei einem Getreideertrag von etwa 40 Scheffeln im Jahr (ca. 6400 l), die etwa 12 Gulden Verkaufserlös brachten. Das erforderte eine Mindestgröße des Hofs von sechs bis acht ha. Diese Minimal-Voraussetzungen wurden im unterfränkischen Raum Hofheim/Ebern im Durchschnittsertrag der Höfe nur in ganz wenigen Dörfern erreicht. Das hat seinen Grund darin, dass in der Mehrzahl der Orte viele landlose Bauern und Kleinbauern (Seldner) lebten. Diese waren über die Bestellung ihrer Flurstücke hinaus auf den Verkauf ihrer Arbeitskraft angewiesen. Wohlhabende Orte waren jene, in denen die Mittelschicht über das Zweifache des unbedingt Notwendigen verfügte, so in jenen Dörfern am Fuß der Hassberge, wo Weinbau betrieben wurde, sowie in den Dörfern Fuchsstadt und Lendershausen. *J. Schn.*

Lit.: Rödel, Salbuch; Harrer, Zehnt; Rödel/Sprandel, Dorfanalysen; Sprandel, Datenbank; Sprandel, Adel.

Volkacher Salbuch, Bauernpaar auf dem Weg zum Markt

150 Das Alltagsleben in einer Kleinstadt um 1500 dokumentiert das zeitgenössische reich illustrierte Volkacher Salbuch.

Konzeption: Peter Lengle
Vorlagen: Volkacher Salbuch

Lit.: Kramer, Alltagsleben, S. 29, 52, 74, 76 Abb. 74, 78; Schild, Halsgerichtsordnung; Fleischmann, Bauhandwerk; Diefenbacher / Endres, Stadtlexikon Nürnberg; Schuster, Frauenhaus.

Leben in einer spätmittelalterlichen Stadt

Zum Volkacher Salbuch vgl. Kat.-Nr. 131.

Fol. 388^{v}: Vor dem Hochgericht wurden Verbrechen verhandelt, die als Höchststrafe die Todesstrafe vorsahen Der Angeklagte wurde zu Beginn des Gerichtstages aus dem Gefängnis geführt und in den Pranger eingespannt. Verköstigt wurde er mit einer Kanne Wein und einer Suppe. Vor ihm stand der Kläger, der die Tat des Beschuldigten laut hinausschreien musste. Insgesamt dreimal: Beim Verlassen des Gefängnisses, bei der Henkersmahlzeit und vor Gericht. Danach folgte die eigentliche Verhandlung vor einem Schöffengericht öffentlich auf dem Marktplatz. Nach der Befragung fällten die geschworenen Schöffen einen Urteilsspruch. Im Falle einer Verurteilung zerbrach der Richter einen Stab, der Verurteilte wurde auf dem Galgenberg südlich von Volkach hingerichtet.

Fol. 447^{r}: Die Ziegelstätten lagen wegen der Feuersgefahr vor den Toren der Stadt. Beim Ziegelbrand war der Ziegelmacher von anderen Gemeindediensten, wie der Torwache, befreit. Im Volkacher Salbuch ist der Ziegelmacher Hans Buchmeyer zu sehen, der gerade seinen Ofen schürt. Links lagern Dachpfannen und breite Ziegel. Auf dem Holzgerüst sind Modeln aufgereiht, in die der Ton eingestrichen wurde. Der Ofen ist nicht nur für die Herstellung von Ziegeln vorgesehen; hier wird auch Kalk gebrannt. Mehrere Fuhren Kalk musste der Ziegler auch als jährliche Steuerleistung an die Stadt liefern.

Fol. 440^{r}: Im Mittelalter war das Weißbrot aus Dinkel- oder Weizenmehl die teuerste Brotsorte. Aus Roggen oder Mischgetreide bestand das Brot der ärmeren Schichten, in Notzeiten wurde das Getreide auch mit Linsen, Kleie und Bohnen gestreckt. Die Aufsicht über die Bäcker und ihre Produkte gehört zu den ersten belegten Aufgaben einer Stadtverwaltung. Neben der Qualität wurden Größe und Gewicht kontrolliert. Um 1370 gab es in Nürnberg bereits 68 Bäcker. Das Brot wurde meist in den so genannten Brotbänken, den zentralen Marktorten, verkauft. Die Versorgung mit Getreide war in mittelalterlichen Städten von höchster Bedeutung, war doch der Speisezettel hauptsächlich darauf ausgerichtet. Nach Nürnberger Quellen belief sich der Durchschnittsverbrauch im 15. Jahrhundert auf etwa 180 kg Brot pro Kopf im Jahr. Große Städte benötigten einen wirtschaftlichen Umkreis von über 100 km, um ihren Getreideverbrauch decken zu können. Die städtischen Kornspeicher dienten in Notzeiten der Versorgung der Bevölkerung, eine zielgerichtete Vorratshaltung war bei den schwankenden Ernteergebnissen notwendig. Die Stadt Forchheim und das bischöfliche Schloss konnten sich weitgehend aus den Erträgen der umliegenden Höfe versorgen.

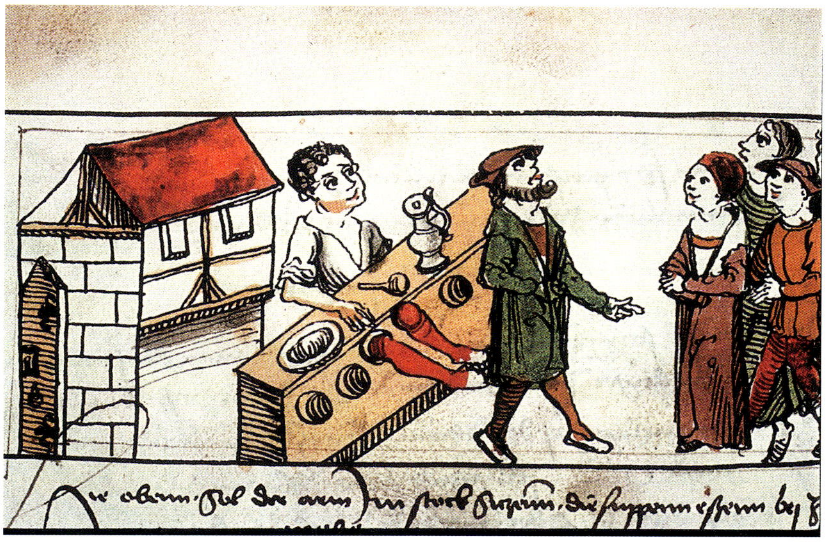

Fol. 388^{v}: Szene aus einem Hochgerichtsprozess, der Verurteilte erhält die Henkersmahlzeit.

Fol. 447^{r}: Ziegelei vor den Toren von Volkach.

Fol. 440^{r}: Der Bäcker schiebt mit einer Holzschaufel einen Brotlaib in den gemauerten Ofen. Auf dem Tisch liegen drei weitere Laibe zum Backen bereit.

Fol. 438^r: Am Ende des Mittelalters lag der durchschnittliche Fleischverbrauch bei etwa 70 kg pro Jahr. Ballungszentren wie Nürnberg mussten Schlachtvieh importieren, da die in der Umgebung erzeugte Fleischmenge den Bedarf nicht deckte. Rindvieh wurde in großem Umfang in der ungarischen Tiefebene und der Walachei produziert. Eine Ochsenstraße führte von Ungarn über Nürnberg nach Frankfurt, auf der jährlich Hunderttausende von Ochsen getrieben wurden. Die einzelnen Herden umfassten 200 bis 600 Ochsen. Mit dem Ochsenhandel war viel Geld zu verdienen. Nürnberger Tuchgroßhändler lieferten Tuche nach Ungarn und importierten aus den Gewinnen Ochsen für ihre Heimatstadt. Das Schlachtgewicht der Rinder lag im Spätmittelalter bei 100 kg, Schweine wogen 38 kg, Schafe und Ziegen brachten etwa 15 kg auf die Waage. Geschlachtet wurde im Herbst. Die Bevorratung mit Fleisch erfolgte durch Räuchern oder Pökeln. Die Qualität des Fleisches wurde durch die Beschau gesichert; die fränkischen Bratwürste durften nur aus bestem Schweinefleisch hergestellt werden.

Fol. 438^r: Geflügel war eine wichtige Quelle für tierisches Eiweiß. Die Abgaben der Bauern an ihre Grundherren sahen oft Geflügel vor, wie zum Beispiel zur Fasnacht. Die Eier ergänzten das Nahrungsmittelangebot.

Fol. 454^v: Obwohl es in Franken eine gut funktionierende Teichwirtschaft gab, waren anscheinend auch die gesalzenen Heringe aus dem Norden nachgefragt. Der Hering war der Fisch, der sich in gesalzenem Zustand am längsten hielt und so für die Vorratshaltung sehr geeignet war. Fisch war ein wichtiges Nahrungsmittel. Es gab neben der Fastenzeit bis zu drei fleischlose Tage in der Woche, die durch den Genuss von Fisch abwechslungsreicher gestaltet wurden. Die Binnengewässer waren im späten Mittelalter deswegen oft überfischt.

Fol. 46^v, Große Heidelberger (Manessische) Liederhandschrift: Herr Jakob von Warte (1269–1331) sitzt in einem Badezuber, bestreut mit Blüten. Drei Jungfrauen bedienen ihn, während eine Magd das Feuer unter dem Wasserkessel schürt.

Fol. 46^v: Die Szene aus der Großen Heidelberger (Manessischen) Liederhandschrift (1305–1340) zeigt die adlige Badekultur im 14. Jahrhundert. Öffentliche Badestuben wurden nach dem Verschwinden der römische Thermen erst im 12. Jahrhundert in den Städten eingerichtet. Ausgelöst wurde diese Entwicklung unter anderem von der aus den arabischen Ländern herrührenden Badekultur, die durch die Kreuzzugsteilnehmer aus dem Orient mitgebracht wurde. Das gemeinsame Wannenbad zielte weniger auf die Körperhygiene; Baden war in erster Linie ein gesellschaftliches Ereignis und diente der Begegnung und Unterhaltung. Ein Schwitzbad hingegen hatte eher therapeutischen Charakter, das Schwitzen zur Ausscheidung negativer Körpersäfte als Therapeutikum war bekannt. In vielen fränkischen Dörfern gab es ein Bad, die Städte hatten mehrere Anstalten, in Nürnberg wurden allein 17 Badestuben betrieben. Gegen Ende des Mittelalters kamen die öffentlichen Wannenbäder aus der Mode. Die Kirche hatte ihre Bedenken gegen die Geschlechtervermischung angemeldet, die Badestuben waren als unsittlich verschrieen und als Ort, an dem man sich mit ansteckenden Krankheiten wie Cholera und Syphilis infizieren konnte. Das Wasser als Reinigungsmittel wurde in den nächsten Jahrhunderten durch wohlriechende Düfte ersetzt. Der Bader, ein Handwerk, zu dessen Zunft anfangs auch die Ärzte gezählt wurden, versorgte nicht nur das eigentliche Bad, er bot auch „Wellness“ mit Salbölen und Duftessenzen an. Knochenbrüche und Verrenkungen behandelte er ebenso wie Zahnschmerzen. Die Niederlassung ausgebildeter Ärzte in den Städten ist eine Erscheinung der Neuzeit.

Fol. 438^{r}: Die Metzger erhielten für das Schlachten der Tiere ein „Stichgeld“. Der elegant mit engen Beinkleidern, einem Wams und einer Schürze bekleidete Metzger namens Peter Ochs, zerlegt einen Ochsen, während der Geselle einen Hammel schlachtet.

Fol. 438^{r}: Die Gänse, die Hanns Gensmelker auf den Markt der Stadt Volkach trieb, unterlagen einem Zollsatz. Für zehn Gänse musste ein Pfennig entrichtet werden.

Fol. 454^{v}: Lebensmittelkontrolle durch die drei so genannten Unkäufer: Sie überprüften Brot, Fleisch und Fisch auf Qualität und Gewicht.
Die Unversehrtheit der Heringstonnen und der Geschmack der Fische waren die Kriterien bei der Beurteilung des Lebensmittels Fisch. Nicht gut verschlossene Tonnen wurden verbrannt.

Fol. 424^{r}: Frauenwirte wurden auch in anderen Städten auf die Bestimmungen des Rats vereidigt. Die Nürnberger Bordellbetreiber sollten die Frauen einmal wöchentlich unentgeltlich baden lassen; die Frauen lebten in einem besonders geschützten Bezirk und hatten das Bürgerrecht. Ob sich allerdings die Wirte immer an diese Festlegungen hielten, ist fraglich. Frauen, die diesem Gewerbe nachgingen, hatten damals wie heute Schwierigkeiten von der Gesellschaft akzeptiert zu werden. In vielen Städten mussten sie ein gelbes Zeichen oder gelbe Kleidung tragen. Ob der rote Saum an den Gewändern der beiden Frauen ein Zeichen ihres Standes war, muss offen bleiben.

Fol. 424^{r}: Der Betreiber eines Bordells, ein so genannter Hurenwirt, schwört vor dem Volkacher Bürgermeister, dass er in seinem Hause weder Falschspiel noch andere ungesetzliche Sachen duldet. Auf seine zwei Damen solle er „gute Aufsicht“ haben, sie nicht schlagen und sie behandeln, wie es ihnen zusteht.

Fol. 454^{v}: „Ausg’steckt is“.

Fol. 454^{v}: Der an einem Stecken aufgehängte Tannenbaum signalisiert, dass in diesem Schenkhaus Wein ausgeschenkt werden darf. Rechts ist der Wirt zu sehen, der im Weinkeller gerade Wein aus einem Fass zapft. *P. L.*

Abgekürzt zitierte Literatur

Ausstellungskataloge

Die Andechs-Meranier in Franken. Europäisches Fürstentum im Mittelalter, Mainz 1998.

Bayern ohne Klöster? Die Säkularisation 1802/03 und die Folgen, hg. von Rainer Braun und Joachim Wild, München 2003 (Ausstellungskataloge der staatlichen Archive Bayerns 45).

Bayern Preußen und Bayerns Preußen, hg. von Johannes Erichsen, Augsburg 1999 (Veröffentlichungen zur Bayerischen Geschichte und Kultur 41).

Das Buch des Lebens, hg. von Luitgar Göller, Bamberg 2003 (Veröffentlichungen des Diözesanmuseums Bamberg 14).

Bayerische Frömmigkeit. 1400 Jahre christliches Bayern, München 1960.

Eisenkleider. Plattnerarbeiten aus drei Jahrhunderten aus der Sammlung des Deutschen Historischen Museums, hg. von Gerhard Quaas, Berlin 1992.

Franconia Sacra. Meisterwerke kirchlicher Kunst des Mittelalters in Franken, Würzburg 1952.

Die ersten Franken in Franken. Das Reihengräberfeld von Westheim, hg. von Manfred Nawroth, Nürnberg 1994.

Die Franken – Wegbereiter Europas, hg. von Alfried Wieczorek u.a., Mainz 1996, 2 Bde.

Sanct Georg. Der Ritter mit dem Drachen, Freising 2001.

Gold und Silber. Augsburgs glänzende Exportwaren, hg. von Melanie Thierbach, Augsburg 2003.

900 Jahre Benediktiner in Melk, Melk 1989.

1250 Jahre Bistum Würzburg. Archäologisch-historische Zeugnisse der Frühzeit, hg. von Jürgen Lenssen und Ludwig Wamser, Würzburg 1992.

800 Jahre Deutscher Orden, Gütersloh/München 1990.

800 Jahre Domweihe, hg. vom Diözesanarchiv Würzburg, Würzburg 1988.

Aus 1200 Jahren, verb. Nachdruck, München 1980 (Ausstellungskataloge der staatlichen Archive Bayerns 11).

Kaiser Heinrich II. 1002–1024, hg. von Josef Kirmeier u.a., Augsburg 2002 (Veröffentlichungen zur Bayerischen Geschichte und Kultur 44).

Kilian. Mönch aus Irland, aller Franken Patron, Aufsätze, hg. von Johannes Erichsen, München 1989 (Veröffentlichungen zur Bayerischen Geschichte und Kultur 19).

Ein Leben für den Bamberger Dom. Das Wirken des Subkustos Graff (1682–1749), hg. von Renate Baumgärtel-Fleischmann, Bamberg 1999.

Aus dem adeligen Leben im Spätmittelalter. Die Skaliger in Oberitalien und in Bayern, hg. von Manfred Treml, München 1986 (Veröffentlichungen zur Bayerischen Geschichte und Kultur 12).

Jüdische Lebenswelten, hg. von Andreas Nachama, Berlin 1992.

Vom Großen Löwenhof zur Universität. Würzburg und die deutsche Literatur im Spätmittelalter, hg. von Horst Brunner und Hans-Günter Schmidt, Wiesbaden 2002.

Norenberc – Nürnberg 1050 bis 1806, München 2000 (Ausstellungskataloge der Staatlichen Archive Bayerns 41).

Menschen des Frühen Mittelalters im Spiegel der Anthropologie und Medizin, Stuttgart 1989

Nürnberg 1300–1550. Kunst der Gotik und Renaissance, hg. vom Germanischen Nationalmuseum Nürnberg, München 1986.

Nürnberg – Kaiser und Reich, München 1986 (Ausstellungskataloge der Staatlichen Archive Bayerns 20).

Das alte Nürnberger Rathaus. Baugeschichte und Ausstattung des großen Saales und der Ratsstube, Bd. 1, Nürnberg 1978 (Ausstellungskataloge der Stadtgeschichtlichen Museen Nürnberg 15).

Der Nürnberger Zeichner, Baumeister und Kartograph Hans Bien (1591–1632), München 1991 (Ausstellungskataloge der Staatlichen Archive Bayerns 30).

Oberfranken im Bild alter Karten, Neustadt a.d. Aisch 1983 (Ausstellungskataloge der staatlichen Archive Bayerns 15).

Reichsstädte in Franken. Katalog, hg. von Rainer A. Müller und Brigitte Buberl, München 1987 (Veröffentlichungen zur Bayerischen Geschichte und Kultur 14)

Du silex à la poudre. 4000 ans d'armement en val de Saône, bearb. von Louis Bonnamour, Montagnac 1990.

Tilman Riemenschneider – Werke seiner Glaubenswelt, hg. von Jürgen Lenssen, Regensburg 2004.

Hl. Willibald: 787–1987. Künder des Glaubens. Pilger, Mönch, Bischof, hg. von Brun Appel, Eichstätt 1987.

Die Zeit der Staufer. Geschichte, Kunst, Kultur, Bd. 1, hg. von Reiner Haussherr, Stuttgart 1977.

Geharnischte Zeiten. 2000 Jahre Körperschutz des Soldaten vom antiken Muskelpanzer zur kugelsicheren Weste, hg. von Heinrich Müller und Rolf Wirtgen, Koblenz 1995.

Ammon, Hermann (Hg.): Forchheim. Jubiläumsschrift 2005 (im Druck).

Amrein, Heidi u.a.: Neue Untersuchungen zum Frauengrab des 7. Jahrhunderts in der reformierten Kirche von Bülach (Kanton Zürich), in: Zeitschrift für Schweizerische Archäologie und Kunstgeschichte 56 (1999), S. 3–114.

Arnold, Klaus: Die Armledererhebung in Franken, in: Mainfränkisches Jahrbuch 26 (1974), S. 35–62.

Arnold, Klaus: Wallfahrten in Nürnberg um 1500, Wiesbaden 2002 (Pirckheimer Jahrbuch 17).

Arnold, Udo: Preußen, Böhmen und das Reich – Karl IV. und der Deutsche Orden, in: Kaiser Karl IV. Staatsmann und Mäzen [Ausstellungskatalog], hg. von Ferdinand Seibt, München 1978, S. 167–173.

Arnold, Udo: Ergänzungen und Korrekturen zu 800 Jahre Deutscher Orden, in: Anzeiger des Germanischen Nationalmuseums (1992).

Aufleger, Michaela: Tierdarstellungen in der Kleinkunst der Merowingerzeit im westlichen Frankenreich, Mainz 1997 (Archäologische Schriften des Instituts für Vor- und Frühgeschichte der Johannes-Gutenberg-Universität Mainz 6).

Avneri, Zwi (Hg.): Germania Judaica, Tübingen 1968.

Bakker, Lothar: Der Augsburger Nasalhelm, in: Bayern – Ungarn. Tausend Jahre [Ausstellungskatalog], hg. von Wolfgang Jahn u.a., Augsburg 2001 (Veröffentlichungen zur Bayerischen Geschichte und Kultur 43), S. 113.

Der Bamberger Psalter. Msc. Bibl. 48 der Staatsbibliothek Bamberg. Teil-Faksimile. Kunstgeschichtlicher Kommentar: Edith Rothe. Historisch-hagiologische Untersuchung: Gerd Zimmermann, Wiesbaden 1973.

Bassermann-Jordan, Ernst von/Schmid, Wolfgang M.: Der Bamberger Domschatz, München 1914.

Bauer, Christoph/Süss, Peter A.: Albrecht II. von Hohenlohe (1345 [1350]–1372), in: Wagner, Ulrich/Ziegler, Walter (Hg.): Lorenz Fries. Chronik der Bischöfe von Würzburg 742–1495, Bd. 2, Würzburg 1994 (Fontes Herbipolenses 2), S. 349 f.

Baum, Hans-Peter: Quellen der Judenverfolgungen von 1147 bis 1938, in: Zeugnisse jüdischer Geschichte in Unterfranken, Würzburg 1987 (Schriften des Stadtarchivs Würzburg 2), S. 19–58.

Baumgärtel-Fleischmann, Renate: Die sogenannte Kunigundenkrone, in: Münchner Jahrbuch 32 (1981), S. 25–41.

Baumgärtel-Fleischmann, Renate: Ausgewählte Kunstwerke aus dem Diözesanmuseum Bamberg, Bamberg 1983.

Das Bayerische Nationalmuseum, Museumskatalog, München 1868.

Beck, Friedrich: Der Karlsgraben: eine historische, topographische und kritische Abhandlung, Nürnberg 1911.

Bendel, Franz J.: Ein ungewöhnlicher Aufbewahrungsort für Urkunden, in: Archiv des Historischen Vereins von Unterfranken und Aschaffenburg 68 (1929), S. 473 f.
Berchem, Ingo von: Mittelalter und Neuzeit, in: Vorzeitspuren in Rhön-Grabfeld, Bad Königshofen 1998 (Schriftenreihe des Vereins für Heimatgeschichte im Grabfeld 15), S. 181–199.
Bergner, Christine: Aktivitätsmuster im frühen Mittelalter – ein Beitrag zur Alltagsgeschichte, Diplomarbeit Ludwig-Maximilians-Universität München, Fakultät für Biologie, München 1994.
Berliner, Abraham: Beiträge zur Geschichte der Raschi-Commentare, Berlin 1903.
Beutler, Christian: Bildwerke zwischen Antike und Mittelalter. Unbekannte Skulpturen aus der Zeit Karls des Großen, Düsseldorf 1964.
BH Regesta imperii, Bd. 8: Die Regesten des Kaiserreichs unter Kaiser Karl IV. 1346–1378, aus dem Nachlass Johann Friedrich Böhmers hg. von Alfons Huber, Hildesheim 1968.
Binding, Günther: Deutsche Königspfalzen. Von Karl dem Großen bis Friedrich II. (756–1240), Darmstadt 1996.
Blamires, David: Herzog Ernst and the Otherworld Voyage: A Comparative Study, Manchester 1979.
Blessing, Werner / Weiss, Dieter J. (Hg.): Franken. Vorstellung und Wirklichkeit in der Geschichte, Neustadt a. d. Aisch 2003.
Boeckelmann, Walter: Die Stiftskirche zu Neustadt am Main, Berlin 1965.
Böheim, Wendelin: Waffenkunde, Leipzig 1890, Nachdruck Hildesheim 1984.
Bookmann, Hartmut: Das Hornecker Stifterbild und die Anfänge der Deutschordenskommende Horneck. Beiträge zur Ikonographie des Deutschen Ordens, in: Arnold, Udo (Hg.): Horneck, Königsberg und Mergentheim, Lüneburg 1980 (Schriftenreihe Nordost-Archiv 19), S. 11–32.
Borchardt, Karl: Die Franken und ihre Herzöge in humanistischer Historiographie, in: Blessing, Werner K. / Weiß, Dieter J. (Hg.): Franken – Vorstellung und Wirklichkeit in der Geschichte, Neustadt a. d. Aisch (Franconia 1), S. 105–140.
Bosl, Karl (Hg.): Dokumente zur Geschichte von Staat und Gesellschaft in Bayern, Abt. 2, Franken und Schwaben vom Frühmittelalter bis 1800; Bd. 1, Franken von der Völkerwanderungszeit bis 1268, bearb. von Wilhelm Störmer, München 1999.
Branner, Robert: The „Soissons Bible" Paintshop in Thirteenth-century Paris, in: Speculum XLIV (1969), S. 13–34.
Branner, Robert: Manuscript Painting in Paris during the Reign of Saint Louis, Berkeley / Los Angeles / London 1977 (California Studies in the History of Art XVIII).
Braun, Joseph: Die Reliquiare des christlichen Kultes und ihre Entwicklung, Freiburg i. Br. 1940.
Bräunlein, Peter J.: Martin Behaim. Legende und Wirklichkeit eines berühmten Nürnbergers, Bamberg 1992.
Bräutigam, Günther: Nürnberg als Kaiserstadt, in: Kaiser Karl IV. Staatsmann und Mäzen [Ausstellungskatalog], hg. von Ferdinand Seibt, München 1978, S. 339–343.
Brepohl, Erhard: Theophylus Presbyter und das mittelalterliche Kunsthandwerk, Köln u. a. 1999.
Brunner, Herbert: Kronen und Herrschaftszeichen in der Schatzkammer der Residenz München, München 1977.
Brunner, Horst: Wolfram von Eschenbach, in: Fränkische Lebensbilder 11 (1984), S. 11–27.
Brunner, Horst: Christine Ebner (1277–1356), in: Meidinger-Geise, Inge (Hg.): Frauengestalten in Franken, Würzburg 1985, S. 43–48.
Brunner, Horst: Konrad von Würzburg, in: Fränkische Lebensbilder 12 (1986), S. 14–27.
Brunner, Horst: Geschichte der deutschen Literatur des Mittelalters im Überblick, 3. Aufl., Stuttgart 2003.
Brunner, Horst / Hirschmann, Gerhard / Schnelbögl, Fritz (Hg.): Hans Sachs und Nürnberg. Bedingungen und Probleme reichsstädtischer Literatur, Nürnberg 1976.
Buchenau, Heinrich: Beiträge zur fränkischen Münzkunde des 15. Jahrhunderts, in: Mitteilungen der Bayerischen Numismatischen Gesellschaft 44 (1926), S. 1–112.
Buchenau, Heinrich / Bernhart, Max: Der Münzfund von Niederlauer in Unterfranken, in: Blätter für Münzfreunde 47 (1912), Sp. 5129–5136, 5153 f.
Bumke, Joachim: Wolfram von Eschenbach, 7. völlig neu bearb. Aufl., Stuttgart u. a. 1997 (Sammlung Metzler 36).
Bünz, Enn: „Eiferer der Gerechtigkeit" oder „schädliche Person"? Konrad von Querfurt, ein Reichsbischof der Stauferzeit (1194–1202), in: Konrad von Querfurt und die Zeit der Staufer [Ausstellungskatalog], Querfurt 2003, S. 11–31.
Burger, Daniel: Die Landesfestungen der Hohenzollern in Franken und Brandenburg im Zeitalter der Renaissance, München 2000 (Schriftenreihe zur bayer. Landesgeschichte 128).
Burger, Daniel: Die Burg der Reichsmarschälle von Pappenheim in staufischer Zeit, in: Burgenbau im 13. Jahrhundert, München 2002 (Forschungen zu Burgen und Schlössern 7), S. 129–148.
Camille, Michael: The Medieval Art of Love: Objects and Subjects of Desire, New York 1998.
Capelle, Torsten: Parallelüberlieferung, Tradition und Quellenlücke im ur- und frühgeschichtlichen Fundgut. Bemerkungen zum Holz als Werkstoff, in: Frühmittelalterliche Studien 14 (1980), S. 410–422.
Capelle, Torsten: Zur Produktion hölzerner Gefäße im vor- und frühgeschichtlichen Mittel- und Nordeuropa, in: Jankuhn, Herbert (Hg.): Das Handwerk in vor- und frühgeschichtlicher Zeit, Teil 2, Göttingen 1983 (Abhandlungen der Akademie der Wissenschaften in Göttingen, Phil.-Hist. Klasse, 3. Folge 123), S. 397–414.
Castelnuova, Enrico / Gramatica, Francesca de (Hg.): Il Gotico nelle Alpi 1350–1450, Trento 2002.
Clemencic, René: Carmina burana, München 1979.
Codex Diplomaticus Ebracensis, Bd. 1. Die Urkunden der Zisterze Ebrach 1127–1306, bearb. von Elke Goez, 2 Bde., Neustadt a. d. Aisch 2001 (Veröffentlichungen der Gesellschaft für fränkische Geschichte III/7).
Dachenhausen, Alexander von: Die Wappenschilde der Deutschordensritter in der St. Jakobskirche zu Nürnberg, in: Archiv für Stamm- und Wappenkunde XVI Nr. 1 (1915/16), S. 11–14.
Dahmlos, Ulrich: Francisca – bipennis – securis. Bemerkungen zu archäologischem Befund und schriftlicher Überlieferung, in: Germania 55 (1977), S. 141–165.
Dannheimer, Hermann: Die germanischen Funde der späten Kaiserzeit und des frühen Mittelalters in Mittelfranken, Berlin 1962 (Germanische Denkmäler der Völkerwanderungszeit A 7).
Dannhorn, Thomas: Beobachtungen zu den antiken Beraubungsmethoden im frühmittelalterlichen Reihengräberfeld von Viecht, „Unterfeld", Gde. Eching, Landkreis Landshut, in: Vorträge des 12. Niederbayerischen Archäologentages (1994), S. 295–306.
Dasler, Clemens: Forst und Wildbann im frühen deutschen Reich. Die königlichen Privilegien für die Reichskirche vom 9. bis zum 12. Jahrhundert, Köln u. a. 2001 (Dissertationen zur mittelalterlichen Geschichte 10).
Daxelmüller, Christoph: Jüdische Kultur in Franken, Würzburg 1988.
Daxelmüller, Christoph: Vom Tanz der Juden in den Tod, jüdischen Totentänzen und Todesengeln. Anmerkungen zu einer Legende, aus der in Auschwitz Wirklichkeit wurde, in: Link, Franz (Hg.): Tanz und Tod in Kunst und Literatur, Berlin 1993 (Schriften zur Literaturwissenschaft 8), S. 587–598.

Debler, Ulrich: Die jüdische Gemeinde von Miltenberg, Aschaffenburg 1995 (Sonderveröffentlichung aus dem Aschaffenburger Jahrbuch für Geschichte, Landeskunde und Kunst des Untermaingebietes 17).
Diefenbacher, Michael: Territorienbildung des Deutschen Ordens am unteren Neckar im 15. und 16. Jahrhundert. Urbare der Kommenden Heilbronn und Horneck sowie der Ämter Scheuerberg, Kirchhausen und Stocksberg von 1427 bis 1555, Marburg 1985 (Quellen und Studien zur Geschichte des Deutschen Ordens 23).
Diefenbacher, Michael: Nürnberger kartographische Traditionen seit dem 16. Jahrhundert, in: „auserlesene und allerneueste Landkarten". Der Verlag Homann in Nürnberg 1702–1848, [Ausstellungskatalog], Nürnberg 2002 (Ausstellungskataloge des Stadtarchivs Nürnberg 14).
Diefenbacher, Michael / Endres, Rudolf (Hg.): Stadtlexikon Nürnberg: Stadtlexikon Nürnberg, 2. Aufl., Nürnberg 2000.
Dietel, Karl: Die Veste Uprode im Hag, Landkreis Hof, in: Geschichte am Obermain 10 (1975/76), S. 112–129.
Dippold, Günter (Hg.): Kloster Banz. Natur, Kultur, Architektur, Staffelstein 1991.
Dollinger – Das Buch zum Spiel, hg. vom Verein zur Förderung des Regensburger Dollingerspiels e. V., Regensburg 1995.
Domarus, Max: Abt Eugen Montag. Ein Streiter für die Rechte der Zisterzienserabtei Ebrach und für das Wohl der Klosterangehörigen (1791–1803), in: Zimmermann, Gerd: Festschrift Ebrach 1127–1977, Volkach 1977, S. 197–212.
Dotzauer, Winfried: Die deutschen Reichskreise in der Verfassung des Alten Reiches und ihr Eigenleben (1500–1806), Darmstadt 1989.
Dünninger, Josef / Schopf, Horst: Bräuche und Feste im fränkischen Jahreslauf, in: Die Plassenburg 30 (1971), S. 20, 119.
Egert, Gerhard: Stadt und Pfarrei Volkach am Main. Ein Beitrag zur Stadtgeschichte Frankens, Teil 1: Das städtische Territorium von den Anfängen bis zum Ende des Alten Reiches 1803, Würzburg / Volkach 1964, S. 89–141.
Egert, Gerhard: Niklas und Sebastian Brobst, Stadtschreiber und Notare, 1504, in: Unsere Mainschleife 1 und 2 (2000).
Ehlers, Caspar: Wahl des Ortes – Wahl des Königs. Überlegungen zu Forchheim als Pfalzort im Mittelalter, in: Herbers, Klaus / Vogel, Bernhard (Hg.): Ludwig das Kind (900 – 911), Forchheim 2000/01, S. 43–63 (An Regnitz, Aisch und Wiesent. Heimatkundliche Zeitschrift für Stadt und Landkreis Forchheim, Sonderheft 1).
Eichhorn, Ernst: Wiederhergestellte Hallersche Totenschilde im Schloß Gründlach, in: Erlanger Bausteine zur fränkischen Heimatforschung 16 (1969), S. 49–92.
Eichler E. u. a.: Siedlungsnamen im oberfränkischen Stadt- und Landkreis Bamberg, in: Beiträge zur slavisch-deutschen Sprachkontaktforschung 1, Heidelberg 2001.
Eikelmann, Renate: Mittelalterliche Kronen in der Schatzkammer der Residenz München, Magisterarbeit München 1980, als Ms. gedr.
Eikelmann, Renate (Hg.): Bayerisches Nationalmuseum. Handbuch der kunst- und kulturgeschichtlichen Sammlungen, München 2000.
Ellmers, Detlev: Frühmittelalterliche Handelsschiffahrt in Mittel- und Nordeuropa, Neumünster 1972.
Elmshäuser, Konrad: Kanalbau und technische Wasserführung im frühen Mittelalter, in: Technikgeschichte 59 (1992), S. 215 ff.
Endres, Rudolf: Der Fränkische Reichskreis, Augsburg 2003 (Hefte zur Bayerischen Geschichte und Kultur 29).
Engelhart, Helmut: Kunsthistorischer Kommentar, in: Engelhart, Helmut / Vera Trost: Würzburger Festtagsevangelistar Clm 23256 der Bayerischen Staatsbibliothek München, Tauberbischofsheim [1982], S. 3–9.
Engelhart, Helmut: Die Würzburger Buchmalerei im Hohen Mittelalter, Würzburg 1987 (Quellen und Forschungen zur Geschichte des Bistums und Hochstifts Würzburg 34).
Engelhart, Helmut: Die Miniaturen der frühottonischen Kilianspassio aus Fulda. Bemerkungen zu Ms. I 189 der Niedersächsischen Landesbibliothek Hannover aus Anlaß seiner Faksimilierung, in: Würzburger Diözesangeschichtsblätter 51 (1989), S. 261–354.
Engelhart, Helmut: Der Hornplatteneinband. Eine charakteristische Form der Einbandgestaltung illuminierter Handschriften des 13. Jahrhunderts. Mit einem Verzeichnis der Hornplatteneinbände, in: Büttner, Frank O. (Hg.): The Illuminated Psalter, Turnhout 2004, S. 335–350.
Ettel, Peter: Karlburg – Roßtal – Oberammerthal. Studien zum frühmittelalterlichen Burgenbau in Nordbayern, Bd. 1–2, Rahden/Westf. 2001 (Frühgeschichtliche und Provinzialrömische Archäologie 5).
Ewald, Wilhelm: Siegelkunde, Darmstadt 1978.
Farrenkopf, Edmund Karl: Breviarium Eberhardi Cantoris, Aschendorff / Münster 1969.
Fenske, Lutz (Hg.): Deutsche Königspfalzen. Beiträge zu ihrer historischen und archäologischen Erforschung 1–5, Göttingen 1961–2001 (Veröffentlichungen des Max-Planck-Instituts für Geschichte 11.1–5).
Fingerlin, Gerhard: Eine Schnalle mediterraner Form aus dem Reihengräberfeld Güttingen, Landkreis Konstanz, in: Baden-Württembergische Fundberichte 23 (1967), S. 159–184.
Fischer, Roman: Das Untermaingebiet und Aschaffenburg im frühen und hohen Mittelalter, in: Kolb, Peter / Krenig, Ernst-Günter (Hg.): Unterfränkische Geschichte, Bd. 1, Würzburg 1989, S. 255–293.
Flachenecker, Helmut: Der Bischof und sein Bischofssitz: Würzburg – Bamberg – Eichstätt im Früh- und Hochmittelalter, in: Römische Quartalschrift für christliche Altertumskunde und Kirchengeschichte 91 (1996), S. 148–181.
Flachenecker, Helmut: Fränkische Städtelandschaften. Anmerkungen zu einem Forschungsdesiderat, in: Jahrbuch für fränkische Landesforschung 59 (1999), S. 87–108.
Flachenecker, Helmut / Kießling, Rolf (Hg.): Städtelandschaften in Altbayern, Franken und Schwaben. Studien zum Phänomen der Kleinstädte während des Spätmittelalters und der Frühen Neuzeit, München 1999 (Zeitschrift für bayerische Landesgeschichte Beihefte, Reihe B 15).
Flade, Roland: Die Würzburger Juden. Ihre Geschichte vom Mittelalter bis zur Gegenwart. Mit einem Beitrag von Ursula Gehring-Münzel, Würzburg 1987.
Fleischmann, Peter: Das Bauhandwerk in Nürnberg vom 14. bis zum 18. Jahrhundert, Nürnberg 1985.
Franz, Günter: Quellen zur Geschichte des Deutschen Bauernstandes im Mittelalter, Darmstadt 1967 (Ausgewählte Quellen zur deutschen Geschichte des Mittelalters. Freiherr vom Stein-Gedächtnisausgabe 31).
Freeden, Max H. von: Das wiedergefundene Grabmal des Grafen Gottfried von Rieneck, in: Herbipolis Jubilans, Würzburg 1952, S. 326 f.
Freeden, Max H. von, in: Altfränkische Bilder und Wappenkalender 65 (1966), S. 20.
Freeden, Max H. von: Aus den Schätzen des Mainfränkischen Museums Würzburg, Würzburg 1972.
Frey, Annette: Gürtelschnallen westlicher Herkunft im östlichen Frankenreich. Untersuchungen zum Westimport im 6. und 7. Jahrhundert, Diss. Mainz 2003.
Fritz, Johann Michael: Goldschmiedekunst der Gotik in Mitteleuropa, München 1982.
Fuchß, Verena: Zwei Maserbecher im Besitz der Städtischen Sammlungen Schweinfurt, in: Frankenland 10 (1985), S. 311 bis 316.

Funcken, Fred und Liliane: Rüstungen und Kriegsgerät im Mittelalter, München 1979.
Geibig, Alfred: Beiträge zur morphologischen Entwicklung des Schwerts im Mittelalter. Eine Analyse des Fundmaterials vom ausgehenden 8. bis zum 12. Jahrhundert aus Sammlungen der Bundesrepublik Deutschland, Neumünster 1991.
Geldner, Ferdinand: Bamberger und Nürnberger Lederschnittbände, Festgabe der Bayerischen Staatsbibliothek für Karl Schottenloher, München 1953.
Geldner, Ferdinand: Das Problem der vierzehn Slavenkirchen Karls des Großen im Lichte der bisher unbeachteten Dorsalvermerke der Urkunden Ludwigs des Deutschen (845) und Arnulfs (899), in: Deutsches Archiv für Erforschung des Mittelalters 42 (1986), S. 192–205.
Gerlach, Stefan: Ein fränkisches Gräberfeld bei Salz, Lkr. Rhön-Grabfeld. Erste archäologische Quellen zu den Ursprüngen des karolingischen „fiscus salz", in: Bericht der Bayerischen Bodendenkmalpflege 41/42 (2000/01), S. 195 bis 202.
Gerlach, Stefan u. a.: Ein fränkisches Gräberfeld bei Salz, Landkreis Rhön-Grabfeld, in: Vorzeitung. Mitteilungen der Archäologischen Arbeitsgruppe Rhön-Grabfeld 18 (2000/01), S. 30–48.
Gerlich, Alois: Die innere Entwicklung vom Interregnum bis 1800, Staat und Gesellschaft I/1: Bis 1500, in: Handbuch der Bayerischen Geschichte, begr. von Max Spindler, hg. von Andreas Kraus, Bd. 3/1, München 1971, S. 304–323.
Giersch, Robert: Geschichte des mittelalterlichen Geschlechtersitzes am Milchmarkt, heute Albrecht-Dürer-Platz 4 in Nürnberg, Zirndorf 1995.
Glassner, Christine: Inventar der Handschriften des Benediktinerstiftes Melk, Teil 1, 2 Bde., Wien 2000 (Veröffentlichungen der Kommission für Schrift- und Buchwesen des Mittelalters II/8).
Gockel, Michael: Die Westausdehnung Thüringens im frühen Mittelalter im Lichte der Schriftquellen, in: Gockel, Michael (Hg.): Aspekte thüringisch-hessischer Geschichte, Marburg a. d. Lahn 1992, S. 49–66.
Graenert, G.: Merowingerzeitliche Filigranscheibenfibeln westlich des Rheins (Europe médiévale), im Druck.
Graus, František: Pest – Geißler – Judenmorde. Das 14. Jahrhundert als Krisenzeit, Göttingen 1987 (Veröffentlichungen des Max-Planck-Instituts für Geschichte 86).
Gröber Karl: Die Reliquienbüsten in der Pfarrkirche zu Scheer, in: Pantheon 16 (1935), S. 371–373.
Gross, Uwe: Die Töpferware der Franken. Herleitung, Formen, Produktion, in: Die Franken – Wegbereiter Europas [Ausstellungskatalog], hg. von Alfried Wieczorek u a., Mainz 1996, Bd. 2, S. 581–593.
Grote, Ludwig: Die Tucher. Bildnis einer Patrizierfamilie, München 1969.
Güldenstubbe, Erik Soder von: Christliche Mission und kirchliche Organisation, in: Kolb, Peter / Krenig, Ernst-Günter (Hg.): Unterfränkische Geschichte, Bd. 1, Würzburg 1989, S. 91–144.
Gutmann, Joseph: Buchmalerei in hebräischen Handschriften, München 1978.
Guttenberg, Erich Frhr. von: Das gelehrte Bamberg im 11. Jahrhundert, in: Fränkische Blätter für Geschichtsforschung und Heimatpflege 1/1 (1948), S. 2–3.
Guttenberg, Erich Frhr. von (Bearb.): Die Regesten des Bischofs und des Domkapitels von Bamberg, Würzburg 1963 (Veröffentlichungen der Gesellschaft für Fränkische Geschichte, VI. Reihe)
Haas, Brigitte: Keramik und Keramikbeigabe in frühmittelalterlichen Gräberfeldern Mittelfrankens, in: Die ersten Franken in Franken. Das Reihengräberfeld von Westheim [Ausstellungskatalog], Nürnberg 1994, S. 57–66.
Haas-Gebhard, Brigitte: Ein frühmittelalterliches Gräberfeld bei Dittenheim (D), Montagnac 1998 (Europe médiévale 1).
Haberstroh, Jochen: Ausgrabungen in der Krypta von St. Sigismund in Seußling, Lkr. Bamberg, Oberfranken, in: Das archäologische Jahr in Bayern 1999 (2000), S. 96–99.
Haberstroh, Jochen: Merowingische Funde an der Regnitz. Landesausbau an der Ostgrenze des Frankenreichs (mit einem Beitrag von Antja Bartel), in: Bayerische Vorgeschichtsblätter 63 (1998), S. 227–272.
Haberstroh, Jochen: Slawische Siedlung in Nordostbayern, in: Europas Mitte um 1000 – Beiträge zur Geschichte, Kunst und Archäologie, hg. von Alfried Wieczorek, Stuttgart 2000 (Europarat-Ausstellung 27), S. 713–718.
Haberstroh, Jochen: Überlegungen zum 5. Jahrhundert im Maingebiet, in: 12. Treffen der Arbeitsgemeinschaft Ostbayern/West- und Südböhmen, 19.–22. Juni 2002 in Cheb, Rahden/Westf. 2003, S. 220–241.
Haberstroh, Jochen: Verzierungen auf handgeformter Keramik des 3.–6. Jahrhunderts im Main-Regnitz-Gebiet, in: Biegert, Susanne u. a. (Hg.): Beiträge zur germanischen Keramik zwischen Donau und Teutoburger Wald. Kolloquium Frankfurt a. M. 1998, Bonn 2000 (Kolloquien zur Vor- und Frühgeschichte 4), S. 227–264.
Haberstroh, Jochen: Der Reisberg bei Scheßlitz-Burgellern in der Völkerwanderungszeit. Überlegungen zum 5. Jahrhundert n. Chr. in Nordbayern, in: Germania 81 (2003), S. 201–262.
Haberstroh, Jochen: Die merowingischen Grabfunde von Kleinbardorf, Gde. Sulzfeld, Lkr. Rhön-Grabfeld, in: Beiträge zur Archäologie in Unterfranken 2000, Büchenbach 2001 (Mainfränkische Studien 67), S. 245–266.
Haberstroh, Jochen: Germanische Funde der Kaiser- und Völkerwanderungszeit aus Oberfranken, Kallmünz/OPf. 2000 (Materialhefte zur Bayerischen Vorgeschichte A 82).
Haller, Bertold von: Das Nürnberger Pilgerspital zum Heiligen Kreuz, in: Arnold, Klaus (Hg.): Wallfahrten in Nürnberg um 1500. Akten des interdisziplinären Symposiums vom 29. und 30. September 2000 im Caritas Pirckheimer-Haus Nürnberg, Wiesbaden 2002 (Pirckheimer Jahrbuch für Renaissance- und Humanismusforschung 17), S. 105–132.
Hallerstein, Helmut Haller von / Eichhorn, Ernst: Das Pilgrimspital zum Heiligen Kreuz vor Nürnberg. Geschichte und Kunstdenkmäler, Nürnberg 1969 (Nürnberger Forschungen 12).
Hallerstein, Helmut Haller von: Nürnberger Geschlechterbücher, in: Mitteilungen des Vereins für Geschichte der Stadt Nürnberg 65 (1978), S. 212–235.
Harrer, Rudolf: Der kirchliche Zehnt im Gebiet des Hochstifts Würzburg im späten Mittelalter. Systematische Analyse einer kirchlichen Einrichtung im Rahmen der Herrschaftsstrukturen einer Zeit, Würzburg 1992 (Forschungen zur fränkischen Kirchen- und Theologiegeschichte 15).
Hartung, Fritz: Geschichte des Fränkischen Kreises. Darstellung und Akten I: Die Geschichte des fränkischen Kreises von 1521–1559, Leipzig 1910, Neudruck Aalen 1973 (Veröffentlichungen der Gesellschaft für fränkische Geschichte 2/1).
Haseloff, Günther: Der Silberbecher aus der Regnitz bei Pettstadt, Landkreis Bamberg, in: Jahresbericht der Bayerischen Bodendenkmalpflege 17/18 (1976/77), S. 152–177.
Haseloff, Günther: Die Psalterillustration im 13. Jahrhundert. Studien zur Geschichte der Buchmalerei in England, Frankreich und den Niederlanden, Kiel 1938.
Hausmann, Friedrich: Wortwin, Protonotar Kaiser Friedrichs I., Stiftspropst zu Aschaffenburg, in: Aschaffenburger Jahrbuch 4 (1957), S. 321–372.
Heeg-Engelhart, Ingrid: Anmerkungen zum Siegelwesen der Würzburger Franziskaner, Dominikaner und Karmeliten

vom 13. Jahrhundert bis 1803, in: Borchardt, Karl/Enno Bünz (Hg.): Forschungen zur bayerischen und fränkischen Geschichte, Würzburg 1998 (Quellen und Forschungen zur Geschichte des Bistums und Hochstifts Würzburg LII), S. 129–149.

Heeg-Engelhart, Ingrid: Die Frauenklöster, in: Wagner, Ulrich (Hg.): Geschichte der Stadt Würzburg, Bd. 1, Stuttgart 2001, S. 272–294, 625–634.

Heffner, Carl: Fränkisch-würzburgische Siegel, Würzburg 1872.

Heiermann, Christoph: Die Gesellschaft „Zur Katz" in Konstanz. Ein Beitrag zur Geschichte der Geschlechtergesellschaften in Spätmittelalter und früher Neuzeit, Stuttgart 1999 (Konstanzer Geschichts- und Rechtsquellen NF 37).

Heiler, Thomas: Herold (1165–1171), in: Wagner, Ulrich/Ziegler, Walter (Hg.): Lorenz Fries. Chronik der Bischöfe von Würzburg 742–1495, Bd. 2, Würzburg 1994 (Fontes Herbipolenses 2), S. 45–49.

Heiler, Thomas: Die Würzburger Bischofschronik des Lorenz Fries (gest. 1550). Studien zum historiographischen Werk eines fürstbischöflichen Sekretärs und Archivars, Würzburg 2001 (Veröffentlichungen des Stadtarchivs Würzburg 9).

Heinrich, Mario: Zum Volkacher Stadtrecht am Ende des Spätmittelalters und zu Beginn der Neuzeit unter besonderer Berücksichtigung des Salbuches, Diss. o. J.

Helferich, J.: Unbefugte Rodungen durch Weipoltshauser Bauern im 16. Jahrhundert, in: Schweinfurter Heimatblätter 10 (1950).

Helmschrott, Klaus und Rosemarie: Würzburger Münzen und Medaillen von 1500–1800, Kleinrinderfeld 1977.

Henning, Joachim: Zur Datierung von Werkzeug- und Agrargerätefunden im germanischen Landnahmegebiet zwischen Rhein und Oberer Donau (Der Hortfund von Osterburken), in: Jahrbuch des Römisch-Germanischen Zentralmuseums Mainz 32 (1985), S. 570–594.

Herbers, Klaus: „Murcia ist so groß wie Nürnberg"– Nürnberg und Nürnberger auf der Iberischen Halbinsel: Eindrücke und Wechselbeziehungen, in: Nürnberg – europäische Stadt in Mittelalter und Neuzeit, hg. von Helmut Neuhaus, Neustadt a. d. Aisch 2000 (Nürnberger Forschungen 29), S. 151–183.

Herde, Peter: Das staufische Zeitalter, in: Kolb, Peter/Krenig, Ernst-Günter (Hg.): Unterfränkische Geschichte, Bd. 1, Würzburg 1989, S. 333–366.

Herde, Peter: Friedrich Barbarossa, die Katastrophe vor Rom von August 1167 und die Würzburger „güldene Freiheit" vom 10. Juli 1168, in: Jahrbuch für fränkische Landesforschung 56 (1996), S. 149–180.

Herrmann, Axel: Der Deutsche Orden unter Walter von Cronberg (1525–1543). Zur Politik und Struktur des „Teutschen Adels Spitale" im Reformationszeitalter, Bonn/Bad Godesberg 1974 (Quellen und Studien zur Geschichte des Deutschen Ordens 25).

Herrmann, Axel: Walther von Cronberg (16. XII. 1527–4. IV. 1543), in: Arnold, Udo (Hg.): Die Hochmeister des Deutschen Ordens 1190–1994, Marburg 1998 (Quellen und Studien zur Geschichte des Deutschen Ordens 40; Veröffentlichungen der Internationalen Historischen Kommission zur Erforschung des Deutschen Ordens 6), S. 165–171.

Herzogenberg, Johanna von: Die Bildnisse Kaiser Karls IV., in: Kaiser Karl IV. – Staatsmann und Mäzen [Ausstellungskatalog], hg. von Ferdinand Seibt, München 1978, S. 324–334.

Hilpert, Johann Wolfgang: Beschreibung der St. Laurenzer Kirche in Nürnberg 1827, bearb. von Georg Stolz, Nürnberg 2001 (Schriftenreihe des Vereins zur Erhaltung der St. Lorenzkirche in Nürnberg 1).

Hinterstößer, Hermann (Hg.): Wolf Keller – ein Kulmbacher Künstler des 16. Jahrhunderts, Kulmbach 1996.

Hirschmann, Gerhard: Das Geschlechterbuch der Familie Holzschuher im Stadtarchiv Nürnberg, in: Genealogisches Jahrbuch 19 (1979), S. 105–119 (Nachdruck in: Aus sieben Jahrhunderten Stadtgeschichte. Ausgewählte Aufsätze von Gerhard Hirschmann, hg. von Kuno Ulshöfer, Nürnberg 1988 (Nürnberger Forschungen 25), S. 95–107).

Hirschmann, Gerhard (Bearb.): Die Annalen der Reichsstadt Nürnberg von Johannes Müllner von 1623, Teil 2: 1351 bis 1469, Nürnberg 1984 (Quellen und Forschungen zur Geschichte und Kultur der Stadt Nürnberg 11).

Historischer Atlas von Bayern, Teil Franken (H. 9 ff.), München 1962 ff.

Hoffmann, Wilhelm Friedrich: Die Sebalduskirche in Nürnberg, Wien 1912.

Hofmann, Hanns Hubert: Fossa Carolina. Versuch einer Zusammenschau, in: Karl der Große, Bd. 1, Düsseldorf 1965, S. 437 ff.

Hofmann, Hanns Hubert: Sigena. Oder was ist Freiheit?, in: Mitteilungen des Vereins für Geschichte der Stadt Nürnberg 65 (1978), S. 39–54.

Hohenlohisches UB: Hohenlohisches Urkundenbuch, hg. im Auftrag des Gesamthauses der Fürsten zu Hohenlohe von Karl Weller, Bd. 2: 1311–1350, Stuttgart 1901.

Hubel, Achim: Figuren der Adamspforte des Bamberger Doms, in: Kaiser Heinrich II. 1002–1024 [Ausstellungskatalog], hg. von Josef Kirmeier u. a., Augsburg 2002 (Veröffentlichungen zur Bayerischen Geschichte und Kultur 44).

Hübener, Wolfgang: Waffennormen und Bewaffnungstypen der frühen Merowingerzeit, in: Fundberichte aus Baden-Württemberg 3 (1977), S. 510–527.

Hübener, Wolfgang: Eine Studie zu den Beilwaffen der Merowingerzeit, in: Zeitschrift für Archäologie des Mittelalters 8 (1980), S. 65–127.

Huschenbett, Dietrich: Die Dichtung Ottos von Botenlauben, in: Weidisch, Peter (Hg.): Otto von Botenlauben. Minnesänger – Kreuzfahrer – Klostergründer, Bad Kissingen 1994, S. 203–240.

Imhoff, Christoph von: Die Imhoff – Handelsherren und Kunstliebhaber. Überblick über eine 750 Jahre alte Nürnberger Ratsfamilie, in: Mitteilungen des Vereins für Geschichte der Stadt Nürnberg 62 (1975), S. 1–42.

Jankuhn, Herbert/Nehlsen, Hermann/Roth, Helmut (Hg.): Zum Grabfrevel in vor- und frühgeschichtlicher Zeit. Untersuchungen zu Grabraub und „haugbrot" in Mittel- und Nordeuropa. Kolloquium Göttingen 1977, Göttingen 1978 (Abhandlungen der Akademie der Wissenschaften in Göttingen, Phil.-Hist. Klasse, 3. Folge 113).

Janota, Johannes: Hans Folz, in: Fränkische Lebensbilder 10 (1982), S. 20–37.

Josephi, Walther: Die Werke plastischer Kunst, Nürnberg 1910 (Kataloge des Germanischen Nationalmuseums).

Kahsnitz, Rainer: Das Grabmal des Otto von Botenlauben und der Beatrix von Courtenay, in: Weidisch, Peter (Hg.): Otto von Botenlauben. Minnesänger – Kreuzfahrer – Klostergründer, Bad Kissingen 1994, S. 153–202.

Kandler, Norbert/Güldenstubbe, Erik Soder von/Schneider, Wolfgang: Kostbarkeiten aus dem Dom zu Würzburg, Würzburg 1990.

Kataloge des Bayerischen Nationalmuseums in München, Bd. 8: Gemälde, bearb. von Karl Voll, Heinz Braune und Hans Buchheit, München 1908.

KDB Erding: Die Kunstdenkmale des Königreiches Bayern vom elften bis zum Ende des achtzehnten Jahrhunderts, Bd. 1: Die Kunstdenkmale des Regierungsbezirkes Oberbayern, IV. Theil: Stadt München, Bezirksamt Erding, Nachdruck der Ausgabe München 1902, hg. vom Bayerischen Landesamt für Denkmalpflege, München/Wien 1982.

KDB Gunzenhausen: Die Kunstdenkmäler von Bayern, Bd. 6: Regierungsbezirk Mittelfranken, Bezirksamt Gunzenhausen, bearb. von Karl Gröber und Felix Mader, München 1937.
KDB Lohr: Die Kunstdenkmäler des Königreichs Bayern, Bd. 3: Regierungsbezirk Unterfranken, Nachdruck der Ausgabe München 1914, hg. vom Bayerischen Landesamt für Denkmalpflege, München / Wien 1982.
KDB Miltenberg: Die Kunstdenkmäler des Königreiches Bayern, Regierungsbezirk Unterfranken, Nachdruck der Ausgabe München 1917, hg. vom Bayerischen Landesamt für Denkmalpflege, München / Wien 1981.
KDB Würzburg: Die Kunstdenkmäler des Königsreichs Bayern, Bd. 12: Stadt Würzburg, bearb. von Felix Mader, Nachdruck der Ausgabe München 1915, hg. vom Bayerischen Landesamt für Denkmalpflege, München / Wien 1981.
Kehrer, Hugo: Die gotischen Wandmalereien in der Kaiser-Pfalz zu Forchheim, München 1912.
Kellner, Hans-Jörg: Der Fund von Queckbronn, in: Jahrbuch für Numismatik und Geldgeschichte 16 (1966), S. 89–97.
Kieser, Gerd / Schicker, Thomas: Die mittelalterliche Synagoge in Miltenberg. Ergebnisse der Bauuntersuchung, in: Frankenland 4 (1998), S. 218 ff.
Kirmeier, Josef: Toragiebel der Synagoge, in: Siehe der Stein schreit aus der Mauer. Geschichte und Kultur der Juden in Bayern [Ausstellungskatalog], hg. von Manfred Treml und Josef Kirmeier, München 1988 (Veröffentlichungen zur Bayerischen Geschichte und Kultur 17), S. 169.
Kirner, Claudia: Wie sah die karolingische Kaiserpfalz Forchheim aus? Zur Typologie von Pfalzen im frühen Mittelalter, in: Weber, Andreas Otto / Wüst, Wolfgang (Hg.): Franken und Forchheim im Mittelalter, Forchheim 2004 (An Regnitz, Aisch und Wiesent: Heimatkundliche Zeitschrift für Stadt und Landkreis Forchheim, Sonderheft 2), im Druck.
Kist, Johannes: Das Bamberger Domkapitel von 1399–1556. Ein Beitrag zur Geschichte seiner Verfassung, seines Wirkens und seiner Mitglieder, Weimar 1943.
Kist, Johannes: Die Matrikel der Geistlichkeit des Bistums Bamberg 1400 – 1556, Würzburg 1965.
Kleidt, Stephanie: Spätes Mittelalter, in: Mainfränkisches Museum Würzburg, Regensburg 1994, S. 14, 40.
Klemm, Elisabeth: Der Bamberger Psalter, Wiesbaden 1980.
Klemm, Elisabeth: Gab es eine Windberger Buchmalerei?, in: Anzeiger des Germanischen Nationalmuseums (1980), S. 7–29.
Klemm, Elisabeth: Die illuminierten Handschriften des 13. Jahrhunderts deutscher Herkunft in der Bayerischen Staatsbibliothek, Wiesbaden 1998.
Knaut, Matthias: Ein merowingerzeitliches Frauengrab mit Töpferstempel aus Bopfingen, Ostalbkreis, in: Fundberichte aus Baden-Württemberg 12 (1987), S. 463–478.
Koch, Alexander: Bügelfibeln der Merowingerzeit im westlichen Frankenreich, Mainz 1998 (Monographien des Römisch-Germanischen Zentralmuseums, Forschungsinstitut für Vor- und Frühgeschichte 41).
Koch, Robert und Ursula: Die fränkische Expansion ins Main- und Neckar-Gebiet, in: Die Franken – Wegbereiter Europas [Ausstellungskatalog], hg. von Alfried Wieczorek u. a., Mainz 1996, Bd. 1, S. 270–284.
Koch, Robert: Bodenfunde der Völkerwanderungszeit aus dem Main-Tauber-Gebiet, Berlin 1967 (Germanische Denkmäler der Völkerwanderungszeit A 8).
Koch, Robert: Absatzgebiete merowingerzeitlicher Töpfereien des nördlichen Neckargebietes, in: Jahrbuch für schwäbisch-fränkische Geschichte 27 (1973), S. 31–43.
Koch, Robert: Fossa Carolina – 1200 Jahre Karlsgraben, München 1993 (Denkmalpflege Informationen D 19).
Koch, Robert: Neue Beobachtungen und Forschungen zum Karlsgraben, in: Jahrbuch des Historischen Vereins Mittelfranken 97 (1996), S. 1 ff.
Koch, Robert: Fossa Carolina. Neue Erkenntnisse zum Schiffahrtskanal Karls des Großen, in: Häfen – Schiffe – Wasserwege. Zur Schiffahrt des Mittelalters, Hamburg 2002 (Schriften des Deutschen Schiffahrtsmuseums 58), S. 54 ff.
Koch, Ursula: Stätten der Totenruhe – Grabformen und Bestattungssitten der Franken, in: Die Franken – Wegbereiter Europas [Ausstellungskatalog], hg. von Alfried Wieczorek u. a. Mainz 1996, Bd. 2, S. 723–737.
Koch, Ursula: Das alamannisch-fränkische Gräberfeld bei Pleidelsheim, Stuttgart 2001 (Forschungen und Berichte zur Vor- und Frühgeschichte in Baden-Württemberg 60).
Köberlin, Lotte: Die Einungsbewegung des fränkischen Adels bis zum Jahre 1494, Diss. Erlangen 1924.
Körner, Hans: Grafen und Edelherren als territorienbildende Kräfte, in: Kolb, Peter / Krenig, Ernst-Günter (Hg.): Unterfränkische Geschichte, Bd. 2, Würzburg 1992, S. 85 – 120.
Kössler, Herbert: Hofheim, München 1964 (Historischer Atlas von Bayern, Teil Franken 13).
Kohlhaussen, Heinrich: Nürnberger Goldschmiedekunst des Mittelalters und der Dürerzeit, 1240 bis 1540, Berlin 1968.
Kolb, Peter / Krenig, Ernst-Günter (Hg.): Unterfränkische Geschichte, Bd. 1, 3. Aufl. Würzburg 1991, Bd. 2, Würzburg 1992.
Kramer, Karl-S.: Fränkisches Alltagsleben um 1500. Eid, Markt und Zoll im Volkacher Salbuch, Würzburg 1985.
Kramml, Peter F.: Kaiser Friedrich III. und die Reichsstadt Konstanz (1440 – 1493). Die Bodenseemetropole am Ausgang des Mittelalters, Sigmaringen 1985 (Konstanzer Geschichts- und Rechtsquellen NF 29).
Kraus, Eberhard: Orgeln und Orgelmusik, Regensburg 1972.
Krautheimer, Richard: Mittelalterliche Synagogen, Berlin 1927.
Kroll, Bruno: Die Münzen des Bischofs Gerhard von Schwarzburg, in: Mitteilungen der Bayerischen Numismatischen Gesellschaft 43 (1925), S. 90 – 165.
Krug, Wolfgang: Die Münzen des Hochstifts Bamberg, Stuttgart 1999 (Süddeutsche Münzkataloge 9).
Kruse, Holger / Paravicini, Werner / Ranft, Andreas (Hg.): Ritterorden und Adelsgesellschaften im spätmittelalterlichen Deutschland, Frankfurt a. M. u. a. 1991 (Kieler Werkstücke D 1).
Kühn, Hermann: Der Bischof von Würzburg als Herzog von Franken, in: Weber, Andreas Otto / Wüst, Wolfgang (Hg.): Franken und Forchheim im Mittelalter, Forchheim 2004 (An Regnitz, Aisch und Wiesent: Heimatkundliche Zeitschrift für Stadt und Landkreis Forchheim), im Druck.
Kühnel, Harry (Hg.): Alltagsleben im Spätmittelalter, Graz 1985.
Kummer, Christiane: Die Illustration der Würzburger Bischofschronik des Lorenz Fries aus dem Jahre 1546. Ein Hauptwerk Martin Segers und seiner Werkstatt, Würzburg 1995 (Veröffentlichungen des Stadtarchivs Würzburg 7).
Kummer, Christiane: Drei spätgotische Tafelbilder in der Eibelstadter Pfarrkirche St. Nikolaus, in: Kunstschätze in der St. Nikolauskirche zu Eibelstadt, Eibelstadt 2002 (Heimatbogen 12), S. 9–30.
Kummer, Stefan: Von der Romanik zur Gotik, in: Kolb, Peter / Krenig, Ernst-Günter: Unterfränkische Geschichte, Bd. 2, Würzburg 1992, S. 603–653.
Die Kunstdenkmäler des Kreises Saulgau, bearb. von Werner von Matthey, Stuttgart / Berlin 1938 (Die Kunstdenkmäler in Württemberg, hg. vom Württembergischen Landesamt für Denkmalpflege).
Kunstmann, Hellmut: Die Burgen der östlichen fränkischen Schweiz, Würzburg 1965 (Veröffentlichungen der Gesellschaft für fränkische Geschichte IX/20).
Kunstmann, Hellmut: Mensch und Burg. Burgenkundliche Betrachtungen an ostfränkischen Wehranlagen, Würzburg 1967 (Veröffentlichungen der Gesellschaft für Fränkische Geschichte IX/25).

Kunstschätze aus dem Bayerischen National-Museum, München 1875–1887.
Kupfer, Konrad: Forchheim. Geschichte einer alten fränkischen Stadt, 3. Aufl., Nürnberg 1989.
Kurras, Lotte: Ritter und Turniere. Ein höfisches Fest in Buchillustrationen des Mittelalters und der frühen Neuzeit, Stuttgart / Zürich 1992.
Kurth, Betty: Die deutschen Bildteppiche des Mittelalters, Wien 1926.
Kurth, Betty: Die Wiener Tafelmalerei in der ersten Hälfte des 14. Jahrhunderts und ihre Ausstrahlungen nach Franken und Bayern, in: Jahrbuch der Kunsthistorischen Sammlungen in Wien NF 3 (1929), S. 25–55.
Langosch, Karl (Hg.): Johannes Cochläus. Brevis Germanie Descriptio (1512) mit der Deutschlandkarte von Erhard Etzlaub (1501), 3. Aufl., Darmstadt 1976 (Ausgewählte Quellen zur deutschen Geschichte der Neuzeit. Freiherr vom Stein-Gedächtnisausgabe 1).
Leinthaler, Beate: Ein frühmittelalterliches Reihengräberfeld bei Eußenheim, in: Das archäologische Jahr in Bayern 1995 (1996), S. 130–133.
Leinweber, Josef / Merz, Johannes: Der fuldische Süden, in: Kolb, Peter / Krenig, Ernst-Günter (Hg.): Unterfränkische Geschichte, Bd. 2, Würzburg 1992, S. 195–212.
Leitschuh, Friedrich: Katalog der Handschriften der Kgl. Bibliothek zu Bamberg, Bd. 1, Abt. 1, bearb. von Friedrich Leitschuh, Bamberg 1895; revidierter Nachdruck Wiesbaden 1966.
Lenssen, Jürgen (Hg.): Domschatz Würzburg, Regensburg 2002 (Museumsschriften der Diözese Würzburg 1).
Lexikon des Mittelalters, hg. von Norbert Angermann u. a., München / Zürich 1980 ff.
Lienert, Elisabeth: Wirnt von Gravenberg, in: Fränkische Lebensbilder 14 (1991), S. 1–13.
Limburg, Hans: Die Hochmeister des Deutschen Ordens und die Ballei Koblenz, Bad Godesberg 1969 (Quellen und Studien zur Geschichte des Deutschen Ordens 8).
Lindgren, Uta: Bayreuth auf Karten und Plänen des 16. bis 18. Jahrhunderts, in: Endres, Rudolf (Hg.): Bayreuth. Aus seiner 800jährigen Geschichte, Köln / Weimar / Wien 1995, S. 100–117.
Looshorn, Johann: Die Geschichte des Bistums Bamberg, Bd. 4, München 1900.
Losert, Hans: Zur Deutung der Brandgräber in einigen merowingerzeitlichen Friedhöfen Mittel- und Unterfrankens, in: Die Welt der Slaven (Halbjahresschrift für Slavistik) 36, NF 15 (1991), S. 365–392.
Losert, Hans: Die slawische Besiedlung Nordostbayern aus archäologischer Sicht, in: Vorträge 11. Niederbayerischer Archäologentag (1993), S. 207–270.
LThK: Lexikon für Theologie und Kirche, hg. von Walter Kasper u. a., 3. völlig neu bearb. Aufl., Freiburg 1993 ff.
Lubich, Gerhard: Auf dem Weg zur „güldenen Freiheit": Herrschaft und Raum in der Francia orientalis von der Karolinger- zur Stauferzeit, Husum 1996 (Historische Studien 449).
Lünig, Johann Christian: Das Teutsche Reichs-Archiv, 23 Bde., Leipzig 1713–1722.
Luitpold Herzog in Bayern: Die fränkische Bildwirkerei, München 1926.
Machilek, Franz: Die Heiltumsweisung, in: Nürnberg – Kaiser und Reich [Ausstellungskatalog], hg. von der Generaldirektion der Staatlichen Archive Bayerns, Nürnberg 1986, S. 53–71.
Machilek, Franz: Lamprecht von Brunn, Vortrag Forchheim 12. Juli 1999, unveröff.
Machilek, Franz: Kirche, Staat und Gesellschaft. Schwaben und Franken, in: Handbuch der bayerischen Kirchengeschichte, hg. von Walter Brandmüller, Bd. 1/1, St. Ottilien 1999, S. 437–533.
Maierhöfer, Isolde: Ebern (Historischer Atlas von Bayern. Teil Franken 15)
Mälzer, Gottfried: Die Fries-Chronik des Fürstbischofs Julius Echter von Mespelbrunn. Eine Prachthandschrift des 16. Jahrhunderts aus dem Bestand der Universitätsbibliothek Würzburg, Codex M. ch. f. 760, Würzburg 1989.
Martin, Max: Das fränkische Gräberfeld von Basel-Bernerring, Basel 1976 (Basler Beiträge zur Ur- und Frühgeschichte 1).
Martin, Max: Das spätrömisch-frühmittelalterliche Gräberfeld von Kaiseraugst, Kt. Argau, Derendingen-Solthurn 1991.
Martin, Max: Tradition und Wandel in der fibelgeschmückten frühmittelalterlichen Frauenkleidung, in: Jahrbuch des Römisch-Germanischen Zentralmuseums Mainz 38/1991 (1995), S. 629 ff.
Martin, Max: Zur frühmittelalterlichen Gürteltracht der Frau in der Burgundia, Francia und Aquitania, in: L'Art des invasions en Hongrie et en Wallonie. Actes colloque Musée royal de Mariemont 1979, Mariemont 1991.
Maul, Birgit: Frühmittelalterliche Gläser des 5.–7./8. Jahrhunderts n. Chr. Sturzbecher, glockenförmige Becher, Tummler und Glockentummler, Bonn 2002 (Universitätsforschungen zur prähistorischen Archäologie 84).
Mayer, Theodor: Die Würzburger Herzogsurkunde von 1168 und das österreichische Privilegium minus: Entstehung und verfassungsrechtliche Bedeutung, in: Aus Geschichte und Landeskunde. Franz Steinbach zum 65. Geburtstag, Bonn 1960, S. 247–277.
MB, Bd. 28/I: Monumenta Boica. Collectio Nova, Vol I, Pars II (Alte Folge 28, Teil 2), München 1928.
MB, Bd. 29/I: Monumenta Boica. Collectio Nova, Vol. II, Pars I (Alte Folge 29, Teil 1), München 1831.
MB, Bd. 38: Monumenta Boica, Collectio Nova, Vol. XI (Alte Folge 38), München 1866.
MB, Bd. 42: Monumenta Boica, Collectio Nova, Vol. XV (Alte Folge 42), München 1874.
Menghin, Wilfried: Das Schwert im Frühen Mittelalter. Chronologisch-typologische Untersuchungen zu Langschwertern aus germanischen Gräbern des 5. bis 7. Jahrhunderts n. Chr., Stuttgart 1983 (Wissenschaftliche Beibände zum Anzeiger des Germanischen Nationalmuseums 1).
Menghin, Wilfried: Frühgeschichte Bayerns. Römer und Germanen, Baiern und Schwaben, Franken und Slawen, Stuttgart 1990.
Menghin, Wilfried: Grundlegung. Das frühe Mittelalter, in: Handbuch der bayerischen Geschichte, begr. von Max Spindler, hg. von Andreas Kraus, Bd. 3/1, 3. neu bearb. Aufl., München 1997, S. 47–65.
Menth, Georg: Keramische Sonderformen des frühen 13. Jahrhunderts aus dem Umfeld der Auber Benediktinerprobstei, in: Das archäologische Jahr in Bayern 1986 (1987), S. 154–157.
Menth, Georg: Stadt Aub – Baldersheim – Burgerroth, Wolfratshausen 1988.
Menth, Georg: Spätromanischer Kochtopf und Deckel mit Ventil, in: Die Andechs-Meranier in Franken. Europäisches Fürstentum im Mittelalter [Ausstellungskatalog], Mainz 1998, S. 340.
Menth, Georg / Vychitil, Peter: Rettungsgrabung an der ehemaligen Benediktinerkirche zu Aub, Landkreis Würzburg, Unterfranken, in: Das archäologische Jahr in Bayern 1985 (1986), S. 145–147.
Mertens, Volker: Der deutsche Artusroman, Stuttgart 1998.
Merz, Johannes: Fürst und Herrschaft: Der Herzog von Franken und seine Nachbarn 1470–1519, München 2000.
Merzbacher, Friedrich: Iudicium provinciale ducatus Franconiae. Das kaiserliche Landgericht des Herzogtums Franken-

Würzburg im Spätmittelalter, München 1956 (Schriftenreihe zur bayerischen Landesgeschichte 54).
Messerer, Wilhelm: Der Bamberger Domschatz in seinem Bestande bis zum Ende der Hohenstaufen-Zeit, München 1952.
Metzger, Thérèse und Mendel: Jüdisches Leben im Mittelalter nach illuminierten hebräischen Handschriften vom 13. bis 16. Jahrhundert, Würzburg 1983.
Metzger, Thérèse: Le manuscrit enluminé Cod. Hebr. 5 de la Bibliothèque d' État Munich, in: Études de Civilisation Médiévale, Mélanges Edmond-René Labande, Poitiers 1974, S. 537–552.
Metzger, Thérèse: Die Bibel des Meshullam und Joseph Qalonymos (Ms. M 1106 der Universitätsbibliothek Breslau/Wroclaw, Würzburg 1994 (Quellen und Forschungen zur Geschichte des Bistums und Hochstifts Würzburg XLI).
Metzner, Joseph: Stephan Schulers Saalbuch der Frauenkirche in Nürnberg, in: Bericht des Historischen Vereins Bamberg 32 (1869), S. 1–114.
Meyer, Otto: Zur vorbarocken Baugeschichte des Klosters Banz, in: Fränkische Blätter 6 (1954), S. 57–59.
Meyer, O.: In der Harmonie von Kirche und Reich, in: Kolb, Peter/Krenig, Ernst-Günter (Hg.): Unterfränkische Geschichte, Bd. 1, Würzburg 1989, S. 205–254.
Meyer, Otto: „Krist, der ist erstanden", in: Fränkische Blätter für Geschichtsforschung u. Heimatpflege 2/7 (1950), S. 25–28.
Meyer, Otto/Pleticha, Heinrich: Lorenz Fries. Chronik der Bischöfe von Würzburg. Teilfaksimile der Handschrift im Stadtarchiv Würzburg, Würzburg 1981.
Meyer-Rodrigues, Nicole: Tessons de céramique dite „de Tating" découverts à Saint-Denis, in: Piton, Daniel (Hg.): La céramique du 5ème au 10ème siècle. Actes du colloque d' Outreau, avril 1992, Saint-Josse-sur-Mer 1993, S. 267–274.
MGG: Musik in Geschichte und Gegenwart. Allgemeine Enzyklopädie der Musik, Bd. 1–17, München u. a. 1989; Sachteil 7, Kassel 1997; Personenteil 7, Kassel 2002.
MGH Annalista Saxo: Annalista Saxo a. 741–1139, hg. von D. G. Waitz, in: Monumenta Germaniae Historica. Scriptores, Bd. 6: Chronica et annales aevi Salici, hg. von Georg Heinrich Pertz u. a., Hannover 1864, Nachdruck Leipzig 1925, S. 542–777.
MGH Const: Monumenta Germaniae Historica. Constitutiones et Acta Publica Imperatorum et regum, Bd. 10: Dokumente zur Geschichte des deutschen Reiches und seiner Verfassung 1350–1353, hg. von der Akademie der Wissenschaften der DDR Zentralinstitut für Geschichte, bearb. von Margarete Kühn, Weimar 1979–1991.
MGH DD Arnolf: Monumenta Germaniae Historica. Diplomata regum Germaniae ex stirpe Karolinorum, Bd. 3: Die Urkunden Arnolfs (Arnolfi Diplomata), hg. von Paul Kehr, Berlin 1940.
MGH DD Friedrich I.: Monumenta Germaniae Historica. Diplomata regum et imperatorum Germaniae. Die Urkunden Friedrichs I. (Friderici I. Diplomata), hg. von Heinrich Appelt, Hannover 1975–1990.
MGH DD Ko I.: Monumenta Germaniae Historica. Diplomata regum et imperatorum Germaniae, Bd. 1: Die Urkunden Konrad I., Heinrich I. und Otto I. (Conradi I., Heinrici I. et Ottonis I. Diplomata), hg. von Theodor Sickel, Hannover 1879–1889.
MGH DD H II.: Monumenta Germaniae Historica. Diplomata regum et imperatorum Germaniae. Bd. 3: Die Urkunden Heinrichs II. und Arduins (Heinrici II. et Arduini Diplomata), hg. von Harry Bresslau, Hermann Bloch, R. Holtzmann u. a., Hannover 1900–1903.
Militzer, Klaus: Die Entstehung der Deutschordensballeien im Deutschen Reich, 2. Aufl., Marburg 1981 (Quellen und Studien zur Geschichte des Deutschen Ordens 16).
Miločić, Vladimir: Untersuchungen in der Fuldaer Propstei Solnhofen an der Altmühl, in: Aus Bayerns Frühzeit, Festschrift für Friedrich Wagner zum 75. Geburtstag, München 1962, S. 329–350.
Monumenta Castellana. Urkundenbuch zur Geschichte des fränkischen Dynastengeschlechtes der Grafen und Herren zu Castell 1057–1546, hg. von Pius Wittmann, München 1890.
Monumenta Zollerana. Quellensammlung zur Geschichte des erlauchten Hauses der Grafen von Zollern und der Burggrafen von Nürnberg, hg. von Rudolph von Stillfried, Bd. 4, Berlin 1858.
Moraw, Peter: Franken als königsnahe Landschaft im späten Mittelalter, in: Blätter für deutsche Landesgeschichte 112 (1976), S. 123–138.
Mühlich, Andreas/Hahn, G.: Chronik der Stadt Schweinfurt, Schweinfurt 1817.
Müller, Heinrich: Das Berliner Zeughaus. Vom Arsenal zum Museum, Berlin 1994.
Müller, Heinrich: Albrecht Dürer – Waffen und Rüstungen, Mainz 2002.
Müller, Johannes: Die Entstehung der Kreisverfassung Deutschlands von 1383 bis 1512, in: Deutsche Geschichtsblätter. Monatsschrift deutscher Vergangenheit auf landesgeschichtlicher Grundlage 15, Heft 6/7 (1914), S. 139–169.
Müller, Markus: Minnebilder. Französische Minnedarstellungen des 13. und 14. Jahrhunderts, Köln 1996 (zugl. Diss. Münster 1994).
Müller, Rainer A. (Hg.): Reichsstädte in Franken. Aufsätze, 2 Bde., München 1987 (Veröffentlichungen zur Bayerischen Geschichte und Kultur 15,1 und 15.2).
Müller, Theodor: Die Bildwerke in Holz, Ton und Stein von der Mitte des XV. bis gegen Mitte des XVI. Jahrhunderts, München 1959 (Kataloge des Bayerischen Nationalmuseums München 13/2).
Müller, U.: Reichsstadt Schweinfurt, in: Kolb, Peter/Krenig, Ernst-Günter (Hg.): Unterfränkische Geschichte, Bd. 2, Würzburg 1992, S. 169–194.
Mummenhoff, Ernst: Lutz Steinlingers Baumeisterbuch 1452, in: Mitteilungen des Vereins für Geschichte der Stadt Nürnberg 2 (1890), S. 3–65.
Muth, Hanswernfried: Kopf eines Ritters, in: Trenschel, Hans-Peter (Hg.): 150 Meisterwerke aus dem Mainfränkischen Museum, Würzburg 1997, S. 68.
Mutz, Alfred: Arbeitstechnische Unterscheidungen an frühmittelalterlichen Bronzegefäßen aus Südbayern, in: Bayerische Vorgeschichtsblätter 31 (1966), S. 190–198.
Nawroth, Manfred: Frühes Christentum zwischen Altmühl und Main, in: Die ersten Franken in Franken. Das Reihengräberfeld von Westheim [Ausstellungskatalog], hg. von Manfred Nawroth, Nürnberg 1994, S. 67–71.
NDB: Neue Deutsche Biographie, hg. von der Historischen Kommission bei der Bayerischen Akademie der Wissenschaften, Berlin 1953 ff.
Neubert, Hermann: Jüdisches Miltenberg. Einladung zu einem Rundgang, Haigerloch 2000.
Neubert, Karel/Stejskal, Karel: Karl IV. und die Kultur und Kunst seiner Zeit, Hanau 1986.
Neuhaus, Helmut: Zwischen Realität und Romantik: Nürnberg im Europa der Frühen Neuzeit, in: Neuhaus, Helmut (Hg.): Nürnberg. Eine europäische Stadt in Mittelalter und Neuzeit, Nürnberg 2000 (Nürnberger Forschungen. Einzelarbeiten zur Nürnberger Geschichte 29), S. 43–68.
Ninness, Richard: Die Pfalz Forchheim als Vorort königlicher Macht im früheren Mittelalter, in: Ammon, Hermann (Hg.): Forchheim. Jubiläumsschrift 2005 (im Druck).
Obernetter, Johann Bap. (Hg.): Kunstschätze aus dem Bayerischen National-Museum, München 1875–1887.

Ortmann, Wolf Dieter: Landkreis Scheinfeld, München 1967 (Historisches Ortsnamenbuch von Bayern, Mittelfranken 3), S. 68–75.
Ott, Alfons: Tausend Jahre Musikleben, 2. Aufl., München 1963.
Passio Kiliani, Ps[eudo-]Theotimus, Passio Margaretae, Orationes, Bd. 1 Faksimile, Bd. 2 Kommentarband von Cynthia J. Hahn, Graz 1988.
Paulsen, Peter: Die Holzfunde aus dem Gräberfeld bei Oberflacht und ihre kulturhistorische Bedeutung, Stuttgart 1992 (Forschungen und Berichte zur Vor- und Frühgeschichte in Baden-Württemberg 41/2).
Paulsen, Peter / Schach-Dörges, Helga: Holzhandwerk der Alamannen, Stuttgart 1972.
Pazaurek, Gustav Edmund (Hg.): Alte Goldschmiedearbeiten aus schwäbischen Kirchenschätzen, Leipzig 1912.
Pescheck, Christian: Neue Reihengräberfunde aus Unterfranken, Kallmünz 1983 (Kataloge der Prähistorischen Staatssammlung 21).
Pescheck, Christian: Die germanischen Bodenfunde der Römischen Kaiserzeit in Mainfranken, München 1978 (Münchner Beiträge zur Vor- und Frühgeschichte 27).
Pescheck, Christian: Das fränkische Reihengräberfeld von Kleinlangheim, Lkr. Kitzingen/Nordbayern, Mainz 1996 (Germanische Denkmäler der Völkerwanderungszeit A 17).
Petersohn, J.: Bildung und Buchwesen, lateinische Literatur und Wissenschaft, in: Handbuch der Bayerischen Geschichte, begr. von Max Spindler, hg. von Andreas Kraus, Bd. 3/1, 3. neu bearb. Aufl., München 1997, S. 331–369.
Petzet, Erich: Die deutschen Pergament-Handschriften Nr. 1–200 der Staatsbibliothek in München, München 1920 (Catalogus Codicum Manu Scriptorum Bibliothecae Monacensis. Tomi V Pars I Codices Germanicos Complectens Editio Altera).
Pfeiffer, Gerhard (Hg.): Nürnberg – Geschichte einer europäischen Stadt, München 1971.
Pfrang, Michael: Über die Anfänge des Christentums in Unterfranken. Eine archäologische und historische Annäherung, in: Würzburger Diözesangeschichtsblätter 51 (1989), S. 79–141.
Pilz, Kurt: Der Totenschild in Nürnberg und seine Vorstufen, in: Anzeiger des Germanischen Nationalmuseums (1936–1939), S. 57–112.
Pinder, Wilhelm: Der Bamberger Dom und seine Bildwerke, Berlin 1935.
Pohl, Ernst: Der Neuburger Stadtberg und sein Umfeld am Übergang von der Antike zum Mittelalter (4.–7. Jhdt.) aus archäologischer Sicht, in: Neuburg an der Donau. Archäologie rund um den Stadtberg, hg. von Karl Heinz Rieder und Andreas Tillmann, Neuburg a. d. Donau 1993, S. 109–132.
Pöllath, Ralph: Karolingerzeitliche Gräberfelder in Nordostbayern, Bd. 1–4, München 2002.
Räbel, Hans: Die gotischen Malereien der Forchheimer Pfalz und deren Restaurierung, in: Fränkischer Kurier.
Radziejewski, Felicie: Die Romanische Steinplastik in Franken, Würzburg 1925.
Ranft, Andreas: Adelsgesellschaften. Gruppenbildung und Genossenschaft im spätmittelalterlichen Reich, Sigmaringen 1994.
Ranft, Andreas: Die Turniere der vier Lande: Genossenschaftlicher Hof und Selbstbehauptung des niederen Adels, in: Zeitschrift für die Geschichte des Oberrheins 142 (1994), S. 83–102.
Reallexikon der Germanischen Altertumskunde, hg. von Heinrich Beck u. a., Berlin / New York 1973 ff.
Redknap, Mark: Die römischen und mittelalterlichen Töpfereien in Mayen, Kreis Mayen-Koblenz, in: Wegner, Hans-Helmut (Hg.): Berichte zur Archäologie an Mittelrhein und Mosel 6 (1999), S. 11–401.
Reimann, Johanna: Zur Besitz- und Familiengeschichte der Ministerialen des Hochstifts Würzburg, in: Mainfränkisches Jahrbuch für Geschichte und Kunst 15 (1963), S. 1–117.
Reimann, Johanna: Die Ministerialen des Hochstifts Würzburg, in sozial-, rechts- und verfassungsgeschichtlicher Sicht, in: Mainfränkisches Jahrbuch für Geschichte und Kunst 16 (1964), S. 1–266.
Reinle, Adolf: Die Ausstattung deutscher Kirchen im Mittelalter, Darmstadt 1988.
Reinlein, Hans-Peter: Die Marksteine der freien Reichsstadt Schweinfurt, Ms., Schweinfurt 1986.
Reiß, Robert: Der merowingerzeitliche Reihengräberfriedhof von Westheim (Kreis Weißenburg-Gunzenhausen). Forschungen zur frühmittelalterlichen Landesgeschichte im südwestlichen Mittelfranken, Nürnberg 1994 (Wiss. Beibände zum Anzeiger des Germanischen Nationalmuseums 10).
Reitzenstein, Alexander von: Rittertum und Ritterschaft, München 1972 (Bilder aus der deutschen Vergangenheit 32).
Rettner, Arno: Bevor Franken fränkisch wurde. Thüringer am Main: Befunde aus dem frühmittelalterlichen Gräberfeld von Zeuzleben bei Schweinfurt, in: Bayernspiegel. Zs. der Bayer. Einigung und Bayer. Volksstiftung 3 (1992), S. 4–9.
Rettner, Arno: Das frühmittelalterliche Gräberfeld von Zeuzleben (Gde. Werneck, Lkr. Schweinfurt), Diss. München 1994 (zum Druck vorbereitet für die Reihe Germanische Denkmäler der Völkerwanderungszeit A).
Rettner, Arno: Grabhäuser und Grabräuber, in: Archäologie in Deutschland 2 (1996), S. 26–31.
Rettner, Arno: Thüringisches und Fränkisches in Zeuzleben, in: Acta Praehistorica et Archaeologica 30 (1998), S. 113–125.
Reuter, Marianne: Die lateinischen mittelalterlichen Handschriften der Universitätsbibliothek München. Die Handschriften aus der Quartreihe, Wiesbaden 2000.
Reuther, Fritz: Warmaisa. 1000 Jahre Juden in Worms, Frankfurt a. M. 1987.
RI Abt. IV, 2. Abt.: Regesta Imperii, hg. von der Österreichischen Akademie der Wissenschaften und der Deutschen Kommission für die Bearbeitung der Regesta Imperii bei der Akademie der Wissenschaften und der Literatur zu Mainz, Bd. IV: Ältere Staufer, 2. Abt.: Die Regesten des Kaiserreichs unter Friedrich I. 1152 (1122) – 1190, 3. Lieferung: 1168–1180, nach Johann Friedrich Böhmer neubearb. von Ferdinand Opll, Köln 2001.
Riedenauer, Erwin: Frühe Herrschaftsbildung der Herren und Grafen von Castell zwischen Main und Steigerwald, in: Wendehorst, Alfred (Hg.): Das Land zwischen Main und Steigerwald im Mittelalter. Die auf dem Symposium in Castell vom 5. bis 7. September 1996 gehaltenen Vorträge, Erlangen 1998 (Erlanger Forschungen Reihe A 79), S. 233–283.
Ring, Edgar / Wieczorek, Alfried: Tatinger Kannen aus Mainz, in: Archäologisches Korrespondenzblatt 9 (1979), S. 355–362.
Rödel, Dieter: Das erste Salbuch des Hochstifts Würzburg. Agrargeschichtliche Analyse einer spätmittelalterlichen Quelle, München 1987 (Studien zur bayerischen Verfassungs- und Sozialgeschichte 13).
Rödel, Dieter / Sprandel, Rolf: Dorfanalysen und Dorfgeschichten nach spätmittelalterlichen Quellen vornehmlich Mainfrankens, in: Zeitschrift für Agrargeschichte und Agrarsoziologie 42 (1994), S. 160–180.
Rosenberg, Marc: Der Goldschmiede Merkzeichen, 3. Aufl., Frankfurt 1925.
Rosenstock, Dirk: Zur Genealogie des mainländisch-thüringischen Herzogshauses der Hedene, in: 1250 Jahre Bistum Würzburg: archäologisch-historische Zeugnisse der Frühzeit [Ausstellungskatalog], hg. von Jürgen Lenssen und Ludwig Wamser, Würzburg 1992, S. 31–35.

Rostenstock, Dirk / Wamser, Ludwig: Von der germanischen Landnahme bis zur Einbeziehung in das fränkische Reich, in: Kolb, Peter / Krenig, Ernst-Günther (Hg.): Unterfränkische Geschichte, Bd. 1, Würzburg 1989, S. 15–90.
Roser, Hans: Klöster in Franken. Werke und Gestalten einer europäischen Kulturlandschaft, Freiburg i. Br. 1988.
Roth, Helmut: Kunst und Handwerk im frühen Mittelalter. Archäologische Zeugnisse von Childerich I. bis zu Karl dem Großen, Stuttgart 1986.
Rupprecht, Klaus: Ritterschaftliche Herrschaftswahrung in Franken. Die Geschichte der von Guttenberg im Spätmittelalter und zu Beginn der Frühen Neuzeit, Neustadt a. d. Aisch 1994 (Veröffentlichungen der Gesellschaft für fränkische Geschichte 9/42).
Rupprecht, Klaus: Zwei Urkunden über die Ausstattung des Bistums Bamberg, in: Kaiser Heinrich II. 1002–1024 [Ausstellungskatalog], hg. von Josef Kirmeier u. a., Augsburg 2002 (Veröffentlichungen zur Bayerischen Geschichte und Kultur 44), S. 200 f.
Sage, Walter: Frühgeschichte und Frühmittelalter, in: Sage, Walter (Hg.): Oberfranken in vor- und frühgeschichtlicher Zeit, Bayreuth 1986, S. 145–250.
Salmen, Walter: Das Lochamer Liederbuch. Eine musikalische Studie, Leipzig 1951.
Schädler, Alfred: Die Fränkische Galerie, Zweigmuseum des Bayerischen Nationalmuseums, 2. Aufl., München 1984.
Schanze, Frieder: Meisterliche Liedkunst zwischen Heinrich von Mügeln und Hans Sachs, Bd. 1, München 1983.
Schatzkammer der Münchner Residenz, München 1937.
Schatzkammer der Residenz München, München 1976.
Scheele, Paul-Werner: Liebe in Farben, Sprache und Klang. Impressionen aus dem in Würzburg gestalteten Melker Psalter, Würzburg [1995].
Scheffler, Wolfgang: Goldschmiede Oberfrankens, Berlin / New York 1989.
Schemmel, Bernhard: Hugo von Trimberg, in: Fränkische Lebensbilder 4 (1971), S. 1–26.
Scherzer, Walter: Das Hochstift Würzburg, in: Kolb, Peter / Krenig, Ernst-Günter (Hg.): Unterfränkische Geschichte, Bd. 2, Würzburg 1992, S. 17–84.
Schich, Winfried: Würzburg im Mittelalter. Studien zum Verhältnis von Topographie und Bevölkerungsstruktur, Köln / Wien 1977.
Schick, Barbara: Das Pfalzmuseum in Forchheim und seine Wandmalereien, in: Ammon, Hermann (Hg.): Forchheim-Jubiläumsschrift 2005 (erscheint 2004).
Schieffer, Rudolf: Altbayern, Franken und Schwaben von 1046–1215, in: Handbuch der bayerischen Kirchengeschichte, hg. von Walter Brandmüller, Bd. 1/1, St. Ottilien 1999, S. 229–279.
Schild, Wolfgang: Die Halsgerichtsordnung der Stadt Volkach aus 1504, in: Schriftenreihe des Mittelalterlichen Kriminalmuseums Rothenburg o. d. T. 2.
Schleifring, Joachim H. / Thiedmann, Andreas: Bemerkungen zur Praxis frühmittelalterlichen Grabraubs, in: Archäologisches Korrespondenzblatt 22 (1992), S. 435–439.
Schmale, Franz-Josef: Die Glaubwürdigkeit der jüngeren Vita Burchardi, in: Jahrbuch für fränkische Landesforschung 19 (1959), S. 45–83.
Schmale, Franz-Joseph: Franken vom Zeitalter der Karolinger bis zum Interregnum (716/19–1257). Die Politische Entwicklung, in: Handbuch der bayerischen Geschichte, begr. von Max Spindler, hg. von Andreas Kraus, Bd. 3/1, München 1971, S. 103–107 bzw. Schmale, Franz Joseph / Störmer, Wilhelm, 3. neu bearb. Aufl., München 1997, S. 115–210.
Schmale, Franz-Joseph / Störmer, Wilhelm: Die politische Entwicklung bis zur Eingliederung ins Merowingische Frankenreich, in: Handbuch der bayerischen Geschichte, begr. von Max Spindler, hg. von Andreas Kraus, Bd. 3/1, 3. neu bearb. Aufl., München 1997, S. 66–89.
Schmidt, Berthold: Die späte Völkerwanderungszeit in Mitteldeutschland, Kataloge (Südteil bzw. Nord- und Ostteil), Berlin 1970 und 1976 (Veröffentlichungen des Landesmuseums für Vorgeschichte in Halle 25/29).
Schmidt, Berthold: Das Königreich der Thüringer und seine Eingliederung in das Frankenreich, in: Die Franken – Wegbereiter Europas [Ausstellungskatalog], hg. von Alfried Wieczorek u. a., Mainz 1996, Bd. 1, S. 285–297.
Schmidt, Günther: Das würzburgische Herzogtum und die Grafen und Herren von Ostfranken vom 11. bis zum 17. Jahrhundert, Weimar 1913 (Quellen und Studien zur Verfassungsgeschichte des Deutschen Reiches in Mittelalter und Neuzeit V 2).
Schmidt-Görg, Joseph: Musik der Gotik, Würzburg 1986.
Schmidt-Künsemüller, Friedrich Adolf: Corpus der gotischen Lederschnittbände aus dem deutschen Sprachgebiet, Stuttgart 1980.
Schmiedel, Werner: Landkreise Ebern und Hofheim, München 1973 (Historisches Ortsnamenbuch von Bayern 2).
Schneider, Erich: Vasa Sacra im Besitz der evangelischen Kirchen Schweinfurts, in: Strauß, Johannes / Petersen, Kathi (Hg.): Streiflichter auf die Kirchengeschichte in Schweinfurt, Schweinfurt 1992, S. 239–276.
Schneider, Joachim: Spätmittelalterlicher deutscher Niederadel. Ein landschaftlicher Vergleich, Stuttgart 2003 (Monographien zur Geschichte des Mittelalters 52).
Schneidmüller, Bernd: Die einzigartig geliebte Stadt. Heinrich II. und Bamberg, in: Kaiser Heinrich II. 1002–1024 [Ausstellungskatalog], hg. von Josef Kirmeier u. a., Augsburg 2002 (Veröffentlichungen zur Bayerischen Geschichte und Kultur 44), S. 30–51.
Schneidmüller, Bernd: Nomen Patriae. Die Entstehung Frankreichs in der politisch-geographischen Terminologie (10.–13. Jahrhundert), Sigmaringen 1987 (Nationes. Historische und philologische Untersuchungen zur Entstehung der europäischen Nationen im Mittelalter 7).
Schnurbein, Siegmar von: Zum Ango, in: Studien zur vor- und frühgeschichtlichen Archäologie. Festschrift für Joachim Werner, Bd. 2, München 1974, S. 411–433.
Schöffel, Paul: Amorbach, Neustadt am Main und das Bistum Verden, in: Zeitschrift für bayerische Kirchengeschichte 16 (1941), S. 131–143.
Schreibmüller, Hermann: Zur fränkischen Geschichte, Kulturgeschichte und Volkskunde. Wanderungen und Wandlungen des Raumbegriffs Franken, in: Schreibmüller, Hermann (Hg.): Franken in Geschichte und Namenwelt, Würzburg 1954.
Schubert, Ernst: Die Landstände des Hochstifts Würzburg, Würzburg 1967 (Veröffentlichungen der Gesellschaft für fränkische Geschichte 9/23).
Schuhmann, Günther: Die Markgrafen von Brandenburg-Ansbach. Eine Bilddokumentation zur Geschichte der Hohenzollern in Franken, Ansbach 1980 (90. Jahrbuch des Historischen Vereins für Mittelfranken).
Schuhmann, Günther: Die Reichsinsignien und Heiltümer, in: Nürnberg – Kaiser und Reich [Ausstellungskatalog], hg. von der Generaldirektion der Staatlichen Archive Bayerns, Nürnberg 1986, S. 32–50.
Schulze, Helmut: Die Gräber des Domes in Würzburg, in: Würzburger Diözesangeschichtsblätter 37/38 (1975), S. 523 bis 539.
Schuster, Peter: Das Frauenhaus. Städtische Bordelle in Deutschland 1350 bis 1600, Paderborn 1992.
Schwarz, K.: Der „Main-Donau-Kanal“ Karls des Großen, in: Schriftenreihe zur Bayerischen Landesgeschichte 62 (1962), S. 321 ff.

Schwierz, Israel: Steinerne Zeugnisse jüdischen Lebens in Bayern. Eine Dokumentation, 2. Aufl., München 1992.

Seibert, Hubertus: Adelige Herrschaft und königliche Gefolgschaft. Die Grafen von Schweinfurt im ottonischen Reich, in: Zeitschrift für bayerische Landesgeschichte 65 (2002), S. 839–882.

Seiler, Jörg: Der Deutsche Orden in Frankfurt. Gestalt und Funktion einer geistlich-ritterlichen Institution in ihrem reichsöffentlichen Umfeld, Marburg 2003 (Quellen und Studien zur Geschichte des Deutschen Ordens 61).

Siegmund, Frank: Kleidung und Bewaffnung der Männer im östlichen Frankenreich, in: Die Franken – Wegbereiter Europas [Ausstellungskatalog], hg. von Alfried Wieczorek u. a., Mainz 1996, Bd. 2, S. 691–706.

Signori, Gabriela: Kultwerbung – Endzeitängste – Judenhass. Wunder und Buchdruck an der Schwelle zur Neuzeit, in: Mirakel im Mittelalter. Konzeptionen, Erscheinungsformen, Deutungen, hg. von Martin Heinzelmann u. a., Stuttgart 2002, S. 399–472.

Sitzmann, Karl: Goldschmiedekunst und Goldschmiede in Oberfranken, Bayreuth 1929.

Sitzmann, Katharina: Stadt Forchheim, Denkmäler in Bayern, hg. von Michael Petzet, Bd. 53/1: 4, Oberfranken, München 1998.

Spindler, Wolfgang: Wenn Steine klingen, in: Röhrig, Hans-Günter (Hg.): Dieses große Fest aus Stein, Bamberg 1987, S. 161–170.

Sprandel, Rolf: Die elektronische Datenbank in der Landesgeschichte. Würzburger Erfahrungen in 20 Jahren, in: Buchholz, Werner (Hg.): Landesgeschichte in Deutschland. Bestandsaufnahme – Analyse – Perspektiven, Paderborn u. a. 1998, S. 347–364.

Sprandel, Rolf: Ländlicher Adel und interregionaler Zahlungsverkehr: ein Würzburger Beispiel von 1354, in: Borchardt, Karl / Bünz, Enno (Hg.): Forschungen zur bayerischen und fränkischen Geschichte. Peter Herde zum 65. Geburtstag von Freunden, Schülern und Kollegen dargebracht, Würzburg 1998 (Quellen und Forschungen zur Geschichte des Bistums und Hochstifts Würzburg 52), S. 221–226.

Stäblein, Bruno: Frutolf vom Michaelsberg als Musiker, in: Fränkische Blätter für Geschichtsforschung und Heimatpflege 5/15 (1953), S. 57–60.

Stäblein, Bruno: Schriftbild der einstimmigen Musik, Leipzig 1975.

Stange, Alfred: Kritisches Verzeichnis der deutschen Tafelbilder vor Dürer, Bd. 3: Franken, hg. von Norbert Lieb, München 1978.

Steeger, Wolfgang: Ritterliche Schutzwaffen von der Oberen Burg Treuchtlingen, in: Ritter, Burgen und Dörfer. Mittelalterliches Leben in Stadt und Land [Ausstellungskatalog], Tüchersfeld 1997, S. 68–73.

Steenbock, Frauke: Der kirchliche Prachteinband im frühen Mittelalter, Berlin 1965.

Steidl, Bernd: Abschließende Grabungen mit Entdeckung eines spätkaiserzeitlichen Metalldepots in der germanischen Siedlung von Gaukönigshofen, Landkreis Würzburg, Unterfranken, in: Das archäologische Jahr in Bayern 1997 (1998), S. 131–134.

Stein, Friedrich: Monumenta Suinfurtensia historica, Schweinfurt 1875.

Stein, Friedrich: Geschichte der Grafen und Herren zu Castell von ihrem ersten Auftreten bis zum Beginne der neuen Zeit 1058–1528, Schweinfurt 1892.

Steinmetz, Thomas: Conterfei etlicher Kriegshandlungen von 1523 bis in das 1527 jar. Zu Burgendarstellungen über die „Absberger Fehde“ oder den „Fränkischen Krieg“, in: Beiträge zur Erforschung des Odenwaldes und seiner Randlandschaften 4 (1986), S. 265–368.

Stemberger, Günter: Geschichte der jüdischen Literatur. Eine Einführung, München 1977.

Steuer, Heiko: Bewaffnung und Sozialstruktur der Merowingerzeit. Ein Beitrag zur Forschungsmethode, in: Nachrichten aus Niedersachsens Urgeschichte 37 (1968), S. 18–87.

Steuer, Heiko: Historische Phasen der Bewaffnung nach Aussagen der archäologischen Quellen Mittel- und Nordeuropas im ersten Jahrtausend n. Chr., in: Frühmittelalterliche Studien 4 (1970), S. 348–383.

Stillfried-Alcantara, Rudolph von / Hildebrandt, Adolph Matthias (Hg.): Conrad Grünenberg: Wappenbuch, 3 Bde., 1 Text- und Ergänzungsband, Görlitz 1874–1883 (Faksimile nach der auf 1483 datierten Berliner Handschrift, mit Ergänzungen aus cgm 145).

Stolz, Georg: St. Lorenz. Lust und Last am Bauen, in: 100 Jahre Verein zur Erhaltung der St. Lorenzkirche in Nürnberg, Nürnberg 2003 (St. Lorenz NF 49).

Störmer, Wilhelm: Innere Entwicklung, in: Handbuch der bayerischen Geschichte, begr. von Max Spindler, hg. von Andreas Kraus, Bd. 3/1, 3. neu bearb. Aufl., München 1997, S. 89–112.

Störmer, Wilhelm: Die innere Entwicklung: Staat, Gesellschaft, Kirche, in: Handbuch der bayerischen Geschichte, begr. von Max Spindler, hg. von Andreas Kraus, Bd. 3/1, 3. neu bearb. Aufl., München 1997, S. 210–330.

Störmer, Wilhelm: Frühes Christentum in Altbayern, Schwaben und Franken, in: Handbuch der bayerischen Kirchengeschichte, hg. von Walter Brandmüller, Bd. 1/1, St. Ottilien 1999, S. 1–93.

Störmer, Wilhelm: Die kirchliche Ordnung in Franken 1046–1215, in: Handbuch der bayerischen Kirchengeschichte, hg. von Walter Brandmüller, Bd. 1/1, St. Ottilien 1999, S. 329–348.

Störmer, Wilhelm: Im Karolingerreich, in: Kolb, Peter / Krenig, Ernst-Günter (Hg.): Unterfränkische Geschichte, Bd. 1, Würzburg 1989, S. 153–204.

Störmer, Wilhelm: Die Gründung von Kleinstädten als Mittel herrschaftlichen Territorialaufbaus, gezeigt an fränkischen Beispielen, in: Zeitschrift für bayerische Landesgeschichte 36 (1973), S. 563–585.

Störmer, Wilhelm: Franken von der Völkerwanderungszeit bis 1268, München 1999 (Dokumente zur Geschichte von Staat und Gesellschaft in Bayern 2/1).

Störmer, Wilhelm: Heinrichs II. Schenkungen an Bamberg, in: Fenske, Lutz (Hg.): Pfalzen – Reichsgut – Königshöfe, Göttingen 1996 (Deutsche Königspfalzen 4), S. 384 ff.

Strieder, Peter: Eine Scheibe mit dem Bildnis Lorenz Tuchers, in: Zeitschrift für Kunstgeschichte 21 (1958), S. 175–182.

Strieder, Peter: Tafelmalerei in Nürnberg 1350–1550, Königstein i. T. 1993.

Stromer, Wolfgang von: Palladio nördlich der Alpen: Nürnberg unter Wolf-Jacob Stromer (Ratsbaumeister 1561–1614), in: Bauen nach der Natur – Palladio, Ostfildern-Ruit 1997, S. 170–180.

Stumpf, Gerd: Der Silberschatz vom Lechfeld, München 1994.

Stumpf, Karl Friedrich: Die Kaiserurkunden des X., XI., und XII. Jahrhunderts chronologisch verzeichnet. Als Beitrag zu den Regesten und zur Kritik derselben von Karl Friedrich Stumpf (Die Reichskanzler vornehmlich des X., XI. und XII. Jahrhunderts nebst einen Beitrag zu den Regesten und zur Kritik der Kaiserurkunden dieser Zeit, Bd. 2), Nachdruck, Aalen 1960.

Suckale, Robert: Über den Anteil christlicher Maler an der Ausmalung hebräischer Handschriften der Gotik in Bayern, in: Siehe der Stein schreit aus der Mauer. Geschichte und Kultur der Juden in Bayern [Ausstellungskatalog], hg. von Manfred Treml und Josef Kirmeier, München 1988 (Veröffentlichungen zur Bayerischen Geschichte und Kultur 17), S. 123–134 und Kat.-Nr. 3/220.

Suckale-Redlefsen, Gude: Psalter, in: Die Andechs-Meranier in Franken [Ausstellungskatalog], Mainz 1998, S. 254, 375 f.
Swarzenski, Georg: Deutsche Alabasterplastik des 15. Jahrhunderts, in: Städel-Jahrbuch 1 (1921), S. 167–213.
Swarzenski, Hanns: Die lateinischen illuminierten Handschriften des XIII. Jahrhunderts in den Ländern an Rhein, Main und Donau, Berlin 1936.
Temesváry, Ferenc: Waffenschätze und Prunkwaffen im Ungarischen Nationalmuseum, Budapest 1992.
Thali, Johanna: Beten – Schreiben – Lesen. Literarisches Leben und Marienspiritualität im Kloster Engelthal, Tübingen / Basel 2003.
Thieme / Becker: Thieme, Ulrich / Becker, Felix: Allgemeines Lexikon der bildenden Künstler von der Antike bis zur Gegenwart, hg. von Ulrich Thieme und Felix Becker, Leipzig 1907 ff.
Thomas, Bruno / Gamber, Ortwin: Katalog der Leibrüstkammer, Teil 1, Wien 1976 (Führer durch das Kunsthistorische Museum 13).
Thomsen, Ulrich: Die Ersterwähnung Forchheims im Diedenhofener Kapitular, in: Weber, Andreas Otto / Wüst, Wolfgang (Hg.): Franken und Forchheim im Mittelalter, Forchheim 2004, im Druck (An Regnitz, Aisch und Wiesent: Heimatkundliche Zeitschrift für Stadt und Landkreis Forchheim, Sonderheft 2).
Thurn, Hans: Die Handschriften des Würzburger Dominikanerkonvents in der Universitätsbibliothek Würzburg, in: Würzburger Diözesangeschichtsblätter 29 (1967), S. 5–87.
Thurn, Hans: Die illuminierten Ebracher Handschriften, in: Zisterzienser in Franken, Würzburg 1991, S. 71.
Trenschel, Hans-Peter: 150 Meisterwerke aus dem Mainfränkischen Museum Würzburg, Würzburg 1997.
Twellenkamp, Markus: Die Burggrafen von Nürnberg und das deutsche Königtum (1273–1417), Nürnberg 1994 (Nürnberger Werkstücke zur Stadt- und Landesgeschichte 54).
Ulrichs, Cord: Vom Lehenhof zur Reichsritterschaft. Strukturen des fränkischen Niederadels am Übergang vom späten Mittelalter zur frühen Neuzeit, Stuttgart 1997 (Vierteljahresschrift für Sozial- und Wirtschaftsgeschichte, Beihefte 137).
Unger, Wolfram: Grundzüge der Städtebildung in Franken. Träger – Phasen – Räume, in: Jahrbuch für fränkische Landesforschung 59 (1999), S. 57–85.
Verfasserlexikon: Die deutsche Literatur des Mittelalters. Verfasserlexikon, hg. von Kurt Ruh, Burghart Wachinger u. a., 11 Bde., 2. Aufl., Berlin / New York 1978–2004.
Vielitz, Kathrin: Die Granatscheibenfibeln der Merowingerzeit, Montagnac 2003 (Europe médiévale 3).
Vivell, Clestin (Hg.): Frutolfus, Breviarium de musica, Wien 1919.
Vochezzer, Joseph: Geschichte des fürstlichen Hauses Waldburg in Schwaben, Bd. 3, Kempten / München 1907.
Voit, Gustav: Die Rabensteiner. Werdegang, Schicksale und Ende eines bedeutenden Rittergeschlechtes der Fränkischen Schweiz, hg. von der Altnürnberger Landschaft e. V., Simmelsdorf 1998.
Volbach, Wolfgang Fritz: Der heilige Georg, Straßburg 1917.
Vollet, Hans: Abriß der Kartographie des Fürstentums Kulmbach-Bayreuth, Kulmbach 1977 (Die Plassenburg 38).
Vollet, Hans: Weltbild und Kartographie im Hochstift Bamberg, Kulmbach 1988 (Die Plassenburg 47).
Vychitil, Peter / Menth, Georg: Rettungsgrabung an der ehemaligen Benediktinerkirche zu Aub, in: Das archäologische Jahr in Bayern 1985 (1986), S. 145–147.
Wachter, Friedrich: General-Personal-Schematismus der Erzdiözese Bamberg 1007–1907, Bamberg 1908.
Waesberghe, Joseph Smits van: Musikerziehung. Lehre und Theorie der Musik im Mittelalter, Leipzig 1969.
Wagner, Eduard: Hieb- und Stichwaffen, Prag 1966.
Wagner, Heinrich: Die Äbte des Klosters Neustadt am Main im Mittelalter, in: Würzburger Diözesangeschichtsblätter 46 (1984), S. 5–60.
Wagner, Heinrich: Die Erstnennung Bambergs ca. 718, in: Bericht des Historischen Vereins von Bamberg 137 (2001), S. 151–168.
Wagner, Ulrich (Hg.): Lorenz Fries (1489–1550). Fürstbischöflicher Rat und Sekretär. Studien zu einem fränkischen Geschichtsschreiber, Würzburg 1989 (Schriften des Stadtarchivs Würzburg 7).
Wagner, Ulrich (Hg.): Geschichte der Stadt Würzburg, Bd. 1, Stuttgart 2001.
Wagner, Ulrich / Ziegler, Walter (Hg.): Lorenz Fries. Chronik der Bischöfe von Würzburg 742–1495, Würzburg 1992 ff. (Fontes Herbipolenses. Editionen und Studien aus dem Stadtarchiv Würzburg 1–4, 6).
Wamers, Egon: Die silberne Pyxis von Pettstadt. II. Ikonographie und Funktion, in: 1250 Jahre Bistum Würzburg. Archäologisch-historische Zeugnisse der Frühzeit [Ausstellungskatalog], hg. von Jürgen Lenssen und Ludwig Wamser, Würzburg 1992, S. 154–163.
Wamser, Ludwig: Eine thüringisch-fränkische Adels- und Gefolgschaftsgrablege des 6./7. Jahrhunderts bei Zeuzleben, Würzburg 1984 (Wegweiser zu vor- und frühgeschichtlichen Stätten Mainfrankens 5).
Wamser, Ludwig: Merowingerzeitliche Bergstationen in Mainfranken – Stützpunkte der Machtausübung gentiler Gruppen, in: Das archäologische Jahr in Bayern 1984 (1985), S. 136–140.
Wamser, Ludwig: Zur Bedeutung des Schwanbergs im frühen und hohen Mittelalter, in: Aus Frankens Frühzeit. Festgabe für Peter Endrich, Würzburg 1986 (Mainfränkische Studien 37), S. 164–192.
Wamser, Ludwig: Die silberne Pyxis von Pettstadt. I. Landesgeschichtliche Aspekte, in: 1250 Jahre Bistum Würzburg. Archäologisch-historische Zeugnisse der Frühzeit [Ausstellungskatalog], hg. von Jürgen Lenssen und Ludwig Wamser, Würzburg 1992, S. 141–153.
Wamser, Ludwig: Zu einer Tatinger Kanne und ausgewählten Kleinfunden aus Karlburg am Main. Anmerkungen zu Handel und Verkehr, Weinbau und Missionierung im Nordosten des Karolingerreiches, in: Dedicatio. Festschrift für Hermann Dannheimer zum 70. Geburtstag, Kallmünz 1999 (Kataloge der Prähistorischen Staatssammlung, Beiheft 5), S. 206–242.
Weber, Andreas Otto / Wüst, Wolfgang (Hg.): Franken und Forchheim im Mittelalter, Forchheim 2004 (An Regnitz, Aisch und Wiesent: Heimatkundliche Zeitschrift für Stadt und Landkreis Forchheim, Sonderheft 2).
Weidinger, Ulrich: Untersuchungen zur Wirtschaftsstruktur des Klosters Fulda in der Karolingerzeit, Stuttgart 1991 (Monographien zur Geschichte des Mittelalters 36).
Weidisch, Peter (Hg.): Otto von Botenlauben. Minnesänger – Kreuzfahrer – Klostergründer, Bad Kissingen 1994.
Weigand, Rudolf Kilian: Der ‚Renner' des Hugo von Trimberg. Überlieferung, Quellenabhängigkeit und Struktur einer spätmittelalterlichen Lehrdichtung, Wiesbaden 2000 (Wissensliteratur im Mittelalter 35).
Weigand, Wolf: Kopf eines Ritters, in: Aus dem adeligen Leben im Spätmittelalter. Die Skaliger in Oberitalien und in Bayern [Ausstellungskatalog], hg. von Manfred Treml, München 1986 (Veröffentlichungen zur Bayerischen Geschichte und Kultur 12), Kat.-Nr. 26.
Weigand-Karg, Sabine: Die Plassenburg. Residenz und Hofleben bis 1604, Weißenstadt (Diss. Bayreuth 1991).
Weigel, Helmut: Der karolingische Pfalzort Forchheim (725 bis 918), in: Jahrbuch für fränkische Landesforschung 19 (1959), S. 135–170.

Weinfurter, Stefan: Die Geschichte der Eichstätter Bischöfe des Anonymus Haserensis, Regensburg 1987 (Eichstätter Studien NF 24).
Weinfurter, Stefan: Kaiser Heinrich II. (1002–1024). Herrscher am Ende der Zeiten, Regensburg 1999.
Weinfurter, Stefan: Bayerische Traditionen und europäischer Glanz, in: Kaiser Heinrich II. 1002–1024 [Ausstellungskatalog], hg. von Josef Kirmeier u. a., Augsburg 2002 (Veröffentlichungen zur Bayerischen Geschichte und Kultur 44), S. 15–29.
Weiß, Dieter J.: Die Geschichte der Deutschordensballei Franken im Mittelalter, Neustadt a. d. Aisch 1991 (Veröffentlichungen der Gesellschaft für Fränkische Geschichte 9/39).
Weiß, Dieter J.: Die Entstehung Frankens im Mittelalter. Von der Besiedlung zum Reichskreis, in: Werner K. Blessing / Dieter J. Weiß (Hg.): Franken. Vorstellung und Wirklichkeit in der Geschichte, Neustadt a. d. Aisch 2003, S. 51–67.
Weiß, Dieter J. / Rechter, Gerhard: Die Ballei Franken, in: 800 Jahre Deutscher Orden [Ausstellungskatalog], Gütersloh / München 1990, S. 507–512.
Weiss, Hildegard: Die Zisterzienserabtei Ebrach. Eine Untersuchung zur Grundherrschaft, Gerichtsherrschaft und Dorfgemeinde im fränkischen Raum, Stuttgart 1962 (Quellen und Forschungen zur Agrargeschichte 8).
Weller, Karl: Geschichte des Hauses Hohenlohe, Teil 2, Stuttgart 1908.
Wendehorst, Alfred: Die Bistümer der Kirchenprovinz Mainz. Das Bistum Würzburg, Teil 1–3, bearb. von Alfred Wendehorst, Berlin 1962, 1969, 1978 (Germania Sacra NF 1, 4, 13).
Wendehorst, Alfred: Lorenz Fries (1489–1550), in: Fränkische Lebensbilder 12, Neustadt a. d. Aisch 1986 (Veröffentlichungen der Gesellschaft für Fränkische Geschichte, Reihe VII A), S. 91–103.
Wendehorst, Alfred: Im Ringen zwischen Kaiser und Papst, in: Kolb, Peter / Krenig, Ernst-Günter (Hg.): Unterfränkische Geschichte, Bd. 1, Würzburg 1989, S. 295–332.
Wenig, Barbara: Von Haus zu Haus. Ein Blick in die Geschichte der Forchheimer Häuser, Forchheim 1995.
Werminghoff, Albert: Conrad Celtis und sein Buch über Nürnberg, Freiburg i. Br. 1921.
Wernard, Jo: „Hic scramasaxi loquuntur". Typologisch-chronologische Studie zum einschneidigen Schwert der Merowingerzeit in Süddeutschland, in: Germania 76 (1998), S. 747–787.
Werner, Joachim: Münzdatierte austrasische Grabfunde, Berlin 1935 (Germanische Denkmäler der Völkerwanderungszeit 3).
Werner, Joachim: Das alamannische Fürstengrab von Wittislingen, München 1950 (Münchner Beiträge zur Vor- und Frühgeschichte 2).
Werner, Joachim: Bewaffnung und Waffenbeigabe in der Merowingerzeit, in: Petri, Franz (Hg.): Siedlung, Sprache und Bevölkerungsstruktur im Frankenreich, Darmstadt 1973 (Wege der Forschung 49), S. 326–338.
Wieczorek, Alfried: Identität und Integration – Zur Bevölkerungspolitik der Merowinger nach archäologischen Quellen, in: Die Franken – Wegbereiter Europas, hg. von Alfried Wieczorek u. a., Mainz 1996, Bd. 1, S. 346–357.
Wilckens, Leonie von: Die Teppiche der Sebalduskirche, in: Baier, Helmut (Hg.): 600 Jahre Ostchor St. Sebald – Nürnberg. 1379–1979, Nürnberg 1979, S. 138.
Willers, Johannes: Kaiserburg-Museum des Germanischen Nationalmuseums. Führer durch die Schausammlung, Nürnberg 2001.
Willoweit, Dietmar: Obrigkeit und Rechtswesen, in: Wagner, Ulrich / Ziegler, Walter (Hg.): Lorenz Fries. Chronik der Bischöfe von Würzburg 742–1495, Bd. 4, Würzburg 1996, S. 219–235.
Winkler, Richard: Die Landschaft im Bild handgezeichneter Karten aus vier Jahrhunderten, in: Dippold, Günter / Urban, Josef (Hg.): Im oberen Maintal, auf dem Jura, an Rodach und Itz. Landschaft, Geschichte und Kultur, Lichtenfels 1990, S. 15–68.
Wintergerst, Magnus: Ausgrabungen um den Chor der Kirche St. Sigismund, in: Heimat Bamberger Land 12/3 und 4 (2000), S. 90–92.
Yuval, Israel Jacob: Vengeance and Damnation, Blood and Defamation: From Jewish Martyrdom to Blood Libel Accusations, in: Zion 58 (1993), S. 33–90 (hebräisch).
Zeißner, Sebastian: Rudolf II. von Scherenberg, Fürstbischof von Würzburg 1466–1495, 2. Aufl., Würzburg 1952.
Zeller, Gudula: Tracht der Frauen, in: Die Franken – Wegbereiter Europas [Ausstellungskatalog], hg. von Alfried Wieczorek u. a. Mainz 1996, Bd. 2, S. 672–683.
Zimmermann, Gerd: Grundlagen und Wandlungen der politischen Landschaft, in: Roth, Elisabeth (Hg.): Oberfranken im Spätmittelalter und zu Beginn der frühen Neuzeit, Bayreuth 1979, S. 13–51.
Zoepfl, Friedrich: Bernhard Adelmann von Adelmannsfelden und seine Brüder Hans und Konrad, in: Lebensbilder aus dem Bayerischen Schwaben 11, Weißenhorn 1976, S. 39–45.
Zöllner, Erich: Francisca bipennis, in: Mitt. des Instituts für Österreichische Geschichtsforschung 78 (1970), S. 27–33.

Bildnachweis

(Die Ziffern beziehen sich auf die Katalognummern).
Aschaffenburg, Museen der Stadt Aschaffenburg / Stiftsmuseum (Foto: Müller-Grünitz, Aschaffenburg) 19
Aub, Kath. Pfarrgemeinde Aub (Foto: Menth, Aub) 48
Bad Königshofen, Archäologisches Museum Bad Königshofen im Grabfeld (Foto: G. Meister, München) 1, 11, 12, 13, 16, 22
Bad Königshofen, Archäologisches Museum Bad Königshofen im Grabfeld (Foto: M. Eberlein) 29
Bamberg, Bayerisches Landesamt für Denkmalpflege Schloss Seehof 13, 23
Bamberg, Diözesanmuseum 4
Bamberg, Katholische Kirchenstiftung U. lb. Frau (Foto: Barthel, Bamberg) 88
Bamberg, Staatsarchiv 95, 112, 114, 128
Bamberg, Staatsarchiv (Fotostudio Barthel, Bamberg) 38
Bamberg, Staatsarchiv (Foto: Ingeborg Limmer, Bamberg) 115
Bamberg, Staatsbibliothek (Foto: Raab, Bamberg) 66, 73, 125
Berlin, Kupferstichkabinett Staatliche Museen zu Berlin – Preußischer Kulturbesitz (Foto: Jörg P. Anders, Berlin) 81
Berlin, Deutsches Historisches Museum – Bildarchiv 118, 121, 122, 138
Bozen, Gruppe Gut S. 80.
Castell, Archiv der Grafen von Castell 91, 129
Eibelstadt, Kath. Kirchenstiftung Eibelstadt (Foto: Haus der Bayerischen Geschichte, von Voithenberg) 85
Eichstätt, Bischöfliches Domkapitel Eichstätt Kat.-Nr. 28
Erlangen (Foto: H. Kugler) 49
Forchheim, Pfalzmuseum S. Abb. 1-6
Frauenroth, Klosterkirche Frauenroth (Foto: Zwicker-Berberich, Gerchsheim) 50
Hannover, Niedersächsische Landesbibliothek Ms I, 189 26
Heidelberg, Universitätsbibliothek Codex Manesse (Cod. Pal. Germ. 848) 67, 71, S. 258

Heilsbronn, Evang. Luth. Pfarramt Heilsbronn, Regierung von Mittelfranken, Ansbach (Foto: Kunstverlag Josef Fink, Lindenberg, Konrad Rainer, Salzburg) 111
Ingolstadt, Bayer. Landesamt für Denkmalpflege 24
Ingolstadt, Bayerisches Armeemuseum (Foto: Christian Stoye) 116, 117, 119, 120, 123
Karlsruhe, Badisches Landesmuseum (Foto: Thomas Goldschmidt) 20
Köln, Römisch-Germanisches Museum/Rheinisches Bildarchiv Köln (Foto: M. Kröll) Kat.-Nr.18
Kulmbach, Landschaftsmuseum Obermain Kulmbach (Foto: M. Eberlein) 23
London, V A Picture Library 145
Marburg, Hessisches Staatsarchiv 36
Melk, Stiftsbibliothek (Foto: P. Jeremia Eisenbauer, Stift Melk) 63
Miltenberg, Museum der Stadt Miltenberg (Foto: Wechs, Miltenberg) 44
München, Archäologische Staatssammlung (Foto: M. Eberlein) 9, 23, 32
München, Archäologische Staatssammlung (Foto: G. Meister, München) 6, 7, 9, 10, 11, 12, 14, 16, 17, 19, 20, 22, 23, 30, 34
München, Anthropologische Staatssammlung (Foto: G. Meister, München) 15
München, Bayerisches Hauptstaatsarchiv 37
München, Staatliche Münzsammlung 39, 62
München, Bayerische Verwaltung der staatlichen Schlösser, Gärten und Seen, Residenz München, Schatzkammer 83
München, Wittelsbacher Ausgleichsfonds (Foto: G. Meister, München) 84
München, Universitätsbibliothek 76
München, Bayerische Staatsbibliothek 41, 64, 67, 68, 70, 75, 79, 81, 127
München, Bayerisches Nationalmuseum 82, 124, 126, 142, 144
Neustadt/Main, Pfarrgemeinde Neustadt/Main (Foto: Pfarrarchiv Neustadt) 94
Nürnberg, Germanisches Nationalmuseum 11, 12, 17, 18, 19, 20, 31, 71, 96, 98, 99, 100, 101, 105, 110, 137, 139
Nürnberg, Bayer. Landesamt für Denkmalpflege, Dienststelle Nürnberg (Foto: M. Nadler) 19
Nürnberg, Evangelisch-Lutherische Kirchengemeinde Nürnberg St. Sebald 69
Nürnberg, Evangelisch-Lutherische Kirchengemeinde Nürnberg St. Sebald (Foto: Rainer Elpel, Altdorf) 97
Nürnberg, Stadtarchiv Nürnberg 40, 103, 140, 141
Nürnberg, Staatsarchiv 5, 107, 132, 133
Nürnberg, Evangelisch-Lutherische Kirchengemeinde St. Jakob (Foto: G. Meister, München) 109
Nürnberg, Frhrl. Hallersche Familienstiftung (Foto: HdBG-Bildarchiv) 143
Privatbesitz (Foto: B. Menth, Aub) 2
Privatbesitz (Foto: Schumann, HdGB) 69
Rastatt, Archäologisches Landesmuseum Baden-Württemberg (Foto: Schreiner) 19
Scheer, Kath. Pfarramt St. Nikolaus (Foto: Jörg Amsel, Sigmaringen) 92, 93
Schweinfurt, Städtische Sammlungen 135, 136
Speyer, Historisches Museum der Pfalz (Foto: Haag-Kirchner) Kat.-Nr.18
Stuttgart, Württembergisches Landesmuseum Stuttgart (Foto: P. Frankenstein, H. Zietasch) 19
Thurnau, Evangelisch-Lutherische Kirchengemeinde (Foto: Hans Hager, Thurnau) 89
Treuchtlingen, Stadt Treuchtlingen (Foto: Nowak, Treuchtlingen) 47
Volkach, Stadtarchiv 131, S. 252, S. 255, S. 257, S. 259, S. 260
Wernsdorf (Foto: A. Spindler) 75, 76, 79
Wien, Amt des Hochmeisters des Deutschen Ordens Museum und Schatzkammer 106, 108
Wien, Kunsthistorisches Museum Wien, Gemäldegalerie 113
Würzburg, Domkirchenstiftung Würzburg Domschatz Würzburg, Kunstreferat der Diözese (Foto: T. Obermeier) 53, 55
Würzburg, Jüdische Gemeinde in Würzburg und Unterfranken 42
Würzburg, Mainfränkisches Museum (Foto: H. u. E. Geith, Dittelbrunn) 11
Würzburg, Mainfränkisches Museum (Foto: R. Nachbar, Reichenberg) 3
Würzburg, Mainfränkisches Museum (Foto: F. van der Wall, Würzburg) 58
Würzburg, Mainfränkisches Museum (Foto: A. Bestle) 18, 86
Würzburg, Mainfränkisches Museum (Foto: Zwicker-Berberich, Gerchsheim) 87
Würzburg, Stadtarchiv 33, 43, 53, 54, 55, 56, 57, 60, 61
Würzburg, Staatsarchiv 32, 56, 57, 59, 60, 61, 128
Würzburg, Universitätsbibliothek 65, 77